통합 경영학원론

신유근 · 이춘우

다산출판사

머 리 말

「통합 경영학원론(*Principles of Management*)」은 기업과 사회조직을 대상으로 한 경영에 관한 기초적인 내용들을 중심으로, 경영의 원리 및 이론들의 핵심내용과 경영활동을 효율적이고 효과적으로 수행하기 위한 실천방법을 소개 · 설명하고 있다.

이 책은 신유근 교수님께서 저술했던 「조직론」(1981), 「현대경영학」(1996), 「경영학원론」(1판, 2000/2판, 2006/3판, 2011)을 토대로 하면서 이춘우 교수가 20여 년간 경영학원론, 기업가정신론, 스타트업 벤처경영론, 최고경영자론, 인적자원관리론, 중소기업경영 등을 강의하면서 정리된 아디이어와 강의노트를 반영하고 최근에 출간된 국내외 경영학원론 교재들 및 기타 경영관련 자료들을 참고하여 집필되었다. 따라서 이 책은 경영학을 처음 배우려는 사람들이나, 기업경영의 전체적인 프레임과 주요 이슈를 이해하려는 사람들에게 매우 유용할 것으로 기대한다. 특히 기업조직의 경영현상에 대한 설명 접근법들인 시스템 학파, 의사결정학파, 관리과정학파, 기능론적 접근의 내용을 통합적으로 포괄함으로써 경영학을 명료하게 이해하는 데 도움이 될 것이다.

이 책은 산업사회와 현대 정보화 사회 문명의 핵심 기반인 기업을 중심으로 경제적 가치와 사회적 가치를 창출하는 원리와 사례를 담고 있으며, 특히 경영자가 기업 및 사회조직을 성공적으로 경영관리하는 데 활용될 수 있는 방법론들을 제시하고 있다. 경영학은 경영의 주체인 현재 또는 미래의 경영자들에게 기업경영 전반에 대한 체계적인 지식과 경영마인드를 제공함으로써 전문적인 경영능력을 증대시키는 것이 주요 목적이라고 할 수 있지만, 궁극적으로는 모든 사회구성원들의 삶의 질을 향상시키고 행복증진에 기여하는 데 있다.

이 책은 몇 가지 저자의 마음에 드는 경영과제들을 중점적으로 서술하거나, 전통적인 경영의 분류방식인 관리과정별 또는 기업기능별로 경영 문제를 설명하는 기존의 원론 집필방식을 지양하고, 시스템적 접근법과 경영관리과정 관점, 의사결정과정 관점, 기능관리론적 관점을 포괄 통합하여 경영학 전반에서 다루는 경영의 20개 핵심주제들로 모두 20개의 장으로 구성되어 있다. 1장에서는 경영학이란 어떤 학문이며, 기업이란 무엇인가를 알아보고, 2장에서 경영학의 태동과 발전, 3장에서 경영을 설명하기 위한 기본적 접근관점으로 관리과정학파, 의사결정학파, 시스템적 접근 학파, 기능론적 관점을 학습한다. 그리고 기업의 역할과 종류(4장), 기업의 추구목표와 가치창출 메커니즘(5장), 경영계층과 최고경영자의 역할(6장), 기업지배구조에 대해 이해하고 소유경영체제와 전문경영체제의 우월성 논쟁을 토론한다(7장). 8장에서는 어떤 경영환경들이 경영성과에 영향을 주는지, 9장에서는 사회적 책임과 이해관계자경영 그리고 공유가치창출경영과 지속가능경영에 대해 학습하고, 10장에서는 경영환경의 변화와 메가트렌드를 살펴본다. 특히 여기서는 거시경영의 수행방안과 지속가능경영, 특히 기업의 사회적 책임과 환경경영 · 윤리경영을 통해 경영자들이 경영환경의 변화에 능동적으로 대응할 수 있는 방법을 생각해 본다.

그리고 전략적 경영을 통한 경쟁우위의 확보 문제(11장), 경영조직의 설계와 운영 문제(12장), 생산서비스 운영관리 문제(13장), 판매영업과 마케팅관리 문제(14장), 재무관리와 경리회계(15장), 경영정보관리시스템 구축과 운영 문제(16장)를 다루고, 17장과 18장에서는 사람관리부문으로서 조직행동관리, 조직문화관리, 인적자원관리, 노사관계관리, 고성과 작업조직(high performance work system)을 알아본다. 19장에서는 스타트업 창업과 중소벤처기업 경영의 과제를 살펴보고, 20장에서는 경영위기와 경영혁신 관리에 대해 고민해 본다.

학문과 인생의 스승으로 지도편달해 주신 신유근 교수님과 따듯한 마음으로 격려해 주신 정희성 사모님께 깊이 감사드리며, 두 분께서 늘 건강하시고 행복하시길 기원한다. 그리고 이 책을 출판하여 주신 다산출판사 강희일 사장님과 임직원 여러 분께도 감사의 뜻을 표한다.

2018년 9월

이춘우

차 례

| 제10장 | 경영환경 변화의 메가트렌드

| 제11장 | 전략적 경영을 통한 기업경쟁력(경쟁우위)의 제고

| 제12장 | 경영조직의 설계와 운영

| 제13장 | 생산서비스 운영관리를 어떻게 할 것인가?

제 1 장

경영학은 어떤 학문인가?

1. 경영이란?
2. 경영은 기업만을 대상으로 할까?
3. 경영학을 배우면 어떤 좋은 점들이 있을까?
4. 경영학은 학문적으로 어떤 특성들을 갖고 있을까?

코끼리를 냉장고에 넣는 문제에 대한 답을 제시하는 접근논리(시각)로부터 경영학이 어떤 학문인지를 쉽게 알 수 있다.

코끼리를 냉장고에 넣는 문제에 대해 기계공학, 유전공학, 법학, 수학, 심리학 들은 각각 어떤 해법을 제시할 것인지 생각해 보자.

경영학은 '코끼리를 냉장고에 넣는 문제'에 대해 어떤 답을 제시할 것인지 토론해 보자.

어떤 기업들은 오랜 시간 동안 성장 발전하고 있는 반면 어떤 기업들은 사라졌다. 그 원인은 여러 가지가 있겠지만, 경영을 잘했는지 아니면 잘 못했는지가 핵심적인 원인이라고 할 수 있다. 그렇다면 경영이란 무엇일까? 경영은 여러 의미가 있지만 다음 사례가 경영이란 무엇인가를 이해하는 데 있어서 도움이 될 수 있다.

"오늘날 현대인들이 사용하고 있는 스마트폰은 1970년대 슈퍼컴퓨터보다 1,000배 더 강력한 성능을 갖고 있지만 값은 100만분의 1 수준이다[피터 디아만디스 · 스티븐 코틀러 저, 2016]. … 헨리 포드는 컨베이어벨트 생산 시스템을 도입하여 대당 1,500달러 하던 자동차를 약 260달러에 시장에 공급하여 극소수의 사람들이 소유했던 자동차를 대다수 대중들이 몇 대씩 소유할 수 있는 길을 열었다."…

한편 연암 박지원의 허생전 이야기나 논어에서 공자님의 가르침, 그리고 성경에 나오는 달란트의 비유 이야기, 화엄경의 재물에 관한 이야기는 경영을 이해하는 데 흥미로운 단서를 제공한다.

勤者必成(근자필성) – 부지런한 사람은 반드시 성공한다[배병삼, 2012].

"어떤 사람이 다른 나라로 가게 되었을 때, 종들을 불러 자기 소유를 맡긴 것과 같다. 그는 각자의 능력에 따라 한 종에게는 다섯 달란트를, 다른 한 종에게는 두 달란트를, 나머지 한 종에게는 한 달란트를 주고 외국으로 갔다. 다섯 달란트를 받은 종은 장사하여 다섯 달란트를 더 벌었다. 두 달란트를 받은 종도 그렇게 하여 두 달란트를 더 벌었다. 그러나 한 달란트만 받은 종은 가서 땅을 파고 주인의 돈을 숨겨 놓았고 주인이 돌아왔을 때 맡겨 두었던 한 달란트를 그대로 내놓았다"[마태복음, 25 : 14–30.].

대승불교의 핵심 교리는 "자리이타(自利利他), 즉 남을 이롭게 함으로써 나도 이롭게 한다."이다[대승불교 현양성교론].

"어리석은 사람은 재물 모으기에만 열중한다. 그리하여 때로는 정상적인 방법으로 때로는 비정상적인 방법으로 재물을 모아 쌓아 두지만 하루 아침에 수명이 다하고 말 때, 재물은 그 몸을 따라가 주지 않는다[화엄경].

학습문제

Q1 경영의 개념은 무엇일까? 그리고 경영과 관리(행정)는 어떤 차이가 있을까?
Q2 경영의 대상은 무엇일까? 경영학이 기업을 주로 연구하는 이유는 무엇일까?
Q3 경영학의 학문적 특성들로는 어떤 것들이 있을까?
Q4 우리가 경영학을 배우면 어떤 도움을 받을 수 있을까?
Q5 최근에 들어 경영학에 대한 수요가 더욱 급증하고 있다. 그 이유에 대해 토론해 보자.

핵심용어

경영(management), 관리행정(administration), 성과(performance), 효율성(efficiency), 효과성(effectiveness)

1 경영이란?

오늘날 사회가 발전함에 따라 성공적으로 조직을 경영하는 데 이바지하는 경영학에 대한 관심과 수요가 크게 늘어나고 있다. 경영학은 지금까지 산업사회의 발전에 공헌해 온 학문일 뿐만 아니라 향후에도 인간 · 사회 · 세계를 변화시킬 수 있는 핵심적인 학문분야로서 그 중요성이 더욱 부각되고 있다. 현대인들에게 경영학은 교양필수와 같은 학문이라고 할 수 있다. 현대인들은 경영학의 기초개념과 내용 · 원리 등을 체계적으로 배워야 할 필요가 있다. 이 세상에 존재하는 사회조직(체)은 추구하는 목표를 달성하고 생존 · 성장 · 발전하기 위한 여러 활동들을 하게 된다. 이러한 활동들을 '경영(경영관리)'이라고 하는데, 경영자들이 얼마나 잘 수행해 내는가가 중요한 문제이다.

우리 주위에는 제품 이름만 들어도 어떤 회사가 그것을 만드는지 쉽게 알 수 있는 기업들이 많다. 이러한 기업들이 제공하는 일류의 제품과 서비스를 통해 우리들은 풍요로운 생활을 누리고 있는 것이다. 예를 들어 아이콘 세상을 만들어 나가는 애플, 가전제품으로 유명한 GE, 소프트웨어로 전 세계를 석권한 마이크로소프트, 건강 및 육아용품으로 널리 알려진 존슨 앤 존슨 등 글로벌 일류기업들이 있으며,[1] 우리나라의 삼성전자, 현대차, LG, SK, 포스코 등과 같은 기업들도 전 세계적으로 명성을 쌓아 나가고 있다.

이들 기업들은 어떻게 해서 세계 일류기업으로 성공하게 되었을까? 그 이유는 무엇보다도 경영을 잘해 왔기 때문이라고 말할 수 있다. 이들 기업들은 복잡하고 어려운 경영문제들을 잘 해결해 왔을 뿐만 아니라, 다른 기업들이 쉽게 흉내내기 힘든 독특한 경영방식을 구축해 오늘날과 같은 세계적인 기업으로 발전해 온 것이다.

1 「포천」(*Fortune*)은 매년 세계 기업들을 대상으로 기업평판조사를 통해 '가장 존경받는(the most admired)' 회사를 선정 · 발표하고 있다. 그 조사의 핵심요소는 경영혁신, 직원역량, 자산운용, 사회적 책임, 재무건전성, 장기투자가치, 글로벌 경쟁력, 경영(자)의 질 들이다.

1) 경영에 대한 여러 정의들

오늘날 경영은 매우 일상적인 용어이지만, 매우 다양하게 정의되고 있고, 보편적으로 인정되는 정의는 없다는 주장[Rue & Byars, 1980]도 있을 만큼 다양한 시각에서 정의되고 있다. 하지만 "경영이란 다른 것들을 통해 무엇인가를 수행하는 것" 또는 "경영이란 자원의 효율적 활용"과 같이, "조직의 목적이나 목표를 달성할 수 있도록 사람들에게 방향을 제시해 주는 활동의 형태나 과정"[Rue & Byars, 1980]이라고 경영(Management)을 정의할 수 있다.

한편, 쿤츠(H. Koontz) 등은 경영자(manager)를 개인에 의해서는 달성할 수 없을지도 모르는 목표를 성취할 수 있도록 다른 사람들의 일을 조정하는 사람이라고 정의한다. 그런 다음, 경영을 경영자가 의미 있는 조직목표를 성취하기 위하여 가능한 가장 효율적인 방법으로 조직의 일들을 계획하고(planning), 조직하고(organizing), 충원하고(staffing), 지휘하고(directing), 통제하는(controlling) 활동이라고 정의한 바 있다[Koontz & Weihrich, 1988].[2]

또한, 씨라우프(R. J. Thierauf)는 경영을 산출물(제품과 서비스)을 생산하려는 목적으로 조직의 투입물(인적 자원과 경제적 자원)을 계획 · 조직 · 통제 · 할당하는 과정으로서, 이를 통해 고객들의 욕구를 만족시켜 조직의 목표를 달성할 수 있도록 하는 과정으로 정의한다. 그 과정에서 조직에서의 일은 계속적으로 변화하는 경영환경에 속해 있는 사람들을 통해 수행된다[Thierauf, 1977].

스토너(J. A. F. Stoner)는 "경영이란 사람들을 통해 과업들을 수행하는 예술(the art of getting things done through people)"이라고 정의하였다. 이 정의에 의하면 경영자들은 스스로가 과업을 수행하는 것이 아니고, 다른 사람들로 하여금 필요한 과업들을 수행하게 함으로써 조직의 목표를 달성하게 한다. 그러나 경영은 그 이상이다. 경영은 조직구성원들의 노력을 지휘하고 통제하여 모든 조직의 자원들을 명시된 조직목표를 달성하는 데 사용하는 과정이다. 여기서 경영을 과정으로 정의하는 이유는 모든 경영자들은 그들의 자질이나 기술에 상관없이 원하는 목표를 달성하기 위해 상호 관련되어 있는 특정한 활동들에 종사하기 때문이다[Stoner, 1982].

드러커(P. F. Drucker)는 "경영은 과업이다. 경영은 규율이다. 하지만 경영은 또한 사람이다."라고 말하였다. 경영의 모든 성과는 경영자의 성과이며 모든 실패는

---

2 이러한 관리과정에 대한 자세한 설명은 이 책 3장 1항 참조.

경영자의 실패이다. 사람들은 '힘'을 경영하기보다는 '사실'을 경영한다. 비전, 헌신, 그리고 경영자의 정직성은 제대로 된 경영인지, 아니면 잘못된 경영인지를 판단하게 하는 기준이 된다[Drucker, 1974].

- Rue & Byars : 경영이란 조직의 목적이나 목표를 달성할 수 있도록 사람들에게 방향을 제시해 주는 활동의 형태나 과정이다.
- Koontz : 경영은 의미 있는 조직목표들을 성취하기 위해 가능한 가장 효율적인 방법으로 조직의 일을 계획하고, 조직하고, 충원하고, 지휘하고, 통제하는 활동이다.
- Thierauf : 경영이란 산출물(제품과 서비스)을 생산하려는 목적으로 투입물(인적 자원과 경제적 자원)을 할당하는 과정이다.
- Stoner : 경영이란 사람들을 통하여 과업들을 수행하게 하는 예술(the art of getting things done through people)이다.
- Drucker : 경영은 과업이다. 경영은 규율이다. 하지만 경영은 또한 사람이다. 경영의 모든 성과는 경영자의 성과이다. 모든 실패는 경영자의 실패이다. 사람들은 '힘'을 경영하기보다는 '사실'을 경영한다.
- Robbins : 경영이란 사람들로 하여금 일을 효율적이고 효과적으로 수행하도록 하는 활동이다.

2) 경영은 목표달성(성과추구) 활동

"사람들로 하여금 일을 효율적이고 효과적으로 수행하게 하는 활동"이라고 정의하는 것처럼 경영에 대한 적절한 의미를 찾기도 쉽지 않을 것이다[Robbins 외, 2009 : 23 참조]. 이때 효율성(efficiency)은 일을 올바르게 수행하는 과정(수단)으로, 투입과 산출 간의 관계를 의미한다. 예를 들어, 돈 · 사람 · 장비 등 주어진 투입자원에 비해 보다 많은 산출을 얻을 수 있다면 이는 효율성이 증가된 것을 의미한다. 또한, 같은 양의 산출을 얻음에 있어 보다 적은 자원이 투입되었다면 이 또한 효율성이 증가되었음을 의미한다. 이처럼 경영자들은 제한된 자원을 관리하기 때문에, 효율적인 자원사용에 관심을 가지고 있으며 결과적으로 자원비용의 최소화에 초점을 둔다.

성공적인 경영을 위해서는 단지 효율적인 것만으로는 부족하다. 경영은 수행하고 있는 활동을 완성시키는 결과(성과) 그 자체도 중요하다. 이처럼 기대했던 성과를 얼마나 올바르게 달성할 수 있는가 하는 능력을 효과성 또는 유효성(effectiveness)이라고 부른다. 이처럼 효율성과 효과성은 서로 다른 의미를 가지고 있으나, 서로 밀접한 관계가 있다. 어떤 기업이 효율적이긴 하지만 비효과적일 수 있을까? 물론 가능하다. 또 효율성을 무시한다면 효과적이기는 쉽다. 예를 들어, 어떤 회사가 투입되는 재료비와 노무비를 정상적으로 고려하지 않는다면 얼마든지 이익을 얻고 팔 수 있는 제품을 생산할 수 있다. 그러나 이러한 경영은 결국 실패하게 되는 것이다[Robbins 외, 2009 : 23 참조].

경영학 교과서는 농사직설과 같다!

농사직설은 세종이 정초(鄭招) 등에게 명하여 1429년(세종 11년)에 편찬한 조선 전기의 대표적 영농 지침서이다. 종래에는 중국의 농서에만 의존해 왔으나 농사직설은 풍토에 따른 농법의 차이를 고려하여 각 도 농부들의 경험을 토대로 우리나라 기후 풍토와 조선의 실정에 알맞은 농법을 저술한 것이다.

내용구성은 일반론으로서 종자와 토양을 다루는 법을 설명하고, 각론(各論)으로 각종 작물의 재배법을 간결하게 서술하였는데, 당시 남부 지방 일부에서 행해지고 있는 이앙법을 처음 소개하기도 하였다.

중요 곡식류에 국한되고 자세하지 못한 한계가 있지만, 농서의 효시로서, 한국식의 농법을 편 자주적 저서로서 우리나라 농업 기술의 변천을 살피는 데 좋은 자료이다.

농사직설은 농법에 관한 기술지식서로 농법혁신을 전국에 확산시켜 생산량을 향상시키려고 했다는 점에서 경영학과 동일한 맥락의 책이라고 할 수 있다. 기존에 해 오던 방식과는 다른 방식인 농법혁신으로 소출량을 늘리려고 했던 것이다. 세종 10년부터 본격적으로 먹거리 문제에 지대한 관심을 갖고 해법을 찾는다. 세종 10년 4월 경상도 감사로 하여금 지방관들이 각 고을의 나이든 농부[노농(老農)]들을 직접 찾아가 그 지방의 풍토에 맞는 농사법을 자세히 물어 보고케 한 것을 필두로 농법혁신에 나섰다. 현지 관리들은 인터뷰를 통해 민간의 혁신농법을 찾아냈고, 이를 구체화해 중앙정부에 올려 보냈다.

이후 조선 농법이 근본부터 달라졌다. 정지하고, 파종하고, 김매는 것은 물론 수확에 이르기까지 모든 것이 이때 체계화됐다. 여기에다 오곡이 땅의 성격에 따라 달리 자란다[토성소의(土姓所宜)]는 땅과 곡식 간의 원리와, 잡곡을 교배해 우량종자를 만드는 법[교종(交種)]까지 알아냈다. 농사직설의 확산 결과, 조선 농업 생산성은 향상되고 세수(稅收)는 증가하였고, 일반 백성들이 부담하여야 할 세율도 1/10에서 1/20로 100퍼센트나 경감되었다.

경영의 일반적이고 공통적인 개념은 "조직의 추구 목표 달성을 위해 사람들로 하여금 효율적이고 효과적으로 맡은 일을 수행하도록 하는 체계적인 활동"이라고 할 수 있다. 효율성과 효과성의 목표를 달성함으로써 고객 및 이해관계자들(주주, 종업원, 경영자, 정부, 지역사회 등)에게 가치를 창출하여 제공하는 활동이 경영이다. 이러한 경영을 책임지고 수행하는 주체를 경영자(manager)라 한다. 경영자는 현장에서 사장 · 팀장 · 부서장 · 프로젝트 매니저 · 부장 · 관리자 등으로 호칭되고 있다[Schermerhorn, 2010].[3]

2 경영은 기업만을 대상으로 할까?

경영활동은 기업뿐만 아니라 어느 조직에서든지 보편적으로 필요하다. 조직의 형태와 규모나 임무가 어떠하며 어떤 계층에 속하는지에 관계없이, 모든 조직은 경영활동을 필요로 한다[Robbins 외, 2009 : 30–31].[4]

1) 국가, 병원, 학교, 종교단체 등 모든 사회조직체

오늘날 우리가 살고 있는 사회는 예전보다 많은 조직체로 구성되어 있으며, 우리 자신들도 대부분이 하나 또는 그 이상의 조직의 구성원으로 활동하고 있고 어떤 형태로든 조직과 관련되어 있다. 이러한 조직의 예로는 사회의 문화적 · 교육적 기능을 담당하는 조직으로서 학교 · 교회 등이 있으며, 사회의 목표달성에 기여하는 조직으로서 대부분의 정부기관, 사회의 갈등을 해소하고 규범을 준수하게 하는 기능을 담당하는 조직으로서 법원 · 경찰 등, 영리를 목표로 하여 경제생산기능을 담당

---

3 최고경영자와 그 밖의 경영자 또는 관리자와의 구분에 대해서는 이 책 6장 1항에서 상세하게 살펴보기로 한다.

4 이렇게 중소기업이든 대기업이든 조직의 규모에 관계없이, 그리고 영리조직이든 비영리조직이든 조직의 형태, 아래 계층이든 위 계층이든 조직의 계층, 그리고 생산 · 영업 · 자금 · 회계 · 인사 · 정보 등 모든 조직활동에 경영이 공통적으로 적용될 수 있다는 것을 경영의 보편성(universality of management)이라 한다[Robbins 외, 2009 : 30–31].

하는 조직으로서 기업을 대표로 들 수 있다.[5] 따라서 우리가 일상생활에서 사용하고 있는 경영의 개념은 훨씬 더 폭넓게 적용되고 있다. 즉, 학교에서는 학교경영, 병원에서는 병원경영, 교회에서는 교회경영, 벤처기업에서는 벤처경영 등으로 업종과 규모에 상관없이 경영이라는 용어를 아무런 거부감을 갖지 않고 사용하고 있음을 알 수 있다.[6]

예를 들어 학교경영을 잘한다는 것은 학교라는 조직의 운영을 잘한다는 것을 의미한다. 학교는 학생들에게 좋은 강의를 제공하고, 학생들이 올바른 사회구성원으로서의 인격을 갖출 수 있도록 도와주며, 향후 그들이 사회에서 수행해야 할 바람직한 역할들을 습득시킬 뿐만 아니라, 학생들이 좋은 환경에서 공부하고 생활할 수 있도록 현대식 시설을 확충시켜야 한다. 이렇게 하려면 교장이나 총장 등 학교의 경영자들은 발전계획을 잘 세워 추진하고, 평상시 동문이나 지역사회 및 기업과 밀접한 관계를 맺어서 졸업생들의 향후 사회진출을 지원하고 또한 이러한 기관들을 자금조달의 원천으로 삼아야 할 것이다.

국내 체인병원 1호인 한 치과병원이 "병원도 사업이다."라는 기치를 내걸고 의료벤처사업을 강화하고 해외체인 개설을 통해 국제화에 나선 바 있다. 이 병원에서는 직접 벤처기업도 설립해서 운영하고 있으며, "환자는 고객"이란 슬로건 아래 벤처식 경영을 하고 있다. 또한 체인 소속 병원들은 주인은 다르지만 같은 이름하에 과학적 병원경영기법을 공유하고 있다. 앞으로 우리나라에서도 병원에 대해 수익적 사업을 용인하는 사회적 분위기가 확산된다면, 병원경영의 중요성은 더해 갈 것이다.

정부의 경우에도 경영마인드가 필요한 것은 마찬가지이다. 정부는 국민의 지식수준을 향상시키기 위해서 정보를 빠른 시간 안에 얻을 수 있도록 정보기술(IT : Information Technology) 인프라를 구축하고, 지식공동체의 활성화를 도모하며 평생학습기회를 제공하는 등 지식경영을 촉진하여야 한다. 장기적 안목에서 국가의 투자계획 수립, 고용안정 및 일자리 창출, 자원개발과 보유량 유지와 같은 자원경영도 원활하게 수행하여야 한다. 그리고 국가의 외교적 파워도 증대시키고 집단이기

5 에치오니(A. Etzioni)는 다양한 사회조직을 교도소나 정신병원과 같은 강압적 조직, 기업으로 대표되는 공리적 조직, 교회나 학교와 같은 규범적 조직으로 구분한 바 있다[Etzioni, 1961].

6 경영(Management)과 관리(Administration)의 개념적 차이에서 혼란을 느끼는 경우가 있다. 대체로 관리는 주로 정부조직이나 비영리조직들에 대해서 쓰여 왔고, 경영은 기업조직의 운영에 대해서 쓰여 왔다. 그러나 이러한 두 용어는 오늘날 흔히 쓰임새가 겹치기도 한다. 예를 들면 미국에서 경영대학은 영어로 School of Management 또는 School of Business Administration과 같이 두 가지의 이름으로 불리고 있다.

주의를 타파하는 등 권력문제를 적절하게 해결해야 한다. 이를 위해 우리나라 정부도 관료들을 기업체에 파견하여 새로운 경영지식을 배우도록 하고 있으며, 행정기관의 최고위직에 일반 사기업체 경영인을 채용해 민간경영방식을 도입하고 있다. 더 나아가 정부부처에서도 전문 경영컨설팅업체로부터 경영진단까지 받고 있다. 경영은 단지 기업에서만 필요한 개념이 아니라 어떤 형태의 조직이든 그 조직의 목표를 효과적으로 달성하기 위하여 반드시 필요한 개념이다.

이처럼 경영학은 어떤 목표(goal)를 효과적으로 달성하려고 하는 경영활동이 필요한 조직(조직체)을 대상으로 연구하는 학문이라고 할 수 있다. 이 세상의 모든 조직은, 어떤 공통의 목표를 향하여 함께 활동함으로써 이익을 얻기 위해 둘 이상의 사람들이 모인 집단이다. 이러한 조직에는, 앞에서 예로 든 기업 · 대학 · 군대 · 종교단체와 같이 공식적인 목표가 있고, 구성원들에게 부여된 명확한 직위(position)가 있으며, 각 부서단위별로 또는 구성원별로 해야 할 일들이 뚜렷하게 나눠져 있는 구조화(構造化)된 조직뿐만 아니라, 테니스 클럽이나 인터넷 동호회와 같은 훨씬 덜 구조화되어 있는 조직도 속한다. 우리는 이러한 모든 조직들을 대상으로 경영학을 연구할 수 있는 것이다.

2) 경영학의 주 연구대상으로서 기업

경영학은 모든 조직을 연구대상으로 할 수 있지만, 경영학이 기업을 주 대상으로 연구하는 이유는 다음과 같다.

① 기업조직의 복잡한 경영현상을 단순조직에의 적용 가능성
② 산학협동의 연구결과를 통한 혁신지향적 조직으로의 변화 촉진
③ 사회에서 일하고 있는 사람들의 수가 가장 많은 보편적 조직체

첫째, 기업은 인류 역사에서 출현한 가장 진화된 사회조직으로 다양하고 복잡한 경영활동이 포함되어 있다. 따라서 기업조직의 복잡한 경영현상을 연구함으로써 얻게 되는 연구성과를 상대적으로 기업조직보다 단순한 경영활동을 행하는 다른 사회조직에 적용하기가 쉽다.

둘째, 오늘날 기업은 대학 및 연구기관과 가장 활발하게 산학협동이 이루어지고

있는 조직체이고, 다른 조직들로 하여금 혁신지향적 조직으로 변화를 촉진시키는 데 기업조직체의 연구결과가 풍부한 지식과 아이디어를 제공해 줄 수 있다.

셋째, 오늘날 기업조직은 사회에서 일하고 있는 사람들의 수가 가장 많은 보편적인 조직이다. 따라서 기업을 대상으로 연구하는 것이 가급적 많은 사람들이 안고 있는 문제를 해결하는 데 도움이 된다.

기업은 인류 역사에서 출현한 가장 진화된 사회조직으로 다양하고 복잡한 경영활동이 포함되어 있고, 사회에서 일하고 있는 사람들의 수가 가장 많은 보편적인 조직이다.

3 경영학을 배우면 어떤 좋은 점들이 있을까?

경영학을 배우게 되면 다음과 같은 점에서 도움이 된다.

① 미래 전문경영인으로서의 능력 함양
② 조직체를 성공적으로 이끌어 나가는 지식의 습득
③ 조직체의 발전을 통한 사회발전의 도모

1) 미래 전문경영인으로서의 능력 함양

"경영하지 않는 사람은 너무 어리거나 너무 나이가 많든지 그도 아니면 무능력자 중의 한 사람일 것이다."[J. W. McGuire, 1974]라는 말이 의미하는 바는 현대인이라면 누구나 경영에 관한 지식과 마인드를 갖추어야 할 필요가 있다는 것이다. 오늘날 경영은 일상생활에 매우 밀접하게 관련되어 있다. 기업체의 경영자들은 물론 우리 모두는 주어진 시간과 인생을 '경영'하고 있다고 해도 과언이 아니다. 특히 기업경영의 책임을 져야 할 미래의 경영자들은 그들이 속해 있는 조직의 구성원들이 시간, 금전, 에너지와 같은 희소한 자원을 효과적으로 활용하여 추구하는 목표를 달성하도록 길잡이 역할을 해야 한다. 우리는 이렇게 경영학을 배움으로써 미래 전문경영인으로서의 능력과 자질을 함양해 나갈 수 있는 것이다.

성공적인 유능한 경영자가 되기 위해서는 실무 현장 경험을 갖추어야 할 뿐만 아니라, 창의적이며 도전적인 자질, 탁월한 능력과 함께 전문적인 경영지식을 갖추어야 한다. 경영학을 배우게 되면 경영인으로서의 역할에 대한 올바른 이해를 할 수 있고 경영지식을 체계화할 수 있다. 미래의 전문경영자를 꿈꾸는 예비경영자들에게 필요한 전문적 경영지식과 자세, 그리고 경영자적 사고의 프레임 및 패러다임 등을 배울 수 있다.

조직이 어떤 경영환경에 처해 있는지에 따라 구체적인 실무적 적용기법은 차이가 있을 수 있다. 우리는 경영학 교과서를 통해 잘된 경영과 잘못된 경영을 비교 검토함으로써 성공적인 경영방법을 배울 수 있다. 우리들은 경영 이론과 사례들을 분석 · 공부하는 과정에서 현재 조직이 처해 있는 상황의 원인과 결과에 대해 정확히 판단할 수 있게 되며, 이를 바탕으로 미래를 예측하는 능력까지 기를 수 있다[Christensen & Raynor, 2003 참조].

2) 조직체를 성공적으로 이끌어 나가는 지식 습득과 지혜 함양

경영학은 조직체를 성공적으로 이끌어 나갈 수 있는 전문적인 지식과 아이디어를 배우는 학문이다. 경영학은 “어떤 조직체를 만들어야 할 것인가”, “조직체 운영에 필요한 자금을 어떻게 조달할 것인가”, “조직체를 유지하기 위해서는 그 본거지를 어디에다 두는 것이 유리할 것인가”, “기술과 인력을 어떻게 확보할 수 있을 것인가”, “다양한 성격을 가진 여러 사람들을 어떻게 이끌어 나갈 것인가”, “고객들로부터 신뢰를 얻을 수 있도록 어떻게 접근할 것인가”, “조직체의 산출물에 대한 정보를 고객에게 어떤 방법으로 전달할 것인가”, “새로운 조직체의 산출물과 신기술을 어떻게 개발할 수 있겠는가”, “새로운 경영환경의 변화에 어떻게 대처하는 것이 바람직한가” 등과 같이 기업의 경영상 부딪히는 문제들을 해결할 수 있는 실천적인 방안과, 더 나아가 경영현상에 대한 일반 원리와 원칙을 제시한다.

이처럼 경영학을 배운 후 경영자가 된다면, 각기 다른 경영 지식과 기법, 목표 그리고 경험을 가지고 있는 여러 유형의 사람들과 제한된 자원들을 효율적으로 활용하여 조직을 성공적으로 경영하게 될 가능성이 높아진다. 조직을 경영하는 데 성공하게 되면, 경영자는 조직 내·외적으로 여러 사람들로부터 인정을 받을 것이며, 이에 상응하는 지위를 비롯하여 보수의 인상이나 스톡옵션 같은 경제적인 보상과 함께 만족감을 얻을 수 있을 것이다[Robbins 외, 2009 : 32].

그러나 경영학은 경영자의 경영역량을 증대시키는 데 그치는 것이 아니라, 성공적으로 조직체를 경영함으로써 그곳에 속한 구성원들의 발전을 함께 도모한다. 조직체가 성장하고 발전한다는 것은 경영자의 개인적인 능력발휘나 야망실현을 넘어서, 그곳에 속한 구성원들의 발전, 즉 그들의 인간적인 삶의 질을 한 단계 향상시킬 수 있는 기회를 제공하는 것이다. 기업의 목표는 이윤추구나 사회공헌 활동과 같은 목표지향적인 행동에 의해 특징지어진다. 경영자는 이러한 목표를 성공적으로 달성하기 위해 경영학 연구를 통해 구성원들로 하여금 자신의 목표달성도 조직을 통해 가능하다는 것을 확신하게 하는 전문적 지식을 배양할 수 있게 되는 것이다.

3) 시장에서의 고객과 사회문제 해결에 기여

과거에 자본주의 사회에서 경영학을 배우는 것은 영리목적을 달성하기 위해서 조직의 구성원들을 기계처럼 다루는, 즉 노동을 통제하는 방법을 연구하는 것이라든지, 오로지 소수 조직체의 우두머리를 위하여 봉사하는 방법을 가르치는 것으로 오해를 받기도 하였다. 그러나 이것은 매우 잘못된 생각이다. 경영학은 현재는 물론 미래사회를 창조해 나갈 사회의 중추적 기관으로서 조직체의 발전을 도모함으로써 사회 전반의 발전에 이바지할 수 있기 때문에 그 의미가 중요하게 부각되고 있다.

우리가 경영학을 배우게 되면 성공적인 기업경영을 통해 사회에서 필요로 하는 충분한 물적 · 인적 기반을 확보함으로써, 일반국민들이 더 윤택하고 풍요로운 인간적인 삶을 영위할 수 있도록 '생활의 질(QL : Quality of Life)'을 향상시킬 수 있는 아이디어를 얻게 된다. 그리고 우리는 경영학을 배움으로써 현대사회가 안고 있는 사회적 문제점들을 치유할 수 있으며, 사회구성원들이 그들의 지속적인 성장과 자기발전을 위한 기회를 얻고, 직장생활을 통해 구성원들의 사회적 욕구를 실현할 수 있도록 하는 데 도움을 줄 수 있다.

경영학은 궁극적으로 조직체의 발전을 통해 자신이 속한 사회와 국가의 발전을 도모하며, 경제적 성과 향상을 통한 양적 성장과 사회적 정당성 확보를 통한 질적 성장을 동시에 추구하는 기업발전을 지향하고 있다. 즉 경영학을 배움으로써 경영자나 조직체의 발전 그 자체에 그치지 않고, 경제적 측면에서 국가 경쟁력을 제고하고, 국가경제를 균형 있게 발전시키며, 일자리 창출과 취업률을 높이고, 사회적 측면에서는 사회복지를 증진하며, 자원을 절감하고, 생태계 및 환경을 보존하는 등 큰 기여를 할 수 있게 된다. 최근에 들어와서 많은 기업들은 시민단체와 연합하여 적극적인 환경친화적 경영을 통해 자연생태계의 균형을 유지하면서, 동시에 조직체와 사회의 발전을 도모하는 지속 가능한 발전(sustainable development)을 추구하는 것을 중요한 목표로 삼고 있다[Gladwin 외, 1995 : 874–907].

4 경영학은 학문적으로 어떤 특성들을 갖고 있을까?

경영학은 다음과 같은 성격을 지니고 있다.

① 이론과 실천의 동시추구
② 시대적 · 국가적 상황의 반영
③ 인접학문 분야와의 학제적 연계

1) 이론과 실천의 동시추구

경영학은 하나의 과학(science)으로서 이론개발을 통해 체계적인 경영이론을 구축하고자 하며, 동시에 의술이나 예술과 같은 기술(art)로서 실제적용을 통해 현실문제의 해결지침을 제시하고자 하는 응용과학적인 학문이다.

경영학의 학문적 발전을 위해서는 무엇보다 이론개발을 해야 하는데, 이를 위해서는 과학적인 접근방법이 필요하다. 경영학은 사회과학의 한 분야로서 인간과 사회를 대상으로 하는 학문이다. 본래 사회과학(social science)이란 경제 · 사회 · 도덕 · 법률 등의 측면에서 사회 내부에서 인간과 관련하여 일어나는 현상을 연구하는 학문을 말하는데, 사회를 구성하는 조직체의 제반 경영현상을 연구하는 학문인 경영학도 당연히 사회과학의 한 분야로 간주된다. 경영학은 조직체의 경영현상에 대한 과학적 설명과 예측을 통해 조직경영에 대한 이해를 증진시키고자 한다.

경영학이 하나의 학문으로 인정받기 위해서는 학문적 성격뿐만 아니라 그 연구방법도 과학적이어야 한다. 연구방법이란 통상 연구대상을 관찰하면서 그 현상을 기술 · 설명 · 예측함으로써 어떤 법칙이나 이론을 도출해 내는 일련의 방법을 말한다. 일반적으로 사람들의 상호작용을 포함하는 경영현상을 연구하는 경영학은 가급적 객관적인 관찰을 통해서 경영현상을 분석한 후, 일정한 규칙성을 찾아내거나 보편타당한 이론을 도출하려고 노력한다.

그러나 현실과 유리된 이론개발은 그 타당성을 상실할 것이기 때문에, 경영학의 입장에서 현실문제 해결을 위한 실천방안도 함께 제시해야 한다. 왜냐하면 조직체를 경영하는 것은 끊임없이 변화하는 경영환경 속에서 행해지는 것이며, 이론 속에 담기 힘든 복잡한 상호작용관계를 내포하고 있고, 때로는 의술이나 설계와 같이 경영자의 경험과 직관에 의해 현실의 모든 문제를 해결하게 되기 때문이다. 경영학은 기업의 경영자들이 부딪히는 모든 문제를 해결하는 구체적인 방안이나 기법을 완벽하게 제시할 수는 없지만, 새롭게 부딪히는 문제에 대한 해결의 기본방향을 제시해 준다는 점에서 그 중요성이 있다. 이렇듯 경영학은 실제적용 측면에서 경영자의 의사결정을 위한 지침을 제시해 준다. 따라서 경영자들이 경영학에서 제시하는 기본개념과 원리를 잘 숙지하고 있을 경우 새로운 문제에 부딪히더라도 근본원리 및 개념에 기초한 문제해결의 방향을 찾을 수 있게 된다.

이와 같이 경영학은 정확한 문제인식(What)을 바탕으로 과학적인 이론의 구축을 추구하면서, 동시에 실천적인 적용을 통한 창의적인 문제해결을 강조하고 있다. 따라서 경영학은 왜(Why)라는 인과관계를 강조하는 과학적 이론지향의 성격과 함께, 어떻게(How) 문제를 해결할 것인가라는 실천지향성을 동시에 지니고 있다.

예를 들어 의사가 환자를 치료하기 위해서는 환자의 증상에 대해 똑바로 알아야 하며(문제인식), 일반적인 의학법칙에 근거해야 하고(이론개발), 실제로 병을 고쳐야 한다(실제적용). 훌륭한 의사란 이러한 3박자를 고루 갖추어야 하듯이, 경영학도 조직경영에 대한 위의 3박자를 고루 갖추어야 할 것이다. 이러한 문제인식과 이론개발, 그리고 실제적용이 끊임없는 순환과정(looping process)을 이루면서 경영학의 연구를 발전시키고 있다. 이렇게 경영학은 '왜'와 '어떻게'를 함께 추구하고 있다는 점에서 주로 '왜'에 초점을 두고 있는 기초사회과학과 그 성격이 구별된다.

2) 시대적 · 국가적 상황을 고려하는 상황론(contingency theory)적 사고방식

경영학을 연구함에 있어서 시간과 공간을 초월해 적용되는 보편적인 법칙을 탐구하는 것이 가장 이상적일 것이다. 그러나 기업조직은 물론 그것을 움직이는 인간들은 시간과 공간의 제약 속에 존재하게 마련이므로, 현실적으로 불가피하게 특정 시대나 특정 국가의 기업경영에 적용될 수 있는 특수이론의 개발에 주안점을 두는 연구경향이 나타나기도 한다.[7] 즉, 경영학은 시대적 · 국가적 환경 속에서 문제를

---

7 흔히 전자를 보편주의(universalism) 또는 문화독립이론(culture-free theory)이라 하고, 후자를 특수주의(particularism) 또는 문화종속이론(culture-bound theory)이라고 부르기도 한다. 그리고 이

해결하고 노력하는 과정에서 새로운 접근방법을 발견하고, 기존의 사고방식과 지식을 수정하여 그 해결방안을 찾음으로써 진보적이면서 실천지향적인 학문적 특성을 갖는다. 따라서 각국의 경영학 발전에 대한 역사적 기원과 발전경위를 고찰하는 것은 경영학에 대한 포괄적이고 균형 잡힌 이해를 하는 데 도움이 된다.

다음에서는 몇 나라의 예를 들어 각국의 경영학이 갖는 성격을 간단히 살펴보기로 하자.

① 미국경영학 : 미국경영학의 가장 큰 특징은 실용주의를 강조한다는 데에 있다. 흔히 미국경영학은 이론보다는 실천상의 필요에 의해 대두된 학문이기 때문에 이론과학적이기보다는 실천과학적인 성격이 짙다고 말한다. 미국경영학의 생성은 '과학적 관리(scientific management)'의 아버지로 불리고 있는 테일러(F. Taylor)로부터 비롯되었는데, 테일러의 과학적 관리에서 보듯 출발초기부터 실천을 강조하는 강한 실용주의적 성격을 띠고 있었다. 그리고 학문적 발전이 무척 다양해서 미국의 경영학은 '경영이론의 정글(management theory jungle)'[8]로도 표현되듯, 다양한 연구접근법을 지닌 학파가 출현하여 학문적 정체성의 위기를 맞고 있다는 비판도 제기되고 있다[Koontz, 1961 : 174–188]. 한마디로 미국의 경영학은 실천주의의 바탕 위에서 전문경영자 양성을 위한 학문으로 발전하여 왔다고 볼 수 있다.

② 독일경영학 : 독일경영학은 상업학에서 비롯된 경영경제학에 근본뿌리를 두고 있다. 독일의 경영학은 고유의 학문인 관방학(Kameralwissenschaft : 우리 식으로는 정부기관인 총무처의 관리기술)에서 출발해 상업학, 사(私)경제학, 경영경제학으로 발전하였다. 기업이 아닌 경제조직체로서의 경영경제를 연구대상으로 삼고 있던 경영경제학은 구텐베르크(E. Gutenberg)가 중심이 되어 더욱 발전했으며, 이후 미국경영학의 영향을 많이 받기 시작했다. 이러한 독일경영학은 몇 차례의 방법론 논쟁[9]

때 보편주의는 앞의 각주 4에서 언급한 바 있는 경영의 보편성(universality of management)과 구분되는 개념이다.

8 이를테면 쿤츠와 오도넬(H. Koontz & C. O'Donnell)은 ① 경험사례 접근법, ② 개인 간 행동 연구방법, ③ 집단행동 연구방법, ④ 협동적 사회시스템 연구방법, ⑤ 사회 · 기술시스템 연구방법, ⑥ 의사결정 연구방법, ⑦ 시스템 연구방법, ⑧ 수리적 · 경영과학적 연구방법, ⑨ 상황적응적 · 상황론적 연구방법, ⑩ 경영자역할 연구방법, ⑪ 과정분석 연구방법 등이 다양한 경영학의 연구접근법을 들고 있다[Koontz 외, 1984 : 38–44].

9 독일경영학에서 방법론 논쟁은 3차에 걸쳐서 이루어진 것으로 알려져 있다. 제1차 방법론 논쟁은 1912년경에 벌어진 것으로서 논쟁의 골자는 경영학이 과연 순수한 이론과학(H. Nicklish)인가, 또는 단순한 기술론(E. Schmalenbach)인가에 관한 것이다. 제2차 방법론 논쟁은 리거(W. Riger)를

이 있을 만큼 이론적인 측면을 강조하는 규범성을 띠고 있다.

③ 일본경영학 : 일본의 경영학 연구는 원래 독일, 미국의 경영학을 도입 · 소개하는 데서 비롯되었다고 볼 수 있다. 즉 일본경영학은 제2차 세계대전을 전후로 그 이전은 독일 경영경제학을 직수입한 시대, 그 이후는 미국경영학의 직접적인 영향을 받아온 시대, 1960년대부터는 차차 독일 및 미국 경영학에 대한 비판과 함께 독자적인 경영학인 일본적 경영을 토착화했던 시대로 구분해 볼 수 있다. 전통적으로 일본식 경영시스템의 특징은 '가족주의적 경영', '집단주의적 경영', '종신고용제', '온정주의적 경영' 등으로 표현해 볼 수 있다. 이러한 특징을 갖는 일본적 경영은 일본의 경제성장과 기업발전에 크게 공헌한 바 있으나, 국제화 추세에 따라 기존의 일본적 경영에 대한 반론이 제기되어 오고 있다.

④ 한국경영학 : 한국의 경우, 산업화가 이들 국가에 비해 매우 늦었고 산업화 초기에 식민지와 전쟁이라는 암울한 시기를 거쳐야 했기 때문에, 경영학 발전의 역사가 다른 선진국에 비해 매우 짧다. 1960년대 이후 한국경제는 물론 한국기업의 성장이 가속화됨에 따라 경영학의 필요성은 더욱 커지게 되었고, 1980년대에 들어서는 한국적 경영학 또는 한국경영학을 정립해야 할 필요성에 대한 논의들이 나타나기 시작하였다. 하지만 아직까지도 독자적인 한국경영학의 체계를 갖추었다기보다는 주로 미국경영학의 영향을 많이 받고 있다. 현재 한국은 1997년 말 외환위기로 증폭된 IMF 관리체제하에서 글로벌 스탠다드(global standard)를 준수해야 한다는 주장이 제기됨에 따라 새로운 방향을 모색하고 있는 단계에 있다.

지금까지 논의한 것처럼 경영학의 학문적 성격을 잘 이해하기 위해서는 무엇보다도 시대적 · 상황적인 측면을 살펴보아야 하며, 이러한 과정은 경영학의 과거 모습은 물론 현대경영학의 특성과 동향을 쉽게 이해하고, 더 나아가 경영학의 미래를 전망하는 데에 도움이 될 수 있을 것이다.

중심으로 1930년경에 벌어진 것으로 자본주의적 기업을 객관적으로 파악하는 바탕 위에서 사경제학을 이론(순수)과학으로 체계화시켰다. 제3차 방법론 논쟁은 1950년경에 실증적 경영경제학 방법론이 대두되었으나 구텐베르크의 주도 아래 이론적 경영경제학이 우세한 것으로 결론이 났다[한희영, 1985 : 65-72 참조]. 그리고 3차 방법론 논쟁에 이어 1980년대에는 독일경제의 침체, 경쟁질서의 후퇴 등으로 미국경영학 연구성과의 중요성을 인식하게 된 계기를 갖게 되었다(혹자는 이를 제4차 방법론 논쟁이라고도 한다).

3) 인접학문의 성과를 활용하는 학제 간(interdisciplinary)의 사회과학

대학에서는 경영학을 전공하는 학생들에게 전공과목에 대한 공부뿐만 아니라 인문과학, 사회과학, 자연과학 등의 분야에서 폭넓은 교양을 쌓을 것을 요구한다. 경영학을 연구하기 위해서는 다양한 학문분야에 대한 소양과 적용능력이 필요하다. 이처럼 경영학은 타 관련 학문분야의 연구성과를 토대로 독자적인 학문분야를 구축하려는 종합과학적 또는 둘 이상의 학문분야에 걸치는 학제 간(interdisciplinary)의 성격을 지니고 있다.

- 경제학 : 자원의 분배, 경쟁의 역할, 세계 시장경제의 흐름
- 사회학 : 사회 · 조직 · 집단에서의 인간행동 및 사회행동
- 심리학 : 개인의 행동, 인간관계, 소비자행동
- 인류학 : 인간의 행동에 대한 판단, 문화와 환경
- 철학 : 인간의 천성과 가치, 자유주의와 기업윤리
- 통계학과 수학 : 경영현상의 예측, 계량적 의사결정
- 기타 : 정치학, 행정학, 공학, 생물학, 물리학, 예술 등

경영학의 인접과학으로서 경영학이 학문적 체계를 이루는 데 일조하고 있는 대표적인 학문들로는 다음을 들 수 있다.

① 경제학은 제한된 자원의 분배에 관한 학문이다. 경제학은 변화하는 경제상황뿐만 아니라 경쟁의 역할, 그리고 세계화가 진행되고 있는 현대사회에서 자유무역이 갖는 의의에 대한 이해를 돕는다. 경영자들은 운동화는 왜 아시아에서 생산되는지, 멕시코에는 왜 자동차 공장 대신 오토바이 공장이 더 많이 세워지는지에 대한 답을 경제학의 비교우위이론을 통해 설명할 수 있다. 특히 경제학에서 배울 수 있는 세계시장경제 안에서 자유무역주의와 보호무역주의 정책에 대한 이해는 경영학을 공부하는 학생들에게 필수적인 과제라 할 수 있다[Robbins 외, 2003 : 28].

② 사회학은 인간의 공동생활을 과학적으로 연구하는 학문분야이기 때문에 기업의 사회적 측면에서 경영학과 관련성이 매우 깊다. 기업은 사회의 축소판이라고 할 수 있고 많은 구성원들이 공동생활을 하는 과정에서 발생하는 여러 현상은 사회와 크게 다를 바 없다. 즉, 사회학은 사회 · 조직 · 집단에서의 인간행동이나 사회행동을 체계적으로 연구하는 학문으로서 조직 내에서의 권력작용, 역할과 규범, 상호작

용 등과 같은 인간행동 및 사회행동에 대한 기초지식을 경영학에 제공하여 학문적으로 많은 영향을 주고 있다.

③ 심리학은 개인의 행동을 관찰하고 이를 기초로 학문적 체계를 형성하는 학문이다. 기업이라는 조직체는 하나의 인간사회집단이라고 할 수 있으며, 따라서 심리학은 경영자 및 노동자의 심리, 소비자의 구매심리, 조직구성원 개인과 집단의 행동과 같은 경영조직 내의 인간관계, 모티베이션, 커뮤니케이션, 리더십 등 여러 분야에서 경영학의 기초지식을 제공한다.

④ 인류학은 인간과 사회에 대한 학문으로 경영자들이 사람과 그들의 행동에 대해 판단을 내리는 데 도움을 준다. 문화와 환경에 관한 인류학자들의 연구는 경영자들이 다른 나라와 조직 안에서 사람들의 행동양식의 차이, 태도, 가치의 본질적인 차이에 대해 더 쉽게 이해할 수 있도록 해 준다.

⑤ 철학은 인간의 천성, 그리고 가치와 윤리에 대해 다루는 학문분야이다. 철학적인 문제들은 조직의 실제와 조직에서 어떤 행동이 적절한가에 대해 방향을 제시해 주고, 사람들의 행동에 영향을 미친다. 예를 들어 자유주의에서는 자유, 평등, 정의, 그리고 사적 소유를 법적 권리라고 한다. 기업윤리에서는 정부가 아닌 시장과 경제주체들 간의 경쟁이 경제활동의 유일한 통제자여야 한다고 주장한다. 이러한 윤리, 철학들은 오늘날 조직에서의 합법적인 권한의 기초와 행동에 대한 보상, 그리고 사업의 실제와 조직의 형태에 대한 결정에 있어서 중대한 영향을 끼친다[Robbins 외, 2003 : 29].

⑥ 통계학과 수학은 불확실한 환경하에서 확률 개념을 이용해서 경영현상의 예측 및 의사결정에 도움을 주고, 경영현상을 계수적으로 설명 가능하도록 도와주어, 경영정책의 수립과 사업의 집행에 있어 필요한 도구가 되고 있다. 즉 경영학에서는 통계학이나 수학을 응용한 계량적 모델을 통해 경영의 기술이나 자원 분배문제를 최적으로 해결할 수 있는 아이디어를 얻을 수 있다.

경영학은 그 밖에도 정치학, 행정학, 공학, 생물학, 물리학, 예술 등 여러 관련 학문분야의 연구성과를 기반으로 다양한 시각과 접근법을 흡수하되 경영이론의 뿌리를 갖춘 독자적인 학문적 정체성(identity)을 갖추어 나가고 있다.

1. 경영학이란 기업조직에서 발생하는 문제들을 해결하여 조직의 목표를 효과적으로 달성하기 위한 경험과 이론적 지식/방안을 탐구하는 학문(경영목표를 달성하기 위해 조직체의 경영현상에서 나타나는 일반적인 법칙을 탐구하며, 창의적인 문제 해결을 통해 실제 적용에 공헌하려는 종합과학적 학문분야)
2. 경영학은 의사결정을 위한 학문
   - 문제인식 → 대안탐색 → 선택 → 실행
   - How to do and How to choice
   - 대안선택 상황에서 어떤 대안을 선택할 것인가?
3. 경영학의 이론은 다른 조직에도 적용가능 : 병원, 가정, 국가, 교회, 동아리 등

제 2 장

경영학의 태동과 발전

1. 과학적 관리론 출현 이전 시기의 경영
2. 과학적 관리론 출현 이후의 전개과정
3. 시스템적 접근
4. 상황적합이론
5. 조직수준 경영학이론의 생성 발전

F. W. Taylor (Taylorism)

H. Fayol (14 Principle)

Ford system

Mayo의 호손효과 (Hawthoren Effect)

우리가 공부하려는 경영학이 어떤 학문인가를 이해하기 위해서는 경영학의 학문적 발전과정을 살펴보는 것이 크게 도움이 될 것이다. 역사적 시각에서 경영학을 고찰하는 것은 경영학의 학문적 특성을 이해하는 데 도움을 줄 뿐만 아니라 경영학원론을 어떻게 연구하는 것이 바람직한가를 알려준다. 경영이라는 말은 아주 옛날부터 있어 왔으나, 학문으로서의 경영학의 출발점은 테일러(F. W. Taylor)의 과학적 관리론에서 찾을 수 있다. 경영학은 과학적 관리론으로부터 고전적 관리론, 계량적 접근, 인간관계론 및 행동과학, 그리고 최근 연구의 주요 흐름까지 발전해 왔다.

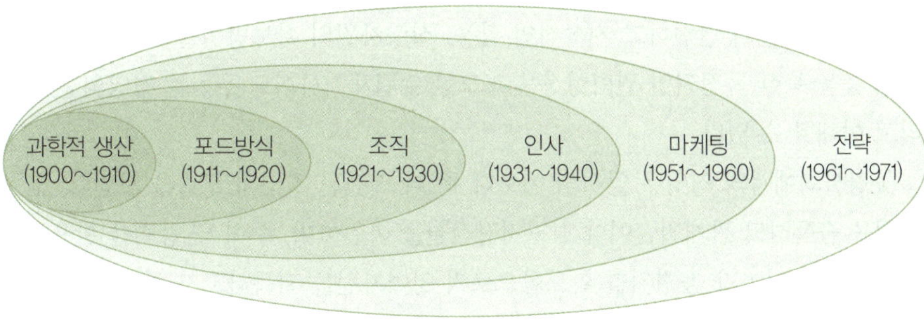

반에서 1등을 하는 학생과 10등을 하는 학생들 간의 공부방식에는 어떤 차이가 있을까? 작업장에서 높은 성과를 내는 직원과 낮은 성과를 내는 직원들 간의 업무방식이나 업무수행에는 어떤 차이가 있을까?

학습문제

Q1 간혹 경영학에 관한 기초지식이 어느 정도인가를 알아보기 위한 면접시험 등에서 '관리과정(management process)' 또는 '관리순환(management)'에 대해 묻는 경우가 있다. 명쾌하게 대답할 수 있겠는가?

Q2 테일러(F. W. Taylor)로부터 비롯된 과학적 관리론이 오늘날에도 쓰이는 경우가 적지 않다. 어떤 것들이 있는지 알아보자.

Q3 피자나 햄버거 가게에서 계획(planning) → 조직(organizing) → 충원(staffing) → 지휘(directing) → 통제(controlling)의 관리과정이 적용되는 예를 들어 보자.

Q4 테일러(F. Taylor)가 제시한 테일러리즘은 오늘날에도 유효한가 아니면 사라졌는가?

Q5 페이욜(H. Fayol)이 제시한 14 경영원칙 중 어떤 것들이 오늘날에도 유용하며, 또 어떤 것들이 진부한지 알아보자.

핵심용어

과학적 관리론, 동작연구 시간연구, 인간관계론, 행동과학, 시스템, 개방시스템(open system)과 폐쇄시스템(closed system), 조직학습이론, 지식경영론

1 과학적 관리론 출현 이전 시기의 경영

매우 초보단계의 경영은 인류사회의 발전과 더불어 시작되었다고 볼 수 있다. 인간이 수렵을 주요 생산활동으로 하던 시대에 동물의 위치나 출현 시기에 대한 정보를 축적하고 불의 안전하고 지속적인 활용, 식량자원의 확보방법을 터득하고, 주술행위 등을 통한 독점적인 권력형성을 도모한 수렵채취사회도 우리는 경영의 흔적이라고 이해할 수 있다.

농경사회에서의 경영은 앞서의 예보다 좀 더 진전된 경영의 모습을 보인다. 영농지식을 습득하고 관개기술이나 창고저장시설을 마련하며, 수력 및 풍력을 활용하기도 한다. 더 나아가 농경지를 확보함으로써 잉여자원을 획득하고자 하며 노동력 구성방식에도 변화를 가져온다. 구성원들의 사회적 역할이 분화되며 신분상승을 위한 권력투쟁도 이루어진다.

수천 년 전에 만들어진 이집트의 피라미드나 중국의 만리장성은 그것들을 만들기 위해 계획(planning)하고, 조직화(organizing)하고, 사람을 충원(staffing)하고, 지휘(directing)하고, 통제(controlling)하는 일련의 관리과정을 가시적으로 보여주는 세계적인 경영의 증거들이다. 그리고 1400년대에 이르러서 베니스에서 경제와 무역활동이 시작된 것도 초기 경영을 보여주는 또 다른 예일 것이다.

그러나 가장 오늘날의 경영개념에 근접하기 시작한 사건들은 1776년에 애덤 스미스(Adam Smith)의 「국부론」(*The Wealth of Nations*) 출간과 18세기 후반에 비롯된 산업혁명일 것이다[Robbins 외, 2009 : 41].

애덤 스미스는 조직과 사회는 노동의 분업(division of labor) 또는 직무전문화(job specialization)로부터 많은 경제적 이익을 얻을 수 있다고 주장하였다. 예를 들어 핀을 생산하는 공장에서 열 사람에게 서로 다른 전문화된 일을 맡기면 하루에 48,000개의 핀을 만들 수 있지만, 한 사람에게 혼자 일하게 하면 하루에 고작 열 개의 핀밖에 만들지 못한다고 하였다. 이처럼 노동의 분업은 작업자들의 기능과 숙련을 향상시키고, 임무교대로 인한 시간손실을 없애 주고, 노동력을 절감하는 발명품이나 기계들을 만들게 함으로써 생산성을 향상시킬 수 있다고 결론을 내렸다.

그리고 18세기 후반에 시작된 인류역사상 획기적 사건인 산업혁명은 인간의 노동력을 기계로 대체하게 함으로써 경영의 효율성을 최대한으로 끌어올릴 수 있게 하였다. 방적기 및 증기기관을 개발하여 산업화의 속도가 급진전하게 되었으며, 생산성 증대를 위한 연구개발도 이루어졌다. 석탄, 석유 등 원자재를 효율적으로 배분하는 방법이나 고용량을 결정하는 방법도 터득하게 되었다. 산업혁명의 과정 중에 정부조직기능도 다양하게 되었으며 위계적 · 관료적 조직도 등장하고 권력획득을 위한 투쟁도 더욱 강화되기에 이르렀다.

그러나 이러한 일련의 역사적인 사례들은 어디까지나 초기의 기술(art)로서의 경영활동을 보여주는 것에 불과하며 과학 또는 학문(science)으로서의 개념은 매우 미흡한 것이라고 말할 수밖에 없을 것이다.

2 과학적 관리론 출현 이후의 전개과정

경영학이 학문으로 성립되기 시작한 것은 그리 오래된 일이 아니다. 미국에서 출발한 과학적 관리론과 유럽에서 비롯된 고전적 관리론을 경영학의 학문적 효시로 볼 수 있다.

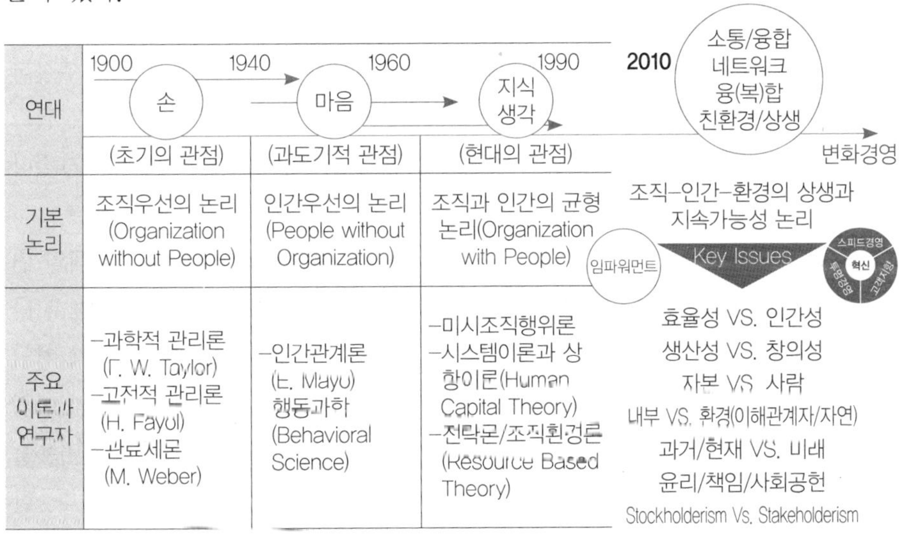

1) 과학적 관리론

과학적 관리(scientific management)란 경영현상에 대한 체계적인 관찰, 실험 또는 판단을 통하여 획득한 사실에 의해 도출된 표준을 근거로 사업 또는 업무를 수행하는 관리방식을 말한다. 과학적 관리론은 19세기 후반과 20세기 초 미국에서 테일러(F. W. Taylor)에 의해 기초가 이룩된 경영학에 관한 최초의 이론이다.

- 19세기 후반과 20세기 초 : 테일러(F.W. Taylor) 제안
- 핵심내용
  ① 직무에 적합한 종업원의 선발과 작업절차의 표준화
  ② 과업관리를 위한 시간 및 동작 연구
  ③ 성과급 임금제도/차별적 성과급제도
  ④ 기획부제도/기능적 직장제도/작업지도카드제도
- 평가
  – 최초의 경영학 연구, 세계적인 과학적 관리운동으로 전개
  – '인간미 없는 조직'(기계인/경제인 가정)

여러분들이 1800년대 초기에 영국의 어느 한 도시에 살고 있다고 가정하여 보자. 새로운 공장들이 도처에 들어서고 있는데, 여러분이 그중의 한 공장을 관리할 책임을 맡게 되었다. 여러분은 이윤 · 효율성 · 기술 중 무엇이 가장 중요하다고 생각하겠는가? 과학적 관리의 선구자들인 로버트 오웬(Robert Owen, 1771–1858)과 찰스 바베지(Charles Babbage, 1792–1871)와 같은 사람들도 이와 똑같은 의문을 가졌다[Claeys, 1993].

오웬은 1800년대 초기 스코틀랜드의 뉴 라나크(New Lanark) 시에서 몇 개의 면직공장을 맡고 있던 경영자였다. 그 당시 노동자들의 작업 및 주거 환경은 매우 나빴다. 오웬은 노동자들의 작업조건을 개선함으로써 생산증대는 물론, 나아가 기업의 이윤증대도 꾀할 수 있다고 주장하였다. 바베지도 애덤 스미스처럼 분업의 이점을 주장하였다. 그는 만약 작업자들이 전문적으로 일을 할 수만 있다면 훈련비용을 줄일 수 있으며, 나아가 작업자들의 숙련도와 효율을 높일 수 있다고 믿었다. 한편, 바베지는 경영자들이 시간연구를 통해 각 과업을 수행하는 데 걸리는 시간을 결정하고, 그 이후에 거기서 얻은 정보로 기대되는 업무성과에 대한 표준을 마련하고, 따라서 작업자들에게 보너스를 지급하는 데 이용할 수 있다고 보았다.

위와 같은 의문점과 주장들을 체계적으로 정리하고 대안을 제시한 사람이 바로 테일러(F. W. Taylor)이다. 당시 기업들의 규모가 커지고 체계적인 기업활동이 필요하게 됨에 따라 경영자들의 일차적인 관심사는 능률이나 생산성을 올리는 것이었다. 그는 작업능률을 향상시키고 생산성을 증가시키는 유일한 최선의 방법(one best way)은 과학적인 방법을 사용하는 것이라 믿었다. 그 믿음에는 이러한 과학적 방법을 이용함으로써 생산성이 향상되면 고용주나 작업자 모두에게 이익이 된다는 철학이 깔려 있었다. 그가 제시한 과학적 관리론의 주요 내용은 다음과 같다.

첫째, 테일러는 작업능률을 향상시키기 위해 작업활동, 즉 직무를 체계적인 방식으로 설계할 필요성을 강조하였다. 이 당시의 직무설계는 주로 전문화의 원리에 입각하여 이루어졌다. 이와 관련하여 그는 직무에 적합하게 종업원의 선발과 훈련이 이루어져야 하며, 도구(道具)와 작업절차의 표준화가 이루어져야 한다는 것을 주장하였다.

둘째, 그는 각 작업자에게 과업을 할당해 주어야 할 필요성을 강조하였다. 과업은 과학적 관리의 핵심을 구성하기 때문에 과학적 관리는 과업관리로 불리기도 한다. 테일러는 과업(task)이란 한 작업자에게 명확히 할당된 일일작업량으로서, 필수적인 작업기준이며 성과의 판단기준이 되기 때문에 과학적으로 관리되어야 한다고 주장하였다. 그는 또 과업을 과학적으로 할당하기 위해 시간 및 동작 연구(time and motion study)를 개발하였는데, 이는 일의 작업과정을 가장 단순한 기본적인 동작들로 나누어 각 동작에 소요되는 가장 빠른 시간단위를 발견하도록 하는 것이었다.

셋째, 과학적 관리에서 특기할 만한 것은 과업을 성공적으로 달성한 작업자를 우대하고, 실패한 작업자에게 손해를 주는 성과급 임금제도를 마련한 것이었다. 이를 보다 구체적으로 실행하기 위해 테일러는 차별성과급제도를 도입하였다. 차별성과급제도(differential piece-work system)는 과업에 대해 상위와 하위의 임률을 정해 놓고, 작업자들이 정해진 과업 이상을 달성했을 때에는 높은 임금(상)을, 정해진 과업에 미달했을 때는 낮은 임금(벌)을 주는 제도이다.

넷째, 그 밖에도 테일러는 작업자가 생산사인에만 충실하도록 생산준비부서인 기획부제도를 도입하였으며, 작업조건에 대한 준비나 작업방법을 작업자에게 지도하고 분입을 할 수 있도록 기능적 직장제도를 운영하였다. 또한 작업방법에 대한 중요사항을 지도카드에 기록하고 이 카드에 의해 과업을 관리 · 통제하도록 작업지노카드제도를 개발하였다.

테일러의 과학적 관리론이 성립되는 데는 길브레스 부부(Gilbreths)와 헨리 간트

(Henry Gantt)와 같은 이들이 공헌을 하였다. 길브레스 부부는 생산성과 효율성을 증가시킬 수 있도록 작업방법을 개선하는 작업의 과학화에 초점을 두고, 작업할 때에 사용되는 동작들을 분류할 기호를 개발하였다.[1] 간트는 테일러의 동료로서 과학적 관리론의 성립에 두 가지 점을 기여하였다. 그 하나는 간트 차트(Gant chart)로서, 업무활동을 요약하고 동시에 수행되어야 할 작업과 차례로 수행되어야 할 활동을 구별하는 데 많이 사용된다. 간트의 또 다른 공헌은 최소임금제(minimum wage based system)로서, 작업자가 그 날의 목표량을 달성하든 달성하지 못하든 최소한의 일급을 받는다는 것이다.

> 미국의 발명가이자 기술자인 프레드릭 테일러는 1856년 미국 필라델피아에서 출생하였다. 시력 악화로 인해 하버드대학 진학을 포기한 그는 미드베일 강철회사, 베들레햄 철강회사 등에서 직공, 관리자, 엔지니어, 연구원 등 생산 관련 일을 했다. 그는 자신의 경험을 바탕으로 노동자의 움직임, 동선, 작업 범위 등을 표준화하여 생산 효율성을 높이는 과학적 관리론을 통해 불필요한 작업 동작의 제거, 표준동작, 표준시간, 표준작업량, 차별 성과급제 등으로 작업능률을 올리고 효율성을 향상시키는 것이 노사가 공동 번영할 수 있는 방법이라고 주장하였다.
>
> 그러나 당시 노동자들은 기계화로 생산량이 늘면 자신들의 역할이 없어진다고 생각하여 태업으로 가능한 한 생산량을 줄이는 등 기계화에 저항하였다. 하지만 테일러는 기계화로 대량생산을 하면 수요가 증대된다고 보았다. 일례로, 만일 일 년에 구두 한 켤레를 소비하던 소비자들도 대량생산으로 인해 구두 가격이 저렴해지면 대여섯 켤레를 소비하게 될 것이라고 생각했다. 따라서 근로자들이 열심히 일하면 고능률로 인건비가 절약되고 생산이 증가되며 회사의 매출이 오르기 때문에 고임금 · 저노무비 시스템을 실현시킬 수 있다고 했다. 테일러는 전 세계 산업의 생산성을 비약적으로 발전시키고 노사 공존공영을 달성한 '현대경영학의 아버지'로 불린다.

테일러가 주도한 과학적 관리는 그 당시에 제도적 관리기법을 통한 조직의 관리, 기획업무와 집행업무의 분리, 전문가에 의한 관리 등 과학적 시스템을 도입함으로써 노동의 능률향상에 크게 기여하였다. 또한 과학적 관리론은 이후에 과학적 관리운동으로 전개되었으며, 오늘날에도 기업 또는 국가의 생산성 향상운동의 기초가 되고 있다. 그러나 과학적 관리론은 경제인(economic man) 또는 기계인(mechanistic man)의 인간관에 입각해 금전적 유인에 의한 능률이나 생산성만을 지나치게 강조

---

1 이들은 동작단위를 그들의 이름을 거꾸로 쓴 서어블릭(therblig)으로 불렀다. 그들의 동작분류에는 예를 들면 쥐기(grasping), 잡기(holding) 및 옮기기(moving) 등과 같은 동작이 포함되어 있다.

하고 사람에 대한 배려가 없었다는 점에서 많은 비판을 받기도 한다. 1900년대 초반의 인간에 대한 단순·소박했던 지식을 감안한다면 과학적 관리론의 이러한 인간관을 비난하는 것은 지나친 질책이 될 수도 있겠지만, 인간에 대한 지식의 결핍이 과학적 관리의 성공에 제동을 건 것만은 사실이다. 인간에 대한 무지 외에도 과학적 관리론은 사람보다는 조직의 능률만을 강조하였다고 해서 "인간미 없는 조직"(organization without people) 이론이라는 비판을 받고 있기도 하다. 그러나 인간에게 유익한 도구가 잘못 사용되면 전쟁무기로 사용되듯이 테일러의 과학적 관리법 자체로는 아무런 잘못은 없다.

2) 앙리 페이욜의 일반(종합)관리론

현대경영이론의 진정한 시조는 아마 종합관리론을 최초로 제창한 프랑스의 페이욜(H. Fayol)일 것이다. 그는 이미 1916년에 「산업의 종합관리론」(*Administration Industrielle et Generale*)이라는 저서를 통해 일반관리론에 대한 연구업적을 발표하였으나 1949년에서야 비로소 영어로 번역되어 널리 알려지게 되었다.

페이욜은 어떻게 하면 최고경영자가 조직과 그 구성원들로 하여금 조직의 목표를 보다 더 효과적으로 달성할 수 있게 할 수 있을 것인가에 많은 관심을 가졌다. 그는 14가지 관리원칙을 제시하였다[Gomez-Mejia 외, 2008 : 28].

1920년대와 1930년대 동안 주로 관리실무에 종사했던 많은 연구자들이 페이욜의 사고에 그들의 견해를 덧붙였다. 이러한 초기의 관리론적 경영이론가들의 기본적 사고는 오늘날 관리과정학파(management process school)의 시조가 된다. 관리과정학파는 관리과정을 계획·조직·충원·지휘·조정·통제 등으로 나누어 분석하고,[2] 이에 대한 개념적 테두리를 설정하여 그 원칙들을 구체화하고, 그것들로부터 경영이론을 수립한다.

고전적 관리론이나 관리과정학파는 관리실천에 관한 지식을 일관된 사고체계로 만들었고, 효과적인 관리실천에 관한 일반화를 시도하였으며, 오늘날에도 유용하게 적용할 수 있는 것들로 공헌을 인정받고 있다. 그러나 관리과정의 요소 및 원칙이

---

2 이와는 다른 견해로, 굴릭(L. Gulick)은 계획(Planning), 조직(Organizing), 충원(Staffing), 지휘(Directing), 조정(Coordinating), 보고(Reporting), 예산(Budgeting)의 7가지로 분류하고 그것을 POSDCORB방식이라고 부르고 있다[Gulick & Urwick, 1937 재인용].

서로 중복되고 과학적인 방법으로 그 이론적 근거를 제시하는 데 불충분하다는 점도 지적되고 있다. 사이몬(H. A. Simon)의 말을 빌리면, 관리원칙들의 가장 치명적인 결함은 그것들이 서로 중복된다는 것이다[Simon, 1976 : 20]. 또한 고전적 관리론은 경영에 대한 일반적인 이해보다는 경영자가 규범적으로 해야 하는 일에 더 많은 관심을 가지고 있다. 이와 같은 비판에도 불구하고 고전적 관리론은 경영학을 하나의 학문적 영역으로 정착시키는 데 커다란 공헌을 하였다.[3]

앙리 페이욜(H. Fayol)의 14가지 관리원칙

① 작업의 분업(Division of work)	⑦ 보상(Remuneration)
② 권한(Authority)	⑧ 집중화(Centralization)
③ 규율(Discipline)	⑨ 명령계통(Scalar chain)
④ 명령의 통일(Unity of command)	⑩ 질서(Order)
⑤ 지휘의 통일(Unity of direction)	⑪ 공정성(Equity)
⑥ 개인 이해관계의 전체 이해관계로의 귀속(Subordination of individual interest to the general interest)	⑫ 안정성과 고용보장(Stability and tenure)
	⑬ 주도성(Initiative)
	⑭ 단체정신(*Esprit de corps*)

3) 계량적 접근

제2차 세계대전 이후 경영학에서 계량적 접근(quantitative approach) 또는 경영과학(management science)이라는 새로운 접근방법이 출현하였다. 이는 수학적인 모델에 기초를 두고 과학적인 접근방법을 이용하여 조직 내 경영관리상의 문제들을 해결하려는 것이다. 계량적 접근은 경영의 의사결정을 위해 수리적 방법의 적용을 중심으로 하는 접근법으로서 주로 수학적 모형이나 통계적 모형을 통해서 경영문제의

3 고전적 관리론에서 다음 계량적 접근에 이어 인간관계론으로 넘어가기 전에 과도기적 경영이론을 고려해 볼 수 있다. 그 대표적인 이론으로 다음 두 가지를 들 수 있다. 하나는 폴렛(M. P. Follet)이 주장한 상황의 법칙(law of situation)이다. 이 법칙은 어느 한 사람은 다른 사람에게 명령을 받는 것이 아니라 상황이라는 비개성적 주체로부터 명령을 받으며, 서로 간의 동의나 합의(power with)가 지시보다 효과적이라는 것이다[Follet, 1924 재인용]. 또 하나는 베버(M. Weber)의 관료제(bureaucracy)이다. 관료제론은 노동의 전문화와 분화, 위계에 따라 배열된 직위, 공식적 규칙, 비개성적 관계, 합법적 권한과 권력이라는 개념을 중심으로 이상적인 조직의 특성을 제시한다. 관료제론은 오늘날 조직에서 비능률을 초래하며, 권위적인 통제를 강조한다는 점에서 많은 비판을 받고 있으나 여전히 쓰임새가 적지 않다.

해결을 시도한다. 이와 같은 계량적 접근은 주관적이 아니라 객관적 판단을 강조하여 문제해결에 과학적 방법을 이용하며, 따라서 경영관리 문제들에 대해 최적의 결정을 할 수 있도록 하는 규범적 성격을 가진다[Kast & Rosenzweig, 1979 : 87].[4]

계량적 접근이 나타나게 된 것은 전쟁 중 군사전략이나 군수물자의 수송문제를 해결하기 위해 영국이 1940년대 초 세계 최초로 OR(Operations Research)팀을 구성한 것에서 비롯된다. 2차대전 초기에 영국은 광대한 지역에서 일어나고 있는 전투에서 강력한 독일군에게 효과적으로 대항할 수 있는 방법을 강구해야 했다. 전쟁 중 곳곳에서 출몰하는 독일군 잠수함이나 전투기의 수량을 신속히 계산한다든지, 광범위한 전선에 보급품을 과학적으로 수송할 수 있는 방법 등을 찾아 전쟁을 효율적으로 수행하기 위해서 세계 최초로 OR팀을 구성한 것이다.

계량적 접근에서 경영과학이란 용어가 공식화된 것은 1953년 미국 경영과학회에서부터였다. 이에 따라 1950년대 이후 경영과학의 분야는 선형계획법, 게임이론, 대기행렬이론, 통계적 의사결정이론, 시뮬레이션 등과 같은 수리적 분석도구들이 널리 알려지기 시작하면서 지속적으로 발전해 왔다. 1970년대에 들어 OR기법의 이용은 의학 · 교육 · 재판 등과 같은 사회 및 도시 시스템으로 확산되었다.

1980년대에는 경영과학이 정보시스템(IS : Information Systems) 또는 경영정보시스템(MIS : Management Information System)과 결합함으로써 컴퓨터화한 데이터베이스가 일상생활의 의사결정은 물론 경영과학모형의 설계에까지 도움을 주는 중요한 역할을 수행하게 되었다. 정보시스템이 궁극적으로 추구하는 목표는 기업 내 구성원들이 필요로 하는 모든 정보를 효과적으로 제공하는 데 있다. 이와 같은 목표를 달성하기 위해서 정보시스템은 정보니즈의 파악과 정보기술의 선택을 바탕으로 정보시스템 계획, 정보시스템 개발, 정보시스템 관리 활동을 수행한다. 정보시스템의 도입은 새로운 차원의 의사결정지원시스템이라는 영역으로 급속히 발전하여 경영관리의 모든 수준에서 의사결정과정을 단축시키는 데 크게 공헌하고 있다.

4 이러한 경영과학이 갖는 특성으로는 ① 과학적 방법의 강조, ② 문제 해결을 위한 체계적 접근, ③ 수학적 모형의 설계, ④ 계량화와 수학 및 통계학 절차의 활용, ⑤ 사회 · 심리적 측면보다 경제 · 기술적 측면에 대한 관심, ⑥ 컴퓨터를 도구로서 이용, ⑦ 시스템 접근법의 상소, ⑧ 불확실성의 정도에 따른 합리적 의사결정의 추구, ⑨ 기술적 모형보다 규범적 모형을 선호하는 것 등을 들 수 있다[Kast & Rosenzweig, 1979 : 87].

계량적 접근의 요지

- 경영문제의 해결을 위해 수학적 · 통계적 모형 적용
- 영국, 세계 최초로 OR(Operation Research)팀 구성 : 군사전략, 군수물자의 수송문제 해결
- 1950년대 이후, 다양한 분석도구의 발전(선형계획법, 게임이론, 대기행렬이론, 시뮬레이션 등)
- 1980년대 이후, 정보시스템(IS : Information System)과 결합함으로써 의사결정과정의 단축

오늘날에도 많은 기업들이 경영과학기법을 적용하고 있다. 경영과학은 여러 산업분야로 확장되어 생산관리분야와 유통시설분야에서 효율적인 관리시스템으로 적용되고 있으며, 서비스분야에도 적용되어 그 기법이 발전하여 왔다. 이처럼 경영과학은 기업들이 많은 수익을 올리는 데 기여하고 있으며, 기업뿐만 아니라 환경공학, 사회과학, 스포츠, 선박 · 차량단 통제시스템, 레스토랑 운영의 설계와 간소화 등 다양하게 응용되고 있다[안상형 외, 1994 : 17-21]. 그러나 경영과학이 너무 수리적이라는 점 때문에 사람들에게 두려움을 느끼게 하며, 이러한 접근방법이 과연 현실의 경영관리 문제들을 해결할 수 있을까 하는 모형의 현실성과 해결 가능성 사이에 갈등을 느끼게도 한다. 책상에 앉아 손으로 혹은 계산기의 도움을 받아 해결 가능한 모형은 현실성이 결여되어 있고, 현실성을 충분히 고려한 모형은 전문적인 소프트웨어를 사용하지 않는 한 해결 가능성이 없어서 이 둘 사이의 적절한 균형을 유지하는 것이 필요한 것이다[노형봉 외, 2004 : 2-29].

4) 인간관계론

1920년대와 1930년대에 이르러 미국 및 유럽의 선진국들은 엄청난 사회적 · 문화적 변화를 겪었다. 미국에서는 대량생산방식이 제2차 산업혁명을 촉발하였다. 조립라인에서는 대량생산에 의한 상품들(자동차, 기계, 의복 등)을 홍수처럼 출하하였으며, 점점 소비지향적인 사회로 변모하였다. 이러한 변화과정 속에서 1929년의 대공황이 일어나게 된다.

중산층을 창출함으로써 자본주의 사회의 발전에 지대한 공헌을 한 포디즘

'T 포드'차의 생산은 1908년에 시작됐다. 생산 첫해 대당 850달러에 6만 대가 팔린 T형 포드는 15년 뒤 약 260달러에 230만 대가 팔렸다. 포드는 기술을 인간으로부터 분리시켜야 한다는 당시 주류 경영철학에 반기를 들었다. 오히려 기술과 인간은 하나가 되어야 한다고 봤다.

그러나 찰리 채플린의 36년 작 '모던 타임스'는 "컨베이어 벨트 앞에 서서 기계와 하나가 된 인간은 행복한가?"라는 질문을 던진다. 물론 답은 "그렇지 않다."이다. 기계를 떠나야 한다는 강한 메시지이다. 이리저리 몰려다니는 양떼들과 지하도에서 우르르 쏟아져 나오는 노동자들이 비교된다. 카메라는 기계화, 표준화, 익명화된 산업사회 노동자의 불행을 놓치지 않는다. 같은 동작을 수없이 반복하는 노동자의 모습은 예술가 채플린이 현기증을 느끼기에 충분했을 것이다. 효율만 부르짖던 경영자는 실제 식사까지 자동화를 시도했다는 에피소드가 있다. 채플린은 훗날 "자동화 공장에서 일했던 적지 않은 노동자들이 정신병을 앓았다는 사실에 착안했다."고 회고했다. 하지만 그는 이 영화로 공산주의자로 의심받았고 결국 미국에서 추방당하는 고통을 겪어야 했다.

그런데 채플린은 한 가지를 생각하지 못했다. 바로 노동자의 임금상승이다. 포드는 새로운 시스템에 적응하지 못하고 회사를 떠나는 노동자를 붙잡기 위해 임금을 단숨에 두 배로 올렸다. '중산층'이라는 부유한 노동자 계층이 생겨난 것도 그 덕분이다.

테일러(F. Taylor)는 옳았다. 그의 주장을 핑계로 돈을 벌려던 사람들에게 강제로 붙여진 이름인 Tayionst와 테일러를 혼동해서는 안 될 일이다.

자료 : 임창희, 2015 : 50, 수정 보완.

이러한 시기에 조직에서 인간이라고 하는 요소를 중요시하게 되고, 인간중심의 경영이론을 출범하게 된 계기를 마련해 준 것이 인간관계론(human relations)이다. 인간관계론이 등장하기 전까지 산업계를 풍미하던 과학적 관리운동은 인간관계운동에 그 자리를 물려주어야만 했다. 산업에서 인간관계운동이 일어나게 된 것은 1927년부터 1932년 사이에 미국 서부전기회사의 호손(Hawthorne) 공장에서 실시된 메이요(E. Mayo)와 그의 동료들에 의한 일련의 연구가 그 시발점이었다.[5] 호손실험을 하게 된 배경을 살펴보면 과학적 관리운동으로부터 초기 인간관계운동으로 어떻게 이행되었는가 하는 과정을 알 수 있다. 작업자들은 그 당시만 해도 작업장 안에서 기계와 같은 구성요소로 간주되었기 때문에 산업공학자들과 심리학자들은 작

5 호손실험의 주된 목적은 원래 과학적 관리법의 유효성을 실제로 검증하는 연구였으나, 그 연구결과로 조직체에 대한 새로운 인식이 태동하게 되었다. 호손실험은 1차실험(조명실험 : 1924~27년), 2차실험(계전기 조립실험 : 1927~29년), 3차실험(면접실험 : 1928~30년), 4차실험(배전작업 관찰실험 : 1931~32년)으로 네 번에 걸쳐서 행해진 실험이다[Rothlisberger & Dickson, 1939 재인용].

업자들을 둘러싸고 있는 환경을 개선해 주면 이것이 생산성에 어떠한 영향을 미치는가에 대해 많은 조사를 하고 있었다. 이처럼 피로, 휴식시간, 물리적인 환경에 관한 연구들이 20세기 초반에 성행하였던 것이다.

메이요 등의 연구를 통해서 밝혀진 주요한 사실들은 다음과 같다. ① 작업자들의 생산성에는 경제적 요인뿐만 아니라 그들 간의 인간관계, 지휘방식, 사기, 감정과 같은 심리적 · 사회적 요인이 직접적으로 영향을 준다. ② 비공식집단(informal group)의 역할은 상당한 영향력을 가지며, 비공식집단 내에는 별도의 독특한 규범이 존재하고 이것이 집단구성원들의 실제행동에 영향을 미친다. ③ 개인은 비공식집단에 소속됨으로써 공식적 조직구조로부터 받는 소외감을 극복하게 되고 더 친밀한 행동기준을 발견하게 됨으로써 공식조직이 주지 못하는 심리적 · 사회적 욕구를 만족시키게 된다. 이들의 결론은 조직에서 비용의 논리나 능률의 논리도 중요하지만 더욱 중요시되어야 할 것은 감정의 논리라는 것이다. 감정의 논리에 의해서 움직여지는 인간관계중심의 비공식적 조직이 현실적으로 많이 나타나고 있으며, 조직의 생산성 수준을 결정하는 데에도 결정적인 영향을 미친다는 것이다.

그러나 인간관계론에 대해서도 많은 비판이 가해지고 있다[Knowles, 1958 : 95-100]. 먼저 인간관계론은 본질적으로 과학적인 타당성 없이 "종업원의 만족이 높아지면 생산성이 증대된다."고 주장하고 있으며, 비공식집단의 중요성에 너무 치우치기 때문에 행위가 발생하는 전체조직과의 맥락을 소홀하게 취급하였다는 것이다. 다음으로 인간관계론은 인간의 본성에 대한 가정에 문제를 불러일으키고 있다는 것이다. 즉 경영층이 기본적으로 해야 할 일은 갈등을 제거해서 종업원들이 행복하고 생산적이 되도록 유지하는 것이라는 주장을 함으로써 갈등에 대해 비현실적으로 이상적인 입장을 취하고 있다는 것이다. 이러한 인간관계론은 '조직 없는 인간(people without organization)' 이론이라는 비판을 받기도 한다.

5) 행동과학

인간관계론은 그 의미와 중요성, 그리고 참신함으로 1930년대에는 사회적으로 큰 반향을 불러일으키긴 했지만 당초의 기대에 크게 미치지 못하였다. 초기의 인간관계론은 과학적 타당성의 결핍으로 인하여 이론적 근거를 명백히 제시할 수 없었으나 2차대전 이후 1940년대부터 급속히 발달하게 된 행동과학은 그간에 절실히 필요로 하던 근거와 체계의 문제를 어느 정도 해결해 줄 수 있었다.

행동과학(Behavioral Science)이란 인간의 행위 또는 행동에 대한 일반이론의 수립을 목표로 여러 인문사회과학 분야, 예를 들면 심리학 · 사회학 · 인류학 등 여러 학문들에서 이룩된 행동연구를 하나의 통일적인 이론체계로 종합하려는 학제적 접근법(interdisciplinary approach)이다. 이러한 행동과학은 경영학에서 사람과 관련한 정교한 지식체계에 대한 절실한 바람과 결합하여 조직에서 인간행위를 대상으로 연구하는 조직행위론(Organizational Behavior)의 이론적 기초를 이루고 있다[Luthans, 2002].

행동과학은 두 가지의 기본요건을 갖춤으로써 이론적 근거를 갖게 된다. 하나는 인간행위를 연구대상으로 해야 하고, 또 하나는 과학적 접근법을 적용해야 한다는 것이다. 특히 과학적이어야만 하는 이유는 개인의 주관이 개입되지 않은 객관적인 방법으로 수집된 실증적 증거에 의거하여 인간행위에 관한 일반화를 시도하는 데 행동과학의 학문적 목적이 있기 때문이다.

행동과학이 주는 몇 가지 시사점을 살펴보면 다음과 같다. ① 조직구성원들은 기본적으로 사회적 욕구에 의해서 근무의욕이 유발되며, 다른 사람들과 어울려 지냄으로써 자신의 존재를 확인한다. ② 조직구성원들은 경영자의 금전적 인센티브, 규칙 및 규정보다는 동료들의 사회적 영향력에 더 많이 반응한다. ③ 조직구성원들은 자신들의 욕구를 충족시키는 데 도움이 되는 경영자에 호응한다. ④ 조직구성원들은 성장 · 발전하며, 높은 수준의 자존심에 대한 강한 욕구를 가지고 있으며, 그리고 결과적으로 조직에 적극적으로 참여하려고 하는 경향이 있다. ⑤ 인간은 자아실현을 추구하는 사회적인 존재이다. 따라서 직장에서 종업원들은 사회적 관계에 있어서 만족을 찾으려고 하고, 집단의 압력에 반응하며, 개인적인 성취를 이루려고 한다.

이러한 행동과학은 인간관계론과 유사한 성격을 띠고 있기 때문에 이에 대한 비판도 대부분 인간관계론에 대한 것에서 비롯되지만, 그에 더하여 행동과학의 방법론면에서도 많은 비판을 받는다. 방법론에 대한 비판은 무엇보다 행동과학이 근거하고 있는 가정이 실제에서 언제나 타당한 것은 아니라는 것이다. 작업조건의 향상이나 경영자의 인간관계기술이 언제나 생산성을 증가시키지는 않으며, 테일러가 믿었듯이 업무의 경제적인 측면 역시 종업원들에게는 중요하다는 것이다. 이것은 비록 종업원들이 우호적인 동료들과 일하는 것을 좋아하기는 하지만, 봉급이 낮으면 결근이나 이직이 증가하게 된다는 것을 보면 알 수 있다. 그리고 업무와 관련된 인간적 측면은 행동과학을 주장했던 사람들이 예상하였던 것보다는 훨씬 더 복잡하기 때문에 과학적인 실험을 통해서 인간의 문제를 연구하는 데는 한계가 있음을 지적하고 있다. 그러나 이러한 비판에도 불구하고 행동과학이 뒷받침하는 여러 가지 조직개발기법들이 인간존중경영의 전기를 마련하는 데 커다란 공헌을 했다는 점은 의심할 바 없는 사실이다.

3 시스템적 접근

1) 시스템이란?

복잡하고 다양한 기업의 경영활동들을 포괄적 · 체계적으로 이해할 수 있도록 해주는, 세상을 바라보는 렌즈(lens)로서의 유용성을 갖는 것이 시스템이란 개념이다. 시스템적 접근(system approach)이란 시스템의 기본속성을 이용해 복잡한 경영현상을 설명 · 분석하는 방법이다.

우리들은 일상생활 속에서 시스템(system)이라는 용어에 익숙해져 있다. 이처럼 시스템이라는 용어를 자주 사용하고 있으나, 막상 시스템이란 무엇이며, 시스템의 개념에 기초한 기업경영시스템이란 무엇인가라는 질문을 받게 되면 쉽게 대답하기 힘들다. 따라서 기업경영시스템의 기초로서 일반적인 시스템 개념에 대해 알아보는 것이 필요하다.

시스템 개념이 적용되는 범위는 매우 넓다.[6] 시스템 개념은 은하계 · 태양계와 같이 우주의 생태를 지칭하는 경우에 적용되며, 우리들이 일상생활을 하면서 보게 되는 시계 · 자동차 · 자동온도 조절장치 · 컴퓨터 등과 같은 기계적 장치에도 적용된

6 보울딩(K. E. Boulding)은 시스템을 복잡성의 정도에 따라 9단계로 분류하고 있다. 즉 ① 우주의 생태와 같은 정태적 틀, ② 미리 결정된 동작을 취하는 기계, ③ 자동온도조절장치와 같은 통제메커니즘, ④ 세포와 같은 자기유지 구조, ⑤ 유전성을 지닌 식물, ⑥ 이동성을 지닌 동물, ⑦ 사고능력을 지닌 인간, ⑧ 상호작용하는 개인들로 구성된 사회조직, 그리고 ⑨ 궁극적이며 절대적인 초월적 체계를 제시하고 있다[Boulding, 1972].

다. 또한 다양한 식물이나 동물 · 인간 등과 같은 유기체 또는 생물에도 시스템 개념을 적용할 수 있으며, 더 나아가 수많은 개인들과 집단들로 구성되는 사회 및 기업 · 교회 · 병원 등과 같은 조직에도 적용된다.

이렇듯 일반시스템 또는 시스템이라는 개념은 적용되는 범위가 광범위하지만, 이들 모두에 공통적으로 적용되는 시스템 개념이 존재하고 있다. 즉 전체는 상호 관련된 부분들의 집합(sets)이라 할 수 있지만, 그렇다고 전체가 부분들의 단순한 집합은 아니라는 점이다. 예를 들어 우리들이 인간을 하나의 생물학적 시스템으로 간주한다면, 인간은 골격 및 근육기관 · 신경기관 · 소화기관 · 순환기관 등 상호 밀접한 관련성을 지닌 하부기관들로 구성되어 있다. 그렇다고 이들 각 기관의 단순한 합이 인간이 되지는 않는다. 전체로서의 인간은 단순한 합 이상의 의미인 사고능력을 지닌 생명체, 또는 하나의 인격체로서 인식된다. 따라서 시스템이란 부분들의 단순한 집합 이상의 의미를 지니는 상호 관련된 부분들의 집합, 또는 복잡하지만 통일된 전체를 이루는 부분들의 집합이라 정의할 수 있다[Koontz & O'Donnell, 1976].

시스템 개념에 기초함으로써 복잡한 사회현상이나 경영현상을 포괄적 · 체계적으로 이해할 수 있다. 예를 들어 우리가 자동차의 전문가가 아니라면 자동차라는 기계시스템을 하나의 전체로서 이해하기가 힘들다. 그렇지만 자동차를 구성하는 엔진과 같은 동력장치, 차축과 타이어와 같은 구동장치, 그리고 핸들과 같은 조향장치 등으로 체계적으로 나누어 분류한다면 전체로서의 자동차를 이해하는 데 많은 도움을 얻을 수 있다.

시스템 개념에 기초해 기업의 경영현상을 연구하면, 무엇보다도 복잡한 경영현상을 체계적인 기준에 따라 분류해 인식할 수 있다. 인간의 인지능력은 한계가 있으므로, 이와 같은 분류기준이 없다면 복잡한 경영현상을 도저히 이해할 수 없기 때문이다. 또한 전체와 부분의 관계는 물론 전체에 속한 하위부분들 간의 관계를 이해할 수 있다. 특히 복합적인 성격을 지니고 있는 기업경영이라는 시스템의 경우, 전체를 파악하는 단일관점이 존재하기 힘들기 때문에, 연구자들이나 경영자들이 기업을 보는 다양한 관점을 폭넓게 가질 수 있도록 도움을 준다.

2) 시스템의 속성

일반시스템의 속성으로는 여러 가지가 논의되고 있지만, 여기서는 그중 가장 기본이 되는 시스템의 목표지향성, 환경적응성, 분화와 통합성, 투입-전환-산출의 메커니즘에 대해 살펴보기로 한다.

시스템의 속성

① 목표지향성
② 환경적응성
③ 분화와 통합성
④ 투입-전환-산출 과정

(1) 목표지향성

어떤 시스템이든 그것이 시스템으로서 기능하기 위해서는 목표지향성을 지녀야 한다. 예를 들어 식물이나 동물 등 생물시스템의 목표는 생존과 번식이라 할 수 있으며, 인간의 경우에는 생리적 생존의 목표에 덧붙여 안전 추구욕구, 소속 및 애정 추구욕구, 존경 추구욕구, 그리고 가장 고차원적인 욕구로서 자아실현 추구욕구를 가진 존재로 이해되고 있다[Maslow, 1943 : 370-396]. 또한 자동차나 컴퓨터와 같은 기계시스템들도 비록 인간에 의해 부여되기는 했지만 자신들의 고유한 목표를 지니고 있으며, 이러한 방향에서 시스템의 각 하위부분들이 기능하고 있다. 기업조직에 해당되는 기업경영시스템 역시 재화와 용역의 생산을 통한 이윤의 창출 등과 같은 고유의 목표를 지니고 있다.

(2) 환경적응성

시스템은 자신을 둘러싸고 있는 환경과 부단한 상호작용을 하고 있다. 예를 들어 사람들은 식사라든가 호흡을 함으로써 끊임없이 환경으로부터 에너지를 흡수하면서 환경의 영향을 받기도 하며, 반대로 환경에 영향을 미치는 행동을 하기도 한다. 만약 환경과의 끊임없는 상호작용 속에서 시스템이 자신을 둘러싼 환경에 적응하지 못하면, 시스템으로서의 발전이 저해되고 생존의 위협을 받게 된다. 이것은 추운 지방에 살던 사람이 아무런 준비 없이 갑자기 무더운 사막지방에 가게 되면, 그 기후에 적응하지 못하여 몸이 아프거나 병에 걸리는 것과 같다.

이처럼 시스템은 환경과의 부단한 상호작용 속에서 환경적응성을 지녀야 한다. 특히 환경적응성을 강조할 경우 우리는 기업을 개방시스템(open system)이라 부른다. 이는 기업을 환경과 끊임없이 상호작용하는 열려 있는 조직체로서 인식하는 개념이다. 환경과의 상호작용은 자기보존의 근본이기 때문에 이러한 교환은 시스템의 생명과 형태를 유지하는 데 매우 중요하다. 이에 비해 폐쇄시스템(closed system)은 환경으로부터 시스템이 격리되어 외부의 영향을 받지 않는 시스템을 말한다. 폐쇄시스템의 예로는 타워(tower), 교량, 그리고 미리 정해진 동작만을 되풀이하는 시계와 같은 것들을 들 수 있다.[7]

(3) 분화와 통합성

시스템은 분화와 동시에 통합적인 성격을 지니고 있다. 앞서 시스템의 예를 들어 알 수 있듯이 인간은 골격 및 근육기관, 신경기관, 소화기관, 순환기관 등으로 구성되어져 있는 생물시스템이며, 자동차는 엔진이라는 동력장치, 차축과 타이어라는 구동장치, 핸들이라는 조향장치 등으로 구성된 기계시스템이다. 이처럼 전체로서의 하나의 시스템은 여러 개의 하위부분들로 이루어져 있는데, 이들 하위부분 각각을 하위시스딤(subsystems)이라고 한다. 이때 하위시스템은 전체시스템과 유사한 특성을 나타내며, 또한 다른 하위시스템들과 상호작용하게 된다.

하나의 전체시스템이 여러 개의 하위부분 즉 하위시스템으로 분화된다는 속성뿐만 아니라, 그것이 다시 하나의 전체로서 통합된다는 속성 또한 매우 중요하다. 즉 전체시스템은 하위시스템이라는 부분의 합 이상이며, 하위시스템은 자신을 포함하고 있는 전체시스템이 없을 경우에는 존재할 수 없고, 다른 하위시스템과의 밀접한 상호의존성을 토대로 전체시스템으로 통합되는 속성을 지니고 있다. 이러한 속성은 시스템의 유지와 발전을 위해 반드시 시너지(synergy)[8]를 가져야 한다는 점을 시사해 준다.[9]

---

7 또한 하나의 시스템이 존속 · 성장하기 위해서는 외적인 환경과 상호작용하면서 동태적 균형(dynamic equilibrium)을 유지해야 한다. 이러한 동태적 균형의 유지가 시스템의 존속에 필수적이므로, 시스템은 안정과 적응을 위한 다양한 메커니즘을 지녀야 한다. 예를 들어 시스템은 자신이 소비하는 것보다 더 많은 에너지를 환경으로부터 받아들임으로써 시스템이 해체되거나 소멸되는 것을 방지하는 과정을 거치게 되는데, 이를 부(負)의 엔트로피(negative entropy)라 한다.

8 여기서 시너지란 시스템 내 부분(하위시스템)들이 결합되거나 조정된 행동이, 부분들 각각이 독립적으로 행동한 것보다 더 많은 결과를 성취하는 상태를 지칭한다[Higgins, 1994 : 59-62].

9 하위시스템들이 유기적으로 통합되는 방식에 대해서는 알기 어렵지만, 상이하게 결합된 시스템들이 동일한 결과를 산출할 수 있다는 것이 바로 이인동과성(異因同果性, equifinality)이다. 이인동과성이란 동일귀착성이라고도 하는 것으로서 개방체계하에서는 어떤 동일한 목표에 도달하는 데 여러 가지 수단이 존재할 수 있다는 점을 암시한다[Katz & Kahn, 1966 : 19-26].

(4) 투입–전환–산출 과정

시스템의 활동은 일반적으로 외부환경으로부터 투입물(inputs)을 받아들여 내부 전환(변환)과정(transformation process)을 거쳐 산출물(outputs)을 만들어 내는 투입–전환–산출 과정으로 이해할 수 있다. 예를 들어 식물의 경우, 빛과 이산화탄소와 물을 투입물로 받아들여 광합성이라는 전환과정을 거쳐, 필요한 에너지와 산소라는 산출물을 만들어 낸다. 기업이라는 시스템도 원자재 · 인적 자원 · 에너지 · 재무자원 · 정보 등의 투입물을 받아들여, 전환과정을 통해서 제품 또는 서비스 형태의 산출물을 만들어 낸다. 그리고 외부로 배출된 산출물은 피드백(feedback) 과정을 통해서 시스템의 다음번 순환과정을 위한 투입물이 된다. 이러한 과정은 시스템의 생명을 지속적으로 보전하기 위해 반복된다[Bateman & Zeithaml, 1991 : 63].

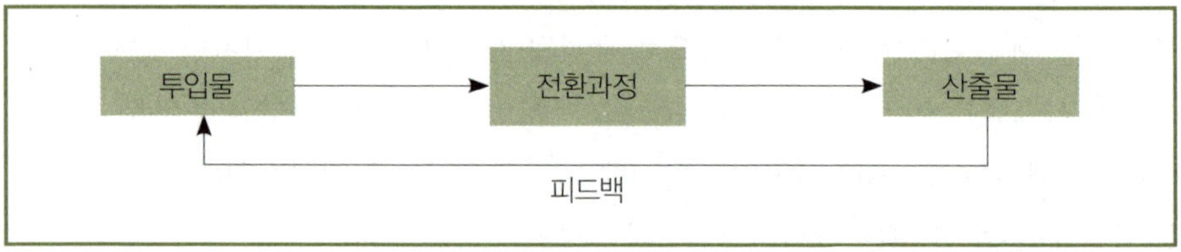

피드백이란 출력을 입력쪽으로 되돌리는 것, 되먹임이라고도 한다. 즉, 제어량(출력)을 검출해서 그 신호를 원래의 목푯값과 비교하여 출력이 적정한 값이 되도록 입력쪽으로 빼낸 값을 전달하는 경로를 말한다. 기업경영시스템에서의 피드백 기능은 원래의 투입물에서 전환과정을 거쳐 만들어진 산출물이 다음번의 더 큰 산출물을 만들어 내기 위해 필요한 투입물이 되는 것이다. 이처럼 시스템은 자신의 유지 · 존속을 위해 피드백이라는 자기통제 메커니즘을 지니고 있다. 시스템은 환경변화나 시스템 내부변화에 대응하여 안정을 유지하고 성장하기 위해 투입된 것과 산출된 것을 끊임없이 분석하고 조정하는 피드백 과정을 계속한다.

4 상황적합이론

상황적합이론(contingency theory) 또는 상황이론(situational theory)은 앞에서 설명한 시스템적 접근의 추상성을 극복하고 이를 조직이나 경영에 보다 현실적으로 적합하게끔 변형시킨 것으로 볼 수 있다. 상황적합이론에 의하면 조직은 하위시스템들 간의 적합관계와 조직 · 환경의 적합관계에 의해서 존재한다는 시스템적 입장에서 조직유효성(OE : Organizational Effectiveness)을 높이기 위해서는 하위시스템들 간의 적합관계, 조직과 환경과의 적합관계를 모색하여야 한다는 것이다. 상황적합이론에서는 복잡한 하위시스템들 중에서도 특히 조직유효성에 중요한 영향을 미치는 것들의 관계를 집중적으로 연구하는 경향을 보인다. 특히 조직구조시스템이 조직유효성에 중요한 영향을 미친다는 전제 아래 구조와 환경, 구조와 기술, 구조와 규모와의 관련성을 중점적으로 연구하기 시작하였다.

상황적합이론의 고유한 변수로는 다음 세 가지를 들 수 있다.

① 조직을 둘러싼 상황의 특성을 나타내는 일반적인 환경, 기술, 규모 등의 변수로 이를 상황변수라고 부른다.
② 조직의 내부특성을 나타내는 조직구조, 관리체계 등의 변수로 이를 조직특성 변수라고 부른다.
③ 조직의 성과 또는 능률 등을 나타내는 변수로 이를 조직유효성 변수라고 부른다.

상황적합이론과 관련된 연구는 전형적으로 위의 세 변수로 구성되어 있다. 이들 세 변수 간의 관계에 관한 상황적합이론의 기본적인 개념은 '적합(fit)' 또는 '부적합(misfit)'이라는 개념이다. 상황, 조직특성, 조직유효성이라고 하는 세 변수들 간의 관계에 있어서 상황과 조직특성의 적합여부가 조직유효성을 결정한다는 기본적인 생각을 갖고 상황과 조직특성 간의 적합관계를 다루려는 관점을 상황적합이론이라고 한다. 이를 다른 말로 하면 모든 상황에서 모든 조직에 유효성을 가져오는 유일한 이론은 존재하지 않는다는 것을 의미한다.

상황적합이론이 의도하는 바를 조직이 이용하는 기술과 직면한 시장환경의 두 가지 경우의 예를 통해 다시 한번 이해하여 보자.

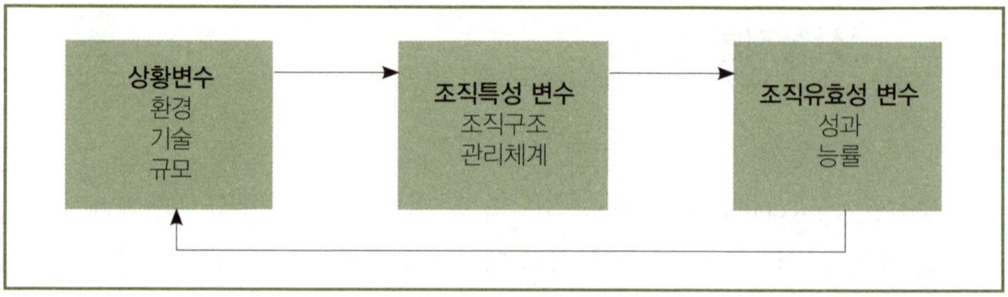

먼저, 버스회사의 업무수행기술과 TV제조회사의 업무수행기술을 생각해 보자. 버스회사는 운전사가 각각 독립적인 단위가 되어 서비스를 생산한다. 즉 운전사들은 앞 운전사의 일에 자신의 일이 영향을 받지 않는 상호 독립적인 관계이다. 반면 TV제조회사는 작업생산라인에서 근로자들의 업무가 앞사람의 작업이 끝나야만 자신의 일을 할 수 있는 상호 의존적인 상태로 TV를 생산한다. 이때 버스회사는 서비스생산에 있어서 업무의존성이 적고 운전사 개인의 운전기술에 많이 의존하고 있으므로 운전사에게 거의 모든 권한을 맡기는 조직구조가 유리하고, TV생산회사는 업무의 상호 의존성이 높고 표준화된 제품을 생산하여야 하므로 단순 반복적인 일에 적합한 조직구조가 유리하다.

다음으로, 전혀 다른 시장환경에 처해 있는 넥타이를 만드는 기업과 전기를 생산하는 전력회사를 생각해 보자. 이 두 기업이 처한 시장환경은 상당히 다르다. 넥타이를 만드는 기업은 넥타이의 디자인, 색상, 상표, 가격과 같은 소비자의 욕구변화가 심하고 수많은 다른 경쟁 넥타이회사가 존재하는 것이 일반적이다. 반면 전기를 생산하는 회사는 독점기업으로서 경쟁자가 없으며 소비자의 전기에 대한 욕구변화 역시 넥타이에 비해 안정적이다. 이 두 기업이 처한 환경에서 각 기업에게 상황적합한 조직구조는 어떤 것인가? 넥타이회사는 환경변화에 민감하게 반응할 수 있는 조직구조를 갖추는 것이 유리하고, 전기회사는 낭비를 줄이고 저렴한 가격으로 전기를 생산할 수 있는 조직구조를 갖추는 것이 가장 유리할 것이다.

이처럼 상황적합이론은 결국 어떤 상황에서든지 높은 경영성과를 달성하는 유일한 조직구조가 존재하지 않으므로 경영성과를 가장 높게 하기 위해서는 조직구조를 개별 상황에 따라서 달리 선택해야 한다는 시사점을 준다. 상황적합이론은 초기의 연구로부터 오늘날에 이르기까지 많은 발전을 거듭해 오고 있다.

5 조직수준 경영학이론의 생성 발전

경영학은 계속 발전하여 다양한 관점에서 확장되어 오고 있다. 1990년대부터는 조직이론(Organization theory) 접근법들이 접목되어, 기업목표나 기업사명의 달성을 위해 전략적 경영(Strategic management)을 강조하고 있다. 또한 거시경영론(Macro management)을 중심으로 환경을 중시하는 경영학이 발전하고 있으며, 지식경영(Knowledge management)을 중심으로 한 경영학 연구들이 나타나고 있다.

- 조직수준에서의 조직이론
- 전략적 경영의 관점
- 거시경영/기업과 사회 연구
- 지식경영의 등장

1) 조직수준에서의 조직이론

경영학의 연구관점이 확장된 추세의 일환으로 경영이란 과정 및 사람 문제뿐만이 아니라 조직 그 자체에 대한 연구가 필요하다는 주장이 조직이론가들을 중심으로 대두하였다. 조직을 연구하는 일군의 학자들은 조직의 분석수준에 연구의 초점을 두었다. 분석수준(level of analysis)이란 조직에서 어느 수준의 활동을 분석하는가를 말하는 것으로서 개인수준 · 집단수준 · 조직수준 등으로 나누어 볼 수 있다.

조직이론가들은 특히 환경(상황)과 관련하여 조직 전체수준에서의 연구의 필요성을 강조한다.[10] 조직 전체의 수준으로서, 조직은 여러 가지 상황 속에서 조직목표를 달성하기 위하여 상황에 적합한 행동을 하는가(시스템 구조적 관점), 기업의 경영자가 임의적으로 선택하는 전략적 선택행동을 하는가(전략적 선택 관점), 외부환경에 따라 그저 순응하는 행동을 하는가(자연적 도태 관점), 아니면 조직이나 인간이 권력을 중시하여 그들이 능동적으로 지배할 수 있는 영향영역 내지는 활동영역에 따라 집합적으로 행동하는가(집합적 행동 관점) 등으로 나누어 설명하기도 한다[Astley &

10 조직과 환경 연구, 조직이론 연구에 관한 자세한 내용은 신유근 외 공저(1999), 「신조직환경론」, 다산출판사 참조.

Van de Ven, 1983].

2) 전략적 경영의 관점

1973년의 오일쇼크로 세계 경제는 커다란 충격에 휩싸이게 되었고, 오일쇼크로 인한 불확실성의 시대를 맞아 기업들은 전략에 관심을 갖게 되었다. 이러한 전략적 관점에는 두 가지 서로 다른 시각이 있다. 하나는 1970년대에 출범한 산업조직론적 관점이고, 다른 하나는 1980년대에 나온 자원준거적 관점(자원기반관점, Resource based theory)이다. 산업조직론적 관점은 기업의 외부요인에 의해서 전략이 결정된다는 논리로서 기업의 내부에 대해서는 상대적으로 관심을 덜 기울인다. 이에 반해 자원준거적 관점은 기업이 보유한 자원에 의해 전략이 결정된다는 논리이다.

위와 같은 논리들이 발전하면서 전략적 경영론이 모습을 갖추어 가게 되었는데, 전략적 경영론이 추구하는 바는 주어진 환경에서 최적의 의사결정을 내리는 것이다. 그러나 전략적 경영에서의 의사결정은 단순히 주어진 환경에 순응하기 위한 의사결정만을 의미하지는 않는다. 이는 보다 적극적인 차원에서 환경을 변화시켜 나가는 과정이기도 하다. 이렇게 기업전략의 중요성을 인식하게 되면서 경영학 연구의 관점은 기존의 기능별 연구나 조직연구에서 전략적 경영론으로 확장되고 있다.

3) 거시경영/기업과 사회 연구

20세기 후반에 급속한 환경변화로 경영의 불확실성이 증대됨과 더불어 기업 간 경쟁이 더욱 격화되고, 세계화와 정보사회화가 급속도로 진전되자 기업들이 성공하기 위해서는 과거의 관리과정과 같은 기업의 내부기능 위주의 미시경영(Micro management)으로부터 벗어나 사회와의 관계 속에서 기업경영을 보는 거시경영적 시각을 가질 필요가 대두되었다. 거시경영(Macro management)이란 기업을 둘러싼 사회현상과의 상호 관련성 속에서 경영현상을 설명하려는 경영학의 새로운 연구분야이다[McFarland, 1986 : 16-17].

이러한 거시경영분야에서는 사회의 발전과 기업의 발전을 함께 도모할 수 있는 방향에서 주로 기업의 경영현상과 기업외부의 사회현상과의 상호 관련성 및 그 관계에 대해 연구한다. 예를 들어 기업의 사회적 책임과 윤리경영, 기업과 환경과의 관계, 기업과 타 기업과의 관계, 기업과 정부와의 관계 등을 연구하며, 이를 바탕으로 지속 가능한 기업의 역할과 기능, 그리고 이를 실천할 수 있는 조직차원에서의 경영시스템과 실행프로그램의 개발을 강조한다.[11]

4) 조직학습이론 및 지식경영론의 등장

사회의 전반적 시스템이 크게 변화하고, 또한 기존의 조직에 대한 많은 고정관념들이 변화되어 기업경영에서 그에 필요한 지식이 없이는 치열한 경쟁에 대응할 수 없다는 인식이 확산되고 있다. 드러커(P. F. Drucker)는 "과거 산업사회의 토지 · 노동 · 자본과 같은 전통적인 생산요소의 효용은 이제 한계에 이르렀고, 앞으로는 지식이 생산의 유일한 근원이다."라고 앞으로 부각될 지식사회를 강조하였다[Drucker, 1999]. 또한 21세기는 "지식이 부를 창조하는 열쇠가 되는 시대"이기 때문에 미래기업이 획득하여야 할 가장 중요한 자원이 지식이라는 것을 강조하는 학자도 있다[Teece, 1998].

지식자산의 중요성이 더욱 강조됨으로써 지식경영이 학계나 실무계에서 주된 관심사가 되고 있다. 지식경영(Knowledge management)이란 기업이 새로운 가치창출을 위해 조직 내·외부적으로 지식자산을 개발하고, 학습을 통해 전사적으로 확산되도록 하는 경영으로 정의할 수 있다. 혹자는 지식경영이라고 할 때 컴퓨터에 의한 데이터베이스 확충과 정보 인프라의 구축이라는 하드웨어식 지식을 강조하지만 그것은 잘못된 생각이다. 지식경영은 암묵적 지식을 기업의 구성원들에게 체화시킬 수 있는 형식적 지식으로 전환하여,[12] 구성원들의 지식자산 공유를 통해 기업경쟁력을 높이는 경영방식인 것이다.

---

11 기업과 사회와의 관계에 관한 상세한 내용은 신유근(2001), 「사회중시경영 : 기업과 사회」, 경문사 참조.

12 지식은 암묵지(tacit knowledge)와 형식지(explicit knowledge)로 구분할 수 있다[Nonaka & Takeuchi, 1995]. 암묵지는 경험이나 체험을 통해 개인에게 습득되어 있긴 하지만 겉으로 드러나지 않는 상태의 지식을 의미하며, 형식지는 문서나 매뉴얼처럼 외부로 표출되어 공유할 수 있는 지식을 의미한다.

제 3 장

경영의 관리과정과 경영시스템

1. 경영현상을 설명하는 접근법들
2. 조직시스템과 기업경영시스템 모형
3. 경영의 관리과정 접근, 시스템적 접근, 기능관리 접근, 의사결정과정 접근법의 통합

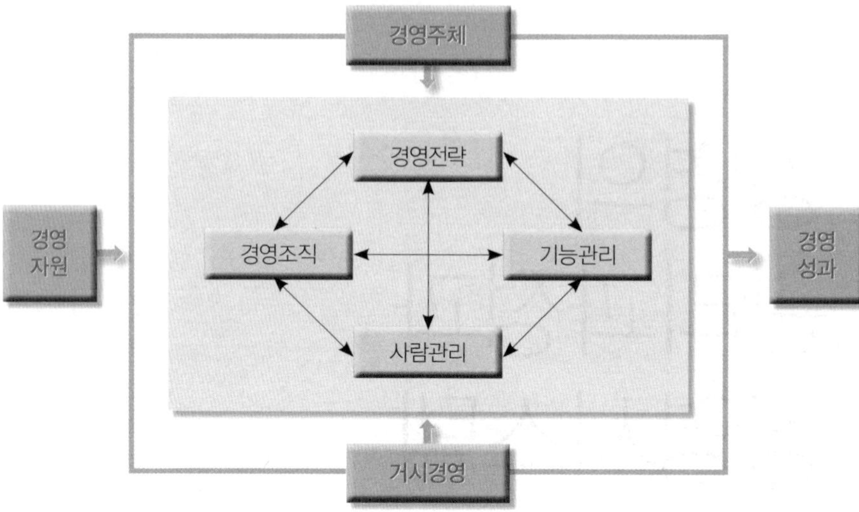
경영주체
경영전략
경영자원
경영조직
기능관리
경영성과
사람관리
거시경영

통제
계획
관리
과정
지휘
조직
충원

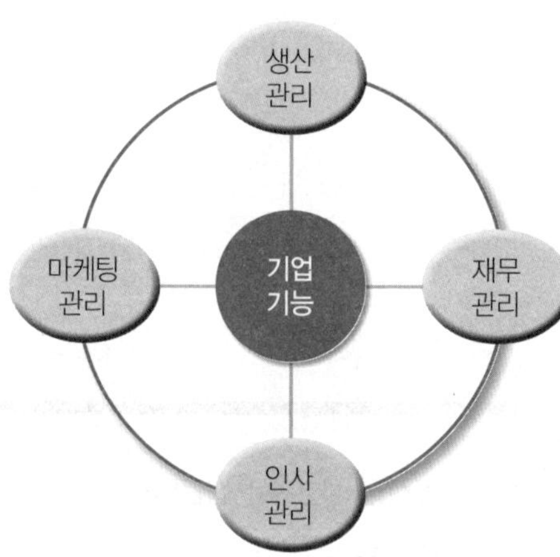
생산
관리
마케팅
관리
기업
기능
재무
관리
인사
관리

여러분들이 집을 짓는다고 가성해 볼 때, 집을 짓기 위해 이떻게 할 것인가?

여러분들은 먼저 집을 지으려면 어떻게 해야 하는지 사전에 필요한 자료를 조사하고 계획을 세울 것이다. 어떤 모양새의 집을 지을 것인지, 어디에다 집을 지을 것인지 등 집을 지을 설계도와 필요한 자금 및 건축 자재를 어떻게 조달할 것인지 등등에 대해 사전에 계획을 세울 것이다. 만약 계획을 세우지 않는다면, 매우 혼란스러울 것이다. 그리고 집을 지을 수 있는 전문인력과 작업자들을 구하는 등 실제 집을 짓는 일을 할 것이다. 집이 지어진 후에는 계획한 대로 집이 지어졌는지 아닌지를 점검하게 될 것이다. 이처럼 어떤 일을 할 때 우리는 계획하고, 계획한 것을 실행하고, 실행한 결과가 제대로 되어 있는지를 평가하는 과정을 거치는 것이 일반적이다. 기업이나 행정조직 등을 보아도 과정을 거쳐 경영활동을 하고 있는 것을 볼 수 있다.

조직이 목표를 달성하기 위해서는 재료를 구매하여 고객이 필요로 하는 재화(서비스)를 생산하고 판매하는 활동과정에 참여할 사람들을 채용하고 동기부여시키며 자금관리를 하는 등 재무, 인사, 생산, 판매의 각 기능들이 제대로 이뤄지도록 계획, 조직, 지휘, 조정, 통제하는 활동을 하는데 이것이 바로 경영이다.

경영이란 각 조직들이 인적 · 물적 자원을 잘 활용하여 좋은 산출이 나오도록 계획하고 필요한 조직을 짜고 구성원들을 지휘, 조정하면서 결과를 검토하고 통제해 나가는 일련의 활동인 것이다.

학습문제

Q1 관리과정 접근법의 내용은 무엇인가?
Q2 기능 관점 접근법의 내용은 무엇인가?
Q3 의사결정과정 접근법의 내용은 무엇인가?
Q4 시스템 관점 접근법의 내용은 무엇인가?

핵심용어

관리과정학파, 의사결정학파, 시스템 관점 학파

1 경영현상을 설명하는 접근법들

1) 경영의 관리과정과 관리과정학파

관리과정적 접근(management process approach)은 경영을 관리과정으로 보아 계획, 조직, 지휘, 조정, 통제 등의 순서에 따라 경영의 시작부터 끝까지 물 흐르듯이 순환하는 것처럼 설명하는 방법이다. 이러한 관리과정에 대한 논의는 페이욜(H. Fayol)을 중심으로 한 고전적 관리이론가들에 의해서 연구되기 시작하여 왔다.[1] 관리과정적 접근에 의해서 기술된 경영학원론의 예로는 미국의 경영학원론(흔히 'Introduction to Management/Principles of Management'라 불린다.)의 한 흐름을 들 수 있는데, 그 대표적인 예가 쿤츠(H. Koontz) 등의 저서이다. 그가 저술한 경영학원론의 목차를 살펴보면 경영이론과 경영과학의 기초, 계획(계획의 목적과 본질, 목표, 전략 및 정책, 의사결정), 조직(부문화, 라인 · 스탭의 권한과 분권화, 위원회와 집단의사결정, 조직문화), 충원(선발, 성과평가와 경력전략, 경영자와 조직개발), 지휘(동기부여, 리더십, 커뮤니케이션), 통제(통제 체계와 과정, 통제기법과 정보기술, 생산성과 운영관리), 국

1 관리과정학파들은 관리의 과정을 하나의 보편적인 과정으로 보고, 각 과정은 상호 유기적인 관련을 가지고 있는 '관리순환(management cycle)'으로 본다. 그리고 관리과정을 구분하는 방식에는 여러 가지 견해가 있다. 그중에 관리과정을 계획(Plan), 실행(Do), 통제(See)의 세 가지 과정으로 단순화시켜 나누기도 하는데 이를 PDS 방식이라고 한다.

내와 국제 환경의 도전(기업과 사회, 비교경영학)으로 되어 있다[Koontz & Weihrich, 1988].

쿤츠는 경영학원론의 내용을 다섯 가지 관리과정을 중심으로 하여 기술하고 있다.

① 계획(planning) : 계획은 기업의 목표를 달성하는 데 필요한 행동의 지침을 미리 결정하는 것으로 기업의 경영활동은 사전계획에 따라 수행되는 경우가 많다. 계획은 기업활동의 목표설정과 목표달성의 방법을 선택하는 의사결정으로, 경영자는 계획기능을 제대로 수행하기 위해 경영관리의 목표 수립, 경영목표의 구체적 설정, 경영전략 및 정책결정, 예산배분 등을 현실적이고 합리적으로 결정해야 한다.

② 조직화(organizing) : 조직화는 기업목표를 달성하기 위해 수립한 계획을 추진하기 위해 부서별로 수행할 직무를 확정하고 직무 상호 간의 관계를 규정하는 것을 말한다. 즉, 조직은 계획활동을 효율적으로 수행하기 위하여 목표를 구체화하고 기업구성원들에게 특정의 업무를 할당하며, 또한 직무를 수행하는 데 필요한 권한을 위양하고 책임을 부과하여 각 직위의 상호관계를 명확히 규정하고 체계화시키는 것을 의미한다.

③ 충원(staffing) : 충원이란 기업활동을 담당할 사람들을 확보하기 위해 이들을 선발, 배치, 육성하는 것과 관련된 관리활동을 말한다. 기업목표가 합리적으로 달성되도록 사람들의 협동적 노력을 체계적으로 조정 · 통합하여 수행하도록 하는 활동을 충원활동이라 한다.

④ 지휘(directing) : 지휘란 경영목표달성에 임직원들이 기여하도록 하기 위하여 기업이 의도하는 목표를 구성원에게 인식시키고, 이를 달성할 수 있도록 임직원들을 지도, 관리감독하는 등 영향을 미치는 활동이다. 경영자가 경영활동을 실행하기 위하여 구성원들을 지시 · 지도 · 감독하는 기능을 지휘라고 한다. 지휘는 동기부여, 리더십, 의사소통 등 사람관리와 관련이 많다.

⑤ 통제(controlling) : 통제는 경영활동이 사전에 설정된 계획대로 수행되도록 하는 관리활동이다. 즉, 미리 설정한 계획 및 표준과 일치하도록 경영활동을 검토 · 평가 · 수정하는 기능을 말하는데, 통제의 결과는 다음에 수립할 계획에 반영된다. 통제를 수행하기 위한 방법에는 예산통제, 원가관리, 직무평가 등이 있다.

관리과정적 접근에 의해서 기술된 경영학원론은 경영현상을 일련의 각 과정과 절차를 통해 일목요연하게 설명할 수 있다. 이러한 점에서 관리과정적 접근은 과제중심적 접근보다는 체계적이고 진일보한 기술방법이라고 할 수 있다. 그러나 관리

> 경영자는 실제 수행되고 있는 성과를 바라는 결과(계획했던 목표)와 비교하기 전까지는 각 부서들이 제대로 활동하고 있는지 알 수 없다. 효과적인 통제시스템은 각 활동들이 계획한 일정(공정)상에서 계획한 목표대로 달성되고 있는지를 정확하고 신속하게 파악할 수 있도록 해 줄 수 있으며 정확하고 타이밍 맞는 추가적인 의사결정과 조치를 취할 수 있다. 최근 많이 활용되고 있는 관리통제시스템은 ERP(Enterprise Resource Planning) 시스템이 있으며, 재무통제(financial control), 원가회계(cost accounting), 재무회계(financial accounting), 통계적 품질관리(quality control), 인사감사(HR Audit) 등이 대표적인 통제시스템이다.

과정적 접근은 앞에서 고전적 관리론을 비판할 때 사이몬(H. A. Simon)이 지적한 것처럼 그 요소가 서로 중복되고, 과학적 방법으로 그 이론적 근거를 제시하기가 어려운 약점을 가지고 있다. 또한 이러한 접근은 복잡다양한 경영현상을 지나치게 단순하게 분할함으로써 피상적이거나 현실성이 부족하다는 비판을 받는다. 즉, 관리과정적 접근은 중요한 기업활동기능인 물품을 생산하고 판매하는 활동, 재무활동, 그리고 정보관리와 같은 기업기능에 대한 구체적인 설명이 부족하다.

2) 의사결정과정과 의사결정학파

의사결정은 경영자(관리자)에 의해 행해지는 경우가 많아 경영관리자의 주요 역할이다. 의사결정과정은 문제의 인식, 대체안의 개발, 대체안의 평가 및 선택, 선택안의 실행과 같이 일련의 단계로 이해할 수 있다[Weihrich & Koontz, 1993 ; Gomez-Mejia 외, 2008 ; Robbins 외, 2009 참조].

① 문제의 인식 단계 : 제1단계는 경영자(의사결정자)가 해결해야 할 문제의 중요성을 인식하는 단계이다. 여기서 문제란 현재의 상태와 기대되는 바람직한 상태의 차이로 정의할 수 있다. 예를 들어 올해의 경영목표로 매출액 및 시장점유율을 전년대비 30% 성장으로 설정하고자 하는데, 경쟁사가 신제품을 개발 · 출시함으로써 오히려 자사제품의 시장점유율이 급격히 떨어질 위험이 있다든지, 생산부서와 영업부서 간에 상호 견제 및 마찰이 심하여 전반적인 경영업무가 원활하지 않게 된다든지 하는 등 해결할 필요가 있는 문제를 인식하는 단계이다.

② 대체안의 개발 단계 : 제2단계에서는 인식된 문제를 해결할 수 있으리라고 여겨지는 여러 대체안(alternatives)들을 개발한다. 이 단계에서 가장 중요한 것은 창의

성(creativity)이다. 향후 기업의 성공은 누가 더 많이 창의성을 발휘하고 혁신을 추진하는가에 달려 있다고 해도 과언이 아니다. 구성원들의 창의성을 개발시킬 수 있는 대표적인 기법으로는 브레인스토밍을 들 수 있다[신유근, 2005 : 345-349]. 브레인스토밍(brainstorming)은 영감법(靈感法)이라고도 불리는 것으로 몇 사람들이 모여서 팀의 리더가 제기한 문제에 대해 자연스럽고 자발적으로 유용한 아이디어를 많이 제시하여 여러 대체안을 찾으려는 방법이다.

③ 대체안의 평가 및 선택 단계 : 제3단계에서는 앞 단계에서 개발한 대체안들이 얼마나 문제 해결에 효과적이며, 현실적으로 실행 가능한가 하는 점을 고려하여 최종안을 선택하는 단계이다. 이를 위해 문제를 해결할 수 있는 대체안들의 목록을 작성하고 보다 폭넓고 구체적인 정보를 수집하여 각각에 대해서 긍정적 · 부정적 결과를 예측하고 최적의 대안을 선택할 수 있도록 여러 가지 합리적인 의사결정기법을 활용하거나, 의사결정자의 오랜 경험이나 직관 또는 감각을 활용한다.

④ 선택안의 실행 단계 : 제4단계는 여러 대체안 중 선택된 방안이 문제를 효과적으로 해결하도록 실천으로 옮기는 단계이다. 실행 단계에서는 선택된 방안의 문제 해결에 대한 기대효과를 감소시키는 요인들이 현실적으로 나타날 수 있기 때문에 이를 효과적으로 관리하여 기대효과를 얻을 수 있도록 하여야 한다. 이를테면 영업부서를 강화하기 위해 인사부서의 인력을 영업부서로 배치하려고 할 때 인사부의 직원들이 이에 대해 불만을 품거나 조직적으로 저항하는 현상들이 나타날 수 있는데, 사전홍보나 교육을 통해 문제점을 설명하고 재배치의 목적과 취지를 이해시키는 방법을 이용하기도 한다.

⑤ 결과의 평가 단계 : 마지막 단계에서는 실행된 선택안이 문제를 해결하는 데 있어서 소기의 목적을 달성했는지를 평가한다. 즉 해결대안을 선택할 당시에 예상되는 문제 해결효과와 실제의 해결성과를 비교해 봄으로써 성공여부를 평가할 수 있고, 차후 대체안의 변경이나 조정이 필요한가를 결정하기 위한 자료를 얻을 수 있다. 실행된 결과에 대한 평가가 제대로 이루어지지 않으면 의사결정과정으로부터 얻을 수 있는 시사점이나 교훈을 사장시킬 수 있다. 이렇게 되면 차후에 유사한 의사결정상황이 발생할 경우 언제나 백지상태에서 재출발해야 하는 낭비를 초래할 것이므로 정확하고 유용한 평가가 이루어지도록 해야 한다.

이러한 의사결정과정에 입각해 경영현상을 의사결정과정으로 보아 설명하는 접근을 하는 일군의 학자들을 의사결정학파라고 한다.

3) 경영의 하위기능과 기능 접근

경영의 개념을 기업에 한정하면, 기업만이 가지고 있는 고유기능들에 초점을 둘 수 있다. 이는 기업의 특수성을 고려하여 기능관리의 핵심대상이 되는 생산관리, 마케팅관리, 재무관리, 인사관리 등 기업의 주요 기능에 주목하는 입장이다.[2] 이러한 기업기능들에 초점을 두어 경영학원론을 기술하는 방법을 기업기능 접근(business functions approach)이라고 한다.

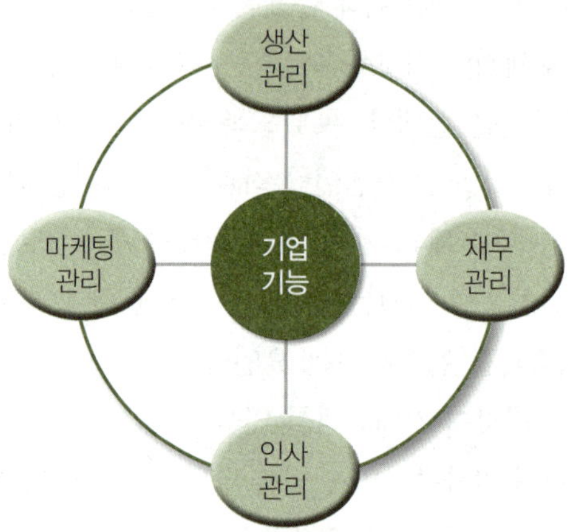

기업기능적 접근에 의하여 기술된 경영학원론은 미국에서 출간된 또 다른 흐름의 경영학원론(흔히 'Introduction to Business'라 불린다.)에서 많이 발견된다. 기업기능적 접근에 의하여 기술된 경영학원론의 대표적인 저서로는 스키너(S. J. Skinner)와 이반세비치(J. M. Ivancevich)의 것을 들 수 있다. 그들의 경영학원론 목차를 보면 사업(기업과 경제학, 기업소유양식, 기업가정신 및 중소기업), 기업환경(사회적 책임과 기업윤리, 기업 · 법률 · 정부, 국제기업), 경영과 조직(경영의 기본, 기업조직화, 생산관리), 인적 자원(인간관계론과 동기부여, 인적자원관리, 노사관계), 마케팅(마케팅전략, 제품과 가격, 유통, 판매촉진활동), 재무관리(자금과 금융, 자금관리, 투자, 위험관리와 보험), 회계와 정보시스템(회계 관행과 원칙, 경영정보시스템)들로 구성되어 있다[Skinner 외,

---

2 회계학(accounting)은 넓은 의미에서 경영학에 포함되지만, 그 중요성이나 포괄범위에 비추어 경영학과 가장 밀접한 별도의 분야 또는 학과로 취급하기도 한다. 많은 대학에서는 「경영학원론」과 함께 「회계원리」 등의 명칭으로 초급학년 때 기초필수과목으로 배우게 될 것이다.

1996].

생산관리(Production Management/Operations Management)란 기업이 재화나 서비스를 만들어 내는 데서 소요되는 원재료에 적절한 기술적 가공을 통하여 그 가치를 증대시켜 제품을 만들어 가는 활동을 말한다. 마케팅관리(Marketing Management)란 기업이 만들어진 재화나 서비스의 가격을 책정하고 판매를 증대하기 위한 노력을 기울이며 제품의 판매경로를 결정하는 활동을 의미한다. 재무관리(Financial Management)는 기업이 생산, 판매, 기타의 활동에 소요되는 자본을 조달하고, 이를 관리하며 운용하는 활동을 말한다. 인사관리(Personnel Management/Human Resource Management)는 기업이 생산, 판매, 기타의 활동에 필요한 인력을 확보, 평가, 개발, 보상, 유지하는 활동을 뜻한다.

이러한 기업기능들은 기업에서 한꺼번에 모두 생겨난 것들은 아니다. 제조기업의 예를 들어보면 기업이 창업되고 나서 가장 먼저 필요한 기능이 물품을 생산하고 판매하는 것이기 때문에 생산과 마케팅 담당기능으로의 분화를 1차적 분화라고 한다. 그리고 재무 및 인사 관리기능은 생산과 마케팅의 두 가지 활동을 조성하여 주는 활동으로, 기업이 어느 정도 성장하고 나서 분화되는 2차적 분화의 산물로 생겨나는 기업기능들이다. 이들 기능들은 서로가 밀접한 관련성을 가지게 된다. 재무활동을 통해 조달되는 자금은 비단 생산부문뿐만 아니라 마케팅(판매)부문에서도 쓰이게 마련이고, 또한 인사활동을 통해 채용된 사원은 비단 생산부문에만 배치되는 것이 아니라 마케팅부문이나 혹은 다른 부문에도 배치된다. 때문에 생산 · 마케팅 · 재무 · 인사라고 하는 4대 기업기능은 기업목표를 달성하는 데 없어서는 안 될 활동이므로 사실상 어떤 활동이 더 중요하다고 말할 수는 없다.

현재 대부분 우리나라 대학에서 경영학에 대한 연구 및 교육 체계는 미국 경영학제도의 영향을 받아 이러한 기업기능적 관점에 기초하고 있다. 이를테면 경영학을 생산관리, 마케팅, 재무관리, 인사관리와 함께 정보시스템, 회계학 전공 등으로 나누어 연구 · 교육하고 있다. 이와 같이 기업조직에서 필요한 핵심적인 기능을 중심으로 경영의 개념을 규정짓는 방법은, 각각의 기업기능별로 전문화와 특화를 할 수 있다는 장점을 갖는다. 그리고 위의 예에서 볼 수 있는 바와 같이 기업기능적 접근에 의한 경영학원론의 접근은 기업의 경영활동을 구체적으로 설명해 줄 수 있다는 점에서는 관리과정적 접근보다 더 현실적이라고 볼 수 있다.

그러나 이러한 접근법은 최근에 들어서 그 중요성이 더욱 커지고 있는 지식의 포괄성이나 기존의 전문지식을 대체 · 보완할 수 있는 새로운 지식이나 경험의 중요성을 간과하는 문제점이 있다[Pfeffer, 1994 : 64-66]. 또한 기업기능적 접근은 전체적인 조직수준에서 다루어야 하는 부분을 빠뜨릴 수 있다. 이를테면 조직문화나 경영전략과 같이 경영현상을 전체적으로 설명할 수 있는 중요한 영역들이 위의 예에서 보듯이 누락되기도 하는 것이다. 그리고 기업기능적 접근은 경영학이 기업만을 위해 존재하는 학문이라는 비판을 받게 하기도 하며, 각 기능 간에 두터운 벽을 쌓게 하여 개별 기업기능을 분절적으로 이뤄지게 할 수 있다는 한계점이 지적되고 있다. 따라서 보다 심층적이고 전문적인 기업기능은 대학의 상급학년에서 「경영학각론」을 통해 배우고, 경영학원론에서는 그 개요를 이해하는 데 주력하는 것이 바람직할 것이다.

4) 시스템적 접근과 시스템 학파

시스템 개념을 경영학 연구에 적용하게 되면 경영현상의 복잡한 구성내용을 일목요연하게 알 수 있다. 시스템적 접근을 통해 경영학원론에 포함시켜야 할 핵심내용들을 '나무(부분)'는 물론 '숲(전체)'도 볼 수 있게 된다. 시스템적 접근이란 시스템 대상을 파악할 때, 여러 가지 관련된 구성 요소와 이들 간의 상호작용뿐만 아니라 외부환경과의 상호작용을 고려하여 대상 전체를 하나의 시스템으로 파악하는 과학적 접근법이다. 문제의 복잡성을 줄이기 위해 상호 관련된 하위문제(구성요소)로 나누어 하나씩 풀어가면서 전체적인 문제의 해결을 시도하는 관점이다.

- 전체 기업경영시스템을 몇 개의 분석 가능한 하위시스템으로 구성함으로써 경영현상의 체계적 · 포괄적 설명이 가능함.
- 경제학과 달리 기업경영시스템을 투입-전환-산출 과정으로 봄으로써 전환과정에 큰 비중을 두게 됨.
- 경영성과를 종속변수로 하여 조직과 환경과의 적합(fit)관계를 실증적으로 설명할 수 있음.
- 보완과제 : 분화와 통합의 순환논리에 대한 설명의 필요성

기업경영을 시스템적 관점에서 연구하게 되면 전체 경영시스템을 몇 개의 분석 가능한 하위시스템(subsystems)으로 분류하기 때문에, 전체시스템(total system)을 분화 또는 분할하는 것이 가능하여 경영학의 내용을 체계적으로 그리고 포괄적으로 설명할 수 있다는 장점이 있다. 예를 들어 경제학에서는 기업시스템을 최소한의 비

용(투입요소)으로 최대의 성과(산출요소)를 내기 위한 조직체로 설명하면서 그 전환과정으로서의 하위시스템에 대해서는 아무런 설명을 하지 않고 있다. 그러나 시스템적 관점에서는 기업경영시스템(넓은 의미에서 경영관리)을 '투입–전환–산출' 과정으로 설명함으로써 기업경영의 전체흐름을 체계적으로 파악할 수 있게 함은 물론이고 기업목표를 성공적으로 달성하는 데 어떤 하위시스템들이 필요한지를 알려준다.

시스템론자들은 경영을 연구하는 데 있어 전체를 같이 보며 전체는 단순한 부분의 합 이상이라고 본다. 이러한 차이는 분석적 사고와 종합적 사고의 차이라고 할 수 있다. 한 경영시스템 전문가는 다음과 같이 말하고 있다. "분석적 사고는 밖에서 안을 보는 것이고, 종합적 사고는 안에서 밖을 보는 관점이다. 두 관점 모두 상대방을 부정하지 않는다. 하지만 종합적 사고로 경영을 봄으로써 우리는 분석적 사고로는 볼 수 없었던 많은 것, 즉 종합적 현상들을 알게 될 것이다"[Ackoff, 1973 : 664].

시스템적 사고가 전체시스템의 입장을 항상 고려할 것을 요구하고 있지만 실제로 그렇게 하기에는 어려운 문제도 있다. 하위시스템들을 하나로 묶어 연결해 주는 통합모형을 이론적으로는 완벽하게 구성할 수 있다 하더라도 실천상의 의미는 매우 제한될 수가 있다는 것이다. 이러한 문제점에도 불구하고 시스템적 접근법은 타 접근법에 비해 보다 통합적이고 전체적인 시각을 제공한다는 장점이 있다.[3]

5) 주제(이슈)별 접근

경영학원론의 기술방법으로서 주제별 접근이란 경영학원론의 저자가 관심을 두고 있는 경영현상을 저술하는 방법이다. 어떠한 이론체계나 모형을 특별히 설정하지 않고 경영을 하는 데 반드시 필요하고 또 중요하다고 생각되는 것을 주제별로 선별하여 집중적으로 설명하고자 하는 것을 주제별 접근(topics approach)이라 한다.

주제별 접근에 의해 경영학원론을 저술한 책의 주요 내용을 예로 들어보기로 하자. 그 하나의 예로는 주요 목차가 기업경영 전체의 모습, 환경경영, 경쟁전략, 사

3 경영학을 원론적으로 이해하기 위해서는 일단 복잡한 경영현상을 어느 정도 단순화시켜 재분류(regrouping)해 보는 것이 유용하기 때문에 시스템적 접근법의 매력을 찾아볼 수 있다. 경영학원론을 시스템적 접근에 의해 서술한 책을 쉽게 찾아보기는 어려우나 대표적으로 카스트(F. D. Kast) 등의 「조직과 경영」(*Organizations and Management : A Systems and Contingency Approach*, 1979)을 들 수 있다.

업구조전략, 국제화전략, 제도의 선택과 자본시장, 조직의 경영, 조직구조, 인센티브 시스템, 계획과 통제 시스템, 경영이념과 조직문화, 리더십, 모순과 발전의 경영, 학습과 심리적 에너지의 다이네미즘(dynamism), 패러다임 전환과 탈성숙화, 기업성장의 패러독스, 일본 기업시스템과 기업행동, 일본의 경영 등과 같은 체제로 이루어져 있다[伊丹敬之 · 加護野忠男, 1989, 經營學入門]. 또 하나의 예로는 경영학의 방법과 계보, 기업조직의 성립과 기업형태, 경영자의 직능, 기업과 환경, 경영의사결정과 정보, 경영사상의 흐름, 경영조직의 원리, 경영조직의 발전, 경영전략–경쟁제한전략, 경영전략–사업구조전략, 경영계획, 경영통제(컨트롤), 자금 조달과 운용, 경영 글로벌라이제이션과 일본적 경영 등의 내용으로 목차가 구성되어 있다[村松司叙, 1991, 現代經營學總論].

이렇게 주제별 접근으로 경영학원론을 서술하게 되면 현실에서 특히 부각되고 있는 경영의 주제를 담을 수 있으며, 그 시대에 꼭 필요한 개념을 알려줌으로써 시급하게 해결하여야 하는 경영문제를 중점적으로 취급할 수 있다는 장점이 있다. 그러나 이러한 접근법에 의한 경영학원론의 교육방법은 바람직해 보이지 않는다. 왜냐하면 경영학을 처음으로 배우는 사람들에게는 경영현상 전반에 대해서 체계적이고 포괄적으로 살펴볼 필요가 있는데, 주제별 접근으로 기술된 경영학원론은 매우 복합적인 성격을 보이는 경영현상을 저자가 보고자 하는 몇 가지 임의적이거나 '장님 코끼리 만지기 식'의 주제들만을 선택하게 될 수 있는 위험을 가지기 때문이다. 이러한 접근법에 의한 경영학원론은 자칫 사람들이 경영학을 정체성이 없는 학문이거나 몇 가지 중요한 문제들만을 다루는 분야로 오해할 수 있게 하는, 즉 숲(경영학 전반)을 보지 못하고 나무(경영학의 몇 가지 주제나 기법)만 보는 우를 범하게 할 수 있다. 또한 주제별 접근에 의해 기술된 경영학원론은 경영학을 처음 배우는 사람들에게는 저자의 전공분야에 대한 우월감과 전공이 아닌 다른 영역에 대해서는 비하하는 편견을 심어주는 결과를 초래할 수도 있다.

2 조직시스템과 기업경영시스템 모형

시스템적 접근법은 기업이라는 조직을 외부환경과 상호 의존관계를 맺으며 투입–전환–산출 과정(메커니즘)을 통해 자신을 유지 · 발전시키는 시스템으로 간주한다. 전환과정은 기업 전체의 목표를 달성하기 위해서 상호 관련되고 상호 의존적인 하위시스템의 집합으로 볼 수 있다.

이 책에서는 이와 같은 시스템적 접근법을 기업조직에 적용한 모형을 기업경영시스템이라 지칭한다.[4] 기업경영시스템은 기업이라는 조직과 그곳에서 벌어지는 경영활동을 체계적으로 설명하기에 용이하도록 재구성한 원론적 모형, 즉 원형(prototype)이다. 이러한 기업경영시스템은 시스템의 일반적 속성을 그대로 지니고 있으며, 여기에 현대적인 기업경영에서 강조하는 개념이나 이론, 원리나 원칙, 방법이나 기법 등을 알기 쉽게 설명할 수 있도록 필요한 구성요소를 추가적으로 보완한 모형이다.

기업경영시스템의 구성체계는 일반시스템적 접근법에 기초해 세가지 단계로 구상할 수 있다.

① 투입(input)과 산출(output) : 기업경영활동의 출발점과 종착점이 되는 투입요소(inputs)와 산출요소(outputs)를 기업경영시스템에서 경영자원과 경영성과로 구체화하는 단계이다. 제1단계에서는 경영자원이라는 기업경영을 위한 투입요소와 경영성과라는 산출요소에 대해 공부함으로써 기업경영시스템의 작동에 무엇이 필요한가, 그리고 무엇을 목표로 하는가에 대한 기초적인 이해를 할 수 있게 된다.

② 경영주체와 거시경영 : 투입요소(경영자원)를 산출요소(경영성과)로 만드는 전환과정(transformation process) 중 기업경영시스템을 운영하고 지배하는, 즉 지렛대 역할(leverage role)을 하는 경영주체와 거시경영의 개념을 도입하는 단계이다. 여기에서는 주로 최고경영자를 중심으로 한 경영주체 측면 및 조직과 환경과의 관계에 초점을 두고 있는 거시경영 측면을 알아보게 된다.

③ 기업경영의 하위시스템(subsystem) : 마지막으로 전환과정 중 기업경영시스템의 핵심이라 할 수 있는 네 가지 하위시스템을 살펴보는 단계이다. 이 단계에서는 경영자원이라는 투입요소를 경영성과라는 산출요소로 전환시키는 데 실행적 역할을 하는 경영전략, 경영조직, 혁신관리, 사람관리라는 하위시스템으로 나누어 살펴보게 된다.

---

4 조직이론에서는 기업조직에 시스템적 접근법을 적용한 것을 조직시스템(organization system)이라 지칭한다. 그러나 이러한 조직시스템의 개념을 이용할 경우 병원이나 군대 · 정부 등과 같은 사회조직과 기업조직을 구분하기 어렵다는 측면에서, 이 책에서는 기업경영시스템이라는 용어를 사용하고자 한다.

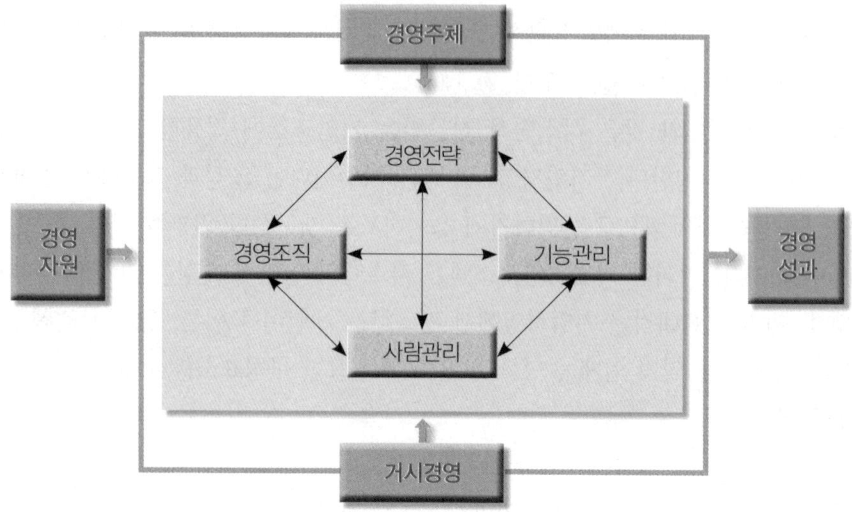

자료 : 신유근, 1996.

1) 경영자원과 경영성과

시스템적 접근법을 통해 기업경영시스템을 이해하기 위한 첫번째 단계는 경영자원이라는 투입요소와 경영성과라는 산출요소를 고려하는 것이다. 이미 시스템의 환경적응성과 개방시스템에 대한 논의에서 밝힌 바 있듯이, 기업경영시스템이 유지 · 성장하기 위해서는 기업외부로부터 자금 · 원료 · 인력 · 정보 등 다양한 자원의 유입이 원활히 이루어져야 하며, 이를 일련의 전환과정을 통해 기업 자체는 물론 사회가 필요로 하는 성과로 산출해야 한다.

(1) 경영자원

투입요소로서의 경영자원은 원활한 기업경영을 위해 반드시 필요한 기업외부의 자원이나 요소를 의미한다. 자원(resources)은 국가적인 관점에서는 부존자원으로 자국의 흥망을 결정하는 중요한 영향요인이 된다. 과거 광활한 사막뿐인 중동의 국가들이 매장된 석유발굴로 세계경제에 막대한 영향을 미치는 국가로 발전하게 된 사례는 자원의 중요성을 보여주고 있다.

여러 자원 중에서 우리가 관심을 가지고 있는 것은 기업경영을 위한 투입자원으로서의 경영자원이다. 경영자원(managerial resources)은 기업의 전환과정을 통하여 최종 산출물인 경영성과에 중대한 영향을 미친다. 즉 여기서 말하는 경영자원은 원활한 기업경영을 위해 반드시 필요한 기업 내·외부의 자원이나 요소를 의미한다.[5]

이와 같은 경영자원은 오래전부터 3M(Material, Money, Man)으로 불리어 기업경영에서 중시되어 왔다. 최근에 들어와서도 자원에 대한 개념은 많은 학자들에 의하여 관심을 불러일으키고 있는데, 다음에서는 여러 학자들의 의견을 종합하여 경영자원을 크게 유형자원과 무형자원으로 구분하고자 한다. 유형자원(tangible resources)은 주로 기업의 생산 및 서비스 활동에 투입되는 자원들로, 우리 눈으로 볼 수 있고 실체를 누구나 인식할 수 있으며 계량화하기 쉬운 자원들을 말한다. 한편, 무형자원(intangible resources)은 주로 기업이 생산 및 서비스 활동을 통해 얻게 된 자원들로, 우리가 볼 수 없고 실체를 인식하기 어려운 자원들을 말한다.[6]

유형자원은 물리적 자원, 노동력, 재무적 자원, 생산기술 등을 말한다.

① 물리적 자원(physical resource)이라 함은 전통적으로 토지, 공장, 기계 등과 같이 지대(rents)를 추구할 수 있는 자원을 의미한다. 이러한 물리적 자원은 기업의 생산에 본원적인 투입물을 구성하며, 기업이 생산활동을 함으로써 소비자에게 공급되는 재화의 구성물이 된다. 물리적 자원의 예로는 기업에서 사용되는 기계, 공장이나 공구, 그리고 기업의 지리적 위치, 원재료에의 접근성 등을 들 수 있다. 근래에 들어와서는 원활한 생산활동을 가능하게 해 주는 충분한 양의 용수나 공기 등과 같은 생태적 자원의 중요성이 더욱 커지고 있다.

② 유형자원으로서의 노동력(labor force)은 사람을 무형자원인 인적 자원(human resource)으로 보는 것이 아니라 작업현장에서의 인적 자원으로 파악하는 것이다. 따라서 경영자는 외부노동시장으로부터 우수한 노동력을 어떻게 확보할 것인가에 관심을 두게 된다. 이러한 노동력으로서의 인적 자원은 노동시장에서 확보할 수 있는

5 자원과 유사한 개념에는 자본과 자산이라는 것이 있다. 자원은 자본과 자산을 포함한 광의의 개념으로 기술발전에 따라 생산에 이용되는 것으로 정의된다. 반면, 자본(capital)은 전통적인 경제학에서 말하는 토지 · 노동과 함께 생산의 3요소 중의 하나로 구분되며, 새로운 영리를 위해서 사용되는 과거 노동의 산물을 의미한다. 자산(asset)은 자원 중에서 기업이 독점적 · 배타적으로 소유하고 활용할 수 있는 자원을 의미하며, 개인 또는 법인이 소유하는 토지 · 건물 · 기구 · 금전 등을 총칭한다.

6 이 책에서는 경영자원의 유형을 유형자원과 무형자원으로 나누고 있으나, 각각의 요소들을 볼 때 그 성격상 반드시 엄밀하게 구분되는 것은 아니다.

노동자의 수 등을 의미한다. 그러나 인적 자원의 경험 · 판단 · 지능 · 관계 등과 같은 사람들에게 체화된 스킬과 노하우 등의 지식은 무형자원으로 보아야 할 것이다.

③ 재무적 자원(financial resource)은 기업이 필요로 하는 자금을 의미한다. 재무적 자원은 전통적으로 화폐를 의미하였지만 오늘날에는 그것을 넘어서 주식회사가 발행하는 기업의 의결권을 행사할 수 있는 권리부 증권인 주식, 주식회사가 일반대중으로부터 비교적 장기의 자금을 대량으로 조달하기 위하여 발행하는 채권, 요즈음 급격히 그 중요성에 대한 인식이 높아지고 있는 선물 · 옵션 등과 같은 파생금융상품 등이 있다.

④ 생산기술(production technology)은 기업이 외부로부터 획득할 수 있는 생산방법으로서 생산 · 공정기술이나 생산시설을 만드는 기술 등을 의미한다. 예를 들면 기술개발전략이나 기술혁신전략 등 관리기법이나 생산기법으로서의 공정관리기법이나 공장자동화 등과 같은 것들이다. 그러나 첨단 과학기술과 같은 기초적인 기술은 무형자원으로 보아야 할 것이다.

무형자원에는 지식 · 정보 자원, 권한적 자원, 사회적 자원 등이 포함된다.

① 지식 · 정보 자원(knowledge and information resource)은 언제, 어디서, 누가, 얼마나 많이, 어떻게, 왜, 어떤 것이 영향을 주는가, 어떻게 이것들을 연관시킬 것인가, 어떤 형태가 있는가, 어떤 패턴이 발생하는가, 어떤 것이 더 많은 동기유발요인인가 하는 등의 질문에 답변해 줄 수 있는 지식과 정보를 말한다. 오늘날 지식 및 정보는 컴퓨터에 의해 주도되는 자동화된 경영방식의 발전에 커다란 영향을 미친다. 앞으로 기업이 외부의 지식과 정보를 얼마만큼 효율적으로 획득할 수 있느냐 하는 것은 기업사활의 관건이 될 정도로 중요하다.

② 권한적 자원(authorized resource)이라 함은 객관적인 실체가 보이지 않지만 그 대상을 확인할 수 있는 것을 말한다. 일반적으로 권한적 자원은 기업의 특허권 · 영업권과 같은 권리, 상표 이미지나 지적 재산권 등과 같은 것을 말한다. 기업이 외부로부터 이러한 권한적 자원을 획득하게 되면 초기에는 비용이 들겠지만 일단 자사의 것이 되거나, 자기가 직접 개발하게 되면 기업의 경쟁력을 제고시키는 데 핵심자원이 된다.

③ 사회적 자본(social capital)이라 함은 사람들 간의 관계 속에서 나타나는 것으로 재무적 자원과 인적 자원을 보다 경쟁력 있게 활용토록 하는 개념이다. 오늘날 사회적 자본이 중시되고 있는 이유는 현실적으로 재무적 자원과 인적 자원이 상대

적으로 풍부해져서 기업경쟁력의 원천으로서 큰 역할을 하지 못하게 되었으며, 경제발전에 따라 유사한 재화나 서비스를 제공하는 기업들이 많아지고 있기 때문이다. 사회적 자본의 예로는 인맥을 들 수가 있는데, 인맥을 통해서 기업을 운영할 때 공식적인 정보 이외의 다양한 비공식적인 지식과 정보를 획득할 수 있다.

이러한 경영자원들은 기업의 생존에 있어서 핵심적인 것으로 특히 그 자원이 희소하고 어떤 조직에 있어서 중요성을 가진 경우에 진가를 발휘하게 된다.[7] 기업경영에 있어 경영자원이 중요한 이유는 경영성공의 관건이 된다는 측면에서, 그리고 경영환경의 변화라는 측면에서 설명할 수 있다.

경영자원이 필요한 여러 가지 이유 중에 기업의 실정에 맞는 경영자원을 획득하고 잘 활용하는 것은 기업경영의 출발점이자 성공으로의 지름길이다. 예를 들어 기업들이 구조조정 방안으로 인력을 감축하여 일단 기업의 위기를 모면했다 해도, 대규모의 인력감축 때문에 필요한 사원을 적시에 공급받지 못하여 수많은 시장기회를 놓친 사례도 많다. 또한 생산설비는 확충했지만 원료수출국의 수출금지조치로 원재료를 확보하지 못해 도산하는 기업의 경우도 있다. 이러한 예에서 알 수 있듯이 기업경영의 영속성을 보장받기 위하여 기업은 필요한 경영자원을 반드시 확보하여야 한다.

(2) 경영성과

다음에서는 기업경영시스템 중 산출요소로서의 경영성과(managerial performance/business performance)에 대해서 알아보기로 하자. 앞에서 우리들이 저마다 인생에서 궁극적으로 성취하고자 하는 목표를 갖고 있는 것처럼 기업 역시 경영활동을 통해 성취하고자 하는 궁극적인 기업목표를 지니고 있음을 설명한 바 있다. 기업의 목표란 기업이 최종적으로 달성하려고 의도하는 성과나 결과, 또는 기업이 경영활동을 통해 실현하려는 최종의 도달상태를 지칭한다.

경영성과가 무엇인지를 알아보기 위해서는 4장에서 설명할 기업의 본질이 경제적 생산시스템과 사회적 협동시스템이라는 양면성을 지닌다는 점을 생각할 필요가

7 기업의 자원은 상대적 경쟁우위를 창출하기 위해서 자원이 얼마나 기업활동에 중요한가 하는 가치성(value), 부족한가 하는 희소성(scarcity), 다른 기업이 비슷하게 만들기가 힘든 모방불가능성(uncertain imitability), 유사한 다른 자원으로 바꿔서 사용할 수 없는 비대체성(sub-stitutability)의 속성을 가지고 있어야 한다[Barney & Zajac, 1994 참조].

있다. 즉 기업의 목표는 경제적 생산시스템의 기업본질에 근거하는 경제적 목표와 사회적 협동시스템으로서의 기업본질에 근거하는 사회적 목표로 구분된다. 기업이 경제적 생산시스템이란 점에서의 경영성과는 양적인 것을 강조하는 경제적 성과가 되고, 사회적 협동시스템의 관점에서는 경영성과가 질적 성과인 사회적 성과가 된다. 즉 기업이 경제적 생산시스템과 사회적 협동시스템이 양면적 속성을 지닌 것처럼, 경영성과 역시 상호 보완적인 관계를 지니고 있다는 것이다. 따라서 현대기업은 경제적 성과와 사회적 성과 중 어느 하나만을 추구하기보다는 양자를 균형 있게 추구하는 것이 바람직하다.

경영성과는 기업의 두 가지 목표인 경제적 성과와 사회적 성과에 따라 분류할 수 있다.

기업의 경제적 성과(economic performance)에는 이윤, 매출액, 시장점유율, 생산성, 수익성(투자수익률) 등이 포함된다.

① 이윤(profit)은 통상적으로 〈수익−비용〉이라는 수식을 통해 계산되는 개념이다. 이윤은 효율적이고 합리적으로 기업활동이 수행되어 산출된 제품이나 서비스가 시장에서 판매됨으로써 형성된 결과이다. 이러한 이윤은 주주에게는 개인적인 부를 축적하는 기회를 제공하고 기업에게는 사세확장을 위한 내부자금을 제공해 준다.

② 매출액(sales)은 이윤의 원천이 된다. 매출액이란 기업이 재화를 생산하여 고객에게 판매하거나 서비스를 제공하고 받은 금액을 말한다. 매출액이 늘어나면 수익이 증가하게 되므로 이윤의 증대에 기여할 수 있다. 다만 매출액을 늘리기 위해서 드는 비용이 매출원가보다는 적어야 한다.

③ 시장점유율(market share)이란 시장에서 팔리고 있는 같은 종류의 제품 중에서 어느 한 기업의 제품이 차지하고 있는 비율을 말한다. 일반적으로 시장점유율이 높아지면 종업원의 사기가 향상되고, 금융시장에서의 신용이 상승하며, 규모의 경제가 달성되기 쉬워지는 등의 이익이 생기게 된다. 또한 시장점유율이 큰 기업일수록 매출에 대한 이윤의 비율인 매출이윤율이 높아지고 가격에서 판매비가 차지하는 비율이 낮아지므로 제품차별화가 이루어지기 쉽고 다른 기업의 참여를 저지하는 데 유리한 시장구조를 형성하게 된다.

④ 생산성(productivity)은 투입과 산출의 비율을 말하는 것으로 이 비율이 클수록 생산성이 높다고 말한다. 생산성은 투입요소에 따라서 노동생산성, 자본생산성으로

나누기도 하는데 흔히 생산량이나 매출액을 기준으로 비교한다. 특히 노동생산성이란 종업원 1인당 부가가치 생산액(value added per employee)을 말한다. 어느 기업에서 이 수치가 높다는 것은 그만큼 노동력을 효율적으로 이용하여 부가가치를 많이 산출했다는 뜻을 내포한다.[8]

⑤ 수익성의 대표적인 지표로는 투자수익률을 들 수가 있다. 투자수익률(ROI : Return on Investment)은 투자한 자본의 기회비용과 새로운 투자안이 내포하고 있는 위험도를 고려하여 수익률을 계산한 것이다. 일반적으로 투자수익률이 높으면 그 투자안은 성장성이 인정된다. 성장성이란 경영활동에 참가한 사람들이 상호 이익을 증대시키며 다 함께 성장 · 발전한다는 가치를 내포하는 개념이다.

기업의 사회적 성과(social performance)에는 기업이미지, 사회적 공헌, 소비자 만족, 종업원 만족 등이 포함된다. 이러한 사회적 성과는 엄밀한 의미에서 계량적으로 측정하기가 어려운 점이 있지만 현대기업에게는 아주 중요한 기업의 경영성과이고, 기업의 장래를 좌우할 수 있다는 점에서 경영자가 관심을 기울여야 한다.

① 기업이미지(corporate image)란 기업에 대해 일반인들이 갖고 있는 호의적 · 비호의적 태도를 말한다. 즉 다양한 소비층이 기업에 대해 지각하고 있는 기업의 개성이다. 기업의 사회적 이미지가 좋아지면 소비자들이 그 회사 제품을 구매하도록 촉진하거나, 훌륭한 인재를 유입할 수 있다. 기업이 사회적 책임을 다할수록 기업의 사회적 이미지는 좋아지고 기업의 장기적인 사회적 존립기반을 확고하게 하여 안정적인 기업경영을 수행해 나갈 수 있게 된다.

② 사회적 공헌(social contribution/involvement)이란 기업이 주주는 물론 일반 시민 등과 같은 이해관계자의 요구나 기대에 부합하는 활동의 정도를 의미한다. 현대기업이 자신의 활동으로 인해 야기되는 사회적 이슈를 해결하고 더욱 증대하는 사회적 기대에 부응하지 못하면 기업은 이 사회에서 도태되고 말 것이다. 따라서 단순히 공해와 같은 환경문제를 야기하지 않는 등의 소극적인 활동뿐만 아니라 기업이 사회적 정당성을 얻어야만 경영활동을 계속해 나갈 수 있고, 고객들로부터 계속적인 지원을 받을 수가 있기 때문에 기업의 사회적 공헌활동은 중요한 것이다.

8 과거 경제학적 개념으로는 최소의 비용으로 생산성을 극대화시키는 것이 가장 바람직한 것으로 여겨졌다. 이때 중요한 것은 투입이나 산출의 절대적인 양이 아니라 산출 대비 투입(산출/투입)의 비율이 중요한 것이었으나 오늘날에는 기업의 성장과 발전에 기여할 수 있도록 산출, 즉 경영성과를 더 크게 만드는 방향에서 투입을 늘리는 방안도 바람직한 것으로 간주하기도 한다.

③ 소비자 만족(consumer satisfaction)이란 기업에서 제공하는 제품과 서비스에 대하여 소비자가 사전에 가지고 있던 기대와 실제로 이를 구입한 후 내리는 평가와의 차이로서 소비자가 제품이나 서비스에 대해 들인 비용에 비하여 사용 또는 경험 후 느끼는 혜택의 정도를 의미한다. 그런데 기업은 고객을 만족시켜야 기업의 생존기반이 마련되고 수익성을 제고시킬 수가 있으며 동시에 조직의 탄력성과 기업의 안정성을 얻을 수 있다.

④ 또한 기업은 조직 내에 속해 있는 종업원들에게 직무만족도를 높여주어야 한다. 직무만족(job satisfaction)은 자기 직무에 대한 호의적 태도를 말하는 것으로서 자신의 직무생활에 대해 긍정적인 감정을 가진 개인의 심리상태를 말한다. 직무만족은 높은 근로의욕을 갖게 할 뿐만 아니라 자기계발 노력을 촉구하고 조직목표 달성을 위한 공동작업에 자발적으로 참여하도록 하며, 창의성을 불러일으켜 개인성과의 향상에 긍정적인 영향을 미친다.

우리는 앞에서 기업의 경영성과를 경제적 성과와 사회적 성과로 나누어 살펴보았다. 그렇다면 기업은 일정기간 내에 이룩한 이러한 경영성과를 자의든 타의든 왜 평가를 받아야만 하는가?

첫째, 기업의 경영성과는 기업조직의 성공 또는 실패의 지표가 된다. 우리들은 흔히 경영성과가 좋은 기업, 예를 들어 과거에 비해 높은 매출성장률과 시장점유율을 보이는 기업, 선도적 기업의 위치를 오랜 기간 동안 유지하는 기업, 세계적인 사업망을 구축하고 있는 초대형 기업, 항상 기술혁신을 선도하는 기업, 내부구성원들 모두가 조직에 대한 일체감과 행복감을 느끼고 있는 기업, 사회로부터 존경과 명성을 받고 있는 기업을 성공기업이라 부른다.

둘째, 경영성과는 경영자의 보상을 위한 평가기준으로 이용된다. 특히 최고경영자의 경우에 있어서는 기업 전체수준에서의 경영성과에 대한 책임을 지고 있다. 따라서 해당 기업의 경영성과가 좋을 경우 최고경영자는 유·무형의 충분한 보상을 받게 되지만, 경영성과가 극히 나쁠 경우에는 퇴임이라는 고통을 감수해야만 한다. 이처럼 기업의 경영성과를 정확하게 평가함으로써 업무개선, 나아가서는 경영자가 기업의 가치창출에 기반을 둔 경영활동을 전개할 수 있는 것이다.

셋째, 경영성과는 경영자에게는 물론 종업원에 대한 모티베이션과 보상의 기준으로 활용된다. 즉 기업이 창출한 기업가치에 따라 경영성과를 체계적으로 측정하고 그에 따라 종업원들에 대한 공정한 보상과 승진 등의 인센티브를 제공함으로써 근로자의 근로의욕을 확대 재생산할 수 있다.

2) 경영주체와 거시경영

앞에서 설명한 바와 같이 시스템적 접근법을 통해 기업경영시스템을 이해하기 위한 2단계는 투입요소(경영자원)를 산출요소(경영성과)로 만드는 전환과정 중 기업경영을 운영하고 지배하는 원리, 즉 지렛대 역할을 하는 경영주체로서의 최고경영자와 경영환경에 대응하는 거시경영에 대해 살펴보는 것이다.

기업경영시스템의 운용 · 지배원리는 크게 두 가지의 관점에서 찾아볼 수 있다. 하나는 인간 및 조직의 행동을 포함한 경영시스템에 대한 경영주체(경영자)의 자유의지 또는 자유재량권을 강조하는 자발주의 또는 임의주의(voluntarism/omnipotent view) 입장이며, 다른 하나는 인간 및 조직의 행동을 포함한 경영시스템에 대한 환경의 영향력을 강조하는 결정주의(determinism/symbolic view) 입장이다. 전자가 최고경영자라는 주체의 의지를 중시하는 경영주체의 영역이라면, 후자는 경영환경과의 관련성을 중시하는 거시경영의 영역이다. 기업경영시스템에 대해 어느 쪽의 영향력이 더 클 것인지, 균형을 이룰 것인지는 기업이 처한 여러 상황에 따라 달라질 것이다.

(1) 경영주체

기업은 어떤 목표를 달성하기 위해서 만들어진 조직체이지만, 기업경영시스템 자체만으로 이러한 목표가 달성되는 것은 아니다. 기업목표의 달성과정에서 주체적인 역할을 수행하는 것은 결국 그 기업에 속한 사람들이며, 그중에서도 기업경영활동의 핵심적 역할을 수행하는 사람들은 경영주체로서의 경영자이다. 이런 면에서 경영주체로서의 경영자, 특히 기업 내에서 최종적인 의사결정을 수행하는 최고경영자를 강조한다.

경영주체와 관련해서는 먼저 기업의 창업과 기업가정신에 대해 알아두는 것이 중요하다. 창업은 어떻게 이루어지며, 성장기에는 어떤 노력이 필요한가, 기업을 성공적으로 창업하고 이끌어 나가기 위한 기업가정신의 요체는 무엇인가? 이러한 논의를 밑두로 하여 경영체제(기업지배구조)를 어떻게 구분할 수 있으며, 그에 따라 어떤 최고경영자 유형이 나타나게 되는가를 공부해 볼 필요가 있다. 그리고 최고경영자의 위상은 어떠한지에 대해 알아보아야 하며, 기업을 성공적으로 이끌기 위해서 현대기업의 최고경영자들이 어떤 역할을 수행하고 어떻게 리더십을 발휘하는 것이 바람직할 것인지에 대한 검토도 해 보아야 한다.

(2) 거시경영

개방시스템적 관점에서 볼 때 기업은 때로는 경영환경의 영향력을 받아들이기도 하고 때로는 경영환경에 영향을 미치기도 하는데, 이와 같은 기업과 환경과의 상호작용 관계에 초점을 두는 기업경영시스템의 영역이 바로 거시경영이다. 즉 거시경영(Macro management)이란 환경과 조직 간의 상호관계 속에서 나타나는 기업의 환경변화에 대한 대응방식이나 조직 간 관계의 유지 · 변경방식 등과 같은 조직단위의 거시적 경영특성을 지칭한다[McFarland, 1986 : 16-17].

거시경영을 올바로 이해하기 위해서는 먼저 기업과 관계를 맺거나 기업경영에 영향을 미치는 경영환경에 대해 살펴볼 필요가 있다. 즉 경영환경이란 무엇이며, 왜 중요한가, 기업의 입장에서는 어떤 것들이 경영환경으로 인식되며, 경영환경의 어떤 특성에 주목하게 되는지에 대해 알아보아야 한다. 그리고 현재는 물론 향후에도 부각될 것으로 전망되는 경영환경의 변화추세에 대해 알아볼 필요가 있다. 거시경영은 이러한 경영환경과의 관련성 속에서 바람직한 기업의 대외적인 역할과 대응방안을 탐색하는 것이다. 거시경영은 예를 들어 기업과 환경과의 관계, 기업과 소비자 또는 지역사회와의 관계, 기업과 정부와의 관계에서 바람직한 기업의 역할과 기능을 어떻게 설정하고, 그리고 기업의 사회적 책임과 윤리경영을 실천함으로써 지속가능경영을 도모할 수 있는 조직차원에서의 실행 프로그램을 개발하는 것을 강조한다.

3) 기업경영의 하위시스템

기업경영시스템을 이해하기 위한 3단계는 기업경영에서 블랙 박스(black box)라 할 수 있는 전환과정으로서의 하위경영시스템에 대해 살펴보는 단계이다. 여기에서 하위경영시스템이란 경영자원이라는 투입요소를 받아들여 경영성과라는 산출요소로 변환시키는 일련의 과정을 지칭한다. 기존의 이론들과 기업경영의 관행을 종합적으로 고려해 볼 때 기업의 하위경영시스템은 전략, 조직, 혁신(기능), 그리고 사람

이라는 4요소로 구성되어 있는 것으로 파악할 수 있다.[9]

(1) 전략적 경영

기업경영을 수행해 나감에 있어 변화하는 상황이나 환경에 대처하는 장·단기적인 계획을 수립하여, 계획된 경영성과를 달성하기 위해 경영자원을 유용하게 사용하는 방법을 전략적 경영(Strategic management)이라고 한다. 즉 기업이 보유한 자원과 능력을 바탕으로 환경변화에 대응해 나가면서 기업의 성과를 제고함으로써 기업을 성장 · 발전시키는 방법을 경영전략을 통해 배우게 된다. 이는 마치 가정을 잘 운영하기 위해서 변화하는 상황이나 미래에 대처하는 장·단기적인 계획을 갖고 있으면서 주어진 소득을 유용하게 사용하는 방법을 터득하는 것과 유사하다. 즉 가족들이 편히 쉴 수 있는 내 집을 장만하기 위해서는 미리부터 주택마련계획을 세우는 것이 필요하고, 주어진 수입을 잘 쪼개 쓰면서 저축과 투자를 하는 것이 필요하다. 만약 주택정책이 변경되었다면 새로운 주택정책에 맞는 내 집 마련 계획을 만들어 나가야 하는 것이다. 경영전략론에서는 이와 같이 기업의 사명, 즉 기업이 무엇을 위해 존재하는가 하는 문제와 기업경쟁력 제고를 위한 의사결정 및 경영전략은 어떻게 추진해야 하는지, 그리고 기업수준과 사업수준에서 경영전략을 어떻게 세워야 하며, 국제경영전략을 어떻게 수립하는지에 대해서 학습한다.

(2) 경영조직

우리들이 가족들이 편히 쉴 수 있는 집을 짓거나 구입할 때는 여러 가지 문제를 고려해 보아야 한다. 아파트가 좋을 것인가 아니면 단독주택이 좋을 것인가, 목재건물이 좋을 것인가 아니면 벽돌이나 시멘트 건물이 좋을 것인가, 단층이 좋을 것인가 아니면 고층이 좋을 것인가, 방을 몇 개로 만드는 것이 좋으며 어떻게 배치할 것인가, 각 방에는 누가 들어가 사는 것이 좋을 것인가 등의 문제들을 고려하게 된다. 또한 내 집에 들어가 사는 경우에 있어서도 가정을 잘 운영하기 위해서는 각 가족들이 어떤 권한과 책임을 분담해야 할 것인가, 가족 간 불화가 생긴다면 어떻게 해결

9 대부분의 연구자들은 기업경영시스템이 투입요소, 전환과정, 그리고 산출요소로 이루어진다고 보는 점을 공유하면서도, 전환과정의 내부를 보는 시각과 관점은 연구자들마다 상이하다. 예를 들어 앞의 각주 3에서 언급한 카스트 등은 조직의 하위경영시스템을 ① 목표/가치 시스템, ② 사회/심리적 시스템, ③ 기술적 시스템, ④ 구조적 시스템, ⑤ 관리적 시스템으로 구성되는 것으로 파악하고 있다[Kast & Rosenzweig, 1979].

해 나가는 것이 바람직할 것인가 등의 문제들에 대한 원칙을 갖고 이에 따라 행동하는 것이 필요하다.

기업경영에 있어서도 내 집 짓기나 가족 간 역할분담과 유사한 하위시스템이 요청되고 있는데, 이것이 경영조직(Organizational structure and design)이다. 경영조직론에서는 조직의 형태나 규모, 수평적 분화와 수직적 분화와 같은 조직구조상의 특성이나, 과업 및 권한 · 책임의 배분, 여러 가지 규정을 마련하는 것 등과 같은 조직의 구조적 문제에 관심을 둔다. 그리고 조직구조를 선택할 때 조직목표를 효과적으로 달성하기 위해서 어떤 상황요인을 고려하여야 할지에 대해서, 그리고 새로운 모습의 조직형태에는 어떤 것들이 있는지, 수면 밑에 있는 비공식조직과 조직문화란 무엇인지에 대해서도 배우게 될 것이다.

(3) 기능관리(functional management)

기업경영에서는 주어진 조직목표를 효율적으로 달성하기 위해 생산관리, 마케팅, 재무관리, 인사관리와 같은 기능별 관리활동이 필요하다. 이는 마치 가정이 잘 운영되기 위해서는 음식을 맛있게 만드는 방법, 집안을 깨끗하고 아담하게 정리하는 방법, 주어진 수입을 갖고 가계부를 적으면서 알뜰하게 쪼개 쓰는 방법, 주위 사람들과 화목하게 지내는 방법 등의 구체적인 가정관리의 노하우(know-how)가 필요한 것과 유사하다. 기업경영의 4대 기능은 생산관리, 마케팅, 재무관리, 인사관리(인적자원관리)이며, 상인이나 가정의 살림살이에서 사용되면 장부기록 기술인 회계학과 컴퓨터 및 ICT 기술을 기업경영에 활용하게 되면서 발달하게 된 경영정보관리를 기업경영의 하위 기능관리 시스템으로 포함하게 되었다.

(4) 사람관리

기업에서 경영전략, 경영조직, 혁신관리가 아무리 잘 이루어지고 있다고 하더라도 그것을 운영하는 것은 구성원들인 사람이다. 임직원들의 업무수행 활동을 효과적으로 관리함으로써, 유기적이고 원활한 기업활동을 촉진하여 경영성과를 향상시키고자 하는 것이 사람관리(people management)다. 사람관리에서는 종업원들이 일하는 목표와 기업목표가 일치되도록 하고, 종업원 육성 프로그램을 개발하기 위한 방법들은 무엇인지, 그리고 인적 자원을 구체적으로 어떻게 관리할 것인지가 과제이다. 사람관리는 모티베이션 · 커뮤니케이션 · 관리자(팀장)의 리더십을 중심으로 한 조직행위관리, 그리고 채용 · 교육 · 승진 · 보상 · 노사관계 등 인적자원관리로 크게 나눌 수 있다.

3 경영의 관리과정 접근, 시스템적 접근, 기능관리 접근, 의사결정과정 접근법의 통합

관리과정학파, 시스템 접근 학파, 의사결정학파, 기능관리 접근의 경영에 대한 설명방식을 통합한 모형은 아래 그림과 같이 나타낼 수 있다.

경영의 4대 접근관점의 통합모형

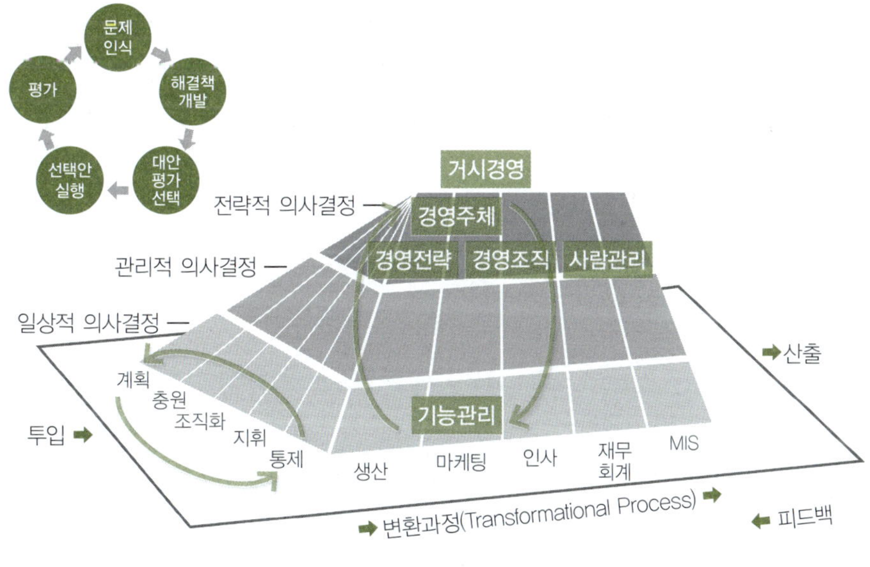

조직의 경영관리, 특히 기업의 경영관리의 내용은 매우 다양하고 복잡하기 때문에 소규모의 사회(small society)라고 할 수 있다. 너무나도 다양하고 복잡한 경영을 단번에 설명해 낼 수 있는 이론이나 방법은 있을 수 없다. 서울에 소재하는 북한산이 남쪽에서는 인수봉과 백운대가 높이 솟아 있는 모양새이지만, 경기도 파주에서 바라본 북한산은 삼각형 봉우리가 세 개가 나란히 솟아올라 보여 삼각산으로 불리는 것처럼 어떤 대상에 대해 접근하는 방향이나 관점별로 강조되는 부분들이 중심이 될 수밖에 없다.

기업조직은 하나의 사회조직체로서 상하 위계관계의 조직구조를 형성하여 조직이 전체적으로 추구하는 공동의 목표를 달성하기 위한 사회조직체로서의 속성을 지니고 있으며, 각각의 위계별로 수행하는 의사결정의 내용이나 성격이 다르다.

또한 경영은 관리과정의 순환과정으로도 이해할 수 있다. 이를 계획, 충원, 조직화, 지휘, 통제의 과정으로 설명하는 관점이 관리과정 관점이다. 관리과정은 기획전략부문, 연구개발부문, 생산관리부문, 인사관리부문, 마케팅세일즈부문, 재무회계관리부문 등 모든 기능부문에서 관찰되는 공통된 프로세스이다.

시스템적 접근 경영 전체를 하나의 전체시스템으로 보아 외부와 상호작용하는 개방시스템으로서 이해할 수 있어 경영환경과의 상호작용이나 대응을 설명할 수 있는 거시경영 하위시스템, 창업자와 최고경영자 그리고 경영진 및 기업지배구조를 이해할 수 있는 경영주체 하위시스템 등을 도출해 낼 수 있다.

관리과정학파, 시스템 접근 학파, 의사결정학파, 기능관리 접근의 경영에 대한 설명방식을 어느 하나가 다른 것보다 더 우수하다는 식의 평가를 하는 것은 몰이해적 발상이며, 서로 상호보완적이며 각각의 장점을 지니고 있는 접근법들이다.

제 4 장

기업은 어떤 역할을 하며 어떤 유형들이 있을까?

1. 기업의 역할과 본질적인 속성들로는 어떤 것들이 있을까?
2. 기업의 유형에는 어떤 것들이 있을까?
3. 주식회사의 특징과 주요 기관

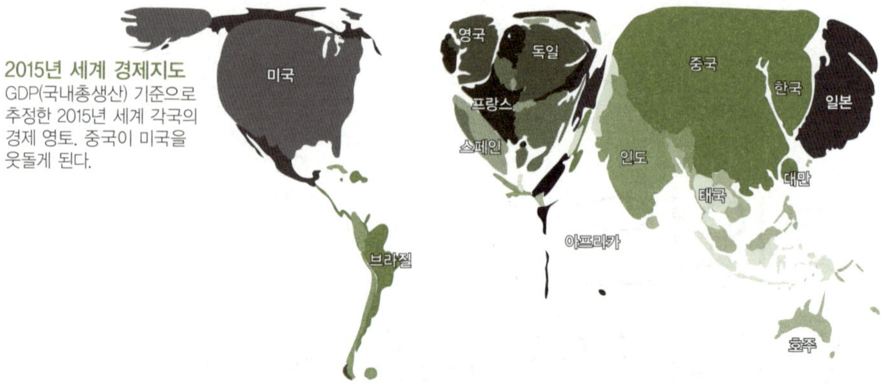

기업은 국력의 중심축 : 경제력을 기반으로 다시 그린 세계지도

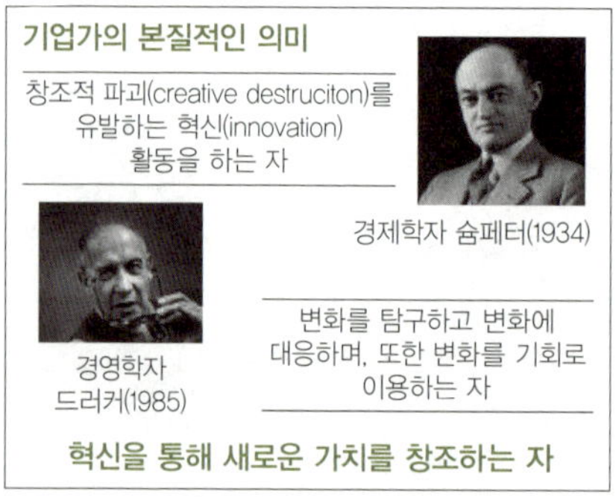

이노베이션의 수행체

현대인들의 생존 터전

학습 조직

협동 조직

기업은 18세기 산업혁명 이후 국부를 창출하는 중심적인 역할을 하면서 한 나라의 국력을 결정짓는 핵심 주체가 되어 왔다. 1965년부터 2015년까지 일본의 GDP는 54배 증가하였고, 특히 '한강의 기적'이라고 불리는 고속 경제성장을 이룬 대한민국의 2015년 명목[1] 국내총생산(GDP)은 1965년 대비 421배 증가했는데 그 핵심적인 역할을 하는 것은 기업들이다.

1980~2020년 한국, 일본 1인당 GDP 추이

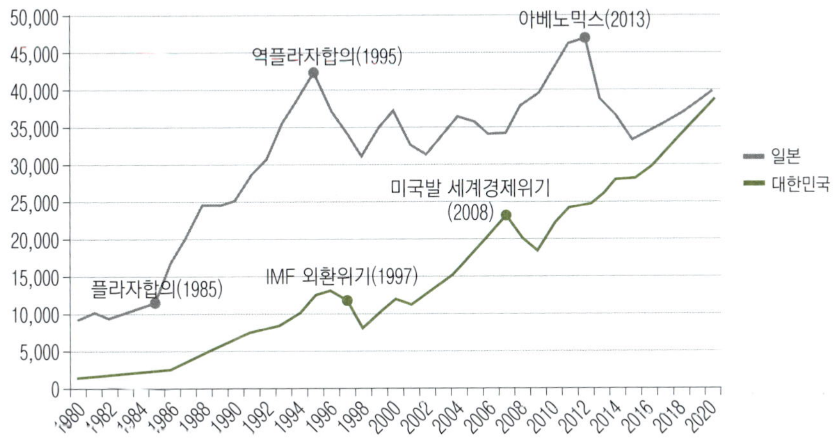

자료 : IMF, 2015. 4.

기업은 세상 사람들이 사용할 수 있는 제품과 서비스를 가장 효율적으로 만들어 내는 곳이다. 누군가 자동차가 필요할 때, 기업들이 없다면 혼자서 다 만들어야 하는데 이는 불가능할 것이다. 반면 자동차 회사는 짧은 시간에 효과적이고 효율적으로 값싸게 더 많은 차를 만들 수 있는 지식과 노하우 시스템이 갖춰져 있다.

기업은 경제적 생산활동기능만 하는 것이 아니다. 사회적인 교류와 문화와 문명을 창조하고 축적하여 후대로 전수하는 역할도 한다.

학습문제

Q1 기업은 어떤 역할과 기능을 할까?

Q2 기업은 어떤 본질적인 속성을 지니고 있을까?

Q3 기업에는 어떤 종류들이 있으며 각각의 특징들은 무엇일까?

핵심용어

기업, 합명회사, 합자회사, 유한회사, 주식회사, 유한책임제도, 자본의 증권화, 소유와 경영의 분리, 기업가정신의 수행체

---

1 명목 국내총생산이란 일정 기간에 나라 안에서 생산된 재화와 용역이 중간생산물을 뺀 가치의 총합. 국민총생산에서 해외로부터 들어온 몫을 빼고 해외로 나간 몫을 더하면 됨.

1 기업의 역할과 본질적인 속성들로는 어떤 것들이 있을까?

기업은 우리들의 의 · 식 · 주를 해결해 주면서 생활에 필요한 재화와 서비스를 생산 · 공급해 주는 역할을 수행할 뿐만 아니라, 일자리를 창출함으로써 기업에서 일하고 있는 사람들의 소득의 원천이며 삶을 영위하는 터전이 되어 생활수준을 향상시킬 수 있는 기능을 한다. 기업은 특히 한 국가의 경제력과 국력을 창출하는 중심적인 역할을 한다.

선진 국가들에는 반드시 세계적인 글로벌 기업들이 여럿 있는 것을 발견할 수 있다. 매년 3월경이면 「포천」(*Fortune*)지는 세계에서 가장 존경받는 글로벌 500대 기업을 선정해 발표한다. 우리나라 기업들 중 어떤 기업들이 포함되었는지 알아보는 것도 흥미로울 수 있다.

"오늘날 한 나라의 국력은 그 나라가 보유하고 있는 군함의 수가 아니라 그 나라에 내세울 만한 기업이 몇 개 있느냐로 가늠하는 것이 더 적합하다. 미국은 2001년에 그러한 기업들이 550개가 있는 반면, 북한은 1개도 없다. 또한 민간기업의 수가 많을수록 그 나라의 정치적 자유도가 높다고 봐도 무방하다"[Miclethwait & Wooldridge, 2003].

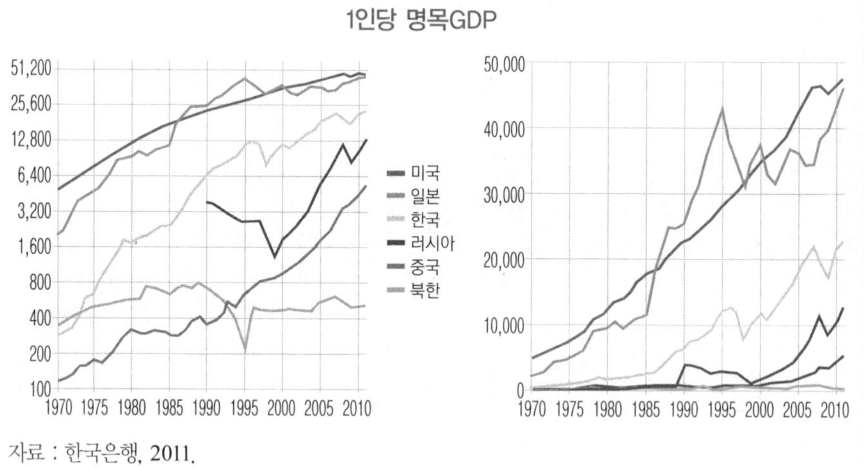

자료 : 한국은행, 2011.

전세계 기업별 브랜드 가치 순위

2018	2017	2016	기업명	국가	가치(억 달러)	성장률
1	3	3	아마존	미국	1,508	42%
2	2	1	애플	미국	1,463	37%
3	1	2	구글	미국	1,209	10%
4	6	7	삼성	한국	922	39%
5	9	17	페이스북	미국	896	45%
6	4	6	AT&T	미국	824	−5%
7	5	4	마이크로소프트	미국	811	6%
8	7	5	버라이즌	미국	628	−5%
9	8	8	월마트	미국	614	−1%
10	10	13	ICBC	중국	591	24%

자료 : 브랜드파이낸스, 2018.

과거에는 기업을 자본을 출자한 자본가에 의해 소유되고 영리를 추구하는 사적 경제기구로만 인식하였다. 그러나 현대 사회에서는 대규모 글로벌 기업이 출현하면서 기업의 사회적 영향력이 매우 커지게 되자 기업도 하나의 사회구성원으로서의 역할과 사회적 책임에 대한 기대가 커져 왔다. 특히 대기업은 기업과 관련 있는 주주, 소비자, 노동조합, 정부기관, 지방자치단체, 은행 등 이해관계자들의 이해관계를 조정해 주는 역할을 수행해야 한다. 또한 기업은 사회 일반 구성원들의 가치관이나 의식에도 큰 영향을 미쳐 사람들의 행동양식을 변화시키기도 한다.

세계 GDP 순위 2018

순위	국가명	GDP($)
1	미국	20조 4,128억 7,000만
2	중국	14조 925억 1,400만
3	일본	5조 1,670억 5,100만
4	독일	4조 2,116억 3,500만
5	영국	2조 9,362억 8,600만
6	프랑스	2조 9,250억 9,600만
7	인도	2조 8,482억 3,100만
8	이탈리아	2조 1,819억 7,000만
9	브라질	2조 1,389억 1,800만
10	캐나다	1조 7,985억 1,200만
11	러시아	1조 7,199억
12	대한민국	1조 6,932억 4,600만
13	스페인	1조 5,064억 3,900만
14	호주	1조 5,002억 5,600만
15	멕시코	1조 2,128억 3,100만
16	인도네시아	1조 749억 6,600만
17	네덜란드	9,453억 2,700만
18	터키	9,098억 8,500만
19	사우디아라비아	7,480억 300만
20	스위스	7,416억 8,800만

자료 : 나무위키 국가별 명목GDP 순위.

기업의 역할

필요한 재화의 생산·공급	사람들(소비자)이 필요로 하는 재화(제품과 서비스)를 생산하여 공급하는 역할
고용 창출(일자리 공급)	사람들에게 일할 수 있는 일자리를 제공하는 역할
생활수준의 향상	더 좋은 제품을 더 값싸게 생산·공급함으로써 사람들의 생활수준과 삶의 질을 향상시키는 기능
국력의 중심축	경쟁력을 갖춘 기업들이 많을수록 부강한 나라를 만드는 기능
지역사회 발전에 공헌	지역사회의 일원으로서 지역사회 문제해결에 참여하여 공헌함.

영어로 enterprise, company, business, firm, corporation, venture, organization이라고 하는 기업은 18세기 말 산업혁명 이후 오늘날까지 이 시대를 대표하는 경제적 조직체이다. 기업은 자본주의 경제체제나 사회주의 경제체제에서도 경제적 생산활동의 근간을 이루는 핵심적인 생산조직이라고 할 수 있다. 기업의 본질적인 속성들로는 사회적 · 제도적 기관, 관리기능들의 집합체, 인적 주체로서의 기업가와 동일체, 합리적인 목적 지향적 생산실체, 사회적 협동시스템, 자본의 집합체, 노동의 집합체, 지식의 집합체, 혁신의 수행체 등을 들 수 있다.

기업(entrepreneur, enterprise, venture, company, firm, business, organization)의 속성

1) 사회적 · 제도적 기관
2) 관리기능들의 집합체
3) 인적 주체로서의 기업가와 동일체
4) 합리적인 목적 지향적 생산실체
5) 사회적 협동시스템
6) 자본의 집합체
7) 노동의 집합체
8) 지식의 집합체
9) 혁신의 수행체

1) 법인격을 지닌 법률행위의 주체

현대 사회에서는 기업을 하나의 법률적 실체(entity)로서 법률행위의 주체로 이해하고 있다. 즉 기업은 자본가라는 개인으로부터 독립된 하나의 법률적 실체로서, 법인으로서 일반 국민들처럼 법률상의 권리와 책임을 지닌다. 또한 기업은 개별조

직 자체의 독자성을 가지고 존속과 성장의 필요성을 충족하는 데 그치지 않고, 전체 사회의 한 기관으로서 사회적 사명을 완수해야 하는 과제를 안고 있다.

2) 제도적 기관

기업은 사회를 구성하는 하나의 제도(institution)로서 사회적 기관의 성격을 지닌다. 그 성격이 법적인 것이든 경제적인 것이든 기업은 고객(시장 및 사회)이 필요로 하는 재화(서비스)의 생산 및 판매를 통해 수익을 획득하기 위해 인위적으로 구성된 합리적이고 목표지향적인 경제적 제도의 기구이다. 기업은 개인으로서는 성취할 수 없는 목표를 여러 사람들의 협력을 통해 달성하기 위해 구성된 시스템으로서의 조직이라는 의미도 아울러 내포하고 있다.

3) 경제적 생산시스템과 사회적 협동시스템

기업은 경제적 생산시스템과 사회적 협동시스템의 양면적 속성을 지니고 있다.

① 경제적 생산시스템 : 전통적으로 기업은 최소비용으로 최대의 재화와 서비스를 생산하는 경제적 시스템으로, 자본 · 원료 · 인력 · 기술 등의 투입요소를 받아들여 재화나 서비스와 같은 산출물을 만들어 내는 생산시스템으로서의 속성을 지니고 있다. 과거 생산과 소비가 일치되는 자급자족의 전(前) 산업사회 단계에는 생산과 소비를 연결하는 문제가 그리 중요하지 않았지만, 사회가 발전하고 분업화가 진전되면서 생산과 소비의 분리가 이루어지자 이 양자를 연결시키는 기능이 중요해졌다. 우리가 살고 있는 자본주의 경제체제하에서 이러한 기능을 수행하는 기관이 바로 기업인 것이다. 이와 같이 기업을 경제활동의 담당자로서 경제적 생산시스템으로 인식하는 전통적인 기업관은 오늘날에도 그대로 유지되어 오고 있다. 경제적 개념에 근거한 기업의 영리추구활동은 때로는 사회로부터 많은 지탄을 받기도 하지만, 이를 통해 사회의 경제적 번영을 도모하고 개인의 풍요로운 생활과 사회의 발전을 가져온 것도 사실이다.

② 사회적 협동시스템 : 사회조직이 개개인의 힘으로 풀 수 없는 문제를 협동을 통해 극복하기 위한 것이라고 본다면, 사회조직의 하나인 기업도 동일한 원리에 따라 만들어진 사회조직체이다. 기업은 재화와 서비스를 산출하기 위해 주주 · 경영

자 · 종업원 · 소비자와 같은 이해관계자들의 협력을 필요로 하는 상호 의존적인 협동시스템을 이루고 있다. 기업은 사회구성집단 중 어느 하나라도 없으면 기대한 산출물을 만들어 내지 못하는 사회의 하위시스템이다. 또한 기업은 서로 다른 기능과 역할을 지닌 내부 구성원들 간의 긴밀한 협력을 필요로 한다. 기업의 핵심적 부분은 주체적 역할을 수행하는 구성원들, 즉 인적 요소에 의해 운영되며, 이들 간의 심리적 · 인간적인 유대관계가 중시된다.

4) 사회기술적 시스템

기업을 포함한 모든 사회조직체는 사회기술적 시스템(socio-technical system)[2]으로서의 속성을 갖고 있다. 즉 기업은 사람들이 모여서 사회적 관계를 형성하고 심리적인 교류와 만족을 하며 사회조직적인 구조를 형성하며 생활한다. 또한 기업은 생산활동 등 여러 가지 업무들을 수행하는 과정에서 필요로 하는 기술적인 지식이나 장비, 도구, 작업방식 등이 있는 사회조직이다. 기업(조직)은 자신이 속해 있는 거대한 사회의 부분인 동시에 그 사회 전체를 반영하는 사회의 축소판이다. 조직이 사회의 축소판이라는 것은 사회가 가진 모든 가능성과 사회가 풀지 못한 문제가 조직 속에도 고스란히 남겨져 있다는 것이다.

5) 기업가정신의 수행체

기업을 enterprise라고 하는 것에서 알 수 있듯이 기업과 기업가정신은 떼어 낼 수 없는 관계로서 기업은 '기업가정신의 수행체'로서의 속성을 갖고 있다. 기업은 기업가가 기업가정신(entrepreneurship)을 발휘하는 과정에서 탄생하고 성장한다[이춘우, 1999]. 기업은 기업가(창업주)가 자신이 하고 싶은 일을 세상에 펼치는 장이라고 할 수 있다. 기업가에 의해 기업이 설립되고 성장하면서 직원들을 선발해 기업이

---

2 사회기술적 시스템(socio-technical system)이라는 용어는 2차 세계대전 기간 중 타비스톡 연구소(Tavistock Institute in London)에서 트리스트(E. Trist), 밤포스(K. Bamforth), 에머리(F. Emery)가 영국 탄광 노동자들의 작업을 연구하면서 제시된 개념이다. 사회기술적 시스템 접근법은 조직을 사회적 시스템과 기술적 시스템이 상호작용하는 복합체로서 바라본다. 조직개발을 하는 데 있어서 작업장의 사람들과 기술 간의 상호작용을 인식하는 복합적인 작업설계를 한다.

커지는 것이기 때문이다. 특히 창업단계나 중소 · 중견 규모 단계의 기업은 창업주(오너)와 회사가 동체라고 해도 과언이 아니다. 그렇기 때문에 기업 현장에서 창업주가 마음대로 행동하는 모습을 우리는 쉽게 발견할 수 있으며, 이것은 자본주의 사회경제체제가 철칙으로 삼는 '사적 자치의 원칙'에 의해 보호받고 있다.

특히 기업가정신 연구에 따르면 기업은 창업주가 일으켜 세우고 일구어 가는 개인왕국(private kingdom)과 같은 성격을 갖는다. 창업주의 피와 땀이 담기고 인생이 모두 담기는 곳이 사기업이다. 민간기업은 창업주의 삶의 의미와 동일하다.

기업은 창업주의 생각과 뜻이 펼쳐지는 공간이다. 창업주가 단지 생계유지를 위해 창업을 한다면 자영업으로 그친다. 반면 창업주가 세상을 변화시키고 바꿀 수 있는 제품을 만들어 고객들에게 제공하는 일을 하고자 한다면 회사가 추구하는 핵심 목표는 사회의 발전과 행복이 된다. 한국의 삼성그룹 창업주인 이병철 회장은 사업보국(事業報國)을 경영이념이자 삼성그룹의 추구 목표로 내세웠으며, 포항제철은 제철보국(製鐵報國)을 포스코의 추구 목표로 설정한 바 있다. 마쓰시타 고노스케(松下幸之助)는 "물건을 만들기 전에 사람을 만든다."라고 하여 사람을 만드는 것을 파나소닉이 추구하는 경영목표로 설정하기도 했다. 마쓰시타 고노스케는 제대로 된 사람이 제대로 된 물건을 만들 수 있다는 신념을 경영철학으로 삼았던 것이다. 기업가들은 경영의 기본적인 활동, 즉 기업의 핵심 역할에 대해 다음과 같이 말한다.

"기업은 제품 품질을 우수하게 만들고 납기일을 충실하게 지키고 고객들이 만족할 수 있도록 최선을 다하는 존재이다."

2 기업의 유형에는 어떤 것들이 있을까?

우리 주변에는 규모가 크고 작은 다양한 기업들이 존재한다. 또한 기업은 소유주의 성격이나 그 규모에 따라 또는 법률이 정하는 바에 따라 그 형태를 여러 가지로 구분해 볼 수 있다. 기업들은 각기 일정한 형태(구조)를 갖추고 경영활동을 영위하고 있으나, 그 기업이 취하고 있는 기업형태에 따라 경영활동이 달라진다.

1) 사기업과 공기업

우리나라에서는 사(私)기업을 규모에 따라 구분하는 방식을 널리 쓰고 있다. 즉, 사기업의 규모에 따라 대기업, 중소기업, 대규모 기업집단, 중견기업 등으로 구분하는 것이다. 먼저 대기업은 중소기업이 아닌 기업을 말한다.[3]

한편 우리나라에서는 중견기업이라는 유형도 있다. 중견기업에 대한 명확한 정의는 아직 없으나, 대략적으로 종업원 수 300~999명이면서 매출액 400억 원 이상~1조 원 미만인 기업을 일컫는다(중견기업연합회).[4]

공(公)기업 또는 공사는 국가에서 많은 지분을 소유한 법인체(회사)로서 공공성을 주 목적으로 하지만 오늘날에는 이익창출도 매우 중시한다. 이러한 공기업은 크게 정부가 출자한 자본에 따라 한국조폐공사, 한국전력, 한국도로공사, 산업은행 등 정부투자기관(50% 이상 출자)과 가스공사, 인천국제공항, 지역난방공사 등 정부출자기관(50% 이하 출자)으로 구분한다. 이외에도 개인사업자(소상공인), 민법상의 조합기업, 상법상의 조합기업, 제조업, 서비스업, 대기업 중견기업, 소기업 등의 유형이 있다.

2) 상법상의 기업형태

실제로 사업을 영위하려면 법률적으로 인정받는 기업형태를 결정해야 한다. 기업형태에 따라 법률과 세법의 적용이 달라지므로, 매출이 같은 경우라도 이익(profitability)과 위험(risk), 그리고 기업가치(value of firm)가 달라지기 때문이다[Madura, 2004 : 35].

2011년 1월 현재 우리나라에는 상법상 다음과 같은 기업형태가 있다.[5]

---

3 우리나라에서 중소기업은 중소기업법에 따라 제조업의 경우 상시근로자 수 300인 미만 또는 자본금 80억 원 이하의 경우를 말하는 것으로 이해되어 왔지만, 2015년부터 매출액 기준으로 단순화하였다. 대기업도 대기업 나름이어서 공정거래위원회는 매년 30위까지의 대규모 기업집단을 지정한다(기업집단에 대해서는 독점규제 및 공정거래에 관한 법률 참조).

4 미국에는 기업집중 형태로 카르텔 · 트러스트 · 콘체른, 기업집단 형태로 콤비나트 · 기업의 계열화 · 테크노 벨트, 기업결합 형태로는 컨글로머리트 · 조인트 벤처 · 디베스티처 등이 있다.

5 상법상의 회사 영리 법인에 속하지 않은 기업을 개인기업이라 한다. 개인기업(sole proprietorship/individual enterprise)은 개인이 출자하여 기업을 지배하는 기업유형으로서 가장 단순하며 자연발생적인 기업형태이다.

상법상의 유형	장점	단점
합명회사	창의성 발휘, 대외신용력	무한책임, 사업계속성 문제
합자회사	업무진행과 출자분리, 자본조달 용이	자본양도 곤란, 대규모 성장의 한계
유한회사	중소기업경영에 유리, 기업공개의무 면제	사원 수의 한정, 기업의 신뢰 문제
주식회사	유한책임, 소유권 이전 용이	설립과 운영의 복잡, 제도적 규제 문제

(1) 합명회사

합명회사(partnership)란 다음에서 설명할 합자회사와 함께 소수공동기업으로서 2인 이상의 사원(출자자)이 공동으로 출자하고, 회사 채무에 대해 무한연대책임(無限連帶責任)을 지면서 직접 회사경영에 참여하는 기업형태이다. 합명회사는 중세 유럽의 내륙상업도시를 중심으로 발전한 소키에타스(societas)라는 공동기업이 그 기원이다.

합명회사는 출자자가 정관을 작성하고 법원에 등기함으로써 설립된다. 회사운영에 대한 의사결정뿐만 아니라, 사원의 지분양도에 있어서도 전 사원의 동의를 요하므로 사원총회가 없다. 합명회사는 인적 공동기업의 특징이 가장 강하므로 혈연관계가 있거나 이와 유사한 관계에 있는 사람들 간에 소규모의 기업으로 이뤄지는 기업형태이다. 우리나라의 경우에는 법인격을 가지는 회사이나, 외국의 경우에는 법인이 아니라 조합이다.

합명회사의 장단점은 개인기업의 경우와 비슷하다. 합명회사는 경영상의 유동성이 있고, 창의성의 발휘를 기대할 수가 있으며, 인적 결합형태로서 합명회사에서는 그 책임이 전체 출자자의 개인적 재산에까지 미치기 때문에 대외신용력이 높다는 점을 장점으로 들 수가 있다. 반면에 합명회사는 무엇보다 자본력이 약하여 대자본을 필요로 하는 회사에는 부적합하다는 점과 인적 결합에 따른 사업의 계속성이 제약받는다는 점을 단점으로 들 수 있다.

(2) 합자회사

합자회사(limited partnership)는 자본은 없으나 경영능력이 있는 사람과 자본이 있는 사람이 결합하여 사업하기에 적합한 소수공동기업 형태이다. 합자회사의 기원은 코멘다(commenda, 冒險貸借)에서 찾을 수 있는데, 코멘다는 중세의 지중해 도시에서 해상무역과 관련하여 자금을 빌려주고 받는 대차관계(貸借關係)를 말한다. 당시에는 해상위험이 많았기 때문에 손실이 생기면 자금을 빌려준 익명의 귀족이나 지주 또는 부상(富商) 등이 출자를 한도로 하는 유한책임을 졌다. 반면, 자기 이름으로 직접 상업에 종사하며 자금을 빌린 소상인은 무한책임을 졌었고 이익이 생긴 경우에는 계약에 따라 분배하였던 것이다. 이처럼 합자회사는 출자와 업무집행을 담당하는 무한책임사원과 출자만을 하는 유한책임사원으로 구성된다. 합자회사도 앞에서 설명한 합명회사와 함께 소수공동기업의 대표적인 형태이다.

합자회사의 장점으로는 유한책임사원이 출자를 하기 때문에 합명회사에 비해 자본조달이 용이하다는 점을 들 수 있다. 반면, 합자회사 형태의 단점으로는 유한책임사원은 직접 경영에 참여할 수 없을 뿐만 아니라 지분을 양도할 때 무한책임사원 전원의 승인을 얻어야 하기 때문에 지분양도가 어려워 대기업으로 성장하는 데 한계가 있다는 점을 들 수 있다.

(3) 유한회사

유한회사(limited company)는 출자자에 대한 무한책임의 부담을 없애고, 가족기업과 같은 적당한 규모의 기업으로서 유지 · 성장할 수 있도록 하기 위해 창안된 기업형태이다. 영국의 산업혁명은 기계의 발명과 기술의 발전에 힘입어 종전의 수공업적 생산을 대규모 공장제 생산방식으로 전환되도록 만들었다. 기계식 대량 생산공장을 건설하는 데는 많은 자본이 필요하였다. 공장을 소유 · 조직 · 운영할 수 있는 사람은 자기 자본만으로는 대량 생산공장을 설립 · 운영할 수가 없었으므로 자본을 모집하기 위해서는 유한회사 형태의 기업이 발전할 수밖에 없었다.

이러한 유한회사는 비교적 소수의 사원과 소규모의 자본으로 운영되므로 중소기업경영에 알맞은 기업형태이며, 유한책임 · 균일분할출자제 등과 같은 주식회사의 장점을 중소기업에도 적용할 수 있는 기업형태라는 점, 그리고 유한회사는 특히 기업을 공개할 의무가 면제됨으로써 재산목록이나 대차대조표, 손익계산서, 영업보고서, 준비금과 이익배당안, 그리고 사원명부 및 의사록 등을 공개할 필요가 없는 점 등을 그 유리한 점으로 꼽을 수 있다. 그러나 유한회사의 단점으로는 사원 수가 한정되어 있으므로 소수집단기업에 속하며 합명회사나 합자회사와는 달리 모두 유한책임사원으로만 구성되기 때문에 기업에 대한 신뢰가 적은 점을 들 수 있다.

(4) 주식회사

주식회사(corporation, stock company, company limited by shares, 또는 약어로 Co., Ltd.)란 주주의 유한책임제도와 주식으로 자본의 증권화를 통하여 자본과 경영이 분리 운영되는 다수공동기업의 형태를 말한다.

역사적으로 주식회사의 기원은 1602년에 설립된 네덜란드의 동인도회사라 볼 수 있다. 그 후 18세기 후반 산업혁명을 통해 대량생산체제를 지향하는 공업화과정을 겪게 되면서 산업자본에 대한 요청이 증가함에 따라 주식회사의 발달은 급속히 진전되었다. 19세기 이후에 전개된 주식회사제도의 기점은 프랑스와 영국의 법률제도에서 찾을 수가 있다. 1808년에 시행된 프랑스 상법에 주주의 유한책임제와 주식의 자유양도성을 인정한 회사에 관한 규정이 등장한 이래, 유럽대륙에서는 주식회사제도의 법률적 윤곽이 정비되었다. 19세기에 영국에서 소규모의 주식회사가 증가한 사실은 영국 특유의 합명회사인 파트너십이 주식회사로 바뀌는 동향을 의미하는데, 이러한 종류의 주식회사는 자본조달을 용이케 하려는 것이 아니라 유한책임제의 특전에 참가하려는 목적으로 설립하게 된 것이다.

오늘날 일반적인 기업형태는 주식회사이다. 우리는 IBM과 같이 한 나라의 재정규모를 능가할 정도로 거액의 자본금을 가진 주식회사도 찾아볼 수 있다. 주식회사는 광범위한 자본집중의 성격을 갖는다. 기업이 발전을 하기 위해서는 많은 자본이 필요한데, 주식회사의 전 단계인 합명 · 합자 · 유한회사 등은 개인기업보다는 많은 자본을 조달할 수 있으나 그 한계가 뚜렷하다. 이에 비해 주식회사제도는 여러 사람으로부터 손쉽게 자본을 모아 자본의 집중을 촉진시킴으로써 대량생산체제나 벤처기업과 같은 현대기업을 발전시키는 데 중요한 역할을 하고 있다.

3 주식회사의 특징과 주요 기관

주식회사는 역사적으로 가장 진화된 기업형태라고 할 수 있다.

특징	주요 기관
·유한책임제도 ·자본의 증권화 ·소유와 경영의 분리	·주주총회 ·이사회 ·감사

1) 주식회사의 특징

주식회사는 여러 가지 특징을 갖는데, 여기서는 유한책임제도, 자본의 증권화, 소유와 경영의 분리에 대해 살펴보기로 한다.

(1) 유한책임제도

주식회사의 출자자는 모두 유한책임만을 진다. 출자자는 자신의 출자액 한도 내에서만 회사의 자본위험에 대한 책임을 진다. 따라서 출자자의 개인자산과 회사재산은 별개의 것으로 주주의 개인자산은 보호된다. 즉, 출자자인 주주는 회사의 자본위험을 변제하기 위해 자신의 개인자산을 사용할 필요가 없으며, 또한 회사의 채무를 직접적으로 변제할 필요도 없다. 주식회사가 존속할 때 주주의 부는 기업의 경영성과 및 경제적 환경 등으로 나타나는 주식의 시장가치에 의해 평가되고, 다만 주식회사를 청산할 때 변제해야 할 회사의 채무액이 자본금보다 초과할 경우에 출자한도 내에서 주주의 책임이 존재할 뿐이다.

(2) 자본의 증권화

주식회사제도의 두 번째 특징은 자본의 증권화이다. 주식회사는 출자의 단위를 소액 균등화하여 소액의 자금밖에 없는 사람도 손쉽게 출자할 수 있다. 우리나라의 경우 1주당 법정 최저한 가액은 100원 이상이고, 금액은 균일하여야 한다. 1주당 액면가액은 주당 5천 원이 일반적이지만 주식시장에서 결정된 시가에 의해 매매가 이루어지고 있다. 출자자의 경우에는 출자한 자금을 수시로 현금화할 수 있기를 원하고, 기업의 경우에는 자본금을 계속적으로 활용할 수 있도록 자본의 유지가 필요한데 이를 해결해 주는 것이 자본의 증권화이다.

출자자의 주식은 주권이라는 형태로 증권화되어서 매매 및 양도가 자유로운 유가증권의 성격을 갖는다. 주주는 언제든지 원하기만 하면(부실기업으로 법원에서 거래정지 판결을 받은 경우를 제외하고) 주식을 구입함으로써 회사의 주주가 되는 동시에 임의로 이를 매각하여 출자금을 회수할 수 있다. 그리고 기업측에서는 주주의 출자자본 회수가 회사 자본금의 감축을 야기시키는 것이 아니고 주식 매매자 간의 현금 및 주권의 거래일 뿐이어서 기업의 자본금에 전혀 영향을 미치지 않기 때문에 계속해서 경영을 해나갈 수 있다. 또한 기업은 추가자본 필요 시에 일정한 요건을 갖추어 신주를 발행함으로써 추가적으로 자본을 조달할 수가 있다. 결국 주식회사제도는 자본을 소액으로 균등하게 분할하여 이를 증권화함으로써 대중자본을 손쉽게 조달할 수 있게 한다.

(3) 소유와 경영의 분리

주권 또는 주식은 그 기업의 소유권을 상징적으로 나타내는 것으로서 그 소유비율에 따라 주주는 의사결정권한을 나누어 갖게 된다. 그러나 주식회사의 경우 자본의 증권화로 인해 주식의 분산이 많이 이루어지게 되면 주주의 수가 많아지고 각 주주의 주식소유비율이 미미한 수준이 되어 소액주주들은 현실적으로 의사결정권한을 행사하기 어렵게 된다. 또한 출자자의 대부분은 기업의 경영에 참가할 의사보다는 출자를 함으로써 배당액이나 자본이득을 취하고자 하며, 주주의 책임이 유한하고 주식의 양도와 매매가 자유로워 언제든지 주주의 지위를 상실할 수 있으므로 계속적으로 경영에 참가할 필요성이 작아진다. 따라서 주식회사의 최고의사결정기구는 주주들의 모임인 주주총회이지만, 주주총회에서 경영권행사가 어렵기 때문에 주식회사에서는 주식의 분산과 함께 소유와 경영이 분리되어 가는 특징을 보인다.

2) 주식회사의 주요 기관

주식회사의 주요 기관으로는 주주총회, 이사회, 감사가 있다.

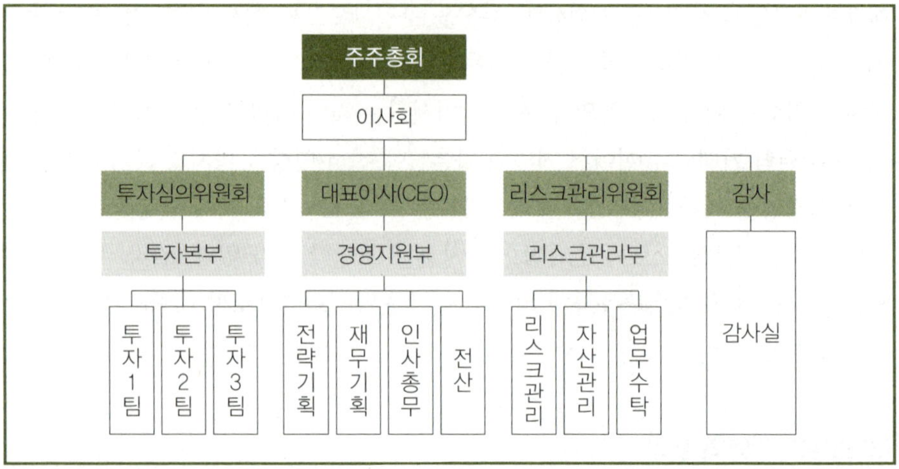

(1) 주주총회

주주총회는 회사의 기본조직과 경영에 관한 주요 사항에 대하여 주식회사의 소유자인 주주들이 의사를 표시하여 처리하는 최고의 의사결정기관이다. 주주는 상법과 정관에서 정해진 사항에 대해 결정할 수 있는데, 주주총회는 이사와 감사의 선임이나 해임권, 정관의 변경, 주식배당, 신주인수권 등의 사항에 대해서 의사결정권한을 갖는다.

주주총회는 정기총회와 임시총회로 구분되며, 정기총회는 매 결산기에 정기적으로 소집되어 손익계산서의 승인이나 이익 또는 이자의 배당에 관한 것을 주로 결의한다. 그리고 임시총회는 필요에 따라 수시로 소집된다.

(2) 이사회

이사회는 주주총회로부터 기업의 업무의사결정 감독에 관한 권한을 위임받은 수탁기관으로, 회사의 업무집행에 관한 의사결정 및 이사의 직무집행을 승인 및 감독하는 이사 전원으로 구성되는 상법상의 필요상설기관이다.

이사회는 회사 임원들 중에서 선임되는 사내이사와 회사와 관계가 없는 전문가들 중에서 선임되는 사외이사로 구성된다. 사외이사제도는 대주주와 관련이 없는 사람들을 이사회에 참여시킴으로써 대주주의 전횡을 방지하고 경영의 투명성을 높이려는 데 목적이 있다.

이사회가 결정하는 상법상의 주요 사항으로는 신주의 발행, 사채의 모집, 지배인의 선임 및 해임, 이사와 회사 간의 거래에 대한 승인 및 이사의 직무집행을 감독하는 권한 등이 있다. 이사는 주주총회에서 선임되며, 그 임기는 보통 3년이다. 이사회는 이사 중에서 대외적으로 회사를 대표하고 대내적으로 업무집행을 하는 대표이사를 선임한다. 대표이사는 반드시 사장에게 맡기지 않아도 된다. 부사장이 대표이사를 맡을 수도 있으며 대표이사와 회사의 사장(CEO)은 일치할 수도 있고 그렇지 않을 수도 있다.

대표이사는 이사회를 대표한다. 원래 회사의 업무집행권한은 이사회에 주어져 있으나 이사 전원에 의한 업무집행이 어렵기 때문에 대표이사에게 위임하여 대표이사로 하여금 업무집행을 하도록 하는 것이다. 대표이사는 일반적으로 주주총회에서 선임되고 이사자격을 전제로 하기 때문에 이사자격을 상실하면 대표이사직은 자연히 종료된다.

(3) 감 사

감사는 주주총회에서 선임하며, 이사의 업무집행을 감사하는 필요상설기관으로서 회사의 회계를 감사할 권한을 가지고 있다. 감사의 임기는 보통 3년이며, 인원수

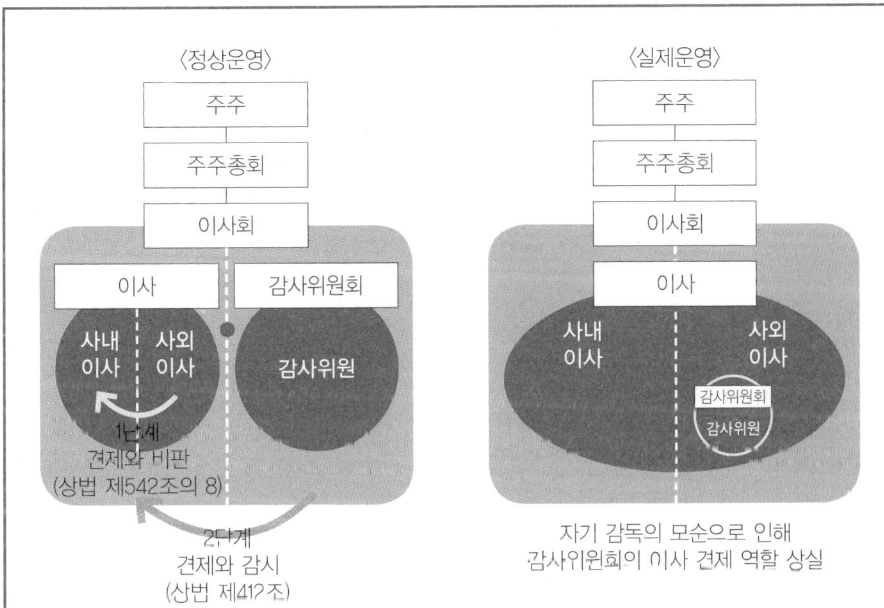

자료 : 경실련, 2013

의 제한은 없다. 그러나 감사의 선임방법에 있어서 대주주의 횡포를 막기 위해 의결권을 제한하는 제도적 장치가 마련되어 있다.

주주총회, 이사회, 감사의 역할과 기능을 원칙과 법규에 맞도록 현장에서 경영을 하면 문제가 되지 않겠지만, 현실에서는 이를 벗어난 운영을 하여 문제가 발생하는 경우가 종종 있다.

제 5 장

기업의 목표와 가치창출 메커니즘

1. 기업의 목표에 대한 논쟁
2. 기업의 궁극적인 최종 목표는 고객과 사회가 필요로 하는 가치창출(value creation)
3. 기업의 가치창출과정

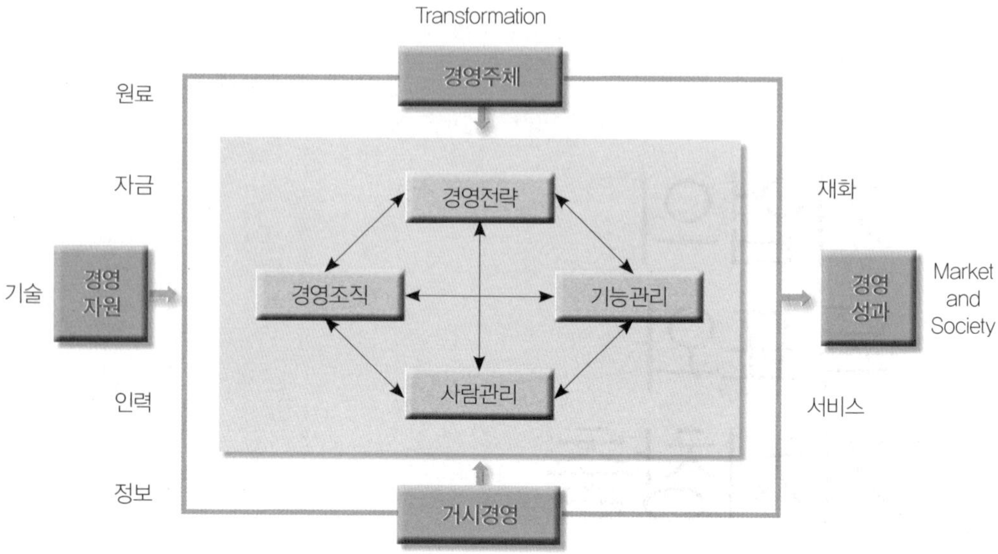
Transformation
경영주체
원료
자금
기술
경영 자원
인력
정보
경영전략
경영조직
기능관리
사람관리
거시경영
재화
경영 성과
서비스
Market and Society

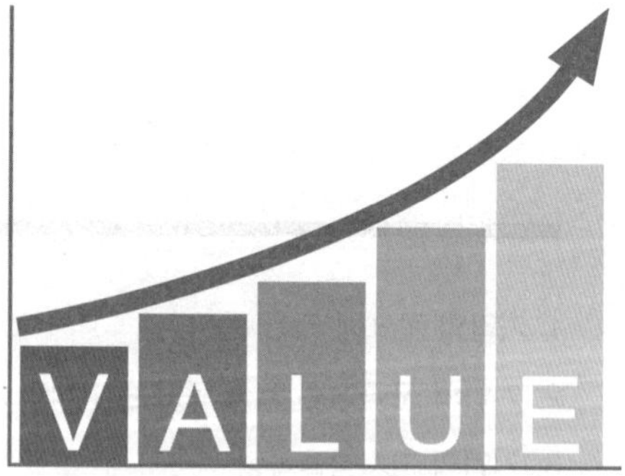
VALUE

기업이 추구하는 최종 목표(궁극적인 목표)는 이윤극대화일까?

일본 3대 경영의 신으로 불리는 교세라의 창업자 이나모리 가즈오는 10% 이상의 수익률을 올리지 못하면 제대로 된 회사라고 부를 수 없다고 주장한다. 10%라는 이익률은 단순한 수치 목표가 아니라 경영자와 종업원들이 자신감을 갖도록 만드는 계기가 될 수 있으며, 이익률이 10%가 안 되면 회사를 포기하겠다는 경영자의 강력한 의지가 없으면 성공할 수 없다고 주장하였다[이나모리 가즈오, 2009]

토요타자동차의 딜러회사인 넷츠토요타난고쿠의 창업자 요코타 히데키는 "회사의 목적은 '전 직원이 인생의 승리자가 되는 것'"이라며 "이익이나 매출은 목적을 위한 숫자적 목표일 뿐"이고 회사는 돈보다 더 궁극적이고 가치중심적인 목적을 갖고 있어야 한다고 주장한다[요코타 히데키, 2016].

기업이 추구하는 목표는 경제적 이윤 획득일까 아니면 다른 그 무엇도 있을까? 기업의 추구 목표는 하나일까 여러 가지일까? 기업의 1차적 목표가 있고 2차적인 목표가 있을까?

기업의 추구 목표를 체계화시켜 본다면 어떻게 설명할 수 있을까?

학습문제

Q1 기업의 추구 목표는 무엇일까?
Q2 가치(value)란 어떤 것을 말하는가?
Q3 기업이 경제적 이윤을 창출하는 과정은 어떻게 설명할 수 있을까?

핵심용어

가치(value), 매출규모(sales volume), 비용(cost), 손익분기점(break even point),
이윤(profit)=수익(revenue)−비용(cost)

1 기업의 목표에 대한 논쟁

기업이 추구하는 목표는 무엇일까? 사람들이 인생을 살아가면서 단기적 · 장기적으로 또는 일시적 · 궁극적으로 달성하려는 목표가 있는 것처럼, 기업도 경영활동을 통해 달성하려는 목표들이 있다. 목표란 어떤 개인 · 집단(조직)이 성취하려는 바람직한 현재 또는 미래의 상태를 말하는데, 기업의 추구 목표가 무엇인지에 대해서는 경제적 목표라는 주장과 사회적 목표라는 주장 간의 논쟁이 있어 왔다.

1) 경제적 목표(기업의 1차적 목표)

"기업은 돈을 벌어야 한다."는 말은 기업의 목표가 경제적 이윤을 추구함에 있다는 것을 말한다. 이러한 말은 경제학에서 기업을 이윤극대화를 추구하는 경제주체의 하나로 가정하는 것에 근거를 두고 있다. 기업가가 기업을 창업하는 동기를 '돈을 벌기 위해서'라고 생각하는 것이 오늘날에도 통념이다.

기업 본연의 기능은 소비자가 필요로 하는 재화(서비스)를 공급함에 있다. 기업의 경제적 이윤추구는 일차적 책임이라고도 한다.

이윤이란 통상적으로 〈이윤(profit)=수익(revenue)−비용(cost)〉이라는 산식을 통해 계산되는 것으로, 주로 소유주(투자자) 입장에서 중시하는 이익의 개념이다. 기업의 경제적 목표의 대상이 되는 이윤은 기업의 소유주 또는 주주에게는 개인적인 부를 축적하는 기회를 제공하고, 기업의 입장에서는 사세확장을 위한 내부자금을 제공해 줄 수 있을 뿐만 아니라 신용의 증대를 통해 외부자금조달을 용이하게 해 주는 수단이 되고 있다.

이윤극대화는 기업이 추구하는 경제적 목표를 지칭하는 대표적인 용어로, 초기 산업자본주의하에서 사회적으로 인정되던 기업목표라 할 수 있는데, 이는 자본가적 또는 기업가적 사적 이윤의 추구가 시장경제 메커니즘이라는 '보이지 않는 손(invisible hands)'을 통해 전체사회의 이익을 증대시킨다는 사상에 근거하고 있다.

이윤극대화와 유사한 경제적 목표의 범주에 속하는 것으로 기업가치의 극대화나 부가가치의 극대화를 들 수 있다. 기업가치(firm value)란 투자가에 의해 자본시장에서 평가된 주가를 지칭하는 것이며, 부가가치(value added)는 소유주 및 주주 · 투자자 · 근로자 · 경영자를 포함한 경제적 이익개념이다.

2) 사회적 목표(기업의 2차적 목표)

기업의 사회적 목적추구를 지지하는 사람들은 "기업의 목적은 이윤추구 이상이 될 수 있다. 이윤은 기업의 활동과정에 따른 결과로 생각해야만 한다. 이윤추구를 기업의 목적으로 두게 되면 수단과 방법을 가리지 않고 돈을 버는 일이 용인되게 될 것이고, 우리 사회의 많은 문제들이 이로부터 비롯될 수 있다." 는 주장을 한다.

일상생활에서 우리는 어떤 사람이 돈을 많이 벌면 흔히 "그 사람 성공했다."라는 표현을 쓰곤 한다. 그러나 정당하지 못한 방법으로 돈을 벌었다는 사실을 알게 되거나, 번 돈을 개인의 향락을 위해 쓴다는 것을 알게 되면, "인생에서 성공했다."라는 평가는 하지 않는다. 이와 마찬가지로 이윤을 많이 획득하는 기업을 성공적이라고 평가하지만, 그 이윤획득의 방법이 부당하다거나 획득된 이윤을 정의롭지 못하게 사용한다면 결코 성공기업이라는 평가를 받지 못한다. 이는 이윤의 극대화라는 기업의 경제적 목표가 유일한 기업목표가 될 수 없음을 보여주는 것으로, 경제적 목표와는 다른 맥락에서 제기되는 사회적 목표에 의해 보완될 필요성이 있음을 시사해 주는 것이다.

사회적 목표(또는 비경제적 기업목표)는 기업 본연의 경제적 기능 이외에 사회가 기업에 기대하는 역할을 기업이 자발적으로 수행함으로써 달성되는 목표이다. 이것은 시장 메커니즘에 의하여 자동적으로 해결되지 않는 목표로, 기업의 사회적 책임이나 기업윤리, 기업의 사회적 반응이라는 용어로 대체하여 사용하기도 한다. 이러한 기업의 사회적 목표란 소극적인 의미에서는 기업의 활동으로 인한 부정적인 사회적 영향력을 최소화하기 위해 노력하는 것을 뜻하며, 보다 적극적인 의미에서는 개인과 기업, 사회와의 상호 의존성을 인식하고 기업을 포함한 사회 전체의 이익확대를 추구하는 것을 의미한다.[1]

---

1 기업의 사회적 목표와 관련하여 기업의 사회적 책임 문제와 사회적 공헌활동에 대해서는 9장 4항에서 자세히 설명할 것이다.

3) 경제적 목표와 사회적 목표의 균형 및 조화

기업의 목표는 경제적 생산시스템으로서의 기업본질에 근거하는 경제적 목표와, 사회적 협동시스템으로서의 기업본질에 근거하는 사회적 목표로 구성된다. 그리고 기업이 경제적 생산시스템과 사회적 협동시스템의 양면적 속성을 지닌 것처럼, 양대 목표 역시 상호 보완적인 관계를 지니고 있다. 기업은 경제적 목표(economic goal)와 사회적 목표(social goal) 중 어느 하나만을 추구하기보다는 양자를 균형 있게 추구하는 것이 바람직할 수 있다.

현대 사회의 기업은 앞서 살펴본 것처럼 전통적인 의미의 경제적 생산시스템만으로 머무를 수 없으며, 사회적 기능을 수행하는 사회적 협동시스템으로서의 성격도 아울러 가져야 한다. 이처럼 기업이라고 하는 시스템은 경제적 생산시스템이란 측면과 사회적 협동시스템이란 측면을 동시에 갖고 있으므로 기업이 원활하게 목표를 달성하려면 이 두 측면의 요구를 모두 충족시켜야 할 것이다. 만약 오직 경제적 생산시스템만을 강조한다면, 조직구성원들과 소비자의 요구가 무시될 수 있다. 사회적 협동시스템만을 강조하고 경제적 생산시스템의 측면을 도외시한다면 기업이라기보다는 거대한 소비집단으로밖에 볼 수 없다. 따라서 기업을 이해하는 데 있어서 어느 한 관점만을 택해서 특성을 파악할 것이 아니라, 두 관점을 동시에 고려하는 것이 필요하다.

GE의 전 회장 잭 웰치(Jack Welch)는 2009년 3월 자신의 재임기간 동안 주가를 올리려고 분기 순이익에 지나치게 집착한 것은 잘못이었다고 시인하였다. 주주가치 제고를 최우선하는 경영을 하는 것보다 고객과 상품, 근로자들을 보다 더 중시했어야 했다고 후회한 바 있다.

기업이 경제적 목표와 사회적 목표를 균형 있게 추구해야 한다는 것은 기업목표의 역사적인 변천과정을 통해서도 확인할 수 있다. 기업목표는 역사적으로 크게 3단계로 변화해 왔다[Hay & Gray, 1974]. 선진국의 경험에 비추어 볼 때, 1단계인 '이윤극대화 경영'은 산업화가 시작되는 경제발전의 초기에, 2단계인 '수탁 경영'은 산업화가 급속도로 진행되는 경제발전의 성장기에, 3단계인 '생활의 질 경영'은 산업화가 무르익은 경제발전의 성숙기에 나타났다. 이러한 변천과정을 통해 우리들은 역사적으로 기업목표가 경제적 단일목표에서 경제적 목표와 사회적 목표를 포괄하는 다원목표로 발전해 왔음을 알 수 있다.

기업목표의 변화단계와 특성

구분	제1단계 이윤극대화 경영	제2단계 수탁 경영	제3단계 생활의 질 경영
사회관	나에게 좋은 것은 우리 사회에도 좋음	우리 기업에 좋은 것은 우리 사회에도 좋음	사회에 좋은 것은 우리 기업에도 좋음
이윤관	극대이윤	만족이윤	적정이윤
사회적 기대	법률적 기대	윤리적 기대	재량적 기대
수단(예)	성실한 조세납부 회계 투명성	타인의 권리침해 금지 기업윤리헌장 제정	사회공헌활동 좋은 시민으로서의 역할

자료 : Hay & Gray, 1974 : 141 수정.

초기 자본주의시대에는 자본가 또는 기업가 개인의 목표를 기업이라고 하는 조직의 목표로 보려는 전통적 이윤개념으로 인해 이윤극대화 경영이 행해졌다. 이 시기에는 순수하게 사적 이윤의 극대화를 추구하는 것이 사회로부터 부여된 기업의 기능을 다하는 것으로 생각되었고, 이것은 자유시장 메커니즘에 의해 전체사회의 이익으로 연결된다고 믿었다.

그러나 기업이 성장함에 따라 규모가 확대되고, 그 결과 기업의 활동범위가 넓어져 기업과 이해관계를 갖는 이해관계자집단이 증가함으로써 기업의 목표를 이윤추구라는 경제적 목표만으로 보아서는 안 된다는 주장이 등장하게 되었다. 이에 따라 경영자는 주주의 이익을 극대화하는 것뿐만 아니라 소비자 · 근로자 · 공급자 · 채권자 등 만족이윤의 개념에 기초해 여러 이해관계자집단의 요구를 공평하게 충족시켜줄 책임이 있으며, 경영자를 소유자의 단순한 대리인이라기보다 이해관계자집단들의 이해관계를 조정하는 수탁자로서 간주되는 수탁 경영(trusteeship management)이라는 단계가 나타나게 되었다.

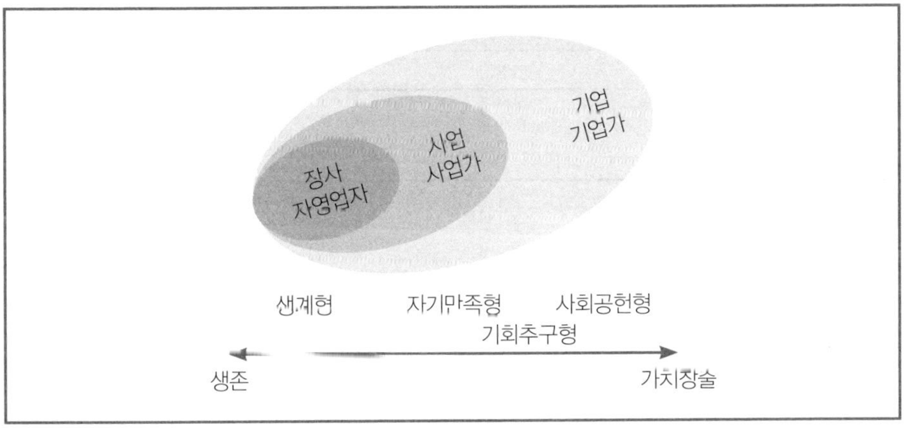

현대사회로 발전해 오면서 보다 광범위한 생활의 질(QL : Quality of Life)이라는 이슈가 크게 강조되어 왔다. 즉 공정한 기회보장, 소비자주의, 환경보호 등에 대한 사회적 인식이 확산되면서 단순한 경제적 차원을 넘어선 생활의 질의 문제가 크게 부각되기 시작한 것이다. 이에 따라 양적인 경제적 기준만으로는 기업조직의 성공여부를 판단할 수 없다는 인식이 대두되면서 보다 질적이며 사회적인 차원을 고려해야 한다는 생각이 나타나게 되었다. 이해관계자의 이해를 균형시키고 보다 광범위한 사회의 이익을 고려하는 것이 기업의 장기적 이익의 기반이 될 수 있다는 계몽된 사적 이익(enlightened self-interest)의 관점, 즉 경제적 목표와 함께 사회적 목표를 동시에 추구하는 다원목표를 지향하게 된 것이다. 경제적 목표만큼이나 사회적 목표의 중요성을 강조하는 이러한 경영을 생활의 질 경영(quality of life management)이라고 칭한다.

기업의 추구 목표는 경제적 단일목표에서 경제적 목표와 사회적 목표를 동시에 포괄하는 다원목표로 발전해 왔다. 글로벌 초일류기업으로서 존경받는 기업이 되려면 경제적 목표와 사회적 목표를 균형 있게 추구할 필요가 있다.

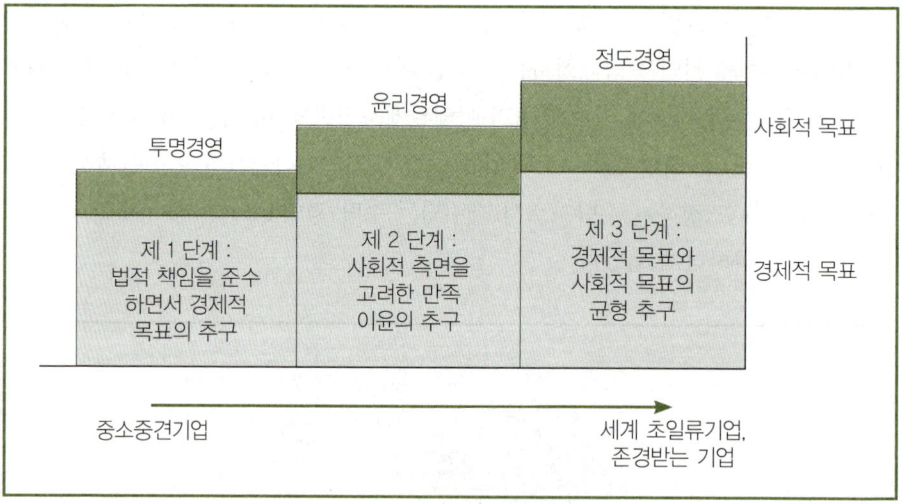

2 기업의 궁극적인 최종 목표는 고객과 사회가 필요로 하는 가치창출(value creation)

1997년 말 한국전기초자라는 부도난 회사에 서두칠 대표가 부임했을 때 회사는 이미 회생할 수 없다는 경영진단을 받은 상태였다. 부채비율은 1,000%가 넘었고 노조는 파업을 77일 동안 계속 하고 있어 고객사들도 떨어져 나간 상황이었다. 부임 첫날 서두칠 대표에게 노조위원장은 고용보장을 요구하며 사람을 자르지 않겠다는 각서에 사인을 하라고 요구했다. 서두칠 대표는 노조위원장에게 "고용보장은 사장이 하는 것이 아니라 고객이 하는 것입니다. 제 재산은 5억 원 정도 하는 아파트 한 채인데, 그 돈으로는 직원들의 한 달 월급인 40억 원을 책임질 수가 없습니다. 고용보장은 월급을 줄 수 있는 고객이 할 수 있는 것입니다."라고 말했다. "직원들이 사장에게 각서를 받아도 우리 월급을 주는 고객에게 선택받지 못한다면 아무런 소용이 없으니 우리가 고객에게 어떤 서비스를 제공해야만 하는지 고민하십시오."라고 했다.

자료 : 서두칠, 2001.

1) 기업의 목표는 돈을 잘 버는 것이다 = 돈을 못 버는 기업은 기업이 아니다!

많은 사람들이 통념적으로 기업이 추구하는 목표가 '이윤추구' 또는 '이윤극대화'라고 말하는 경향이 있다. 이러한 주장은 경제학적 기업관에 기초한 것이다. 기업의 목표가 무엇인가는 기업을 어떤 관점에서 가정하는가에 다소 차이가 있다. 경제학적 관점에서 기업은 최소의 비용으로 최대의 이윤을 추구하는 경제 3주체의 하나로 가정하며 따라서 이윤극대화(profit maximization)를 기업의 추구 목표로 생각한다. 기업의 목표가 이윤극대화라고 하는 것은 기업을 경제학 분야에서 경제적 이익을 극대화하려는 동기를 지닌 존재로 보는 가정에 입각한 것이다.

기업은 사회제도적으로 경제적 이윤을 추구하도록 인정된 기관이다. 만일 대학이나 사신단체 또는 종교단체가 사적 이익을 추구하려고 한다면 사회적으로 용납되지 않을 것이다. 기업은 사회제도적으로 돈을 벌도록 용인되었고 또한 기대받고 있다. 만약 기업이 경제적 부가가치를 창출하고 축적하지 못한다면 기업이라고 할 수 없다. 기업을 창업하는 기업가나 기업에 자본을 투자하는 자본가나 일자리를 찾아

회사에 입사하려는 종업원들도 기본적으로 기업에 모이는 이유는 기업이라는 생산 조직을 통해 경제적 이익을 얻고자 하는 공통된 목적을 갖고 있기 때문이다.

'돈을 잘 버는 것'은 양적 · 질적으로 나누어 생각할 수 있다. 돈을 잘 번다는 것은 양적으로도 많이 벌고 질적으로도 정당하게 번다는 것을 의미한다. 기업이 경제적 이윤추구를 하는 과정에서 고객과 사회에도 긍정적인 파급 효과를 창출하면서 이윤을 남길 경우 돈을 잘 버는 것이라고 할 수 있다. 또한 양적인 관점에서 잘 버는 것은 사회에 부정적인 영향을 미치지 않는 범위에서 효율성과 생산성을 향상시켜 경제적 이윤을 최대한 많이 남기는 것이다. 이를 위해서는 기업의 시스템과 자원을 잘 활용하는 경영을 해야만 한다.

여러 인접학문분야의 통섭 학문인 경영학은 기업의 추구 목표를 '이윤추구 또는 이윤극대화' 같은 경제적 이윤추구만을 유일한 목표로 생각하지 않는다. 현실에서의 기업은 이윤창출 이외의 많은 부분들을 동시에 추구하고 달성해야만 하기 때문이다.

2) 기업의 목표는 기업가정신에 기반한 새로운 가치창출

기업은 어떤 돈을 버는 것인가? 기업이 버는 돈은 기업가정신을 발휘하여 위험을 감수하고 도전적 · 모험적인 혁신을 추구하는 것에 대한 대가로 얻는 보상이라고 할 수 있다. 기업이 경제적이고 화폐적인 이윤만을 최종 목표로 삼는다면 사회로부터 존재 가치를 부정당할 수 있다. 기업은 시장에서 고객이 필요로 하는 것을 효율적 · 효과적으로 제공하고 그에 대한 대가로서 이윤을 얻어야만 한다. 마쓰시타 고노시케, 스티브 잡스, 잭 웰치 등 기업을 크게 성장시키고 오랜 기간 동안 장수하도록 만든 경영자들은 "기업의 목적은 고객을 위한 가치창출이고, 가치창출의 과정을 통해 수익이 발생하게 되는 것"이라고 말한다. 애플의 창업자 스티브 잡스도 "묘지에서 가장 부유한 사람이 되는 것은 나에게 중요하지 않다. 잠자리에 들면서, 우리가 뭔가 멋진 일을 해냈다고 이야기할 수 있는 것, 그것이 나에게 중요하다."라고 말한다. 즉 이윤추구만이 애플의 유일한 목표가 아닌 것이다.

> 기업이 버는 돈은 위험감수와 도전정신으로 혁신(innovation)을 수행하여 신제품 서비스나 종래보다 더 좋은 제품 서비스를 지속적으로 창조하고 공급하며, 더욱 생산적이고 효과적인 경영활동을 통해 버는 돈이어야 한다.

3) 기업경영의 최종 목표와 관리적 목표

기업의 최종 목표는 고객과 사회가 필요로 하는 가치(value)를 창출하여 제공하는 것이다. 즉 기업의 목표는 "더 싸고 더 좋고 더 새로운 재화(제품과 서비스)를 통해 고객과 사회(이해관계자)의 행복(가치)을 증진"시키는 것이라고 할 수 있다. 기업과 고객의 교환관계의 본질은 가치의 제공에 대한 감사의 대가를 지불하는 관계로 거래를 하지 않을 때보다 시장에서 거래를 함으로써 오히려 이익과 효용이 더 증가하는 관계이다.

기업과 소비자의 교환관계

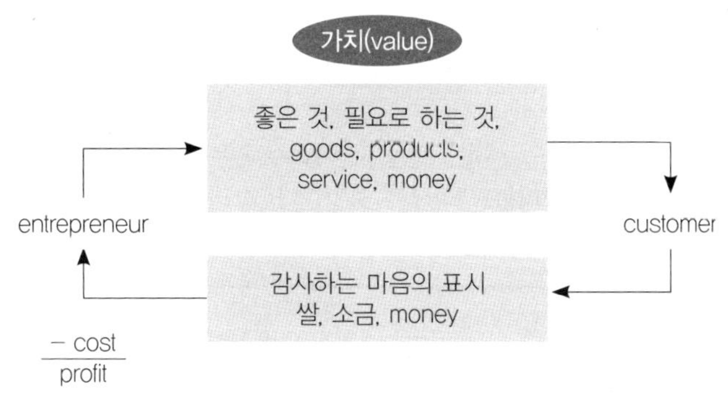

기업이 얼마나 고객과 사회가 필요로 하는 가치를 제공하고 있는가를 측정할 수 있는 대표적인 양적 지표가 성장성과 수익성이다. 고객과 사회에 가치를 제공하기 위한 기업의 관리적 목표인 성장성과 수익성이 증가하기 위해서는 더 싸고 더 좋고 더 새로운 제품 서비스를 만들어 내기 위해 효율성 · 생산성 · 유효성(효과성 및 만족도)을 높일 수 있는 이노베이션(혁신)을 해야만 한다.

'고객과 사회(이해관계자)의 행복(가치)을 증진'시키는 것은 기업의 최종 목표이며, 효율성 · 생산성 · 유효성(효과성 및 만족도)을 높일 수 있는 이노베이션(혁신) 등은 관리적 목표이다.

기업도 인류사회를 구성하는 하나의 사회제도적 조직으로서 사회 속에서 인정받고 존재하기 위해서는 사회가 필요로 하는 것들을 제공할 수 있어야 한다. 사회가 필요로 하는 사회에 유익한 무엇인가를 제공하지 못한다면 존재가치를 상실하게 될 것이다. 종교조직, 군조직, 행정조직, 병원조직, 학교조직도 사회가 필요로 하는 것을 산출해 제공하고 있다.

경제학적 관점에서 기업의 추구 목표인 '이윤'은 기업이 본연의 목표를 달성한 것에 대한 보상이라고 할 수 있다.

경우에 따라서는 중장기적으로 지속적인 경영을 하기 위해 일시적으로 손실이 나더라도 기업은 고객과 사회에 가치를 제공하기 위한 선택을 하기도 한다. 예를 들어 2016년 갤럭시노트 7의 배터리 폭발 결함이 있자 약 2조 원의 손실을 감내하고 전량 회수하는 조치를 한 경우를 보면 고객에게 안전한 제품을 판매하기 위한 선제적 조치라고 할 수 있다.

> "훌륭한 사업을 하는 사람은 상대방에게 이익이 돌아가게 하는 사람이다. 상대방에게 먼저 이익을 주면 결국 그 이익이 한 바퀴 돌아 나에게 기회라는 모습을 하고 찾아온다. 더 나아가서는 나 자신의 이익이 창출된다"(교세라 창업자 이나모리 가즈오).
>
> "어떤 사업이든 사람들이 필요로 하는 것을 제공할 수 있는 일인가? 우리 스스로도 자랑스러워할 수 있는 일인가?라는 생각으로 출발한다. 그러면 돈은 자연스럽게 따라온다"(Richard Branson 버진그룹 회장).

기업경영의 목표 = 고객 만족 및 사회를 위한 가치창출

기업경영의 관리적 목표 = 이윤

3 기업의 가치창출과정

1) 가치사슬모형

기업이 어떻게 가치를 창출하고 이윤을 남기는가를 이해하기 위해 활용할 수 있는 개념적인 모델로 마이클 포터[Porter, 1985]의 가치사슬모형이 있다. 가치사슬모형은 기업의 경영활동이 본원적 활동과 지원적 활동으로 구성되어 있으며 이들 간의 상호작용을 통해 이윤을 남긴다고 설명한다.

기업의 가치창출 프로세스와 가치사슬(value chain)

자료 : Porter, 1985.

2) 기업의 사회적 책임 4단계 모형

기업이 고객과 사회에 창출하는 가치는 경제적 가치에만 한정되지 않는다. 기업은 고객과 사회에 사회적 · 문화적 · 심리적 가치뿐만 아니라 기술적 가치도 창출하여 제공한다.

캐롤의 기업의 사회적 책임 피라미드

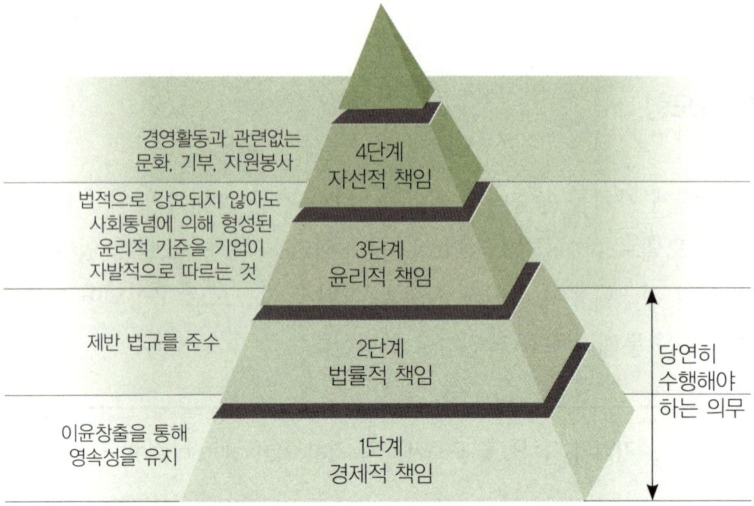

자료 : Carroll, 1991.

3) 기업경영시스템 모형

신유근(1996)은 시스템 모형 관점에 입각하여 기업경영시스템 모형을 제안하였

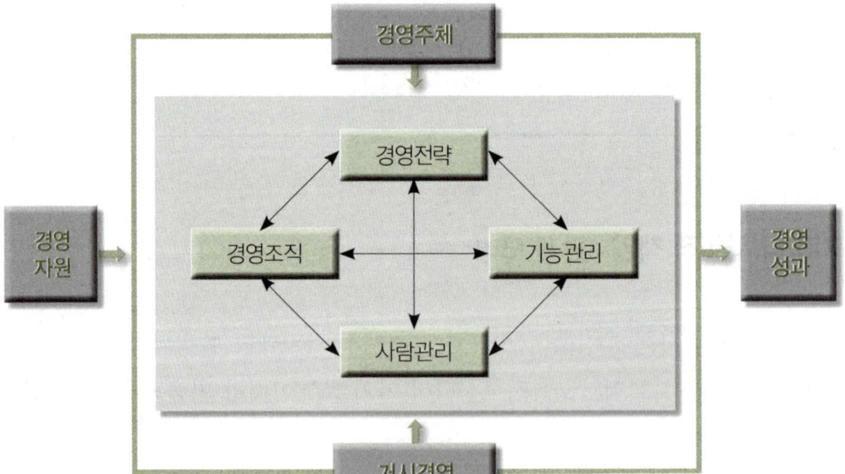

다. 시스템은 투입-변환-산출의 과정과 피드백의 연속적인 과정을 통해 외부에 산출물을 제공한다. 기업도 경영자원을 투입하여 경영주체, 경영전략, 경영조직, 기능관리, 사람관리, 거시경영의 변환활동을 수행하며 고객과 사회에 제품서비스를 제공하고 이윤을 획득하는 경영성과를 획득한다.

4) Hexagon Value Chain Model

기업의 가치창출 메커니즘은 여러 가지 방법으로 제시할 수 있다. Value Chain Model과 사회적 책임 모형, 기업경영시스템 모형 등을 융합하여 Hexagon Value Chain Model로도 기업의 가치창출 메커니즘을 표시할 수 있다.

이춘우 교수의 Hexagon Value Chain Model

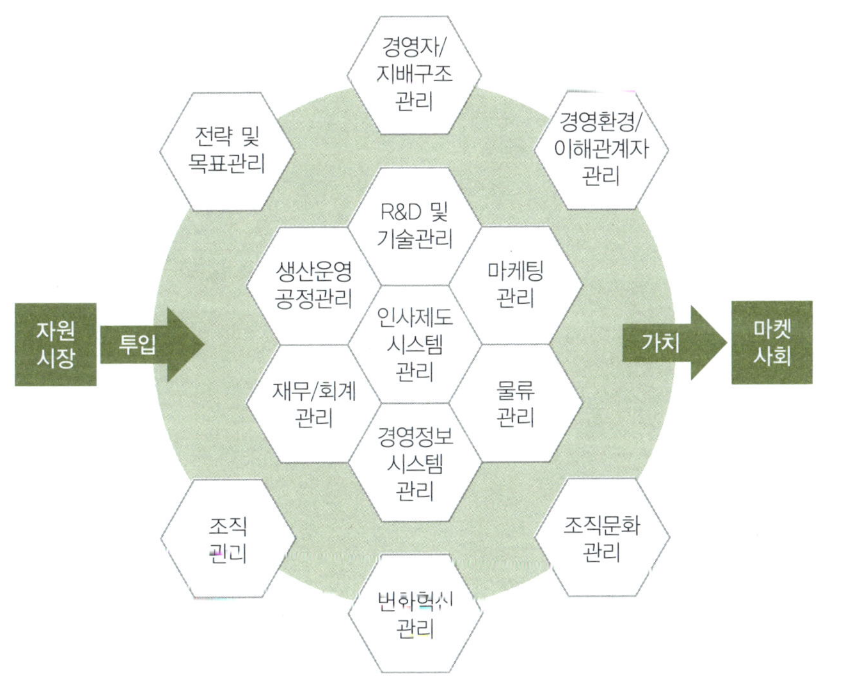

제 6 장

경영계층과 최고경영자의 역할

1. 경영계층의 종류와 의사결정의 속성
2. 최고경영자 직책의 중요성과 역할
3. 경영관리자의 리더십 개발
4. 경영승계(succession plan) : 경영 후계자 육성

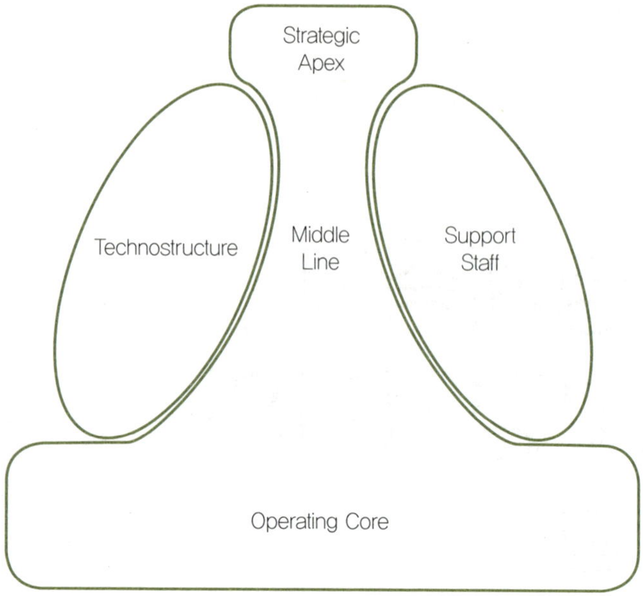

The Five Basic Parts of the Organization.

자료 : Mintzberg, 1992.

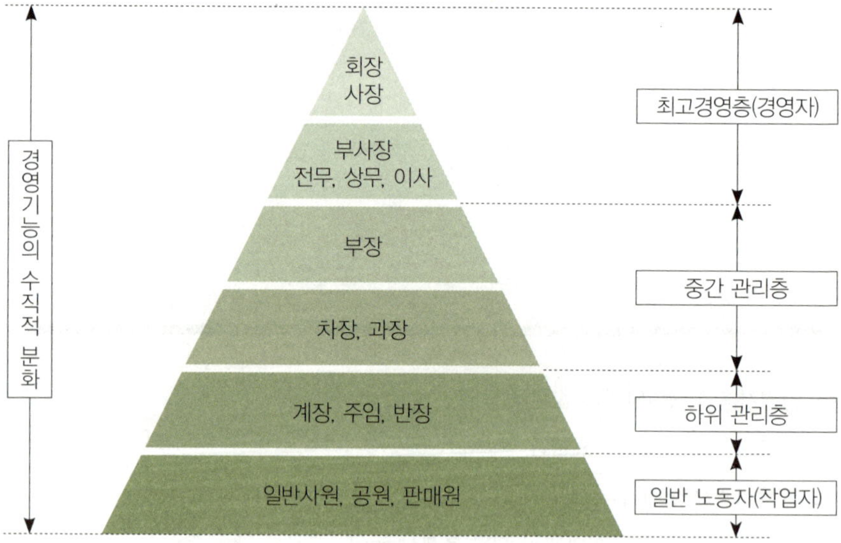

일반인들은 기업의 최고경영자가 매우 여유롭게 생활하고 있는 것으로 생각하는 경향이 있지만, 실제 최고경영자는 매 순간순간을 고도의 긴장 속에 생활하고 있다.

OO 대표는 오늘 밤에도 거실을 서성인다. 좀처럼 잠을 청하기 힘들다. 언제부터였을까, 입술이 마르고 가슴이 울렁거리는 CEO의 고질병이 생긴 것이다. 맛난 걸 먹어도 맛있는지 모르겠고 아무리 피곤해도 잠들기 힘들다. 회사를 창업하고 성장할 때는 발등의 불을 끄느라 시간이 쏜살같이 지나고 베개에 머리만 대면 잠들던 그였다. 그런데 회사가 성장한 지금, 오히려 잠들기 힘들다. 상반기보다 다소 떨어진 영업이익 숫자가 눈앞에 아른거리고, 며칠 전 모 대기업이 시장진출을 검토한다는 지인의 첩보가 귓가에 맴맴 돈다.

“월례조회에서 혁신을 얘기하면 ‘또, 저 소리’ 하는 싫은 표정이 역력하죠. 저 역시 직원으로 근무했을 때 그랬으니까요. 속으론 똥줄이 타지만, 역효과가 날까봐 조심스러운 것도 사실입니다. 자칫 동요해서 핵심 인재들이 빠져나가고 현장이 어수선해질까봐 마음 한편으로는 전전긍긍합니다. 잘할 수 있다는 믿음을 주면서 동시에 눈앞에 닥친 현실 속의 냉혹한 사실들을 주지시키는 일이 참 쉽지 않습니다.”

사실 그는 적절한 혁신 타이밍을 놓쳤다. “위기라는 것이 참 막연해요. 다가올 때는 무엇이 위기인지, 어떤 게 잘못된 건지 구별할 수 없어요. 막연하죠. 그저 지나고 나면 어렴풋이 알 수 있는 것이 위기더군요. 기존 사업을 유지하며 적당할 때 업종 추가를 했어야 했는데, 타이밍을 놓쳤어요. 너무 늦어도 안 되지만 시장이 만개하기 전에 너무 일찍 가도 죽기는 매한가지라 주춤하던 사이에 늦어진 거죠. 기존 업종을 정리하고 업종전환을 추진하고 있는데, 인력이 문제입니다. 새 업종에 필요없는 인력까지 다 끌고 갈 수는 없으니까요. 업종을 완전히 정리할 입장에 놓이다보니 본의 아니게 피를 묻혀야 해요”[중소기업진흥공단 기업나라, 최윤경 기자, 2015 : 116 발췌].

학습문제

Q1 경영계층별로 의사결정의 속성은 어떻게 다른가?

Q2 최고경영자는 어떤 역할을 하는가?

Q3 거래적 리더십과 변혁적 리더십은 어떤 차이점이 있는가?

핵심용어

최고경영자, 중간관리자, 일선관리자, 정형적 의사결정, 비정형적 의사결정, 경영승계

1 경영계층의 종류와 의사결정의 속성

1) 경영계층의 종류

오늘날 기업에는 수많은 사람들이 참여하고 있지만 이들 모두가 기업경영에 균등한 비중으로 역할을 수행하지는 않는다. 기업조직 내에는 일반구성원들과 달리 중추적인 역할과 기능을 수행하는 사람들이 존재하게 마련인데 이들이 바로 경영자들이며, 그중에서도 가장 핵심적인 역할을 수행하는 사람은 최고경영자이다.

일반적으로 경영자를 기업에서 다양한 경영활동을 수행하는 의사결정주체라고 규정할 때, 광의의 개념에서 경영자는 기업 내에서 종업원들을 지휘 · 감독하는 관리자로부터 기업에서 가장 중요한 의사결정을 담당하는 최고경영자에 이르는 집단을 총칭한다.[1]

오늘날 대규모 조직에서는 많은 위계계층(hierarchical level)이 존재하는데 그 위계에 따라 최고경영층, 중간관리층, 현장관리층의 3개의 계층으로 나누어 볼 수 있다.[2] 이들은 조직위계상 차지하는 수준에 따라 서로 상이한 권한과 책임을 지니면서 자신들의 기능과 역할을 수행하게 된다.

(1) 최고경영층

회사 조직에서 최상위 계층에 속하는 사람들을 최고경영층(top management, strategic apex)이라 한다. 최고경영층은 기업의 의사결정에 있어서 핵심적 역할을 수행하고 전반적 경영활동에 대한 지휘 · 감독을 총괄하는 등 기업에서 최고의 위치를 차지하는 계층이다.[3] 예를 들어 대기업에서 회장, 사장, 전무, 상무, 본부장 등

---

1 영어로는 경영자나 관리자를 다같이 'manager'라고 부르지만, 우리나라에서는 양자를 구분하는 경향이 있다. 대체로 최고경영층에 속하는 사람들을 경영자라 부르고, 중간관리층에 속하는 사람들을 관리자라 칭한다. 그러나 많은 경우에 혼용해서 사용하기도 한다.

2 현장관리층 밑에 있는 사람들을 '비관리직 종업원(nonmanagerial employee)'이라 하여 4계층으로 나누기도 한다[Robbins 외, 2009 : 22].

3 조직위계상 상위계층에 속하는 최고경영층은 다시 자신들이 맡고 있는 기능이나 역할에 따라 이사회와 같은 수탁경영층, 기업경영 전반에 관한 활동을 수행하는 전반경영층, 통상 본부장이라 불리는 사업부문 책임자 등으로 구분된다. 사장과 같이 공식적으로 회사를 대표하는 최고경영자는 전반경영층에 속한다.

이 바로 최고경영층에 속하는 사람들이다. 이들은 기업 전체적인 입장에서 주요 계획을 수립하고 전략적 의사결정을 행하며 기업경영의 기본정책과 방향을 결정하면서 조직의 생존과 성장, 조직 전반의 유효성을 강조한다는 측면에서 전략적 의사결정자(strategic decision maker)라고도 한다. 그중에서도 특히 기업경영활동의 총괄적이고 최종적인 책임과 권한을 지닌 1인을 최고경영자(top manager *or* CEO : Chief Executive Officer)라고 부른다.

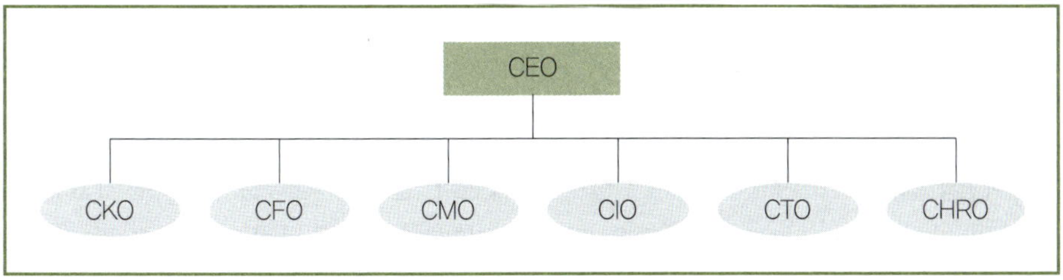

> 월간 현대경영이 실시한 '100대 기업 CEO 라이프스타일'에 관한 설문조사에 의하면 응답자 29명의 평균 근무시간은 10시간 40분인 것으로 나타났다. 이는 1995년 조사 당시의 평균 10시간보다는 40분이 더 늘어난 셈이다. 우리나라 대기업 최고경영자(CEO)들은 대부분 오전 7시 이후 출근하여 점심시간 1시간을 포함하면 11시간 40분으로 하루의 절반 가까이를 회사에 머물러 있었다. 그들은 하루 평균 5~10명(79%)의 외부인사를 만나는 것으로 조사되었는데, 이덕훈 우리은행 행장과 문우행 SK건설 사장은 하루 평균 20명 이상의 외부인사를 만나고 있다고 답했다. 가장 출근시간이 빠른 CEO는 오전 6시 30분에 도착하는 이영국 대우자동차 사장. 민계식 현대중공업 사장과 신수범 한화 석유화학 사장이 각각 6시 40분에, 박정인 현대모비스 회장과 김상갑 두산 중공업 사장이 7시에 사무실에 나온다고 응답해 뒤를 이었다. 또한 그들이 올해 중점적으로 추진하는 경영방침으로는 18명(40%)이 수익구조 향상을 꼽았으며, 중장기 사업비전(12명)과 구조조정(5명), 세계화 전략(2명) 등의 순으로 나타났다. 채무 부담을 안고서라도 외형적 성장에 신경 썼던 기업인들의 생각이 1997년 외환위기 이후 내실과 수익성을 최우선시하는 쪽으로 바뀐 것이다.
>
> 자료 : 월간 현대경영, 2003.

(2) 중간관리층

중간관리층(middle management)은 최고경영층과 현장관리층의 중간에서 이들을 연결해 주는 이른바 연결핀(linking pin)으로서 기업경영활동의 중추적인 역할을 수행한다. 이들은 최고경영층의 정책하에 기업의 하위부문을 관리하면서 현장관리층을 지휘 · 감독하는 역할을 수행한다. 일반적으로 구매, 생산, 재무, 마케팅, 인사 활동 등과 같은 기업활동을 관리하게 되는데 근래에 들어 기업경영에 대한 전문성이 더욱 요구되면서 이들의 비중이 커지고 있다. 이들은 상위에서 설정된 목표와 계획을 책임지고 이를 보다 구체적인 활동으로 전환하는 책임을 진다는 의미에서 관리적 의사결정자(administrative decision maker) 또는 전술적 경영자(tactical decision maker)로 불리기도 한다.

(3) 현장관리층

현장관리층(first-level management *or* low management)은 생산현장 또는 업무의 최일선에서 근무하는 생산직 · 사무직 직원과 일대일 접촉을 통해서 이들을 지휘하고 감독하는 계층이다. 이들은 앞서 중간관리층들이 실행 가능하도록 전환시킨 목표와 계획을 직접 실행한다는 측면에서 업무적 의사결정자(operational decision maker)라고도 한다. 현장관리층은 최일선의 업무와 직접적인 관련을 맺고 있기 때문에, 생산현장에서 현장관리층은 근로자의 생산능률 향상에 가장 직접적이고도 깊은 관심을 가지고 있으며 생산현장에 대한 직접적인 감독책임과 생산업무에 대한 권한을 부여받고 있다.

2) 경영계층별 의사결정[4]의 속성 : 정형적 의사결정과 비정형적 의사결정

조직의 의사결정문제가 얼마나 일상적이고 구조화가 잘 되어 있는가를 기준으로 의사결정의 유형을 나눌 수 있다. 구조화 정도가 높은 의사결정을 정형적 의사결정이라고 하며, 반면에 구조화 정도가 낮은 의사결정을 비정형적 의사결정이라고 한다.

---

4 의사결정자가 합리적인 관점에 기초하여 의사결정을 한다는 입장과 합리적인 관점을 견지하려고 하나 현실적인 제약으로 그러지 못한다는 입장이 있다. 전자를 의사결정의 합리적 경제인 모형이라 하고, 후자를 관리인 모형이라고 한다[Simon, 1976]. 의사결정의 합리적 경제인 모형은 의사결정자가 완전한 합리성(perfect rationality)에 기초하여 최적(optimal *or* optimizing)의 의사결정을 한다는 것이다. 합리적 경제인 모형은 고전경제학 사상의 인간에 대한 가정에 입각하여 의사결정자는 경제적으로 합리적인 사고하에 목표달성을 극대화하는 대안을 선택하려 하고, 그렇게 하기 위해 모든 가능한 대체안들을 체계적으로 탐색하고 평가한다는 것이다. 합리적 경제인 모형에 따르면 의사결정과정은 문제의 발견과 인식, 달성목표의 정의 등의 일련의 의사결정과정을 규범적으

(1) 정형적 의사결정

정형적 의사결정(programmed decision making)은 의사결정이 사전에 설정된 기준에 따라 일상적이고 반복적으로 이루어진다. 이때 정형적 의사결정은 일상화되어 효율적으로 처리되며 책임의 수준도 낮아서 대개 하위층으로 위양된다. 은행과 보험회사처럼 안정적이고 일상적이며 구조화된 문제가 많이 발생하는 곳에서 정형적 의사결정이 많이 이루어진다[March, 1994 : 57-102].

(2) 비정형적 의사결정

비정형적 의사결정(nonprogrammed decision making)은 사전에 설정된 해결책이 없는 상황에서 새롭고 독특한 의사결정이 이루어지는 것을 말한다. 비정형적 의사결정은 구조화되어 있지 않은 상황에서 결정사항이 비일상적이거나 복잡한 연구개발조직의 전략기획부문에서 많이 나타난다.

이러한 정형적 · 비정형적 의사결정의 조직 내 계층별 분포를 보면 조직의 상층부에 있는 사람은 주로 비구조화된 문제에 관한 결정, 즉 비정형적 의사결정을 많이 하고, 조직의 하위계층에 있는 사람들은 주로 구조화된 문제에 관한 결정, 즉 정형적 의사결정을 많이 내리게 된다.

경영자는 비정형적 의사결정이 성공적으로 이루어지도록 하기 위해 두 가지 점에 유의해야 한다. 하나는 의사결정 참가자들이 창의적이어야 하고 신선한 아이디어를 자유롭게 표현할 수 있는 도전적인 의사결정분위기가 조성되어야 한다는 점이며, 또 하나는 계획과 의사결정에 있어서의 '그레샴의 법칙'[5]을 사전에 방지해야 한다는 점이다. 이를 위해서는 비정형적 의사결정이 적시에 이루어질 수 있도록 경영

로 거친다고 보기 때문에 의사결정의 규범적 모형(normative model)이라고도 한다. 또 하나는, 관리인 모형으로서 이것은 의사결정자가 인간으로서의 현실적인 능력에 있어서의 한계를 가지고 있어서 문제 해결을 위한 모든 방안을 인식할 수 없을 뿐만 아니라, 모든 대체안들의 결과가 어떻게 될 것이라는 것도 예측할 수가 없기 때문에 완전히 합리적이라기보다는 제한된 합리성(bounded rationality)에 기초하여 만족스러운(satisfactory *or* satisfying) 의사결정을 한다는 것이다. 이러한 관리인 모형은 만족가설이라고도 하며, 또한 의사결정의 현실을 설명하고 있다고 하여 기술적 모형(descriptive model)이라고도 한다.

5 그레샴의 법칙(Gresham's law)이란 경제학에서 악화가 양화를 구축한다는 원리로, 악화는 정형적 의사결정에, 양화는 비정형적 의사결정에 비유된다. 따라서 계획과 의사결정에서의 그레샴의 법칙이란 일련의 의사결정사항이 있을 경우 경영자는 통상적으로 정형적 의사결정을 먼저 하고 비정형적 의사결정을 뒤로 미루는 습관이 생기는 현상을 지칭한다[Steers & Black, 1994 : 477 참조].

자가 구성원들에게 구체적인 책임을 부여하여, 창의적이고 도전적인 결정을 내리기를 회피하고 일상적이고 반복적인 의사결정만을 내리려는 습관을 버리도록 해야 한다[Cherrington, 1994 : 599 ; Steers, 1991 : 283].

경영계층

- 경영관리 기능은 경영계층에 따라 역할과 대상 그리고 폭이 달라짐.
- 구분 : 최고경영층, 중간관리층, 하위관리층

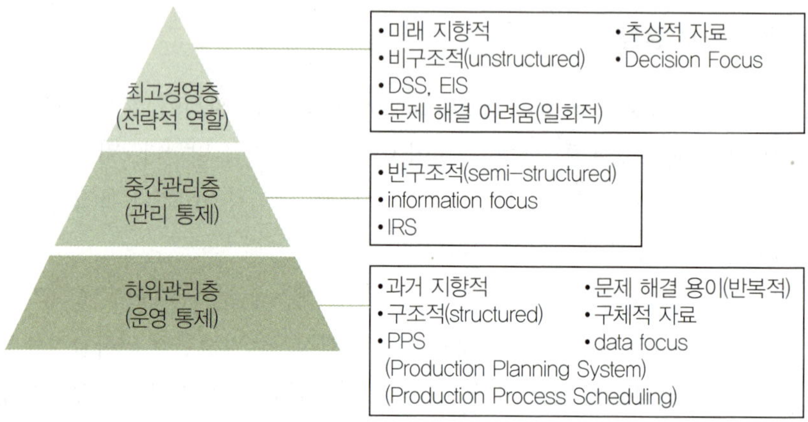

2 최고경영자 직책의 중요성과 역할

1) 최고경영자라는 직책은 얼마나 중요할까?

세계적으로 알려진 초일류기업들이라고 하면 그 기업을 성공적으로 이끈 최고경영자를 쉽게 떠올리곤 한다. 미국의 경우 포드의 헨리 포드(H. Ford), GE의 전 회장 잭 웰치(J. Welch), 애플의 스티브 잡스(S. Jobs) 등이, 일본의 경우 마쓰시타그룹의 마쓰시타 고노스케(松下幸之助), 혼다자동차의 혼다 소우이치로(本田宗一郎) 등이, 한국의 경우 창업경영자로서는 현대그룹의 정주영, 삼성그룹의 이병철 등이 널리 알려져 있다.

기업목표를 달성하기 위한 제반 경영활동에 대한 의사결정주체로서의 권한과 이에 따른 책임을 갖는 기업 내의 상위계층을 최고경영층이라고 한다. 이들은 기업경영활동의 핵심적 역할을 수행하며, 주요한 경영의사결정을 행하게 된다. 또한 최고경영자는 기업을 둘러싸고 있는 경영환경의 변화에 적응할 수 있도록 기업의 환경대응능력을 키우고 환경의 요구에 부응하여 기업내부의 제반 활동을 계획 · 조직 · 지휘 · 통제하며 기업의 인적 요소와 물적 요소를 결합하는 조정자로서의 역할을 수행한다[Donnelly 외, 1990].

통상 최고경영자에게는 기업목표의 달성을 위한 핵심적 역할을 수행할 수 있는 권한과 이에 따른 책임이 주어지게 된다. 여기서 권한(authority)이란 직책을 수행할 수 있는 공식적인 권리로서, 타인의 행동에 영향을 미칠 수 있는 능력인 권력의 일부를 말하는데, 이를 경영권이라고 지칭하기도 한다. 또한 최고경영자에게는 권한에 상응하는 책임이 부여되는데, 만약 최고경영자가 권한을 행사하여 자신에게 부여된 책임을 성공적으로 수행하게 되면 그에 상응하는 보상을 받게 되지만, 그렇지 못한 경우에는 제재를 받게 된다.

이상을 종합해 볼 때, 최고경영자란 기업목표를 달성하기 위해 최종적인 의사결정을 하며, 조직 전체의 활동이나 조직 내 하부조직들의 활동을 지휘 · 조정하는 권한과 책임을 지닌 자라고 규정할 수 있다. 이 책에서 제시한 기업경영시스템을 전제로 해 본다면, 최고경영자는 기업목표를 달성하기 위해 변화하는 경영환경에 대응하면서 경영전략, 경영조직, 혁신관리, 사람관리 등의 제반 경영활동을 총체적으로 지휘 · 감독하며 최종의사결정권을 행사할 수 있는 권한과 책임을 지닌 사람들을 지칭한다.

이처럼 기업조직에서 가장 막강한 권한과 최종적인 책임을 지닌 사람을 최고경영자(통칭 CEO)라고 지칭한다. 전쟁에서 지휘관이 없는 군대를 생각해 보면, 총사령관에 해당하는 최고경영자가 왜 반드시 필요한지를 짐작할 수 있다. 최고경영자는 조직내부의 경영활동을 총괄적으로 지휘해 일관되고 추진력 있는 경영활동이 이루어지도록 하며, 대외적으로는 기업을 대표한다. 더 나아가 최고경영자는 끊임없이 변화하는 환경 속에서 새로운 시장이나 고객을 찾아 신규사업 기회를 창출해 나가야 하는 주요 임무를 맡고 있다.

최근에 들어와 CEO의 업무가 복잡해지면서 최고경영층이 세분화되는 경향을 보이고 있다. 예를 들자면 최고지식경영자(CKO : Chief Knowledge Officer), 최고재무경영자(CFO : Chief Financial Officer), 최고마케팅경영자(CMO : Chief Marketing

Officer), 최고정보경영자(CIO : Chief Information Officer), 최고기술경영자(CTO : Chief Technology Officer)와 같은 직위들이 등장한 것이다.

2) 최고경영자의 역할

최고경영자의 역할은 무엇일까? 최고경영자의 역할을 의사결정자 역할, 지휘관 역할, 동기부여자 역할, 대외관계관리자 역할로 구분할 수 있다[Mintzberg, 1973 ; Kinicki & Williams, 2005 참조].

① 의사결정자로서의 역할
② 지휘관으로서의 역할
③ 동기부여자로서의 역할
④ 대외관계관리자로서의 역할

(1) 전략적 의사결정자로서의 역할

주주 · 투자자로부터의 경영활동을 위임받은 최고경영자가 수탁경영자로서 의사결정자 역할(decision making role)을 담당해야 한다는 것은 지극히 당연한 말이다. 최고경영자는 주주나 투자자로부터 경영활동을 위임받았으므로, 정당한 방법을 통해 기업이윤을 창출하기 위해 가장 합리적인 의사결정을 해야 한다. 의사결정자 역할을 수행하기 위해 최고경영자는 변화와 혁신을 시작하고 장려하는 기업가 역할(entrepreneur role)과 제품결함에서부터 국제 통화위기에 이르기까지 예견되지 않았던 문제점들을 해결하는 해결사 역할(disturbance handler role), 자원이용의 우선순위를 정하는 자원분배자 역할(resource allocator role) 등을 담당해야 한다[Kinicki & Williams, 2005 : 21].

경영자는 전략적 의사결정을 해야만 한다. 의사결정은 기업경영의 근본적인 활동이다. 왜냐하면, 경영자들은 무엇을 해야 하고, 누가 · 언제 · 어디서 그리고 어떻게 그것을 할 것인가를 결정하지 않으면 안 되기 때문이다. 예를 들어 올해의 경영목표를 어떻게 설정할 것인가, 생산부서의 책임자는 납기일까지 제품을 출하하기 위해 어떻게 생산계획을 수립하고 실천할 것인가, 영업부서의 책임자는 제품에 대한 고객을 늘리기 위해 어떤 판매방법을 도입할 것인가 하는 등등의 활동들이 경영자의 지속적인 의사결정과정인 것이다. 물론 어떤 신규사업에 진출할 것인가 하는 경영전략의 결정문제도 기본적인 의사결정활동의 하나이다.

최고경영자는 하위계층의 경영관리자들과 달리 상황에 따라 신속하게 의사결정할 수 있는 리얼타임 능력을 포함한다.

> 회사가 어느 정도 돌아가면 중소기업의 사장들이 가장 고민하는 것 중에 하나가 앞으로 무엇을 해서 먹고 살까이다. 지금 잘되고 있는 제품이 영원할 수는 없다. 시장상황이 급박하게 변하는데, 하나의 제품군을 가지고 사업을 하다보면 언제, 어떻게 퇴출될지 모른다. 경쟁사의 제품개발에 따른 가격저하나 중국산 동종제품의 시장진입으로 회사가 급전직하하는 경우도 비일비재하다. 게다가 산업별 시장변동과 경기흐름은 직격탄이 될 수 있다.
> 실제로 승승장구하던 중소기업이 빠른 속도로 무너지거나 매각되는 경우도 적잖다. 최근엔 신기술 선점효과도 줄어 웬만한 기술은 1~2년 안에 경쟁사나 후발주자가 따라잡기 때문에, 차원이 다른 혁신적인 제품과 서비스를 위해 중소기업의 사장들은 불면의 밤을 보내고 직원들을 다독인다.
> 35년 전 한 대기업과의 막역한 거래관계로 앉아서 10여 년간 돈을 긁어모았던 철강업체 성 대표. 대기업과의 거래 단절로 단번에 회사를 날리고, 10년의 낭인생활 후 바닥부터 다시 시작해서 철상 빛 선자부품 회사를 일으켰다. 성 대표는 고령에 매출 500억 원 기업의 최고경영자지만, 여전히 야전침대를 곁에 끼고 일한다. 편할 때 앞을 보지 못한 자신이 얼마나 어리석었는지를 상기하기 위해서다. 거래처 다원화는 물론이고 지속적인 연구개발에 수시로 시장 동정을 살피고, 직원 근무태도를 체크하는 등 노령에도 변화 타이밍을 읽어내려고 여념이 없다.
> 자료 : 중소기업진흥공단 기업나라, 최윤경 기자, 2015 : 116 발췌.

의사결정과정의 오류

유형	내용
과도한 확신 (overconfidence bias)	자신의 의사결정이 맞을 확률을 지나치게 낙관적으로 생각하는 경향
과도한 집착(anchoring bias)	초기정보에 지나치게 고착되는 경향
몰입의 상승현상 (escalation commitment)	어떤 심사숙고 의사결정을 한 후에 변화가 일어나 먼저 내린 의사결정이 부적절하고 잘못임에도 불구하고 여러 가지 이유를 들어 최초의 의사결정을 고수하려는 경향
접근성의 오류 (availability bias)	쉽게 접근할 수 있는 정보에 근거를 두고 판단을 내리는 경향
맹목성 오류 (hindsight bias)	사건의 결과가 실제로 알려진 후 결과를 정확히 예측할 수 있 있다고 잘못 믿는 경향

(2) 지휘관으로서의 역할

최고경영자는 기업목표를 달성하기 위해서 조직구성원들의 활동을 지도하고 조정 · 지휘하는 역할을 하는데, 이러한 역할을 수행하기 위해서 계획을 입안하고 실행하고 통제하는 지휘관이 되어야 한다[Baird 외, 1990 : 15–17]. 이처럼 제반의 기업경영의 모든 활동을 계획 · 실행하고, 전체적인 관점에서 통합하는 역할을 지휘관 역할(director role)이라 하는데, 이러한 지휘관 역할은 기업경영의 조직적 · 관리적 차원에서 주로 발휘된다.

지휘관으로서의 최고경영자의 역할은 자원배분활동을 통해 이루어진다[Mintzberg, 1973 : 93–98]. 최고경영자는 자원배분자로서 한정된 자금, 인적 자원, 시간, 설비 등을 누구에게 얼마나 할당할 것인가를 결정해야 한다. 또한 효과적인 지휘관 역할을 수행하기 위해 최고경영자들은 치밀한 계획성, 일의 추진력, 그리고 장기적이고 종합적인 경영안목이나 판단력 등을 지녀야 하는데, 이를 위해서 자신의 경험과 끊임없는 학습을 토대로 창의적으로 문제를 해결할 수 있는 능력을 배양해야 한다.

최고경영자는 야전사령관처럼 자신의 성실성과 근면성을 바탕으로 책임을 다하는 솔선수범의 모범을 보여주어야 한다. 또한 기업을 성공적으로 이끌기 위해 최고경영자는 기업경영에 필요한 지식과 기술 등과 같은 전문가로서의 중요한 능력을 갖추고 있어야만 한다. 특히 공식적 교육을 통해 얻은 지식보다는 자신의 경험을 통해 얻은 조직 및 산업에 대한 산지식을 보다 많이 갖추도록 노력해야 할 것이다[Locke 외, 1991 : 35–37].

한편, 현대기업에서 지휘관으로서의 역할은 정보제공 역할(informational managerial role)을 의미하기도 한다[Kinicki & Williams, 2005 : 21]. 직원들로부터 일이 어떻게 진행되고 있는지 알 수가 없다는 불만이 제기된다면, 이는 감독관이 배포자 역할에 충실하지 못하였기 때문이다. 최고경영자는 항상 e–메일이나 회의 등을 통하여 직원들에게 중요한 정보를 배포하여야 한다. 최고경영자는 사업체나 조직 외부의 사람들에게 외교관과 마찬가지로 정보통으로서 항상 최고의 모습을 보여주어야 한다.

(3) 동기부여자로서의 역할

동기부여자 역할(motivator role)이란 종업원들이 스스로 최선을 다할 수 있게 동기부여를 하고, 이를 통해 개인과 조직 모두의 성공을 이끌어 내는 역할을 말한다[Bateman & Zeithaml, 1990]. 최고경영자는 기업구성원들의 활동을 지시하고 통제하는 리더로서의 역할을 수행해야 하며, 고용 · 훈련 · 승진 · 해고 등과 같은 충원, 종업원에 대한 동기부여, 현장에서의 통솔 등의 역할을 수행해야 한다[Mintzberg, 1973, 93-98].

지식의 창조와 보급 능력이 기업의 생존과 발전을 좌우하는 가장 중요한 원천이 되는 오늘날의 경영환경에서 최고경영자는 새로운 지식을 창조하도록 종업원들을 고무시키고 조직과 보상을 달리하며 또 창조된 지식을 전 종업원에게 보급하는 역할을 수행하여야 한다.

최고경영자가 동기부여자 역할을 성공적으로 수행할 경우, 즉 조직구성원들의 창의적인 아이디어의 중요성을 인식하고, 이를 개발하기 위한 지원을 아끼지 않는다면 소망하는 기업의 경영혁신이 이루어질 수 있다. 그러나 새로운 아이디어에 대한 실질적인 후원이 부재한다면 기업의 혁신은 불가능할 것이다[Bartol & Martin, 1991 : 26-27].

최고경영자가 동기부여자 역할을 수행하기 위해서는 대인관계능력(human skill)을 갖출 필요가 있다. 최고경영자는 청취술, 화술, 사회적 네트워크 구축, 갈등관리, 자신 및 타인에 대한 평가 등의 대인관계능력을 통해 조직 내외의 커뮤니케이션을 원활히 수행해야 한다[Locke 외, 1991 : 37-46]. 이러한 역할은 디지털 시대의 역동적 리더십으로 표현되기도 하는데, e-메일 또는 인터넷을 활용하는 능력 등 정보기술에 대한 관심뿐만 아니라 신세대와의 상호교감을 위해 스타크래프트나 DDR 등을 할 수 있는 능력도 최고경영자의 동기부여자 역할에 해당된다[Kinicki & Williams, 2005 : 21].

(4) 대외관계관리자로서의 역할

최고경영자는 조직을 이끌면서 대외관계관리자로서의 역할을 수행해야 한다. 먼저 최고경영자는 공식적인 행사에 기업의 대표로서 참여하는 상징적 보스(figure head)로서 역할을 수행해야 하는데, 외빈에게 회사를 둘러보게 하고 부하직원들에게 도덕적인 모범을 보이는 등 조직을 대표하는 역할이 이에 해당된다. 또한 최고경영자는 조직의 이익을 얻기 위하여 다른 조직이나 개인과 협상을 하는 협상가(negotiator), 조직내부뿐만 아니라 조직외부의 중요인물과 접촉해야 하는 연결자(liaison)로서의 역할을 수행하여야 한다[Mintzberg, 1973 : 93−98 ; Kinicki & Williams, 2005 : 21].

또한 오늘날의 최고경영자들은 다양한 이해관계자(주주, 소비자, 노동조합, 공급자, 금융기관, 지역사회, 행정기관)의 이해를 조정해야 할 뿐만 아니라, 반기업정서를 해소하도록 기업권력에 상응하는 사회적 의무와 책임을 수행하고 기업윤리의 준수와 같은 환경관리자로서의 사회적 활동을 수행해야 한다[Baird 외, 1990 : 15−17 참조].

전통적으로 최고경영자는 사업의 성취를 끈질기게 추구하는 것을 강조해 왔지만, 최근에는 이에 못지않게 그 스스로가 좋은 시민(good citizen)으로서의 사회 속의 자아상을 확립할 것이 요청되고 있다. 더 나아가 최고경영자는 자연환경의 보전을 도모하면서 질 좋은 제품과 서비스를 통해 기존고객의 만족을 최대화하기 위한 노력을 기울여야 할 뿐만 아니라, 새로운 고객을 창출할 수 있어야 한다. 오늘날 고객만족경영, 고객감동경영, 고객을 위한 가치창조 등이 바로 최고경영자가 해야 할 역할인 것이다.

(5) 비전제시자(비전 메이커)로서의 역할

최고경영자(CEO) 또는 리더가 특정한 상황에서 구성원들이 집단의 공동목표를 달성하려는 행위를 하도록 그들에게 영향을 미치는 과정을 리더십(leadership)이라 한다. 즉 리더십은 리더가 조직목표를 달성하기 위해 조직이 처한 상황과 조직구성원들의 특성이나 기대를 고려하여 자신의 특성과 행위를 개발함으로써 구성원들에게 영향력을 행사하는 과정을 말한다.

기업에서 최고경영자로서의 지위와 권한을 가진 위치에 있다고 하여 자동적으로 리더십을 발휘할 수 있는 것은 아니다. 조직구성원들에게 영향력을 행사하기 위해 공식적 권한을 행사하는 외부적 힘이나 강압적 권력에만 의존할 것이 아니라, 구성원들이 리더를 좋아하고 구성원들이 조직목표의 달성을 위해 자발적인 노력을 하도록 하는 효과적인 리더십을 개발할 필요가 있다[Selznick, 1957 ; Hall, 1991 ; Gomez−Mejia 외 2008 ; Robbins 외 2009 참조].

최고경영자가 효과적인 리더십을 개발하기 위해서는 다음과 같은 요건들을 갖추도록 노력을 경주해야 한다.
CEO로 재임하다 보면 어려운 순간을 수도 없이 맞이하곤 한다. 때로는 기존사업에서 철수하거나 인력을 감축하는 것과 같은 구조조정의 아픈 순간들도 있을 수 있다. 어려운 시기가 닥쳐오면 대부분의 사람들은 눈앞에 보이는 당장의 위기를 벗어나는 데 급급한 나머지 장기적인 목표와 방향성 없이 단기대응에 치중하는 경우가 많다. 예를 들어 1994년 미국 스콧 페이퍼의 CEO로 취임한 던롭은 비용삭감을 이유로 재임기간 동안 전체직원의 30%인 1만 2천 명을 해고한 것으로 유명하다. 취임 이틀 만에 11명의 고위임원 중 9명을 잘라내 '전기톱'이라는 별명을 얻을 정도였다. 그러나 20개월이라는 짧은 재임기간 후 던롭은 결국 CEO를 사임하게 되고 1995년 말 회사인 스콧 페이퍼마저 경쟁사인 킴벌리 클라크에 매각되고 말았다. 반면 20년 이상을 장수하며 재임기간 동안 GE를 세계 최고의 기업으로 만든 잭 웰치의 별명 역시 '중성자탄'이었다. 수익성이 없는 부문은 과감히 팔아버리고 직원평가를 통해 무능한 직원을 구조조정했지만 웰치는 오랜 기간 장수하고 명예롭게 은퇴했다.
두 CEO의 차이는 무엇이었을까? 이러한 질문에 대한 해답은 명확한 비전설정에서 찾을 수 있을 것이다. 웰치가 대규모 구조조정과 같은 위기상황을 맞아 '1등 아니면 2등'이라는 명확한 비전을 제시해 직원들의 공감을 얻어 낸 반면, 던롭은 뚜렷한 원칙을 제시하지 못함으로써 단기적인 성과향상을 위한 대응에 그쳤다는 것이다. 던롭은 비용에 집중하여 효율성 제고를 꾀하였으나, 그의 리더십에는 비전과 철학이 부재하였고, 따라서 뚜렷한 비전을 토대로 한 성공적인 경영혁신에 실패했다고 볼 수 있다. 이에 반해 웰치는 비용절감과 효율성 제고라는 동일한 측면에 관심을 기울였으나, 뚜렷한 목표를 그 토대로 설정함으로써 워크아웃, 6시그마 등을 성공적으로 이끌어 낼 수 있었다. 그는 독특한 자신만의 비전과 철학을 통해 세계에서 가장 존경받는 CEO가 되었고, GE를 세계적인 초일류기업으로 발전시킬 수 있었다.
자료 : LG 주간경제, 2004.3.3.

기업이 경영비전을 달성하기 위해서는 조직구성원들의 상상력과 창조력을 한데 모아서 환경변화에 대응하고, 이렇게 결집된 에너지를 바탕으로 독자적인 변화를 시도하여야 한다. 이처럼 기업이 독자적인 경영비전을 창출하고 기업 내외의 경영환경에 주체적으로 작용하여 새로운 미래를 창조하려는 경영활동을 비전경영(vision management)[렉컨설팅그룹, 1993] 또는 '비전 만들기(VM : Vision Making)'[LG 주간경제, 1996.7.18. 참조]라 한다. CEO가 비전 만들기, 즉 비전경영을 추진하기 위해서는 다음과 같은 점들을 고려해야 한다.

① 기업의 핵심이념과 부합되는 목표의 설정
② 고객에게 가치를 제공할 수 있는 도메인의 설정
③ 경영진의 의지와 분석의 조화
④ 구성원들의 의견 반영 및 공감대 형성
⑤ 마스터 플랜의 수립과 단계적 추진

① 기업의 핵심이념과 부합되는 목표의 설정

비전경영을 실행하기 위해서는 기업의 핵심이념과 부합되는 목표를 선정해야 한다. 핵심이념이란 기업의 영속적인 속성으로서, 제품이나 시장의 라이프 사이클, 기술적 발전, 경영 스타일, 리더 개인을 초월하는 지속적인 정체성을 의미하는데, 이러한 이념과 일치하는 목표를 설정함으로써 경영자는 기업의 존재이유를 확립할 수 있고 구성원들의 헌신과 몰입을 유도할 수 있다[Tushman & Anderson, 2004 : 206-218]. 예를 들어 세계적인 제약회사인 머크(Merk)는 "인류의 삶의 질을 개선한다. 약은 이익이 아니라 인간을 위해 있는 것"이라는 핵심이념을 바탕으로 "충분한 연구개발(R&D) 활동과 치유력이 뛰어난 신약개발을 통해 세계 최고의 제약회사가 된다."는 목표를 설정하고, 이것을 철저하게 실행해 왔다.

② 고객에게 가치를 제공할 수 있는 도메인(사업영역)의 설정

비전경영을 실행하기 위해 제품이나 산업 중심의 접근법은 두 가지 한계를 지닌다. 하나는 어떤 역량과 자원의 축적이 필요한지를 알 수가 없기 때문에 자원낭비를 초래할 수 있다는 점이고, 다른 하나는 조직의 응집성이 떨어질 수 있다는 것이다. 그러므로 바람직한 비전경영을 위해서는 여러 요소를 고려하여 도메인(domain)을 적절하게 설정하여야 한다. 무엇보다 누구를 대상으로 사업을 영위할 것인가를 명확히 해야 하고, 고객에게 어떤 가치를 제공할 것인가가 포함되어야 한다. 여기서 가치란 고객이 구매를 통하여 얻고자 하는 혜택을 의미한다. 그리고 어떤 역량으로 가치를 제공할 것인가가 반영되어야 한다.

③ 경영진의 의지와 분석의 조화

비전경영을 실행하기 위해서는 기업의 의지와 분석의 조화가 필요하다. 전통적인 접근방법은 기업의 환경분석을 통해 자신의 자원과 능력을 파악한 뒤, "무엇을 할 수 있는가"에 초점을 맞추어 장·단기 경영목표를 수립하는 것이다. 하지만 이러한 방식은 현재의 경영환경에 기업을 적응시키고자 하는 것인데 이는 구성원들의 열망을 담아낼 수가 없기 때문에 바람직하지 않다. 오히려 경영비전의 수립은 미래를 향한 기업의 소망, 즉 의지에서 출발하는 것이 더 바람직하다. 이는 "무엇을 하고 싶은가", "무엇을 해야 하는가"라는 사고에서 출발하는 방식으로 기업의 전략적 의지를 먼저 이끌어 낸 다음에 역량과 자원 등에 대한 분석을 수행하는 방식이다.

④ 구성원들의 의견반영 및 공감대 형성

경영비전은 그 내용이 명확하고, 구성원들의 의지를 불태울 수 있을 만큼 매력적이어야 한다. 그래야만 구성원들로부터 더 많은 공감과 헌신을 이끌어 낼 수 있기 때문이다. 따라서 경영비전을 수립할 때에는 가급적이면 기한까지 명시할 수 있는 구체적이고 명확한 과제를 선정해야 한다. 또한 경영비전은 극복할 대상을 선포하여 구성원들의 경쟁본능을 자극할 수 있어야 한다. 1980년대 일본 기업들의 거센 도전으로 인한 위기를 성공적으로 극복한 포드(Ford)는 "이익보다는 사람 또는 제품을 중시하며 품질개선, 종업원 참여, 고객만족을 추구한다."는 경영비전을 수립하였다. 그리고는 철저하게 경영비전에 부합되는 실행체제를 갖추기 시작하였다[LG 주간경제, 1996.7.18. 참조].

⑤ 마스터플랜의 수립과 단계적 추진

비전경영은 몇 가지 단계를 거쳐서 점차적으로 실행되어야 한다. 경쟁이 눈앞에서 진행되는 상황에서 조직구성원들은 10년 뒤의 목표만으로 오늘의 일을 할 수가 없다. 복사기업체인 캐논(Cannon)의 예를 통해서 비전경영의 실현과정을 살펴보자. 과거 복사기시장의 지배자였던 제록스(Xerox)에 도전할 당시 캐논의 경영비전은 "제록스를 이기자."였다. 이때 그들이 밟았던 길은 다음과 같다. 우선 제록스가 보유했던 특허들을 파악했다. 다음으로 초기 시장진입을 위해 필요한 기술을 도입했다. 이를 통해 초기 시장경험을 축적한 캐논은 연구개발(R&D)에 역량을 결집하여 더 많은 연구개발비용을 조달하기 위해서 그들의 축적된 기술을 여타 기업들에게 라이선스로 제공하였다. 결국 축적된 기술력을 바탕으로 캐논은 제록스의 영향력이 약한 유럽 등지를 공략하는 단계를 밟았다. 이러한 사례를 통해서 알 수 있는 바는 비전경영을 실행할 때에 단계적으로 접근하여야 한다는 것이다[LG 주간경제, 1996.7.18. 참조].

(6) 혁신가(innovator)로서의 역할

최고경영자가 수행하는 혁신가로서의 역할은 주로 기업경영의 경제 · 기술적 차원을 대변하는 것으로, 기업가정신을 발전적으로 계승한다는 측면이 강조된다. 여기서 경영자의 혁신가 역할(innovator role)이란 경영자가 기업경영시스템의 구조, 과정, 투입 혹은 산출 등의 측면에서 새로운 변화를 추진하게 되며, 경영자들은 기업 내에서의 창조적 변화, 즉 혁신을 자극하고 주도하는 역할을 수행하여야 한다는 점을 강조하는 역할범주이다[Robbins, 1991 : 22]. 본서의 현대 기업경영시스템을 전제로 해 볼 경우 혁신가로서의 역할은 주로 경영전략 영역에서 발휘되는 역할을 의미한다.

본래 경영자가 주주 · 투자자로부터의 경영활동을 위임받은바 위탁경영자로서 자신의 책임을 완수한다는 것은 지극히 당연한 주장이다. 즉 경영자는 주주나 투자자로부터 경영활동을 위임받았으므로, 정당한 방법을 통해 기업이윤을 창출하기 위해 노력해야 한다. 이러한 책임을 수행하기 위해서 경영자는 불확실한 상황에서 기업이윤을 창출하는 데 필요한 인적 · 물적 자원을 투자하는 위험부담기능과 외부환경 변화에의 적절한 대응을 통해 기업의 성장과 발전을 도모하는 기업가정신과 혁신기능을 발휘해야 한다[Baird, Post & Mahon, 1990 : 15−17].

일찌기 슘페터는 기업의 발전을 위한 혁신성에 초점을 둔 기업가정신(entrepreneurship)을 강조하였다[Schumpeter, 1934]. 그에 의하면 자본주의 발전은 창조적 파괴과정을 밟아서 이루어지는데 이런 창조적 파괴과정을 추진하는 자가 바로 기업가이며, 이들이 발휘하는 정신이 바로 기업가정신이다. 오늘날에도 기업가의 중요성이 강조되고 있는 이유는 기업가정신이 과거에서뿐만 아니라 오늘날의 전문경영자에게도 절실하게 필요하기 때문이다. 기업가정신의 요체로 특히 강조되는 것이 혁신(innovation)이다.[6]

혁신이란 과거의 정태적 균형을 창조적으로 파괴하여 새로운 동태적 균형을 이룩하게 함으로써 결과적으로는 생산성을 높여주거나 비용을 줄여주고 또는 수익을

---

6 모든 학자들이 기업가정신의 요체에 대해 합의를 이루고 있는 것은 아니다. 슘페터(J. Schumpeter)는 기업가정신의 가장 중요한 요인으로 혁신(innovation)을 들고 있음에 비해, 밀(J. S. Mill)은 기업가정신의 핵심요인으로 위험감수(risk−taking)를 들고 있다. 그에 의하면 일반적으로 경영자와 기업가를 구분하는 요인이 위험감수의 여부라는 것이다. 한편 베버(M. Weber)는 경제적 조직에서 권력과 권한의 궁극적 원천을 지닌 사람의 특성을 강조하고 있다. 이렇듯 기업가정신의 요체에 대해 학자들마다 보는 관점들이 서로 다르다[Massie, 1987 : 221−222].

증대시켜 주는 모든 아이디어나 방법의 도입을 뜻한다[김원수, 1990 : 598]. 혁신은 신제품의 생산, 신기술의 도입, 신시장의 개척, 신공급원의 발견, 신조직의 형성 등을 통해 이루어지는데, 이러한 혁신기능은 기업가의 당연한 임무이며, 이러한 기능을 제대로 수행하지 못하면 단순한 생산관리자로 전락하고 만다는 것이다.

전통적인 개념의 기업가가 존재하는 중소기업, 중견기업, 창업기업, 모험기업 등에만 이러한 기업가정신이 강조되는 것은 아니며, 오늘날 조직의 재창조를 통해 새로운 가치를 창조하고, 새로운 이윤창출사업을 시작하려는 대기업들의 입장에서도 요구되는 정신이라 할 수 있다[Bird, 1989]. 드러커(P. F. Drucker)에 의하면 오늘날의 현실경영에서 요구되는 기업 내에서의 기업가정신이란 현재의 사업을 미래에서도 가능하도록 해 주고 기업으로 하여금 전혀 다른 사업에 참여할 수 있도록 해 주는 것이다[Drucker, 1985]. 따라서 오늘날 대기업에서 경영을 전담하는 전문경영자들도 기업을 성공적으로 이끌기 위해서는 이러한 기업가정신을 발전적으로 계승해 나가야 할 것이다.

혁신가로서의 역할을 수행하기 위해 경영자는 전략적 의사결정을 통해 신시장의 개척, 신공급원의 발견 등과 같은 새로운 기업의 성공기회를 포착하거나 신제품의 생산, 신방법의 도입, 신조직의 형성 등을 통해 경쟁적 우위를 강화시키는 역할을 수행해야 한다. 이러한 역할수행을 위해서는 기업가로서, 발명가로서, 창의적 개인으로서, 위험감수자로서의 자질을 지녀야 하며, 냉철한 판단력과 소신을 지녀야 하고, 전체조직과 조직의 각 부문들이 어떻게 서로 적합되는가를 볼 수 있는 개념적 기능(conceptual skill)을 지녀야 한다. 또한 최고경영자는 불확실한 상황에서의 인적 · 물적 자원의 투자를 통해 창조적 기업이윤을 창출하려는 도전정신과 목표에 대한 도전을 하고 성공적 경력을 추구하는 높은 성취욕구(n−Ach : need for achievement)를 지녀야 할 것이다[Baird 외, 1990 ; Locke 외, 1991 : 14−21].

3 경영관리자의 리더십 개발

1) 리더가 갖추어야 할 특성개발

"될 성 부른 나무는 떡잎부터 알아본다."는 속담이 있다. 우리는 여전히 리더는 뭔가 다르다거나 리더가 될 수 있도록 하는 어떤 자질이나 특성이 있다고 믿는 경향이 있다.

효과적인 리더는 남들과 다른 개인적인 특성을 갖고 있다는 생각에서 그러한 특성을 추출하려는 노력이 매우 오래전부터 이루어져 왔다.[7] 특히 초기 리더십이론으로서 특성추구이론 또는 특성이론(traits theory)은 선천적이든 후천적이든 효과적인 리더들이 갖고 있는 공통적인 특성, 특질, 또는 자질을 규명하려는 이론으로서 리더가 어떤 고유한 특성을 가지면 상황이나 환경이 바뀌더라도 항상 리더가 될 수 있다는 점을 기본적으로 가정하고 있다.

리더는 타고난 사람이다!	Vs.	리더는 만들어 가는 사람이다!
위인이론 : – 유전적 결정 – 가문과 출신	Vs.	**위인이론 :** – 리더는 만들어짐 – 가시적 행동 필요
특성이론 : – 타고난 자질 – 추종자와 다름		**상황이론 :** – 상황이 결정함 – 상황에 따른 행동

자료 : 신유근, 2005 : 11장 참조.

만일 리더가 보통 사람보다 우수한 자질을 가지고 있다면 과연 그것은 어떠한 것들일까? 특성추구이론가들은 예를 들어 육체적 · 정신적 에너지, 목적의식과 지식

7 초창기 리더십연구에 관심을 둔 대상은 역사상 유명했던 위대한 인물들이었다. 연구자들은 이 위대한 인물들이 어떻게 막강한 영향력을 행사하는 리더가 될 수 있었던가 하는 데 관심을 집중하였다. 그래서 어떤 사람이 타고난 자질로 인해 위대한 인물, 즉 리더가 된다는 주장을 '리더십의 위인이론(great man theory of leadership)'이라 부르기도 한다.

능력, 정열, 친근감, 탁월한 품성, 기술적 우월성, 과단성, 높은 지능, 신념 등[Tead, 1935]과 같은 다양한 특성을 리더들이 공통적으로 구비하고 있다고 제시하였다. 하지만 수많은 특성이 난무하여 무엇이 진정한 리더의 특성인지를 파악하기 어렵게 되었다. 이에 스톡딜(R. M. Stogdill)은 특성추구이론에 대한 비판적 연구로 진정한 리더의 특성을 정리하였는데, 그는 지능, 지배성, 자신감, 열정적 활동의 수준, 업무관련 지식 등의 다섯 가지를 제시하였다[Kreitner & Kinicki, 1995 : 429].[8]

특성추구이론이 진전되는 과정에서 리더의 특성들이 리더십의 유효성과 밀접한 관계를 갖지 못한다는 연구결과들이 제시되기 시작하였다. 예를 들면, 리더가 갖추어야 할 특성이 제한 없이 제시될 수 있다는 점이다. 연구가 많아질수록 리더의 특성요인 숫자의 범위가 넓어지고 각 특성 간의 연관관계도 거의 없는 일반적인 것도 많다. 그리고 특성의 예측 부족현상이다. 리더의 특성과 리더십의 효과성에 관한 관계에 대한 연구결과가 일관성이 없으며, 많은 경우에는 상반되는 결과를 나타내기도 한다.

리더가 갖추어야 할 특성은 그야말로 많이 제시되고 있어 리더십의 여러 다른 이론들이나 관점들과 중복되는 부분을 쉽게 찾아볼 수 있다. 그럼에도 불구하고 최근에는 리더의 특성으로서 카리스마적 리더십이 다시 조명을 받고 있다.

'카리스마'(charisma)라는 말은 그리스어로 '신이 주신 선물'이란 뜻으로서 고대 그리스에서 처음 사용되었다고 한다. 카리스마 리더십이란 개인이 소유하고 있는 영적인, 심적인, 초자연적인 특질이 있을 때 조직구성원들이 이를 신봉함으로써 생기는 리더십을 말한다.

막스 베버(Max Weber)도 그의 저서 *Economy and Society*에서 카리스마에 대해서 언급하고 있다. 그는 카리스마를 권력의 정당화 측면에서 정의하고 있는데, 특정인이 갖는 권력(power)이 정당하다고 다른 사람들에 의해 인정되면 그의 권력은 권한(authority)이 된다고 하였다. 베버는 이러한 권력을 세 가지 유형으로 구분하였는데 법적(또는 합리적) 권한, 전통적 권한, 그리고 카리스마적 권한이 그것이다. 그 중 여기에서의 주제인 카리스마적 권한은 사람 외적인 요소에 기초하는 다른 두 권한과 달리, 다른 사람들이 특정인의 특출한 속성을 믿고 따르기 때문에 발생하는 권

---

8 한편, 우리나라에서도 전통적으로 상사가 리더십을 발휘하기 위해서는 우선 상사 자신이 몸가짐부터 바르게 하고, 이를 바탕으로 성이 · 도량 · 정지 · 후덕 · 용기 · 관대함과 같은 자질을 갖추도록 해야 한다는 교훈이 제시되어 왔다[한영우, 1983].

한이라고 보았다. 어떤 사람이 초인적, 초자연적, 상식을 뛰어넘는 특성을 갖고 있다고 믿어지면 그가 내리는 명령을 따르고 그가 세우는 규칙을 지키려 하며 그를 본받으려 하고 받들게 된다. 베버는 이런 비범한 속성을 가진 사람이 리더로서 인정받는다고 주장했다[백기복, 2000].

최근에 카리스마를 새롭게 보려는 네오카리스마적 리더십(neocharismatic leadership)이란 어떤 개인의 특수한 능력, 다시 말하면 추종자에게 극대의 몰입을 끌어낼 만한 능력을 가진 리더로서의 개념을 의미한다.[9] 과거의 특성이론 혹은 카리스마에 대해서 언급된 이론과 다르게 새로이 조명받고 있는 네오카리스마적 리더십은 다음과 같이 네 가지 특성이 있다[Robbins, 2005]. ① 네오카리스마적 리더는 비전을 가지고 있으며, ② 그 비전을 실현하기 위해 위험을 감수하려는 용기가 있으며, ③ 환경적인 제약이나 부하들의 니즈(needs)에 민감하며, ④ 남이 생각하지 않는 기발하고 새로운 행동을 실행에 옮긴다. 이러한 특성들이 바로 전통적인 카리스마적 리더들과 다른 점이다.

네오카리스마적 리더로서 정치가로는 케네디나 마틴 루터 킹을, 기업의 CEO로서는 GE의 전 회장 잭 웰치, 크라이슬러 전 회장 아이아코카, 마이크로소프트의 빌 게이츠, 애플컴퓨터의 스티브 잡스 등을 예로 들 수 있다. 특별히 그러한 리더들은 전문가적인 능력뿐만 아니라, 탁월한 말솜씨와 인식능력을 지니고 있으며, 부하들의 태도, 행동, 그리고 감정적인 변화까지 불러일으킨다[Luthans, 2002].

2) 변혁적 리더십

(1) 거래적 리더와 변혁적 리더

어떻게 하면 부하들의 변화를 촉진하는 리더십을 발휘할 수 있겠는가? 구성원들의 팀과 조직에 대한 강한 일체감과 적극적인 참여를 유발할 수 있는 변혁적 리더십(transformational leadership)이 대표적이다. 변혁적 리더십이론은 이전의 리더십에 관한 이론을 거래적 리더십이론으로 본다. 거래적 리더십(transactional leadership)이란 리더가 부하들의 역할과 과업요건을 명확하게 함으로써 기존에 잘 정립되어 있는 목표달성을 위해서 부하들이 노력하도록 모티베이션시키는 리더십으로 기존에

9 로빈스(S. P. Robbins)는 네오카리스마적 리더십을 특성추구이론에서 발전된 카리스마적 리더십과 다음에서 설명할 변혁적 리더십을 포함하는 개념으로 보고 있다[Robbins, 2005 참조].

거래적 리더	변혁적 리더
• 적당한 보상 : 노력에 대한 보상을 약속하고 성과에 따라 보상을 해 준다. • 행동표준화 : 부하들이 규칙과 관습을 따르는 것을 좋아한다. • 목표지향성 : 단기전망을 가지고 있으며 목표가 현상에 어긋나지 않는다. • 문제 해결 : 부하들의 문제를 해결해 주거나 해답이 있는 곳을 알려준다.	• 카리스마 : 비전과 미션을 제시하고 자긍심을 키워 주고 존중과 신뢰를 보낸다. • 격려 : 높은 목표치를 제시하며 알기 쉬운 방법으로 중요한 목표를 설명한다. • 지적 자극 : 사고력과 합리성을 고취시키고 합리적으로 문제 해결을 유도한다. • 개인적 고려 : 부하들을 항상 관심 있게 지켜보며 개인적으로 코치하고 조언한다.

자료 : White & Bednar, 1992 ; Robbins 외, 2009 참조.

출현한 대부분의 리더십이론들이 여기에 해당된다. 반면 변혁적 리더십이란 리더가 부하들로 하여금 자기 자신의 이익을 초월하고 더 나아가 조직의 이익에 대해 관심을 가지고 공헌하도록 고무시켜 주고, 부하 자신의 성장과 발전을 위해서도 노력하도록 중대한 영향을 미치는 리더십을 말한다[Steers, 1991 : 392 ; Robbins 외, 2009]. 변혁적 리더십은 리더의 행동특성이 부하들의 자각에 의한 변화를 촉진하고 그 결과 부하들의 모티베이션 수준을 높여 성과가 향상되도록 하는 과정으로 이해할 수 있다.

변혁적 리더십을 발휘하는 리더는 조직 전체가 나아가야 할 바람직한 방향으로서 이상주의를 표방하며, 구성원들에게 목표를 성취할 수 있는 능력을 키워주고 신뢰를 구축함으로써 구성원들 개개인에게 '에너지를 불어넣는' 즉 부하들을 임파워먼트(empowerment)하는 리더이다. 변혁적 리더는 매우 높은 자신감과 현상태를 뛰어넘는 이상적인 비전을 체계적으로 제시하는 능력을 지니고 있고, 비전을 추구하기 위해 개인적인 위험을 기꺼이 감수하려고 하며, 늘상 해 오던 방식을 계속 반복하지 않고 새로운 방법을 도입함으로써 변화담당자로서의 역할을 하여 구성원들로 하여금 기대 이상의 성과를 내도록 한다.[10] 로빈스의 견해에 따르면 변혁적 리더십은 세 가지 공통적인 테마를 가지고 있다. 첫째, 상징적이고 감성적으로 어필하는 리더의 행동을 강조한다. 둘째, 어떻게 리더들이 종업원의 몰입을 최대한 끌어낼 수 있는지 설명하려고 한다. 셋째, 이론적으로 복잡한 내용은 덜 중요시하면서 리더십이라는 주제를 좀 더 일반적인 관점(비전문가적)에서 바라본다[Robbins, 2005].[11]

10 임진왜란 당시 나라가 위기에 처해 있을 때 군사들로 하여금 자신 및 가족의 생존과 나라의 존망을 동일시하도록 고무시키고 잘 훈련시켜 능력을 키우고 자신감을 갖게 하여 12척의 함선으로 130여 척의 왜군함을 격침시킨 이순신 장군이 보여주는 리더십이 바로 변혁적 리더십의 대표적인 예라 할 수 있다.

11 변혁적 리더십과 관련하여 'Level 5 Leadership'이 거론되고 있다. 콜린스(J. Collins)는 성공적인

히딩크의 리더십

2002년 한일 월드컵을 치르는 과정에서 히딩크 감독이 보여준 리더십으로서 그 내용은 다음과 같다.

- 자율적 훈련을 통해 가장 약점이었던 한국 대표팀의 체력을 오히려 강점으로 만든 변혁적 리더십
- 오대영(5:0) 감독이란 오명을 감수하면서 단기적 성과보다 체력훈련이라는 장기 프로그램에 충실한 신념의 리더십
- 페널티킥을 실수한 안정환, 이을용을 교체하지 않고 결과적으로 그들의 공헌을 이끌어 낸 실패를 탓하지 않는 리더십
- 상호 경쟁을 통해서 스스로 발전하며 self leader가 되라고 주장한 무관리적 관리자 리더십
- 승리 후 선수들이 감독에게 뛰어가서 안길 정도로 마음을 산 인간적 감동의 리더십
- 우리 편에게 실수한 주심에게도 물병을 건네주며 긴장감을 웃음으로 푸는 유머러스한 리더십
- 상대국의 전술과 전법을 기술적으로 분석하여 대응작전에 성공한 분석적 리더십
- 선수들끼리의 서열과 복종관계를 금지시키고 상호 대화와 경쟁을 창조한 수평적 리더십
- 학연, 지연, 충성심, 인기보다 실력 위주로 선수를 기용한 능력주의 리더십
- 우리도 하면 된다는 신념으로 선수들의 기를 살려준 비전적 리더십

(2) 감성적 리더십과 서번트 리더십

변혁적 리더십과 함께 최근 자주 등장하고 있는 리더십과 관련된 또 다른 흐름으로 감성적 리더십과 서번트 리더십을 들 수 있다. 이 두 가지의 유사한 리더십 스타일은 변혁적 리더십의 '강한' 측면을 보완해 주는 역할을 하기도 한다.

① 감성적 리더십

리더십 전문가인 네프(T. J. Neff)와 시트린(J. M. Citrin)은 *Lesson from the Top*이란 그들의 저서를 통해 50명의 성공한 리더가 갖춘 15가지 공통자질을 제시해 화제가 된 바 있다. 여기서 주목할 점은 성공적인 리더가 갖춘 자질들 중 지적 혹은 기술적 능력과 관련된 부분은 단지 세 가지뿐이고 대부분이 소프트한 차원에서 감성

리더들에게서 발견되는 리더십을 ① level 1 : 역량 있는 개인, ② level 2 : 팀의 성과에 공헌하는 리더, ③ level 3 : 역량 있는 조직리더, ④ level 4 : 효과적인 리더(카리스마적 리더), ⑤ level 5 : 인간적인 겸손함과 사업가적 의지의 결합을 통한 위대함을 창출하는 리더의 다섯 단계로 구분하고, 그중에서 level 5가 가장 바람직한 것으로 제시하고 있다[Collins, 2001].

지능(EI : Emotional Intelligence)[12]을 기반으로 한 태도나 의지라는 것이다. 즉 지적 능력 혹은 기술적 능력은 훌륭한 리더가 되기 위한 필요조건이기는 하지만 충분조건은 아니라는 것이다. 흔히 말하는 엘리트 코스를 밟고 탄탄한 지식으로 무장한 스마트한 사람들이 꼭 1등 리더가 되는 것은 아니다. 이들이 진정한 리더로 거듭나기 위해서는 효과적인 리더십 발휘의 기초토대가 되는 살아 숨쉬는 감성적 리더십(emotional leadership) 또한 갖추어야 한다[김현기, 2002 참조].

오늘날 세대차이의 문제는 기업경영 현장에서도 큰 이슈로 떠오르고 있다. 전통적인 조직문화에 길들여진 인사담당자들은 신세대 지원자들의 거침없는 행동과 발언에 당혹스러울 만큼 커다란 세대차를 느끼고 있는 것이다. 머리를 염색하고, 연봉이 얼마인지 당당하게 묻거나 질문에 서슴없이 모른다고 대답하는 지원자들이 늘고 있다고 한다. 그런데 이러한 신세대는 앞으로 기업에서 중추적인 역할을 할 인재이다. 그러므로 경영자들은 신세대들의 특성을 이해하고 인정하며, 그들의 잠재역량을 도출할 수 있는 감성적 리더십을 더욱 배양할 필요가 있는 것이다[박지원, 2002].

② 서번트 리더십

서번트 리더십(servant leadership)을 처음 언급한 그린리프(R. K. Greenleaf)는 헤세(H. Hesse)가 쓴 「동방순례」라는 책에 나오는 서번트인 레오(Leo)의 이야기를 통해 서번트 리더십의 개념을 설명하고 있다.[13] 레오는 순례자들의 허드렛일이나 식사준비를 돕고, 때때로 지친 순례자들을 위해 밤에는 악기를 연주하는 사람이었다. 레오는 순례자들 사이를 돌아다니면서 필요한 것들이 무엇인지 살피고, 순례자들이 정신적으로나 육체적으로 지치지 않도록 배려했다. 그러던 어느 날 갑자기 레오가 사

---

12 감성지능이란 자신의 한계와 가능성을 객관적으로 판단해 자신의 감정을 잘 다스리며 상대방의 입장에서 그 사람을 진정으로 이해하고, 타인과 좋은 관계를 유지할 수 있는 능력이다. 이를 리더십 측면에서 살펴보면, 감성적 리더십의 본질은 우선 리더 스스로가 자신의 내면을 깊이 있게 성찰하는 데서 시작된다. 그리고 부하사원의 감성 및 필요를 이해하고 배려함과 동시에 서로가 함께 추구해야 할 지향점으로 '공동의 선(善)'을 찾아내고 이것을 향해 자연스럽게 구성원들을 리드할 수 있는 능력이다[박귀현, 2002 ; 김현기, 2002 참조].

13 서번트 리더십은 최근에 등장한 개념은 아니다. 이 개념은 1977년 AT&T에서 경영관련 교육과 연구를 담당했던 그린리프가 저술한 *Servant Leadership*에서 처음 제시되었는데, 그동안 경영학계의 별다른 주목을 받지 못하다가 1996년 4월 미국의 경영 관련 서적 전문출판사인 Josscy Bass사가 *On Becoming a Servant-Leader*를 출간한 것을 계기로 많은 경영학자들이 새롭게 관심을 갖게 되었다[차동옥, 2004].

라져버렸다. 그러자 사람들은 당황하기 시작했고, 피곤에 지친 순례자들 사이에 싸움이 잦아졌다. 그가 사라지자 일행들은 혼돈에 빠지고 흩어져서 결국 여행은 중단되었다. 그들은 충직한 심부름꾼이었던 레오 없이는 아무것도 할 수 없다는 사실을 깨달은 것이다. 그 일행 중 한 사람은 몇 년을 찾아 헤맨 끝에 레오를 만나서 여행을 후원한 교단으로 함께 가게 되었다. 거기서 그는 그저 심부름꾼으로만 알았던 레오가 그 교단의 책임자인 동시에 정신적 지도자이며 훌륭한 리더라는 것을 알게 되었다. 레오는 서번트 리더의 전형이라고 볼 수 있다[차동옥, 2004 ; 황인경, 2002 ; 매일경제, 2004.3.25. 참조].

서번트 리더십은 레오와 같이 다른 구성원들이 공동의 목표를 이루어 나가는 데 있어 정신적 · 육체적으로 지치지 않도록 환경을 조성해 주고 도와주는 리더십이다. 결국 인간존중을 바탕으로 다른 구성원들이 잠재력을 발휘할 수 있도록 도와주고 이끌어 주는 것이 서번트 리더십의 요체이다.

3) 글로벌 리더십

글로벌 리더십(global leadership *or* cross-cultural leadership)의 중요성에 대해서는 많은 사람들이 강조하고 있지만, 실제 그 실체는 명확히 정의되어 있지 않은 것이 현실이다. 사람들마다 다소 차이가 있지만, 현재까지 소개된 다양한 의미들을 종합해 보면, 글로벌 리더십이란 "글로벌 차원에서 사업의 전략적 방향을 설정하고 구성원들을 조정 · 배치할 수 있는 통합역량"이라고 할 수 있다.

미국의 가전업체인 월풀(Whirl-Pool)의 사장 윗트램(Whitlam)은 1990년대 초 네덜란드에 기반을 둔 필립스(Philips)의 가전부문을 인수하고 난 후 많은 고민을 하였다고 한다. 그 가운데 가장 큰 고민은 미국 시장 중심의 월풀을 향후 전 세계 시장을 대상으로 사업을 영위하는 다국적기업으로 변신시킬 수 있느냐 하는 것이었다. 왜냐하면 국내사업을 경영하는 데는 자신이 있었지만, 본인을 비롯한 경영자들이 글로벌 사업을 이끌 만한 스킬과 역량을 갖추고 있는지는 의문이었기 때문이다[허진, LG 주간경제, 2002].

블랙(J. S. Black)과 모리슨(A. J. Morrison) 등은 글로벌 경영자가 갖추어야 할 자질요건에 대해서 다음 네 가지를 제시하고 있다[장국현 역, 2002 인용].

① 탐험가와 같은 호기심 : 호기심은 전 세계 곳곳을 돌아다닌 마젤란(F. Magellan)과 같은 탐험가들의 핵심적인 기질이나 특성이다. 글로벌 시장은 매우 다양하고 불확실하기 때문에 시장을 제대로 알고 개척해 나가기 위해서는 현지의 문화나 관습, 소비자 특성 등에 대한 이해가 필요하다. 현지에 대한 깊이 있는 이해를 위해서는 정열적으로 탐색활동을 전개해야 하는데, 그 탐험활동은 어떤 미지의 새로운 것에 대한 궁금증, 호기심에서 출발한다는 것이다.

② 다원성 수용능력 : 글로벌 사업을 추진하는 경영자는 다양한 지역 · 국가에서 활동해야 하기 때문에, 매우 불확실하고 복잡하게 얽혀 있는 상황에 직면한다. 이러한 상황에 적절히 대처하기 위해서는 철저한 사전조사를 통해 지역시장을 깊이 있게 이해해야 하고, 시장의 전체흐름을 읽고 시의적절한 의사결정을 내릴 수 있는 전략적 판단력을 갖추어야 한다. 이렇게 복잡 다양한 글로벌 시장에서 경영자가 자주 직면하는 대표적인 이슈는 '범세계적인 통합'(표준화)과 '지역별 차별화'의 문제이다. 통합과 차별화는 서로 상충되는 요인인데, 글로벌 경영자는 자사의 사업특성이나 지역시장의 상황에 따라 이 두 가지를 조화롭게 추구할 수 있어야 한다.

③ 믿음을 줄 수 있는 인성 : 글로벌 경영에 있어서 장기적 성공을 위한 초석은 현지 국민이나 정부의 신뢰를 얻는 데에 있다. 신뢰는 글로벌 기업이 현지에서 어려움에 봉착했을 때 현지인의 도움과 협조를 이끌어 내는 역할을 한다. 이러한 신뢰를 얻기 위한 기초는 다른 무엇보다도 현지인들을 이해하고 존중하는 것이다. 이를 위해서는 경영자가 자국중심의 편협한 사고에서 벗어나 상대방의 이야기를 경청할 수 있는 자세, 교만하지 않는 겸손함, 상대를 존중하는 언행, 현지인들에 대해 진실한 관심과 배려 등 인간관계 측면의 품성과 태도를 갖추어야 한다. 또한 단기적인 이윤추구에 급급하지 않고 현지의 제반 법규 준수, 환경보호, 현지 종업원들에 대한 공정한 대우 등 사회적 책임을 다해야 한다.

④ 사업과 조직에 대한 통찰력 : 통찰력에는 두 가지가 있다. 하나는 세계적 관점에서 사업기회를 간파하는 사업적 통찰력이다. 예컨대, 신시장, 틈새시장(niche market)과 같은 잠재시장을 발굴하거나 인건비, 지리적 이점 등 지역별 비교우위를 활용한 이윤창출기회 등을 포착해 내는 능력을 뜻한다. 다른 하나는 간파한 사업기회를 실제로 활용하기 위해 조직의 자원(물적, 인적, 업무 노하우 등)을 동원해 내는 조직적 통찰력이다. 사업기회의 포착도 중요하지만, 이를 실제 조직성과로 연결시키기 위해서는 세계에 널리 퍼져 있는 자사의 자원을 적절히 활용할 수 있어야 한다. 이러한 통찰력 확보를 위해서는 글로벌 시장의 동향이나 자사 주력사업의 변

화추이를 지속적으로 모니터링하고, 현장에서의 정보획득활동을 적극 전개해야 한다.[14]

오늘날의 경영환경은 다국적기업에 의해 세계의 산업이 재편되고 경제구조마저 변화되는 글로벌 시대로 접어들었다. 따라서 글로벌 시대의 시장경쟁에서 승리하기 위해서는 글로벌 리더십을 확보하는 것이 다른 핵심역량을 확보하는 것만큼 중요한 것이다.

4) 신뢰와 신용

최고경영자는 임직원들로부터 신뢰를 받을 수 있는 신뢰의 리더십을 발휘해야만 한다. 종업원들이나 주변 사람들에게 믿음을 주는 사장은 사업이 실패하더라도 재기를 하고자 하면 돈을 모아 주는 등 후원을 해 주는 사례도 있다. 황산규 하이파가구 사장은 고향 땅을 저당 잡혀 선뜻 1억 원을 건네주신 한 협력회사의 사장님과 친구 집을 담보로 5천만 원을 마련해 주신 형님, 그리고 종업원들이 모은 3천만 원으로 재기에 성공하였다. 또한 여행박사 신창연 대표도 회사가 망했을 때 종업원들이 모은 돈으로 재기를 하기도 하였다.

4 경영승계(succession plan) : 경영 후계자 육성

기업이 지속적으로 오랜 기간에 걸쳐 경영성과를 높이기 위해서는 훌륭한 후계자를 육성하는 것이 필수적이다. 현재 리더의 진정한 성공은 제 2의 리더를 많이 양성하여 리더십 능력을 확대 재생산함으로써 완성된다. 그래야만 자신이 떠나더라도 조직이 구심점을 잃지 않고 계속해서 건전한 성장에너지를 가질 수 있기 때문이다.

과거 크라이슬러사를 위기에서 구했던 아이오코카 회장은 자신의 당대에서는 성

14 블랙과 모리슨 등은 위의 네 가지 자질요건을 갖춘 글로벌 리더로 육성하기 위한 방안으로 4T, 즉 Travel, Team, Training, Transfer를 제시하고 있다[장국현 역, 2002 참조].

공적으로 경영했을지 모르지만 리더의 재창출과 함께 지속적인 성공을 이끌어 내는 데 실패했다는 점에서 그 리더십의 한계를 지닌다. 어떤 CEO들은 자기 자리를 지키기 위해 안간힘을 쓰지만 어떤 CEO들은 오히려 떠나기 위해 준비한다. 흥미로운 점은 자기의 재임기간에 연연해하지 않는 후자의 사람들이 오히려 더 장수하는 아이러니한 상황이 종종 발생한다는 것이다[강석진 · 이태복 역, 2000].

투명한 후계자 육성을 통해 성공한 기업들의 사례는 적지 않다. 일본의 세계적 기업인 소니(Sony)는 장기적 안목으로 리더가 되기 10년 전부터 경력경로(career path) 관리를 통해 소니 스타일의 CEO학을 전수받게 한다. 소니 스타일로 육성된 엘리트 CEO인 이데이 노부유키는 소니의 핵심 사업부인 오디오 사업본부와 홈 비디오 사업본부의 본부장을 두루 거치면서 어느 누구보다 소니와 전자산업을 잘 이해하는 전문경영인으로 성장하였다. 소니는 이데이 노부유키에게 입사 이래 주요 업무와 시련의 경험을 부여하면서 차세대 리더가 되도록 성장환경을 부여하였다[정진철 · 장후석, 2003].

SONY Korea의 사카이 사장은 소니가 한창 전성기일 때는 그 자신도 젊었고 그때는 필립스, 노키아 등 유수의 가전사들이 뒤로 밀리는 걸 지켜보았다고 했다. 하지만 성공은 잠시뿐이고 금세 부채가 늘어났고, 특히 회사에 강한 지도자가 사라져 버린 후에는 승계 작업이 가장 중요하다고 말했다. 치열한 경쟁이 펼쳐지는 글로벌 전자산업계에서는 한순간 방심하면 나락으로 떨어진다고 그는 말한다.

후계자에게 경영권을 성공적으로 위양한 사례로 GE의 경우가 많이 알려져 있다. 2001년 GE의 CEO로 취임한 이멜트(J. Immelt) 회장이 막판까지 3명의 CEO 후보와 경합을 벌인 것은 유명한 일화이다. 결과도 중요했지만 더욱 관심을 모은 것은 사실 어떻게 승계과정을 거쳤는가 하는 점일 것이다. 웰치로부터 이멜트로의 승계과정을 보면 GE는 웰치의 역할, 스탭들의 역할, 그리고 이사회의 역할을 후보군 선정부터 교육 · 훈련 · 보상, 평가, 그리고 최종 선발에 이르기까지 일사불란하고 공정하게 절차를 밟았다.

제 7 장

기업경영을 잘하기 위해서 소유경영체제가 유리할까 전문경영체제가 유리할까?

1. 기업지배구조(경영체제)의 의의
2. 소유경영자와 전문경영자의 특징과 장단점
3. 소유경영체제와 전문경영체제의 우월성 논쟁

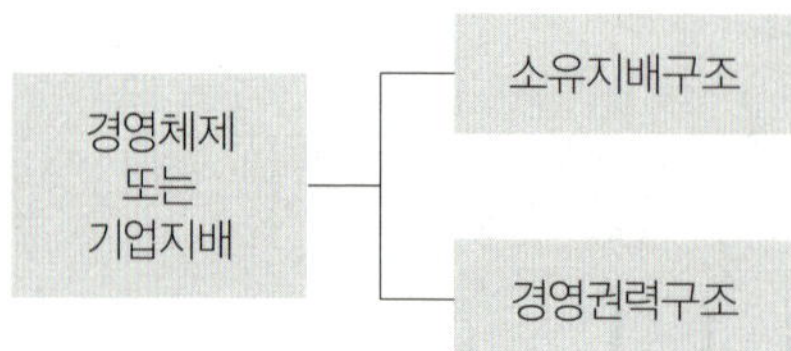

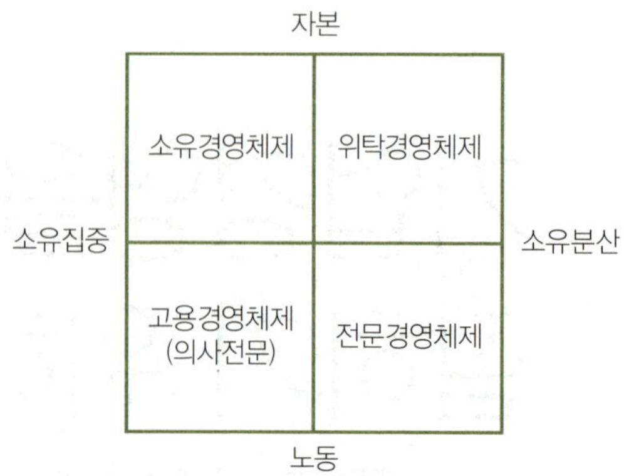

자료 : 신유근, 1992.

Sony와 GE의 지배구조

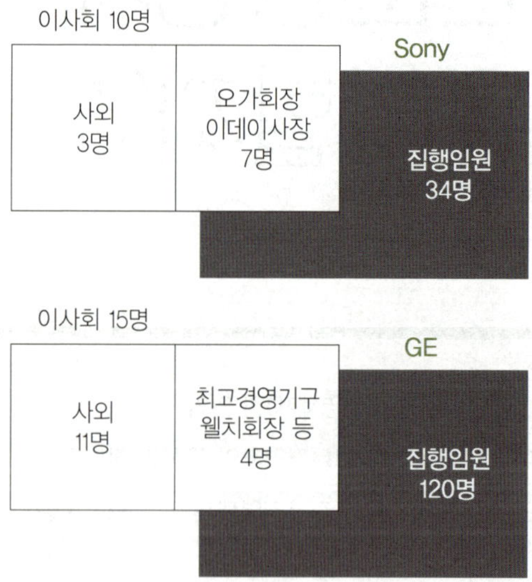

2018년, 한진그룹을 소유한 조양호 회장과 그의 가족들(부인 이명희, 딸 조현아, 조현민)은 임직원들에 대한 갑질행위로 사회적 이슈를 만들어 내었다. 기업경영을 잘하기 위해서는 가족기업경영 및 자녀 경영승계방식이 유리한가 아니면 전문경영자에 의한 경영승계방식이 유리할까에 대한 논쟁은 오랫동안 지속되어 왔다. 2세, 3세, 4세로 경영권과 소유권을 세습하는 과정에서 기업이 성장하기보다 정체상태에 머물러 있거나 오히려 회사가 쇠퇴하는 경우가 많이 발생하고 있다. 삼성그룹 창업자 이병철 회장에 이어 가업승계를 한 이건희 회장은 삼성전자를 세계적인 글로벌 기업으로 성장시켰다. 반면, 가업승계과정에서 금호그룹이나 진로그룹은 쇠락하였다.

중앙일보와 한겨레의 공동기획 사설을 보면 중앙일보 사설은 자녀 후계자들이 폭넓은 경영수업을 받고 성장한 장점이 있다는 주장을 한 반면, 한겨레 사설은 창업자 경영능력까지 유전되지는 않는다며 한계를 지적하고 있다.

2004년 4월 12일 뉴스위크지(유럽판)는 전문경영보다 가족들에 대한 소유경영으로 인한 10년간 주가상승률이 압도적으로 높게 나타났다고 보도했다. 독일의 금융분석업체인 톰슨 파이낸셜이 10년간 유럽의 주가를 조사한 결과, 독일에서는 가족경영 기업의 주가가 206% 오른 반면 비(非)가족경영 기업은 47% 상승에 그쳤다면서 프랑스도 이 비율이 각각 203%와 76%로 나타나는 등 스위스, 스페인, 영국 등지에서 모두 가족경영 기업의 주가상승률이 일반 기업보다 훨씬 높았다고 한다. 전문경영인 위주로 단기 업적에 치중하는 경영보다 오너와 그 일가가 경영을 하는 가족경영 기업이 훨씬 뛰어난 실적을 거두고 있다는 것이다.

소유경영체제와 전문경영체제의 장점과 단점에 대해 보다 심도 깊은 이해를 통해 기업의 경영목표를 달성하고 영속적인 기업이 되기 위해 경영체제를 잘 선택할 필요가 있다.

학습문제

Q1 기업지배구조(경영체제), 소유경영체제, 전문경영체제란 무엇이며, 각각의 장점과 단점은 무엇인가?

Q2 기업경영을 잘하기 위해서 소유경영체제가 유리한가 전문경영체제가 유리한가? 상황에 따라서 소유경영체제가 유리하고 전문경영체제가 유리한가?

Q3 기업이 장수기업으로 오랫동안 성장하고 발전하는 데 있어서 기업지배구조는 어떤 역할을 할 필요가 있는가?

핵심용어

기업지배구조(경영체제), 소유경영체제, 전문경영체제, 소유경영자, 전문경영자

1 기업지배구조(경영체제)의 의의

1) 경영체제란?

어떤 기업은 소유경영자(owner manager)가 직접 기업을 진두지휘하고, 또 어떤 기업은 전문경영자가 주주들을 대신해서 기업을 경영한다. 기업지배구조(corporate governance) 또는 경영체제란 기업경영을 누가 지배 · 통제하는가에 관한 구조적인 형태 및 방식을 말한다. 자본주의 경제하에서 기업에 대한 지배권은 근본적으로 자본의 소유에 근거를 두고 있다. 이런 면을 반영해 혹자는 자본 또는 자본가가 기업을 지배한다고 말하기도 한다. 그러나 기업의 규모가 커지고 주식의 대중분산이 이루어짐에 따라 필연적으로 발생할 수밖에 없는 소유와 경영의 분리현상은 이러한 자본관점에서의 기업지배구조 개념에 큰 변화를 가져왔다.

경영체제에 대한 초기연구는 미국에서 1930년대 벌리와 민즈(A. A. Berle & G. C. Means)의 연구로부터 비롯되었다. 그들은 특정 개인 또는 특정 집단의 총주식소유비율에 따라 경영체제를 구분하였는데 1960년대에 벌리와 민즈의 연구를 이어받은 라너(R. Larner)의 연구나, 1970년대부터 최근에 이르기까지 대부분 주식의 보유비율에 따라 경영체제를 구분하는 수준에서 크게 벗어나지 못하고 있다. 이를테면 최대주주인 한 개인 혹은 한 부류의 집단이 전체기업의 총주식에서 차지하고 있는 비중에 따라 몇 개의 지배유형으로 나누고 이에 따라 기업의 경제적 성과나 사회적 성과와의 관련성을 알아보는 데 초점을 두는 연구경향을 보이고 있다. 대부분의 기업지배구조 연구들은 정교한 경제학적 이론이나 경영학에서의 기업자금을 다루는 분야인 재무관리이론을 그대로 적용한 연구들로, 기업경영의 제도적 측면에서의 경영체제보다는 기업의 자본구조 분석을 위한 수준에 머무르고 있다.

기업지배구조는 경제 · 재무적인 측면 이외에 사회 · 문화적인 측면 또는 조직구조적이고 제도적인 측면에서 이해하는 것이 중요하다. 경영체제를 설명함에 있어 구조적 시스템으로서 경제 · 재무적 측면에서 설명하는 것뿐만 아니라 기업의 권력(power)[1]구조와 같은 최고경영자의 행위적 특성을 사회 · 문화적 관점에서 설명하여

1 권력이란 일반적으로 어떤 특정 조직이나 개인이 사회적 관계를 맺고 있는 상대편에 대해 자신의 의사를 관철시킬 수 있는 영향력의 정도를 의미한다. 즉, 자신의 목적달성을 위해 필요하다고 생각하

야 한다.[2] 기업경영에서 이러한 권력문제가 중요한 이유는 권력이 경영활동에 영향을 미칠 수 있는 의사결정권이나 능력과 밀접한 관련성을 지니고 있기 때문이다. 새로운 사업에 대한 진출여부를 결정하는 것은 물론 현재의 조직운영을 어떻게 할 것인지에 대한 문제가 경영체제와 관련될 수밖에 없다.

과거 소유와 경영이 분리되기 이전에는 자본가 또는 기업가 1인이 법률적 · 경제적 의미에서의 소유권과 주요 기업경영활동을 통제하는 경영권을 독점하였다. 그러나 소유와 경영이 분리된 이후 순수한 의미의 자본가는 주식 소유자로서 법률적 · 경제적 소유권 또는 청구권만을 갖게 되었고, 자본 수탁자로서의 경영자는 기업활동에 대한 통제권을 위탁받았다. 이러한 소유와 경영의 분리 이후 기업지배의 개념은 과연 누가 중요한 경영의사결정권, 예를 들어 신규사업에의 투자결정, 새로운 제품의 생산결정, 핵심적 경영자의 임면에 대한 통제권을 가지고 있는가 등의 전략적 지위(strategic position)의 소재관점에서 파악되었다[Herman, 1981 : 17−52].

기업지배구조(경영체제)란 누가 기업의 소유권과 경영권을 갖고 있으며 어떤 방식으로 기업이 소유되고 있는가 하는 소유의 형태와, 이를 둘러싼 소유주(owner)와 경영자(manager) 간의 권력관계라 할 수 있다. 기업을 소유하고 경영관련 의사결정권을 행사하고 있는 자가 소유주인지 아니면 비소유주인 전문경영자인지로 소유경영체제와 전문경영체제로 크게 나누어진다.

2) 경영체제의 기능

기업을 누가 지배하고 통제하는가 하는 경영체제는 기업경영시스템의 근간이 되는 경영자들의 위계구조를 의미하는 구조적 측면과, 기업을 누가 소유하고 있는가와 기업의 주요한 의사결정을 누가 하는가와 같은 부와 권력의 소재형태를 말해 준다[Davis & Thompson, 1994]. 잘 구축된 경영체제는 기업경영을 효율적으로 수행할 수 있게 하는 기반으로서의 기능을 하는데 구체적으로 다음과 같은 점들이 있다.

첫째, 경영체제는 경영전략, 경영조직, 혁신관리, 사람관리 등과 같은 다른 하위

는 상대편의 행동이나 자세, 태도 등을 유인 또는 강제할 수 있는 능력을 뜻한다.

2 경영체제를 사회 · 문화적으로 본다는 것은 경영체제의 특성을 소유경영자 특성(소유지배양식과 기업승계방식, 그리고 리더십 스타일), 조직운영방식(이사회 운영방식, 그룹스탭 운영방식, 종업원들과의 관계방식), 사업운영방식(신규사업 추진방식, 계열사 운영방식), 그리고 대외관계방식(대정부 관계방식과 대사회 관계방식)으로 나누어 살펴보는 것이다[신유근, 2001 참조].

기업경영시스템에 영향을 미친다. 물론 다른 하위시스템들도 경영체제에 영향을 미치지만, 경영체제가 이들 하위시스템에 미치는 영향력이 더 크다고 할 수 있다. 예를 들어, 좋은 경영체제는 기업의 긍정적인 이미지를 형성함으로써 타 기업들과의 협력과 제휴를 촉진하며, 우수한 인재들을 확보할 수 있도록 한다. 따라서 기업에서 나타나는 경영자들의 행동 및 역할을 올바로 이해하기 위해서는 먼저 소유권과 경영권의 소재를 보여주는 경영체제 문제를 검토하는 것이 필요하다.

둘째, 경영체제에 따라 경영자들의 역할분담과 기능이 다르게 나타난다. 즉, 소유주 위주의 경영체제인가 아니면 전문경영자 위주의 경영체제인가에 따라 최고경영자의 유형 및 경영자의 계층분화가 달라진다. 예를 들면 소유경영체제하에서는 이사회가 소유경영자의 개인적 이익을 위해서 존재하는 경우가 많다. 그러나 전문경영체제하의 이사회는 전문경영자의 활동을 감시하는 역할을 하여 주주들을 위해 봉사하게 된다.

셋째, 기업이 어떤 경영체제를 가지고 있느냐에 따라 사회가 기업에 대하여 기대하는 바를 충족시키는 구체적 실현방법이 다르게 나타난다. 경영체제는 기업과 관련된 모든 이해관계자들의 권익을 보호하기 위해 존재하는 것이다. 여기서 흔히 이해관계자라고 할 때 주주만을 의미하는 경우도 있지만, 실제적으로 주주는 물론 채권자 · 고객 · 관련회사 · 지역사회 · 국가 등 보다 광범위한 의미를 갖게 된다. 따라서 좋은 기업지배구조를 형성하고 유지하는 것은 단지 경영자의 부정과 탈법을 막는 것뿐만이 아니라, 모든 이해관계자들에 대한 의무이자 사회적으로 정당성을 확보하는 것이다.

넷째, 경영체제는 기업이 사회적으로 문제가 되고 있는, 즉 기업에 대한 사회의 기대치를 기업이 따르지 못함에 따라서 발생한 문제들을 해결하기 위한 기업의 사회적 반응행동의 기본자세 및 행동방식에 영향을 미친다. 기업의 경영체제는 권력구조의 안정성 및 독자성 정도를 보여주기 때문에 기업의 사회적 책임과 기업윤리 등에 영향을 미치게 된다.

경영체제의 중요성

① 경영전략, 경영조직, 혁신관리, 사람관리와 같은 하위기업경영시스템에 영향을 미침.
② 경영체제에 따라 경영자들의 역할분담과 기능이 다르게 나타남.
③ 사회의 기업에 대한 기대역할이 다르게 나타남.
④ 기업의 사회적 반응행동의 기본자세 및 행동방식에 영향을 미침.

3) 소유경영체제와 전문경영체제

벌리와 민즈는 '소유와 경영의 분리(separation of ownership and control)'라는 개념을 통해 자본주의 체제의 형성과 특징을 설명하고, 현대기업 구조 내의 주요한 조건들이 소유와 권리의 분리라는 지배구조의 문제에 기인하는 것으로 주장하였다[Carroll, 1996 : 596].

먼저 소유권의 집중 · 분산 정도에 따라서 한 기업의 주식이 대주주 1인 또는 그 가족에 의해 집중적으로 소유되고 있는가 아니면 대중에게 분산되어 있는가 하는 소유권의 집중 · 분산 문제는 경영체제의 기본성격을 규정하며, 조직내부의 분배 메커니즘(mechanism)을 보여준다. 이는 사회 내의 경제력의 집중 문제와 경제적 부의 균등분배 정도를 가늠하게 한다.

다음으로 경영권과 관련하여, 소유권과 경영권의 합치정도는 자본과 경영이 어느 정도 일치 또는 분리되어 있는가를 나타낸다. 이는 구체적으로 자본을 소유한 기업가 또는 소유주가 경영권까지 행사하고 있는가, 아니면 자본을 소유한 주주는 외부이해관계자 중 하나에 불과하고 독립적인 전문경영인이 실질적 경영을 담당하는가의 문제이다.

소유권과 경영권의 합치정도는 거시적인 사회현상과 관련하여 사회지배계층의 구성과 전반적인 권력분산정도, 더 나아가 자본주의 경제체제의 성격을 엿볼 수 있게 해 준다.

기업에 대한 소유권과 경영권 문제에 초점을 둘 때, 경영체제는 크게 소유경영체제와 전문경영체제의 두 가지 유형으로 나누어진다. 그런데 여기서 유의해야 할 것은 소유경영체제나 전문경영체제는 독자적으로 결정되는 절대적 개념이 아니라 서로 비교해 봄으로써 파악되는 상대적 개념이라는 점이다. 즉 소유경영체제와 전문경영체제는 기본적으로 소유와 경영의 분리정도에 따라 결정되는 것이므로 이들은 항상 불변하는 것이 아니라는 데 유의해야 한다.[3]

먼저, 소유경영체제란 소유권을 집중적으로 보유한 소유주가 기업경영의 중요한 의사결정권까지 지배 · 통제하는 경영체제를 지칭한다. 즉 소유권이 특정 개인이나

---

3 소유경영체제와 전문경영체제 외에 다른 형태의 경영체제도 있다. 예를 들면, 최근 우리나라에서는 지주회사체제에 대한 논의가 활발하게 이루어지고 있다. 지주회사란 직접 사업에 관여하지 않으면서 투자사업(portfolio)들을 구성하고 이전까지 완전히 예속되어 있던 계열사들의 지분만을 관리하는 회사를 말한다.

집단에게 집중되어 있는 상태에서 소유권과 경영권이 분리되어 있지 않고 높은 일치도를 보이는 경우이다. 이에 따라 기업의 주식을 집중적으로 소유함으로써 이익분배를 집중적으로 받는 특정 개인이나 집단이 존재하게 되고, 자본 또는 소유권을 대표하는 소유경영자가 경영정책과 자본의 수익 및 운영활동에 대한 통제권을 지니게 된다.

일반적으로 소유경영체제하에서는 소유경영자가 기업의 자본과 경영을 지배하게 되는데, 이때의 소유경영자는 기업의 소유주 1인일 수도 있고 그의 가족과 친족을 포함하는 사람들일 수도 있다. 어느 나라에서나 중소기업의 경우에는 소유경영체제를 유지하고 있는 것이 일반적이지만, 우리나라의 경우에는 아직 기업의 역사가 짧은 이유로 이른바 재벌기업과 같은 거대 기업군조차도 특정 개인 또는 그 가족이 소유권은 물론 경영권까지 집중적으로 지배하고 있는 확고한 소유경영체제가 유지되고 있다[신유근, 2001 참조].

다음으로, 전문경영체제란 소유권이 다수의 주주에게 분산됨에 따라 소유권과 경영권이 분리되고 경영대표가 기업경영의 중요한 의사결정권을 지배 · 통제하는 경영체제를 지칭한다. 이러한 전문경영체제에서는 외부주주가 자본을 제공하는 기능을 맡고, 장기정책이나 주주의 지분은 이사회에 의해 결정되며, 전문경영인이 기업의 운영과 수익을 통제 · 지배하게 된다. 미국과 같이 기업의 역사가 오래되고 기업의 자본규모가 거대하며, 외부의 자본시장이 발달한 선진국의 경우 대기업을 중심으로 전문경영체제가 정착되어 있다.

2 소유경영자와 전문경영자의 특징과 장단점

1) 소유경영자와 전문경영자의 특징

경영체제는 개념상 소유주의 기업지배여부에 따라 소유경영체제와 전문경영체제로 쉽게 구분할 수 있지만, 현실에서는 기업에 대한 소유권과 경영권이 복잡하게 연결되어 나타나게 되므로 경영체제를 정확하게 하나의 선을 그어 구분하기는 어렵다.[4] 따라서 기업에서 현실적으로 나타나는 경영자의 유형을 이해하려면, 각 체제에 따른 소유경영자와 전문경영자의 의미를 명확히 하고 일정한 객관적 기준에 따라 정의를 내려야 한다. 경영체제와 관련해 본다면 원칙적으로 소유경영체제하에서는 소유경영자가, 소유와 경영의 실질적 분리가 이루어진 전문경영체제하에서는 전문경영자가 최고경영자로 등장하게 된다.

소유경영자는 자기가 자본을 출자하고 이에 따른 위험을 부담하며, 동시에 기업의 창업부터 기업의 제반 경영활동을 스스로 책임지며 경영관리를 직접 수행하는 최고경영자 직을 담당하는 사람이다.

소유경영자는 원래 산업화 초기에 기업의 규모가 그리 크지 않고 전문적인 경영능력도 별로 요구되지 않아 기업에 대한 출자와 경영기능을 동시에 수행하던 기업가를 의미했다. 당시에는 생산이 단순해서 복잡한 기술이 필요하지 않았으며, 소비자의 욕구에 대한 이해 없이도 판매기능의 수행에 어려움이 없었고, 대규모 자본의 조달이나 운용이 요청되지 않았기 때문에, 소유주 자신이 거의 모든 경영활동을 스스로 담당했다. 이와 같은 경우 소유주 또는 기업가 자신이 경영자를 겸하는 것이 가능하므로 출자자와 경영자가 분리될 필요가 없는데, 이러한 경영자를 소유경영자(owner manager)라고 한다. 소유경영자는 다음과 같은 특징을 보인다.

첫째, 창업자인 소유경영자들은 대체로 높은 성취욕구를 지니고 있다. 따라서 성취욕구가 높은 사람에게서 일반적으로 볼 수 있는 바와 같이 소유경영자들은 모든 것을 자기중심적으로 처리하려는 경향을 보인다.

둘째, 소유경영자는 소유권에 바탕을 두고 막강한 권한을 행사할 수 있다. 소유경영자들은 그들이 축적해 온 거대한 부(소유권)와 함께 막강한 권력을 행사하는 경향이 있다.

셋째, 소유경영자는 카리스마적 리더십을 발휘하는 경우가 많은데 신속한 의사결정으로 환경변화에 능동적인 대응이 가능한 반면, 일반 구성원들의 불만을 야기하기도 한다.

기업의 규모가 커져서 경영활동의 내용이 복잡해지게 되면 소유경영자인 기업가

---

4 OECD(Organization for Economic Cooperation and Development)에 의하면 모든 국가나 기업이 일률적으로 따라야 할 만한 보편적이고 완결된 기업지배구조의 전형은 없으며, 가장 중요한 것은 기업지배구조의 투명성을 확립하는 것이다. 그러한 투명성 제고방안으로는 ① 소유권 분산을 위한 정부의 사회정책적 여건이 조성, ② 소유경영자의 인식전환과 승계과정의 개선, ③ 사업구조 및 조직관리시스템의 개선, ④ 재무구조 및 회계제도의 개선, ⑤ 의사결정기구의 개선, 특히 사외이사제도의 개선 등을 제시하고 있다.

혼자서는 기업을 합리적으로 경영할 수 없게 된다. 이러한 경우에 기업가는 자신이 담당하고 있던 경영활동의 일부를 외부로부터 데려온 경영자에게 위임하거나 분담하는데, 이러한 경영자가 바로 고용경영자(hired manager) 또는 유급경영자(salaried manager)이다. 고용경영자나 유급경영자와 소유경영자인 기업가 사이에는 고용관계가 형성되므로 이들 고용경영자는 다만 기업가가 맡고 있는 경영활동 중에서 일부만을 위임받아 수행할 따름이어서 그 성격상 출자자의 이익을 대표하는 역할에 그치기 쉽다. 이처럼 고용경영자는 비록 소유자의 대리인(agent)으로서 소유권자의 이익을 대변하기도 하지만, 이미 기업경영에 전문적인 경영능력을 가진 자를 필요로 하게 되었다는 점을 보여준다는 측면에서 전문경영자의 출현을 예고하고 있는 것이다.

전문경영체제하에서의 경영자는 종래 기업가가 수행하던 기능 중 출자를 제외한 대부분의 기업기능을 인수받아 이를 전담하여 수행하게 된다. 그런데 이들은 단순한 경영문제에 대한 전문가가 아니라, 근본적으로 소유와 경영의 분리에 따라 기업에서 출자자, 즉 소유자와는 다른 이해관계를 갖게 된다는 점에서 앞서 살펴본 소유경영자와 구별된다. 또한 전문경영자는 소유자와 종업원의 중간에 위치하는 중간적 성격을 갖지만 아울러 경영실권을 쥐고 있는 지배적 경영자로서의 성격을 갖는다는 점에서 단순한 고용경영자와는 다르다. 이러한 전문경영자는 임기제에 따른 신분상의 제약으로 말미암아 상대적으로 단기적 경영성과에 대해 주된 관심을 기울이게 된다.

여기서 전문경영자(professional manager)는 전문경영체제하의 경영자를 의미한다. 이러한 경영자는 앞서 살펴본 바와도 같이 과학적이고 전문적인 경영 지식과 능력을 가진 경영자로 기업의 소유권으로부터 독립해 기업에 대한 경영권을 확보하고, 기업경영에서 유일한 의사결정주체로서의 역할을 수행하는 자를 가리킨다. 오늘날 경영환경이 급속도로 변화하고 국제경쟁이 치열해짐에 따라 과거 소유경영자가 가졌던 도전심이나 모험심 외에 전문적 지식을 통해 계획성과 치밀함을 갖춘 전문경영자가 요청되고 있다. 이러한 전문경영자는 책임경영의식을 확고히 지녀야 하며, 기업소유주나 부하에게 책임을 전가하거나 잘못된 일에 대해서 핑계를 대는 것이 아니라 자기를 희생할 줄 알아야 하는 것이다.

전문경영자는 주주를 포함한 이해관계자에 대해 책임을 지고 경영자로서의 역할을 수행하여야 한다. 소유권으로부터 독립된 전문경영자의 역할은 기업 내의 각기 다른 이해관계자, 즉 주주 · 근로자 · 공급자 및 채권자 등의 상호 대립하는 요구를 조정할 수 있다. 이것은 상대적으로 이해관계자 관리에 취약한 소유경영자와 대비되는 점이다. 전문경영자는 소유경영자와는 달리 기업이 개인의 사유재산이 아니라 이해관계자 모두를 위한 공적 책임을 지는 공기관이란 의식을 가지기 때문에 기업의 사회적 책임과 공공성의 실현에 더욱 유리하다.

> "오너는 직원보다 10배는 더 열심히 일해야 한다." 회사의 연구원들은 이론에 통달해 있지만 이론을 응용할 수 있는 구체적 방법은 알지 못한다. 경영진은 회사 경영은 잘할지 몰라도 회사 제품에 대한 깊은 지식이 없다. 오너가 스스로 이론의 응용을 거듭하면서 끊임없이 채찍질하며 노력해야 한다.
> 자료 : 지식비타민, 2018.5.3.

2) 소유경영체제(소유경영자)와 전문경영체제(전문경영자)의 장단점

전문경영자가 소유경영자와 구별되는 것은 단순히 경영에 대한 전문가라는 점에만 있는 것이 아니라, 소유와 경영이 분리됨에 따라 자본의 출자자 또는 소유경영자와는 근본적으로 다른 이해관계를 갖게 된다는 점에 있다. 예를 들어, 소유경영자들은 일반적으로 자본증식이나 수익극대화와 같은 목표를 가지지만, 전문경영자는 기업의 성장뿐만 아니라 부의 공정한 분배문제에도 관심을 갖게 된다. 의사 · 변호사 등과 같은 전문인이 그들의 윤리에 따라 행동하는 것처럼, 전문경영자들도 그들의 지식과 경험을 바탕으로 기업활동 본연의 목표뿐만 아니라 사회에 대한 윤리의 실천도 경영활동의 목표로 추구한다.

경영체제	소유경영체제	전문경영체제
경영주체	소유경영자	전문경영자
장점	• 최고경영자의 강력한 리더십 • 과감한 경영혁신 • 외부환경변화에의 효과적 적응	• 민주적 리더십과 자율적 경영 • 경영의 전문화·합리화 • 회사의 안정적 성장
단점	• 족벌경영의 위험성 • 개인이해와 회사이해의 혼동(공사구분 혼동) • 개인능력에의 지나친 의존 • 부와 권력의 독점 가능성	• 임기의 제한으로 인한 문제점 (Agency Problem) • 주주 외의 이해관계자에 대한 경시 • 장기적 전망과 투자의 부족 • 단기적 이익 및 성과에의 집착

소유경영자는 성취욕과 과감한 리더십을 바탕으로 경영혁신의 주도적인 역할을 수행하기 때문에 기업을 창업하거나 확장하는 데 탁월하며 외부환경 변화에의 적응력도 뛰어나다는 장점을 지니고 있다. 그러나 소유주 개인의 이해관계나 개인능력에 따라 기업경영이 좌우될 수 있고, 혈연관계에 의한 족벌경영의 폐해가 발생할 수 있으며, 부와 권력이 소유경영자에게 집중된다는 단점 또한 지니고 있다.

이에 비해 전문경영자는 자신의 전문적 능력과 합리적 사고를 가지고 기업규모의 거대화에 따르는 기업경영의 복잡성 증대에 효과적으로 대응할 수 있으며, 민주적 리더십과 자율적 경영을 통해 조직을 통합함으로써 기업의 안정적 성장을 도모할 수 있다는 장점을 지니고 있다. 그러나 자신의 보상 및 신분안정을 위해 단기적 경영성과에 집착하고, 이익을 과대배분하는 경향이 있으며, 주주의 이해와 다른 자신의 이익을 추구하고 장기적 전망이 부족하다는 단점 또한 지니고 있다.

3 소유경영체제와 전문경영체제의 우월성 논쟁

1) 소유경영 및 가족경영 방식이 기업경영을 더 잘할까? 전문경영자가 기업경영을 더 잘할까?

소유경영자와 전문경영자 각각이 장점과 단점을 지니고 있기 때문에 어떤 형태의 최고경영자가 절대적으로 우월하다고 주장하기는 곤란하다. 그럼에도 불구하고 오랫동안 소유경영체제와 전문경영체제의 우월성에 대한 논쟁이 이루어져 왔다.

전문경영체제의 우위성을 주장하는 논거는 오늘날 기업이 소유권자만을 위한 것이 아니고 기업 내 종업원들의 이익은 물론 기업 외의 고객 · 일반주주 · 정부 · 사회일반의 이익을 위해서 존재할 때에만, 기업의 공공성을 인정받아 영구존속체(going concern)로서 사회에 존재할 수 있다는 점, 경제적 부와 권력이 독점될 경우 사회적 형평성이나 경제정의의 문제가 야기된다는 점, 그리고 무엇보다도 대기업의 경우 소유와 경영의 분리 경향에 따라 전문경영체제로의 전환이 불가피하게 일어나게 될 것이라는 점 등을 근거로 제시한다. 그러나 소유경영체제의 우월성을 지지하는 주장은 “전문경영보다 가족들에 대한 소유경영이 효율적”이라고 주장한다. 그 이유는 소유경영체제는 최고경영자가 상대적으로 더 회사에 대한 책임감과 주인의식을 가지고 경영을 하게 되는 경우가 일반적이고, 의사결정 속도가 빠르고 중장기적인 관점에서 경영전략을 구상할 수 있는 경영체제이기 때문이라는 것이다.

2) 기업을 계속 성장 · 발전시키기 위해서는 자녀에게 소유권과 경영권을 물려 주는 방법이 좋을까? 전문경영체제로 전환하는 것이 좋을까?

창업자들이 무에서 유를 창조한 뛰어난 경영수완을 발휘했다고 해서 그들의 2세, 3세가 반드시 탁월한 경영능력을 물려받았을 것이란 보장은 없다. 경영능력이 부족한 후손이 경영권을 물려받는다면 가족의 부(富)를 잃게 할 뿐만 아니라, 기업 임직원과 사회에도 손해를 끼칠 수 있다. 이에 비해 전문경영자는 그 자리에 도달하기까지 수많은 경쟁에서 승리했다는 점에서 경영능력이 검증되는 과정을 거친다.

19세기 미국의 철강왕 앤드루 카네기(Andrew Carnegie)는 스코틀랜드의 던펌린이라는 작은 마을의 한 다락방에서 태어나 아버지 윌리엄의 직조공장이 기울자 미국으로 건너왔다. 방직공장과 철공장, 전보배달부 등을 거쳐 자수성가한 그는 "아들에게 유산을 남기는 것은 그의 능력과 에너지를 빼앗는 것"이라고 말했고, "풍족하지 못한 집안 출신들은 부모가 열심히 일하는 것을 보고 자라기 때문에 부유층 출신보다 성공할 확률이 높다."고도 했다. 그는 카네기 연구소, 카네기 교육진흥기금, 카네기 구제 평화재단 외에 카네기 홀, 카네기 공대 등에 대부분의 재산을 기부하고, 유일한 혈육인 딸에게도 약간의 유산만 남겼다. 같은 시기에 듀폰이나 GM 같은 미국의 가족기업 역시 전문경영자체제로 바뀌었다. 경영사학자인 챈들러(Chandler)는 이러한 전문경영자체제로의 전환이 미국의 고도성장을 이룬 원동력이었던 반면, 프랑스는 가족경영에 계속 의존한 결과 산업화가 늦어졌다고 주장한다.

장세진(2013)은 일본 기업을 대상으로, 2세 경영기업의 수익률이 전문경영체제로 전환한 기업보다 낮고 전문경영체제로 전환한 기업의 수익성이 크게 상승하였다는 연구결과를 발표하기도 하였다.

그러나 전문경영체제의 가장 큰 문제는 대리인 비용(agency cost) 문제가 심각하게 발생할 수 있다는 점이다. 전문경영자가 단기 업적에 치중하는 경향을 보이는 데 비해, 가족경영자는 더 장기적인 관점에서 기업을 운영하고, 의사 결정이 빠르며, 창업자의 가치나 이념을 더 잘 보존한다는 점이다.

3) 종업원들의 우리사주조합이 주인이 되는 회사가 더 경영을 잘할 것인가?

임직원이 회사의 오너가 될 수도 있다.

한국종합기술은 우리나라 상장사 최초로 임직원이 오너가 된 회사이다. 한국종합기술은 업계 2위로 매년 50억 원 내외의 영업이익을 꾸준히 내는 한진중공업그룹의 알짜 계열사로서 2016년 매출액은 1,993억 원이었다. 그러나 한진중공업이 채권단 자율협약에 들어가면서 매물로 나온 것이다.

임직원 1,176명 중 807명이 설립한 한국종합기술 우리사주조합은 1인당 5천만 원씩 내기로 하여 2017년 12월 한국종합기술 지분 52%를 500억 원에 인수함으로써 한국종합기술의 최대주주 지위를 확보하였다. 인수 주체는 우리사주조합이 만든 특수목적법인(SPC)인 한국종합기술홀딩스이다. 신입 사원들까지 동참해 1천만 원씩 돈을 보태는 등 이들이 마련한 돈은 400억 원에 달한다. 나머지 100억 원은 금융권 대출(인수금융)을 통해 조달했다.

우리사주조합은 자신들이 인수한 지분 52% 가운데 경영권 방어에 필요한 지분을 제외한 일부를 회사 경영에 도움이 될 수 있는 재무적 투자자(FI)에게 넘겨 경쟁력을 확보하려고 했다. 또한 우선협상자 선정 직후 시작한 딜로이트안진의 컨설팅 결과를 바탕으로 인사추천위원회를 구성하고 이사회와 대표이사를 선임했다.

2020년 글로벌 기업으로 성장해 있는 기업들을 보면 거의 100% 주식회사 형태나 오너가 경영하는 기업이거나 가족기업(Family Business) 형태이다. 우리사주조합으로 기업이 글로벌 기업으로 성장해 있는 경우는 찾아보기 힘들다. 노동자가 경영의 주체가 되는 것이 절대적이었던 소비에트연방이나 공산주의 국가에서는 세계적인 기업이 탄생한 경우가 한 건도 없다. 왜그럴까?

제 8 장

어떤 경영환경들이 경영성과에 영향을 줄까?

1. 경영환경은 기업경영에 얼마나 중요한가?
2. 경영환경을 어떻게 분류하여 파악할 수 있을까?
3. 기업 이미지와 평판 리스크
4. 기업하기 좋은 나라와 어려운 나라의 특징들은 무엇인가?

중동호흡기증후군(메르스) 사태

기업을 둘러싼 경영환경 요인들

치맥(치킨과 맥주)

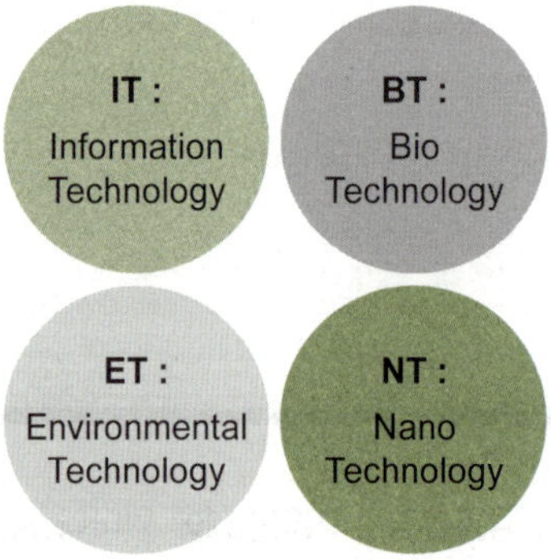

새로운 기술의 등장

메르스 사태와 기업경영

[1] 메르스 공포에 손소독기 판매량 '66.5배' 급증

G마켓에 따르면 중동호흡기증후군(메르스)의 여파로 위생 관련 용품의 판매가 급증했다. 손소독기의 판매량은 전년 동기 대비 6,656%나 급증했으며, 살균소독기와 공기청정기 등의 판매량도 각각 208%, 74% 급증했다. 살균소독기 중에서는 식기살균기가 325%로 판매량이 가장 많이 늘었으며 이어 자외선 살균기 197%, 칫솔살균기 66% 순으로 나타났다. 가전업계의 한 관계자는 "제습기를 준비하던 과거와는 달리 여름철에 공기청정기의 판매가 급증한 것은 이례적인 현상"이라며, 이는 "메르스를 예방한다는 기능이 입증되지 않았음에도 불구하고 공기청정기의 판매가 증가한 것은 고객들의 불안 심리가 소비에 반영되었기 때문인 것 같다."고 덧붙였다.

[2] 삼성전자 이재용 부회장 메르스 사태 대국민 사과

이재용 삼성전자 부회장이 삼성서울병원발(發) 중동호흡기증후군(메르스) 확산 사태와 관련해 직접 대국민 사과했다. 그는 삼성생명공익재단 이사장 자격으로 2015년 6월 23일 오전 11시 예정에 없던 메르스 관련 특별 기자회견을 자청해 수많은 취재진 앞에서 두 차례 고개를 숙여 사과한 데 이어 현장 의료진의 노력을 언급하는 대목에서는 눈물까지 글썽였다.

[3] 메르스로 얼어붙은 소비

메르스로 인해 소비심리가 얼어붙고 있다. 메르스가 퍼지는 것보다 더 빠른 속도로 공포감이 확산되면서 백화점과 대형마트, 식당과 주점을 가리지 않고 손님들 발길이 뚝 끊겼다. 외국인 관광객도 확 줄어 명동과 강남 등의 상가와 면세점은 물론이고 전통시장까지 매출이 급감했다. 놀이공원, 영화관, 박물관 등은 입장객이 50~80% 정도 감소했다.

학습문제

Q1 경영환경이란 무엇을 말하며, 경영환경이 기업경영에 얼마나 중요한지를 설명하시오.

Q2 일반환경(general environment)과 과업환경(task environment)의 차이점은 무엇이며, 각각에 대한 예를 들어 보자.

Q3 경영환경은 어떻게 기업경영에 영향을 미치는가?

핵심용어

경영환경의 동태성(dynamics), 기회(opportunity)와 위협, 환경의 불확실성(uncertainty), 일반환경(general environment), 과업환경(task environment)

1 경영환경은 기업경영에 얼마나 중요한가?

1) 경영환경은 기업에게 어떤 의미를 갖는가?

우리는 통념적으로 '환경'을 자연환경으로 이해하지만, 정확하게 말하면 환경(environment)이란 어떤 사물(또는 인간 및 집단)의 외부에 있는 사물이나 여건을 지칭한다.

기업은 다른 사회조직이나 사회구성원들이 함께 만들어 내는 복잡한 상호작용 속에서 자신의 목표를 달성하기 위해 다양한 경영활동을 수행하는 사회적 조직체(social organization)로서, 단독으로 존재하는 것이 아니라 기업을 둘러싼 경영환경 속에서 경영활동을 수행하고 있다. 경영환경이란 기업활동과 직·간접적으로 관련을 맺고 있는 기업외부의 상황을 의미하며, 그중에서도 기업활동에 어떤 영향력을 미칠 수 있는 힘(forces)을 지닌 상황요인이다. 경영환경은 기업활동을 촉진할 수도 있고 제약할 수도 있다.

경영환경이란 기업경영시스템의 경계(boundary) 외부에 존재하는 여건이나 상황을 의미하는데, 경영환경이 기업에 영향을 미친다고 가정하는 것은 기업을 하나의 개방시스템(open system)으로 파악하기 때문이다. 만약 기업이 외부환경과 완전히 단절된 폐쇄시스템(closed system)이라면 경영환경의 영향력을 고려할 필요가 없을 것이다. 그러나 우리들이 기업조직을 다른 유기체와 유사한 개방시스템으로 파악한다면 시스템의 경계를 중심으로 외부환경과의 상호작용을 인정하는 것이므로, 기업에 대한 외부환경의 영향력을 고려해야 한다. 물론 역으로 기업이 외부환경에 대해 영향력을 행사할 수 있다는 가능성도 있다.

2) 왜 경영환경을 중요하게 여겨야만 하는가?

경영환경은 기업의 경영활동에 광범위한 영향력을 행사하며, 기업의 생존문제와도 직결된다. 예를 들어, 석유수출국기구(OPEC : Organization of Petroleum Exporting Countries)의 출현이라는 국제적 환경의 변화는 유가파동을 초래하고, 유가파동은 기업이 필요로 하는 투입요소로서의 에너지 또는 원료의 양에 직접적인 영향을 미친다. 한편, 권리의식의 증대와 같은 사회가치관의 변화는 기업내부의 선환과정 측면에서 근로자들의 의식에 반영될 뿐만 아니라 노사관계의 성격을 변화시키며, 때로는 기업의 목표 및 이념의 변화를 가져오기도 한다. 이와 같이 경영환경의 영향은 결과적으로 산출물로서의 기업의 경영성과에 반영되어 나타나며, 때로는 경영성과 자체를 결정짓는 요인으로 작용한다.

경영환경은 기업에게 성장의 기회(opportunity)를 제공하여 줌과 동시에 위협(threat)요인으로도 작용한다. 예를 들어 공공장소에서의 금연을 규정한 법률은 기존의 담배산업에 속해 있던 기업에게는 심각한 위협요인으로 작용한다. 반면에 담배를 대체할 수 있는 기호품을 생산하는 기업으로서는 이러한 환경변화가 급속히 성장할 수 있는 좋은 기회가 될 수 있다.

대부분의 경영환경 변화로부터 야기되는 성장기회와 생존위협은 기업이 어떻게 대응하느냐에 따라 상이한 결과를 초래한다. 기업에게 불리한 환경변화에 직면한 기업들 중에서도 신속한 대응을 통해 위협요인을 극복한 기업은 다시금 성장의 기회를 엿볼 수 있겠지만, 이를 게을리한 기업은 실패할 수밖에 없을 것이다. 또한 성상의 기회를 맞이한 기업들 중에서도 이러한 기회를 적극 활용한 기업은 성공할 수 있겠지만, 기회를 놓친 기업은 현상유지에 급급하게 될 것이다. 따라서 경영환경의 변화를 긍정적으로 수용하고 이에 적극적으로 대응하는 자세가 필요하다.

또한 오늘날 기업의 사회적 책임을 요구하는 경영환경의 변화는 기업경영에 기회요인과 위협요인으로 작용하기 때문에 이에 대한 적극적인 대처가 필요하다. 예를 들어, 기업은 최근에 들어와 더욱 가열되기 시작한 환경보호의 세계적 조류에 적절히 대응할 수 있어야 기업생존의 위협을 벗어나 성공의 기회를 엿볼 수 있다. 만약 기업이 이러한 변화를 인식하지 못하고 기존의 반사회적인 기업관행을 고집한다면 정상적인 기업활동이 어려워질 것이다. 특히, 기업이 사회적 문제를 야기한 이후에는 그 이전의 상태로 회복하는 것이 매우 어렵다는 점을 감안해 볼 때, 경영환경의 변화추세를 미리 예측하고 대응하는 예방활동이 매우 중요하다.

2 경영환경을 어떻게 분류하여 파악할 수 있을까?

이 세상에 존재하는 모든 사물과 여건 · 상황 등을 경영환경으로 간주할 필요는 없다. 경영환경은 기업이 직·간접적으로 접촉하며 어떤 관계를 맺거나 영향을 주고받는 외부의 사물이나 여건인 것이다. 예를 들어 기업이 만든 제품을 구입해 주는 소비자, 임금 및 고용조건을 둘러싸고 기업과 교섭을 행하는 근로자 및 노동조합, 유사한 제품을 놓고 시장에서 경쟁하는 경쟁기업, 원료나 부품을 제공해 주는 공급기업, 기업행동의 룰을 결정해 주는 정부, 경기활황 · 경기침체 · 원화절상 · 인플레이션과 같은 경제상황, 환경보호주의의 대두 등이 모두 경영환경인 것이다.

1) 일반환경과 과업환경

경영자가 경영환경의 변화양상을 보다 명확히 인식하고 환경의 영향에 적절히 대처해 나가기 위해서는 경영환경을 막연한 전체로 보는 것보다는 어떤 체계에 근거해 분류된 몇 가지의 구성환경으로 이해할 필요가 있다. 이러한 시각은, 첫째 혼란스럽게 보이는 경영환경을 단순하며 질서가 있는 환경으로 이해하도록 해 준다는 점, 둘째 경영자가 특정 경영환경을 보다 세밀히 분석할 수 있게 해 준다는 점, 셋째 경영자로 하여금 환경조건에 대응하는 관리적 수단을 연계시켜 준다는 점, 넷째 경영환경과 기업 간의 상호작용을 보다 용이하게 이해할 수 있게 해 준다는 점 등의 유용성이 있다[Wood, 1990 : 19-22 참조].

전체로서의 경영환경을 서로 성격이 다른 구성환경으로 분류하는 기준 및 방식으로는 여러 가지가 알려져 있지만,[1] 가장 기본적이며 대표적인 분류방식은 경영환경의 조직에 대한 영향력과 조직의 경영환경에 대한 관리 가능성을 동시에 고려해 경영환경을 일반환경과 과업환경으로 분류하는 것이다[Baird 외, 1990].

① 일반환경(general environment)이란 어떤 특정 조직에 대해서만 영향을 미치

---

1 경영환경을 분류하는 방식으로는 기업조직의 경계를 기준으로 한 내부환경과 외부환경의 분류방식, 경영환경의 조직에 대한 영향력을 기준으로 한 일차적 환경과 이차적 환경의 분류방식[Bartol & Martin, 1991], 그리고 경영환경의 인식방법을 기준으로 한 실제환경과 인지환경의 분류방식[김원수, 1991] 등을 들 수 있다.

는 환경이 아니라 사회 전체 내에 속해 있는 모든 조직에 공통적인 영향을 미치는 환경을 가리킨다. 경영자의 입장에서 보면 특정 대상이 파악되지 않기 때문에 일반환경요인에 대하여 어떤 영향력을 행사하기가 어렵다. 일반환경은 크게 경제적 환경, 기술적 환경, 정치적 환경, 사회적 환경으로 나누어 살펴볼 수 있다. 또한 이러한 일반환경의 분류체계가 국제적 차원에 적용될 경우, 이를 국제적 환경이라 통칭한다.

② 과업환경(task environment)이란 기업과 매우 밀접한 관련을 가지면서 기업활동에 직접적으로 영향을 미치는 근접환경을 말하는 것으로, 경영자의 입장에서도 그 대상이 확인되므로 영향력 행사가 가능하여 관리 가능한 경영환경을 일컫는다. 일반환경이 거의 모든 기업조직에 광범위하게 영향을 미치는 경영환경이라면, 과업환경은 특정 기업의 경영활동과정에 직접적으로 영향을 미치는 경영환경이다. 과업환경은 기업경영활동으로 인해 직·간접적인 이득이나 손해를 보는 이해관계자들(stakeholders)로 분류되는데 주주, 노동조합, 소비자 협력기업, 금융기관, 정부, 지역사회, 대학, 언론기관 등이 과업환경에 포함된다. 오늘날 사회 전반적인 민주화 및 다원주의의 추세에 따라 기업경영에 대한 과업환경으로서의 이해관계자들의 영향력이 점차 커지고 있는 경향이 나타나고 있다.

일반환경과 과업환경의 구분은 상황의 변화나 조직의 성격이나 활동에 따라 달라질 수 있다. 상황의 변화에 따라 일반환경의 일부가 과업환경으로 변화하기도 하며, 일부의 과업환경은 그 영역이 더욱 넓어져 일반환경으로 흡수되기도 한다. 또

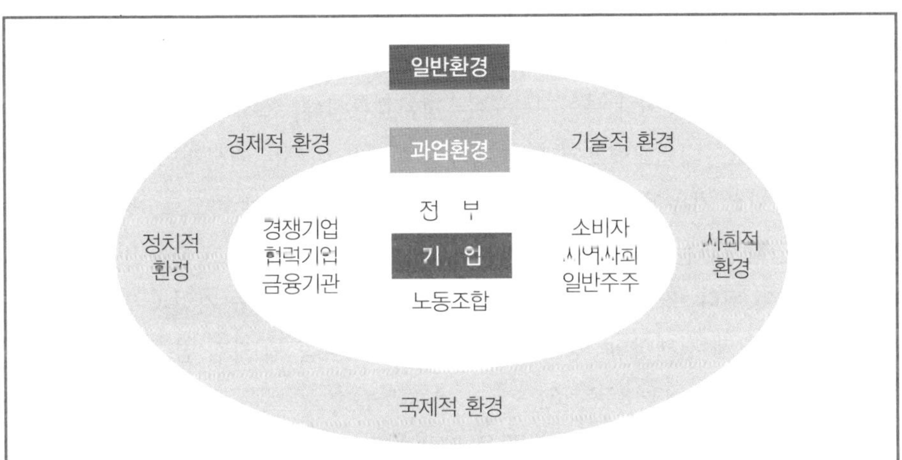

한 특정 기업에게는 과업환경이지만, 다른 기업에게는 일반환경에 속하는 경우도 있을 수 있다.

2) 일반환경과 과업환경의 내용

(1) 일반환경의 내용

기업조직의 일반환경을 경제적 환경, 기술적 환경, 정치적 환경, 사회적 환경, 국제적 환경으로 구분할 수 있다.

일반환경
① 경제적 환경
② 기술적 환경
③ 정치적 환경
④ 사회적 환경
⑤ 국제적 환경

① 경제적 환경

경제적 환경이란 기업경영활동을 둘러싸고 있는 국민경제적 환경으로서, 재화 및 서비스의 생산과 분배에 관한 지역 · 국가 · 국제적 상태 또는 여건을 말한다[Wood, 1990 : 26–27]. 예를 들어 한 국가의 일반적 경제체제, 경제조직의 공·사유(公·私有) 형태, 정부의 경제계획, 이자율과 화폐공급과 같은 재정 · 금융정책의 운영성격, 경제가 호황이냐 불황이냐 하는 경기흐름상태, 독점시장이냐 경쟁시장이냐 하는 시장구조, 대외교역조건 등이 경제적 환경을 이루는 기본적인 요소들이다.

기업은 경제적 기능인 생산을 보다 효율적으로 수행하여야 하므로, 경제적 환경은 다른 경영환경과는 달리 기업활동에 직접적이고 즉각적으로 영향을 미치는 중요한 환경요인이 된다. 경제적 환경을 구성하는 다양한 요소들 중 기업과 밀접한 관련을 갖는 것은 크게 경제상황, 경기순환, 구조적 변화라는 세 가지 범주로 분류할 수 있다[Hitt 외, 2005 : 83–85 참조].

첫째, 경제상황이란 한 국가에서 짧은 기간 동안에 존재하는 환경요소이다. 예를 들어 인플레이션은 기업의 비용에 직접적인 영향을 줄 수 있으며, 실업률은 기업이 필요로 하는 노동력을 확보하는 데 영향을 준다. 또한 이자율은 기업이 경영에 필요한 자본을 확보하는 데 드는 비용과, 기업의 투자나 사업규모의 확장을 결정하는 데 영향을 끼친다. 2000년과 2001년 동안 미국의 지속된 경기침체로 연방준비은행이 이자율을 낮춘 결과 2003년까지 주택융자 이자율이 40년 만에 최저가 되었으며, 이는 투자자들을 자극하여 주택건설업과 대부업이 크게 성장하게 된 계기를 만들어 주었다. 이러한 예는 경제상황이 기업의 경영활동에 미치는 영향을 잘 보여준다.

둘째, 경제상황은 주기적으로 변화하는 경향이 있다. 언제 경기가 상승하고 하락하는지 정확하게 예측하는 것은 힘들지만, 경기가 순환하는 데 영향을 끼치는 요소를 이해하는 것은 기업이 사업을 계획하는 데 매우 중요하다. 또한 한 국가의 일반경제 사이클보다 특정 산업의 사이클이 더 두드러지거나 덜 두드러질 수 있다는 것을 이해하는 것도 중요하다. 예를 들어 건설경기는 전반적인 국가의 경기보다 순환의 폭이 더 깊고, 장례사업은 반대로 그 폭이 더 얕다. 만약 기업이 경기순환의 영향에 대해 제대로 알지 못한다면 올바른 의사결정을 내리지 못할 것이다. 일반경기보다 급격한 건설경기 사이클을 예상하지 못하고 있다가는 경기정점에선 충분한 노동력이나 재료를 공급받지 못할 것이고, 경기저점에서는 너무 많은 인력고용과 재고구입을 하게 될 것이다.

셋째, 경제적 환경을 이해하는 데 가장 파악하기 힘들지만 중요한 것은 경기변동이 단기적인 것인지 아니면 장기적이고도 구조적 변화인지를 판단하는 것이다. 구조적 변화는 경제의 장기적인 역동성에 큰 영향을 미친다. 예를 들어 농업경제에서 산업경제로, 산업경제로부터 서비스경제로의 변화가 모두 구조적 변화를 의미한다. 이러한 변화는 직무환경과 직업, 그리고 그 일을 하는 데 필요한 교육수준에 모두 영향을 미친다. 따라서 기업은 이러한 변화에 대응할 수 있는 능력을 길러야 할 것이다.

② 기술적 환경

기술적 환경이란 재화 및 서비스 생산과 관련되는 지식의 상태를 반영하는 것으로, 기업경영에 영향을 미치는 국가 또는 산업의 기술수준을 지칭한다[Bartol 외, 1991 : 79]. 이러한 기술적 환경은 오늘날 기업의 일반적 환경 중에서도 가장 동태적인 성격을 지니면서 급속히 변화하고 있으며, 기업의 경영에 있어서도 직·간접적 차원에서 영향을 미치고 그 범위도 실로 광범위하다는 점에서 중요하게 다루어져야 할 환경요인이다.

새로운 기술의 대표적인 예는 모바일 기술, 인공지능(Artificial Intelligence)기술, Deep Learning 기술, 빅데이터 분석(Big data Analytics) 기술, 사물인터넷 기술(IoT), 자율주행차 기술, 스마트 팩토리 로봇 기술, 정보기술(IT : Information Technology), 나노기술(NT : Nano Technology), 바이오 생명과학기술(BT : Bio Technology) 등을 들 수 있는데, 이러한 기술들은 경영 현장에 응용되고 접목되어 혁신적 가치를 창출할 수 있다는 측면에서 기업경영에 상당한 영향을 끼치고 있다.

먼저, 정보기술의 발달이 기업경영에 커다란 영향을 미치고 있다. 개방형 네트워크인 인터넷의 폭발적인 확산과 함께 멀티미디어 및 통신기술 등 정보기술이 급속히 발전하면서 인터넷을 통신기반으로 한 전자상거래가 산업계의 핫이슈로 등장하여 확산되어 왔다. 이러한 정보기술을 통해 기업들은 외부환경과의 장벽을 허물고 소비자의 욕구와 선호, 그리고 만족에 대한 빠르고 정확한 정보를 획득할 수 있게 되었다. 인터넷상의 커뮤니티를 통한 소비자들과의 쌍방향 커뮤니케이션은 기업이 새로운 상품과 서비스를 큰 위험부담 없이, 적은 비용으로, 좀 더 빠르게 창조하는 데 크게 기여하고 있는 것이다. 일례로 휴렛팩커드(Hewlett-Packard)는 인터넷상의 소비자들을 통해 상품에 대한 반응을 빠르게 얻음으로써 미래의 시장을 예측하는 데 도움을 받고 있다[Business Week, 2005.6.20. : 76]. 한편, 정보기술의 발달로 인해 기업구성원들이 인터넷 네트워크를 통해 보다 효율적으로 협동할 수 있는 등 기업내부의 모습도 크게 변화하고 있다. 정보기술은 부문별, 계층별, 지리적으로 멀리 떨어져 있는 구성원들끼리 좀 더 쉽게 커뮤니케이션하고 정보를 공유할 수 있게 함으로써 보다 수평적인 조직구조와 신속한 의사결정을 가능하게 한다[Schermerhorn, 2010].

이러한 정보기술의 발달은 기업에게 새로운 기회요인이 되기도 하지만 위협요인이 되기도 한다. 예를 들어 인터넷은 소비자에게 거의 무한한 선택의 폭을 제공하여 맞춤형 제품에 대한 요구가 빠른 속도로 증가하고 있고, 글로벌 브랜드의 경우 예전처럼 지역마다 다른 가격을 책정하는 것이 어려워지고 있다[Laudicina, 2005 : 22, 31-43]. 따라서 기업들은 위협요인을 최소화하고 기회요인을 활용하기 위해 정보기술의 변화에 대처할 것을 요구받고 있다.

다음으로, 나노기술은 물질을 원자나 분자 단위로 조작해 대략 1~100nm 크기를 갖는 미세구조를 만들어 새로운 특성과 기능을 갖게 하는 기술이다. 이는 소재, 소자, 시스템 등의 산업에 일대혁명을 가져올 새로운 기술로서 주목받고 있다. 나노기술을 사용하여 500℃에서도 녹지 않는 플라스틱이 만들어질 수 있고 칼로 잘라지지 않는 섬유가 탄생할 수 있다. 뿐만 아니라 의약기술에 활용하면 극소형 나노로봇이 인체에 들어가 나쁜 병균을 직접 찾아다니며 치료할 수 있다[라이터스 편집부, 2005 참조]. 이처럼 나노기술은 물리 · 재료 · 전자 등 기존의 재료분야들의 기본가정을 변화시킴으로써 학문 간 경계가 소멸된 새로운 기술영역을 구축하고, 높은 경제성과 환경친화성을 갖는다는 점에서 새로운 가능성의 영역이 되고 있다.

나노기술이 본격적으로 상용화될 경우를 대비하여 2005년에 크고 작은 기업들이 나노기술에 기초한 제품생산을 시도하였다. 2005년 2월 초에는 휴렛팩커드가 몇십 년 안에 나노기술이 요즘의 실리콘과 트랜지스터를 넘어 컴퓨터 기술을 발전시킬 것이라고 발표했고, 뉴욕의 나노기술 연구회사인 룩스 연구소(Lux Research Inc.)는 2005년 한 해 동안만 나노기술을 통해 130억만 달러의 이익을 올렸다[Business Week, 2005.6.20. : 76].

또한 생명과학기술은 그 연구결과가 난치병 치료, 식량난 해결, 신소재 개발 등 인류생존을 위한 여러 가지 해결책을 제시한다는 점에서 정보기술의 뒤를 잇는 미래산업으로 주목받고 있다. 이러한 생명과학기술의 발달은 기업들에게 새로운 사업기회를 제공해 줌은 물론, 인구구조의 극적인 변화를 가져옴으로써 인류역사의 새로운 시대를 여는 기술로 주목받고 있다.[2]

③ 정치적 환경

정치적 환경은 주로 법률과 공공정책이 형성되는 과정에 영향을 미치는 정치집단 및 이해관계자집단을 지칭한다[Wood, 1990 : 27-28]. 이러한 정치적 환경은 사회의 정치풍토나 권력집중의 정도, 정치조직의 성격, 정치 · 정당의 구성체계 등이 포함되며, 기업경영과 관련된 여러 이해관계자집단들 간의 갈등을 정치적으로 해결해야 할 필요성 때문에 기업행동의 큰 테두리를 설정한다. 따라서 기업 자신에게 우호적인 환경이 조성될 수 있도록 정치적 환경에 대처하는 대외협력업무 또는 대관업무를 수행하는 것이 오늘날 기업들이 필수적인 과제가 되고 있다. 2016년 6월 7일 임시국회를 시작으로 더불어민주당이 원내 1당이 된 제20대 국회가 본

2 최근 들어 나노기술과 생명과학기술의 합성어인 나노바이오기술(Nano Bio Technology)이란 말도 나오고 있는데, 나노생명공학은 살아 있는 생물체의 원자나 분자가 아닌 유전자, 효소, 호르몬, 항체 등의 물질단위에 나노기술을 응용한다는 점에서 기존의 생명공학기술을 한 차원 높은 단계로 끌어올린다[블라트 게오르게스쿠 & 마리타, 2004].

격적인 활동을 시작하였다. 16년 만에 여소야대 정국을 맞이한 각 기업들의 대관업무 담당자들은 각 정당별 상임위 구성 및 의원들의 성향을 파악하기 위해 노력하고 있다. 재벌 대기업 대관팀 관계자는 반기업 정서를 가진 문재인 정부와 더불어민주당의 정치적 철학과 정책방향을 보아 "대관업무 환경 및 재벌들의 기업운영 환경이 매우 어려워질 것으로 보인다."고 말하기도 했다. 3당 체제 구축으로 인해 정치 판세 또한 크게 뒤바뀌었기 때문에 기업 내 대관업무 담당자들의 움직임이 더욱더 분주해졌다고 한다.

일반적으로 법은 기업활동을 포함한 모든 사회적 활동에 대하여 마치 어떤 게임의 규칙과 같은 것이며, 많은 경우에 있어서 어떤 법률의 제정에 의해서 사회변화가 이루어지기도 한다. 기업이 경영활동을 수행하는 과정에서 관련되는 입법분야의 추세나 법원의 판례 등은 중요한 법률적 환경을 구성한다[Bartol 외, 1991 : 83–85]. 상법, 회사법, 공정거래 및 독과점규제법, 경제특별법, 노동법 등은 기업경영활동과 직접적 관련을 맺는 법률이다. 오늘날 기업경영활동과 관련된 각종 법률이 증가하는 추세에 있으므로, 경영자는 기업활동에 대해 합법성을 부여하기도 하고 제재를 가하기도 하는 법률적 환경의 변화에 능동적으로 대응해야만 한다. 실제로 이러한 법률적 환경에 대처하기 위해 기업은 전문변호사들을 두기도 한다.

④ 사회문화적 환경

사회문화적 환경은 사회구성원들이 행동하고 생각하며 원하고 믿는 것 등과 관련된 일반환경으로, 여기에는 사회의 제 규범 및 가치관, 선악에 대한 판단근거, 관습 및 관행 등이 포함된다[Wood, 1990 : 24–26].

구체적으로 이러한 사회문화적 환경의 구성요소를 살펴보면 사회제도나 사회현상, 그리고 사회구성원들이 어떤 대상에 대하여 갖고 있는 태도나 가치관으로서 기업활동과 구체적으로 관련하여 사회가 갖고 있는 기업관, 기업가관, 경영자관, 노사관계관, 성과관, 분배관 등이 포함된다. 또한 한 사회의 일반적 혹은 지배적인 태도, 경영자 자신들이 자기들의 직무에 대해 갖고 있는 견해나 아랫사람에 대해 갖게 되는 일반적인 태도나 견해들도 사회적 환경을 구성하고 있는 요소이다.

사회문화적 요소는 경제적 환경, 기술적 환경 등 기업을 둘러싸고 있는 전체환경이라는 빙산의 수면 아랫부분과 같은 것으로 생각할 수 있으며, 따라서 기업경영활동에 근본적인 영향을 미치는 요소라고 할 수 있다. 즉, 사회적 제 규범 및 가치관, 시비선악에 대한 판단준거, 사회일반인의 행동을 무의식적으로 규정 · 제약하는 관습 및 관행 등은 기업의 일반환경을 구성하는 요소들 중 보다 기초적인 부분을 이루고 있다.

한 나라에 있어서 이러한 사회적 특성은 기업의 활동에 중요한 기준을 제공한다. 사람들이 자라나면서 습득한 생활의식은 기업에 종사하는 경영자나 종업원의 행동은 물론 소비자행동의 바탕이 되는 행위패턴의 지침이 되기 때문에, 사회적 특성은 어떤 기업경영활동을 선택할 것인가를 결정할 때 반드시 고려해야 하는 것이다. 따라서 경영자는 자신이 속한 사회적 특성을 잘 이해하고 있어야 하며, 새로운 사회문화적 환경의 변화에 주목해야 한다.

최근 전 세계적으로 출산율 하락에 따른 인구감소와 고령화 등으로 이목을 끌고 있는 인구구조의 변화는 사회적 특성의 좋은 예이다. 유럽은 흑사병 이래 가장 빠른 인구감소에 직면해 있으며, 세계경제의 3/4을 차지하는 선진국들은 고령화 문제에 부딪히고 있다. 이들 국가에서 고령자들을 돌보는 비용은 잠재적 노동인구의 급격한 감소와 맞물려 앞으로 정부와 민간 부문 모두에게 시급한 해결과제가 되었다. 이에 대한 한 가지 해결책으로 몇몇 국가들은 15세에서 29세의 인구비율이 점점 증가하고 있는 개발도상국으로부터 노동력을 유입하고 있다. 그러나 이는 자국의 문화적 및 사회적 동질성을 유지해야 한다는 문제를 야기함으로써 새로운 차원의 국제적 갈등이 빚어지고 있다[Laudicina, 2005 : 31−43].

한국의 사회문화적 환경으로 한국 사회 특유의 '반기업 정서'가 있다. 반기업 정서는 기업의 역동성과 투자를 옥죄는 굴레가 되기도 한다. 대한상공회의소와 현대경제연구원은 매년 말에 전국 20세 이상 성인 남녀 1,000여 명을 대상으로 국민이 기업에 대해 호의적으로 느끼는 정도를 지수화한 기업호감지수(CFI)를 조사하는데, 100점 만점에 53.8(2009년), 51.5(2010년), 51.2(2011년), 49.8(2012년 말)점으로 점점 기업호감지수가 하락하고 있다.

⑤ 국제적 환경

국제적 환경이란 국경을 넘어 기업활동에 영향을 끼치는 포괄적인 경영환경을 말한다. 오늘날 국제적 환경은 기업의 여러 경영환경 중 그 중요성이 크게 부각되고 있으며 그 복잡성은 더욱 증가하고 있다. 자국에 머물렀던 기업들은 국내에서의 한계를 극복하기 위해 세계를 무대로 경영활동을 확장하고 있다. 또한 규제완화와 기술진보에 힘입은 거시경제의 발전으로 사람 · 상품 · 서비스 · 돈 · 생각이 과거 어느 때보다도 전 세계적으로 빨리 이동할 수 있게 되었는데, 지난 20년 동안에만 무역의 규모는 300% 증가했다. 1970년도에 하루 동안 외환시장에서 거래된 외화의 총액이 100억 달러 정도였는데, 2002년에는 같은 금액이 1초 만에 거래되었다[Laudicina, 2005 : 22−43].

세계경제의 블록화 및 세계화가 가속화되고 세계의 기업들 간 경쟁이 더욱 격화되는 등 국제적 환경의 중요성이 대두되자, 기업들은 국내기업으로서 갖는 한계를 극복하기 위해 다국적기업으로 전환하기 시작했다. 다국적기업은 전 세계 여러 나라에 걸쳐서 생산설비와 판매조직을 가지고 있는 기업을 말한다. 이러한 다국적기업에서는 전 세계에 흩어져 있는 자사조직들에 대한 통합 · 조정 문제와 상이한 문화 간의 의사소통 및 갈등의 해결 문제, 그리고 각 나라마다에서 상이한 전략에 대한 필요성이 대두되고 있다[Bateman & Zeithaml, 1990 : 212−213].

또한 1995년에 형성된 세계무역기구(WTO : World Trade Organization)체제 이후 각국 간 무역 및 투자 장벽의 완화로 수출과 해외진출의 기회가 넓어지는 동시에 국내시장도 개방됨으로써 전 세계가 국경 없는 하나의 시장으로 변화되어 가고 있는 상황은 다국적기업의 활동영역을 넓히는 데 큰 영향을 끼치고 있다. 그리고 종래 덤핑수출, 보조금 지원하의 수출 등에 국한되었던 불공정무역의 의미가 지적재산권, 환경보호, 노동권보호, 경쟁정책 등 새로운 분야로까지 확대되는 추세가 지속되는 국제무대 속에서 기업의 성패를 결정하는 중요한 요소로 부각되고 있다.

유럽연합(EU : European Union)은 현재 27개 유럽국가들로 구성된 경제적 · 정치적 협력조직이다. 처음 1992년에 구성된 12개 국가들은 원래 미국과 일본에 대항하여 경제적 지위를 고수하려고 하였다. 그 이전에는 서로 간에 관세장벽이나 국가보호정책 등이 심하였으나 이제는 유로라고 하는 공통화폐는 물론 2007년에는 각국 정상들이 모여 EU가 세계경제에서 중요한 역할을 하도록 법적 장치를 마련하였는데, 이는 오늘날 전 세계 기업경영에 막대한 영향을 미치고 있다. 그리고 유럽지역과 달리 미국, 캐나다, 멕시코 정부도 1992년 북미자유무역협정(NAFTA : North America Free Trade Agreement)을 발효시켜 회원국의 경제적 이익 향상을 위해 협력하고 있다.

다양한 국제적 기구의 출범과 함께 앞으로 세계무역은 더욱 빠른 속도로 신장될 것으로 예측되지만, 이른바 공정무역이라는 기본정신 아래 선진국과 개발도상국 또는 선진국 상호 간에 통상마찰이 더욱 빈번해지고 있다.

미국 등 주요 선진국들은 이미 구축된 WTO체제하에서의 상품 및 서비스 교역의 자유화에 만족하지 않고 그 후속조치로서 각국의 기술개발정책과 기술보호 문제를 다루는 기술라운드(TR : Technology Round), 국제적으로 합의된 환경기준을 만든 다음 이에 미달하는 무역상품에 대해서는 각종 제재조치를 취하자고 주장하는 그린라운드(GR : Green Round), 부당한 근로조건으로 생산된 상품교역을 규제하는 블루라운드(BR : Blue Round), 공정한 경쟁체제 구축을 위한 경쟁라운드(CR : Competition Round), 거래의 공정성을 확보하기 위한 부패라운드(CR : Corruption Round) 등 국제무역과 관련한 광범위한 국제협력이 지속적으로 추진되고 있어 국제무역 경영환경은 점점 복잡해지고 있다.

신흥 경제성장국들인 브릭스(BRICs : Brazil, Russia, India, China) 국가의 경제성장은 중요한 경영환경이 되었다. 특히 중국은 연평균 8~9%대의 높은 성장률, 물밀 듯이 밀려오는 외국인 직접투자, 아시아 금융위기와 사스(SARS : Severe Acute Respiratory Syndrome) 등 초대형 악재도 견디어 내는 내성, 급속한 경제성장 등으로 그 중요성이 더욱 부각되고 있다. 브릭스 국가 중 세계 인구의 40%(23억 명)를 차지하고 있는 중국과 인도의 경제교류가 증대하면서 이들 두 나라를 합친 친디아(China+India)가 경제성장의 활력이 가장 높은 지역으로 부상하고 있다. 이들 두 나라는 과거 영토분쟁과 같은 오랜 갈등을 뒤로 하고 1996년에 경제교류협정을 체결한 후 본격적인 경제협력시대를 열어가고 있다[한상춘, 2005 : 82 ; 박형기, 2005 : 229−238].

이처럼 국제적 환경은 다양성과 특수성으로 인하여 더욱 복잡해지고 있기 때문에 변화에 대한 예측도 한층 어려워지고 있다. 다국적기업의 진출에 있어서 소유권이나 배당금의 제한, 그리고 국가권력이나 민족주의와의 상충문제뿐만 아니라 사회적 · 문화적 요인에 따라 진출국에 있어서 조직구조나 경영관리가 달라지며, 국제기업의 사회적 책임의 양상도 바뀔 수 있다. 이러한 관점에서 국가 간 · 문화 간의 비교경영학적 연구도 활발히 전개되고 있다.

일반환경을 구성하고 있는 다양한 요소들로 코카콜라(Coca Cola)의 경영환경을 보면, 코카콜라가 문화적 배경이 다른 이민자들에게 탄산음료 소비를 증가시키기 위해서 특별한 마케팅 노력을 기울여야 한다는 것을 알 수 있다. 또한 국제적 환경에 대한 정보는 코카콜라로 하여금 중국과 같이 거대한 잠재적 수요가 있는 나라에 마케팅 능력을 집중할 필요성이 있음을 시사해 준다[Hitt 외, 2005 : 90−91].

코카콜라의 일반환경

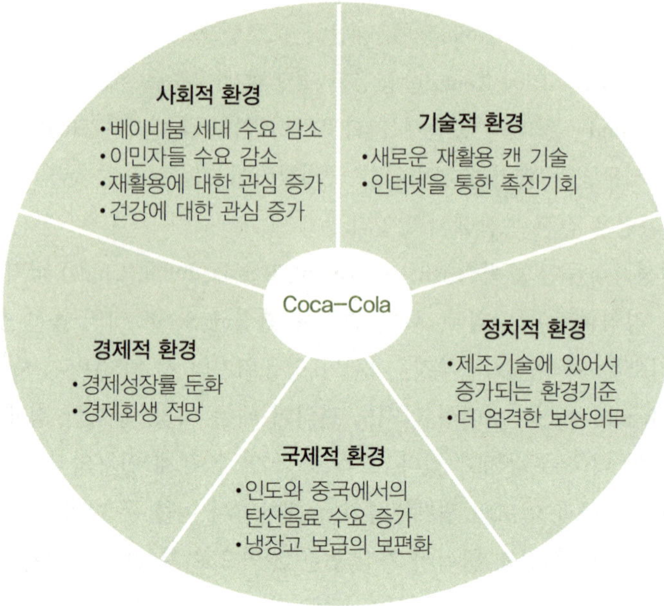

자료 : Hitt 외, 2005 수정.

(2) 과업환경

오늘날의 경영자는 이해관계자들의 요구에 대한 단순한 적응이라는 입장을 벗어나 과업환경에 대한 보다 적극적인 대응을 통해 우호적인 관계를 조성해 나감으로써 장기적 관점에서 기업목표를 달성하여야 한다. 과업환경은 주로 기업의 이해관계자에 따라 나누어 볼 수 있다.

과업환경

① 주주
② 노동조합 및 근로자집단
③ 소비자 및 소비자집단
④ 관계기업
⑤ 지역사회
⑥ 정부

① 주주

주주(stockholder)란 기업의 금융 또는 실물 자본 중 자기자본에 해당하는 부분을 제공하는 개인이나 투자집단 또는 투자기관을 지칭한다[Wood, 1990 : 78-79]. 주주가 기업의 과업환경으로서 인식되기 시작한 것은 대규모 자본을 필요로 하는 거대기업이 출현하고 자본시장이 발달한 이후이다. 즉, 초창기 기업에서는 자기자본을 제공하는 기업가 혹은 오너(owner)가 강조되었지만, 거대자본의 조달을 필요로 하는 주식회사의 출현 이후 일반주주라는 계층이 출현하게 되었다.

일반주주(소액주주)와 기업과의 관계를 볼 때, 일반주주가 제공하는 자금의 운영을 위탁 · 수탁하는 관계임에도 불구하고 일반주주는 위탁자로서의 지위를 현실적으로 상실하고 있다. 일반주주는 소액의 자금으로 지분(기업의 자기자본)에 참가하여 주주총회를 통해 기업경영의 핵심적인 의사결정에 관여하고 경영을 감시 · 통제하며, 경영성과에 따른 배당 수익을 얻고자 하지만, 많은 기업이 대주주인 소유경영자에 의해 지배되면서 일반주주의 이익이 침해받는 상황이 현실이다. 소액주주 운동은 일반주주(소액주주)들이 집단적 행동을 결성하여 주주로서의 권익을 보호하고 행사하기 위해 활성화된 사례이다.

② 노동조합 및 근로자집단

노동조합 및 근로자집단은 산업화가 진전되면서 필연적으로 발생하는 사회적 · 경제적 · 정치적 집단이다. 노동조합은 기업의 내부구성원(조합원)의 의견을 대표하여 기업의 경영활동에 직접적인 영향이나 제한을 가하려 하기 때문에 기업의 중요한 과업환경이다. 산업화 이후로 노동조합 등의 노동자집단은 오랫동안 사용자에 대한 주요 대항세력으로 존재하여 왔다[Bateman & Zeithaml, 1990 : 220-222]. 노동조합은 기업경영활동에 매우 중요한 영향력을 행사하는 과업환경으로, 자본주의 경제발전과 더불어 기업의 중요한 이해관계자이며, 산업별 또는 직종별 노동조합 연합단체는 기업경영에 영향을 미치는 사회적 기구로 성장했다. 오늘날 개별기업의 차원을 넘어선 산업별 노동조합 등 상급노조의 영향력이 매우 크게 부각되고 있다.

노동조합은 기업경영활동에서 특히 임금문제와 고용문제에 영향력을 행사한다. 예를 들어, 고용에 있어서 소수집단에 대한 차별문제가 발생할 경우 노동조합은 조합원의 이익을 보호하기 위해 경영자에게 압력을 행사한다. 또한 노동조합은 경영활동과 그 결과에 다양한 방식으로 참여하기도 한다. 그리고 노동조합은 단체교섭활동을 통하여 기업의 임금수준결정에 영향을 미치기도 하고, 파업 등 실력행사를 하기도 하지만, 회사가 위기에 처했을 경우 회사의 정상화를 위해 협력하기도 한다.

③ 소비자 및 소비자집단

소비자(consumer)란 제품소비시장을 형성하면서 구매력과 구매의욕을 가지고 기업이 생산한 상품이나 서비스를 반복하여 구매하는 개인 또는 사회의 여러 기관과 같은 소비주체를 지칭한다. 소비자의 외면으로 몰락한 K마트(K mart)나 월드컴(World Com) 등은 기업의 성패를 좌우할 정도의 막강한 소비자파워를 보여주는 예로서, 소비자 없이 기업이 생존할 수 없다는 경영의 기본법칙을 잘 보여주고 있다[Schermerhorn, 2010]. 이처럼 과업환경으로서 소비자환경의 중요성이 더욱 크게 부각된 이유는 소비자주의의 형성과 라이프 스타일의 변화로 설명할 수 있다.

소비자주의(consumerism)란 소비자 및 소비자집단이 기본권리를 지키기 위하여 전개하는 조직적 운동의 바탕이 되는 이념을 말한다. 이것을 바탕으로 소비자들의 조직화된 운동이 점차 강화되어 정부에 압력을 가함에 따라 정부도 소비자들의 권익을 보호하기 위한 많은 소비자보호 관련 입법을 통하여 기업에 제약을 가하기 시작하였다. 이처럼 소비자의 영향력이 증대함에 따라 최근에 들어와 대부분의 기업들은 제품과 서비스의 질 향상을 통한 고객관계경영(CRM : Customer Relationship Marketing)을 실천하기 위해 노력하고 있다.[3]

라이프 스타일(life style)의 변화도 소비자환경의 중요성을 부각시킨 원인이 된다. 라이프 스타일이란 사회구성원이 사회 속에서 살아가는 생활유형이라고 말할 수 있는데, 광의로 보면 사회의 모든 가치관과 구체적 생활양태까지 포괄하는 사회 전체의 모습을 말한다. 이러한 라이프 스타일은 사회의 변동에도 불구하고 상당히 안정적이며 장기간에 걸쳐 서서히 변화되어 소비자, 근로자 및 기타 다원집단의 많은 행동을 규제하기 때문에 기업의 경영활동에 큰 영향을 미친다.

④ 관계기업

관계기업의 대표적인 예가 바로 경쟁기업과 협력기업이다. 동일시장을 대상으로 시장점유율의 각축을 벌이는 기업이 경쟁기업이라면, 수직적 또는 수평적으로 연계

---

3 이에 대한 보다 자세한 설명은 14장 참조.

해 원재료 · 부품의 공급 및 완제품의 수요를 통해 상호 보완하는 기업이 협력기업이다.

같은 시장에서 경쟁하는 경쟁기업은 특정 기업의 경영성과에 직접적 영향을 미치게 된다. 또한 오늘날 기업들은 재화와 서비스를 생산 · 가공하여 판매하는 과정에서 특정 기업 혼자서 모든 것을 다 해내지 못하기 때문에 협력기업의 중요성이 강조된다. 예를 들어 원료공급기업, 유통 및 판매 담당기업, 합작기업, 공동개발 프로젝트를 추진하는 협력기업, 주거래 금융기관 등이 관계기업이라 할 수 있는데, 특히 대기업의 경우는 생산의 안정성을 보장받기 위해 통상 중소기업들로 구성된 공급기업들과의 협력적 관계가 중시된다.

오늘날 중소기업들은 대기업의 제품생산과정에 밀접한 관련을 맺고 있는 중요한 관계기업이다. 이러한 중소기업과 대기업의 관계는 상호 협력적 관계가 되어야 함에도 불구하고 현실적으로는 대립적 관계를 갖는 경향이 있다. 다른 이해관계자들과는 달리 대기업과 중소기업은 당사자가 기업이라는 동일한 성격을 가지고 있기 때문에 서로를 잠재적인 경쟁자로 인식하게 되고, 대기업 위주의 일방적인 경영방식으로 인해 갈등을 겪게 된다.

⑤ 지역사회

지역사회(community)도 기업의 대표적인 이해관계자로서 기업경영활동의 터전을 제공해 주고 있다. 기업은 지역사회를 기반으로 경영활동을 하고 있으며, 지역사회도 기업경영상태에 따라 경제적 · 사회적 · 문화적 변동을 겪는다. 1997년 대우그룹은 IMF로 인해 경영위기에 몰린 대우자동차를 GM에 매각하였다. 그런데 GM이 2018년에 글로벌 사업장의 구조조정 차원에서 군산공장 폐쇄를 전격 결정함으로써 한국 사회와 군산 지역경제는 큰 충격을 받았다. 이에 최기선 인천시장은 중앙부처 장관 및 정부투자기관장, 시 · 도지사 등 전국 305개 기관장에게 "전국 9,360개 협력업체에 종사하는 60만 9천 명의 근로자와 250만 명의 가족을 살리고 국가경제를 살리기 위해 '대우차 사수기 운동'에 적극 나서달라."고 서한을 보내기도 하였다.

최근 지역사회의 균형적 발전을 위해 기업들이 과거보다 더욱 적극적인 자세를 가지고 지역사회의 유지 · 발전에 공헌할 것을 기대하고 있으나, 이러한 사회 · 시민관계 속에서 기업이 해야만 할 의무를 태만히 하거나 관심을 두지 않음으로써 많은 사회적 문제들이 나타나고 있다.

지역사회는 과업환경으로서 기업을 둘러싼 이익집단 중에서 비교적 조직화되지 못한 산발적 형태로 특정의 문제가 발생할 때에만 기업에 대해 영향력을 행사한다. 그러나 이러한 일시적인 영향력의 행사가 기업의 전략적 의사결정에 커다란 영향을 미칠 뿐만 아니라 환경문제 등과 같은 기업의 사회적 책임문제와 관련하여 그 중요성이 더욱 증가하고 있다. 지역사회가 기업의 중요한 이익집단으로 등장하게 된 직접적인 계기는 공해문제 때문이었지만, 최근에 들어와서는 공해문제뿐만 아니라 자원의 보존 · 유지, 자연환경의 보호, 더 나아가 지역사회의 개발, 지역문화발전에의 기여 등 다양한 측면에서 지역사회에 대한 기업의 바람직한 역할이 요구되고 있다.

⑥ 정 부

현대 사회에서 정부는 일반환경의 변화를 주도할 만큼 그 역할과 기능이 크게 확대되고 있다. 일반적으로 정부는 국가사회의 지배적 정치조직의 하나로서 입법 · 사법 · 행정의 3대 국가권력 중 주로 행정권력을 수행하는 역할을 한다. 그러나 오늘날 정부역할의 증대로 정부에 의한 입법 · 사법 · 행정의 유기적 조정과 균형을 달성하고자 하는 경향이 강하므로 기업의 과업환경으로서의 정부는 행정부만을 지칭하는 것이 아니라 국가기관과 관련된 모든 활동을 의미한다.

또한 정부는 일반주주 · 노동조합 · 소비자집단 · 지역사회 등 이해관계자집단들의 이해관계를 정책적으로 수렴하여 기업활동에 영향을 주는 매개체로서 역할을 할 뿐만 아니라, 기업에 대한 일반시민의 사회적 기대를 수렴하여 기업활동을 규제하거나 기업이 나아갈 방향을 제시하는 환경요인으로서도 기능하므로, 기업의 입장에서 볼 때 정부는 일반환경을 포괄하는 영향력을 행사하는 과업환경으로 인식된다.

사실 모든 경영자들과 기업들이 양심에 의해 행동하거나 그들의 사회적 책임을 수행하지는 않기 때문에 정부는 국민들의 목소리를 대변하는 도구로서 공공복지를 위해 행동한다. 정부는 법을 제정하거나 기업의 행동을 규제하는 기구를 만듦으로써 기업에 영향을 미친다. 이런 의미에서 모든 국가적 · 지역적 법률이나 규제의 뒤에는 정부기구의 감시와 허가가 반드시 있어야 한다. 미국의 FAA(Federal Aviation Administration), FDA(Food and Drug Administration) 등은 감시와 허가를 하는 정부기구의 좋은 예가 된다.

정부가 기업에 영향을 미치는 것처럼 기업의 경영자들도 역시 정부에 영향을 미칠 수 있다. 정부로 하여금 기업에게 유리한 정책을 제정하거나 행하도록 하는 방안은 상당히 많다. 개인적인 접촉이나 인맥을 통해 경영자들은 정부의 중요한 인물들과 안면을 익히고, 그들의 이해관계가 있는 분야에서 그들의 지지를 얻어내고자 한다. 사회적인 캠페인을 통해서 영향을 미치는 방법도 있다. 그들은 이러한 캠페인을 통해 기업의 긍정적인 이미지를 대중들에게 광범위하게 각인시키려고 한다. 또한 로비를 통해서 영향을 미치는 방법도 있다. 때로는 전문적인 로비스트를 고용하여 정부관료에게 직접적으로 그들의 바람을 전달할 수 있다. 경영자들은 또한 그들이 선호하는 정당이나 후보자를 위해 기부금을 모아 헌금함으로써 영향력을 행사하려고 하기도 한다. 그러나 이러한 과정에서 불법적인 행동 또한 발생한다. 경영자들은 정부관료들에게 영향력을 행사하기 위해 종종 뇌물을 주거나, 불법적인 정치헌금을 하기도 한다[Schermerhorn, 2010].

기업의 경영성과에 미치는 과업환경의 중요성은 더욱 증대되고 있다. 그러나 과업환경이 기업의 성공이나 실패를 일방적으로 결정하는 것은 아니다. 경영자들은 과업환경에 적절하게 적응 · 대응함으로써 부정적인 외부환경의 영향을 극복할 수 있다. 예를 들어 대부분의 비행산업이 적자를 내고 있음에도 불구하고 미국의 사우스 웨스트 항공사(South West Airlines)는 많은 수익을 내고 있다. 만약 20년 전에 사우스 웨스트의 10,000달러어치 주식을 사두었다면 지금 그 가치가 880만 달러의 가치로 변해 있을 것이다. 가혹한 환경 속에서도 기업이 성장하고 발전할 수 있다는

젯블루의 과업환경

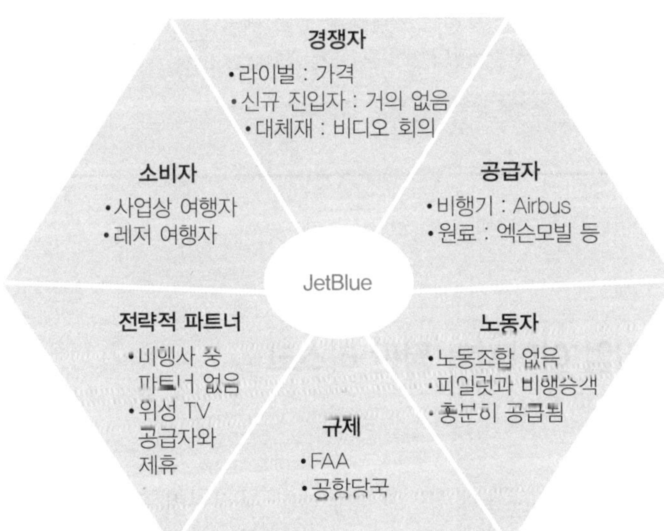

자료 : Hitt 외, 2005 : 98 인용.

것은 확실하다.

2000년에 설립되어 2001년부터 수익을 내기 시작한 미국 국내항공사인 젯블루(JetBlue)는 매우 저렴한 가격으로 좌석에 위성 TV를 장착한 것으로 유명한데, 기업의 수익성을 위해 젯블루는 비용절감을 통해 낮은 가격을 유지하고 있다[Hitt 외, 2005 : 92–98].

법률 행정 환경과 경영 : 규제

박 모 씨(28)는 취업을 포기하고 음식물 쓰레기를 활용한 유기농 토양 제조 사업을 시작했다. 그러나 정부 규제의 촘촘한 그물망에 갇혀 한 걸음을 내딛기조차 어렵다며 호소했다. 수십 가지 폐기물 관련 규제의 벽을 넘었나 싶었더니 공장이 학교 근처라는 이유로 다시 학교보건법 심사를 받게 됐다고 했다. 왜 처음부터 알려주지 않았느냐고 항의하자 "규제가 많아 우리도 일일이 다 알기는 어렵다."는 답이 돌아왔다. 박 씨는 공장용지 계약이 지연되면서 수억 원을 날려야 했다. … 중략 … '규제 혁파'에 대한 갖가지 선언이 무색할 정도로 규제는 쉽게 줄어들지 않는다.
규제개혁위원회에 따르면 2009년 말 1만 1,050개였던 정부 규제는 지난해 말 기준으로 1만 3,914개까지 증가했다. 이는 지난 정권의 '비즈니스 프렌들리' 구호를 무색하게 하는 결과이다. 지난해 전국경제인연합회(전경련)가 385개 회원사를 대상으로 조사한 결과 규제 개혁 체감도도 96.5까지 떨어졌다. 체감도가 기준치(100) 밑으로 떨어진 것은 2008년(78.9) 이후 4년 만이었다. 체감도가 100을 밑돌면 불만이라는 응답이 만족보다 많았다는 뜻이다. 규제가 줄지 않는 이유에 대해 최병선 서울대 교수는 "돈(예산)을 제외하면 규제가 유일한 정책 수단이기 때문"이라고 설명했다. 규제는 예산 부담 없이 기업을 통제 · 관리할 수 있다는 점에서 정부로서는 포기할 수 없는 매력 요인이라는 의미다. 최근 중소기업중앙회가 '손톱 밑 가시'로 건의한 각종 규제 299건을 분석한 결과 창업 · 인력 관련 규제가 65건으로 가장 많았고 조달(55건), 금융 · 세제(51건), 기술인증(47건) 등에 대한 규제가 그 뒤를 이었다.

3 기업 이미지와 평판 리스크

'평판 리스크(reputation risk)'란 회사에 대한 부정적인 평판으로 시장에서 신뢰를 상실해 발생하는 위험을 의미한다. 요즘 인터넷 · 스마트폰 · SNS 등의 발전으로 각종 소문이 '빛의 속도'로 전파되면서 임직원 한 명만 잘못해도 대응할 틈도 없이 기업 이미지 전체가 타격을 받는다. 수년간 사회공헌 · 자원봉사 등으로 쌓은 기업 이미지가 한순간에 무너진다. 아무리 재무구조가 탄탄한 기업이라도 나쁜 평판이 지속되거나 도덕성 문제가 불거지면, 실적이 나빠지고 브랜드 가치가 하락하는 등 부정적인 영향을 받을 수 있다.

소비자 불매운동이 거세지고, 점유율이 하락해 상반기 적자를 기록하기도 했다. 한 제빵업계 회장이 호텔 지배인을 장지갑으로 폭행해 비난여론이 일자 거래처에서는 납품을 받지 않겠다고 통보했고, 그 회장은 결국 해당 사업을 접었다. 대한항공 역시 겨울 휴가철 성수기를 앞두고 예약률이 떨어졌고, 주가 흐름도 경쟁사를 쫓아가지 못하고 있다. 대우인터내셔널은 우즈베키스탄의 전체 목화 생산량의 5% 정도를 구매해 왔는데, 이 목화를 정부가 어린이들을 강제 동원해 생산한 것이어서 그간 논란을 낳았다. 대우인터내셔널이 직접 생산에 관여하진 않았지만 국내외 인권단체는 이를 문제삼았고, 여론이 악화되자 나이키는 대우인터내셔널과 거래를 중단했다.

평판 리스크로 기업 이미지가 나빠진 사례

시기	사건	개요
2007년 4월	한화 회장 보복폭행 사건	아들과 시비 붙은 술집 종업원 폭행. 김승연 회장 구속, 대표이사 퇴진
2007년 12월	태광실업 회장 기내 난동	박연차 회장이 술에 취해서 승무원에게 욕설. 집행유예 2년, 벌금 500만 원 선고
2012년 5월	영남제분 청부살인 사건 연루	회장의 부인인 윤 모 씨가 여대생을 청부살인. 회사는 상장폐지 위기
2012년 7월	신한은행 학력차별 대출	개인신용평가 때 학력에 따라 대출 이자금리 차별 부과
2013년 4월	포스코에너지 '라면 상무' 논란	라면이 설익었다며 승무원 폭행. 파문 확산되자 회사 사직
2013년 4월	프라임베이커리 회장 폭행	호텔 주차장에서 차 빼달라는 직원을 장지갑으로 폭행. 거래처 끊기면서 폐업
2013년 5월	배상면주가 대리점주 자살	밀어내기 영업과 반품 거부. 오너경영인이 직접 사과, 검찰 고발
2013년 8월	동양증권 불완전 기업어음 판매	피해 규모 1조 5,000억 원대. 이후 그룹 부도, 현재 현 회장 구속
2014년 1월	카드 개인정보 유출	KB국민, 롯데, NH농협 카드에서 개인정보 1억 건 유출
2014년 5월	KB국민은행 내분	전산시스템 교체 놓고 지주 회장과 은행장 갈등, 경영진 사퇴.
2014년 12월	대한항공 '땅콩회항' 사건	조현아 부사장이 서비스를 문제삼아 여객기를 회항시킴.

기업들은 제품개발에서부터 자금조달, 경쟁사의 공세, 상품판매에 이르기까지

수많은 리스크에 직면하게 되는데, 그중 하나가 평판 리스크이다. 리스크가 커질수록 기업경영성과에 부정적인 영향이 크기 때문에 기업들은 리스크 관리 기법들을 적용해서 리스크를 감소시키거나 회피하는 방법들을 사용하고 있는데, 평판 리스크는 돌발적으로 발생하거나 예상보다 크게 커지는 경향이 있다.

주요 기업들은 준법경영과 윤리경영 매뉴얼을 만들어 사업장에 배포하고 임직원 교육과 리스크 발생 시 대응 절차 등을 마련하여 평판 리스크를 줄이고자 노력하고 있다. SK텔레콤 서울 을지로 'T타워' 사옥에는 'ID카드는 T타워에서 T나게, 밖에서는 T 안 나게'라는 내용의 입간판이 세워진 적이 있다. 사원증을 찬 직원이 꽁초를 아무데나 버리거나, 술집에서 소란을 피우는 등 좋지 않은 행동을 할 경우 회사 전체의 이미지가 나빠질 수 있기 때문에, 회사 바깥에서는 목에 거는 사원증을 빼고 다니라는 지시를 하고 있는 것이다. 즉 개인적인 행동 · 표현이더라도 회사 전체의 목소리로 오해받을 수 있기 때문에 임직원들에게 주의할 것을 캠페인 식으로 한 것이다.

사전적인 예방도 중요하지만 사후적인 리스크 관리도 매우 중요하다. 2007년 세계적인 완구회사 마텔의 대규모 리콜 사례는 위기를 적극적으로 잘 대처한 사례 중 하나이다. 중국에서 생산한 장난감에서 기준치 이상의 납 성분이 검출되자 마텔의 제품 매출액과 주가는 폭락했다. 이때 마텔은 소비자에게 진심이 전달될 정도로 사과하고 안전을 위해 노력하는 모습을 보여주었다. 2007년 8월 2일부터 9월 5일까지 한 달간 세 차례에 걸쳐 리콜을 실시했고, 유명 포털 사이트에 리콜 제품 사진을 올리며 반성의 모습을 보였다. 로버트 에커트(Robert Eckert) 마텔 최고경영자(CEO)는 "네 명의 아이를 가진 아빠로서 어떤 작은 문제라도 그냥 넘어가지 않는다."라는 성명서를 발표하기도 했는데, 2007년 4분기 마텔의 순이익은 전년도에 비해 15% 늘었다. 한국의 사례로는 2015년 2월 경주 마우나오션리조트 체육관 붕괴 사고 당시 이웅열 코오롱 회장이 사고 발생 직후부터 현장에 머물며 수습 작업을 진두 지휘한 것을 훌륭한 평판 리스크 관리의 사례로 꼽을 수 있다. 삼성전자의 갤럭시 노트7의 폭발 사건에 대한 삼성전자의 대응도 성공적인 사례로 꼽을 수 있다.

최근에는 점점 SNS의 여론 영향력이 커지고 있기 때문에, 기업들은 평판 리스크를 줄이기 위해 '온라인 커뮤니케이션'을 활용하고 있다. 예를 들어 현대자동차 그룹은 2014년부터 '온라인 소통 강화 3개년 계획'을 추진해 오고 있다. 일종의 SNS 대응팀인 콘텐츠편집국을 두고, 국내 그룹사 가운데 가장 많은 10개의 SNS 채널을 운영하고 있다. 삼성 · LG · SK 그룹도 전담 운영인력을 두고 SNS를 통한 온라인 커뮤니케이션을 강화하고 있다.

다국적식품회사 네슬레는 중앙아프리카와 서아프리카의 영양부족 문제 개선을 위해 해당 지역 주민들에게 결핍된 미네랄과 같은 영양소를 강화한 제품을 만든다. 예를 들어 나이지리아의 30% 가까운 미취학 아동이 비타민 A가 부족하고 70% 이상의 임산부와 아동이 철분이 부족해 빈혈은 물론 발육부진 상태에 빠져 있다. 이를 해결하기 위해 네슬레는 2009년 비타민 A와 철분 성분을 강화한 시리얼 'Golden Morn'을 출시했다. 또, 2015년에는 유아 전용 시리얼 'Cerelac'을 출시했다. 이는 유당, 비타민 A와 C, 철분과 아연 등이 함유된 시리얼로 유아의 소화 흡수가 용이한 제품이다. 나이지리아에서는 매년 210만 개의 'Golden Morn'이 섭취되고 있다. 또, 영양결핍을 해결하기 위한 제품 제조에서 그치는 것이 아니라 엄마가 아기에게 천일 간의 모유 수유를 해 주는 것의 중요성을 알리는 'first 1,000 days of life' 사회공헌 캠페인을 진행하는 등 영양결핍 문제 해결을 위해 다양한 접근법을 활용하고 있다.

4 기업하기 좋은 나라와 어려운 나라의 특징들은 무엇인가?

경영환경은 기업경영활동에 상당한 영향을 줄 수 있다. 경영환경이 얼마나 기업이 경영활동을 원활하게 할 수 있도록 조성되어 있는가가 기업의 성장발전과 나아가 국가경제 성장발전에 지대한 영향을 주게 된다. 기업경영활동에 영향을 주는 경영환경은 경영환경을 구성하고 있는 이해관계자들이다. 경영환경은 기업가가 기업가정신을 최대한 발휘하도록 하고 기업이 투자를 활발하게 하는 데 상당히 중요한 요인이 된다. 예를 들어 중앙정부나 지방정부가 얼마나 기업친화적인 지원정책을 펴는가 아니면 기업활동을 옥죄는 규제정책을 펴는가, 도로나 주거시설 등의 SOC가 잘 구축되어 있는가, 산업용 전기나 용수를 얼마나 원활하게 공급하는가, 산업분야에 필요한 인적 자원을 교육 · 양성하여 필요로 하는 노동시장을 형성하도록 하는가 등이 기업경영활동에 영향을 주는 것이다. 기업이 경영활동을 하기 위해 필요한 인력을 제대로 공급받을 수 있는가도 중요한 환경이다. 2002년도에 중소기업청이 조사한 '중소기업 인력실태 조사'에서는 중소 제조업체의 인력부족률이 9.4%이고 20만 명의 인력이 부족한 것으로 조사되었다. 중소기업중앙회의 또 다른 조사에 따르면 이러한 인력난으로 절반 이상이 중소기업 사장들이 사업 중단이나 업종전환을 고려한 적이 있다고 대답하였다.

경영환경이 기업활동을 옥죄는 경우 경제의 역동성은 떨어질 수밖에 없다. 행정규제가 많아 기업활동 하나하나가 불법이 되거나 주무관청의 허가를 건건이 받아야 하는 경영환경이거나, 파업일수가 세계에서 가장 많고, 노조 전임인력이 유럽보다 8배나 많은 환경에서는 기업들은 설비투자 확대 등 성장동력을 키우는 데 적극적이지 않고 축소 지향적인 경영기조를 유지하려고 할 수 있다.

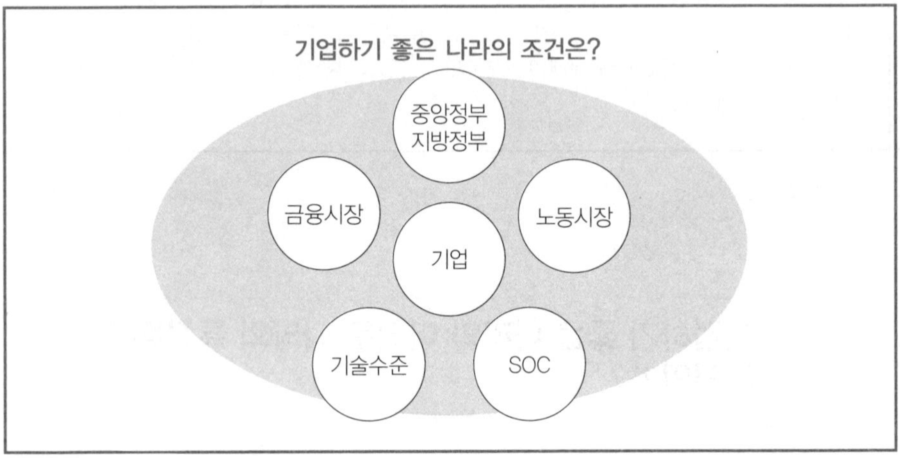

포브스는 해마다 기업하기 좋은 나라를 평가하여 발표한다. 한국은 2008년 37위, 2011년 31위, 2015년 33위, 2017년 19위를 하였다. 또 세계은행(world Bank)은 기업하기 좋은 나라로 한국을 2014년 5위, 2015-17년 4위로 발표하였다. 여러 기관의 평가항목과 평가방법이 상이하기 때문에 순위가 달리 매겨질 수는 있다. 특정 기관의 순위 발표를 전적으로 믿을 수는 없지만, 핵심적인 것은 기업하기 좋은 경영활동에 대한 관심은 세계적으로 공통된 관심사가 되고 있다는 점이다.

한국의 경우 세금 외에도 사회문화적인 관행에 의한 사회문화활동 지원이나 행사 지원 협찬, 스포츠 후원, 정부행사 지원 등 각종 준조세 등이 많은 것으로 알려져 있다. 이것은 제품원가 경쟁력을 약화시켜 글로벌 시장에서의 경쟁에서 뒤처지게 만들 수 있다.

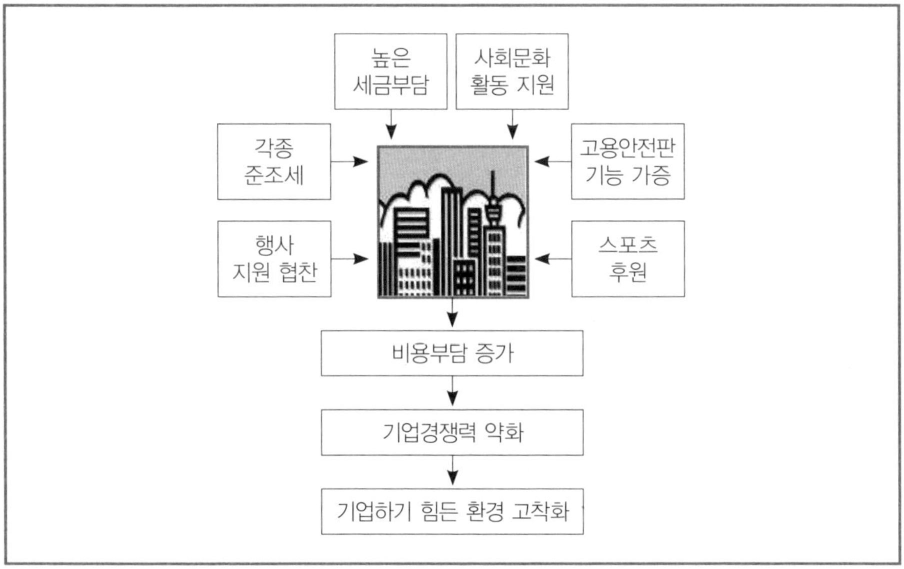

한국의 종합순위 추이

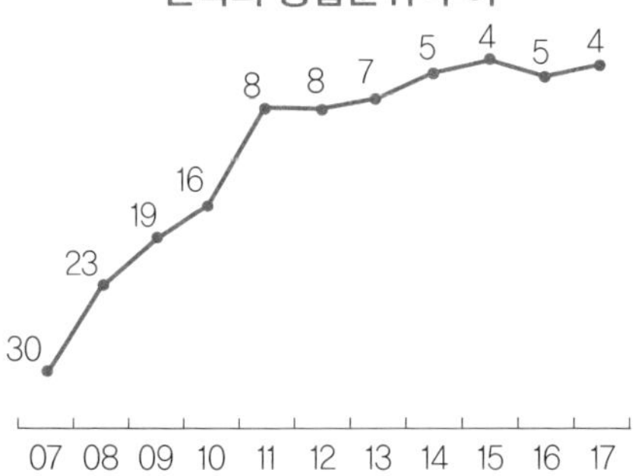

주요국 기업환경평가 순위

순위	국가명	순위	국가명
1위	뉴질랜드	20위	독일
2위	싱가폴	31위	프랑스
3위	덴마크	34위	일본
6위	미국	46위	이탈리아
7위	영국	78위	중국
15위	대만	125위	브라질

세계은행 발표 기업경영환경평가 순위 추이

평가 부문	'08	'09	'10	'11	'12	'13	'14	'15	'16	'17	
전체순위	23	19	16	8	8	7	5	4	5	4	↑ 1
① 창업	126	53	60	24	24	34	17	23	11	9	↑ 2
② 건축 인허가	23	23	22	26	26	18	12	28	31	28	↑ 3
③ 전기공급	–	–	–	11	3	2	1	1	1	2	↓ 1
④ 재산권 등록	67	71	74	71	75	75	79	40	39	39	
⑤ 자금조달	12	15	15	8	12	12	36	42	44	55	↓ 11
⑥ 소액투자자 보호	70	73	74	79	49	52	21	8	13	20	↓ 7
⑦ 세금납부	43	49	49	38	30	25	25	29	23	24	↓ 1
⑧ 통관행정	12	8	8	4	3	3	3	31	32	33	↓ 1
⑨ 법적 분쟁해결	8	5	5	2	2	2	4	2	1	1	–
⑩ 퇴출	12	12	13	13	14	15	5	4	4	5	↓ 1

자료 : 세계은행, 2018.

한국은 2017년 세계은행(WB)의 국가별 기업경영환경평가(Doing Business 2018)에서 190개국 가운데 4번째로 좋은 평가를 받았다. 이는 2016년(5위)보다 한 계단 상승한 역대 최고 순위로, 주요 20개국(G20) 안에서 비교하면 1위다.

연도별 순위를 보면 2007년 30위였던 한국은 2009년 처음으로 20위권 안(19위)에 들어섰고, 2011년 10위권(8위)으로 진입했다. 이후 꾸준히 순위를 높이다가 2015년 최고 순위인 4위까지 올라섰고, 2016년 한 계단 미끄러졌으나 2017년에 다시 4위로 복귀했다.

2017년에 한국보다 순위가 높은 국가는 뉴질랜드(1위), 싱가포르(2위), 덴마크(3위) 순이다. 이들 나라의 순위는 지난해와 변동이 없다. 2016년에 한국을 제치고 4위에 올랐던 홍콩은 2017년 5위를 기록했다. 한국은 4년 연속으로 상위 5위권을 유지 중이다.

아울러 G20 국가와 비교하면 2016년에 이어 1위 자리를 지켰다. 다른 G20 국가의 순위는 미국 6위, 독일 20위, 일본 34위, 러시아 35위, 중국 78위 등이다.

세계은행의 기업환경평가는 창업에서 퇴출에 이르는 기업 생애주기에 따라 10개 분야를 국가별로 설문조사, 법령분석을 통해 비교 · 평가한다. 이런 과정에서 관련 제도가 얼마나 기업친화적인지를 살펴보는 것이다.

10개 분야를 세부적으로 들여다 보면, 한국은 법적 분쟁해결(1위), 전기공급(2위), 퇴출(5위), 창업(9위) 분야에서 상위권을 유지했다. 법적 분쟁해결은 상대적으로 소송비용이 낮고 소송절차가 효율적인 점이 높은 평가를 받았다.

전기공급은 소요시간 · 절차를 지속적으로 단축하고 있으나, 상대평가 탓에 전년 1위에서 한 계단 내려왔다. 퇴출분야는 기업이 도산했을 때 들어가는 행정 · 소송비용이 낮고, 채권회수율이 높다는 이유로 전년과 같은 5위를 유지했다.

창업분야도 온라인 법인설립시스템을 통해 창업절차를 개선하면서 순위를 끌어올리고 있다. 2013년 34위였지만 2016년에 이어 2017년 9위를 유지했다.

반면 건축 인허가(28위), 통관행정(33위), 자금조달(55위) 등은 부진한 분야이다.

제 9 장

사회적 책임(CSR) 및 이해관계자경영과 공유가치창출(CSV) 경영

1. 기업의 사회적 책임과 윤리적 경영
2. 이해관계자경영이란 무엇이며 왜 중요한가?
3. 이해관계자경영의 실행 과제들은 어떤 것들이 있을까?
4. 지속가능경영
5. 공유가치창출(Creating Shared Values)경영
6. 사회적 기업과 소셜벤처

자료 : The Partnering Group 홈페이지.

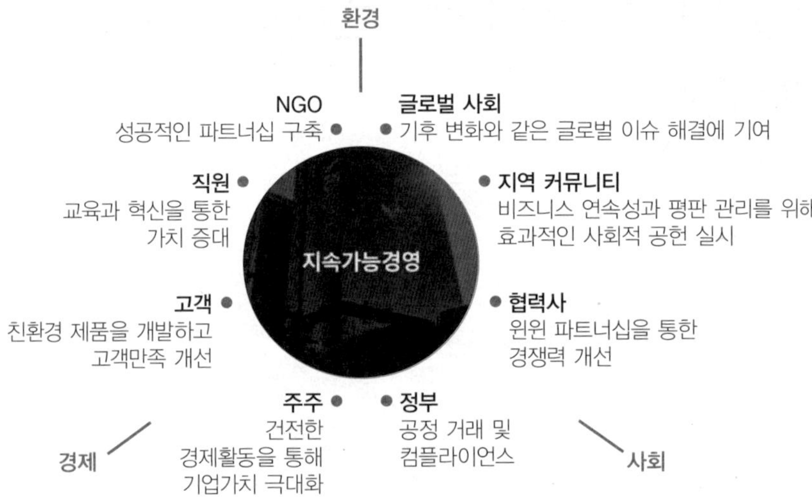

자료 : 삼성그룹 지속가능경영.

자료 : 유한킴벌리 홈페이지.

유한킴벌리는 사업특성상 산림을 훼손하게 된다. 이에 훼손된 산림복구의 사회적 책임을 인식하여 '우리강산 푸르게 푸르게' 캠페인 모토를 내걸고 나무를 심고 숲을 가꾸는 일과 자연생태계 환경보존을 위한 여러 활동을 해 오고 있다. 또한 유한킴벌리는 유해물질 관리 및 유출관리, 효율적 자원활용, 환경교육 실시, 환경법규 준수를 하고 있다. 지속가능한 제품 비율은 전체제품 중 약 33%를 차지하고 있다. 제품개발과정에서부터 환경과 사회에 대한 영향을 고려하고 있는 것이다.

네슬레는 1980년대에 사업을 확장하는 과정에서 제3세계 소비자들과 디수 이해관계자들을 착취한다는 비난을 받았다. 이에 네슬레는 CSV를 선택해 기업 핵심 역량과 연계된 사업을 개발함으로써 수익성과 사회적 가치를 동시에 창출할 수 있는 공유가치창출 모델을 만들어 냈다. '네스프레소 에코레버레이션(Nespresso Ecolaboration)'은 제품의 원두 소싱, 캡슐 재활용, 탄소 배출 저감 관련 활동을 종합한 프로그램으로 네슬레의 대표적인 CSV 프로그램이다.

학습문제

Q1 지속가능경영, 환경경영, 사회적 책임, 기업윤리의 공통점과 차이점은 무엇인가?

Q2 기업은 왜 사회적 책임을 수행하여야 하는지 그 논거는 무엇인가?

Q3 공유가치창출경영은 사회적 책임경영 및 이해관계자경영과 어떤 차이가 있는가?

핵심용어

corporate social responsibility, business ethics, sustaining advantages, creating shared values

1 기업의 사회적 책임과 윤리적 경영

급변하는 경영환경 속에서 기업이 생존하고 성장해 나가기 위해서는 경제적 측면에서의 효율성이나 경쟁력을 강화해 나가야 함과 동시에 보다 거시적이고 장기적인 시각에서 사회로부터 정상적인 기업활동을 인정받는 사회적 정당성(social legitimacy)을 획득해야만 한다. 기업의 사회적 책임과 기업윤리 문제는 기업의 지속가능경영을 위해 주목받는 부분이다.

1) 기업의 사회적 책임

(1) 기업권력(corporate power)과 기업의 사회적 책임

1950년대 이후 몇몇 대기업들이 사회경제적으로 대형사고를 일으키면서 사회적으로 지탄을 받아왔으며, 기업의 사회적 책임 문제가 계속 제기되어 왔다. 예를 들어 인도에서 수천 명의 사상자를 낸 유니온 카바이트사의 보팔 참사사건, 미국 드리마일 핵발전소의 방사능 누출사건, 알래스카 부근해역을 광범위하게 오염시킨 엑슨사의 유조선 침몰사건, 국유화를 시도하던 칠레의 아옌더정권을 전복시키려 했던 다국적기업 ITT사 사건, 일본의 한 우라늄 가공공장에서의 핵방사능 누출사건, 미국 담배회사에 대한 소송사건 등은 기업이 초래한 부정적 효과에 대해 사회가 강력한 반발을 한 대표적 사례이다.

기업의 사회적 책임(CSR : Corporate Social Responsibility)이란 전통적인 기업의 경제적 역할을 넘어선 보다 폭넓은 일련의 사회적 기업활동을 지칭한다. 책임이란 용어가 매우 다양한 의미를 내포하고 있기 때문에 모든 사람들이 공감할 수 있는 기업의 사회적 책임이라는 개념을 정의 내리기는 쉽지 않지만, 여러 정의들에서 나타나는 공통적인 강조점들을 볼 때, 사회적 책임이 이윤추구라는 경제적 동기를 넘어선 보다 넓은 활동영역인 사회에 대한 기업의 책임영역을 의미한다는 점은 공통적이다. 기업은 대주주 및 소액주주를 포함한 더 많은 여러 이해관계자의 이익제고에 기여해야 하며 경제적 목표 이외에 사회적 가치의 실현에 공헌해야 한다는 것이 기업의 사회적 책임을 정의하는 출발점이 되는 것이다. 즉 기업의 사회적 책임은 기업활동으로 인해 발생하는 사회 · 경제적 문제를 해결함으로써 기업의 이해관계자와 사회일반의 요구나 사회적 기대를 충족시켜 주는 기업행동의 규범적 체계이다[신유근, 2001].

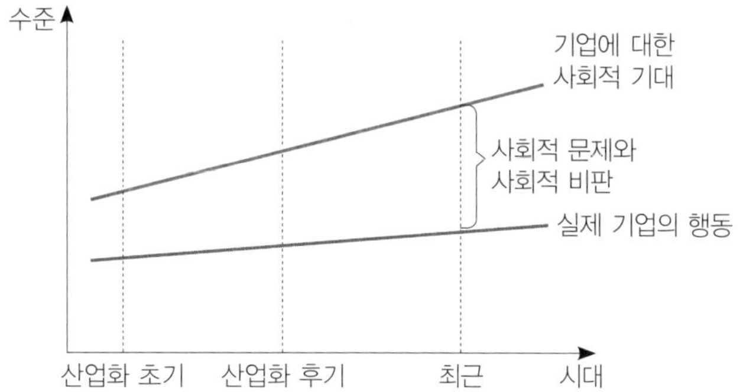

자료 : Carroll, 1996 : 15 수정.

기업의 사회적 책임 개념이 대두하기 시작한 이유는 전 세계적으로 기업활동에 대한 사회적 정당성의 위기(crisis of social legitimacy)가 나타났기 때문이다. 현대 산업사회로 발전해 오면서 기업의 사회적 영향력이 커짐에 따라 그에 상응하는 일반 국민들의 기업에 대한 사회적 기대 또한 크게 증대하였다. 그러나 증대하는 사회적 기대수준에 미치지 못하는 실제 기업의 행동(반응)으로 인해 기업과 사회 간의 긴장 및 마찰이 빈번하게 발생하였고, 심지어 기업존재의 사회적 정당성을 비판받는 상황까지 초래하였다. 기업들은 사회에 대해 긍정적인 영향력을 발휘하기도 하지만, 기업경영활동으로 인해 부정적인 영향효과를 초래하기도 하는데, 기업이 대규모화하면서 그 파급범위와 심각성이 더욱 커져 오게 된 것이다.

① 경제적 책임 : 기업의 사회적 책임 중 제1의 책임이며, 기업은 사회의 기본적인 경제단위로서 재화와 서비스를 생산할 책임
② 법적 책임 : 기업이 법적 요구사항의 구조 내에서 경제적 임무를 수행할 책임
③ 윤리적 책임 : 법으로 규정하지는 못하나 기업에게 사회의 구성원으로서 기대하는 행동과 활동
④ 자선적 책임 : 기업에 대해서 명백한 메시지를 갖고 있지 않으나 기업의 개별적 판단이나 선택에 맡겨져 있는 책임으로서 사회적 기부행위, 약물남용 방지 프로그램, 보육시설 운영과 같은 자발적 영역에 속하는 활동 등

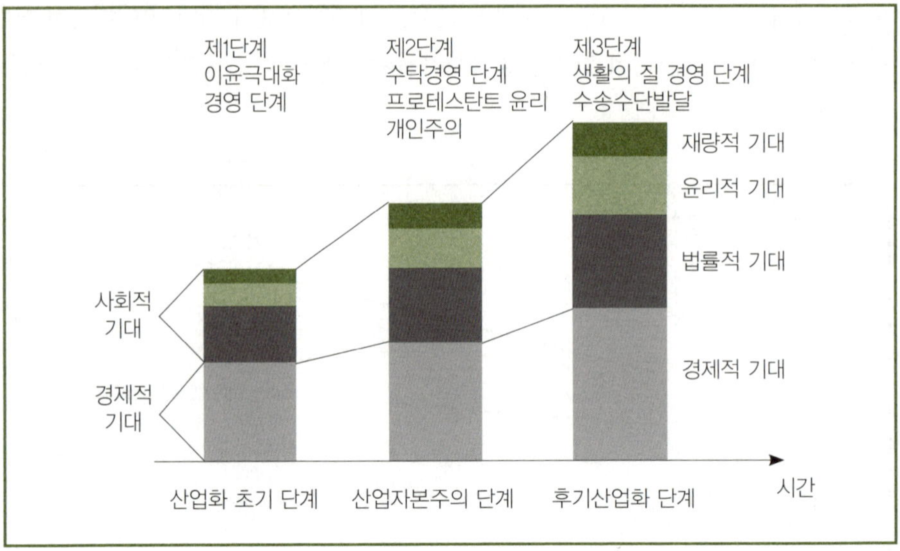

(2) 사회적 책임의 중요성

기업의 사회적 책임수행은 다음과 같은 점에서 기업과 사회 모두에게 중요한 문제이다.[1]

첫째, 기업이 사회적 책임을 수행하는 것은 기업 자체에 대해서도 장기적이고 지속적인 기업경쟁력의 원천이 된다. 기업은 사회적 책임의 수행을 통해 기업이미지나 제품이미지를 향상시켜 소비자의 구매를 촉진하거나, 우수한 인재들의 유입을 촉진하고 이직을 방지하며, 정부 및 이해관계자집단의 기업에 대한 제재의 감소와 우호적인 태도 형성을 기대할 수 있다. 결과적으로 일반주주를 비롯한 소비자, 관련기업, 지역사회 등 다양한 이해관계자의 만족을 증대시킴으로써 기업경영기반을 더욱 공고하게 다져나갈 수 있다.

둘째, 기업은 사회적 책임의 실천을 통해 사회적 형평성을 제고하는 데 기여한다. 즉 기업의 사회적 책임수행은 국가행정기관에 의한 복지정책의 미흡한 부분을 보완할 수 있다. 동시에 기업의 사회적 책임의 실천은 신뢰하는 사회를 조성하는 토대가 된다. 기업이 사회적 책임의 행동을 실천함으로써 사회 전체의 윤리적 수준을 제고시켜 건전하고 투명한 사회, 정의로운 사회를 만드는 데 기여할 수 있는

1 기업의 사회적 책임에 대한 반론도 만만치 않다. 예를 들어 기업은 극대이윤을 추구하는 합리적·경제적 조직체라는 점, 기업의 사회적 책임은 시장기능의 비효율성을 초래한다는 점, 다원사회를 지향하는 오늘날 그에 대한 위협이 된다는 점 등이 거론되고 있다[신유근, 2001 : 191–201].

것이다.

셋째, 사회적 책임의 수행은 사회경제 전체의 효율성을 향상시켜 경제적으로도 이득이 된다. 기업이 비윤리적이고 탈법적인 행동을 많이 할수록 그에 대한 사회적 감시비용이 많이 들지만 기업이 자발적으로 사회적 책임을 수행하는 행동을 한다면 감시비용이 줄어든다. 이런 점에서 기업경영자들은 사회적 문제를 해결하는 능력을 보유하고 있고, 경영자의 사회적 리더십(social leadership)을 제고하는 데도 큰 의미가 있다.

넷째, 기업이 사회적 책임을 실천하게 되면 경제적 이익동기만을 우선시하는 황금만능주의적 사고를 탈피하여 경제적 동기가 사회적 동기와 균형을 이룰 수 있어야만 한다는 우리나라의 전통적인 덕본재말(德本財末) 사상을 실현할 수 있다. 자신의 경제적 이익에만 급급한 기업경영이 아니라 사회 전반의 문화적 수준, 교육 및 복지수준을 높이는 데 공헌하는 한 차원 높은 기업경영을 할 수 있다.

(3) 기업의 사회공헌활동과 전략적 사회공헌활동의 수행

기업의 사회적 책임 개념을 보다 실천적이고 구체적인 경영활동의 일환으로 표현한 것이 기업의 사회공헌활동(social activities of business) 또는 사회참여활동(social involvement)이다[신유근, 2001 : 231−232].

오늘날 많은 기업들이 사회공헌활동을 통해 기업의 사회적 책임을 수행해 보려는 노력을 보이고 있는 것이 사실이다. 예를 들어 국제자원보호협회와 함께 스타벅스(Starbucks)는 멕시코, 콜롬비아 및 여러 나라에서 자연친화적인 커피 경작을 촉진하고 있는데, 이러한 경작방법을 사용함으로써 수백 명에 달하는 농부들은 더 높은 가격에 커피를 판매할 수 있고 경작지도 보호할 수 있다. 또한 매장에서는 매장에서 사용하는 다양한 물품들을 재활용하고 있으며, 커피를 만들고 남은 가루를 모아서 농부들의 퇴비로 재활용하고 있다. 이처럼 스타벅스는 지역사회의 시민으로서의 역할을 다하기 위해 세계의 수많은 지역사회 공동체들을 위해 기부를 하고 있으며, 직원들을 지역사회에 봉사할 수 있는 여러 프로그램들에 지원하도록 하고 있다. 매년 경영자들은 전년도에 이루어진 사회공헌활동의 성과보고서를 스타벅스 웹사이트에 올리고 있다. 이러한 모든 프로그램은 스타벅스의 사회적 공헌에 대한 명성을 높여주고 있다[Pride 외, 2005 : 34].

기업들은 세계적 추세에 부응하기 위해 전략적 차원에서의 사회공헌활동을 확대할 필요가 있다. 전략적 사회공헌활동(strategic philanthropy)이란 기업이 지역사회의 요구와 기업의 목표를 조화시키는 사회봉사활동을 말한다. 이는 기업의 사회공헌활동이 지역사회의 요구와 기업의 목표 · 사명에 부합되도록 계획하고, 이를 뒷받침할 조직과 제도를 정비하는 것을 의미한다. 따라서 기업 소유주 이미지 제고차원 목적의 사회공헌활동에서 조직차원의 기업 이미지 제고 쪽으로 방향을 전환하여야 한다. 즉, 기업 소유주의 이미지 제고에 머무르는 자선적이고 일시적인 시혜성 기부와 같은 전통적 사회공헌활동으로부터 기업이 가진 물적 · 인적 자산을 활용하여 사회공헌활동을 수행하는 것을 경영의 중요한 구성요인 및 전략요인으로 간주하는 전략적 사회공헌활동으로 전환하여야 한다.

2) 기업윤리와 윤리적 경영

기업의 사회적 책임 또는 사회공헌활동 개념이 법률적 · 제도적 측면을 강조하는 것이라면, 기업윤리는 도덕적 · 규범적 측면에 초점을 둔다.[2]

(1) 기업윤리와 윤리적 경영의 의미

우리들은 일상생활을 해 나가면서 윤리(ethics)라는 용어에 익숙해 있다. 예를 들어, 우리는 전통윤리, 시민윤리, 가정윤리, 직업윤리, 기업윤리 등 다양한 관점에서 제기되는 윤리라고 하는 사회적 규범의 망 속에서 살아가고 있다. 이러한 윤리는 사람이 사회적 동물로서 사회와 더불어 살아가면서 필연적으로 부딪히는 근본적인 것이기 때문에 철학, 신학, 교육학, 심리학, 사회학, 정치학 등의 제반 인문 · 사회과학의 중요한 연구주제가 되어 왔다. 이러한 주제에 대해서 각각의 학문적 입장과 접근시각에 따라 강조하는 부분이 다르기는 하지만, 일반적으로 윤리라 함은 인간행위의 옳고 그름이나 선악 또는 도덕적인 것과 비도덕적인 것을 구분시켜 주는 가치판단기준의 체계를 일컫는다[Goodpaster, 1983]. 이러한 일반적인 윤리의 개념에

---

2 기업윤리와 기업의 사회적 책임은 연구자들의 학문적 배경(전자는 아무래도 철학 · 윤리학 등 인문과학, 그리고 후자는 경제학 · 사회학 · 법학 등 사회과학)이나 수행주체(흔히 전자는 개인차원, 후자는 조직차원) 등을 달리 보아 그 개념상 차이점이 나타난다. 그리고 기업윤리는 "해서는 안 된다."(should not)를 강조하는 소극적 성격을, 사회적 책임은 "하면 할수록 좋다."(had better)라는 적극적 성격을 보이기도 한다. 그러나 현실적으로는 상호 교환적으로 쓰이는 경우가 많다[신유근, 2001 : 217–221].

기초해 볼 때 기업윤리(Business Ethics)란 사회생활을 하는 인간이 근본적으로 부딪힐 수밖에 없는 윤리문제를 기업경영이라는 상황에 적용한 것으로 볼 수 있다.

기업윤리를 제대로 수행하지 못해서 파산한 사례로 월드콤(WorldCom)과 엔론(Enron)을 들 수 있다. 월드콤은 미국의 세계적인 정보통신회사였지만 1999~2002년간 역사상 가장 큰 규모의 세전수익 70억 달러를 고의적으로 과다계상하였고, 110억 달러의 회계 부정으로 CEO가 최고 85년형을 선고받는 등 비윤리적이고 불법적인 분식 경영이 발각되어 회사가 파산되었다. 그리고 엔론도 설립 15년 만에 미국의 7대 기업으로 부상하며 세계적인 에너지 기업으로 성장하는 과정에서, 2001년 무리한 신규사업 추진으로 막대한 차입과 손실이 누적되었고, 이 문제 해결을 위해 분식회계와 600만 달러에 달하는 정관계 불법 로비를 하다가 법정으로 사건이 비화되면서 엔론의 주가는 90달러짜리가 수 센트로 99% 이상 하락하였고, 결국 회사는 파산하고 말았다.

> 록히드 항공사는 A-111이라는 모델을 개발, 제작 · 판매하기로 결정한 후, C시에 공장을 건설하고 25,000명의 종업원을 고용하여 제작에 착수하였다. 그런데 제작도중 가장 중요한 부품인 엔진 공급업체 R사가 파산하여 항공기 제작에 큰 지장을 받게 되었다. 엎친 데 덮친 격으로 전 세계적으로 석유파동이 일어나, 많은 연료가 필요하게 설계된 A-111 모델에 대한 소비자의 수요가 급감하게 되어 투자자들이나 관계금융기관에서도 제작중지를 권고하였고, 록히드 항공사도 A-111의 제작중지를 검토하게 되었다. 그러나 당시 A-111 제작공장이 입주해 있는 C시는 심각한 실업난으로 인하여 A-111 제작을 중단할 경우 지역사회와의 관계가 악화될 염려가 있었고 실업 감소를 목표로 하는 주정부와의 관계도 난처한 입장에 처하게 되었다. 주정부가 현 고용수준을 유지하기 위해 많은 보조금을 지급하고는 있었으나 그 상태를 유지하기 위해서는 최소한 2대의 A-111을 판매하는 것이 필요하였다. 당시 타 항공기 제작사와 구입계약을 체결하지 않은 항공사로 새로운 항공기 구입을 고려하고 있는 항공사는 일본의 JAL 항공사였다. 이에 록히드사가 JAL 항공사에 A-111 모델의 판매를 적극적으로 시도했을 때 JAL 항공사 측 수뇌부는 구입을 조건으로 상당액의 금품을 리베이트(rebate)로 요구하였다.
>
> Q : 록히드사의 최고경영자는 어떤 의사결정을 내려야 하는가?

하지만 위에서 살펴본 파산사례처럼 비극으로 끝난 경우만 있는 것은 아니다. 기사회생하여 오히려 오늘날 세계적으로 존경받는 회사가 된 경우도 있다. 그 대표적인 예가 바로 존슨 앤 존슨(Johnson & Johnson)의 타이레놀 독극물 투여사건이다.

1982년 시카고에서 존슨 앤 존슨의 상품인 타이레놀을 복용한 시민 7명이 사망한 사건이 발생했다. 나중에 밝혀진 원인은 누군가가 고의로 타이레놀에 독극물을 투여한 것이었지만, 존슨 앤 존슨은 미국 전역의 타이레놀을 모두 거두어들였고, 사건의 원인이 규명되기 전까지는 제품을 이용하지 말 것을 대대적으로 홍보했다. 당시에 경영자들은 타이레놀을 회수하는 데 1억 달러(약 1천억 원)를 들였지만, 경영자들은 그들의 신조를 보여주면서 윤리경영의 선두기업으로 자리 잡을 수 있었다[이재연 외, 2004 참조].

(2) 기업윤리의 중요성

기업윤리는 오늘날 경영자들과 사회에 매우 중요한 과제로 떠올랐다. 그 이유는 첫째, 국민들 사이에 기업윤리에 대한 기대와 요구가 늘어가고 있기 때문에 기업윤리를 소홀히 다루는 경영자는 위험에 빠질 가능성이 매우 커지고 있기 때문이다. 즉 기업에 대한 기대와 요구가 늘어난 이유는 기업활동이 지역사회와 국가에 미치는 영향이 증대되고 있어, 사회의 구성원들이 갖는 요구나 바람에 대해서 경영자가 적극적으로 대처할 필요가 생겼는데, 뇌물을 준다거나 성희롱을 한다거나 부당노동행위를 하는 등 부주의한 경영활동은 사회에 엄청난 악영향을 미친다. 사회의 선진화는 점진적인 '소송사회로의 전환'을 의미하며 이에 따라 이제까지 적당히 넘어갈 수 있었던 일도 소송으로 인한 비용 증가를 초래하므로 기업윤리를 소홀히 한 경영자는 막대한 손실을 감수해야 한다[한국경제연구원, 1996 참조].

둘째, 경영자의 비윤리적이고 비합법적인 행위가 빈번할수록 사회 전체가 지불해야 하는 비용이 대폭 증가하여 시장경제를 유지하는 데 많은 사회적 비용이 들지만, 윤리적인 행동을 많이 하는 경영자는 비윤리적인 종업원들을 가진 기업과 또는 비윤리적인 행동을 하는 경쟁자들과 달리 사회적으로 보호받는다. 특히, 미국 기업에서 종업원들의 절도로 인한 손해가 연간 4천억 달러에 이른다는 사실[Delaney, 1993 : 29-31]과, 상점에 고용된 점원들이 얼마나 정직한가에 상점의 매상이 달려 있다는 주인들의 입장을 살펴보면 더욱 설득력을 갖는다.

셋째, 시민단체의 기업윤리 감시활동이 강화되고 있다. 시민단체들도 소비자보호, 환경보호 등과 같은 윤리적 기업활동을 강력하게 요구하고 있으며, 기업부문에서의 부패행위 추방을 목표로 하는 다양한 기업윤리 감시활동을 추진하고 있다. 일례로, 반부패국민연대에서는 기업윤리시스템 도입을 권유하고 실천상황을 평가하여 발표하고 있으며, 바른경제동인회에서는 기업의 부패지수 측정을 추진하고 있다. 이러한 시민단체의 활동이 기업의 대외적인 이미지 형성에 큰 영향을 주게 될 것이다[한국경제연구원, 1996 참조].

넷째, 국내뿐만 아니라 국제사회도 기업의 윤리적인 행동을 더욱더 요구하고 있다. 이는 세계무역의 1/3을 점하고 있는 미국의 경우 상무부가 실질적인 윤리강령이 없는 외국기업들과는 거래하지 말도록 자국 기업들에게 권고하고 있다는 데서도 잘 알 수 있다[한국경제신문, 1996.8.6.]. WTO도 국제적 기업윤리강령을 채택하도록 압력을 가하기 시작했고, 1997년에 OECD 회원국들 간에 체결된 뇌물방지협약은 1999년부터 발효되어 관행화되었던 뇌물수수를 둘러싼 국제영업환경을 크게 바꾸어 놓았다.

대기업 일감 몰아주기에 대한 제재는 2013년 총수 일가 사익 편취와 부당 지원 행위를 금지하는 내용의 공정거래법 개정안이 국회를 통과하면서 그 법적 근거가 생겼다. 개정법은 2015년 2월부터 시행되었다.

우리나라에는 기업의 비윤리적인 기업경영에 대한 감시와 제재를 하기 위한 공정거래위원회 등이 있는데, 공정위는 현대그룹과 한진그룹, 하이트진로 · 한화 · CJ 등의 일감 몰아주기 조사에 착수했다. 일례로 공정거래위원회는 2016년에 현대그룹의 일감 몰아주기 혐의를 확인하고 과징금 부과 등의 제재를 했다. 공정위에 따르면 현대증권은 복사기를 빌려 쓰면서 HST란 회사를 중간에 끼워 이곳에 수수료 수익을 몰아준 혐의를 받고 있는데, HST는 현정은 현대그룹 회장의 매제인 변찬중 씨를 비롯한 총수 일가가 95%의 지분을 갖고 있었다. 현대로지스틱스도 총수 일가가 100% 소유하고 있는 운송지원업체 쓰리비에 일감을 몰아준 혐의를 받고 있다.

다섯째, 시장에서의 경쟁이 격화되어 감에 따라 윤리경영이 시장에서 기업 이미지를 차별화시킬 수 있는 요인으로 작용하기 시작해 기업경영성과 향상에 긍정적인 영향을 줄 수 있기 때문이다. 지난 10여 년간 미국 주요 대기업들의 윤리경영과 재무적 성취도 사이에 상호관계가 매우 높은 것으로 밝혀지고 있다. 이것은 비단 미국에만 국한된 상황은 아닌 것으로 보인다. 우리나라의 전국경제인연합회 발표에 따르면 자산 5,000억 이상인 회원사 및 상장기업 60개를 대상으로 기업윤리와 기업 간의 상관관계에 대한 조사를 실시한 결과, 기업윤리 전담 팀을 상설한 기업의 경우 1997년부터 2000년 사이 4년간 영업이익률이 평균 7.7%에 달한 반면, 그렇지 않은 기업의 경우는 영업이익률이 평균 5.5%로 기업윤리를 제정한 기업이 하지 않은 기업보다 경영성과에 있어서 월등한 것으로 나타났다. 주가상승률에서도 이러한 현상이 발견되는데, 2002년 기준으로 전체 종합주가지수가 9.5%나 하락했으나 전담 부서를 설치하여 윤리경영을 실천하고 있는 기업의 경우 평균 주가는 10.2%나 상승한 것으로 나타났다[전국경제인연합회, 2002].

(3) 윤리경영의 실천방안

기업윤리는 경영현장에서 '윤리경영'으로 실행되고 있는데, 윤리경영을 실천하기 위한 대표적인 방안으로는 윤리헌장의 제정, 윤리교육의 강화, 윤리적 조직시스템의 활용 등이 있다.

① 윤리헌장의 제정

윤리헌장(ethical codes of conduct)이란 조직에서 구성원들이 지켜야 할 윤리규범을 공식적으로 문서화한 것을 의미한다. 「포천」(*Fortune*)지의 500대 기업의 90% 이상이 윤리헌장을 제정하고 있는 것으로 나타난 것을 볼 때[Werner, 1992 : 65], 기업윤리를 제고하기 위한 생활화 방안으로서 가장 많이 거론되는 것이 윤리헌장을 제정하는 것이라 할 수 있다.

물론 윤리헌장을 제정했다고 해서 기업윤리에 관한 모든 문제가 해결된다고 할 수는 없을 것이다. 그러나 윤리헌장을 제정하고 실천하기 위해 노력을 한다면 기업윤리의 정립 및 제고에 많은 도움이 되는 것은 틀림없다[Wood, 1990 : 251]. 한편, 윤리헌장과 유사한 기능을 수행하는 것으로 기업신조(corporate credo)라는 것이 있는데, 이는 기업이 중요하게 고려해야 할 가치에 대한 정의와 방향 제시를 해 주는 가장 중요한 것을 중심으로 간명한 문장형태로 이루어진다. 윤리헌장은 이를 보다 구체화시킨 것이다[Murphy, 1989 : 81−87].

일반적으로 윤리헌장이라고 하면 단순히 외부적으로 공표되는 기업윤리에 관한 서술문만을 연상하기 쉬우나 기업윤리헌장에 포함되는 구체적인 항목들을 살펴보면 기업윤리 및 철학에 대한 일반적 서술뿐만 아니라 헌장준수를 위한 적용 및 관리절차, 효력발생의 시효, 공급자 · 주주 · 고객과의 관계 등과 관련된 이해의 갈등해결방식, 사회의 도덕 · 윤리기준 등이 포함된다.

② 윤리교육의 강화

기업윤리교육은 조직구성원을 대상으로 한 교육과정에 기업윤리에 관한 내용을 포함시켜 윤리의식을 확립 또는 고취시키려는 방안으로서, 구성원 개개인이 윤리적 문제에 부딪혔을 때 어떻게 의사결정을 하여 행동할 것인가에 대한 규범적 체계를 가르쳐 주는 것이다[Wood, 1990]. 여기서 개인이 부딪힐 수 있는 경영상의 딜레마란 이익 · 비용 · 이윤 등으로 측정되는 조직의 경제적 성과와 기업의 내외적인 윤리적 · 사회적 성과와의 갈등문제를 말하는데, 현실적으로 기업구성원들은 이러한 상황에 놓이는 경우가 자주 있다.

기업윤리교육은 기업의 구성원들이 이해관계자를 포함한 사회로부터의 기대에 부응하기 위해 필요한 사회적 가치 및 규범을 이해하도록 하는 것뿐만 아니라, "회사의 이익을 위해서"라는 명분하에 비윤리적 행위를 조장하는 풍토를 바꾸어 주는 데 도움을 주며, 경영의사결정에서의 윤리적 요소를 인식하게 하고, 이러한 의사결정에 대한 정당성을 제공한다.

이와 같은 기업윤리교육은 실용적 관점에서 경영활동이나 현실 조직생활에 있어 기업윤리의 문제를 연구하는 응용윤리이론(applied ethical theory)에 기반을 두고 있다. 응용윤리이론의 교육목적은 기업구성원이 윤리의식을 고취하고 윤리적 문제에 대한 개념적 분석능력을 제고하여 실제의 조직생활이나 경영활동에 응용하도록 하는 데 초점을 두고 있다[Fasching, 1981]. 예를 들면, 첫째 피교육자가 일상생활에서 윤리적 문제를 발견하도록 하는 것, 둘째 윤리문제에 대한 논쟁을 통해 피교육자의 윤리적 이해능력을 개발시키는 것, 셋째 구체적 상황에의 적용연습과 토의를 통해 윤리적 분석능력을 함양시키는 것, 넷째 피교육자의 윤리적 의식의 제고와 함께 실제의 조직생활에서 적용할 수 있도록 기본지침을 제시하는 것 등이 있다.

③ 윤리적 조직시스템의 구축 운영

경영자는 적절한 윤리경영 조직시스템을 설계하고 그것을 적극적으로 활용할 수 있어야 한다.

윤리경영을 조직구조적으로 시스템화하는 방안 중의 하나는 이사회수준에서 윤리위원회를 설치하는 것이다. 윤리위원회(ethics committee)는 보통 기업경영의 입장을 대표하는 내부이사와 고문 또는 해당 분야 전문가인 사외이사로 구성된다. 이러한 윤리위원회는 매년 회사정책에 대한 평가와 함께 기업과 관련된 주요 이슈 확인과 이슈 해결방안을 검토하고, 전체이사회에 권고할 회사의 윤리정책을 제출하는 역할을 한다. 미국에서는 일찍부터 기업의 사회적 책임 내지는 사회적 이슈를 다루기 위한 공공책임위원회(public responsibility committee)가 다수의 거대기업을 중심으로 구성되어 왔다[Purcell, 1983 : 193−204].

또 하나의 윤리경영을 위한 조직의 제도적 장치는 평가제도를 확립하는 것이다. 윤리적 평가항목을 정식 인사평가항목에 포함시킴으로써 경영자 자신은 물론 기업 구성원들의 행동과 경영활동이 사회윤리적 기준에 적합한 것인가에 대한 평가가 조직차원에서 자연스럽게 이루어질 수 있다. 그러나 현실에서는 구성원들에게 윤리적인 행동을 요구하면서도 그들의 능력이나 경영성과를 평가할 때, 그 평가항목에 윤리성 기준이 포함되어 있는 경우는 매우 드물 뿐만 아니라 포함되어 있다고 하더라도 매우 작은 비중을 차지하는 경우가 대부분이다. 기업의 윤리적 조직풍토가 조성되기 위해서는 구성원들이 의사결정 시에 윤리적인 고려를 행하도록 유인하는 인사평가를 시행하여야 한다. 특히, 윤리적 행위에 대한 관심을 높이기 위해서는 기업의 각 단계의 모든 경영자들이 그들의 밑에 있는 종업원들의 윤리적 행위를 감독하는 책임을 져야 할 것이다[Carroll, 1989 : 103].

2 이해관계자경영이란 무엇이며 왜 중요한가?

1) 이해관계자경영(stakeholder management)의 의의

지식정보 사회, 다원주의 사회, 글로벌 사회 등으로의 경영환경 변화가 급속도로 진전되고 있는 오늘날, 경영자들이 지속적으로 기업경쟁력을 제고하기 위해서는 조직 내 관리기능 위주의 미시경영에 초점을 두는 좁은 시야에서 벗어나 사회와의 관계 속에서 기업경영을 보는 거시경영적 시각을 가질 필요가 있다. 과거에는 기업을 소유주와 경영자, 그리고 일반구성원들로 구성된 폐쇄시스템으로 인식하여 왔으나, 향후 기업들은 기업외부의 소비자 · 지역사회 · 관계기업 · 교육기관 · 은행 · 언론기관 · 정부 등 다양한 이해관계자들과 협력하며 상호 의존하는 개방시스템으로 경영해야만 한다.

경영자들이 동태적인 경영환경의 변화에 능동적으로 대응해야 한다는 것은 이제 당위적 명제로 받아들여지고 있다. 기업과 경영환경과의 관계는 한편으로는 경영환경의 힘이나 영향력이 기업의 생존 및 유지 · 성장을 제약하기도 하지만, 다른 한편으로는 기업조직이 경영환경으로부터 상대적 자율성을 지니고 행동하며 때로는 경영환경에 영향력을 가하는 상호작용적 관계이다. 이런 상호작용적 관계 속에서 기업은 경영환경과의 균형을 유지할 필요가 있는 것이다.

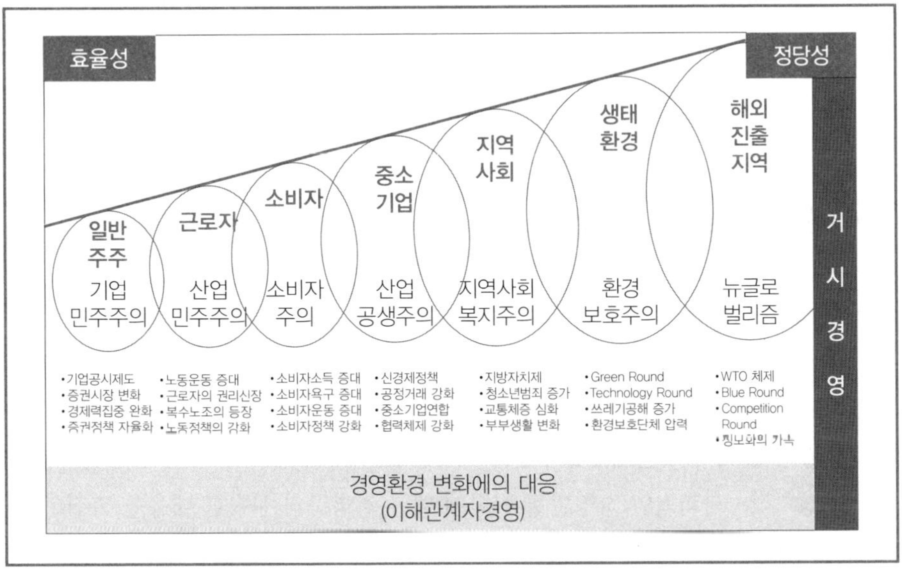

기업과 경영환경 간의 균형문제가 중요한 까닭은 그렇게 함으로써만 기업이 생존하고 성장을 할 수 있기 때문이다. 따라서 경영환경의 변화에 단순히 순응하는 경영자의 역할로부터, 예상되는 경영환경의 변화에 한발 앞서 대처하는, 더욱더 능동적인 경영자의 역할이 요청된다. 경영환경과의 균형을 달성하기 위해 경영자는 변화하는 경영환경에 적합한 기업경영시스템을 갖추어야 하며, 기업과 사회와의 상호호혜관계를 구축해 나가야 한다. 예를 들어 경영자는 정부의 경제정책이나 산업정책에 부응하는 경영전략을 추진해야 하며, 때로는 정부정책의 변화에 앞서 그것의 방향을 제시할 수 있도록 미래지향적인 경영전략을 수립하고 실행해야 한다.

이처럼 오늘날 경영분야에서 관심을 갖고 있는 쟁점 중의 하나가 기업이라는 조직과 경영환경과의 관계를 연구하는 거시경영이다. 좀 더 정확히 표현하면 거시경영(Macro management)이란 기업을 둘러싼 사회현상과의 상호 관련성 속에서 경영현상을 설명하려는 경영학의 새로운 연구분야로서, 기업과 경영환경 간의 상호관계 속에서 나타나는 경영환경 변화에 대한 경영자의 대응방식이나 조직 간 관계의 유지 · 변경방식 등과 같은 조직단위의 거시적 경영특성을 지칭한다[McFarland, 1986 : 16-17].

거시경영분야에서는 사회의 발전과 기업의 발전을 함께 도모할 수 있는 방향에서 주로 기업과 기업외부의 경영환경 또는 사회와의 상호관계, 예를 들어 기업과 정부와의 관계뿐만 아니라, 기업과 시장과의 관계, 기업과 소비자 · 지역사회 등과 같은 이해관계자들과의 관계를 연구한다. 또한 이를 바탕으로 하여 바람직한 기업의 역할과 기능, 그리고 이를 실천할 수 있는 조직차원에서의 기업경영시스템과 실행 프로그램을 개발하는 것을 강조한다.

2) 이해관계자경영의 중요성

이해관계자경영(거시경영)은 다음과 같은 기능을 지니고 있다[신유근, 2001].

첫째, 이해관계자경영은 현대사회에서 기업이 경영환경에 대한 최적의 적응성과 적합성을 가지도록 한다. 기업은 장기적인 생존과 성장을 위해 경영환경의 변화에 신속하게 대응해야 하는데, 거시경영은 이런 요구에 부응하여 기업이 당면하는 경제적 · 정치적 · 사회적인 경영환경 변화에 대한 경영자의 신속한 대응을 촉진한다.

둘째, 경영자는 이해관계자경영을 통해 여러 이해관계자들의 기업에 대한 요구를 고려하는 방향에서 기업의 목표달성을 추구한다. 이해관계자경영은 경쟁력이나 효율성과 같은 경제적 가치뿐만 아니라 인간성이나 정당성 등의 사회적 가치를 동시에 중시한다. 예를 들어 경제적 측면에서 특정 상품시장에서 1등인 기업, 세계적인 일류상품을 만드는 기업 등과 같이 기업경쟁력을 강화하는 기업을, 동시에 사회적 측면에서 좋은 기업 이미지와 호의적인 사회적 평판을 받는 기업, 현지국의 환영을 받는 기업 등과 같이 사회적 정당성을 확보하는 기업을 바람직한 기업의 모습으로 추구한다.

셋째, 경영자는 이해관계자경영을 통해 보다 우호적인 경영환경을 조성해 나갈 수 있다. 이해관계자경영을 통해 경영자는 정상적인 경영활동을 저해하는 사회 문제를 사전에 예방해 사회적 비용(social cost)을 최소화할 수 있을 뿐만 아니라, 더 나아가 주주를 비롯한 소비자 · 관련기업 · 지역주민 등 다양한 이해관계자들의 만족을 증대시킴으로써 기업경영기반을 더욱 공고히 다져 나갈 수 있다.

넷째, 이해관계자경영을 통해 기업은 자신의 사회적 위상을 제고하고 반(反)기업 정서를 해소할 수 있다. 지금까지 기업은 이윤추구만을 고집하는 이기적인 존재로 인식되어 왔으나, 이해관계자경영을 통해 기업은 사회 전체의 번영을 도모하는 존재로 평가받을 수 있다. 즉 기업은 다른 사회조직보다 우월한 자원과 능력, 예를 들어 경제적 힘과 기술적 노하우, 관리적 능력 등을 활용하여 보다 바람직한 사회발전과 인류생활의 질 향상을 도모할 수 있다.

3 이해관계자경영의 실행 과제들은 어떤 것들이 있을까?

기업의 사회적 책임 문제도 결국 이해관계자경영과 맥락을 같이한다.[3] 이해관계자경영(stakeholder management)[4]의 대표적인 방안들에 대해 살펴보기로 하자.

1) 소비자집단과의 관계개선

(1) 소비자주의 이념의 정립

기업과 소비자와의 관계는 기업이 생산한 제품 및 서비스를 소비자가 구매 · 사용함으로써 소비자와 기업이 서로의 이익을 증대시키는 관계가 되어야 한다. 그러나 현실에서는 기업이 소비자 문제를 일으키고 그 결과 제품불매운동과 같은 소비자들의 조직적인 저항이 나타나고 있다. 이에 기업은 소비자 주권을 회복시키는 한편, 건전한 수요창출을 통해 소비생활의 질적 향상을 추구하는 소비자주의(consumerism)를 확립함으로써 소비자와의 바람직한 관계를 정립하여야 한다.

소비자 문제의 발생원인은 소비자에게 제품에 관한 충분한 정보가 제공되지 못하기 때문이다. 기업들의 독점적 시장지배로 인해 기업의 정보독점 현상이 나타나게 되었고, 기술의 발달로 인해 다양한 상품이 거래되면서 소비자가 모든 상품을 평

3 거시경영적 측면을 강조하고 있는 대표적인 기업의 예로서 IBM을 들 수 있다. IBM에서는 ① 고객에 대한 최선의 서비스 제공, ② 공급사와 경쟁자에 대한 공정한 거래, ③ 훌륭한 기업시민으로서 지역사회에 대한 봉사, ④ 개인의 인격존중을 통한 사원만족도 향상, ⑤ 투자자와 주주에 대한 의무수행을 기업이념 및 경영철학으로 내세우고, 이들을 경영자에 대한 평가지표로 사용하고 있다.

4 이해관계자경영을 넘어 보다 확장된 의미로서 하나의 경영 패러다임으로 정립시키는 이른바 스테이크홀더리즘(stakeholderism) 개념이 등장하고 있다.

가 · 선택할 만큼 충분한 정보를 확보하는 것이 불가능하게 되었다. 이러한 정보의 부족은 소비자들이 합리적인 구매 · 소비 활동에 장애로 작용하여 소비자가 제품사용 단계에서 느끼는 불만족을 점차 누적시킨다.

종래의 소비자주의는 소비자를 기업에 대한 대항세력으로 파악하고, 소비자 권리의 보호 및 소비자 주권의 확립을 위한 소비자의 조직적 움직임이나 기업, 정부가 해야 할 일에 초점을 두어 왔다. 즉, 일반적인 소비자주의의 개념은 가해자로서의 기업에 대하여 피해자로서의 소비자의 권리를 주장하는 성격이 강하였다. 그러나 기업이 성장 · 발전하기 위해 기업과 소비자 관계는 상호 의존성을 기반으로 한 공생적 관계의 성격을 지녀야 하므로 기존의 소비자주의에 대한 재정의가 필요하다.

따라서 보다 바람직한 소비자주의는 기업이 주도적 입장이 되어 소비자 주권의 확립과 건전한 수요창출로 기업과 소비자 간에 동등한 교환관계를 회복하고, 소비생활의 질의 향상을 지향하는 이념이라고 할 수 있다. 여기서 특히 소비자 주권(consumer's sovereignty)이란 재화와 용역을 선택할 권리가 소비자에게 있으며, 기업은 소비자들의 욕구에 부응하는 재화와 서비스를 생산해야 한다는 점을 강조함으로써 소비자 선호의 절대성을 핵심으로 하여 기업과 소비자의 관계를 인식하는 개념이다[南部鶴彦, 1980 : 304−309].[5]

(2) 소비자집단과의 관계개선 방안

① 제품정보 제공활동의 강화

기업은 제품정보를 소비자에게 더 분명하고 자세하게 제공함으로써 소비자주의를 실현할 수 있다. 소비자 문제의 해결을 위해서는 기업들이 더욱 많은 정보를 제공하여 소비자들의 합리적인 구매 · 소비 활동을 유도해야 한다. 기업들이 소비자들에게 제공해야 할 정보로는 제품의 안전성, 성분, 내용물, 기능, 품질과 관련된 정보 외에도 제품의 품질보증기간, 서비스 기간 및 내용, 사용방법, 오용에 따른 위험성 경고 등과 같이 제품과 관련된 모든 정보를 포함해야 한다[Luthans 외, 1990 : 378−385].

---

5 소비자 권리는 일반적으로 1962년 미국의 케네디 대통령에 의해 발표된 '소비자이익보호에 관한 특별교서'에서 제시된 네 가지 내용을 기초로 하고 있다. 즉, 그것은 ① 안전에 대한 권리, ② 정보를 받을 권리, ③ 자유선택의 권리, ④ 의사표시의 권리 등이다. 오늘날에는 이에 덧붙여서 피해보상을 받을 권리, 소비자 교육에 대한 권리, 청정한 환경에 대한 권리들에 이르기까지 포괄적인 소비자 권리가 인정되고 있다.

② 판매 후 서비스체제의 확립

기업이 소비자주의를 실현하기 위해 판매 후 일정기간 보증수리를 해 주는 방안이 있다. 고객서비스센터의 하위부서에 속하는 판매 후 서비스팀에서 수행하는 구체적인 활동들로는 고장난 제품의 수리, 소비자 또는 소비자보호단체로부터 전달된 불만의 처리, 결함상품의 반품, 고객에게 필요한 각종 정보자료의 제공, 판매 후 서비스팀의 위치 안내, 소비자가 부담해야 할 판매 후 서비스의 가격 등과 같은 기업의 대고객 서비스활동이나, 소비자와 판매원에게 제품의 기술적 사항에 대한 교육을 제공하는 것 등을 들 수 있다.[6]

③ 소비자 피드백 시스템의 구축

기업은 소비자 문제를 해결하기 위해 제품안전과와 판매 후 서비스과와 같은 소비자전담기구를 중심으로 기업과 소비자 간의 피드백 시스템을 마련해야 한다. 기업과 소비자 간의 피드백 시스템으로는 공개 리콜제도의 공식화, 핫라인 서비스 설치, 소비자 교육 프로그램의 도입 등을 들 수 있다.

④ 고객관계경영의 추진

기업은 기업활동을 소비자의 입장에서 다시 생각하고 고객만족을 위한 일련의 모든 기업활동을 추진하는 고객관계경영(CRM : Customer Relationship Management)을 추진해 나가야 한다. 이러한 고객관계경영 또는 고객만족운동은 시장경쟁의 격화와 함께 전 세계의 모든 기업이 추구할 만큼 커다란 관심을 끌고 있는 경영콘셉트(management concept)로서 고객지향성, 품질혁신, 무결점의 지향, 판매 후 서비스의 강화와 같은 특징을 갖는다.

6 예를 들어, 우리나라의 기업들도 '해피콜', '신자동차서비스', '바로바로 서비스' 제도 등을 운영하면서 판매 후 서비스 시간도 신고 후 2시간 이내로 할 수 있는 체제를 구축하거나 24시간 서비스 가능체제를 구축하는 등 다양한 판매 후 서비스(흔히 A/S : After Service) 방법들을 갖추고 있다.

2) 중소기업과 공생관계의 확립

(1) 산업공생주의 이념의 정립

오늘날 많은 중소기업들은 대기업의 제품생산과정에 직 간접적인 관련을 맺고 있는 이해관계자이다. 이러한 중소기업과 대기업의 관계는 상호 협력적 관계가 되어야 함에도 불구하고 현실적으로는 대기업과 중소기업이 가해자와 피해자가 되는 경우가 종종 발생하고 있다. 이러한 현상의 원인으로는 대기업의 중소기업 사업영역 침범 문제, 대기업의 거래상 부당행위 문제, 대기업의 중소기업에 대한 지원부족 문제, 대기업 위주의 정부정책, 중소기업에 대한 경시풍조 등을 들 수 있다.

이러한 대기업과 중소기업 간의 문제를 해결하기 위해 대기업은 산업공생주의를 추구함으로써 중소기업과 협력적 연결망관계를 형성하여 대기업과 중소기업 모두가 함께 생존 · 성장하는 산업의 공생적 관계를 정립하도록 하여야 할 것이다. 산업공생주의(Industrial Symbiosis)란 대기업과 중소기업이 공생적 관계임을 인식하여 대기업은 중소기업과 공정거래를 실천하고 중소기업을 보호 · 육성하기 위한 지원 · 협력을 하며, 중소기업은 더욱 견실한 기업경영으로 대기업과의 사회적 협업기반을 형성함으로써, 대기업과 중소기업을 포함하는 산업 전체의 성장과 발전을 추구하고자 하는 이념이다.[7]

(2) 중소기업과의 관계개선 방안

① 대기업의 공정거래 실천

대기업은 중소기업과의 관계에서 공정거래를 실천하여야 한다. 산업리더는 관련 중소기업을 지배 · 종속하는 관계를 맺는 것이 아니라 중소기업 경영의 지도자로서 그들의 활동을 후원, 촉진하고 협력하는 공생적 관계를 맺어야 한다. 공정거래는 넓은 의미에서 국가경제 전체의 경제적 형평성과 경제주체 간 거래의 공정성이 이루어지는 것을 의미하는 것으로 대기업은 경제적 강자로서 중소기업과의 관계에 있어서 불공정한 행위를 하지 않아야 한다.

---

7 산업공생주의의 이념은 조직과 환경관계에 관한 연구들 중 조직생태학이론으로부터 출발한다고 할 수 있다. 조직생태학이론(Organizational Ecology Theory)은 생태학으로부터 얻은 교훈을 경영현상에 응용한 것이다. 즉, 자연환경 속에서의 동식물의 생존 · 성장 · 사멸현상이 사회환경 속에서 존재하고 있는 기업조직들의 생존 · 성장 · 사멸현상과 유사하다는 것이다.

② 대기업과 중소기업 간 협력체제의 강화

대기업과 중소기업은 견실한 공존협력관계를 구축함으로써 상호 신뢰를 쌓아나가야 한다. 협력체제를 위한 구체적인 수행방안으로는 먼저 대기업이 협력 중소기업에 대하여 경영노하우를 지도하고 관련 중소기업들을 상호 연결시켜 주는 등의 연결망(network) 구축을 들 수 있다. 대기업과 중소기업들은 협력적 연결망을 통해 상호 간 더욱 저렴한 가격에 재화나 용역을 거래할 기반을 조성할 수 있고, 공동연구개발의 시너지 효과를 거둘 수도 있다. 또한 대기업과 중소기업은 산업 전체의 경쟁력 향상이라는 공통목표를 위해 공생적 계열관계를 맺는 것이 바람직하다. 공생적 계열화는 모기업과 수급기업 간의 계약에 의한 생산분업관계를 의미하는 진정한 도급관계 또는 계열화관계라고 할 수 있는데,[8] 이러한 관계를 통해 대기업과 중소기업 간의 관계가 대립과 갈등의 지배와 종속관계로부터 상호 보완적이고 협력적인 공생적 계열관계로 변화할 수 있다[이명호 · 유지수, 1999].

③ 대기업의 중소기업에 대한 경영지도

중소기업의 경영능력을 강화하는 것은 곧 대기업의 발전과도 직결된다. 즉, 대기업은 자기 자신의 발전이 중소기업의 발전을 바탕으로 하고 있음을 인식하고 장기적인 관점에서 중소기업의 지원육성에 적극적으로 임해야 한다. 대기업은 전문경영노하우를 가지고 있기 때문에 중소기업의 경영상태를 진단하여 혁신의 방향을 제시해 줄 수 있는 능력이 있다. 따라서 대기업은 중소기업의 인사를 비롯한 재무와 생산, 판매 등 경영 전반에 걸쳐 문제점을 찾아내고 이에 대한 해결책을 제시하여 중소기업이 합리적인 경영을 할 수 있도록 도움을 주어야 한다.

④ 중소기업 자체의 경영혁신 노력

중소기업에 대한 외부로부터의 지원이 아무리 크다 하더라도 그것을 수용할 수 있는 중소기업의 능력이 결여되어 있다면 그 노력은 비효율적일 것이다. 따라서 대기업과 중소기업 간에 합리적인 분업관계가 성립되기 위해서는 중소기업이 대기업의 협력파트너로서의 역할을 수행할 수 있는 충분한 능력을 갖추어야 한다.

---

8 예를 들어, 일본의 도요타(Toyota)사는 코롤라(Corolla)라는 자동차 생산을 위해 여러 부품업체들과 '코롤라 원가개선위원회'를 구성 · 운영하여 왔다. 이는 코롤라 1대당 원가절감 목표를 토요타사의 '원가개선위원회'의 각 부에 할당하고 부품 메이커들에 대해서도 외주부서에서 원가절감 목표를 할당하는 방식이다. 부품 메이커 측의 원가개선에 의한 이익은 완성차 메이커가 독점하지 않고 가격교섭에 의해 부품 메이커에 배분되도록 한다[매일경제신문, 1991.11.5.].

중소기업들은 끊임없는 기술혁신을 통한 특유의 기술력을 바탕으로 대기업과 수평적 협업관계를 형성할 수 있을 것이다. 또한 중소기업들은 대기업과 관련된 수급업체들 간의 연합체 혹은 서로 다른 업종에 종사하는 중소기업들 간 협력체를 구성하여 대기업에 대응할 수 있다. 전자를 통해 중소기업들은 대기업의 횡포로부터 자신들의 이익을 보호하고 공동의 기술개발이나 정보교환을 통해 효율적인 분업체계를 확립할 수 있으며, 후자를 통해서는 각자가 가지고 있는 정보 · 기술 · 노하우 등의 경영자원을 교류 · 결합하여 기술변화와 시장수요의 변화에 대한 적응력을 높일 수 있다.

3) 지역사회 발전을 위한 열린 경영의 수행

(1) 지역사회복지주의 이념의 정립

지역사회(community) 역시 기업의 이해관계자로서 기업경영활동의 터전을 제공해 주고 있다. 기업은 지역사회의 일원으로서 사회적 권리 · 의무를 가지고 있는 존재임에도 불구하고 많은 경영자들이 지역사회관계의 중요성을 인식하지 못한 채, 지역사회에서의 바람직한 역할수행을 태만히 함으로써 많은 지역사회 문제가 일어나고 있다. 기업이 지역사회에 진출함에 따라 지역 고유의 전통문화를 파괴하거나 지역사회의 인력 및 외지 인력을 일시에 집중시키게 되어 지역사회의 주택부족 현상 및 교육환경이 악화되는 현상을 초래할 수 있다. 또한 기업의 지역사회에 대한 경제적 지배로 인해 특정지역에 경제력이 편중되는 문제와 특정 산업의 기형적인 성장의 문제가 발생할 수 있다.

따라서 기업은 지역사회와 관련된 문제들을 적극적으로 개선하기 위해 열린 경영을 수행하여, 지역사회 문제의 해결과 지역사회의 발전을 위해 자발적으로 참여하는 것이 결국에는 기업 자신에게 혜택으로 돌아온다는 인식하에 지역사회 발전을 위해 공헌해야 한다. 이러한 이념이 바로 지역사회복지주의이다.

지역사회복지주의(Community Welfarism)란 한마디로 지역주민의 생존과 주민생활의 질 향상을 위해 공적 · 사적 기관이 협동하고 조직화하여 생활환경과 복지환경을 개선하는 사회적 시책 및 방법의 체계이다. 즉, 지역사회복지주의는 지역주민의 사회문화적 · 경제적 삶의 질을 향상시키고자 하는 이념으로서 지역주민, 지역행정기관, 지역단체, 기업 등이 실천 주체가 되어 개별적으로 또는 조직적으로 노력하

는 사회적 시책이나 방법들을 포함하는 것이다.[9]

(2) 지역사회와의 관계개선 방안

지역사회 발전을 위해 기업이 공헌할 수 있는 경영방식의 예로는 다음을 들 수 있다.

① 사회복지재단의 효율적 운영

기업이 지역사회복지주의를 장기적으로 실천하기 위해서는 지역사회를 위한 사회복지재단을 설립 · 운영하는 방안을 고려해 볼 수 있다. 기업은 지역사회 주민들이 노동을 통하여 참여한 대가인 임금 외에도 경제적 이익의 일부를 해당 지역에 환원하는 태도를 지녀야 한다. 이러한 태도는 지역사회의 시민으로서 기업의 당연한 의무임은 물론 기업활동을 영위할 수 있는 터전을 마련한다는 점에서도 중요하다. 예를 들어, 미국의 브룩클린 유니언 개스(Brooklyn Union Gas)사의 경우, 지역사회를 위하여 기금을 조성하고, 그 기금을 우선적으로 지역 내 주택건설에 투자하고 해당 지역 상인들에게 사업자금을 빌려주며, 또한 지역사회의 공헌단체들에게 자금지원을 하는 등 지역사회에 기업이윤을 환원하여 지역사회의 시민으로서 역할을 수행하고 있다[Reder, 1994 : 325−329].

② 지역사회의 문화활동 지원

기업이 지역사회의 문화예술 활동 및 행사에 대한 지원을 하는 것은 지역사회의 정체성(identity)을 높일 뿐만 아니라 지역경제도 활성화시키는 효과를 가져온다.[10] 또한 기업은 지역문화예술활동에 참여함으로써 자신의 경제적 목표를 달성할 수도 있다. 예를 들어, 기업이 지방문화예술제를 지원하는 경우 지역사회문화의 전통계승 및 발전에 기여할 수 있을 뿐만 아니라 그러한 문화행사에 많은 외부관광객들을 유치할 수 있으므로 특수효과가 나타나 경제적인 측면에서도 유리한 결과를 얻

---

9 지역사회복지주의는 사회복지의 개념 또는 사회개발의 개념을 지역사회라는 구체적 대상으로 좁혀 본 개념으로 볼 수 있다. 사회복지(social welfare)는 인간의 복지를 추구하는 사회적 노력이라고 할 수 있으며, 사회개발(social development)은 사회계획(social planning)과 관련된 용어로서 사회의 경제적 측면과 사회문화적 측면을 균형 있게 발전시켜야 한다는 개념이다.

10 이러한 방안의 하나로 메세나(mecenat)를 들 수 있다. 메세나는 기업의 문화예술활동에 대한 후원을 가리키는 프랑스어이다. 이는 로마시대 아우구스트 황제 때 대신이자 열렬한 예술애호가였던 가이우스 클리니우스 마아케나스(Gaius Clinius Maecenas) 이름에서 유래하였다고 한다.

을 수 있다. 그러나 기업이 지역의 문화예술활동을 지원할 때 지나친 상업주의는 지양해야 한다. 왜냐하면 문화예술활동에의 지원의 주된 목적은 지역사회의 문화발전 그 자체에 두어야 하기 때문이다.

③ 지역사회 규범의 준수

기업은 자신이 지역사회의 일원임을 명심하여 지역사회의 규범을 준수하기 위해 노력해야 한다. 지역사회의 규범은 지방자치단체에서 강제하는 것뿐만 아니라 그 지역사회 특유의 전통문화, 관습 등도 포함된다. 또한 기업이 지역에서 거둔 경제적 성과에 대하여 지역사회에 환원해야 한다는 점도 기업이 지역사회에 진출해서 지켜야 할 규범이라 할 수 있을 것이다. 이러한 측면에서 기업은 지방정부나 지역주민의 의견, 그리고 지방자치단체의 법규를 존중하며, 지역주민에게 불필요한 피해를 주지 않도록 노력해야 한다. 예를 들면, 기업은 지방자치단체나 지역주민들과의 협의를 통해 공장입지를 결정하도록 해야 한다. 공장을 건설하는 등 기업이 지역사회에 진출하는 것은 긍정적인 효과도 있으나 부정적인 효과도 있다. 이에 기업은 특정 지역에 공장과 같은 시설을 입주시키기에 앞서 미리 지방자치단체나 지역주민들과 충분한 협의를 하는 것이 필요하다.

④ 지역사회의 경제역량 제고

기업은 지역사회에 기반을 둔 자신의 사업을 수행함과 동시에 지역사회 전체의 경제발전에 기여할 수 있다. 지역경제역량을 제고하는 방안으로는 다음과 같은 것들을 들 수 있다[최일섭, 1997]. 기업은 그 지역이 가지고 있는 특수한 자원이나 환경을 개발하여 자신의 이익은 물론 지역사회 전체에 이익을 줄 수 있는 지역특화사업을 발전시킬 수 있으며, 지역사회의 일원으로서 지역사회의 개발사업에 적극 참여할 수 있다.[11] 또한 기업은 지역사회 전반의 발전을 위하여 그 지역의 산업기반을 형성하는 지역연고 중소기업을 지원하고 육성할 수 있다. 그리고 이미 진출하고 있는 지역에 생산라인을 증대하거나 신규 지역사업을 추진함으로써 지역경제를 위한 투자활동에 적극적인 자세를 견지할 수 있다.

11 지역사회개발은 지역사회주민들의 공동적인 참여를 전제로 한다는 점, 지역사회주민들의 자발적 · 자조적인 노력을 필요로 한다는 점, 주민들의 공통적인 욕구를 해결 또는 충족시키고자 한다는 점, 주민들의 공동운명체의식을 토대로 한다는 점, 주민들의 생활향상을 위한 대중운동이라는 점 등에서 다양한 의미를 지니고 있다[鈴木幸毅, 1992 참조].

4) 정부와 기업 간 협력관계의 조성

(1) 정부의 규제에 대한 기업의 대응

오늘날 기업의 사회적 영향력이 커져 감에 따라 사회적 문제를 야기하는 기업의 부정적인 영향을 줄이고자 정부(government)의 규제활동이 강화되고 있다. 정부규제에 대한 기업의 대응방안은 크게 두 가지로 나뉜다. 하나는 정부규제를 예방하기 위한 기업의 자율규제방안이며, 다른 하나는 보다 적극적인 입장에서 정부정책에 대해 영향력을 행사하려는 기업정치활동이다. 오늘날 대기업들은 이러한 두 가지 방안을 토대로 정부와의 관계를 조성해 나가고 있다.

먼저 자율규제(self-regulation)란 정부의 법률적 규제를 대신하여 해당 산업이나 업계가 규제의 주체가 되어 자신들의 활동을 자율적으로 통제하는 정부규제의 대안적 규제형태이다[Garvin, 1983]. 자율규제를 통해 정부규제가 가지는 문제점, 즉 기업의 자유에 대한 제한, 규제기관의 관료주의로 인한 병폐, 정부규제의 비효율성과 같은 문제점 등을 해결할 수 있다. 자율규제의 내용으로는 생산품정보 제공, 안전과 품질의 최저기준 설정, 생산품의 품질등급 결정, 경제윤리헌장의 제정 등을 들 수 있다.

다음으로 기업의 정치활동(corporate political activity)이란 기업이 자신이 속한 정치적 환경의 불확실성을 감소시키고, 유리한 기업환경이 조성되도록 선거나 공공정책의 형성과정 및 실행과정에 영향력을 행사하는 기업활동이다. 기업의 정치활동은 크게 공공정책이 형성과정에서 이루어지는 활동과 공공정책의 실행과정에서 이루어지는 활동으로 나누어진다.

공공정책(public policy)의 형성과정에서 이루어지는 기업의 정치활동은 기업의 이익과 관계되는 특정 공공정책이 입법화될 수 있도록 영향력을 행사하는 활동이나. 이러한 기업정치활동으로는 특정 후보를 지지하는 활동, 특정 이슈를 제안하고 입법화되도록 추진하는 활동, 입법과정에서 이루어지는 공청회에 참여 · 발언하는 활동, 제안된 공공정책을 입법기관에서 통과되도록 설득하는 활동 등을 들 수 있다. 한편, 공공정책의 실행과정에서 이루어지는 기업정치활동은 특정 공공정책의 변화 · 강화를 위해 취해지는 기업활동들이다. 이러한 기업정치활동으로는 특정 공공정책에 대해 법률적 소송을 제기하는 활동과 자신들의 입장을 공중에게 전달하기 위해 여론을 이용하는 활동 등이 있다. 통상적으로 기업의 정치활동은 그 대부분이 정부를 대상으로 하기 때문에 대정부활동이 정치활동의 핵심을 이루고 있다.

이러한 기업과 정부의 관계는 어느 한쪽이 일방적인 우위에 있어서는 곤란하며, 서로가 사회 속의 구성원으로서 책임의식을 가지고 상호 협력을 통하여 사회 전체의 발전을 도모하고자 하는 관계가 되어야 한다.

(2) 정부와 기업 간 관계개선 방안

① 합의도출 관행의 정착

산업정책(industrial policy)과 기업경영이 상호 보완적 관계를 유지하는 것이 이상적이기는 하지만, 현실적으로는 산업정책과 기업경영 간의 이해관계 차이로 인한 상호 마찰과 갈등도 불가피하다. 산업정책은 국민경제 전체의 관점에서 성장 · 균형 · 정의가 조화되는 것을 추구하고, 기업경영은 개별기업의 관점에서 지속적인 조직의 성장과 발전을 추구한다는 점에서 산업정책과 기업경영의 이해가 완전히 일치하기는 어렵다. 따라서 이해관계의 차이로 인한 마찰과 갈등, 정책의 의도치 않은 역기능들을 잘 정립된 상호관계 속에서 협의적 메커니즘의 활성화를 통해 슬기롭게 극복해 나가는 것이 필요하다. 특히, 산업정책의 목표설정 시에는 기업계 · 학계 · 시민단체 등의 의견을 수렴할 수 있도록 상향적 의사전달채널을 활성화하고, 정책실무가의 기능을 강화하는 협의적(middle-up-down) 정책의 추진과정을 거치는 것이 바람직하다. 이러한 제도를 통해 산업정책은 실물경제에 대한 보다 깊은 이해를 반영하고, 기업 및 이해관계자들은 전체산업의 효율성 증대를 목적으로 추진되는 산업정책의 뜻을 이해하여야 한다.

② 상호 인사의 원활한 교류

정부와 기업 각각의 역할도 중요하지만, 기업과 정부가 상호 보완적인 역할을 하기 위해서 상호 간의 인사를 교류하는 것이 국가의 경쟁력 제고에 중요한 역할을 한다. 우리나라 중앙인사위원회는 공직사회의 민간인 수혈을 위한 개방형 임용제를 실시하고 공무원들이 민간기업으로 진출할 수 있는 길을 열기 위한 민 · 관 인사교류제를 추진하고 있고, 정부는 민간인을 정부기관에 충원하는 정책에 따라 민간인의 정부고위직 임명을 확대하고 있다. 이러한 인사교류를 통해 정부는 기업의 운영경험을 살려서 관료주의를 타파할 수가 있으므로 국민들에게 더욱더 가까이 다가설 수 있을 것이다. 기업 또한 능력 있는 공무원들을 충원함으로써 정부의 정책기조를 더 쉽게 파악할 수 있고, 공무원들이 기업경영의 고충을 이해하게 되면 정부의 지원이나 규제의 완화를 더 쉽게 얻어낼 수 있을 것이다.

③ 공동위원회 또는 공동프로젝트팀의 운영

기업과 정부는 산업발전과 사회적 문제의 해결을 위해 기업-정부 간 공동위원회(공동협의회)를 설치 · 운영하는 것이 바람직하다. 공동위원회를 통해 기업과 정부는 정책의 추진과정에서 나타나는 문제들을 해결할 수 있을 것이다. 이러한 공동위원회의 예로 싱가포르의 '싱크 탱크(Think Tank)'나 일본의 '민관공동협의회'를 들 수 있으며, 우리나라의 경우에도 이와 유사한 위원회들을 찾아볼 수 있다. 또한 기업과 정부는 공동프로젝트팀을 운영하여 첨단기술개발 문제, 근로자주택 문제, 공해예방 문제, 직업교육 및 기술인력양성 문제, 사회간접자본 확충 문제 등 파급효과가 크며 시기적으로도 긴박하게 풀어야 할 사회 문제에 대한 공동대처방안을 모색할 수 있다. 이러한 프로젝트가 성공하기 위해서는 협력의 논리에 따라 각자가 지닌 비교우위의 능력을 효과적으로 결합할 필요가 있다. 예를 들면, 의약분업 문제를 해결하기 위해서 민 · 관 합동프로젝트팀을 운영할 수 있다. 이 경우 정부는 거시경제적 측면에서 정책적인 규제의 틀을 정하고 의사협회와 약사협회는 각각의 이해관계를 조정할 수 있도록 전문인력을 참여시켜서 프로젝트팀을 운영할 수도 있다.

④ 전략적 제휴의 실행

기업과 정부는 국가경쟁력 향상이라는 점에서 공통적인 목표를 가진다. 따라서 기업과 정부 간, 기업과 이해관계자 간, 동종산업 또는 이종기업 간, 이해관계자들 간 사회적 책임을 촉진할 수 있는 전략적 제휴(strategic alliance)를 실행해 나가는 것이 바람직하다. 예를 들어, 기업-이해관계자-정부대표 3자가 참여하거나 이해관계자연합과 기업연합이 공동참여하는 사회문제해결위원회를 운영하거나 공동출자를 통해 가칭 '기업의 사회적 책임 및 사회발전연구소'를 설립함으로써 기업의 사회적 책임 분세가 사회 문제의 해결과 사회발전 그리고 국가경쟁력 제고에 기여하도록 하는 것이다. 이러한 공동노력을 통해 기업의 사회적 책임수행과 사회공동체 발전을 위한 범국가적인 사회적 연결망(social network)을 구축할 수 있게 됨으로써 국가경쟁력의 근간이 될 사회적 자본(social capital)을 형성할 수 있게 된다. 사회 문제 해결을 위한 전략적 제휴 시에 기업과 정부는 각자의 영역을 존중하는 대등한 협력체계를 구축해야 한다. 정부는 이해관계자들의 갈등조정을 위한 해결의 장을 마련하고, 기업활동을 활성화하기 위한 정책적 기반을 조성하는 데 주력해야 한다.

4 지속가능경영

1) 지속가능경영 개념의 확산

기업경영의 새로운 패러다임으로 지속가능경영(CSM : Corporate Substantiality Management)이 확산되고 있다. 지속가능경영은 유엔경제개발위원회(UNCED)가 발표한 "Our Common Future"라는 보고서에서 처음 사용한 지속가능발전(sustainable development) 개념으로부터 출발한다. 이 보고서는 인구증가, 공업화, 도시화, 사회경제의 불균형 등으로 인한 지구환경의 파괴, 자원고갈, 빈곤문제 등 인류가 직면한 위기를 해결하기 위한 대안으로, "미래세대의 욕구를 충족시킬 수 있는 능력을 훼손하지 않고 현재세대의 욕구를 충족하는 것"이라는 의미의 지속가능발전 개념을 제안했다. 이러한 추세에 영향을 받은 기업체들은 1995년 이윤추구의 차원을 넘어 자연환경 보전, 투명경영, 이해관계자의 권익신장, 소외계층의 지원 등 사회 및 환경과 조화하려는 노력을 현실화시켜 세계적인 경영조직체인 지속가능발전 세계기업협의회(WBCSD : World Business Council for Sustainable Development)를 결성하였다. 이후 기업들은 2002년 '요하네스버그 지속가능발전 정상회의'에서 지속 가능한 발전에 대한 개념적 차원의 논의에서 벗어나 구체적인 성과를 가져오는 현실적인 실천대안으로 모색하기 시작했으며, 그 대안으로 채택한 것이 지속가능경영이다[이재기, 2004 참조].

독일 뒤셀도르프에 본사를 둔 헨켈(Henkel)은 1876년 설립된 독일의 대표적 화학기업으로 우리에게는 홈매트, 홈키파, 컴배트 등의 브랜드로 친숙하다. 헨켈은 '지속성장'에 초점을 맞추어 '환경보호 · 사회공헌 · 이윤확보'라는 세 마리 토끼를 잡기 위해 1991년 '지속 가능한 개발을 위한 유엔협약'에 가입하고 1992년부터 해마다 환경 리포트를 발표했으며, 회사 안에 지속성장위원회를 두고 제품의 개발에서부터 생산 · 운송 · 사용 · 폐기에 이르는 모든 단계에 환경기준을 꼭 지키도록 하는 등의 부단한 노력을 기울였다. 일례로 헨켈은 각종 피부 알레르기 등 인체에 유해한 부작용을 초래하는 솔벤트의 사용을 절감하기 위해 클리너를 개발했다. 헨켈의 클리너를 사용한 결과 폭스바겐 공장은 솔벤트와 폐수배출량을 줄임으로써 소요경비를 30%나 줄일 수 있었다. 지속성장전략 덕분에 2000~04년 중 헨켈의 오염물질 배출은 부문별로 7~59%까지 줄어들었고, 반면 매출은 18%, 이익은 27% 늘었다. 또한 다우존스가 1999년부터 매년 발표하는 '다우존스 지속가능성 지수'에서 6년 연속 1위에 올랐으며 2004년 독일 상장기업 가운데 지속성장 가능성 1위 기업으로 꼽히기도 했다[전영수, 2005 : 84-85].

이러한 사례는 사회적 책임의식과 재무적인 수익창출이 밀접한 관련을 가지며, 기업의 지속적 성장과 발전은 이 두 가지를 동시에 고려해야만 가능하다는 것을 말해준다. 지속가능경영은 지속 가능한 발전에서 추구하는 중요한 세 가지 축(triple bottom lines)인 경제 · 환경 · 사회 측면에서 기업이 지속적 성과를 내고 궁극적으로 경쟁우위를 확보하여 기업가치를 증진시키는 것을 의미한다. 즉, 환경자원을 보전하고 인류의 보편적인 가치를 추구할 수 있는 사회적 책임을 다하며 경제적 성과까지 창출할 수 있는 기업이야말로 지속적으로 발전 가능하다는 것을 말한다[이재기, 2004 참조].

요약해 보면, 지속가능경영은 경제적 수익성, 환경적 건전성, 사회적 책임성을 바탕으로, 기업의 모든 경영활동을 지속 가능한 발전을 위한 기회로 포착 · 강화하고, 위험을 관리하는 데 초점을 맞춰 장기적으로 주주의 가치를 창조하는 경영 패러다임이다[Hart, 2003 참조].

2) 지속가능경영의 구성체계

지속가능경영의 기본 구성체계(framework)는 앞에서 언급한 바와 같이 지속가능경영의 패러다임에 따라 기업의 경영성과를 세 가지 관점, 즉 경제적 · 환경적 · 사회적 관점에서 측정하고 보고하는 것이다. 각 관점별 전략목표나 핵심성과지표(Key Performance Indicator)는 단체나 기업에 따라 약간의 차이가 있지만 거의 유사하다고 볼 수 있다. 대표적으로 지속가능발전 세계기업협의회(WBCSD)는 기업이 지속가능한 발전을 지향할 때 추구할 수 있는 전략목표로 ① 기업의 사회적 책임, ② 에코 효율성, ③ 혁신과 기술, ④ 생태계, ⑤ 지속가능시장, ⑥ 위험 등 '상호 연관된 6

대 핵심주제'를 기본방향으로 제시하고 있다.[12]

2002년 3월 결성된 한국 지속가능발전 기업협의회(KBCSD : Korea Business Council for Sustainable Development)는 지속가능경영을 경제, 환경, 사회의 지속가능성을 위해 기업이 노력하는 동시에 이에 따른 위험을 최소화하고 주주가치를 포함한 기업가치를 제고시키려는 경영활동이라고 정의하고, 지속가능경영의 프레임워크(구성체계)를 제시했다. 지속가능발전 기업협의회의 프레임워크에 의하면 먼저 최고경영자가 의지를 표명하고 이를 추진할 담당조직을 구성한 다음, 비전 및 방침 수립, 내·외부의 커뮤니케이션을 통해 지속가능경영의 기반을 마련할 수 있다고 제시하고 있다[KBCSD, 2003 참조].

지속가능경영 프레임워크의 핵심요소는 경제의 질적 성장을 위한 경제적 수익성, 에코 효율성을 중심으로 하는 환경적 건전성, 그리고 사회적 책임을 기초로 하는 사회적 책임성으로 구분된다[권오영, 2004 참조].

① 경제적 수익성은 지속가능경영의 가장 근본이 되는 개념으로서, 기업이 지속적인 생산활동을 통해 이윤을 창출하여 그 경제적 책임을 다해야 한다는 것이다. 그 세부활동 내용으로는 지역사회 경제에의 기여, 기업투명성(회계투명성, 정보공개), 공정경쟁, 혁신(경영혁신, 기술혁신) 등이 포함된다. 이를 위해 기업은 이익창출, 주주가치 극대화, 계속성장, 핵심역량의 증대 등을 달성하기 위한 인프라 및 조직구조의 개선을 추진해야 한다.

② 에코 효율성(eco-efficiency)을 중심으로 하는 환경적 건전성은 환경적 효율성과 경제적 효율성을 동시에 달성하는 것을 의미하는 개념으로 환경에 대한 부정적인 영향을 줄이며 경제적 성과를 제고하는 것을 의미한다. 구체적인 활동내용으로는 청정생산, 전 과정 관리(친환경 공급망 관리와 제품 책임주의), 기후변화에의 대응, 환경리스크 관리, 생물다양성 보존, 제품의 서비스화 등을 포함한다.

③ 사회적 책임을 기초로 하는 사회적 책임성에는 기업의 사회공헌활동, 준법경영, 인권경영, 안전보건활동 등을 포함하고 있다. 이를 위해 과거의 외적인 성장 위주의 경영에서 내적인 성장, 특히 질적 성장 위주의 경영을 요구하고 있으며, 사회중시의 거시경영이 필요하다.

---

12 지속가능경영의 핵심 키워드를 ① 지속적 혁신, ② 미래 기업가치의 제고, ③ 다양한 이해관계자들과의 협력, ④ 정보공개, ⑤ 시장원칙의 준수, ⑥ 효율적인 의사결정시스템, ⑦ 사회공헌의 7가지로 분류하는 시각도 있다[KBCSD, 2003 참조].

3) 환경보호주의의 대두

오늘날 환경오염 문제의 심각성에 대한 사회적 인식의 증대와 더불어 경영자들은 환경 문제에 대한 인식과 환경보호를 위한 노력을 요구받고 있다. 즉 기업이 자발적으로 환경보호주의를 도입 · 실천함으로써 바람직한 기업과 생태환경과의 관계를 정립할 필요성이 제기되고 있다.

(1) 환경보호주의란?

환경보호주의(environmentalism)란 인간사회가 환경과의 생태적 균형 속에서 발전을 도모하자는 이념이다. 환경보호주의는 생물 및 인간의 구조 내지는 행동에 대한 환경의 영향을 연구대상으로 하는 거시경영 중에서도 인간의 환경에 대한 적응을 중심으로 삼는 인간생태학에 그 뿌리를 두고 있다. 이러한 환경보호주의의 중심적 실행주체를 기업으로 보아 정의를 내리자면 환경보호주의란 기업이 사회공통의 생존기반인 생태적 환경의 중요성을 인식하고 생태적 균형을 유지하면서 자신의 성장 · 발전과 나아가 사회와 함께 자연과 인간의 조화를 추구하는 이념이다.

환경보호주의에 대한 이러한 정의는 공해 문제가 시장메커니즘에 의해 해결되기 어렵다는 것을 전제로 한다. 환경 문제를 시장논리에 의해 해결할 수 있는가에 대한 논의는 일찍이 경제학에서 있어 왔다. 이러한 논의들 중에는 공해 문제는 시장메커니즘에 의하여 해결하기가 어렵기 때문에 환경보호를 위해서는 극단적으로 인간사회를 포기해야 한다는 주장도 나왔다. 예를 들어, 에를리히(P. R. Ehrlich)는 인간사회가 인구과잉으로 인해 파괴된 생태계 균형을 회복시키려고 하나 그 시기가 너무 늦어서 결국은 파국을 맞을 것이라는 비관적인 견해를 펴기도 하였다[Ehrlich, 1968].

환경보호주의의 등장은 환경오염 문제의 심각성에 대한 사회적 인식이 커지기 시작한 때부터라고 할 수 있다[Frederick, Davis & Post, 1988]. 산업화의 초기단계에서는 환경오염이 일시적이고 지역적인 현상으로 간주되었으므로 사회적으로 중요한 문제로 인식되지 않았다. 그러나 그 후 선진자본주의 국가에서 산업화에 따른 공해로 주민들이 사망하고 질병으로 인해 경제적으로 혹독한 대가를 치르게 되자, 환경오염의 심각성에 대한 인식이 증가되었다.

(2) 환경경영의 필요성

'환경경영'이 필요한 이유는 다음 세 가지를 들 수 있다.

첫째, 기업경쟁력 강화를 위한 도구로서 환경을 활용할 수 있다. 오늘날과 같이 생산기술이 고도로 발전되고 생산정보의 유통이 활발한 상황에서 경쟁사보다 생산기술의 효율화를 달성하여 제품생산단가를 낮춘다는 것은 쉬운 일이 아니다. 경쟁기업보다 환경비용이 높은 기업은 가격경쟁력이 떨어질 수밖에 없으며 기업의 지속적 생존에 위험요소가 된다. 따라서 많은 기업이 환경비용이라 불리는 제품생산과정의 손실을 줄이기 위한 노력을 하고 있다.

둘째, 행정당국의 각종 환경규제에 능동적으로 대응할 수 있다. 법적 · 행정적 규제는 날로 강화되어 가고 있으며 배출부과금제도, 환경오염복원 비용부담제도, 폐기물예치금제도 등과 같은 경제적 압력도 계속적으로 강화되고 있어 기업에 큰 부담으로 작용하고 있다. 특히, 환경사고는 우발적으로 발생하더라도 기업은 법적 · 행정적인 제재뿐만 아니라 기업이미지의 실추 등 큰 피해를 입게 된다. 환경경영은 환경법규 등 환경과 관련된 각종 규제를 파악하고 법규 등의 준수를 자체적으로 감시하여 환경사고의 발생을 미연에 방지할 수 있어 기업의 사업위험을 감소시킬 수 있다.

셋째, 고객, 환경운동단체 등 이해관계자들의 압력에 효율적으로 대처할 수 있다. 고객들은 기업으로 하여금 환경경영 실시를 요구하면서 환경친화적 상품을 구매하기 시작하였다. 오늘날 환경을 고려한 제품의 구매행위가 확산되면서 기업이 제품의 환경적 안전성을 소비자에게 입증하여야 하는 시장여건이 조성되고 있다. 또한 최종제품생산자는 원 · 부재료 공급업체에 대하여 제품을 생산할 때 환경을 고려할 것을 요구하게 됨으로써 환경경영에 대한 요구는 전 방위적으로 확산되고 있다. 우리나라에서는 영국계 글로벌 기업인 옥시의 가습기 살균제 사건을 계기로 '제조물에 문제가 없다.'는 입증책임을 제조업체가 지도록 하고(최고 3배까지 배상) 징벌적 손해배상을 하도록 제조물책임법(PL법 : Product Liability법)을 2017년 3월 30일 개정했다.

4) 환경 관련 주요 문제

기업이 발생시킬 수 있는 생태환경과 관련된 대표적인 문제들의 예는 다음과 같다.

(1) 인간수명의 단축 문제

최근 의학의 눈부신 발달로 인간의 수명이 늘어난 것이 사실이지만 환경의 파괴와 공해는 늘어난 인간의 수명을 단축시킬 수 있는 요인으로 지적되고 있다. 예를 들어, 일본의 '이따이이따이 병', '미나마타 병' 등은 카드뮴, 수은과 같은 중금속에 의한 공해병으로 세계적인 관심을 받기도 했다. 우리나라에서도 중금속 취급업체 등이 산업폐기물을 인근 하천에 마구 버려 수질을 오염시키고 주민들에게도 큰 피해를 입히는 사례가 발생하고 있다. 또한 대도시지역이나 공단지역의 지역주민들은 차량 배기가스와 공장의 매연, 그리고 안개가 결합된 스모그현상으로 인하여 많은 고통을 받고 있다.

(2) 주거환경의 파괴 문제

기업이 제품 및 서비스의 생산활동을 하는 과정에서 산업매연이나 유독가스, 폐수 등 오염물질을 정화하지 않은 채 배출함으로써 주거환경이 파괴되고 있다. 특히 산업매연으로 인한 대기오염 문제는 대기 중의 먼지 및 인개와 섞여 수많은 인명을 앗아가는 사례를 발생시키기도 하며, 지구의 온난화현상(온실효과)을 가속화시켜 지구생태계의 균형을 파괴하는 원인으로 지적되고 있다. 또한 기업은 폐수 등을 정화하지 않은 채 하천에 방류함으로써 수질을 오염시켜 생활환경을 악화시키고 있다는 사회적 비난을 받고 있다.

(3) 공해방지시설과 폐기물처리비용 문제

정부에서는 환경과 관련된 법률 등을 통해 기업이 공해방지를 위한 시설을 갖출 것을 강제하고 있지만, 기업들은 공해방지시설을 확충하는 데 드는 비용상의 문제로 정부의 규제를 피하려 하는 경향을 보이고 있다. 그러나 공해방지시설에 대한 투자비용이 많이 든다고 해서 그러한 투자를 미룰 수는 없을 것이다. 기업 또한 사회의 일원이므로 다른 구성원들의 후생에 대한 책임 있는 태도를 취해야 한다. 또한 산업활동에 따라 발생하는 폐기물 처리와 관련한 비용 문제가 중요하게 제기되고 있다. 폐기물의 처리로 인한 비용이 매우 크기 때문에 일부 기업에서는 이러한 부담을 부당한 방법으로 피하고자 하여 사회적으로 물의를 일으키기도 한다.

(4) 환경보호정책의 위반 문제

환경오염에 대한 관심이 고조됨에 따라서 정부는 '자원의 절약과 재활용촉진에 관한 법률', '유기성폐기물 재자원화촉진법' 등 기업의 환경보호의무를 규정하는 법률을 강화 · 제정하는 움직임을 보이고 있다. 또한 지구환경이 급속하게 악화되고 있는 반면에 국제사회에서 채택한 각종 선언문이나 원칙, 협약으로는 지구환경을 보존할 수 없다는 인식이 대두됨으로써 선진국들은 세계 각국이 지구환경보호에 적극적으로 참여하도록 하기 위한 강제적 수단의 필요성을 주장하기 시작하였다.[13]

(5) 환경자원의 낭비로 인한 자원의 부족 문제

인간이 생존하기 위해 절대적으로 필요한 에너지, 물, 식량과 같은 환경자원이 환경의 파괴와 낭비로 인하여 점차 부족해지고 있다. 이라크 전쟁으로 인한 생산능력 감소와 중국 등 세계 석유수요의 폭증세로 OPEC의 여유생산능력은 고갈상태에 이르렀다[구자권, 2005 : 28-29]. 국제에너지기구(IEA : International Energy Agency)가 내놓은 에너지 장기전망보고서에 따르면 2040년이면 석유가 완전 고갈되며, 오는 2020년에는 석유 공급이 수요보다 만성적으로 부족해지는 석유파동이 도래해 본격적인 에너지 재앙이 시작될 것이라고 한다. 뿐만 아니라 산림자원의 경우에는 토질저하로 말미암은 사막화의 영향으로 식생의 파괴, 동식물군의 감소가 초래되어 생물다양성이 감소하는 원인이 되고 있으며, 환경오염에 따른 경지면적과 농업용수의 부족, 환경악화 등으로 인해 식량부족현상이 발생할 것으로 예상되고 있다.

5) 환경경영의 실천방안

(1) 환경정책 및 관행의 확립

기업들은 환경 관련 정부규제를 적극적으로 준수하여야 한다. 일찍이 1980년대

---

13 이들 선진자본주의 국가들을 중심으로 생태계가 기후변화에 자연스럽게 적응되며 식량생산이 위협받지 않고 지속 가능한 개발이 되도록 하는 UN기후변화협약, 유해 폐기물의 국가 간 이동 및 발생을 억제하고 발생된 폐기물에 대해서는 환경적으로 건전하고 안전하게 관리 및 처리되도록 하기 위한 바젤협약이 1990년대 초반에 체결되었으며, 그리고 계속하여 리우환경회의 등 국제적인 지구환경에 관한 논의는 환경과 무역을 연계시키려는 그린 라운드(Green Round)를 통해서 환경보존의 차원을 넘어 무역장벽화하는 추세를 보이고 있다.

에 일본과 독일의 자동차회사들은 보다 가볍고 효율적인 자동차를 개발함으로써 새로운 연료소비 기준에 적응하고 대기오염규제도 만족시키는 성과를 거둔 반면, 미국의 업계는 그러한 기준을 폐지하는 데만 애쓰다가 결국 경쟁력을 잃어버렸다. 이러한 예는 반드시 지켜야 될 규제라면 회피하기보다는 적극적으로 근원적인 대응방안을 찾는 것이 기업에게도 유리하다는 것을 보여준다. 또한 기업은 강제적인 법률의 준수뿐만 아니라 기업 자체적인 환경기준을 세워서 이를 실천해야 한다. 미국의 한 음료회사의 경우에는 법적으로 수거하여야 한다고 규정되지 않은 자사제품의 용기에 대하여 자신이 비용을 부담하여 스스로 이를 회수하여 재활용하는 시스템을 운영하고 있다. 또한 제품을 구입함에 있어서도 공해를 유발시킨다고 인정되는 공급처에 대해서는 가격이 싸다 하더라도 이를 구입치 않는 규칙을 만들어 이를 자체적으로 준수하고 있다.

(2) 녹색경영의 생산기반 구축

환경보호주의 실천을 위해 기업은 녹색경영의 실천의지를 확립하여야 한다. 녹색경영(green management)은 기업이 장기적인 관점에서 생태환경의 보존이 기업경영활동의 유리한 여건조성의 바탕이 된다는 인식을 가지고, 경영의사결정과정에서 기업활동의 결과 나타날 수 있는 환경영향에 대한 평가 및 환경이익에 대한 검토를 포함하는 기업경영의 수행방식이다.[14] 종래 기업의 생산활동은 단순히 판매할 수 있는 제품을 생산하는 것으로만 여겨졌지만, 오늘날에는 판매 후에 폐기물의 처리 및 재활용까지지도 고려해야 하는 것으로까지 확장되었다. 환경보호를 위한 기업의 순환시스템을 구축하기 위한 방안으로는 3R시스템을 예로 들 수 있다. 3R시스템이란 기업의 생산활동에 초점을 둔 개념으로, 첫째 생산과정에서의 오염물질 발생량을 근원적으로 줄이는 제품의 감량화(reduce), 둘째 제품 및 생산공정을 환경친화적으로 재구성하는 재설계(redesign), 셋째 이미 사용한 물품을 다시 사용할 수 있도록 하는 재활용(recycle) 등을 의미한다[Carroll, 1989 ; 두산그룹 환경관리위원회, 1993 참조].

14 녹색경영은 "에너지와 자원을 절약하고 효율적으로 사용하여 기후변화와 환경훼손을 줄이고, 청정에너지와 녹색기술의 연구 · 개발을 통하여 기업의 성장과 환경개선을 동시에 추구하는 경영방식이다. 기존상품에 비해 화석연료를 훨씬 덜 사용하는 하이브리드자동차, 전기자동차, 유기농식품, LED 조명 등이 이에 해당한다.

(3) 녹색경영의 마케팅 기반 구축

녹색경영의 일환으로서 그린 마케팅(green marketing)은 적정처리가 어려운 제품의 생산 중단, 과잉포장 및 불필요한 모델변경의 자제, 제품의 표준화 및 규격화, 리사이클(recycle)을 고려한 제품의 설계 등을 포함한다[Peattie, 1992]. 그린 마케팅을 위해 기업은 환경지향적인 제품 또는 녹색상품(green product)을 생산하고, 제품포장 시에 환경오염을 최소화하는 방향으로 노력을 기울인다. 보다 적은 원재료와 에너지의 사용, 재활용 가능성과 폐기물 처리의 용이성 등 제품생산 시에 환경지향성을 우선순위로 생각하는 것이다. 또한 그린 마케팅은 환경오염방지를 위해 각종 유통기관과 긴밀한 협력관계를 맺고, 소비자의 도움을 받아 재사용이 가능한 폐기물을 소비자로부터 생산자에게 환원시키는 역유통경로 시스템을 구축함으로써 재활용 시스템을 확립한다. 기업은 재활용이 효율적으로 이루어지도록 폐기물의 수집 · 분류 · 보관기능의 충실화, 유통업자에 대한 지도, 소비자에 대한 계몽, 재활용을 위한 예산관리와 같은 구체적인 실행계획을 수립하여야 한다.

> 2001년 3월 27일 대상은 전분을 이용한 썩는 플라스틱 제품 2종을 개발해 연간 1천3백억원대 규모의 환경소재산업시장에 본격 참여한다고 발표했다. 회사는 이를 위해 기존 쓰레기봉투나 쇼핑용 비닐봉투의 원료인 HDPE(고밀도 폴리에틸렌)에 섞게 되면 봉투가 자연분해되는 전분소재 필름용 생분해성 원료를 상품화했다고 밝혔다.
> 또 기존 사출용 플라스틱 제품을 대체할 수 있는 생분해성 원료도 생산하기 시작했다고 발표했다. 사출용 생분해성 원료의 경우 정전기 발생이 없어 반도체 기판과 같이 정전기에 민감한 전자부품 등의 수출용 포장재로 유용하다고 회사 측은 덧붙였다. 대상 중앙연구소 조관호 소장은 전분을 이용한 생분해성 제품의 응용화에 나서 칫솔, 포크, 도시락 용기 등 생활용품도 앞으로 내놓을 계획이라고 전했다. 이러한 전분을 이용한 생분해성 소재는 독성이 없고 다른 생분해성 소재에 비해 가격이 저렴해 시장이 확대될 것이라고 대상은 전망했다.

(4) 환경개선을 위한 조직 및 지원제도의 정비

환경보호를 실천하는 기업이 되기 위해서는 환경보호정신을 기업목표에 반영하여야 한다. 과거에는 기업이 환경 문제의 원인제공자로서만 인식되었지만 최근에는 기업이 환경 문제 해결의 주도적 역할까지도 담당하는 주체로서 인식되고 있다. 기업의 목표나 가치체계의 변화를 가져오는 내적 혁신이 이루어지지 않는다면 기업의 환경보호주의는 허구에 불과하고 오히려 사회적 불신을 증대시키는 결과를 초래할 수 있다. 이를 위해 기업은 환경보호주의를 실천하겠다는 환경선언을 하거나 기업의 환경보호이념을 실천하는 전담조직기구를 설치하는 것이 바람직하다. 환경 문제를 담당하는 조직은 일찍이 미국 · 일본 등의 대기업을 중심으로 확산되었으며,[15] 최근에는 우리나라 기업들도 공식적으로 환경주의를 선언하거나 환경문제를 전담하는 부서를 두고 있다. 환경보호에 힘쓰는 기업이 되기 위해서는 기업목표에 환경보호의지가 반영되어야 할 뿐만 아니라 환경단체를 재정적으로 지원할 필요가 있다. 우리나라의 경우에도 '환경운동연합', '그린패밀리운동연합', '녹색연합' 등의 환경운동 시민단체들이 NGO(Non Government Organization)의 형태로 운영되고 있다.

자료 : 유한킴벌리 홈페이지.

(5) 환경회계 및 환경평가제도의 도입

기업이 환경보호를 실천하기 위해서는 환경보호활동을 적절하게 평가할 수 있어야 한다. 이러한 노력의 일환으로 회계보고부문에 있어서 환경 문제를 고려하는 환경회계제도와 기업의 대환경활동의 결과로 발생되는 비용과 효익에 대해 관심과 책임의식을 갖기 위해 도입된 책임회계제도(responsibility accounting)를 활성화할 수 있다. 또한 기업은 기업이 환경관리와 환경개선에 대한 투자의 효율성을 평가하여 환경경영의 목표와 전략을 세우기 위한 환경평가제도를 도입하도록 노력하여야 한다. 이를 위한 객관적 평가지표로는 환경성과지표(EPI : Environmental Performance Indicator)를 들 수 있다. 환경성과지표란 환경을 고려한 경영에서 개선의 목표로 삼

15 일본에서는 최고경영자들 간의 협의체인 '환경위원회', 특히 미쓰비시상사는 '지구환경실', 후지필름은 '환경안전추진실' 및 '그린 펀드(green fund)' 등을 운영하여 환경 문제의 해결과 기업의 환경이미지 개선에 힘쓰고 있다.

았던 대상을 말하는 것인데(예를 들어, 이산화탄소 발생량이나 BOD, 독성물질 등), 이는 기업활동에 따른 환경에 대한 위해성 및 환경영향을 고려한 기업의 환경경영활동 성과를 측정 · 분석 · 평가하는 데 도움을 준다.

5 공유가치창출(Creating Shared Values)경영

CSV는 새로운 가치를 창출하는 활동이다. 우리나라 대기업들은 어려운 가정을 돕고 저소득층에 연탄을 기부하는 등 기업의 주요 사업과는 거의 관계가 없는 CSR 차원에서 보통 매출액의 약 1%를 사회공헌사업에 쓰고 있다. CSV는 회사의 비즈니스 모델 차원에서 접근되는 것이다. 즉 마이클 포터 교수가 주장하는 CSV는 기업이 가진 비즈니스 모델을 통해 사회 문제도 해결하고자 하는 접근방법이다.

'공정무역(fair trade)'이란 개발도상국 농부들에게 더 많은 수익을 보장하기 위한 취지로 생긴 무역활동이다. 예컨대, 공정무역 커피는 일반 커피보다 보통 10% 정도 비싸게 구매해 주는데, 이는 전형적인 CSR(Corporate Social Responsibility, 기업의 사회적 책임) 활동이다. 하지만 이것만으로는 현지 농부들의 삶을 크게 변화시키지 못한다. 기업 입장에서도 양질의 원재료를 다량으로 확보하기 힘들다. 그런데 다국적 식품회사 네슬레는 아프리카의 코트디부아르에서의 코코아 생산, 인도에서의 우유 생산 과정에서 자신들이 가진 새 품종과 농사짓는 기술, 가공기술 등을 현지 농부들에게 전해 주었다. 그러자 현지 농부들의 수입이 300% 가량 늘어났고 네슬레

자료 : 유한킴벌리 홈페이지.

도 양질의 원료를 충분히 확보할 수 있었다. 이와 같이 사회와 기업에 모두 이익이 되는 좋은 혁신을 하자는 것이 바로 CSV(Creating Shared Value, 기업과 사회의 공유가치 창출)이다.

기업들, 특히 대기업들이 자신들이 보유하고 있는 특허나 기술을 누구나 사용할 수 있도록 공개하는 경우를 볼 수 있다. 오래되거나 별로 사용하지 않아 활용도가 저하되어 있는 자원이나 최신의 지식이나 기술을 공유하는 것이다. 그것이 설혹 경쟁기업에게 활용된다고 할지라도 공개 · 공유하는 것이다. 예를 들어 자기가 가지고 있는 자원을 상대방과 공유함으로써 상대방도 이익을 얻고 자기에게도 이득이 돌아오게 되는 과정을 말한다. 기업들은 수많은 인적 · 물적 자원을 가지고 있지만 대부분 지금 당장 활용하지 않는 자원도 계속 집착한다. 활용되지 않는 자원과 기득권을 다른 기업들이나 이해관계자들과 공유함으로써 서로 시너지를 만들어 상호 이익을 얻는 것이다.

마이클 포터 교수는 다음의 3가지 접근방법에 의해 경쟁력 향상과 사회적 과제 해결을 위한 공헌을 동시에 실현하는 비즈니스, 즉 공유가치의 창조가 가능하다고 주장한다.

첫째, 고객 니즈, 상품, 시장의 재구성(reconceiving products & market)이다. 사회적인 과제를 비즈니스 기회로 포착하여 제품이나 서비스를 디자인한다. 종래의 비즈니스에서는 고객이 아닌 부문을 블루오션으로 간주한다. 탐스 슈즈의 'One for one'은 최초 설립부터 신발을 한 켤레 팔면 한 켤레를 어려운 사람에게 전달하는 활동이다. 사회적 가치를 증진시키는 데 소비자들이 투명하게 참여할 수 있는 기회를 제공하면서 브랜드 가치를 올리는 것이다. 일본 미쯔이 화학이 개발 중인 CO_2 원료의 메탄올 제조기술은 지구온난화라는 사회적인 과제를 비즈니스로 해결함을 추구하고 있다.

둘째, 가치사슬의 생산성을 재정의(redefining productivity in the value chain)하는 것이다. 가치사슬 전체를 통한 에너지 이용의 효율화, 자원의 효율적 이용, 물류의 효율화 및 변혁, 공급자의 육성이나 지원, 종업원의 안전위생 향상 등에 의해 경쟁력 강화를 도모한다. 전술한 네슬레의 사례 외에도 GE는 이러한 사회적 문제들을 회피하지 않고 아예 비즈니스 모델(GE의 Eco-imagination) 자체를 이에 맞게 바꾸었는데 환경 문제를 해결하기 위하여 대규모 투자를 단행했고 큰 성공을 거두었다.

셋째, 기업이 거점을 둔 지역을 지원하는 산업 클러스터의 구축(enabling local

cluster development)이다. 기업 스스로가 지역 커뮤니티의 교육수준의 향상, 공중위생의 개선, 인프라 정비, 오픈되고 투명한 시장을 정비하는 데 공헌함으로써 자사의 생산성을 높이기 위한 클러스터를 구축한다. 예컨대, 미국에서는 세계 최대의 무기비료 메이커인 야라(Yara) 인터내셔널사가 작물이나 비료의 수송을 위해 항만이나 도로 정비에 적극 투자한 결과, 농업 클러스터가 형성되어 지역고용을 창출하였다.

CSR과 CSV의 차이

구분	CSR	CSV
이념 및 추구가치	사회적으로 선한 행동(doing goods) 비용집행(spending)	비용대비 경제적 효익(가치)과 사회적 효익(가치) 창출(economic and societal benefits relative to cost)
본질적 역할	선량한 시민으로서의 기업, 지속 가능성, 사회공헌(citizenship, philanthropy, substantiality)	조인트 기업과 지역공동체의 상생가치 창출(joint company and community value creation)
자발성 여부 모티브	외부압력에 대한 반응 또는 재량(discretionary or in response to external pressure) 외부이해관계자의 요구(압력) 반응적(reactive) 환경규제 등 외부압력에 의해 수동적으로 설정	경쟁에 필수적임(integral to competing) 기업전략(corporate strategy) 선도적(pro active) 기업 상황에 맞게 주체적으로 설정
담당부서	사회공헌팀(CSR, Public affairs) CSR 예산	전사차원에서 접근 전사차원의 예산
활동결과 얻는 바	기업에 대한 좋은 평판(corporate reputation, goodwill) 위험감축(risk reduction)	경쟁우위(competitive advantage) 신사업기회포착(new business opportunities)
기본 시각	이익창출과는 무관한 시혜적 활동(비용으로 인식) 이익극대화와 별개 문제로 접근	이익극대화를 위한 투자로 인식 이익극대화와 결합하여 접근
어젠다	외부보고를 위한 어젠다 설정	기업고유의 주체적 관점에서 어젠다 설정
예	공정무역 구매(fair trade purchasing)	품질향상과 수율향상을 위한 조달혁신(transforming procurement to increase quality and yield)

종래에 경쟁우위는 기업이 독자적으로 가지고 있는 자원에 기반해 확보하게 되는 것으로 이해되어 왔지만, CSV 관점은 이해관계자와 공유하고 있는 자원으로 경쟁우위를 형성할 수 있다고 보는 것이다. 즉 상호성을 바탕으로 한 비즈니스 모델

에서는 자원을 공유하면 남들이 새로운 시도를 하고 실험을 해 더 많은 것을 돌려줄 수 있다는 것이다. 상호 이익(reciprocity advantage)은 자기가 가진 기득권을 전략적이고 현명하게 주변에 나누어 주고 돈을 버는 방식이다. 계약이나 아웃소싱 같은 일반적 '거래'와는 달리 상호 이익 행위는 주고받는 점에서 거래와 비슷하지만 좋은 목적으로 준다는 점에서 사회공헌으로 볼 수도 있다. 상호 이익의 독특한 점은 대체 불가능성이다. 무언가를 하고 싶은데 상대방 없이는 안 하겠다고 하는 것이 상호 이익이다. 예를 들어 애플과 음반회사들은 아이팟을 성공적으로 만들기 위해서 서로가 절실히 필요했다. 상호 이익은 최적의 파트너와 파괴적 혁신을 포용하는 것이니 통제에 대한 욕심을 내려놓아야 한다. IBM은 개방성과 지적재산권 서비스를 아주 잘 조합해서 상호 우위를 만들어 내는 기업이었다. MS의 동작인식 인터페이스 키넥트(Kinect)는 지적 재산권을 현명하게 포기해서 오히려 새로운 가능성을 발견하고 사업을 키운 예다. MS는 2010년 키넥트를 출시하자마자 해킹당하는 바람에 울며 겨자 먹기로 프로그램을 공짜로 풀어버렸다. 지적 재산권을 포기하고 해커들을 상대로 소송도 걸지 않은 것이다. 공짜로 키넥트를 쓸 수 있는 해커들과 컴퓨터 전문가들은 키넥트의 활용영역을 확장시켰다.

미국 건국 초기엔 유니언 퍼시픽 레일로드(Union Pacific Railroad) 같은 열차회사들은 열차 트랙이 놓인 땅의 소유권도 가지고 있었다. 그런데 전보가 발명되자 전보회사는 전선을 연결할 수 있도록 철도가 놓인 땅을 쓸 수 있게 해 주길 원했다. 만약 철도회사가 현명했다면 자동차, 비행기의 증가로 철도 수요가 감소할 것을 알고 전보나 전화 같은 통신혁명에 올라탔을 것이다. 전선이 놓일 땅에 대한 소유권을 가지고 있었으니 말이다. 그러나 열차회사들은 전보를 기차 도착 시간을 빨리 알리는 데만 썼다. 결국 그들은 통신혁명에 아무런 이니셔티브를 가지지 못했다.

6 사회적 기업과 소셜벤처

사회적 기업은 사회적 가치 실현이라는 우선적 목표를 가지고 경제적 이윤을 추구하는 기업으로서, 사회적 기여의 사명을 추구하는 비영리 단체의 특성과 경제적 이윤의 극대화를 추구하는 영리목적 기업의 특성을 모두 가지고 있는 기업이라는 것이다. 모어댄은 폐차의 시트나 에어백 등을 활용해서 가방과 액세서리를 만드는 사회적 기업이다. 자원을 재활용하는 방식으로 환경개선에 기여하면서도 디자인과 기능성을 살리고 있다.

사회적 기업의 중요한 특징 중 하나는 영리목적 기업과 비영리 단체의 중간 형태를 가지는 기업이라는 것이다. 사회적 기업과 영리기업은 스펙트럼상에서 이해할 수 있다.

사회적 가치 추구 ⟷ 경제적 이윤 추구

전통적 비영리 단체 (traditional non-profit organization)	수익활동 비영리 단체 (non-profit organization with income generation)	사회적 기업 (social enterprise)	사회적 책임활동 기업 (corporation practicing social responsibility)	전통적 영리목적 기업 (traditional for-profit corporation)

자료 : Alter, 2007 : 14 재구성.

비영리 단체는 기부금과 시민사회의 자발적 참여 등을 바탕으로 사회적 가치 제공의 사명에 충실한 단체인 반면, 사회적 기업은 사업 모델(business model)을 가지고 지속적인 영리활동을 통해 수익을 추구한다는 점에서 비영리 단체와 다르다. 비영리 단체 중에서도, 수익활동을 동반하는 비영리 단체의 형태도 있지만, 비영리 단체의 수익활동은 비영리 단체의 운영에 필요한 전체예산의 극히 일부분을 차지하는 자금을 조달하는 보조적인 활동으로서 전통적 자금조달방식을 보완하는 경우가 대부분이며, 비영리적 서비스 제공이나 봉사활동을 수행하는 과정에서 수행비용의 일부 혹은 전부를 보전하기 위한 소극적 형태의 수익활동으로 수행되는 경우가 많다. 또한, 사회적 기업은 비영리 단체처럼 사회적 가치의 추구를 우선적 목표로 삼는다는 점에서, 이윤의 극대화만을 추구하는 영리목적 기업과 다르며, 이윤의 극대화를 우선적으로 추구하면서 부차적으로 자선활동과 사회공헌활동 등 기업의 사회적 책임활동(corporate social responsibility)을 수행하고 있는 사회적 책임활동 기업과도 다르다.

소셜벤처는 사회적 기업과 벤처의 특성이 합쳐진 벤처기업이다. 소셜벤처는 사회적 기업의 사회적 가치와 벤처의 재무적 영리수익 양자를 모두 추구하지만, 벤처기업처럼 벤처정신을 발휘하여 이노베이션을 강력하게 추구하여 성과를 창출하고 사회적 기업처럼 이익의 50%를 사회적 문제 해결에 사용한다. 우리나라 정부는 2018년 소셜벤처 활성화를 위한 1,200억 규모의 소셜임팩트 펀드를 '임팩트 투자'라는 명칭으로 신설한 바 있다.

협동조합은 소유권이 특수한 대리인 범주나 출자자(소비자, 노동자, 생산자)에게 있는 기업이다. 역사적으로 협동조합은 조합원들의 이해를 보호하거나 삶의 질을 개선하기 위한 특정 집단의 역량을 높이는 역할을 해 왔다. 주식회사나 사단법인 등이 하나의 단일한 조직이라면, 협동조합은 그렇지 않다. 예를 들어 겉으로는 동일하게 보이는 슈퍼마켓을 운영하더라도 공동구매를 목적으로 소비자들이 모여 만들면 소비자협동조합이 되고 유통판매를 목적으로 직원들이 모여 만들면 직원협동조합이 되며 공동판매를 목적으로 가공업체들이 모여 만들면 사업자협동조합이 된다. 따라서 협동조합으로 사업을 한다면, '우리가 하려는 협동조합은 어떤 모델인지'를 분명히 해야 한다. 협동조합의 모델로는 ① 소비자(구매, 이용)협동조합, ② 직원협동조합, ③ 사업자협동조합, ④ 다중이해관계자협동조합, ⑤ 사회적 협동조합 등이 있다.

제 10 장

경영환경 변화의 메가트렌드

1. 경영환경의 변화
2. 경영환경 변화의 3가지 속성
3. 경영환경 변화의 핵심동인
4. 경영환경 변화의 메가트렌드
5. 어떻게 하면 미래변화를 빨리 읽을 수 있을까?

기술과 산업혁명의 메가트렌드

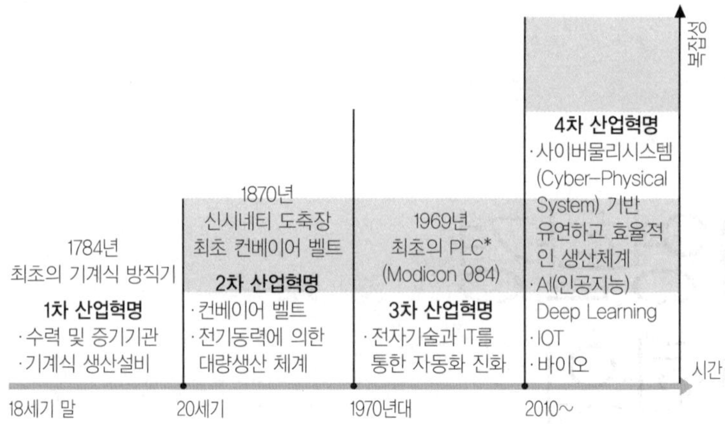

주 : *PLC : Programmable Logic Controller

삶과 역사를 바꾼 기술들

- 석기, 청동기, 철기, 신소재
- 종이, 화약, 나침반
- 구텐베르크 인쇄기
- 방직기, 방적기
- 석탄, 전기, 석유, 가스, 원자력(1945), 풍력, 태양광
- 스니커즈(고무창 운동화)(1917), 합성고무(1929)
- 여성 패션의 일대 혁명을 가져온 나일론 스타킹(1934)
- 주부들의 일손을 덜어주는 데 효자 노릇을 한 주방용 밀폐용기(1947)
- 전자렌지(1947), 냉동식품(1955), 기저귀(1961), 인스턴트 라면(1958)
- 페니실린(1928) : 인류의 수명 연장에 크게 기여한 의료혁신
- 소아마비 백신(1954) : 1954년 미국 내 10만 명당 13.9%이던 발병률이 1961년 0.5%로 감소
- 피임약(1961), 비아그라(1998)
- 복사기(1938)
- 제트엔진(1930), 헬리콥터(1939), 레이더(1940)
- 자동차 변속장치(1939)
- 1926년 포드사는 날개 달린 자동차 1대를 실험용으로 만든 적이 있으나 상업성이 없다는 판단 아래 대량 생산으로 이어지지는 못함.
- 주파수 변조(1934)
- 텔레비전(1927)
- 비디오 전화(1931), 휴대전화(1947), PCS : Personal Communication Service(1987)
- LP레코드(1948), 디스크 드라이브(1956), 컴퓨터 마우스(1968)
- 뮤추얼 펀드(1924), 자산관리계좌(1977)
- 할리데이 인(Holiday Inn)(1952) : 호텔식 프랜차이즈 여관(쾌적한 호텔 같지만 가격은 저렴한 모텔)
- 맥도널드(1955) : 패스트푸드
- 컨테이너(1956)
- 인터넷(1969), 월드와이드 웹(WWW)(1991), 인터넷 비즈니스(1995), 스마트폰(2010)
- 블록체인(2008), 드론(RC멀티콥터)(2015)
- 인공지능(AI)(1943), Deep Learning(1980, 2006), 로봇

4차 산업혁명

2016년 1월 스위스 다보스에서는 '제4차 산업혁명의 이해'라는 주제 아래 세계경제포럼 일명 다보스포럼이 개최되었다. 4차 산업혁명은 3차 산업혁명을 기반으로 디지털과 바이오 산업 그리고 물리학 등의 경계가 융합되는 기술혁명이다. 18세기 중반부터 19세기 초반까지 영국에서 시작된 기술혁신과 그에 따른 사회적 · 경제적 변혁을 우리는 통상 산업혁명이라고 지칭한다. 농업, 수공업 위주의 생산방식이 기계장비를 활용한 공장제 생산방식으로 혁명적으로 변화된 것을 지칭한다. 19세기 말 토마스 에디슨이 전기발전소를 건설하면서 전동기 내열기관 과학소재분야의 일대 기술혁신과 함께 전기에너지를 이용한 산업시스템 혁신이 일어나고 조립 대량생산방식이 등장하는데, 이를 2차 산업혁명이라고 한다. 1차 산업혁명이 증기를 동력화하여 영국을 세계의 공장으로 자리잡게 했다면 2차 산업혁명은 전기에너지 자동차 산업을 기반으로 미국을 세계 최강국으로 부상하게 만들었다. 3차 산업혁명은 전자기기, ICT 기술혁신, 전자 · 정보기술을 이용한 생산자동화와 인터넷 기술을 기반으로 생산방식을 혁명시킨 것을 지칭한다. 4차 산업혁명은 인공지능(AI), 사물인터넷, 로봇, 3D 프린팅, 바이오 공학 등에 의해 새롭게 형성되고 있는 생산방식, 일하는 방식, 사회적 · 경제적 관계방식의 혁명적 변화를 말한다.

2008년 9월 미국 굴지의 부동산회사인 리먼 브라더스의 파산으로 촉발된 글로벌 금융위기는 우리나라 기업경영에 상당한 영향을 미쳤다. 또한 최근 중국 경제의 부상으로 우리나라의 기업들은 커다란 영향을 받고 있다. 이처럼 다른 나라의 사회적 · 경제적 변동이 오늘날에는 기업경영에 직·간접적으로 큰 영향을 주고 있다.

신기술 및 첨단기술(high technology)은 기업경영에 매우 커다란 영향을 미치고 있다. 그러한 예를 찾아보자.

학습문제

Q1 경영환경이 변화하는 데 있어서 핵심적인 동인은 무엇인가?

Q2 경영환경의 변화는 어떤 특성을 나타내고 있는가?

Q3 경영환경은 어떻게 변화되어 가고 있는가?

핵심용어

경영환경 변화의 3가지 속성, 범위의 확장, 복잡성의 증대, 가속화, 글로벌화, 다원사회화, 정보사회화, 무경계화

1 경영환경의 변화

기업을 둘러싼 경영환경은 급속히 변화하고 있으며, 그 변화추세는 더욱 가속화되어 왔다. 급변하는 경영환경은 기업경영에 광범위하게 영향을 미쳐 기업의 성공과 실패를 좌우하는 치명적인 요인으로 작용할 수 있다. 경영환경의 변화가 급속히 일어나는 시기에는, 어떻게 경영환경의 변화에 대응할 것인가 하는 문제가 기업의 사활을 결정할 정도로 매우 중요한 문제이다. 경영자는 경영환경 변화에 적극적이고 능동적으로 대응할 필요가 있다.

경영환경의 변화양상은 동태성(dynamics) 개념을 통해 이해할 수 있다. 동태적으로 변화하고 있는 경영환경은 기업에 대하여 직접적인 충격을 가할 뿐만 아니라 기업과 사회 간에 빈번하게 제기되고 있는 여러 가지 사회적 문제들을 야기한다. 여기서 경영환경의 동태성이란 다양한 경영환경요인들이 상호 의존성을 바탕으로 복합적으로 표출되며 급속하게 변화하고 있음을 의미한다.

경영환경의 동태성으로 인해 기업은 자신에게 영향을 미칠 외부적 조건이 미래에 어떻게 나타날지를 정확히 예측하기가 더욱 어려워진다. 앞으로 일어날 환경의 변화가 무엇인지, 그리고 환경변화에 대응하려는 기업행동의 결과가 어떻게 나타날지도 알기 힘들어지는 것이다. 동태성에 의해 초래되는 이러한 현상을 흔히 환경의 불확실성(uncertainty)이 증대한다고 말한다[Bartol 외, 1991 : 93−95 ; Baird 외, 1990 : 156−157]. 만약 경영환경의 불확실성이 낮다면, 즉 우리들이 경영환경의 변화를 어느 정도 정확히 예측할 수 있다면 쉽게 그 대응방안을 마련할 수 있다. 그러나 현실의 경영환경은 매우 불확실하며 이러한 불확실성은 더욱 커질 것으로 예상된다. 따라서 기업이 경영환경의 전체적인 변화양상을 보다 주의 깊게 분석해 대응하지 못한다면 수많은 시행착오 속에서 나타나는 실패의 위험을 감수할 수밖에 없을 것이다.

기업이 끊임없이 변화하는 경영환경에 효율적으로 적응 · 대응하면서, 사회 속에서의 기업의 바람직한 모습을 구현하지 않으면 그 존속과 성장이 어려워진다.

2 경영환경 변화의 3가지 속성

환경의 동태성과 환경의 불확실성을 촉진하는 요인은 범위의 확장, 복잡성의 증대, 변화의 가속화라는 세 가지 관점에서 설명할 수 있다.

1) 범위의 확장

기업이 더욱 개방적이 되고 사회조직들 간의 상호 관련성이 증대됨에 따라 경영환경의 범위는 계속해서 확장되어 가고 있다. 경영환경의 범위확장(extension of scope)을 지리적 차원에서 보면 국내에서 국외로, 더 나아가 세계화(globalization) 단계로 넘어가고 있다. 활동영역의 차원에서 보면 기업경영활동과 직접적인 관련성을 맺고 있는 대상도 종전의 소비자나 노동조합 등에서 지역사회 및 각종 사회단체로 그 범위가 확장되어 가고 있다. 또한 과거에는 경제적 환경 일변도로 기업경영에 대한 영향력을 생각하였지만, 최근 들어와 사회적 · 정치적 환경의 중요성이 더욱 부각되고 있다. 이에 따라 현대기업이 관심을 기울여야 할 환경의 범위는 매우 넓어지고 있다.

2) 복잡성의 증대

경영환경의 범위가 확장되어 그 구성요소가 다양화되는 것과 함께 환경요인들 간에도 서로 상호작용을 하게 되므로 경영환경의 복잡성(complexity)은 더욱 증가하고 있다[Robbins 외, 2009 ; Gomez-Mejia 외, 2008]. 예를 들어, 우리나라에서 지방자치제가 실시됨으로써 그에 따른 정치적 환경의 변화는 그 자체로 끝난 것이 아니라 조세제도의 변화, 국토개발정책의 변화, 지방경제의 활성화, 지역사회운동의 활성화 등과 같은 여타 경영환경의 변화를 촉발하며, 이는 다시 지방자치제의 상화라는 추가적 변화를 동반하게 된 것이다.

3) 변화의 가속화

현대사회로 발전해 오면서 경영환경의 변화속도(rate of change)는 더욱 빨라지고 있으며, 이에 따라 경영환경에 대한 기업의 신속한 대응과 함께 미래의 변화를 예측하고 대응하는 예방활동이 요구되고 있다. 특히 상품의 라이프 사이클 단축과 정보통신기술의 급격한 혁신으로 인해 기업을 둘러싼 환경변화의 속도는 더욱더 빨라지고 있다. 이렇듯 경영환경의 변화가 가속화됨에 따라 환경변화의 동태적 메커니즘을 이해하는 것이 기업의 지속적인 생존과 성장에 중요한 요소로 부각되고 있는 것이다.

3 경영환경 변화의 핵심동인

다니엘 벨(Daniel Bell)은 "이 세상의 모든 것은 변하는데, 단 한 가지 변하지 않는 것이 있다면, 그것은 이 세상에서 변하지 않는 것은 없다는 사실이다."라고 이야기하면서 미래사회의 환경변화에 대해 강조한 바 있다. 경영환경 변화는 새로운 사업기회를 제공해 주는 동시에 경영활동에 위협요인으로 작용하기 때문에 경영자는 생존과 성장을 계속하기 위해서는 끊임없이 변하고 있는 경영환경에 능동적으로 대처할 수 있는 적응능력을 갖추어야 한다.

경영환경의 변화동인은 기술발전의 고도화(과학기술혁명)와 인간욕구의 다양화(인간존재혁명)의 두 가지로 요약할 수 있다. 이들 두 가지의 변화동인은 서로 밀접한

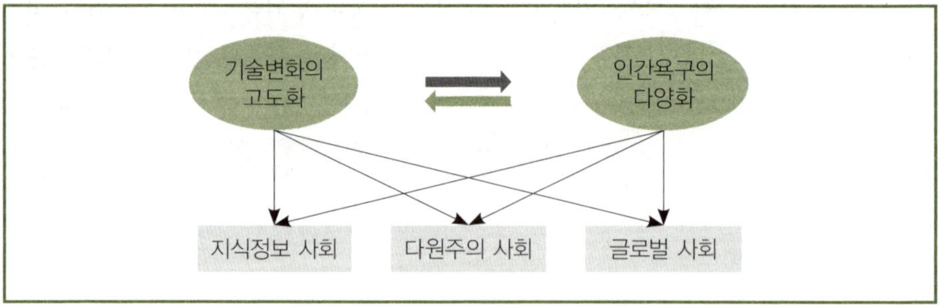

관련을 맺으면서 새로운 사회의 모습을 만들어 나가게 된다[렉 컨설팅그룹, 1993 : 509-516].

경영환경을 비롯한 인류사회 변화의 원천으로 가장 빈번하게 언급되어지는 요인이 바로 과학기술이다. 오늘날 과학기술은 날로 그 수명주기가 급속도로 짧아져 가고 있으며, 고도의 전문적 기술들이 서로 결합되는 이른바 기술의 고도화 현상이 일어나고 있다. 이러한 양상들은 앞으로도 더욱 가속화될 것으로 보이며 현재의 우리가 상상할 수 없을 정도로 새로운 과학기술들이 끊임없이 등장하는 '과학기술혁명'이 이루어지고 있는 것이다. 글로벌 인프라 기술기업 GE는 미래를 밝힐 기술 6가지로 극한의 상황을 견디는 기계, 내구성 및 내열성이 뛰어난 슈퍼 소재, 기계와 사람 또는 기계를 연결하는 산업인터넷, 뇌 의학, 클라우드 기반의 차세대 스마트 공장, 어디서나 작동하는 발전시스템을 꼽고, 이를 '넥스트 리스트(Next List)'로 명명하기도 했다. 전기배터리 기술의 발전과 인공지능 기술 및 5G 통신기술의 발전은 사물인터넷, 로봇시스템, 차량 자율주행시스템을 실현시키고 있다.

경영환경의 또 한 가지 변화동인은 인간욕구의 다양화이다. 앞으로도 사회에서는 기술발전 못지않게 조직구성원들을 비롯한 사회일반인들의 욕구와 태도의 변화가 크게 일어나 인간가치의 다양화와 욕구의 고차원화가 두드러지게 나타날 것으로 전망된다. 이와 같이 앞으로의 사회에서는 여가 및 레저 생활에 대한 욕구, 문화향유에 대한 욕구, 정보 및 지식에 대한 욕구, 인간적 유대관계에 대한 욕구와 같은 고차원적인 사회적 욕구가 더욱 강하게 표출될 것으로 보인다. 즉, '인간존재혁명'이 이루어지고 있는 것이다.

현재는 물론 앞으로 더욱 두드러지게 나타날 기술발전의 고도화와 인간욕구의 다양화는 서로 밀접한 관련을 맺으면서 새로운 사회를 만들어 나가게 될 것이다.

> 2018 Soft Bank World Conference Forum에서 손성의 회장은 미래는 AI를 거머쥔 자가 지배한다고 강연하였다. 그는 AI는 인류 사상 최대의 혁명이 될 것이고, 그것은 앞으로 10년 내에 확실하게 알 수 있을 것이며, 하루 8시간 노동하는 인간과 달리 AI는 24시간 가동되며 모든 산업을 재정의할 것이라고 단언했다.

> 2017년 말 ICT 분야의 124명이 심층 집단토론을 해 한국, 미국, 유럽연합(EU), 일본, 중국의 상대적 기술 수준을 분석한 결과보고서인 정보통신기술진흥센터(IITP)의 '2017년 ICT 기술수준조사'는 미국의 AI 기술력을 100으로 봤을 때 지난해 한국의 기술력을 78.1이라고 평가하였다. 중국은 1년 만에 10.1 오른 81.9를 나타내 처음 한국을 추월했고, 83.0인 일본도 위협하고 있다. 2016년엔 한국이 73.9, 중국이 71.8이었다.
> 한국 정부는 세계적 수준의 AI 기술력을 조기에 확보하기 위해 2022년까지 향후 5년간 2조 2,000억 원을 투자한다. 이를 통해 기술력 확보와 최고급 인재를 양성하고, 개방협력형 연구기반을 조성할 계획이다. 세부적으로는 AI 기술개발에 1조 6,000억 원, 인력양성에 4,700억 원, 연구기반 조성에 1,000억 원가량 투입된다. 기술력 확보를 위한 첫 번째 중점 추진과제는 공공분야(국방, 의료, 안전 등)를 대상으로 대형 AI 프로젝트를 추진해 머신러닝, 시각 · 언어지능 등 범용기술 연구를 중심으로 독자적인 AI 기술력을 확보하는 것이다.
> 자료 : 4차산업혁명위원회.

4 경영환경 변화의 메가트렌드

변화동인에 의해 만들어질 새로운 사회의 모습으로서 기업경영활동과 밀접한 관련성을 지니게 될 대표적인 변화추세로 지식정보 사회, 다원주의 사회, 그리고 글로벌 사회의 세 가지를 들 수 있다.

1) 지식정보 사회

현대사회는 컴퓨터, 전자공학, 정보통신 등에 기초한 정보산업의 혁신적 발전을 주축으로 하는 지식정보 사회로 진전되었다. 지식정보 사회(knowledge/information society)란 무형의 자산인 지식 · 정보의 보유여부에 의해 개인과 기업조직의 가치가 결정되는, 따라서 새로운 지식 · 정보의 습득을 위해 끊임없는 변화와 혁신을 요구하는 사회이다[Holtshouse, 1998 : 5]. 이에 따라 경영자들은 정보를 효율적으로 처리하는 것뿐만 아니라 새로운 지식과 정보를 지속적으로 창조하는 것이 더욱 중요한 과제가 되는 지식정보 사회로의 이행이라는 커다란 사회적 지각변동을 경험하고 있다.

일찍이 토플러(A. Toffler)는 지식정보 사회라고 하는 미래사회로의 변화과정에서 지식이 권력의 원천이 되는 권력이동(power shift)이 일어날 것이며 그 과정에서 기존의 권력구조 전체의 붕괴가 가속화되고 유례없는 정보전쟁이 수반될 것임을 주장하였다. 또한 드러커(P. F. Drucker)는 "지식은 경제의 가장 중요한 자원이며 가장 지배적인 경쟁우위 요소가 될 것이다."라고 말했다. 지난 20세기는 21세기의 지식정보 사회가 도래하도록 일련의 가치들의 위상을 바꾸었는데 그것은 물리적 형태를 갖는 부의 가치와 중요성이 줄어드는 대신 두뇌의 힘, 즉 지식 · 정보가 우위를 점하게 되었다는 것이다[Ruggles & Holtshouse, 2001 : 25 재인용]. 이와 같이 지식정보 사회에서는 지식의 분배가 쟁점으로 부각되는 사회로 과거 산업화 시대에서 대두한 '부의 분배' 문제가 아닌 '지식의 분배' 문제가 대두할 것으로 전망된다. 지식정보 사회의 특징은 다음과 같다.

> **지식정보 사회의 특징**
>
> ① 생활양식과 사회구조의 변화 야기
> ② 사회적 권력의 원천 변동
> ③ 탈비즈니스 사회의 출현
> ④ 컨버전스와 정보공유의 진행
> ⑤ 유비쿼터스 사회의 도래

첫째, 지식정보 사회로의 이행으로 우리의 생활양식과 사회구조가 크게 바뀌게 될 것이다. 즉, 표준화 · 전문화 · 동시화 · 집중화 · 극대화 · 집권화라는 산업사회의 특징을 뛰어넘어 파트타임 노동의 확산, 미디어의 탈대중화, 생산자와 소비자의 융합에 따른 생산소비자(prosumer)의 출현, 가정직장의 출현과 같은 새로운 생활양식과 새로운 형태의 사회구조가 형성될 것이다. 또한 탈규격화, 탈전문화, 탈동시화, 탈집중화, 탈극대화 등과 같은 새로운 가치관들이 더욱 두드러지게 나타날 것이다[Naisbitt, 1994]. 이러한 변화는 기업의 조직구조에도 영향을 미치는데, 정보기술의 발전으로 기업조직 내의 계층이 단순화되며 전통적인 피라미드 조직구조에서 벗어나 수평적 조직구조로의 전환이 가속화될 것이다. 여러 가지 경영혁신의 결과로 계층 간의 지식교환이 더욱 원활하게 이루어지고 새로운 지식창출을 위한 계층 간 협동이 긴밀해질 것으로 전망된다.

둘째, 지식 및 정보의 중요성이 커짐에 따라 사회적 권력의 원천이 변동하게 될 것이다. 지식정보 사회에서는 정보 및 지식을 장악하기 위한 정보전쟁이 더욱 치열하게 벌어질 것이다. 정보 및 지식은 원자재 · 시간 · 장소 및 자본의 필요를 감소시켜 주는 주요 생산자원이 되고 있으므로 이를 장악하기 위한 정보전쟁이 사회의 도처에서 벌어지며, 이러한 정보전쟁 속에서 기업의 성패는 정보통신 네트워크를 통해 정보를 입수하고 전달하는 데 크게 의존하게 될 것이다[Toffler, 1990].

앞서 말한 것처럼 토플러는 정보화 사회라고 하는 미래사회로의 변화과정에서 지식이 권력의 원천이 되는 권력이동이 일어날 것임을 예측하고 있다. 산업화 시대 이전에는 생산과정을 통제하기 위한 권력으로 폭력과 같은 저품질 권력에 의존하였고, 산업화 시대에는 중품질 권력인 금력을 주로 이용하였지만, 미래사회에서 생산과정은 지식이라는 고품질 권력과 융합되어 능률을 수반하게 된다. 지식은 누구나 소유할 수 있는 가능성이 크기 때문에 지식사회에서의 권력은 가장 민주적이고 융통성을 가지고 있다는 특징 때문에 지식이 권력의 주요 원천인 사회에서는 권력이 광범위하게 분산화되어 중앙집권적 위계조직이 붕괴되고 다차원적 모자이크형 권력사회가 될 것이다[Toffler, 1990].

셋째, 지식노동자가 중심이 되는 탈비즈니스 사회가 출현할 것이다. 현대사회는 정치 · 경제 · 행정에서의 변화보다도 정보사회와 지식사회로의 이행으로 인해 지식노동자(knowledged worker)가 중심이 되는 탈비즈니스 사회가 되어 가고 있다. 산업화 초기단계의 사회에서는 사회적인 계층이동이 기업가적 정신에 의한 비즈니스의 성공을 통하여 이루어졌지만 앞으로의 사회는 점차 지식중심의 사회로 이행되어 비즈니스의 성공뿐 아니라 지식과 교육이 주요한 계층이동의 길이 될 것이다. 이와 더불어 사회 전체적으로 모든 산업 및 사회 분야에 있어서 지식노동이 중심이 되고 그것에 종사하는 사람들이 사회적으로 중심적인 지위를 갖게 될 전망이다[Drucker, 1989].

넷째, 모든 정보가 디지털화되면서 이전까지 고유한 특성을 지니는 것으로 인식되던 각 분야가 서로 다른 분야가 수렴하고 융합해 가는 '디지털 컨버전스(digital convergence)'가 전개되고 있다. 삼성전자는 "디지털 컨버전스 혁명을 주도하는 기업"이라는 경영비전을 내세우고 있다. 여기서 컨버전스란 서로 다른 것들이 융합하면서 새로운 가치나 기능, 서비스를 만들어 내는 것으로, 이러한 현상은 이미 사회 전반에 걸쳐 일어나고 있다. 특히 산업의 컨버전스 현상은 기업의 경영활동에 영향을 미치는데, 산업이 컨버전스되면서 기존의 비즈니스 모델과 경쟁패턴은 물론 산업 · 기업 간 경계가 무너진 결과 경쟁의 영역이 무한히 확장되고 있다.

또한 음성정보의 디지털화로 실시간(real time) 정보교환이 이루어져 데이터 통신망의 구축이 강화될 것이다. 이러한 데이터 통신망을 여러 기업조직이나 사회단체들이 공유함으로써 원격 연구개발 및 유통관리가 보다 효과적으로 이루어지게 된다. 그 결과 종전과 같이 기업의 규모를 확대하여 규모의 경제를 지향하는 수준을 탈피하여 정보고속도로(information superhighway)를 통한 정보의 공유로 규모의 경제를 거둘 수 있을 것으로 전망된다.

> 디지털 트윈(Digital twin) : 제너럴 일렉트릭(GE : General Electric)에서 만든 용어로 물리적인 사물과 컴퓨터에 동일하게 표현되는 가상 모델을 말한다. 실제 물리적인 자산 대신 소프트웨어로 가상화한 자산의 디지털 트윈을 만들어 모의실험(시뮬레이션)함으로써 실제 자산의 특성(현재 상태, 생산성, 동작 시나리오 등)에 대한 정확한 정보를 얻을 수 있다. 에너지, 항공, 헬스케어, 자동차, 국방 등 여러 산업 분야에서 디지털 트윈을 이용하여 자산 최적화, 돌발 사고 최소화, 생산성 증가 등 설계부터 제조, 서비스에 이르는 모든 과정의 효율성을 향상시킬 수 있다
>
> 자료 : IT용어사전, 한국정보통신기술협회.

다섯째, 유비쿼터스(ubiquitous)도 지식정보 사회와 관련하여 기업경영의 새로운 조류로 등장하고 있다. 유비쿼터스란 원래 라틴어 'ubiquitas'에서 유래한 말로 물이나 공기처럼 시공을 초월해 "언제 어디에나 존재한다(presence everywhere)"는 뜻으로, 사용자가 네트워크나 컴퓨터를 의식하지 않고 시간과 장소에 관계없이 자유롭게 네트워크에 접속할 수 있는 정보통신환경을 의미한다.

유비쿼터스화가 이루어지면 가정이나 자동차는 물론, 산꼭대기에서도 정보기술을 활용할 수 있고, 네트워크에 연결되는 컴퓨터 사용자의 수도 늘어나 정보기술산업의 규모와 범위도 그만큼 커지게 된다. 유비쿼터스 네트워크가 이루어지기 위해서는 광대역통신과 컨버전스 기술의 일반화, 정보기술기기의 저가격화 등 정보기술의 고도화가 이루어져야 한다.

여섯째, 블록체인 기술 및 IOT(사물 인터넷) 사회가 도래하고 있다. 블록체인을 적용할 경우 2022년까지 매년 150~200억 달러(약 16~22조 원)의 비용을 줄일 수 있다. 호주증권거래소(ASX)는 당일 청산할 수 있도록 블록체인시스템을 구축하였다. 우리나라의 KEB하나은행, 신한은행, KB국민은행, 우리은행, IBK기업은행은 미국 투자은행 골드만삭스, 글로벌 투자은행 JP모건 등이 속한 국제 블록체인 컨소시엄(R3CEV)에 가입했다. KB국민은행은 2016년 10월 국내 최초로 블록체인 기술

기반 개인인증시스템을 도입했다.

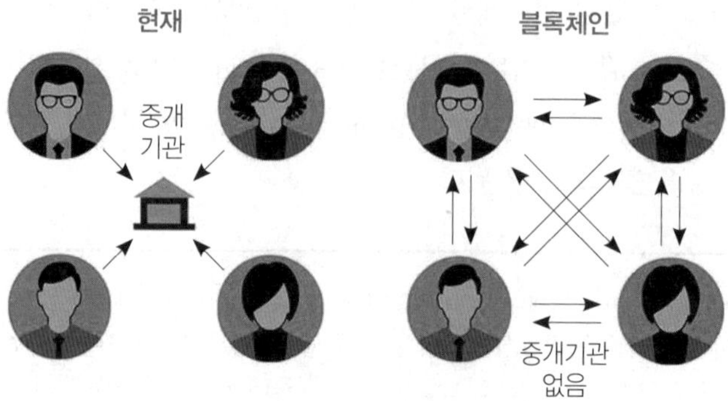

관리하는 금융상품의 총액이 11조 원에 이르는 세계 최대 금융거래정보저장소인 DTCC (Depository Trust & Clearing Corporation)는 2017년 1월 9일, 파생상품의 거래정보 모두를 '블록체인'이라는 기술로 저장하고 관리하겠다고 밝혔다. 블록체인 기술은 제2의 인터넷 혁명을 가져올 것으로 예측되고 있다.

2) 다원주의 사회

다원주의 사회(pluralistic society)란 사회의 권력이 특정한 조직이나 집단에 집중되어 있지 않고 다양한 조직과 집단에 분산되어 있는 사회를 말한다[Douglas, 1971 : 259-276]. 이러한 다원주의 사회는 자본주의의 역사적 발전과정에서 출현하게 되었다. 자본주의 이전의 전통적 사회는 신의 뜻에 의해 모든 것이 결정되어 있다는 단일질서(unitary order) 사회였으며, 개인은 단지 신의 질서 속에서 살아가는 존재에 불과했다[Novak, 1983 : 50-55]. 그 후 자본주의 사회에서 나타난 개인주의와 자유주의는 단일질서 사회에 대한 혁명적 반발이었으며 동시에 다원주의 사회로 전환하는 근거를 마련해 주었다.

다원주의 사회는 많은 이익집단들이 서로 다른 이해의 관점을 가지고 사회적 자유를 제고할 수 있으며, 사회적 균등을 유지하면서 동시에 개인의 다양한 욕구를 충족시켜 줄 수 있는 가장 효율적인 시스템으로 평가받기도 한다. 또한 다원주의 사회는 다원적 이해와 제도적 전문화에 따라서 상호 의존적인 형태로 변화하여 가고 있으며 사회시스템 내 여러 집단들의 권력이 분산된 형태로 존재하기 때문에 조직의 의사결정은 의사소통 · 타협 · 협상 · 합의 등과 같은 보다 광범위한 방법에 의해서 이루어진다. 그러나 조직 또는 집단의 이익이나 목표에 과도하게 집착하게 되면 오히려 사회의 효율성이 저하되는 파당적 관계를 형성할 위험이 있으며, 많은 조직들이 존재하므로 리더십을 획득할 수 있는 많은 기회가 제공되지만 한편으로는 다원주의 사회라 할지라도 과두사회(oligarchy)로의 변화 가능성도 있다.[1] 그리고 다원주의 사회에서 조직의 권력에 대한 지나친 강조를 하게 되면 사회적 낭비를 초래할 수도 있으며, 구성원들이 그들의 다양한 욕구를 충족시키기 위해 많은 제도에 관여하므로 어느 한 조직이나 집단에 대해서만 배타적인 충성을 요구할 수 없게 된다.

다원주의 사회의 주요 특징은 다음과 같다.

다원주의 사회의 특징

① 동질성과 다양성이 공존
② 이익집단들에 의한 사회구조의 변화
③ 공정경쟁의 기회 부여
④ 도덕성과 시민정신의 강조

첫째, 다원주의 사회는 동태적이다. 즉, 고정적인 성격을 갖기보다는 새로운 집단이 대두하고 구집단이 상대적으로 영향력을 잃는 계속적인 변화과정을 겪으며, 기존의 것에 겹쳐서 새로운 형태가 나타나 동질성과 다양성이 공존하게 되는 사회이다[Douglas, 1971 : 259-276]. 예를 들어 전문가의식이나 전문가집단의 성장은 매우 중요한 성격을 띠게 될 새로운 형태의 다원주의를 만들어 내게 되며, 전문가집단의 자율성과 독립심에 대한 강조는 전문적 통제나 영향력으로부터 그들을 분리시켜 줌으로써 새로운 사회질서를 창조해 낼 수 있는 가능성을 부여해 준다.

둘째, 사회가 발전되어 감에 따라 사회구조의 형태도 크게 변화하게 된다. 소규모의 자유기업들이 점차로 성장하여 대규모 기업으로 발전하고 기타 사회의 일각에서는 노동조합이나 시민단체와 같은 각종 사회단체가 형성되어 '이익집단의 다원주의 사회(interest group pluralistic society)'라고 할 수 있는 사회구조로 변화되어 갈 것

1 어떠한 집단이라도 지배자집단은 극히 소수이고 나머지 압도적 다수가 피지배자집단이라는 사회법칙으로 이를 미헬스(R. Michels)는 '과두제의 철칙(Iron Law of Oligarchy)'이라 하였고, 베버(M. Weber)는 '소수자 원리(minority rule)'라 하였다. 이 법칙은 국가뿐만 아니라 정당 · 기업 · 노동조합 · 교회 · 학교 · 클럽 등 적어도 조직이라고 할 수 있는 일체의 집단에 보편적으로 나타나는 현상으로 다원주의 사회에서도 나타난다.

이다. 즉 개인은 개개의 경제주체로서 존재할 뿐만 아니라, 더 나아가 각자의 이해관계에 따라 여러 가지 이익단체로 조직화되어 사회 전체는 이러한 이익집단들에 의해 다원적으로 구성되어 간다.

셋째, 다원주의 사회는 새로운 원리의 사회조직 양식을 필요로 한다. 다원주의 사회는 모든 종류의 사회집단에게 이익표출의 권리를 허용하고 모든 사회구성원 및 집단들에게 권력획득을 위한 공정경쟁의 기회가 개방되어야 한다는 원리에 근거하고 있다[21세기위원회, 1994 : 120]. 이러한 시대적 요청에 따라서 기업조직의 경영체제가 이해관계자중심의 경영체제로 변화하게 될 것이다. 이러한 움직임을 보여주는 예로서, 이미 1994년에 미국의 펜실베이니아주의 상법이 기업의 이사회에 외부 이해관계자의 이익을 대변해 줄 수 있는 이사의 일정비율 선임을 의무화하는 방향으로 개정되었다는 것을 들 수 있다.

넷째, 다원주의 사회에서는 경쟁지향적인 현실세계와 제도적인 압력 때문에 선의의 경영자들까지도 타락할 우려가 있으므로 범사회적으로 도덕성(morality)과 시민정신(citizenship)이 더욱 강조될 것으로 보인다. 과거에는 정보의 부족으로 기업경영에 있어서 기본적인 도덕성을 준수하지 못하는 사례가 발생한 경우에도 그 판단이 제한적으로 이루어졌지만, 앞으로는 범세계적으로 정보가 훨씬 광범위하게 확산되어 많은 사람들이 이에 대해 인식을 할 수 있게 될 것이다[Naisbitt, 1994 : 226]. 그러므로 비윤리적인 행위에 대한 일반인들의 민감도가 높아져, 윤리성의 준수가 기업의 존폐 자체를 결정짓는 경우에까지 이르게 될 것이다.

3) 글로벌 사회

오늘날 세계는 하루가 다르게 글로벌화(globalization)되어 가고 있다.[2] 글로벌 사회(global society)란 기업에게는 경제적 행위의 무대가 국가에서 세계로 넓어지는 세계경제의 글로벌화를 의미한다. 세계경제가 국내외 경제의 구분이 없이 하나의 거대한 단일시장이 되는 글로벌화가 이루어지게 된 것은 GATT(General Agreement

2 서구에서도 글로벌화에 대한 개념이 명확히 정의되지 않고 모호한 개념으로 쓰이고 있는데[Chesnais, 1994], 글로벌화라는 용어는 1960년대 말 1970년대 초부터 간헐적으로 등장하였다. 그 당시는 다국적화(multinationalization) 내지 국제화(internationalization)라는 용어가 더 보편적으로 사용되었다. 이외에도 초국적화(transnationalization)라는 용어도 초국적기업과 초국적은행의 등장을 계기로 사용되기도 한다.

on Tariffs and Trade)체제와 맞물려 과학기술 및 운송 · 통신수단의 급속한 발달 등에 힘입은 바 크다. 세계경제의 글로벌화는 무엇보다도 무역에 의해 주도되었는데, GATT체제의 주 목표 중 하나인 무역자유화와 더불어 전 세계적인 무역은 본격적인 국제경영활동의 하나로서 활성화되기 시작하였다. 이와 같이 무역을 중심으로 이루어지기 시작했던 국제사업활동의 글로벌화는 무역장벽의 지속적인 축소와 규모의 경제, 기술의 진보, 운송수단의 발달, 그리고 소비자 수요의 동질화 등의 영향으로 시장의 글로벌화와 생산의 글로벌화를 통해서 기업의 글로벌화를 가져왔다[강태구, 2000 : 3−5].

기업의 글로벌화가 일반화되는 상황에서 해외진출기업 또는 다국적기업이 본국에서 하던 기업활동방식을 고수 · 강요하거나 자국의 이익만을 추구한다면 해외진출지역의 이해관계자로부터 거센 저항에 부딪히게 될 뿐만 아니라 극단적으로는 기업활동을 포기하고 철수해야만 하는 상황에 처하게 될 것이다. 바람직한 글로벌리즘(globalism)이란 선진국의 자본이 후진국에 진출하여 이윤을 얻고자 하는 일방적인 글로벌 자본주의가 아니다. 그것은 기업이 자신의 성장 · 발전과 세계경제의 효율성 증대를 추구하는 동시에 그러한 기업활동이 인류복지에 공헌할 수 있다는 문화적 가치에 바탕을 두어 해외진출지역의 이해관계자와 호혜평등관계 속에서 상호이익을 증진시키는 것이다. 그리고 나아가 세계의 모든 인류와 함께 공존공영하고자 하는 세계주의(cosmopolitanism)를 지향하는 것이다.

이렇듯 미래사회는 정보 및 통신 기술의 발전, 운송 및 수송 수단의 발달 등에 힘입어 세계가 하나의 단일경제권으로 포함되는 글로벌 경제가 더욱 강화될 것이다. 드러커는 변화하는 세계에 적응할 수 있는 행동지침을 경제학, 인적 자원, 경영관리 및 기업조직의 측면에서 제시하면서 세계경제는 단순한 국제화 단계를 넘어 범세계화, 소위 '글로벌 경제'가 될 것이라고 주장한 바 있다. 글로벌 사회 또는 글로벌라이제이션은 다음과 같은 특징을 갖는다.

글로벌 사회의 특징

① 세계경제의 통합
② 성세번영의 시대 도래
③ 글루벌 기업의 보편화
④ 국경을 초월한 지식과 정보

첫째, 글로벌 사회의 가장 중심적인 특징은 세계경제가 통합된다는 것이다. 무역을 중심으로 하던 기존의 세계무역 시대가 국경을 초월한 상호 투자를 중심으로 하는 세계투자 시대로 변화할 것이다. 즉, 국가단위의 단일경제를 전제로 이루어지던 무역보다 국경을 초월한 투자가 중심이 되며, 따라서 자유로운 세계투자 및 경제적 활동을 보장하기 위한 지역적 통합경제권 또는 경제블록이 형성된다. 이러한 글로벌 경제의 경제원리는 자유무역주의나 보호무역주의와 관련되는 것이 아니라 경제블록 간의 상호주의가 된다. 왜냐하면 과거의 폐쇄적이고 자족적인 단일경제체제 속에서는 더 이상 풍요를 누릴 수 없으므로 기업과 정부는 세계경제를 지향하게 되기 때문이다. 이러한 글로벌 경제에서는 전 세계를 하나의 시장으로 묶는 글로벌 쇼핑센터(global shopping center)가 출현하게 될 것으로 전망된다[Drucker, 1992 참조].

둘째, 세계경제의 단일화가 이루어짐에 따라 경제적 측면에서 미래사회는 경제번영의 시대가 될 것이다. 경제번영의 시대에서는 경제적 이해가 정치적 · 이념적 이해보다 우선시되고 전 세계는 국가 간 무역체제에서 하나의 세계적 단일경제체제로 옮겨간다. 앞으로 세계의 경제적 · 문화적 중심지는 지역적 광범위성, 세계인구의 1/3이 집중되어 있는 시장잠재력, 높은 교육열과 교육수준으로부터 나오는 경쟁력을 바탕으로 짧은 산업화 단계를 거쳐 정보화 경제 단계로 직접 뛰어들고 있는 환태평양 지역국가들로 이동할 것이다[Naisbitt, 1994].

셋째, 단순한 다국적기업 단계를 넘어선 글로벌 기업이 가장 보편적인 기업형태로 출현할 것이다. 기업은 국내기업(domestic corporation)에서 국제기업(international corporation) 또는 다국적기업(multinational corporation)으로 발전하게 되며, 글로벌 경제화가 진전됨에 따라 전 세계를 하나의 시장으로 보고 활동하는 글로벌 기업(global corporation)이 등장하게 된다. 이에 따라 세계투자의 직접적인 주체가 되는 기업들은 소액지분 참여라든지 합작, 연구 및 개발 컨소시엄, 자회사, 특별 프로젝트를 위한 공동운영, 기술교환 등을 통하여 세계경제체제 속에 통합된다. 이와 함께 세계화된 경제에서 글로벌 기업의 목표는 단순한 이윤의 극대화로 끝나는 것이 아니라 시장의 확대 및 유지에 두게 될 것이다.

넷째, 글로벌 사회에서는 국경을 초월하는 지식과 정보에 의해서 지배되며, 지식과 정보가 경제적 부의 창출원천이 된다. 글로벌 사회는 지식사회를 기반으로 형성되며, 정보통신수단의 혁신적 발전은 글로벌 경제화를 더욱 촉진한다. 왜냐하면 지식정보 사회의 핵심요소인 지식과 정보는 과거의 자본이나 노동보다 국가 간 이동이 용이하기 때문에 경제의 세계화가 촉진되기 때문이다. 이와 같은 글로벌 사회에서는 정보력, 기획력, 기술력, 혁신력 등에 바탕을 둔 세계적 수준에서 기업 특유의 경쟁우위를 강화시켜 나갈 것이 요청되고 있다.

5 어떻게 하면 미래변화를 빨리 읽을 수 있을까?

경영자들은 변화하는 미래의 경영환경을 정확하게 예측하고 싶은 욕구가 매우 강하다. 그러나 쉽지는 않다. 미래를 빠르고 정확하게 알아차릴 수 있는 능력을 갖추기 위해서는 직관력에 의한 판단과 데이터 및 정보에 기반한 분석적 판단력을 계속 훈련할 필요가 있다.

특히 트렌드 분석 기법을 활용하면 미래를 예측하는 데 다소 도움이 될 수 있다. 트렌드란 5년 이상 지속적으로 변화가 커져 오는 사회문화적 · 정치적 · 경제적 현상을 말하는데 트렌드 분석을 위해서는 트렌트 서핑[3]을 하는 것이 유용하다.

신기술의 출현과 관련 기술의 변화와 그에 따른 영향정도 및 변화의 내용, 사람들의 생각과 가치관 그리고 습관의 변화 등을 파악할 필요가 있다. 이때 주의해야 할 것이 중장기적인 메가트렌드인지 아니면 잠깐 나타났다가 사라지는 현상인지를 잘 선별해야 한다. 트렌드는 거시적인 영역에서 자리 잡은 메가트렌드, 일부 영역에서 일어나는 마이크로트렌드, 잠시 일어났다가 사라지는 패드가 있기 때문이다.

트렌드 분석 시 키워드를 추출하여 트렌드를 파악하는 방법은 사회역사적 변화 분석 연구를 통해 도출하는 방법 등이 있다. 업종별로 '국내 식품시장 트렌드' 또는 '세계 식품시장 트렌드', '소비트렌드', '신세대 가치관 의식 조사' 등등 많은 정보와 자료를 활용할 수 있다. 시장수요의 변화트렌드를 예측해 정보를 제공하는 기관이나 회사들도 있는데, 이들의 정보를 활용하는 것도 한 가지 방법이다.

경영환경 및 시장의 변화트렌드를 예측하는 데 있어서 고려해야 할 요인들로는 첫째, 신기술의 출현과 그에 따른 변화이다. 기술(도구 및 장비)은 생활습관을 바꾸고 삶을 변화시킨다. 디지털 기술이 확산되면서 디지털 기술에 기반한 제품들이 아

3 트렌드 서핑이란 새로운 변화를 보고(see), 관찰하고(observe), 기록하고(record), 추적해서(trace), 발견한(discover) 트렌드를 적극 활용(surfing)하는 기법이다.

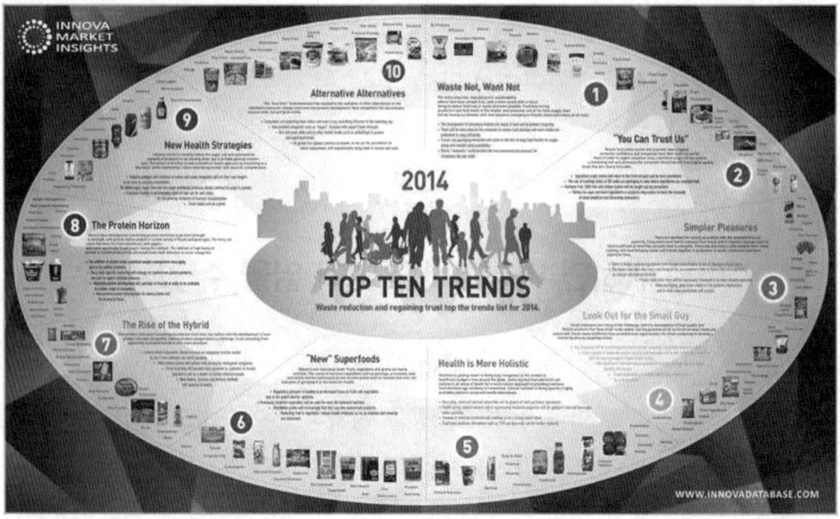

주 : INNOVA Market Insight는 매년 세계 식음료산업 트렌드 보고서를 발표하는데, 'Sustainability Replaces Organic'(2007), 'Go Natural'(2008), 'Boom for Protein'(2012), 'Waste Not Want Not(낭비가 없으면 부족이 없다)'과 'You Can Trust Us(우리를 믿어도 좋아)'(2014), '클린·클리어 라벨, 식물성 밀크'(2017)로 제시했다.

자료 : INNOVA Market Insight, 2017 홈페이지.

날로그 기술에 기반한 제품들을 시장과 삶에서 퇴출시켰다.

둘째, 소득수준의 변화이다. 소득수준이 증가하면 소비자들은 양보다는 질을 택하고, 가치와 의미를 중시한다.

셋째, 인구통계 및 구조의 변화이다. 인구수와 구성비 및 가족구조의 변화는 사회니즈의 변화를 초래한다.

넷째, 사회정치적 이데올로기 및 가치관의 변화에 따른 정치시스템, 법, 제도의 변화다. (주)이랜드는 1983년 전두환 정권에 의해 취해진 교복자율화 조치에 의해 이화여대 앞에서 보세 옷 장사를 하던 잉글랜드라는 옷가게가 이랜드 그룹으로 성장하게 만드는 기회를 제공했다.

다섯째, 신상품의 출현이다. 새로운 개념의 상품 등장은 라이프스타일뿐만 아니라 인식까지 변화시킨다.

경영자는 미래 경영환경의 변화를 감지하는 데 있어서 기업가정신(entrepreneurship)을 발휘하는 기업가(entrepreneur)가 되어야 한다.

제 11 장

전략적 경영을 통한 기업경쟁력(경쟁우위)의 제고

7570

FIGHT!
"DIRECTION"

독일의 SIEMENS는 베르너 폰 지멘스에 의해 1847년에 창립되어 현재 200여 개 국가에서 34만 3,000명의 임직원이 일하고 있는 약 170년의 역사를 가진 기업이다. SIEMENS가 170년 동안 생존하면서 지속적으로 성장할 수 있었던 이유는 경영환경과 시장환경이 변화함에 따라 그에 적합한 사업을 끊임없이 시작하고 그렇지 않은 사업은 포기해 왔기 때문이라고 할 수 있다. 지멘스의 최초 사업은 전신 시설업이었지만, 전기 전자 관련 산업이 미래의 성장산업이 되어가는 경영환경 상황에 맞추어 전기 전자 기업으로 변신하였고, 2000년대 들어와서는 스마트 공장(smart factory) 구축 사업을 하고 있다. 지멘스가 '미래형 신(新)산업'을 주도하는 비결은 바로 변화를 예상하고 그 변화가 제공할 기회를 빠르게 잡아 왔기 때문이다. 지멘스는 비즈니스 포트폴리오를 변화의 타이밍에 맞추어 잘 관리하는 기업이다. 1990년대 이후 반도체 · 휴대전화 · 원자력 사업분야를 과감히 매각했고 새로운 사업으로 제조업 솔루션 · 에너지 · 헬스케어 · 도시 인프라 등에 진출했다. 경기 부침이 심하거나 만성적인 적자에 시달리는 사업부문은 미련 없이 버리는 대신 새로운 시장을 창출하는 쪽으로 발 빠르게 옮겨탄 것이다.

한국의 삼성그룹이나 한화그룹은 오너를 중심으로 여러 사업들을 각 계열사 형태로 복수의 사업을 수행하고 있는 거대한 비즈니스 포트폴리오라고 할 수 있다. 일제시대에 이병철 회장이 창업한 삼성상회의 사업은 쌀가게(싸전)였다. 해방 후에 설탕사업인 제일제당, 의류사업인 제일모직 등을 설립하고 한국비료, 삼성전자, 삼성물산 등 여러 사업에 진출해 왔다. 최근 삼성은 삼성물산과 제일모직을 합병하기도 하고 삼성테크윈 등을 한화에 매각하는 등 비즈니스 포트폴리오의 변화를 계속 추구해 오고 있다.

학습문제

Q1 기업에서의 경영전략이란 과연 무엇이며, 왜 중요한가?

Q2 경영전략은 무엇을 목표로 하여 어떤 과정을 거쳐 수립하고 실행하게 되는가?

Q3 기업이 단일의 사업아이템만 하지 않고 여러 사업아이템을 하는 이유는 무엇인가?

Q4 전략적 사업단위(SBU : Strategic Business Unit)는 무엇이며 비즈니스폴리오는 무엇인가?

Q5 기업이 지속적으로 성장하기 위해서는 어떤 전략적 경영을 수행해야만 하는가?

핵심용어

전략적 사업단위(SBU ; Strategic Business Unit), 비즈니스포트폴리오, 다각화 전략, 수직적 통합전략, 산업구조분석, 경쟁전략, 원가우위전략, 차별화전략, 집중화전략

1 전략적 경영이란?

1) 경영전략의 개념

우리들은 여러 곳에서 전략이라는 말을 어렵지 않게 들을 수 있다. 일상생활에서조차 '미팅전략'이니, '옷차림도 전략이다.'라는 말들을 쓰고 있는 것이다. 우리들은 누군가를 만날 때, 특히 그 사람이 우리들의 경쟁대상이 되는 중요한 사람인 경우, 과거의 경험이나 기존의 지식을 이용하여 그 사람의 행동을 예측하려 하고, 그에 대비하여 우리들의 행동방향을 결정하곤 한다. 경영자들도 기업목표를 달성하기 위해서 경영환경요인들의 변화를 예측하고 그에 대한 합리적이고 효과적인 대응책을 강구하여 다른 기업들과의 경쟁에서 이기고자 한다. 이러한 문제를 풀어가는 경영활동이 바로 경영전략이다.

원래 전략(strategy)이라는 용어는 '전장의 장수나 장수의 술(術)(the art of general)'을 뜻하는 고대 그리스어의 strategos 또는 strategia라는 말에서 유래했고, 동양에서는 '싸움할 전(戰)'자와 '꾀할 략(略)'자를 합쳐 '싸움하는 꾀'를 의미하는 말로 사용되었다. 이와 같이 전략은 단순하면서 구체적인 실행방법을 의미하는 전술(tactics)과 달리 어떤 목표를 달성하기 위한 기본 방침이나 계획을 의미하는 포괄적인 개념이다.

이러한 전략개념은 그 응용범위가 확대되어 오늘날에는 개인이나 조직의 전략적 행동을 설명하는 개념으로 사용하고 있다. 예를 들어 선거 입후보자의 선거전략, 입시생의 입시전략, 스포츠팀의 경기운영전략, 국가의 외교전략 등은 우리가 일상생활에서 흔히 접할 수 있는 전략개념들이다. 이렇게 쓰이는 용어들은 그 의미하는 바가 조금씩 다르지만, 공통적으로 각각의 행위주체들이 성취하고자 하는 목표, 예를 들면 선거에서의 당선, 시험에의 합격, 경기에서의 우승, 국가의 국제적 지위향상 등과 같은 목표를 달성하기 위해 미래를 예측하고 그에 대한 체계적이며 합리적인 대응노력을 기울이도록 하는 기본방침 또는 장기적 계획을 말하는 것이다.

경영전략이라는 개념 역시 기업의 목표달성을 위해 경영환경의 불확실성 증대와 그에 대한 체계적인 대응의 필요성에 의해 나타났다.[1] 상품에 대한 수요가 항상 공

1 경영전략이라는 개념은 챈들러(A. D. Chandler)가 그의 저서 *Strategy and Structure*(1962)에서 처음 사용하였다. 그는 "전략이 조직구조를 결정한다."는 대명제를 제시함으로써 조직설계의 상황이

급을 초과했기 때문에 공급자인 기업에 의해 시장이 주도되었던 과거에는 경영자들이 상대적으로 안정적인 환경 속에서 기업활동을 할 수 있었지만, 최근에 기업환경은 완전히 다른 양상을 띠게 되었다. 급격한 기술혁신이 이루어지게 되었고, 고도의 경제성장에 따라 기업규모가 커지면서 기업 간 경쟁은 점차 치열해지고, 기업과 관련된 이해관계자들의 기업에 대한 사회적 요구들이 급속히 증가하기 시작하였다. 이에 경영자들은 외부환경의 변화에 효율적으로 적응해야만 살아남을 수 있다는 인식을 갖게 되었고, 이와 관련된 경험 및 지식들을 체계화하고 발전시키는 과정에서 전략적 기업경영, 즉 경영전략의 개념이 대두하게 되었다.

경영전략이 기업경영에 도입된 이후, 학계와 경영자들은 경영전략이 불확실한 경영환경에 대응하기 위한 경영자의 합리적이고 계획적인 노력이라는 점에 대해서는 공통된 견해를 보이고 있다. 하지만 구체적으로 경영전략이 무엇이며, 어떻게 형성되고 추진되는가에 대해서는 서로 견해가 다르다. 예를 들면 경영전략을 조직구조나 혁신관리와 같은 다른 경영시스템들을 통합 · 조정하는 상위시스템으로 보는 관점이 있는가 하면,[2] 반대로 경영전략을 계획 · 실행 · 통제의 관리과정 중 계획과정의 하나로 보고 생산이나 판매와 같은 경영관리의 하위시스템으로 보는 입장도 있다. 또한 경영전략의 본질에 대해 포터(M. Porter)와 같은 학자는 "경쟁사가 하는 것과 다른 행동을 수행하는 것"이라고 정의하기도 한다[Porter, 2000]. 그러나 일반적으로 경영전략이 의미하는 바는 다음과 같은 다섯 가지(5Ps)로 요약할 수 있다[Mintzberg & Quinn, 1991 : 12–17].

경영전략의 의미(5Ps)

① 계획(Plan)으로서의 전략
② 책략(Ploy)으로서의 전략
③ 행위패턴(Pattern)으로서의 전략
④ 위치설정(Position)으로서의 전략
⑤ 관점(Perspective)으로서의 전략
⑥ 성과(Performance)로서의 전략

자료 : Mintzberg & Quinn, 1991 : 12–17.

론의 발전에 기여했다.

2 경영전략은 전략적 경영(strategic management)이라고도 한다. 이는 경영전략을 계획 · 실행 · 통제의 과정으로 보고 조직구조, 조직문화, 혁신관리 등과 같은 기업의 모든 시스템들이 경영전략과 연계되도록 설계되고 관리되어야 한다는 관점이다.

첫째, 계획(Plan)으로서의 전략이다. 여기서 경영전략은 환경에 대응하기 위한 경영자의 의도적인 행동 방향과 지침을 의미한다. 둘째, 책략(Ploy)으로서의 전략이다. 여기서 경영전략은 특정 경쟁상황에서 경쟁자를 압도하기 위해 의도된 구체적인 방책을 의미한다. 셋째, 행위패턴(Pattern)으로서의 전략이다. 이때의 경영전략은 사전에 의도된 것이든 의도되지 않은 것이든 특정 기업과 그 구성원들에게 일관되게 나타나는 모든 행동방식을 의미한다. 넷째, 위치설정(Position)으로서의 전략이다. 이는 기업의 내부와 외부 환경을 결합시킴으로써 조직의 위치를 결정하는 수단으로서의 경영전략을 의미한다. 다시 말하면, 경영자들이 그들의 자원을 집중할 제품과 시장을 결정해 나가는 것을 말한다. 다섯째, 관점(Perspective)으로서의 전략이다. 여기서 경영전략은 전략결정자가 경영환경을 해석하고 인식하는 관점을 말한다. 이는 가장 추상적이고 개념적인 것으로, 특정 집단이 공유하고 있는 가치관 · 세계관 등의 개념과 유사하다.

이와 같이 전략에 관한 여러 가지 논의로부터 현재 연구자들이 매우 다양한 관점을 가지고 경영전략에 접근하고 있다는 것을 알 수 있다. 그러나 이 개념적 정의들을 자세히 살펴보면, 실제로 어느 것이 더 우위에 있다고 말할 수 없으며, 서로 밀접하게 관련되어 있다는 것을 알 수 있다. 이를테면 기업구성원들이 공유하고 있는 특정한 관점은 미래에 대한 계획의 밑바탕이 되고, 이러한 계획에 기초하여 시장에서 기업의 위치와 경쟁방법이 결정된다. 그리고 구성원들 간에 나타나는 일정한 행위패턴은 특정 관점에 대한 조직의 수용여부를 결정함과 동시에 계획이나 구체적인 경쟁행동을 통해 영향을 받기도 한다[이장우, 1995 : 26–27].

위와 같은 논의들을 종합하여 이 책에서는 "경영전략이란 기업이 참여하고 있는 사업에서 지속적으로 경쟁우위를 확보하고, 나아가 고부가가치 사업구조를 형성하여, 경영성과의 향상을 꾀하는 합리적이고 체계적인 경영활동"으로 정의한다. 경영전략은 특히 중·장기적인 관점에서 경영자들이 불확실한 미래를 예측하고, 자신들의 능력과 지식을 개발 · 활용하려는 계획적이고 포괄적인 일체의 노력을 포함한다.

2) 경영전략(전략적 경영)의 중요성

군사학에서 사용하기 시작한 전략이란 용어가 기업경영에 응용된 지는 그리 오래되지 않았지만, 경영전략론은 오늘날 경영학에서 매우 중요한 분야로 부각되었다. "기업이 무엇을 해야 하며, 어떤 것을 달성해야 하는가?"를 명확히 제시하는 활동인 경영전략은 다음과 같은 세 가지 기능을 갖는다[Thompson 외, 1990 : 20 ; 김인호, 1988 : 21-23 참조].

첫째, 경영전략은 변화하는 외부환경에 경영자가 유연하게 대처할 수 있도록 하는 환경적응능력을 촉진한다. 외부환경의 변화속도가 완만하고 변화의 폭이 크지 않다면 경영자들은 과거의 경험만으로 미래를 계획할 수 있겠지만, 경영환경이 급변하는 상황에서 과거의 경험은 더 이상 믿을 만한 지침이 될 수 없다. 따라서 경영자는 외부환경의 변화를 예측하고 이에 대한 체계적인 대응책을 강구해야 하는데, 경영전략은 바로 이러한 기능을 담당한다.

둘째, 경영전략은 기업의 경영자원을 회사 전체적인 관점에서 효율적으로 배분하도록 한다. 오늘날 기업들은 다수의 독립된 계열기업을 가지거나 혹은 다양한 제품을 동시에 생산 · 판매하는 경우가 많다. 예를 들어 미국의 GE(General Electric)는 항공기엔진 제조회사, 선등기구 제조회사, 텔레비전 방송국 등 다양한 제품을 생산하는 여러 개의 계열기업을 가지고 있다. 또한 각 기업들은 사업을 영위하기 위해서 생산 · 마케팅 · 연구개발 등 다양한 기능들을 수행한다. 이처럼 기업이 다양한 사업과 기능을 수행하다 보면, 각 사업단위와 기능단위들은 각자 자신들의 목표에 집착하여 기업의 보유자원을 경쟁적으로 요구하게 되고, 이로 인해 부문 간 갈등을 초래하여 기업 전체적인 성과가 감소될 가능성이 많다. 따라서 경영자는 각 부문의 최적화가 아닌 기업 전체적인 성과의 극대화를 위해 보유자원을 어떻게 배분할 것인가를 합리적으로 결정해야 되는데, 경영전략은 바로 이러한 의사결정의 지침을 제공한다.

셋째, 경영전략은 기업내부의 다양한 경영활동들의 통합에 기여한다. 즉 사업에 필요한 계획이나 경영활동에 대한 지침을 제공함으로써 기업내부의 능력을 결집시키는 역할을 한다. 경영전략은 기업의 존재가치와 사명을 명확히 하고, 사명달성을 위한 장기적인 전략목표와, 목표달성을 위한 활동방향과 행동경로를 제시함으로써 조직 내에서 이루어지는 다양한 의사결정과 행동들을 통합하는 역할을 하게 된다.

일반적인 경영전략의 예를 들면, "21세기 초까지 매출액 100조 달성", 혹은 "업계에서 일등기업이 된다."는 포괄적인 전략목표를 제시하거나 "어떤 제품을 생산할까", "어떻게 자금을 조달할까" 등과 같은 기업 내의 여러 의사결정들을 과연 어떻게 해야 전략적 목표달성에 기여할 수 있겠느냐 하는 핵심적인 기준을 제시하기도 한다.

우리나라의 예를 들면 2010년의 경우, 삼성전자는 "세계 전자업계 빅3 진입", 현대차는 "세계 5위권 자동차 메이커 발돋움", LG전자는 "전자 · 정보통신업계의 글로벌 톱3 업체에의 진입" 등을 전략목표로 삼았다. 이처럼 기업 내에서 이루어지는 모든 의사결정들은 전략목표를 향해 한 방향으로 통합된다. 그리고 경영전략은 조직 내 개인이나 집단들이 전략목표를 달성하기 위해 구체적으로 무엇을 해야 하는지, 즉 각자의 역할이 무엇인지를 명확하게 규정한다. 이 과정에서 부족하거나 중복되는 조직 내 다양한 활동들은 전체적으로 조정 · 통합되고, 구성원들의 행위는 전략목표를 향해 일관된 패턴을 형성하게 된다.

> 1965년 미국에서 매출이 가장 많은 '1등 기업'은 자동차 회사인 제너럴모터스(GM)였다. 1965년 디트로이트 코보 센터에서 열리기 시작한 모터쇼는 '미국 제조업 신화'의 상징과도 같았다. 당시 3위 업체는 포드 자동차였는데, 50년 후인 2015년에는 독일 벤츠와 폭스바겐, 일본 토요타 자동차에 밀려나 GM은 6위로 처졌고 포드의 순위는 더 뒤처졌다. 신기술인 정보기술(IT)을 기반으로 사업을 하는 애플이 5위다. 경제전문지 포브스에 따르면 2005년 세계 최대 기업은 미국 씨티그룹이었고, AIG(미국) · HSBC(영국) · ING(네덜란드) 같은 금융사도 10위 안에 들었지만, 2015년에는 중국 금융사들이 1~4위를 차지하고 있다.

2 경쟁력의 제고방안

경영전략의 목표는 지속적으로 기업경쟁력을 제고하는 것이다. 기업은 경쟁력 제고를 통해 다른 기업들보다 경쟁우위를 창출할 수 있고, 그것이 곧 기업목표의 달성과 직결된다. '지피지기 백전백승(知彼知己 百戰百勝)'이란 말이 있다. 이는 자신의 강점, 즉 경쟁우위를 파악하고 그것을 살리는 경영자는 지속적으로 성공할 수 있는 가능성이 높지만, 그렇지 못한 경영자는 아무리 유리한 경영환경조건하에서 사업을 하더라도 실패할 수 있다는 점을 시사한다. 이런 점에서 볼 때 경영자가 사업을 성공적으로 영위하기 위해서는 개별사업단위나 기업 전체적으로 경쟁우위를 창출할 수 있는 역량을 갖고 있는가를 평가해야만 한다.

1) 기업경쟁력이란?

경영전략을 수립하기 위해서는 과연 우리 회사가 경쟁업자에 비하여 낮은 원가로 생산할 수 있는지, 질이 더 좋은 제품을 만들 수 있는 능력이 있는지, 더 나은 유통망을 확보하고 있는지, 경쟁기업의 제품에 비해 자사의 제품에 대한 고객들의 충성도가 높은지, 높다면 무엇 때문인지 등, 가격 면에서 그리고 제품 및 서비스 면에서 구매자에게 어떠한 만족을 줄 수 있는 경쟁우위가 있는지를 체계적으로 분석·평가할 필요가 있다.

우리들은 특정 기업에 대해 그 기업은 "경쟁력이 강하다." 혹은 "경쟁력이 약하다."는 말을 자주 한다. 일반적으로 어떤 기업의 경쟁력(competitiveness)이 강하다는 것은 동일한 시장 내에서 다른 동종기업과의 경쟁에서 더 높은 성과와 수익을 내게 해 주는 경쟁우위를 지니고 있음을 말한다. 그러나 이것만으로는 기업경쟁력을 설명하기에 불충분하다. 즉 지속적인 경쟁우위가 확보될 때 비로소 기업경쟁력을 갖추었다고 말할 수 있는 것이다. 경쟁력이 취약한 어떤 기업이 잠시 높은 성과를 낼지는 몰라도 경쟁력이 강한 다른 기업이 진입을 하게 되면 경쟁우위를 상실할 수 있기 때문에, 기업경쟁력은 특정 기업의 "지속 가능한 경쟁우위(sustainable competitive advantage)"[3]를 말한다[Aaker, 1988].

만약 어떤 기업이 다른 기업에 비해 상대적으로 저렴한 가격으로 제품을 생산할 수 있는 원가우위를 갖고 있다면 그러한 원가우위의 원천은 매우 다양하다. 예를 들면, 규모의 경제를 달성할 수 있는 설비, 원가와 총경비의 철저한 통제, 수지를 맞추기 어려운 거래의 회피, 광고비절감 노력 등을 통해 원가우위를 달성할 수 있다. 또 특정 기업의 제품에 대한 고객들의 충성도를 높이는 차별화의 우위는 디자인과 상표의 이미지, 기술, 제품의 독특한 특성, 대고객 서비스, 견실한 판매망 등으로부터 나올 수 있다. 이처럼 기업경쟁력은 어떤 기업이 시장에서의 우월한 지위를 지니고 있음을 의미하지만, 보다 구체적으로는 특출한 능력(distinctive competence)을 지니고 있음을 가리킨다[Day & Wensley, 1988 참조]. 이러한 점에서 기업경쟁력은

---

3 기업이 경쟁우위(competitive advantage)를 지닌다는 의미는 '경쟁자중심의 관점'과 '고객중심의 관점'에서 파악할 수 있다[Day & Wensley, 1988]. 경쟁자중심의 관점에서는 그 기업이 다른 경쟁자에 비하여 낮은 원가로 생산을 한다든지, 품질이 더 좋은 제품을 만들어 내는 것이라든지, 더 나은 유통망을 확보하고 있다든지 하는 것 등을 말한다. 고객중심의 관점에서는 그 기업이 다른 경쟁기업에 비하여 고객들에게 어떤 독특한 혜택이나 만족을 보다 많이 가져다주는 것을 가리키는 것이다.

특정 기업이 해당 경쟁산업 내에서 다른 경쟁기업에 비하여 제품과 서비스를 생산할 때 높은 효율성과 효과성을 유지하는 능력, 즉 경쟁기업에 비하여 상대적으로 낮은 원가 또는 높은 기술력이나 성과를 유지할 수 있는 내부능력을 의미한다.[4]

이러한 기업경쟁력은 기업 생존과 성장의 지표가 된다. 즉 기업경쟁력은 기업이 앞으로도 계속 생존하고 성장할 수 있을 것인가를 가늠하게 한다. 기업이 경쟁환경 속에서 도태되지 않고 생존해야만 하는 것은 기업경영의 대전제라 할 수 있는데, 이 문제는 기업경쟁력의 강화여부와 직결되는 것이다. 예를 들어 기업경쟁력이 약한 기업은 동종산업 내의 기업에 비해 원가 및 제품의 차별화 측면에서 열세에 놓일 것이기 때문에 평균 이하의 성과를 얻을 수밖에 없게 되며, 낮은 성과가 지속될 경우 기업은 결국 소멸하게 된다. 급속히 변화하는 환경에의 적응이라는 측면에서도 기업경쟁력은 지속적인 기업의 생존을 보장한다. 즉 경쟁력이 강한 기업은 경영환경 변화의 영향을 덜 받기 때문에 비록 국가경제가 전반적으로 불황이거나 심지어 그 기업이 속한 산업이 사양산업일지라도 다른 기업에 비해 높은 수익을 올림으로써 생존할 가능성이 높다[Porter, 1985].

월마트(Wal-Mart)의 경쟁우위 중 하나는 재빨리 판매수치를 기록하고 재고를 통제할 수 있게 하는 정보기술(IT : Information Technology)에 있다. 또한 델(Dell) 컴퓨터의 경쟁우위는 직접적으로 소비자에게 접근함으로써 도매상에 의한 가격인상을 막는 것이며, 토요타(Toyota)의 적시공급 생산시스템(JIT : Just in Time)은 생산의 사이클을 단축시킴으로써 최소한의 재고만을 보유하는 것이다. 하지만 기업의 목표는 단순히 경쟁우위를 확보하는 것만이 아니라, 그것을 유지하는 것이다. 지속적인 경쟁우위는 경쟁자들이 모방하기 매우 어려운 것이다. 따라서 월마트는 정보기술을 지속적으로 개선하여 경쟁자들이 따라잡을 수 없는 앞선 기술을 보유하기 위해 노력한다[Schermerhorn, 2010].

2) 기업경쟁력 강화를 위한 전략적 경영의 주요 과제들

기업경쟁력 강화를 위한 전략적 경영의 주요 과제들로는 핵심역량의 강화, e-Business 전략의 확장, 블루오션 전략의 실행 등을 들 수 있다.

---

4 자원준거관점(resource based view)에서는 기업경쟁력을 결정해 주는 요인으로서 특히 기업내부의 요소들에 초점을 둔 핵심역량 개념을 강조하고 있다.

(1) 핵심역량의 강화

오늘날에는 가격과 품질 면에서의 경쟁우위를 갖고 있더라도, 유사한 자원과 기술을 가진 경쟁기업들이 빠르게 그 격차를 줄이고 있기 때문에, 더 이상 가격과 품질에 기초하여 지속적인 경쟁우위를 확보하는 것은 불가능하게 되었다. 이에 따라 기업의 총체적이고 본원적인 지식 · 기술 및 능력에 기초하여 경쟁을 해야 한다는 인식에서 핵심역량의 개념이 나타나게 되었다.

핵심역량(core competence)이란 지금까지 기업을 이끌어 왔고 미래에도 기업성장의 견인차 역할을 할 수 있는, 기업내부에 공유된 기업 특유의 총체적인 능력 · 지식 · 기술을 의미한다. 즉 핵심역량은 타 기업과 비교하여 우위에 있는 기업 특유의 공통된 기능이나 기술, 즉 여러 조직단위에 내재되거나 통합되어 있는 능력이나 기술을 의미하는 것으로서 이를 통해 경쟁기업에 대해 개별 사업단위나 기업 전체의 경쟁우위와 차별성을 유지할 수 있도록 한다[Daft, 2003 : 243-245].

핵심역량은 반드시 눈으로 보고 측정할 수 있는 기업의 외적 능력만을 의미하는 것이 아니라 좋은 기업이미지, 축적된 기술, 소비자정보, 구성원들의 창의성과 도전정신, 유통경로에 대한 영향력, 부품공급업체와의 원만한 관계 등도 될 수 있다. 그러나 이러한 모든 요소가 똑같이 중시되는 것은 아니며, 기업이 경영환경의 불확실성에 대처하는 데 가장 큰 역할을 하는 능력만을 핵심역량으로 정의할 수 있다.

오늘날의 기업은 자신의 핵심역량을 올바로 파악하여 이를 최대한 활용해야 할 뿐만 아니라, 더 나아가 기존의 핵심역량을 강화하기 위해 새로운 역량을 축적해 나가는 과정을 반복해야만 지속적인 경쟁우위를 확보할 수 있다. 경영자들이 기존의 핵심역량을 파악하고, 이를 축으로 삼아 새로운 핵심역량을 성공적으로 창출하기 위해서는 다음과 같은 몇 가지 원칙을 준수해야 한다[이코노미스트 인텔리전스 유니트, 1994 : 38-44 ; 이광현, 1995 : 44-63 ; LG 주간경제, 1993.2.22. : 40-41].

첫째, 핵심역량을 축적하기 위해 필요한 능력과 기술을 파악하여 정의해야 한다. 이를 위해 단순히 지금까지 시장을 지배하는 기업들이 만들어 놓은 규칙에 따라 수동적으로 움직이는 것은 바람직하지 않으며, 창조적인 입장에서 미래의 요구를 파악해야 하고, 더 나아가 새로운 핵심역량을 창출할 수 있도록 높은 목표를 제시함으로써 조직 내에 창조적 긴장을 자아내고 이를 통해 더 큰 역량을 축적할 수 있도록 해야 한다. 한번에 너무 많은 핵심역량을 선정 · 확보하려 하지 말고, 소수의 핵심적인 것에 집중투자해야 한다.

둘째, 새로 추가되어야 할 핵심역량을 구체적으로 정의해야 한다. 단순히 판매에 능하다가 아니라, 어떤 종류의 제품판매 그리고 어떤 유통경로를 통한 판매에 뛰어나다는 식으로 구체화시켜야 한다. 예를 들어 화장품회사가 복수의 제품을 대량 할인매장 및 소규모 잡화점에 판매하는 능력, 의류소매점이 고객에게 패션을 조언하는 능력, 혹은 백화점의 가전부가 2시간 이내에 친절하고 신속한 배달을 하는 것 등과 같이 구성원들이 새로운 행동을 쉽게 학습할 수 있도록 구체적이어야 한다. 만약 핵심역량을 구체적으로 표현해 주지 않으면 구성원들이 어떻게 행동해야 할지를 모르기 때문에 그들의 올바른 행동을 유도할 수 없게 된다.

셋째, 전략과 핵심역량 사이에 분명한 연계가 있어야 한다. 현재의 핵심역량은 전략형성의 토대가 되지만, 역으로 효과적인 전략은 핵심역량을 축적할 수 있는 바탕이 된다. 경영전략은 핵심역량을 정태적으로 이용해서만은 안 되며, 미래의 요구를 파악하여 새로운 핵심역량을 추가함으로써 기업이 새로운 성장곡선을 그려나갈 수 있도록 해야 한다. 예를 들면 식품처리기술의 역량을 가지고 피자산업에 진출한 기업은 피자를 신속하게 배달할 수 있도록 하는 전략을 수립함으로써 피자를 빠르게 만드는 기술과 주문처리 및 배달에 뛰어난 역량을 갖게 된다.

넷째, 새로운 핵심역량을 효과적으로 축적하기 위해서는 최고경영자의 핵심역량 개발을 위한 헌신적인 노력이 필요하다. 최고경영자는 기업이 현재 어떤 역량을 축적해야 하는지를 가장 잘 알고 있다. 따라서 최고경영자들은 핵심역량을 키우는 활동의 중요성을 조직 각 부문에 끊임없이 강조하고, 구성원들의 창의력을 북돋워 잠재적 핵심역량을 개발하는 데 몰입하도록 해야 한다. 또한 새로운 역량축적을 위한 중요한 직무요건을 결정하여 자율적 행동을 통한 학습기회를 부여해야 한다.

다섯째, 핵심역량은 가능하면 조직내부에서 육성해야 하지만, 필요에 따라서는 타 기업과 공동으로 개발할 필요가 있다. 특히 시장상황이 급변하는 상황에서는 모든 핵심역량을 조직내부에서 독자적으로 육성하는 것이 불가능하거나 비효율적일 수 있다. 특히 제품의 라이프 사이클이 짧고 막대한 연구개발(R&D : Research and Development) 비용이 소요되는 경우에는 타 기업과 경쟁하기보다는 협력을 통해 핵심역량을 개발하는 것이 유리하다.

(2) e–Business 전략의 확장

e–Business 하면 dot(.)com 기업만을 연상하는 경우가 많지만 오늘날 e–Business는 디지털 기술과 이를 활용한 네트워크 속에서 전개되는 다양한 가치창출활동을 모두 포괄하는 개념이 되었다. 이러한 e–Business의 가장 주요한 인프라는 인터넷을 중심으로 한 네트워크 환경이며, 인터넷이 만들어 내는 새로운 비즈니스의 영역을 모두 묶는 데 사용된다. e–Business라는 용어는 그 의미의 폭과 깊이가 하루가 다르게 더해지고 있다[기업정보화지원센터, 2002].

e–Business는 개인, 기업, 단체, 기관이 인터넷과 기존 정보기술이 결합된 네트워크 컴퓨팅 환경에서 핵심업무 프로세스를 혁신함으로써 경쟁력을 키우고 기존고객 관리 및 신규수요 창출을 극대화하는 새로운 비즈니스 방식이다. 인터넷을 통해 이루어지는 전자상거래, 온라인 뱅킹, 고객지원, 지식경영에서 원격진료, 행정, 교육 등 공공분야에 이르기까지 네트워크 환경에서 이루어지는 모든 업무가 e–Business인 것이다[Robbins 외, 2009 : 190].[5]

오늘날 e–Business가 발전하게 된 가장 주요한 배경은 바로 디지털혁명(digital revolution)과 인터넷혁명(internet revolution)이다. 디지털혁명을 통해 정보가 디지털화되면서 정보의 압축 · 재생 · 반복 · 복사 기능이 발전하게 되었으며, 인터넷혁명으로 네트워크를 통한 디지털화된 정보의 효율적인 유통이 가능해졌다. 이는 e–Business의 주요 분야인 인터넷–비즈니스를 발전시킨 근간이 되었으며, 전자상거래를 혁명적으로 발생시키는 가장 중요한 원인으로 작용하였다[조동성, 2005].

기업들은 e–Business를 전략적으로 활용하여 경영활동, 마케팅, 금융서비스를 개선하고 있는데 그 구체적인 예는 다음과 같다[Canzer, 2003]. 첫째, 통신환경, 판매자동화, 인력채용, 직원 교육 및 훈련 시스템 제공 등 경영활동을 개선한다. 둘째, 인터넷을 통한 판촉활동, 시제품 사용의 가능, 틈새시장 공략, 인터넷 기반의 광고활동 등 마케팅활동을 촉진한다. 셋째, 온라인 뱅킹 서비스, 각종 온라인 상업활동, 금융감독 및 승인 등 금융서비스를 제공한다.

e–Business는 재화를 생산하고 서비스를 제공하는 패러다임을 바꾸어 놓았다. 산업혁명 이후에는 대단위의 자본을 투여한 효율적인 생산시스템이 경제의 중

---

5 이러한 e–Business의 유형은 크게 두 가지로 구분해 볼 수 있다. 하나는 거래 자체에 중점을 둔 분류로 거래주체, 거래상품, 판매방식, 제공가치에 따라 구분하는 것이고, 다른 하나는 e–Business 참여도에 따라 부분적으로 e–Business를 도입한 기업인지 완전하게 e–Business화한 기업인지로 구분하는 것이다[Canzer, 2003].

심이었다. 가동률, 투자생산 계획을 위한 수요예측 등이 이슈였다. 그러나 시간이 지날수록 "무엇을 생산할 것인가"의 결정권이 소비자에게로 옮겨가게 되었고, e-Business 시대가 열리면서 이러한 경향은 한층 더 강화되었다. 고객의 다양한 요구에 대응하고 살아남기 위해 기업은 e-Business를 돌파구로 삼게 되었다. 그러나 소비자중심으로 전개되고 있는 e-Business 환경은 기업에게 일종의 딜레마를 안겨주었다. 기업들은 기본적으로 성장과 발전을 필요로 하며, 투자에 대한 실질적인 보상을 기대한다. e-Business의 발달로 인해 소비자중심의 시대가 도래했지만, 이러한 변화가 반드시 부의 창출로 귀결되는 것은 아니라는 것이다[Robbins, 2004].

따라서 장점과 단점을 모두 가지고 있는 e-Business를 성공적으로 추진하기 위해서는 전략수립이 선행되어야 한다. 이러한 전략수립을 위해서는 다음과 같은 절차가 필요하다[백풍렬, LG 주간경제, 2000.12.27. ; Robbins, 2004 : 444-478].

첫째, 자사의 전략적 포지션을 명확히 하여야 한다. 특히 한 산업의 전체 가치사슬상에서 자사의 역할과 지위를 분명히 하여야 한다. 이는 자사의 산업 내 전략적 포지션을 구체화하라는 의미이다. 유명한 오케스트라의 지휘자가 될 것인지 아니면 제1바이올리니스트가 될 것인지를 명확히 하지 않고서는 자신의 핵심역량을 구축할 수 없다. 이러한 전략적 포지셔닝(positioning) 작업을 위해서는 자사의 역량에 대한 냉철한 평가와 분석이 선행되어야 한다.

둘째, 방어형(Defender), 탐색형(Prospector), 분석형(Analyzer) 중 자사에 맞는 전략유형을 택해야 한다.[6] e-Business 세계에서 진정한 선발주자(first-mover)가 되는 것은 단순히 누가 먼저 했느냐가 아니라 누가 먼저 그것을 확실한 사업기회로 만들었는가이다. 이러한 점을 간과한 채 단순히 시간의 선후만을 따져 현실을 오도하는 일은 없어야 할 것이다.

---

6 마일스와 스노우(R. E. Miles & C. C. Snow)는 경쟁전략의 유형을 ① 안정성과 효율성을 추구하는 방어형(Defender), ② 유연성과 효과성을 추구하는 탐색형(Prospector), ③ 방어형과 탐색형의 중간형태로 균형을 유지하는 분석형(Analyzer), ④ 실패모형인 임기응변형(Reactor)의 네 가지로 구분한다[Miles & Snow, 1978].

· 방어형(Defender) : 안정성과 효율성 추구
· 탐색형(Prospector) : 유연성과 효과성 추구
· 분석형(Analyzer) : 방어형과 탐색형의 중간형태로 균형유지
· 임기응변형(Reactor) : 실패모형
자료 : Miles and Snow, 1978.

셋째, e-Business의 목적에 따른 구체적인 전략을 수립하여야 한다. 전략적 포지션에 따라 기업이 취할 수 있는 전략방안은 여러 가지가 있을 수 있다. 전략적 대안을 도출하기 위해서는 기업의 외부환경과 내부능력을 분석하여야 한다(자세한 내용은 다음 2절 2항 SWOT 분석 참조). 이러한 분석을 통해 도출된 전략은 자사의 비전과 전략적 포지션, 전략유형에 따라 평가하여야 하며, 그 결과에 따라 자사가 선택할 최종전략을 결정하여야 한다.

넷째, 전략수행을 위한 실천방안을 모색하여야 한다. 만일 자사의 e-Business 목표가 새로운 가치창출 네트워크를 구성하는 것이 아니라면, 현재의 가치창출 네트워크상에서 자사의 핵심역량을 강화할 구체적인 방안을 찾아내야 한다. 따라서 모든 투자의 우선순위는 핵심역량을 강화하는 쪽에 있다. 만약 자사의 핵심역량이 제품의 품질에 있다면, 품질개선을 위해 우선 무엇을 먼저 해야 할지 고민해야 한다.

다섯째, 전략을 실행할 매뉴얼을 작성하여야 한다. e-Business가 의도한 목표를 달성하기 위해서는, 이를 위한 구체적 계획과 노력이 수반되어야 한다. 어떤 범위에서, 어떠한 방식으로, 언제, 누가 추진할 것인지에 대한 명확한 매뉴얼이 필요하다. 이때 전략실행 시에 예상되는 문제점과 그 해소방안은 무엇인가 하는 점도 함께 고려하여야 할 것이다.

(3) 블루오션 전략

변화하는 경영환경 속에서 기업의 존속, 나아가 기업의 지속적인 성장 및 수익달성을 위해서는 미래 성장동력에 대한 신념 및 준비과정과 성장장애를 돌파하는 전략이 필요하다. 블루오션(blue ocean)은 이 같은 필요성에 대한 대안으로 등장한 개념이다[Kim & Mauborgne, 2004]. 블루오션은 기존의 시장과 대조되는 미개척 시장을 의미하는데, 이곳에는 새로운 수요가 존재하며 따라서 기업들은 고수익을 창출할 수 있는 새로운 기회를 갖게 된다. 이러한 블루오션은 기존산업의 경계선 밖

에서 완전히 새롭게 창출되는 경우도 있지만 대부분의 경우 기존산업을 확장하여 만들어지는데, 게임의 규칙이 부재하기 때문에 경쟁이 없다.

레드오션과 블루오션의 비교

지역	레드오션	블루오션
시장	기존의 시장영역	경쟁이 없는 신규시장
게임의 법칙	치열한 경쟁	경쟁에서의 자유로움
특징	•기존의 수요시장 공략 •차별화나 비용절감 중 택일 •기업의 전체적인 활동체계가 차별화나 저비용 중 하나를 통해 이루어짐	•새로운 수요시장 창출 •차별화와 비용절감 동시추구 •기업의 전체적인 활동체계가 차별화와 저비용 동시추구

블루오션 개념과 함께 등장한 블루오션 전략(blue ocean strategy)이란 블루오션을 공략하기 위한 전략으로, 비경쟁적인 새로운 시장을 창출하기 위한 실행전략을 포함하는 종합적인 경영전략이다. 즉, 틈새시장 개척이 아니라 경쟁자가 없는 거대 무경쟁시장에서 싸우지 않고 이기는 대승전략인 것이다. 블루오션 전략이 세계적인 바람을 일으키고 있는 이유는 경쟁전략, 핵심역량 등 기존 경영전략과는 성격이 다른 새로운 경영전략이기 때문이다.

블루오션 전략은 경쟁사들이 비슷한 방식으로 승부를 걸 때, 발상의 전환과 차별화 전략으로 경쟁이 없는 새로운 시장을 창출하는 데 목적을 둔다. 치열한 경쟁으로 성장이 둔화되고 수익률이 하락하는 시장을 레드오션(red ocean)이라고 한다면, 고객들에게 새로운 가치를 제공하여 창출한 새로운 무경쟁의 시장이 블루오션이다[장성근, LG 주간경제, 2005.8.10. 참조].

레드오션은 이미 잘 알려져 있는 시장, 즉 기존의 모든 산업을 말한다. 레드오션에서는 산업경계가 이미 정의되어 있고 이를 수용하고 있어서 게임의 경쟁법칙이 잘 알려져 있다. 따라서 레드오션의 회사들은 기존 시장수요의 점유율을 높이기 위해 경쟁사보다 우위에 서려고 노력한다. 그러므로 시장에 경쟁사들이 많아질수록, 수익과 성장에 대한 전망은 어두워진다. 반면에 블루오션은 알려져 있지 않은 시장, 즉 현재 존재하지 않아서 경쟁에 의해 영향받지 않는 모든 산업을 말한다. 블루오션에서 시장수요는 경쟁에 의해 얻어지는 것이 아니라 창조에 의해서 얻어진다. 이곳에는 높은 수익과 빠른 성장을 가능케 하는 엄청난 기회가 존재한다. 그리고 게임의 법칙이 정해지지 않았기 때문에 경쟁은 무의미하다. 따라서 블루오션은 아직 시도된 적이 없는 광범위하고 깊은 잠재력을 가진 시장을 비유하는 표현이다[Kim

& Mauborgne, 2004].

블루오션 전략은 경쟁의 틀에서 벗어나 새로운 시장과 고객을 창출해야 한다는 시각을 제시한다는 점에서 기존의 경쟁전략과 다르다. 즉 경쟁지표가 아니라 소비자의 가치 창출에 집중하고 기존 제품과 산업의 경계를 창조적으로 재정의해야 한다는 사고의 틀로 접근하는 것이 블루오션 전략이다. 그러나 블루오션 전략도 한계점이 있다. 블루오션 전략가들이 제시하는 성공사례들을 현실적으로 누구나 달성해 낼 수 있지는 않다[문휘창, 2005 ; 정용수, LG 주간경제, 2005.6.8. 참조].

기업들이 각자 처한 위치에서 블루오션을 창출하고 지속적으로 유지하기 위해서 어떤 상황하에서도 포기하지 않고 지켜야만 하는 경영의 기본토대가 있는 것이다 [장성근 · 정용수, LG 주간경제, 2005 참조].

첫째, 철저하게 고객관점에서 사업이나 제품을 바라보아야 한다. 블루오션 창출을 위해서 기업은 철두철미한 고객중심조직이 되어야 한다. 이미 오래전부터 대부분의 기업들은 고객의 중요성과 고객을 위한 가치창조를 늘 강조해 왔다. 하지만 철두철미하게 고객에 중심을 둔 기업활동을 실행하고 있었는지 기업들은 각자의 위치에서 반성해 볼 필요가 있다.

둘째, 기업의 전 구성원들이 창의성을 최대한 발휘할 수 있도록 하여야 한다. 그러기 위해서는 조직여건과 시스템, 리더십 등이 구축되고 실행되어야 한다. 블루오션 창출 가능성을 높이기 위해서는 기업들의 조직운영 패러다임이 생산성 중심에서 창의성 중심으로 전환되어야 한다. 즉, 리더를 포함한 전 구성원들의 창의성을 촉진하는 관점에서 인력 및 조직 운영이 이루어져야 한다.

셋째, 절대가치를 추구하여야 한다. 대부분의 기업은 고객만족, 고객가치창출이라는 명제를 근본적으로 고민하는 절대적 기준의 가치를 찾기보다는 시장에서의 경쟁에서 이기기 위해 경쟁사보다는 조금 나은 '상대가치'를 추구하는 것이 보통이다. 그러나 성공한 기업들은 상대가치가 아닌 "우리 기업은, 우리 사업부는, 왜 존재하는가?"라는 본질적인 질문에 대한 해답을 고민하는 과정, '절대가치'를 추구하는 경우가 많다.

넷째, 블루오션으로 들어가는 길목을 좁혀야 한다. 단순한 아이디어 차원을 넘어 진정한 '블루오션'을 만들기 위해서는 블루오션으로 들어가는 길목에 커다란 장애물을 세워야 한다. 그것이 기술적인 장벽이든, 특허와 같은 제도적인 장벽이든 경쟁자가 쉽게 들어 올 수 없을 때 비로소 블루오션으로서의 가치를 지닐 수 있다.

다섯째, 움직이는 블루오션을 만들어야 한다. 누군가 블루오션에서 이미 성공을 거두었다면, 이미 그것은 블루오션이 아니다. 블루오션을 만드는 데는 시간이 걸린다. 하지만 경쟁자가 타인의 블루오션에 들어가는 것이 결국 시간의 문제라면, 영원한 블루오션은 있을 수 없다는 얘기다. 따라서 계속해서 고객이 원하는 것을 자기만의 방식으로 제공하고, 경쟁자와의 경쟁이 일어나기 전에 새로운 블루오션 영역을 찾아 신속하게 움직여야 한다.

3 전략적 경영의 추진과정

기업경쟁력 제고를 위한 경영전략은 크게 두 가지 주요 과제로 이루어져 있다. 하나는 전략을 어떤 과정(process)을 거쳐 형성하고 실행하는가에 관한 것이고, 또 다른 하나는 기업의 성과를 높일 수 있는 구체적인 전략 방안 또는 내용(content)이 무엇인지에 관한 것이다[한정화, 1992 참조].

전략과정 또는 경영전략의 추진과정은 5단계로 단순화시켜 볼 수 있다. 먼저 1단계는 경영전략을 통해 기업이 도달하고자 하는 미래의 상태 또는 모습을 규명하고 기업사명을 명확하게 설정하는 단계이다. 2단계는 기업사명을 달성하는 데 제약이 되는 현재의 조직 내·외부적 상황을 분석하는 단계(전략적 상황분석), 3단계는 주어진 상황하에서 미래의 달성목표와 현재의 차이를 줄이기 위해 필요한 최적의 전략을 수립하는 단계(전략대안의 수립), 4단계는 수립된 전략을 효과적으로 실행하는 단계, 마지막 5단계는 전략을 수행한 결과를 평가하는 마무리 단계로 구성된다. 이러한 경영전략의 과정은 중·장기적으로 볼 때 계속 순환이 반복된다.

1) 1단계 : 기업사명의 명확화

전략목표(strategic goal)를 설정하기 위해서는 기업의 사명을 분명히 해야 한다. 분명한 사명을 가지고 사업에 임할 때 그 기업은 시장에서 경쟁력을 확보할 수 있는 것이다.

기업의 경영전략을 합리적으로 추진하기 위해서는 경영전략의 목표설정에 대한 판단기준이 필요하다. 그러한 판단기준으로서 기업이 궁극적으로 얻고자 하는 가치, 즉 기업사명이 중요한 의의를 갖는다. 기업사명(mission)이란 기업이 영위하는 사업을 통해 궁극적으로 어떤 가치를 창출해 낼 것인가 하는 기업존립의 근거를 의미한다. 이는 경영전략의 구도를 설정하는 장(場)인 전략사업영역의 설정과 전략수립의 전 과정에서 판단의 기준이 되는 전략목표설정의 기초가 된다.

우선 기업사명은 전략사업영역을 설정하는 데 있어서 기본지침을 제시한다. 전략사업영역(strategy domain)이란 기업이 참여하고 있는 현재 또는 미래의 사업집합 또는 생존영역을 의미한다[김인호, 1988 : 67–76 참조]. 만약 기업활동을 전쟁에 비유한다면, 전략사업영역은 바로 싸움터를 의미한다고 할 수 있다. 전쟁에서 어떤 싸움터를 선정하느냐에 따라 전쟁의 승패가 좌우되는 것처럼, 전략사업영역을 설정하는 것은 기업의 성장기회를 결정하는 관건이 된다. 전략사업영역을 명확히 설정함으로써 기업은 사업의 전개방향을 명확히 하고 전사적 비전과 전략적 의도에 대한 충분한 합의를 이끌어 낼 수 있다. 그리고 이를 통해 기업은 기존의 사업들이 메워주지 못한 새로운 사업영역이나 기존사업과 공존할 수 있는 새로운 사업에 진출하는 등 기존사업과의 연계를 통한 최대한의 시너지를 확보할 수 있게 된다.[7]

이러한 전략사업영역은 기업사명에 근거하여 "장차 우리는 무엇이 될 것인가, 우리의 사업은 무엇이 되어야 하는가"와 같은 미래의 성장기회를 발견할 수 있도록 시장(제품)–기술–기능의 세 가지 축을 중심으로 정의하여야 한다[LG 주간경제, 1993. 11.1. : 30–33]. 시장(제품)은 기업이 상품과 서비스를 제공하는 고객들의 집합을 말하며, 기술은 생산기술 · 설계기술 · 디자인능력 · 서비스능력 등 상품과 서비스를 제공함에 있어 이용되는 사내의 유형 · 무형의 모든 자원과 능력을 말한다. 그리고 기능은 미의 창조(화장품 제조), 건강의 증진(건강식품 제조), 장소의 이동(우편배달), 사무생산성의 향상(복사기기 제조), 지식의 공급(서적출판)과 같이 기업의 제품과 서비스를 통해 고객에게 제공하고자 하는 가치 혹은 효용을 말한다.

다음으로 기업사명은 세부적인 전략목표설정의 기초가 된다. 전략사업영역을 설

7 시너지의 예로 펩시콜라의 '하나의 힘' 전략을 들 수 있다. 이는 좀 더 큰 시장을 장악하기 위해 스낵제품들과 시너지를 만드는 것이다. 가령 슈퍼마켓에서 펩시제품들을 스낵제품회사인 프리토 레이(Frito Ray)의 옆에 배치하여 구매자들이 콜라와 스낵을 함께 고르도록 유도하는 것이다[김인호, 1988 참조].

정하면 그 영역에서 기업이 추구하고자 하는 구체적인 세부목표를 설정해야 한다. 기업사명은 일반적으로 추상적이고 포괄적인 성격을 띠기 때문에 보다 구체적인 전략관리의 지침이 필요한데, 이것이 전략목표이다. 전략목표는 경영전략의 실행을 통해 최종적으로 얻고자 하는 결과를 가능한 한 정량화된 형태로 구체화한 것으로, 일반적으로 언제까지 무엇을 수행해야 된다는 식으로 제시하여야 한다.

전략목표는 다양한 전략대안들의 평가와 실행 과정에서 나타나는 의사결정과 행동, 그리고 전략실행결과에 대한 평가의 기준이 된다. 이러한 전략목표로서 기업들은 수익성, 생산성, 효율성, 경쟁력확보, 기술개발 등 다양한 전략목표를 설정한다. 기업들이 구체적으로 설정한 전략목표가 달성되도록 하기 위해서는 다음과 같은 조건이 필요하다[Hunger & Wheelen, 1993 : 15−16].

첫째, 전략목표는 기업사명과 연계되어야 한다. 경영전략의 궁극적 목표는 기업사명을 달성하는 것이므로 전략목표는 기업사명을 달성하기 위한 하나의 수단으로 설정하여야 한다.

둘째, 전략목표는 반드시 조직내부 구성원들이 수용 가능한 것이어야 한다. 경영전략의 성공을 위해서는 조직 내 모든 구성원들의 이해와 참여가 필수적이다. 만약 전략목표가 구성원들이 가지고 있는 가치나 문화와 배치되어 그들이 이를 수용하지 않으려 한다면 그 전략의 성공은 기대할 수 없다.

셋째, 전략목표는 실행 가능한 것이어야 한다. 전략목표가 기업의 능력을 초과하는 것이라면 오히려 구성원들에게 좌절감만 안겨줄 가능성이 크기 때문에 전략목표는 구성원들이 도전할 수 있는 수준에서 결정되어야 한다.

넷째, 경영전략은 오랜 기간에 걸쳐 실행되기 때문에 실행과정에서 예기치 못한 많은 변화가 나타날 수 있으므로 전략목표는 환경변화에 탄력적으로 적응할 수 있도록 설정하여야 한다.

다섯째, 전략목표는 구체적으로 정량화되어야 한다. 경영전략이 실제로 기업가치의 극대화에 어느 정도 기여하였는지를 객관적으로 평가하고 그에 따른 합리적 보상을 할 수 있도록 하기 위해서 목표가 구체적으로 계량화되어야 한다.

2) 2단계 : 외부환경과 내부능력의 분석

경영전략을 추진하는 과정의 두 번째 단계는 기업사명과 전략목표를 달성하기 위해 필요한 전략적 관리과정을 마련하는 것이다. 이 단계에서는 먼저 최적의 경영전략을 선택하기 위해 고려해야만 할 기업의 외부환경요인과 내부능력요인들을 파악하고 이들을 어떻게 종합적으로 분석할 것인가 하는 전략적 상황분석을 한다.

(1) 외부환경 분석

외부환경 분석은 전략목표 달성과정에 영향을 미치는 외부환경요인을 크게 기회(opportunity)요인과 위협(threat)요인으로 나누는 것이다. 먼저 기회요인은 현재 혹은 미래의 기업활동에 유리한 영향을 미치는 환경요인으로, 해당 산업이나 개별기업에 대한 정부의 지원, 기업의 생산성을 향상시킬 수 있는 기술개발, 유리한 원재료 공급자의 출현 등을 들 수 있다. 그리고 위협요인은 현재 혹은 미래의 기업활동에 중대한 불이익을 초래하는 환경요인으로, 새로운 경쟁자의 출현, 정부의 규제, 공급업자의 교섭력 강화, 급격한 소비자의 욕구 변화 등을 들 수 있다.

외부환경요인을 기회요인과 위협요인으로 분류하는 데 있어 유의할 점은 동일한 환경요인이라도 기업이 처한 상황에 따라서 기회요인으로 인식될 수도 있고, 반대로 위협요인으로 인식될 수도 있다는 것이다. 예를 들면, 경기침체기에 일부 가구회사들이 재정적 압박에서 벗어나기 위해 재고와 체인점을 다른 기업에 매각할 때, 자금의 여유가 있는 몇몇 가구회사들은 다른 경쟁업자들의 재고와 체인점을 싼 가격으로 사들임으로써 향후 그 산업에서 독점적 지위를 확보할 기회를 얻기도 한다.

(2) 내부능력 분석

내부능력 분석은 기업내부의 강점(strength)과 약점(weakness)을 체계적으로 분석하여 환경의 기회 중 기업이 실제로 활용할 수 있는 전략적 기회요인이 무엇인지를 규명하는 활동이다. 아무리 많은 기회가 존재한다 할지라도 기업이 그러한 성장기회를 활용할 만한 충분한 자원과 능력을 보유하고 있지 않다면 진정한 기회요인이라 할 수 없는 것이다.

기업내부의 강점은 기업이 참여하는 시장의 욕구 및 경쟁자에 대하여 경쟁우위를 달성할 수 있는 기업내부의 능력을 말한다. 그리고 기업내부의 약점은 기업이 효과적인 경영성과를 산출하는 데 심각한 방해가 되는 것으로서 자원, 기술, 능력 면에서의 제한이나 결핍을 의미한다. 예를 들면 설비의 노후화, 자금부족, 관리능력 미흡, 판매기술 부족, 상표이미지 악화, 대립적 노사관계 등을 들 수 있다.

기업의 내부능력 분석은 다음과 같은 과정을 거쳐 진행된다[Pearce 외, 1991 : 186-199]. 먼저 기업의 성공에 핵심적인 전략적 내부요인들을 선정하고,[8] 이러한 전략적 내부요인들을 일정한 표준과 비교함으로써 기업의 현재위치를 파악한다. 보통 과거 기업의 성과나 주요 경쟁자의 능력, 산업의 핵심성공요인(KSF : Key Success Factors), 산업의 성장단계[9] 등이 이러한 평가의 기준이 된다.

(3) SWOT 분석

외부환경요인 및 기업내부요인에 대한 분석을 기초로 하여 전략목표를 달성할 수 있는 대안들의 수립 방향 및 지침을 제시해 주는 기법으로 흔히 SWOT(Strength, Weakness, Opportunity, Threat) 분석을 사용한다.

SWOT 분석은 전략이 외부상황과 내부능력 간의 강력한 적합관계를 창출해야 된다는 원칙하에 전략적 상황요인들 간의 관계를 요약하여 경영전략의 대안들을 개발 · 수립할 수 있는 지침을 제공하는 분석도구이다. 구체적으로 SWOT 분석은 기업이 직면한 외부의 기회 · 위협을 기업내부의 강·약점과 관련시킴으로써 전략목표 달성과정에서 나타나는 네 가지의 전략적 상황을 제시한다[Hunger & Wheelen, 1993 : 159]. SWOT 분석에는 SWOT 매트릭스(matrix)가 이용된다.

---

8 전략적 내부요인들을 입증하기 위한 접근법으로는 다음과 같은 4가지가 있다[Hunger & Wheelen, 1993 : 124-127]. ① 생산 · 판매 · 자금조달 등과 같은 기능단위의 능력을 중심으로 한 기능적 접근법, ② 기업을 제품의 설계 · 생산 · 판매 등과 같은 일련의 가치활동의 집합으로 보고 가치활동들 간의 연결관계에 의해 창출되는 시너지 효과를 중심으로 한 가치사슬접근법(value chain approach), ③ 과거 기업들의 경험을 토대로 어떤 조건하에서 어떤 내부요인들이 중요한가에 관한 정보를 수집하여 데이터베이스화한 PIMS(Profit Impact of Market Strategy)를 활용하는 방법, ④ 전략(Strategy) · 구조(Structure) · 시스템(System) · 스타일(Style) · 스탭(Staff) · 기술(Skill) · 공유가치(Shared Value)의 일곱 가지 요인을 중심으로 이들 간의 적합관계 형성에 초점을 두는 맥킨지(McKinsey & Co.)가 개발한 7-S접근법이 그것이다.

9 산업의 성장단계는 일반적으로 제품수명주기(PLC : Product Life Cycle)로 설명된다. 제품수명주기란 제품(산업)도 생물과 마찬가지로, 태어나서 소멸하는 일련의 과정을 거치게 된다고 보아 도입기(introduction), 성장기(growth), 성숙기(mature), 쇠퇴기(decline)의 네 단계로 나누어 제품의 성장과정을 나타낸 것이다.

내부요인 / 외부요인	강점 (Strength)	약점 (Weakness)
기회 (Opportunity)	기회활용을 위해 강점을 사용할 수 있는 상황	기회활용을 위해 약점을 보완해야 하는 상황
위협 (Threat)	위협을 극복하기 위해 강점을 사용할 수 있는 상황	위협을 극복하기 위해 약점을 보완해야 하는 상황

자료 : Hunger & Wheelen, 1993 : 161 수정.

SWOT 분석은 기업의 자원과 능력에 대한 시스템적인 분석에서부터 시작한다. 이러한 분석의 중요한 목적은 경쟁자들과 비교해서 특별히 강점을 가지고 있는 핵심역량(core competency)을 파악하는 것이다. 앞서 언급한 바와 같이 핵심역량은 특수한 지식이나 전문적 지식, 우수한 기술, 효과적인 제조기술, 또는 독특한 유통시스템 등과 같은 데서 찾을 수 있다. 그러나 전략의 정의에서 알 수 있듯이 기업의 핵심역량은 경쟁을 고려하여 평가하여야 한다. 즉, 경쟁에서 중요한 역할을 할 수 있고 다른 경쟁자들이 모방하기 어려운 핵심역량이 필요한 것이다. 또한 기업은 전략을 수립하는 데 있어 현실적인 관점을 유시해야 하며, 전략의 목표가 조직의 강점을

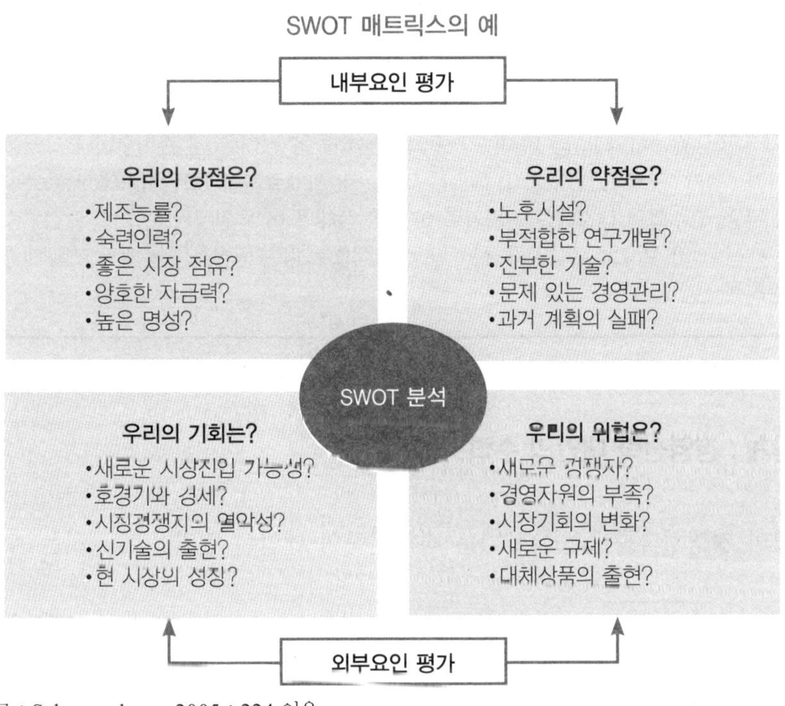

자료 : Schermerhorn, 2005 : 224 인용.

부각시키고 약점을 최소화시킴으로써 경쟁우위를 달성할 수 있는 전략을 수립해야 한다[Schermerhorn, 2005 : 224-225].

SWOT 매트릭스를 통해 기업이 직면한 네 가지 전략적 상황을 인식하고 나면, 전략적 상황에 대응하기 위한 가능한 대안들을 개발할 수 있다. 가장 이상적인 경영전략은 네 가지 전략적 상황에 모두 완벽하게 대응할 수 있는 균형적인 것이다. 하지만 현실적으로 기업의 능력과 보유자원, 정보의 제약으로 인해 네 가지의 모든 상황에 완벽하게 대응할 수 있는 균형적인 전략을 수립한다는 것은 거의 불가능하다. 따라서 기업들은 네 가지 전략적 상황들을 다양한 비율로 조합하여 가능한 전략대안들을 개발한 후, 그것들을 비교 · 평가하여 가장 만족스러운 경영전략을 수립해야 할 것이다. 선택 가능한 경영전략은 기회를 활용하기 위해 기업이 가지고 있는 강점을 사용하는 데 우선권을 두면서 다른 전략적 상황에 부분적으로 대응하는 공격적인 형태의 전략으로부터, 위협을 극복하기 위해 개선이 필요한 기업의 약점을 보완하는 데 초점을 두고 다른 전략적 상황에 부분적으로 대응하는 방어적인 형태의 전략에 이르기까지 매우 폭넓은 범위를 가질 필요가 있다. 이처럼 다양한 전략대안들이 개발되면, 기업들은 개발된 전략대안들을 비교 · 평가하여 최적이라고 판단되는 특정 전략을 선택하게 된다[LG 주간경제, 1993.11.15. : 28-33].[10]

> 극진 가라테 창시자인 최영의(오야마 마스타쓰)는 세계를 돌며 정상급 파이터들과의 100여 차례 맞대결에서, 헤비급 복서나 거구의 레슬러들을 상대할 땐 손기술이나 그래플링(메치기 · 꺾기 · 조르기 등의 기술) 대결은 피하고 발차기로 승부했고, 사바테(프랑스의 발차기 무술) 고수와의 대결에선 박치기로 이겼다. 상대가 더 우위에 있는 기술로 정면승부하는 대신, 적이 구사할 수 없는 자신이 더 상대적으로 강한 방법을 활용해서 모든 대결에서 승리했다.

3) 3단계 : 경영전략 대안의 수립

기업의 경영성과를 높일 수 있는 경영전략의 대안은 전략을 수행하는 수준에

10 전략결정을 책임지고 있는 최고경영자의 의지는 전략대안의 평가과정에서 다른 어떤 요인보다도 중요한 역할을 한다. 이러한 점을 강조한 이론을 전략적 선택이론(strategic choice theory)이라고 한다. 이 이론에서는 전략의 선택에 있어서 내·외부의 여건보다도 의사결정자의 가치, 신념, 철학 등의 개인적 요소가 결정적인 역할을 한다고 본다.

따라 달라진다. 경영전략의 수준은 경영자가 당면하는 의사결정의 수준과 범위에 따라, 기업전략(corporate strategy), 사업전략(business strategy), 국제경영전략(international business strategy)의 세 가지 영역으로 나누어 볼 수 있다.

기업수준에서의 전략, 즉 기업전략은 경영자로 하여금 "우리 회사 또는 그룹이 어떤 사업분야들에 참여할 것인가"를 결정하게 하는 것이다. 예를 들면 어느 한 회사(그룹)가 텔레비전, 냉장고, 세탁기, 음향기기 등을 한꺼번에 생산하고자 할 때 기업수준에서의 전략이 필요하다. 이렇게 여러 가지 사업의 포트폴리오[11]를 구성할 때에는 기존사업과의 관련성을 고려하여 관련 다각화를 할 것인지 관련도가 낮은 비관련 다각화를 할 것인지 결정해야 한다.

사업수준에서의 전략, 즉 사업전략이란 "선택된 사업에서 어떻게 경쟁을 할 것인가"를 모색하고 결정하는 일이다. 이러한 개별사업수준에서의 사업전략은 전략적 사업단위(SBU : Strategic Business Unit)[12]를 대상으로 하는 것으로서, 예를 들어 텔레비전을 제조 · 판매하는 사업, 음향기기를 제조 · 판매하는 사업, 아파트를 건설 · 판매하는 사업과 같이 어느 한 가지 사업을 개별적이고 독립적으로 파악하는 경우가 이에 해당된다.

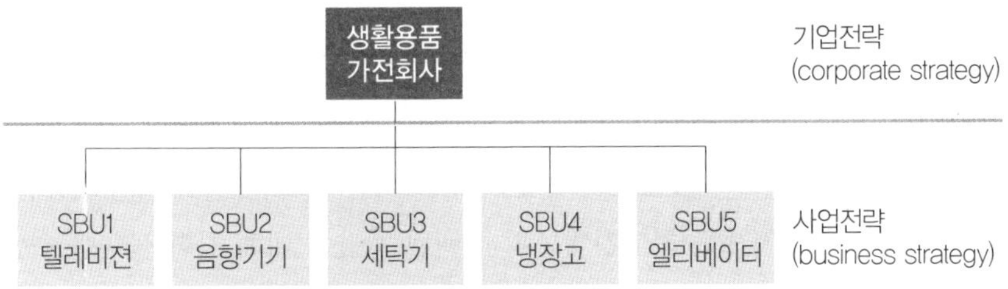

주 : SBU(Strategic Business Unit, 전략적 사업단위)

국제수준에서의 전략, 즉 국제경영전략은 개별사업단위(사업전략)와 여러 사업단

11 포트폴리오(portfolio)란 넓은 의미로 여러 개의 자산이 결합된 자산군을 말하며, 좁은 의미로는 증권시장에서 거래되는 주식·채권 등의 금융자산의 집합(증권 포트폴리오)을 말한다. 여기서의 사업 포트폴리오란 기업 내 개별사업단위들의 집합을 의미한다.

12 전략적 사업단위(SBU : Strategic Business Unit)는 단일사업 혹은 개별 사업단위로 불리며, "명확히 정의된 경쟁사와의 경쟁하에 기업외부의 고객에게 상품과 서비스를 생산 · 판매하는 조직의 활동단위"로 정의된다[Byars, 1991 : 16]. 하나의 전략적 사업단위가 되기 위해서는 일반적으로 특정의 사업단위가 독립적인 권한을 가진 성과평가단위가 되며, 동종의 기술로 동종의 제품들을 생산하여 유사한 유통경로를 통해 기업내부가 아닌 외부시장에서 명확한 고객을 갖고 있어야 한다.

위(기업전략)를 구분하지 않고, 국제적인 환경에서 경영활동을 수행하는 모든 활동을 포함한다. 기업이 해외시장에서 효율적으로 경쟁하기 위해서는 국내시장에서와는 달리 국제적 환경에 적합한 경쟁방식을 사용해야 한다.

4) 4단계 : 경영전략의 실행

경영전략의 계획과정에서 아무리 만족스럽게 전략적 상황 분석이 되었다 할지라도 그것이 제대로 실행되지 못한다면 기업에게 아무런 이익을 가져다주지 못할 것이다. 일반적으로 경영전략을 효율적으로 실행하기 위해서는 다음과 같은 세 가지 문제를 고려해야 한다[Hunger & Wheelen, 1993 : 236]. 첫째, 계획된 전략을 누가 실행할 것인가를 결정해야 한다(전략실행주체의 역할). 둘째, 전략을 실행하기 위한 구체적인 활동들을 결정해야 한다(전략실행방법의 결정). 셋째, 전략을 효율적으로 실행하기 위한 제반 여건을 갖추어야 한다(전략실행을 위한 제도화).

(1) 전략실행주체의 역할

경영전략은 장기적으로 기업경영 전반에 영향을 미치고 막대한 자원의 투입을 필요로 하기 때문에, 일반적으로 기업활동 전반을 총괄할 책임을 지닌 최고경영층이 전략실행의 핵심적인 주체가 된다. 전략실행과정에서 최고경영자는 크게 두 가지 중요한 역할을 수행한다[Pearce 외, 1991]. 하나는 새로운 전략추진의 상징으로서의 역할이다. 일반적으로 최고경영층이 선택된 전략에 대해 강한 몰입을 하는 경우 조직구성원들의 경영전략실행에 대한 몰입강도 역시 높아지게 된다. 특히 전략이 중요한 변화를 수반하는 경우 이러한 관계는 더욱 강화된다. 또 하나는 전략수립과정에서와 마찬가지로 최고경영자의 목표와 가치가 전략실행에도 영향을 미친다. 그러나 성공적인 전략실행을 뒷받침하기 위해서는 전략실행의 핵심적 권한과 책임을 가지고 있는 최고경영자의 역할뿐만 아니라 기업 내 모든 구성원들의 적극적인 참여와 협력도 매우 중요하다.

(2) 전략실행 저항의 최소화

아무리 훌륭한 전략목표를 설정하고, 전략대안을 수립하였다 하더라도 실행하지 못하면 아무런 의미가 없을 것이다. 경영전략의 실행은 보통 조직내부에 많은 변화를 요구하게 되므로, 일반적으로 구성원들은 이러한 변화에 저항을 하게 된다. 따라서 어떻게 하면 구성원들의 저항을 감소시키고, 적극적인 참여를 유도할 수 있느냐 하는 것이 매우 중요한 과제이다.

일반적으로 구성원들의 변화에 대한 저항은 변화 그 자체보다는 변화로 인해 나타날 수 있는 자신들의 지위와 역할에 대한 불확실성에 기인한다. 따라서 구성원들이 전략실행과정에서 어떤 역할을 해야 하는지를 명확하게 제시해 준다면 그들의 저항은 상당 정도 감소할 것이다.

(3) 전략실행을 위한 제도화

전략실행과정에서 요구되는 구성원들의 활동 및 행동들을 표준화하기 위해서는 프로그램, 예산, 정책 혹은 절차를 개발해야 한다[Hunger & Wheelen, 1993 : 238-240].

먼저 프로그램은 전략실행을 위해 설정된 세부적인 계획(보통 1년을 단위로 함)을 달성하기 위해 필요한 활동이나 단계들을 명시한 것이다. 예를 들면, 새로운 소매점을 인수하는 경우 광고, 신입 판매원에 대한 교육훈련, 새로운 점포의 보고절차 등을 어떻게 할 것인가에 관한 프로그램 등을 들 수 있다. 프로그램을 개발하고 나면 이를 실행하는 데 필요한 예산과정(budgeting)이 시작된다. 예산은 프로그램을 화폐단위로 나타낸 것이다. 예산은 각 프로그램의 비용을 구체화함으로써 선택된 전략의 실행 가능성을 체크하는 수단으로서, 그리고 통제의 기초자료로서 이용된다. 마지막으로 각 부문의 예산이 승인되고 나면 구성원들의 일상적인 활동을 안내할 정책 혹은 표준화된 절차를 개발하게 된다. 특정 과업이나 활동이 어떻게 행해져야 하는가를 상세하게 설명하는 정책과 절차는 구성원들의 일상적인 의사결정과정에서의 불확실성을 감소시켜 주고 또한 구성원들의 행동을 통제하여 관리적 유효성을 증대시키는 역할을 한다.

성공적인 전략실행을 위해서는 이러한 프로그램, 예산, 정책들이 조직내부의 일상적인 의사결정과 행동과정에 스며들어 구성원들의 적극적인 참여와 협력을 이끌어 낼 수 있어야 한다. 이를 위해서는 조직내부의 다양한 활동을 조정 · 통합할 수 있는 조직구조, 구성원들이 능력과 기술을 효율적으로 활용할 수 있도록 하는 리더십, 구성원들이 조직에서 요구하는 방식으로 행동하도록 동기부여시킬 수 있는 조직문화와 보상시스템을 제도화하는 과정이 필요하다[Pearce 외, 1991 : 325-360 ; Byars, 1991 : 154].

5) 5단계 : 경영전략결과의 평가

경영전략의 결과를 평가하는 마지막 경영전략의 추진과정은 '경영전략의 통제'라는 의미와 같다. 경영전략의 통제(controlling)란 실행된 경영전략의 결과를 평가하여 경영전략의 관리과정상의 문제점을 발견하고, 피드백을 통해 이를 수정하는 활동이다. 다음에서는 전략통제과정을 구성하는 요소들에는 어떤 것들이 있는가 하는 것과 효과적으로 경영전략을 통제하기 위한 방법에 대해 살펴보기로 하자[Hunger & Wheelen, 1993 : 301-322 참조].

(1) 전략통제의 요소

일반적으로 전략통제과정은 전략목표, 성과평가활동, 피드백의 세 가지 요소로 구성된다.

첫째 요소는 경영전략의 성과달성여부를 판단할 때 기준이 되는 전략목표이다. 전략목표는 앞서 공부한 바와 같이 전략계획단계에서 설정되므로 계획단계에서 전략목표가 제대로 설정되지 못한다면 효과적인 통제활동도 기대하기 어렵다. 이러한 전략의 성공여부를 판단하는 측정치로는 흔히 이윤, 매출액/시장점유율 성장률, 기업자산 성장률, 경쟁위협 감소율, 미래성공을 담보하는 혁신 등이 있다.

둘째 요소는 실행된 경영전략의 실제성과와 계획된 성과를 비교함으로써 조직의 문제점을 밝히는 성과평가활동이다. 흔히 성과평가활동은 그 자체가 전략통제과정으로 이해될 만큼 통제과정의 핵심적 요소가 된다. 성과평가는 단순히 실제결과와 기대목표를 비교하는 데 그쳐서는 안 되며, 실행결과에 대한 신뢰성 있는 정보의 확보를 통해 성과관련 활동들에 대한 평가도 함께 하여 경영전략 추진상의 문제점을 발견하는 데 초점을 두어야 한다.

셋째 요소는 실행결과의 평가결과가 미래의 관리활동의 기초자료로 활용되도록 하는 피드백(feedback) 활동이다. 피드백은 성과평가의 결과를 토대로 하여 수정 · 보완할 점을 확인하는 활동과, 이를 수정 · 보완하기 위한 직접적인 활동으로 구성된다. 피드백을 통해 경영자들은 현 전략에서 왜 그런 문제점이 나타났는지를 평가하여 문제의 원인이 되는 전략목표, 전략 그 자체 혹은 전략실행활동 등을 보다 나은 방향으로 조정할 수 있게 된다.

(2) 전략통제의 방식

일반적으로 전략통제과정에서는 사전통제, 사후통제, 진행(조종)통제, 가부통제의 네 가지 통제방식이 선택적으로 사용된다.

사전통제(pre-action control)란 경영활동이 실제 이루어지기 전에 실행되는 통제로서 투입요소와 산출결과를 사전에 구체적으로 검토하는 통제방법이고, 사후통제(post-action control)란 이와 반대로 목표달성을 위한 모든 활동이 종결된 후에 이루어지는 통제이다. 그리고 진행통제(steering control *or* feed-forward control)란 일련의 활동들이 완료되기 전에 표준 혹은 목표로부터의 편차를 발견하고 수정행동을 하는 통제방법이며, 가부통제(yes/no, screening control)는 진행통제를 보완하기 위해 흔히 사용되는 통제방법으로 업무가 몇 개의 단계별로 계속해서 이루어지는 경우 각 단계가 완성되는 시점에서 평가를 하는 방법이다.

효율적인 전략통제가 이루어지려면 이상적으로는 이러한 네 가지 통제방법들을 동시에 사용하는 것이 좋다. 하지만 현실적으로 네 가지 방법들을 모두 사용하는 데에는 어려움이 많기 때문에, 보통 한두 가지 방법만을 사용하게 된다. 그런데 여기서 한 가지 유의할 점은, 전략은 보통 장기간에 걸쳐 실행되기 때문에 실행기간 동안 전략의 성공에 중요한 영향을 미칠 수 있는 많은 변화들이 나타날 수 있다는 점이다. 따라서 전략통제과정에서는 전략이 실행되는 동안 전략을 지속적으로 검토하고, 기본적인 전제들에서의 변화나 문제를 탐지하여 전략이 이러한 변화에 적절하게 적응할 수 있도록 하는 진행통제가 필요하다.

또한, 체계적이고 지속적인 통제활동을 지원할 수 있는 전략통제시스템을 구축할 필요가 있다.[13] 효율적인 전략통제시스템을 구축하기 위해서는 통제에 필요한 최소한의 정보량만을 파악하여 과도한 정보가 공급되지 않도록 해야 하며, 시기적절하게 정보가 제공될 수 있도록 설계하여야 한다. 그리고 전략의 핵심목표와 관련되는 요소만을 통제해야 하며, 사람들에게 혼란과 불편함을 주지 않도록 가능한 단

---

13 효율적인 전략통제시스템을 구축하는 데 균형성과표(BSC : Balanced Score Card)가 많이 사용되고 있다. BSC란 기업의 전략적 목표를 일련의 성과 측정지로 전환시킬 수 있는 틀로서 재무, 고객, 내부프로세스, 혁신 및 조직학습의 관점들을 결합하여 통제도구로 이용한다.

순하게 설계하여야 하고, 정보에 기초해 행동을 하는 사람들에게 제공하도록 해야 한다.

4 전략적 경영의 체계와 사업재구축전략

전략적 경영은 기업전략과 사업전략으로 이해할 수 있다. 기업전략은 어떤 사업에 진출하고 철수할 것인가를 의사결정하고 비즈니스 포트폴리오를 관리하는 전략이다. 기업 전체수준에서 여러 사업들을 운영하면 사업단위들을 독립적으로 운영하는 것보다 훨씬 더 많은 성과를 달성하는 시너지 효과(synergy effect)를 얻을 수 있다는 것을 전제로 한다. 기업 전체적인 관점에서 다양한 사업단위들의 특성을 고려하여 각 사업단위에 적합한 장·단기 목표를 부여하고, 부여된 목표를 수행하는 데 필요한 자원을 배분하는 것을 주요 과제로 한다.

사업전략은 전략적 사업단위(SBU : Strategic Business Unit)가 시장에서 경쟁우위, 즉 경쟁력을 갖추려면 어떻게 할 것인가 하는 경쟁력우위를 창출하고 유지하는 방법에 관한 문제를 다룬다.

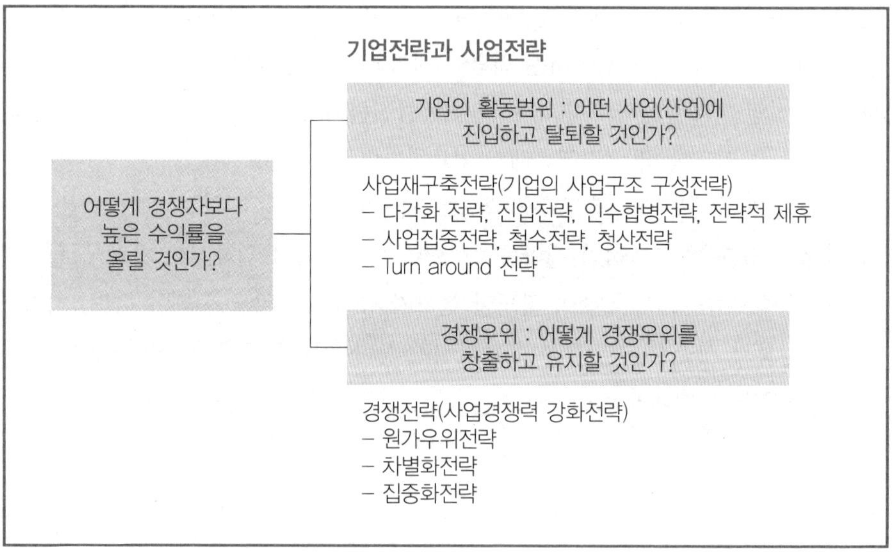

기업 전체수준에서의 전략적 경영은 사업재구축(restructuring)이라고도 불린다. 기업수준에서의 사업재구축전략은 다시 크게 공격적 사업재구축전략과 방어적 사업재구축전략으로 나누어진다[Robbins 외, 2009 ; Gomez-Mejia, 2008 참조]. 전자는 성장전략의 성격을 갖고 있으며, 후자는 안정전략과 재기전략으로 분류하여도 무방할 것이다.

기업수준에서 경영전략의 유형

1. 성장전략(growth strategy)
   ① 사업집중전략(concentration strategy)
   ② 수직적 통합전략(vertical integration strategy)
   ③ 다각화전략(diversification strategy)
   ④ 인수 · 합병(M&A : Merger & Acquisition)
2. 안정전략(stability strategy)
3. 쇄신전략(renewal strategy)
   ① 우회전략(retrenchment strategy)
   ② 포획전략(turnaround strategy)

1) 성장전략

성장전략(growth strategy) 또는 사업확장전략은 현재의 사업전략에 더욱 집중하거나, 현재의 사업활동에 만족하지 못하는 기업들이 끊임없이 수익성이 있는 새로운 사업기회를 추구함으로써 사업다각화를 추구하는 전략이다. 일반적으로 사업확장전략을 추구하는 기업들은 환경변화에 수동적으로 적응하기보다는 능동적으로 새로운 수요와 제품을 창조함으로써 환경을 조직에 적응시키려고 노력한다. 다음에서는 성장전략의 몇 가지 유형에 대해 알아보자.

(1) 사업집중전략

사업집중전략(concentration strategy)은 기업이 그들의 사업과 시장을 소수의 핵심사업에 집중함으로써 시장 내에서 확고한 지위를 차지하고자 하는 전략이다. 즉 다수의 사업을 영위하기보다는 기업의 자원을 수익성이 있는 특정 사업(아이템)에 집중하는 전략이다.

기업들이 경영상태를 개선하고자 하는 경우, 사업활동의 범위를 축소하면서 계열기업 간 합병을 추진하여 소수의 주력사업에 집중하게 된다. 핵심주력사업에 집중하여 성공한 대표적인 기업으로는 맥도날드를 들 수 있는데, 맥도날드는 햄버거를 중심제품으로 하여 프렌치 프라이즈, 소프트드링크, 쉐이크, 맥시칸 등의 다양한 패스트푸드제품을 개발하고 판매망을 전 세계적으로 확장하여 미국 내에서만 하루 평균 고객수가 천만 명에 이르는 기업이 되었다.

기업들이 사업집중전략을 추구하는 경우, 소수의 시장에 집중함으로써 다수의 시장에 참여하는 경우보다 주어진 시장에 대해 더 많은 시장정보를 획득 · 활용할 수 있다는 점, 기업의 핵심능력을 한정된 시장에 집중함으로써 고객요구에 민감하게 반응할 수 있고 사업기술과 노하우를 충분히 축적 · 활용함으로써 경쟁우위를 극대화할 수 있다는 점, 기업이 핵심주력사업에만 집중함으로써 기업 내·외부에 기업의 존재이유를 명확하게 제시하며 고객들로부터 확고한 이미지를 얻을 수 있다는 점 등의 이점이 있다.

기업이 사업집중전략을 추구하려고 할 때는 다음과 같은 점에 유의해야 한다[Byars, 1992 : 96 ; Pearce & Robinson, 1991 : 231]. 하나는, 소수의 산업에 집중하고 있기 때문에 만약 해당 산업의 수요감소와 같은 불리한 시장상황이 전개되는 경우 기업의 생존과 성장에 큰 타격을 입을 수 있다는 것이다. 특히 오늘날과 같이 기술이 급격히 변화하고 고객들의 욕구가 다양해지면서, 현재 사용되고 있는 제품의 약 80% 정도가 10년 이내에 완전히 사라질 것으로 추정될 만큼 제품변화의 사이클이 매우 빠른 상황에서 이 전략은 상당한 위험부담을 가진다. 또 하나는, 자칫 현 사업만을 지나치게 고수함으로써 현재 기업이 보유하고 있는 능력과 자원을 보다 수익성 있는 새로운 사업에 활용하지 못할 수도 있다는 것이다. 특히 현재 사업이 점차 수익성이 없어지고 있음에도 불구하고 기업이 기존에 투입된 자원과 현 사업에 대해 지나치게 몰입함으로써 현 사업에서 쉽게 빠져 나가지 못하는 경우에 이런 문제가 나타날 가능성이 높다. 따라서 기업들은 현 사업이 정점에 이를 때 현 사업에서 탈피하여 새로운 사업으로 다각화하는 것이 바람직하다.

(2) 수직적 통합전략

수직적 통합전략(vertical integration strategy)은 기업의 제품 생산 · 판매의 가치창출활동과 관련되는 다른 기업, 즉 공급원이나 제품의 판매자와 같이 산업의 생산–

공급(distribution/판매)의 연결고리에 속해 있는 다른 단계에 있는 기업을 통합하는 전략이다.[14] 수직적 통합전략은 통합의 방향에 따라 생산-공급(판매)의 연결고리의 전 단계인 원재료나 부품의 공급업자를 통합하는 후방통합과, 연결고리의 다음 단계인 도·소매업자를 통합하는 전방통합으로 나누어진다. 예를 들면, 셔츠제조업자가 원단제조업자를 통합하면 후방통합이 되는 것이고, 의류상점을 새로 개설함으로써 판매업자를 통합하면 전방통합이 된다.

수직적 통합전략은 그 형태에 따라 여러 가지 전략적 이점을 가진다.

먼저 후방통합을 하는 경우 얻게 되는 전략적 이점으로는 원재료공급업자나 부품공급업자를 통합함으로써 원가절감이 가능하다는 점이 있다. 또한 자신의 부품을 자력으로 공급함으로써 품질 향상과 유지를 통해 제품차별화를 달성할 가능성이 커지며, 이에 따라 불리한 가격경쟁을 회피할 수 있다는 점, 주요 원재료공급업자나 지원서비스공급업자에 의존하는 경우 발생하는 불확실성을 감소시킴으로써 기업활동의 안정성을 유지할 수 있고, 주요 부품의 가격인상에 따른 폐해를 줄일 수 있다는 점 등이 있다.

다음으로 전방통합의 이점에는, 판매 및 분배 경로를 통합함으로써 안정적인 판로를 확보할 수 있다는 점, 이에 따라 적정한 생산규모를 유지함으로써 생산비용 감소와 재고비용 감소를 통해 마진을 증대시킬 수 있다는 점, 독립적인 판매업자나 딜러(dealer)를 상대할 때 가격탐색 · 의사소통 · 협상계약과정에서 발생하는 비용을 감소시켜 비용우위를 확보할 수 있다는 점, 기업의 시장에 대한 통제력을 증대시킴으로써 산업 내에서 독점적 지위를 향유할 수 있도록 해 준다는 점 등을 들 수 있다 [Byars, 1992 : 98].

수직적 통합전략을 효과적으로 추진하기 위해서는 그 한계점에 대해서도 주의를 기울일 필요가 있다. 예를 들어, 수직적 통합이 기업의 환경변화에 탄력적인 대응을 어렵게 만든다는 점, 모든 활동단계의 효율적인 생산규모와 전체적인 생산능력의 균형을 유지하기가 어렵고, 또한 이의 조정과 통합을 위해서는 많은 비용이 소요된다는 점, 통합된 기업 중 어느 한 기업의 비효율성이 나타나는 경우 이러한 비효율성이 기업 전체의 비효율성으로 확대될 가능성이 높다는 점 등이 그것이다.

수직적 통합전략은 기본소재산업이나 자동차산업과 같이 부품의 공급과 판매 활

---

14 수직적 통합과 달리 수평적 통합(horizontal integration)도 있을 수 있다. 예를 들면 서로 다른 화장품회사들끼리 통합한다든지 하는 것인데, 이를 부당한 방법으로 보아 많은 나라들이 철저히 감시하거나 제약을 가한다.

동이 경영성과의 중요한 요소로 작용하는 경우, 아웃소싱(outsourcing)을 통해 기업 내부에 통합시킴으로써 현 산업에서의 경쟁력을 강화하기 위해 사용된다. 아웃소싱이란 경영활동의 일부를 외부 전문업체에 장기적으로 위탁하는 전략으로서, 기업의 자원을 전략적으로 중요하고 가장 잘할 수 있는 부문에 집중하고, 나머지 부분을 외부 전문업체에 맡김으로써 기업의 경쟁력을 향상시키는 방법이다.[15] 이러한 아웃소싱은 글로벌 경쟁의 격화, 저성장 경제, 고객욕구의 다양화 등에 기업들이 적극적인 변신을 하지 않을 수 없는 현 상황에서 유효한 생존수단의 하나로 등장하고 있다.

(3) 다각화전략

기업들이 사업확장을 도모하는 경우 직면하게 되는 첫 번째 문제는 그들이 어떤 사업에 진출하는 것이 가장 많은 이익을 낼 수 있느냐 하는 다각화전략(diversification strategy)이다. 다각화전략에는 현 사업과 관련이 있는 사업에 진출하는 관련 다각화전략, 현 사업과 아무런 관련이 없는 새로운 사업에 진출하는 비관련 다각화전략의 두 가지가 있다.[16]

앤소프 매트릭스

시장	제품	
	기존제품	신제품
기존시장	시장침투 (보수적 성장전략) →	제품개발 (관련 다각화전략) ↓
신시장	↓ 시장개발 (확장전략) →	다각화 (비관련 다각화전략)

자료 : Ansoff, 1957.

15 아웃소싱의 형태에는 ① 비용절감형 아웃소싱, ② 분사형 아웃소싱, ③ 네트워크형 아웃소싱, ④ 핵심역량 자체의 아웃소싱이 있다.

16 다각화전략과 관련하여 앤소프(H. Ansoff)는 ① 시장침투전략 : 기존시장에서 기존제품으로 매출액을 높이는 전략, ② 시장개발전략 : 기존제품으로 새로운 시장에 진출하는 전략, ③ 제품개발전략 : 기존시장에서 현재의 고객에게 새로운 제품을 제공하는 전략, ④ 다각화전략 : 신시장에 신제품을 제공하는 전략을 네 가지로 구분한다[Ansoff, 1957].

① 관련 다각화전략

관련 다각화전략(related or concentric diversification strategy)은 현재 기업의 사업분야와 공통적인 활동요소(제조, 마케팅, 자재관리, 기술, 상표명과 명성 등)를 공유하는 사업이나 유사한 사업에 참여함으로써 사업을 다각화하는 전략이다. 관련 다각화전략은 단순히 특정 기업활동요소를 여러 사업에 공통적으로 적용하는 것이 아니라, 기업이 가지고 있는 핵심역량의 이점을 여러 사업들에 활용함으로써 기업 전체의 시너지를 창출하고자 하는 전략이다.

관련 다각화전략을 추구하는 기업들은 무수히 많으나, 몇 가지 예로 빅(BIC), 필립 모리스(Philip Morris), 프록터 앤 갬블(Procter & Gambles) 등을 들 수 있다. 빅은 값싼 일회용 볼펜을 생산하다가 저원가 생산기술과 대량상품 구매기술을 공유하기 위해 일회용 라이터 · 면도기 · 스타킹 등으로 생산을 확대하였고, 필립 모리스는 담배(Marlboro)판매를 통해 축적된 마케팅능력을 활용하여 맥주(Miller), 식료품(General Foods) 사업에 진출하였다. 그리고 프록터 앤 갬블은 공통의 배분경로를 활용하여 버터, 케이크 믹서, 샴푸, 커피, 세제, 야채오일, 칫솔, 비누, 화장지 등을 생산하는 세계적인 소비재생산기업으로 성장하였다.

많은 학자들의 연구에 따르면 관련 다각화전략은 다른 전략들에 비해 높은 성과를 나타내는 것으로 밝혀지고 있는데, 구체적으로 관련 다각화전략은 다음과 같은 전략적 이점을 가지고 있다[Hunger & Wheelen, 1993 : 180−181]. 즉 기존사업과 새로운 사업 간에 자원 · 기술 · 노하우 등을 공유하여 '범위의 경제(economy of scope)'[17]를 발생시킴으로써 비용절감과 경쟁지위향상이 가능하다는 점, 다음에 설명할 비관련 다각화에 비해 사업활동의 동일성을 유지할 수 있고 사업에 관한 보다 많은 지식을 보유할 수 있기 때문에 위험이 작다는 점, 그리고 한 사업에 집중하는 전략과는 달리 한 사업의 수익과 매출을 다른 사업의 수익과 매출로 보충할 수 있기 때문에 기업 전체의 수익과 매출의 안정성을 확보할 수 있다는 점 등이다.

하지만 관련 다각화전략을 실행하기 위해서는 사업부 간 협조를 유지하기 위하여 많은 관리비용을 부담해야 된다는 점, 지나치게 좁은 시각을 가지고 핵심역량에 집착함으로써 보다 수익성 있는 사업기회를 포착하지 못할 수도 있다는 점 등의 단점에도 유의해야 한다.

17 범위의 경제(Economy of Scope)란 둘 이상의 사업부가 생산시설, 유통망, 광고활동, R&D 등의 자원을 공유함으로써 투자비용을 절감하는 것을 말한다.

② 비관련 다각화전략

비관련 다각화전략(unrelated or conglomerate diversification strategy)은 기존의 사업분야와는 아무런 관련이 없는 사업, 즉 현재의 사업분야와 기술 · 시장 · 유통망 등에 있어서 공통의 요소가 존재하지 않는 사업으로 다각화하는 전략이다. 비관련 다각화전략은 기본적으로 이익을 낼 수 있다고 생각되는 사업이면 어디라도 진출한다는 목표를 가지며, 다각화구성에 있어 명확한 전략적 주제가 없는 것이 일반적이다.[18] 그래서 이 전략을 복합기업(conglomerate) 다각화라고도 한다[Gomez-Mejia, 2008 : 291]. 비관련 다각화전략을 추구하고 있는 대표적인 기업으로는 철도운영, 석유와 가스 탐사, 광산, 트럭운송, 석유정제, 부동산 사업을 하고 있는 미국의 복합기업인 유니온 퍼시픽 코퍼레이션(Union Pacific Corporation)과 냉난방기, 승강기, 헬리콥터, 전선과 케이블 사업을 하고 있는 유나이티드 테크놀러지(United Technologies), 그리고 우리나라의 여러 재벌그룹 기업들을 들 수 있다.

일반적으로 기업들이 비관련 다각화전략을 추진하는 것은 다음과 같은 이유 때문이다[Thompson & Strickland Ⅲ, 1990 : 174 ; Byars, 1992 : 100]. 첫째, 여러 산업에 참여함으로써 경영위험을 분산시키고, 수익성이 높은 사업부문으로 수익성이 취약한 사업부문을 보완함으로써 기업 전체적으로 안정적인 수익규모를 유지할 수 있다는 점이다. 둘째, 현 사업의 매력성이 떨어지거나 자금의 여유가 있어 새로운 사업에 진출하고자 하는 데 기업이 특별한 핵심역량을 보유하지 못하고 있는 경우에는 비관련 다각화가 추진된다. 셋째, 다른 사업으로 진출하는 데 있어 외부로부터 특별히 매력적인 기회가 주어질 때 비관련 다각화가 추진된다. 예를 들면, 과거 일부 우리나라의 재벌들은 정부의 부실기업정리와 산업합리화 조치에 의해 다수의 기업을 헐값에 인수할 수 있었기 때문에 오늘날과 같은 거대한 기업군으로 발전할 수 있었다. 넷째, 경영자가 참여산업의 선정과 인수기업의 선정에 탁월한 능력을 가지고 있는 경우, 혹은 경영자나 소유자가 강한 성장욕구를 가지고 있는 경우에는 비관련 다각화가 추진된다. 한국재벌들이 비관련 다각화를 추진하게 된 가장 큰 원동력은 바로 이러한 최고경영자들의 개인적 야망과 성장욕구에 기인하는 것으로 알려져 있다.

그러나 비관련 다각화를 추진할 때에는 다음과 같은 점에 주의해야 한다[Thompson & Strickland Ⅲ, 1990 : 174-175]. 먼저 각 계열회사 간 공통의 요소

18 이러한 현상이 심해질 때 우리나라에서는 이를 비하하여 '문어발식 경영'이니 '백화점식 경영' 또는 '선단식 경영'이라 부르기도 한다.

가 존재하지 않기 때문에 외형적 비대화만을 가져올 수 있다. 즉 자금력이 풍부한 모(母)기업은 단순한 자금지원 외에 사업단위들에 대해 어떠한 경쟁적 강점도 제공하지 못하기 때문에 일반적으로 비관련 사업집단은 전체사업구조의 시너지 효과를 창출하지 못한다. 그리고 만약 경영자가 사업집단을 관리할 능력이 부족한 경우, 비효율적인 사업집단이 형성되어 성과가 급격히 낮아질 수 있다. 또한 단순한 성장을 위해 비관련 다각화전략을 추구하는 경우 실패하기 쉽고 비관련 다각화를 통해서 얻는 이득보다 거대한 사업집단을 관리하는 데 드는 관료적 비용이 더 클 수 있다. 비관련 다각화전략을 추진하는 기업들은 이러한 약점을 인식하고, "기업의 목표를 달성하고 성공적으로 경쟁할 수 있기 위해 최소한 어느 정도의 다각화가 필요한가", "복잡성을 고려할 때 최대한 어느 정도까지 다각화가 가능한가"의 두 가지 측면에서 그 범위를 결정하는 것이 바람직하다.

(4) 인수 · 합병

인수 · 합병(M&A : Merger & Acquisition)은 기업(매수기업)이 타 기업(피매수기업)의 주식이나 자산을 인수 · 합병하여 새로운 사업에 진출하는 전략이다. 여기서 합병(merger)이란 두 개 이상의 기업들 간에 보유주식을 상호 교환함으로써 최종적으로 하나의 기업만이 생존하는 거래형태로서, 일반적으로 유사한 규모와 우호적인 관계를 가지고 있는 기업들 간에 행해진다. 기업 간 합병이 이루어지는 경우 새로운 회사의 이름은 피합병회사들의 이름을 공동으로 사용하는 것이 일반적이다. 예를 들면, 우리나라에서 이전에 금성사와 럭키가 합병하여 럭키금성그룹(현 LS · GS그룹)을 설립한 것이 이의 대표적인 예이다. 이에 반해 인수(acquisition)는 한 기업(피매수기업)이 다른 기업(매수기업)에 의해 매수됨으로써 그 기업의 부문이나 활동보조단위로 흡수되는 것을 말한다. 인수는 합병과는 달리 매수기업이 피매수기업의 주식의 일부만을 취득하여 상대기업이 계속 독립 · 존속하는 경우도 있다.

인수 · 합병에는 매수기업과 피매수기업 간의 관계에 따라 우호적 인수 · 합병(friendly M&A)과 적대적 인수 · 합병(hostile M&A)이 있다. 우호적 인수 · 합병은 두 조직의 주주와 경영자들이 두 기업의 결합에 동의하고 그것의 성공을 위해 함께 노력하는 형태이고, 적대적 인수 · 합병은 피매수대상기업의 의사와는 관계없이 인수 · 합병이 진행되며 이에 따라 표적기업의 저항이 나타나는 형태이다. 흔히 시장에서 실제가치보다 낮게 평가되거나 거대한 초과현금흐름이 발생하는 기업, 또는 경쟁자에 비해 성과가 나쁜 기업들이 이러한 적대적 인수·합병의 대상이 된다[Byars, 1992 : 109-110].

일반적으로 기업들은 다음과 같은 이유로 인수·합병전략을 선택한다[Thompson & Strickland Ⅲ, 1990 : 167 ; 김지수·노택환, 1994 : 207-208]. 첫째, 인수·합병전략은 내부개발전략에 비해 상대적으로 저렴한 비용으로 새로운 사업에 신속히 진출할 수 있도록 한다. 그리고 매수기업의 상표인지도, 유통경로 등을 이용함으로써 진입장벽을 보다 손쉽게 뛰어넘을 수 있도록 한다. 둘째, 인수·합병전략을 사용하여 신규진출을 하는 경우, 해당 산업에 새로운 사업이 추가되는 것은 아니기 때문에 경쟁사와의 마찰을 피할 수 있다. 셋째, 특정 자산과 능력을 내부적으로 획득하려면 자금조달상의 어려움이 있지만, 인수·합병전략을 사용하는 경우 증권을 통한 자금조달[19]이 용이하다. 넷째, 동종기업을 매수(수평적 통합)함으로써 규모의 경제를 확보하여 시장지배력을 확대하거나 매수대상기업의 능력을 활용하여 부족한 기업능력을 보완할 수 있다. 다섯째, 타 기업을 인수·합병하는 경우 이월결손금, 상속세, 증여세 등의 세금이 경감되는 등 조세절감의 효과를 얻을 수 있다.

기업이 인수·합병전략을 얼마나 성공적으로 수행하느냐는 일차적으로 어떤 기업을 인수·합병하느냐에 의해 결정된다. 만약 진입하려는 산업에 대해 기업이 전혀 지식을 가지고 있지 않지만 풍부한 자본을 가지고 있다면 높은 가격으로 기존업체를 인수하는 것이 바람직하다. 또 약한 기업을 강한 기업으로 전환시킬 만한 능력과 자원, 인내력을 보유한 경우 현재 의문시되는 기업을 낮은 가격으로 인수하는 것이 바람직하다. 일단 기업인수를 완료한 후에는 인수된 기업이 전체 시너지 창출에 기여할 수 있도록 기존기업과의 통합문제가 중요하게 부각된다. 일반적으로 효율적인 통합을 위해 합병과정에 전반적인 책임을 지는 합병관리자를 임명하고, 합병기업과 피합병기업 간의 경영자를 상호 교환하며, 합병 후에 수평적 관점에서 사업을 재정비하는 것이 필요하다[Thompson & Strickland Ⅲ, 1990 : 167].

기업들이 인수·합병전략을 할 때는 다음과 같은 위험 내지 부정적인 효과 또한 고려해야만 한다[김지수·노택환, 1994 : 208-210 ; 이장우, 1995 : 269-270]. 첫째, 통합과정에서 지나치게 많은 시간과 에너지가 소모되고, 피매수기업의 가격

19 기업 인수·합병 시 매수대상기업의 자산이 현금흐름을 담보로 한 정크본드(junk bond)를 발행하거나, 금융기관을 통한 차입, 또는 개인 및 기관투자가에 의해 형성되는 펀드를 통해 자금을 조달할 수 있다. 여기서 정크본드란 일반적으로 신용평가등급이 낮은 기업이 발행하는 채권을 말한다. 이와 같이 외부자금에 의존하는 인수·합병은 주로 재무적 이득을 노리고 행해지는 투기적, 머니게임(money game)적 인수·합병에서 주로 나타난다.

이 지나치게 높게 형성됨으로써 과다한 지출이 나타날 수 있다. 둘째, 합병에 의한 시너지 효과가 과대평가될 수 있으며, 거액의 자금이나 노력이 투입됨으로써 연구개발투자나 설비투자의 부족을 초래하여 기업경쟁력을 약화시킬 수 있다. 셋째, 인수 · 합병과정에서 본의 아니게 많은 종업원이 해직되거나 전직되고, 또 매수기업과 피매수기업 간의 문화적 차이로 인해 갈등이 발생하여 조직능률이 저하될 수 있다. 넷째, 외부차입금에 의존하여 인수 · 합병을 추진한 경우 기업의 재무구조가 악화될 수 있다.

M&A를 활용해 성장해 온 사례로 DSM이라는 네덜란드 생명과학 및 제약 회사를 들 수 있다. DSM은 우리가 복용하는 비타민 C 분말 제조사로 유명한 업체인데, 이 회사가 광산업에서 시작했다는 것을 아는 사람은 많지 않다. 1900년대 초 광산업에서 시작한 DSM은 1930년께 M&A를 통해 비료사업에 진입했고, 1950년대 석유화학, 1980년대 정밀화학을 거쳐, 1990년 무렵 생명과학 및 제약사업으로 진입했다. 특히 인수한 사업이 안정되면 기존 사업을 매각하는 방식으로 사업 포트폴리오를 완전히 바꾸는 변신을 지속해 온 것은 매우 독특하다. 구글이나 마이크로소프트도 인수 · 합병전략을 통해 기업을 급속하게 키웠다.

1646년에 당시 유럽의 신흥 강자로 부상하던 스웨덴에서 보포르스(Bofors)라는 대장간이 만들어졌는데, 348년 후 노벨인더스트리(Nobel Industries)라는 화학회사가 된다. 1792년에는 네덜란드에 식켄스(Sikkens)라는 페인트회사가 설립되었고 202년 후 악조(AKZO)라는 네덜란드 화학회사가 되는데, 1994년 각각 350년과 200년의 역사를 가진 노벨인더스트리와 악조가 합병해 만들어진 회사가 악조노벨(Akzo Nobel)이다. 악조노벨은 총매출 약 18조 4,000억 원(2015년 기준)으로 영국 최대 화학회사였던 ICI도 인수해 세계 최대 페인트회사이자 전 세계 20대 화학기업에 포함되는 글로벌 기업이 되었다.

2) 안정전략

안정전략(stability strategy)은 기업이 과거의 사업활동에 만족하여 과거와 동일한 목표를 추구하고, 현재의 성장률을 유지하거나 성장률을 일정수준 이하로 제한함으로써 안정적인 기업활동을 유지하고자 하는 전략이다.

일반적으로 안정전략은 상대적으로 낮은 위험을 수반하는 전략으로서, 성장률이 느리고 환경변화가 정태적인 특징을 지니는 산업에 있는 기업이나 환경의 급격한 변화로 그 예측이 어려운 산업에 있는 기업들에게 매우 효과적인 전략이다[Hunger & Wheelen, 1993 : 183-185]. 예를 들면, 윤활유제품을 생산하는 WD40은 1950년 이후로 거의 경쟁자가 없었을 뿐만 아니라 독특한 틈새시장(niche market)을 가지고 있었기 때문에 지속적으로 동일한 전략을 추구함으로써 연간 약 8천억 달러의 매출을 올리는 성공적인 기업으로서 명성을 얻고 있다.

기업들은 매우 다양한 이유로 안정전략을 추구한다[Byars, 1992 : 92-93]. 첫째, 경영자들이 현 전략을 대폭 변경하는 데 따르는 위험감수를 원하지 않는 경우 안정전략을 추구한다. 기업의 전략적 변화는 기존의 조직 내 권력구조를 변화시키게 되고, 구성원들이나 조직부문에 많은 새로운 능력을 요구하기 때문에, 기업구성원들은 현 지위에 위협을 느끼게 되어 조직내부의 갈등과 불확실성이 증대된다. 따라서 안정적인 조직운영을 강조하는 경영자들은 이러한 위험을 회피하기 위해 전략적 변화를 추진하지 않는다. 둘째, 전략변경은 기업 내 자원할당의 변화를 수반하게 되는데, 이것이 상당히 어렵고 장기간을 요하는 과업으로 인식되는 경우 안정전략을 추구한다. 셋째, 너무 급속한 성장은 조직활동규모가 내부의 능력이나 자원을 초과함으로써 비효율성을 발생시킬 수 있다고 판단되는 경우 안정전략을 추구한다. 넷째, 최악의 경우로서 기업이 제품과 시장 변화를 인식하고 대응할 충분한 능력이 없기 때문에 안정전략을 추구하는 경우도 있다.

안정전략은 단기적으로는 유용할 수 있으나, 장기적인 관점에서는 상당히 위험이 높은 전략이다. 왜냐하면 오늘날과 같이 급변하는 환경 속에서 끊임없는 혁신과 개발 없이 기업의 생존과 성장을 보장받는다는 것은 거의 불가능하기 때문이다.

3) 재기전략

기업들은 경영상태가 나쁜 경우 기존 사업활동의 규모나 다양성을 감소시키는 기존사업의 축소전략(retrenchment strategy)을 사용하게 된다. 축소전략은 전반적 경기침체, 이자율 증가, 시장수요의 급격한 감소, 정부규제 증가, 내부자금위기 발생과 같은 열악한 조건하에서 철수와 감량경영을 통해 실행되는 전략으로, 방어적인 성격을 갖는다. 지금까지 이 전략은 경영자들에게 부정적인 의미를 지니는 것으로 인식되어 현실경영이나 이론적 측면에서 상당히 소홀히 취급되었다.

하지만 최근 국제적인 경쟁 심화, 탈규제, 인수 · 합병의 증대, 주요 기술의 급격한 변동으로 인한 경기침체, 저성장체제로의 진입 등에 효율적으로 대응하기 위해 기업의 '살빼기작업'의 중요성이 강조되면서 사업재구축전략의 중요한 부분으로 자리 잡게 되었다[Robbins 외, 2009 : 185]. 대표적으로 냉전체제의 붕괴와 동유럽의 변화로 인해 방위산업이 급격히 침체되기 시작하자 록히드(Lockheed), 노드롭(Northrop)과 같은 미국의 방위산업체들이 사업재구축의 주 전략으로서 이 전략을 사용한 바 있다.

> 1980~90년대 SKC 비디오테이프는 우리나라의 대표 수출상품으로 한때 세계시장 점유율 4위까지 올랐었지만, 미디어 시장의 급속한 변화로 지금은 흔적조차 찾기 어렵다. 시장흐름을 간파한 SKC는 1997년 LCD 소재 산업으로 사업을 완전 전환했다. 사업을 전환한 지 20년이 지난 지금 SKC는 고부가가치 필름 제조회사로 재탄생하였고 2021년 매출 5조원을 목표로 하고 있다.

축소전략은 현재 기업이 직면한 산업의 악조건이 개선될 것이라는 가정하에 낭비를 줄이고 엄격한 내부의 절약방안을 강구함으로써 단기적으로 기업의 효율성을 향상시키는 방법이다.[20] 이러한 축소전략으로는 우회전략과 포획전략이 있다[Thompson & Strickland Ⅲ, 1990 : 179].

① 우회전략 : 우회전략(turnaround strategy)은 산업매력도는 높지만 기업내부적으로 많은 문제점을 안고 있는 경우에 흔히 사용되는 전략으로, 활동효율성(operational efficiency)을 향상시키는 데 중점을 두는 전략이다. 이 전략은 기본적으로 기업이 일정기간 동안 경쟁력을 강화하기 위해 집중적인 노력을 하게 되면 그 기업은 생존할 수 있으며 수익성도 높아질 수 있다는 전제하에 사용되는 전략이다. 우회전략을 실행하는 방법은 마치 비만한 사람이 다이어트를 하는 것에 비유될 수 있다.

② 포획전략 : 포획전략(captive strategy)은 중간 정도의 산업매력도를 나타내거나 쇠퇴하는 산업에서 약한 경쟁적 지위를 가지고 있어 우회전략을 수행하기 어려운 기업들에게 적합한 전략이다. 포획전략은 주요 고객에게 집중하면서 약간의 기능활동의 범위를 축소하는 전략으로 자동차부품회사가 특정 자동차제조회사에 전적으

---

20 위의 축소전략 외에 현재의 사업을 수익성 있는 사업으로 만들 수 있다는 확신이 부족한 경우, 혹은 기업이 모든 사업단위들의 투자요구를 지원할 만한 자금이 부족한 경우, 취약한 성과단위를 선발하여 제거함으로써 기존사업을 축소하는 방법이 있다[Thompson & Strickland Ⅲ, 1990 : 179].

로 의존하는 것과 같이 다른 기업에 전적으로 의존하여 생산 · 판매 · 안정성을 확보하는 전략이다.

5 비즈니스 포트폴리오의 구성과 관리

삼성전자는 갤럭시 S7의 실적 호조로 2016년 2분기에 8조 원의 영업이익을 달성했다. 그럼에도 불구하고 비즈니스 포트폴리오 측면에서 볼 때 삼성그룹은 큰 문제가 잠재되어 있다. IT 모바일 부분을 제외한 삼성전자의 다른 사업들은 적자를 내고 있고, 그룹 내 다른 계열사들도 대부분 적자가 나고 있기 때문이다. 더구나 삼성그룹과 삼성전자의 미래 신수종 사업 진척도는 한 발짝도 앞으로 나아가지 못하고 있는 상황이다.

어떤 기업, 흔히 우리나라에서 그룹이라고 불리는 회사는 다양한 제품을 동시에 생산 · 판매하고, 여러 개의 계열사들을 거느리고 있다. 이 경우 경영자들이 기업 내 각각의 사업활동단위들뿐만 아니라, 개별사업단위들이 전체경영성과의 향상을 위해 어떻게 구성되어 있는가를 평가해야 성공적으로 경영활동을 수행할 수 있다.

기업 전체수준에서 현재의 사업구조를 평가하기 위해서는 일반적으로 사업 포트폴리오 매트릭스(business portfolio matrix)라는 분석도구가 사용된다. 사업 포트폴리오 분석의 대표적인 모델로는 보스턴 컨설팅그룹(Boston Consulting Group)의 성장–점유율 매트릭스(BCG 매트릭스)가 널리 알려져 있다.[21]

---

21 BCG 매트릭스 외에도 기존 사업구조에 대한 평가방법으로는 GE 매트릭스 또는 산업매력도–기업 강점 매트릭스(attractiveness–strength matrix)가 있다. GE는 매트릭스 GE가 맥킨지의 도움을 얻어 개발한 기법으로, BCG 매트릭스가 사업단위들을 단순히 시장성장률과 상대적 시장점유율의 두 가지 요인만으로 평가하는 문제점을 보완하기 위해 개발되었다. GE 매트릭스는 사업단위를 평가하는 데 있어 좀 더 다양한 요인들이 평가되어야 한다는 전제에서 출발한다. GE 매트릭스는 외부환경 차원으로서 산업매력도와 기업내부능력 차원으로서 기업의 강점이라는 두 가지 차원을 사용하며, 이를 고 · 중 · 저의 세 가지로 분류하여 9개의 셀(cell)로 구성된 매트릭스를 이용한다[Gomez–Mejia 외, 2008 : 288–289].

1) BCG 매트릭스기법

BCG 매트릭스 또는 성장-점유율 매트릭스(growth-share matrix)란 기업수준에서 각 사업단위가 속해 있는 시장의 성장률과 각 사업단위가 그 시장 내에서 차지하는 상대적 시장점유율을 기준으로 사업 포트폴리오를 평가하는 분석기법이다[Robbins 외, 2009 : 185].

BCG 매트릭스에서 시장성장률은 시장의 전반적인 수익기회를 나타내며, 과거 시장의 크기(산업의 총매출액 혹은 판매량)에 대한 현 시장의 성장비율로 측정되고, 10%를 기준으로 고 · 저로 분류된다. 성장률이 10% 이상인 시장은 성장기회가 풍부한 아주 매력적인 시장이며, 성장률이 10% 미만인 시장은 일반적으로 성숙하거나 쇠퇴하는 산업으로서 성장기회가 거의 존재하지 않는 시장이다. 그리고 상대적 시장점유율은 산업 내 지배적 경쟁자의 매출액에 대한 현 사업단위의 매출액의 비율로 측정되며, 기업이 경쟁자에 비해 어느 정도의 강 · 약점을 보유하고 있는지를 반영하여 전체시장 내에서 기업의 지위(경쟁적 지위)를 파악할 수 있게 해 준다.[22]

BCG 매트릭스는 기본적으로 누적생산량이 증가함에 따라 축적되는 기술과 경험에 의해 효율성이 증대되고 비용이 감소하는 경험곡선효과를 가정하고 있다. 따

성장-점유율 매트릭스

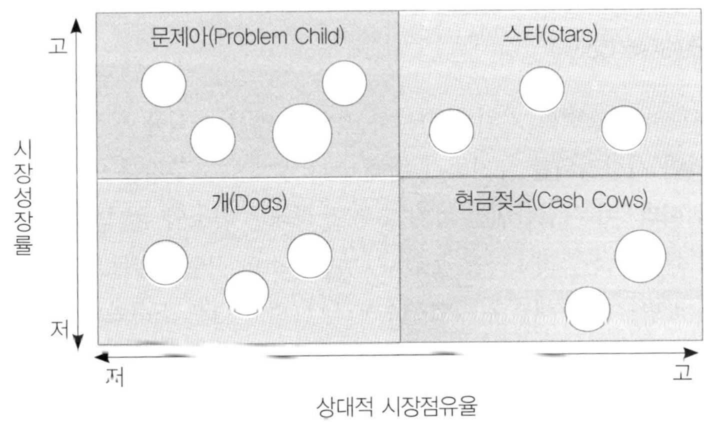

자료 : Hunger & Wheelen, 1993 : 164 수정.

22 상대적 점유율은 보통 1(조직의 특성 요구에 따라 때로는 0.8, 0.75가 기준이 됨)을 기준으로 하여 고 · 저로 나뉘는데, 상대적 시장점유율이 높은 것은 해당 사업이 그 산업에서 리더임을 의미한다.

라서 시장점유율이 높아지면 경험곡선효과가 발생하여 경쟁자에 비해 낮은 원가를 갖게 되어 낮은 가격을 책정할 수 있기 때문에 부가적인 고객, 매출액, 시장점유율, 이익을 확보할 수 있다는 것이 BCG 매트릭스의 기본전제이다. 이러한 측정치를 사용한 BCG 매트릭스는 스타, 현금젖소, 문제아, 개로 나누어 사업을 평가한다.

매트릭스에서 원은 각 사업단위를 나타내며, 각 원의 크기는 사업단위의 규모, 즉 기업의 총매출액에서 각 사업단위가 차지하는 비중을 나타낸다. BCG 매트릭스에 나타난 네 가지 유형의 사업단위들의 특징을 살펴보면 다음과 같다.

(1) 스타(Stars)

상대적으로 높은 시장점유율을 가진 시장리더로서 현재 높은 이익을 내고 있고, 시장성장률도 높아 미래의 성장기회도 풍부하기 때문에 스타로 칭하는 사업단위이다. 스타에 속하는 사업단위는 전체 포트폴리오의 성과를 높이는 데 있어 핵심적 역할을 한다. 이 사업단위는 급속한 성장기회를 활용하고 생산시설을 확충하는 데 필요한 자본 등을 지원하기 위해 많은 투자를 필요로 하며, 경쟁우위를 지니고 있어 수익률이 높다. 따라서 이 사업단위의 현금흐름은 적자일 수도 있고 그렇지 않을 수도 있다. 스타는 장기적으로는 시장성장률이 둔화되면 현금젖소 사업단위로 전락하게 된다.

(2) 현금젖소(Cash Cows)

시장리더로서 안정적인 지위를 확보하고 있어 많은 이익을 발생시키지만, 시장성장률이 낮아 시장지위를 유지하기 위해 그다지 새로운 투자를 많이 요구하지 않는 사업단위이다. 이 사업단위는 마치 우유를 짜내는 젖소와 같이 현금수익을 많이 낼 수 있기 때문에 현금젖소라고 불린다. 현금젖소의 사업단위들은 자금확보의 주원천으로서 배당금이나 새로운 기업인수자금, 그리고 어린 스타와 문제아 사업단위들이 요구하는 투자자금을 제공하는 역할을 한다. 따라서 이 사업단위들은 다른 사업단위들의 충분한 자금공급원이 될 수 있도록 현 시장지위를 유지하고 강화하는 데 전략의 초점을 맞추어야 한다. 만약 시장지위가 약화되어 현금흐름이 원활하지 못하게 되면 결국 개 사업단위로 전락하게 될 것이다.

(3) 문제아(Problem Child)

시장은 대단히 매력적이지만 상대적 시장점유율이 낮기 때문에 시장성장에 따른 잠재적 이익이 현실적으로 우리 것으로 실현될 수 있을지에 대한 의문이 제기되므로 이를 문제아 혹은 의문부호(Question Marks)라고 일컫는다. 문제아 사업단위는 높은 시장성장에 따른 이익기회를 포착하기 위해 새로운 제품개발 등 많은 투자가 요구되는 데 비해, 아직 경쟁우위를 확보하지 못했기 때문에 이익마진이 적어 자금발생이 적다. 따라서 시장의 잠재적 이익기회를 실현하고자 한다면 상당한 자금이 투입되어야 한다. 만약 문제아에 속한 산업단위가 장래에 강한 경쟁력을 갖출 가능성이 있다고 판단되면, 공격적인 성장과 투자전략을 통해 이 사업단위를 스타로 육성해야 한다. 그러나 만약 시장에서의 지위를 강화하기 위해 소요되는 비용이 잠재적 수익을 초과한다고 판단되거나, 혹은 이를 스타로 육성하는 데 많은 불확실성과 위험이 존재한다고 판단되는 경우에는 과감히 사업을 포기하는 것이 좋다.

(4) 개(Dogs)

시장성장률이 낮아 산업의 성장기회가 거의 없기 때문에 별다른 투자도 필요하지 않으며, 기업의 시장지위도 낮아 이익도 별로 나지 않는 사업단위이다. 이 사업단위는 일반적으로 부(負)의 자금흐름을 나타내므로 가능하면 빨리 탈출하는 것이 좋다.

> 데이콤이 시외는 물론 국제전화 사업에서 완전히 손을 뗀다. 2001년 3월 28일 LG에 따르면 데이콤은 시외 · 국제전화 부문을 분사해 독자 생존의 길을 터 주고 전용회선과 초고속 인터넷 등 데이터 통신 전문기업으로 탈바꿈하기로 했다.

2) BCG 매트릭스기법의 시사점

BCG 매트릭스는 자금의 획득과 사용 면에서 균형 있는 포트폴리오를 유지하기 위해서는 각각의 사업단위에 대한 다양한 전략을 설계해야 한다는 점을 강조한다. 즉 높은 수익성을 가지지만 낮은 성장잠재력을 지닌 사업단위로부터 발생한 자금을, 높은 성장과 이익잠재력을 가진 다른 사업단위에 투자해야 한다는 것이다

[Byars, 1992 : 126].

BCG 매트릭스에 의하면 가장 이상적인 기업전략은 현금젖소에서 발생한 초과 자금으로 어린 스타나 성장가능성이 있는 문제아 사업단위들을 지원하여 미래의 스타로 육성하는 것이다. 문제아들이 성공하여 스타가 된 후, 다시 그들의 시장성장률이 점차 느려지면 현금젖소로써 다른 사업단위들을 지원할 수 있다.

사업단위들이 성공의 순환과정을 거칠 때, 기업은 장기적으로 건전한 사업 포트폴리오를 구축하게 된다. 장기적으로 성장전략을 추구할 만한 가치가 없는, 덜 매력적인 문제아 사업단위는 낮은 시장점유율로 인한 높은 원가와 시장성장률을 따라잡을 만한 충분한 자금의 부족 때문에 포트폴리오 내의 부채가 된다. 따라서 수익성을 유지하기 어려운 경우 이 사업단위를 포기하는 것이 바람직하다. 또한 일반적으로 개 사업단위는 현금을 일부 발생시키며 평균수익을 보장하기도 하지만, 대부분 유리한 곳에 재투자할 수 있는 기업자산을 묶어놓음으로써 기회비용을 발생시키기 때문에 매각하거나 청산하는 것이 바람직하다. 따라서 가장 이상적인 포트폴리오는 많은 현금젖소와 스타, 약간의 문제아 사업단위로 구성되며, 개 사업단위는 거의 포함하지 않는 사업 포트폴리오이다[Pearce & Robinson, 1991 : 265].

반면, 사업단위들이 실패의 순환과정으로 빠지면, 효율적인 사업 포트폴리오의 구축에 실패하게 된다. 즉 현금젖소에 과다한 투자를 하거나 스타로 육성될 수 있는 잠재능력을 가진 문제아 사업단위에 투자를 적게 하여 개로 전락시키는 경우, 그리고 스타로 육성될 가능성이 있는 문제아에 집중하기보다는 많은 문제아 사업단위에

사업단위들의 성공과 실패의 순환

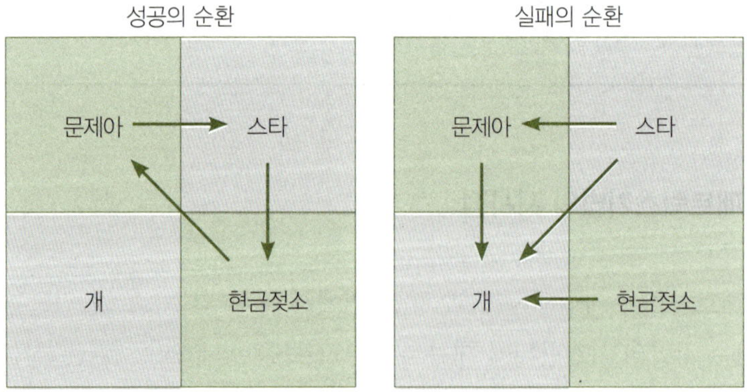

자료 : 김인호, 1988 : 144 인용.

분산투자하는 것 등은 바람직하지 않다.

이와 같이 BCG 매트릭스는 현금흐름의 관점에서 사업 포트폴리오를 분석하여 균형 있는 사업 포트폴리오를 구성할 수 있는 전략적 지침을 제시해 주고 있으며, 각 사업단위들을 동물에 비유함으로써 이해하기 쉽도록 해 준다는 점에서 장점을 가지고 있으나, 다음과 같은 점에 유의하여야 한다[Thompson 외, 1990 : 198 ; Robbins, 1994 : 220-221 참조]. 첫째, 사업단위를 평가하는 지표로 시장성장률과 상대적 시장점유율이라는 두 가지만을 사용한다는 점과, 고 · 저의 2분법적 분류를 사용함으로써 사업유형을 지나치게 단순화시켰다는 점이다. 예를 들면, 이온음료를 생산하는 사업단위의 시장을 스포츠음료시장으로 정의하느냐 아니면 모든 음료시장으로 정의하느냐에 따라 성장률과 점유율은 다르게 나타날 수도 있다. 둘째, 두 지표만을 사용함으로써 사업잠재력에 영향을 미치는 다른 주요한 요인들을 무시하고 있다. 예를 들면 수요증가율이 크더라도 공급증가율이 더 크다면 충분한 이익을 보장받기 어렵다. 셋째, BCG 매트릭스에서는 개 사업단위를 매각해야 된다고 설명하고 있으나, 잘 관리된 개는 현금흐름을 발생시키는 원천이 된다는 것을 증명하는 연구결과들도 존재한다. 특히 높은 품질이나 적정가격, 가격인하나 원가통제, 제한된 광고 등을 통해 협소한 시장에 집중하는 개 사업단위들은 현금창출자가 되는 것으로 밝혀지고 있다.

6 산업구조분석과 경쟁전략을 통한 경쟁우위의 제고

사업수준에서의 경영전략, 즉 사업전략은 개별 사업단위의 목표를 성공적으로 달성하기 위해 장기적인 경쟁우위를 구축하고 공고히 하는 것에 초점을 둔다.

1) 산업구조분석을 통한 사업의 경쟁우위평가 : 5 Force model

경영자라면 누구나 자신이 경영하고 있거나 또는 경영하려고 하는 전략적 사업단위가 어떤 산업환경에 직면하고 있는가, 그리고 다른 산업에 비해 상대적으로 높

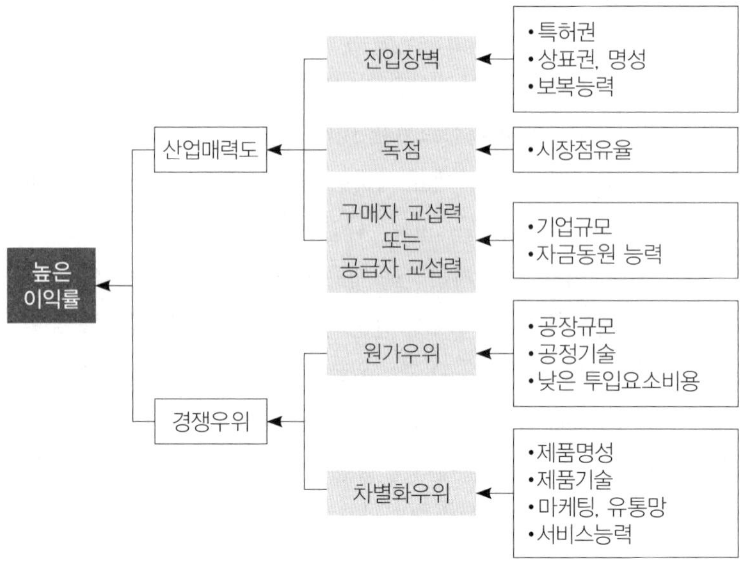

자료 : Grant, 1995.

은 수익을 올릴 수 있는 산업에 속해 있는가에 대해 관심을 갖게 된다. 이와 같은 궁금증에 대한 대답으로 거시적 관점에서 개별 사업단위가 속한 산업의 매력도를 평가하는 분석기법이 산업구조분석이다.

산업구조분석(industry structure analysis)은 어떤 산업에서 경쟁상태에 영향을 주는 주요 영향요인들을 확인하고, 그 산업과 관련하여 사업의 강·약점을 결정하는 기법이다. 즉 산업의 구조적 요인에는 어떤 것들이 있으며, 이들 간 세력구조가 산업의 경쟁상태와 잠재적 수익률에 어떻게 영향을 주는지를 분석하는 기법이다[Byars, 1992 : 37–42 ; 장세진, 1996 : 75].

포터(M. Porter)는 어떤 산업의 경쟁강도는 경쟁적 구조에 의해 결정된다고 본다[Porter, 1980]. 기업의 경영활동은 진공상태에서 이루어지는 것이 아니라 외부환경의 경쟁적 세력들 속에서 전개되므로, 경쟁적 환경에 대해 분석하는 것은 회사가 자신의 강점과 약점을 파악할 수 있도록 해 줄 뿐만 아니라, 사업이 속한 산업환경으로부터 기회와 위협을 확인할 수 있게 해 준다.[23] 이는 마치 앞 장의 경영전략 수

23 포터는 보다 거시적 관점에서 기업, 산업, 국가의 세 가지 차원 간의 상호 관련성을 고려하여 기업경쟁력 및 국제경쟁력의 원천이 되는 외부적 요인으로서 순수기회, 요소조건, 기업의 전략 · 조직 및 경쟁상황, 수요조건, 관련 및 지원 산업, 정부의 역할이라고 하는 6요소를 설명한 다이아몬드(diamond) 모형을 제시한 바 있다[Porter, 1990].

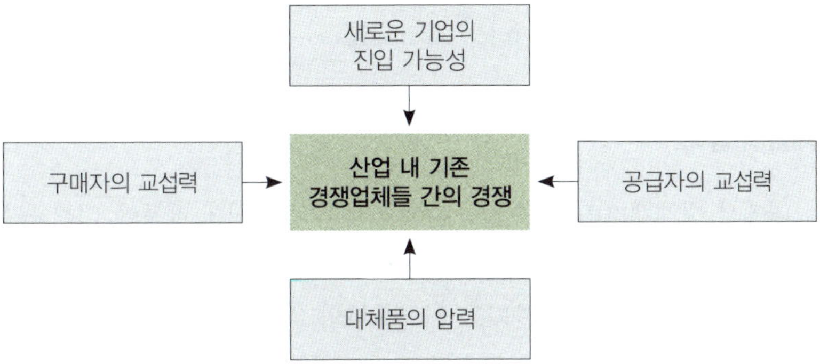

자료 : Hunger & Wheelen, 1993 : 100 수정.

립과정에서 살펴본 바 있는 SWOT 분석의 개념과 유사하다.

산업구조분석의 대상이 되는 산업환경의 요소는 산업 내 기존 경쟁업체들 간의 경쟁, 새로운 기업의 진입 가능성, 대체품의 압력, 구매자의 교섭력, 공급자의 교섭력 등 다섯 가지 요소로 구성된다(이를 '5요인 모형(five forces model)'이라고도 한다).

(1) 산업 내 기존 경쟁업체들 간의 경쟁

대부분의 산업에서 경쟁의 양상과 산업 전체의 수익률을 결정하는 가장 중요한 요인은 그 산업 내에 이미 존재하는 기업들 간의 경쟁관계이다. 산업의 경쟁강도가 낮을수록, 즉 산업에 참여하고 있는 기업의 수가 적을수록 그 산업의 전반적인 수익률은 상대적으로 높아지게 되며, 산업이 경쟁적일수록 산업의 수익률은 낮아지게 된다. 이러한 산업 내 경쟁강도를 높이는 요인으로는 경쟁기업이 많거나 비슷한 균형을 이루고 있는 경우, 산업의 성장속도가 완만한 경우, 고정비와 재고비용이 높을 경우, 차별성이 희박한 경우나 교체비용이 적은 경우, 전략적 이해관계가 큰 경우, 철수장벽이 높은 경우 등을 들 수 있다.

(2) 새로운 기업의 진입 가능성

만일 어느 산업의 수익률이 상당히 높거나 장래가 유망하다고 한다면, 다른 기업들도 그 산업에 진입하려 할 것이다. 그러나 기존의 산업에 새로운 기업이 들어오는 것을 어렵게 하는 구조적 요인인 진입장벽으로 인해 새로운 기업들은 진입하기가 어렵게 된다. 산업마다 진입장벽이 존재하지만 그 정도는 다르다. 만약 진입장벽이 낮아 다른 새로운 기업의 진출이 용이하다면 그 산업에서의 경쟁이 치열하기 때문에 산업의 수익률은 낮아질 것이다.

(3) 대체품의 압력

산업 내에서 대체재가 많으면 많을수록 기업들이 자신의 제품에 대해 높은 가격을 받을 수 있는 가능성은 줄어들기 때문에, 산업의 수익률이 낮아진다. 대체품의 가능성이 높으면 이윤폭이 제한되고 시장침투의 위험이 존재하기 때문이다. 또한 대체품의 가격이 낮고 성장성이 클수록 산업의 수익률은 낮아진다. 그러나 소비자들이 특정 제품의 브랜드에 대해 높은 충성도를 갖고 있을 때나 가격에 비해 품질의 차이가 상당히 클 경우에는 대체품의 압력이 낮아지므로 사업의 수익률이 높아질 가능성이 크다.

(4) 구매자의 교섭력

어떤 기업이든 소비자들에게 제품을 생산하여 공급한다. 이때 소비자들은 기업이 생산 · 공급하는 제품을 선택하거나 다른 제품을 구매할 수 있는 힘을 갖는데, 이러한 기업에 대한 구매자의 압력을 구매자의 교섭력이라 한다. 구매자의 교섭력이 클수록 제품에 대한 소비자들의 지속적인 구매력이 낮아지기 때문에 산업의 수익률은 저하된다. 구매자의 교섭력을 결정하는 요인들로는 구매자의 집중도, 구매물량, 교체비용, 구매장소 등이 있다.

(5) 공급자의 교섭력

강력한 구매자가 공급자인 기업에 대해 강한 교섭력을 행사하여 가격을 낮춤으로써 공급자로부터 이익을 빼앗을 수 있는 것과 마찬가지로, 공급자들인 기업도 구매자에 대한 자신의 교섭능력이 강할 때 가격을 높임으로써 이윤의 폭을 넓힐 수 있다. 공급자의 교섭력을 결정하는 요인들로는 공급자의 집중도, 공급물량, 대체재, 동종산업이 공급자그룹의 주요 고객인지의 여부, 공급자 판매품의 중요도, 유통망을 확대하는 통합능력 등이 있다.

공급자의 교섭력은 공급자가 고객을 잃지 않는 한에서 얼마나 가격을 올리고 그들이 공급하는 상품이나 서비스의 품질을 떨어뜨릴 수 있는 제어능력이 있는가를 말한다. 공급자의 교섭력을 떨어뜨려 기업에 유리한 상황을 만든 기업으로 KFC의 예를 들 수 있는데, KFC는 미국의 식당에 닭고기를 공급하는 여러 업체들과 장기 계약을 맺고 있다. 이러한 장기적인 계약관계는 KFC가 공급자들에게 낮은 가격에 닭고기를 공급하고 표준적인 품질의 상품을 유지하도록 하는 데 막강한 힘을 발휘하도록 해 준다.

이러한 산업구조분석을 통해 기업은 개별사업단위가 어떤 산업환경 속에서 사업을 영위하고 있는가에 대한 정보를 얻을 수 있다. 즉 산업구조분석을 통해 개별사업이 높은 수익률을 올리기 위해서 산업의 조건이 얼마나 유리한가에 대한 답을 얻을 수 있는 것이다. 그러나 산업구조분석은 상대적으로 특정 시점을 전제로 하는 정태적 분석이므로 각 요소들이 시간변화에 따라 어떻게 변화할 것이며 이들에 따라 산업의 수익률은 어떻게 달라질 것인가 하는 동태적인 분석도 실시해야 한다. 더 나아가 기업은 산업 내의 다른 경쟁기업이 어떤 전략을 선택 · 실행하고 있는가에 대해서도 관심을 가질 필요가 있다.

(주)CSE는 2016년 현재 한국 국내시장에서 모든 종류의 소규모 펌프를 다루는 국내 유일의 기업이다. (주)CSE는 1988년 청석으로 창립하여 보일러용 펌프사업을 시작해 현재 정수기, 비데, 자판기, 각종 의료기구 등에 쓰이는 펌프를 비롯한 약 30종, 300여 가지 모델의 펌프를 개발 · 제작하고 있으며, 펌프 및 모터 종합유통 기업으로 성장했다.

2) 경쟁전략(경쟁우위전략)

경영자는 산업구조분석 모형이나 SWOT를 분석함으로써 사업수준에서 적합한 경쟁전략을 결정할 수 있게 된다. 개별사업단위들이 해당 사업에서 경쟁우위를 확보할 수 있도록 하는 방안이 바로 사업수준에서의 경쟁전략이다.

경쟁전략에는 원가우위전략, 차별화전략, 집중화전략의 세 가지가 있다.[24] 이 세 가지 전략은 개별 사업단위가 어떤 시장을 상대로(경쟁범위), 어떤 경쟁우위를 확보하는 데(전략적 우위요소) 목표를 두느냐 하는 두 가지 기준에 의해 나누어진다.

24 포터(M. Porter)는 이 세 가지 전략을 본원적 경쟁전략(generic competitive strategy)이라 부른다 [Porter, 1980 : 13–47].

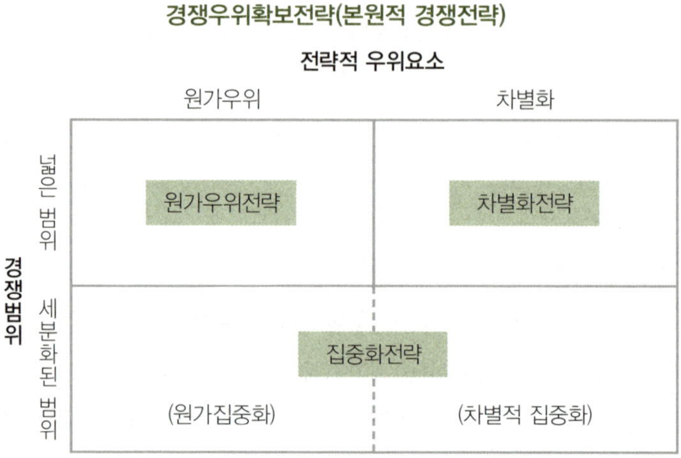

자료 : Porter, 1990 : 39.

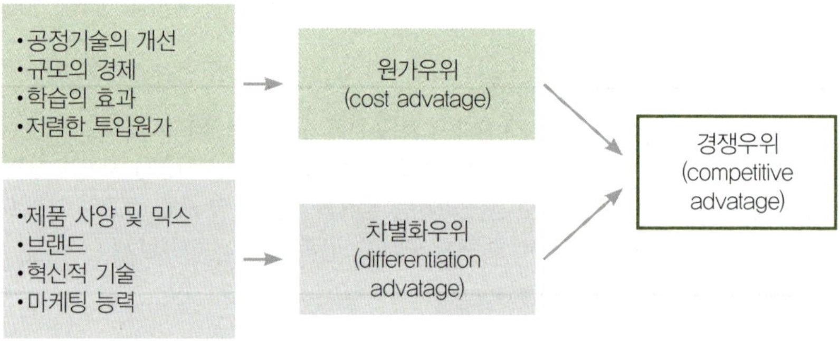

세 가지 경쟁전략에 대해 보다 자세히 알아보도록 하자[Porter, 1985 : 26-44 ; Robbins 외, 2009 : 188-189].

(1) 원가우위전략

원가우위전략(cost leadership strategy)이란 광범위한 고객들을 대상으로 박리다매 방식이나, 소품종 대량생산방식처럼 원가절감을 통해 해당 산업에서 우위를 달성하는 전략으로, 어떻게 하면 경쟁기업들에 비해 상대적으로 낮은 원가로 생산할 수 있느냐 하는 것에 초점을 맞춘다. 물론 경영자들은 품질이나 서비스, 그 밖의 분야에 대해서도 관심을 가지기는 하지만 일차적으로 관심을 가져야 하는 것은 원가통제[25]의 문제이다. 원가상의 우위를 확보한 기업들은 시장에서 강력한 경쟁적 요인들이 있다 할지라도 산업평균 이상의 수익을 얻을 수 있다. 왜냐하면 경쟁과정에서 이윤이 다소 희생되더라도 원가상의 우위로써 이를 메워 나갈 수 있기 때문이다.

원가우위전략을 추구하는 경영자들은 비용을 낮게 유지하여 다른 경쟁자보다 낮은 가격을 유지하는 것이 매우 중요하다. 이는 효율적인 규모의 경제(상품을 생산하거나 서비스를 수행하는 데 단위당 비용을 적게 만든다)에 의한 광범위한 생산 혹은 서비스 설비를 갖추는 것을 의미한다. 특히 생산성 향상은 원가우위전략을 시행하는 데 있어 가장 우선되어야 할 점이다. 원가우위전략을 구사하는 대표적인 예인 월마트(Wal-Mart)는 좋은 품질, 이름 있는 브랜드, 저렴한 가격, 불필요한 낭비가 없는 원스탑(one stop) 가족쇼핑에 중점을 둔다. 월마트는 단순히 할인판매라는 문구를 이용해 소비자들을 유혹하는 것이 아니라, 최저가격이라는 일관된 철학을 기준으로 움직인다. 또한 월마트의 전산화된 재고 네트워크는 경쟁자들을 압도하는 추가적인 비용우위를 제공한다. 이러한 월마트의 경쟁력은 2002년 라이벌이었던 K마트로 하여금 파산선고를 하게 만들었다.[26] 제조기업에서 비용흐름을 최소화하여 선점하는 전략은 생산에서부터 구입, 임금, 간접비, R&D, 광고, 그리고 판매까지 모든 분야에서 실제적으로 이루어져야 한다. 그리고 상대적으로 큰 시장점유율은 이러한 대량생산, 저이윤 전략을 시행하는 데 반드시 필요하다[Kreitner, 2004 : 221].

그러나 원가우위전략은 다음과 같은 위험요인들에 노출되는 경우 그 의미를 상실한다. 첫째, 과거의 투자나 습득된 기술 및 지식을 무산시키는 기술상의 변화가 발생함으로써 원가우위가 소멸되는 경우이다. 둘째, 신규진출기업이나 추종기업들이 모방이나 동일한 설비도입을 통해 원가우위를 이룩한 기술 및 묘책을 터득한 경우이다. 셋째, 원가에만 관심을 쏟아 제품이나 마케팅상의 변화요구에 부응하지 못하는 경우이다. 검은 색 자동차만을 고집함으로써 시장의 변화를 따라잡지 못했던 포드(Ford)의 예가 이에 해당하는 대표적인 경우라 할 수 있다. 넷째, 경쟁기업들의

25 최근에는 전략적 원가통제기법으로서 활동기준 원가계산(ABC : Activity-Based Costing)방식이 도입되고 있다. 이것은 공장자동화 등 생산활동과정에서 제조간접비의 비중이 증가함에 따라, 제품원가계산에 있어서 제조간접비를 인위적이고 일률적으로 제품에 분배하여 제품원가를 왜곡시키는 전통적인 원가계산방식의 문제점을 개선하기 위해 원가계산지표로서 활동(activity)을 분석하고 이를 기준으로 제품원가를 계산하는 방식이다.

26 이에 대한 자세한 내용은 한정민, "실패에서 배운다 : K마트의 몰락과 월마트의 성공," 「LG 주간경제」, 2002.2.13. 참조.

상표이미지나 그 밖의 다른 차별화의 효과를 상쇄시킬 만한 가격차이를 유지하지 못하는 경우이다.

(2) 차별화전략

차별화전략(differentiation strategy)이란 광범위한 고객들을 대상으로 고객집단별로 그들이 요구하는 제품이나 서비스를 세분화하여 경쟁우위를 확보하는 전략을 말한다. 이를테면 담배산업에서 고객집단의 기호에 따라 타르(tar)의 함량을 다르게 생산 · 판매함으로써 자사의 제품을 담배산업 전체에서 구별되는 독특한 것으로 인식시키는 것이 차별화전략의 하나이다.

차별화전략은 주로 자동차산업에서 많이 나타난다. 대부분의 자동차 제조업체는 차별적으로 어필할 수 있는 자사만의 가치를 부각시키고자 노력한다. 혁신적인 디자인의 BMW, 탁월한 품질의 토요타(Toyota), 독특한 브랜드 이미지를 갖춘 벤츠(Mercedes−Benz), 기술선도자인 혼다(Honda) 등이 그러한 예들이다. 차별화전략의 장기적인 효율성은 경쟁자들이 얼마나 쉽게 그들의 기업이 제공하는 독특한 가치를 모방할 수 있느냐에 달려 있다. 만약 대부분의 경쟁자들이 그들이 제공하는 가치를 모방해 버린다면 그것은 더 이상 효과적인 차별화수단이 아니다[Hellriegel 외, 2005].

차별화전략을 추구하는 경우에도 원가는 역시 무시할 수 없는 요인이지만, 그렇다고 원가우위전략처럼 원가만을 우선적인 전략목표로 삼지는 않는다. 일반적으로 차별화전략을 추구하는 기업들은 광범위한 연구개발이나 제품디자인, 양질의 원자재 사용, 고객들의 선호를 유도하기 위한 광고 및 판매촉진 활동의 강화 등을 위해 많은 비용을 필요로 한다. 차별화전략의 성공은 바로 이러한 비용상의 부담을 극복하기 위해 고객들이 더 비싼 가격을 지불하고서라도 그 제품을 구매할 만한 가치가 있다고 느낄 수 있을 정도로 차별화를 달성할 수 있느냐에 달려 있다. 차별화전략을 추구하는 기업들은 경쟁 제품 및 서비스와 구별되는 효익을 고객에게 제공함으로써 더 비싸게 또는 더 선호하게 되는 차별화방안을 모색하는 것이다.

기업들이 차별화전략을 성공적으로 수행하기 위해서는 자원과 기술, 조직적 측면에서 다음과 같은 요건을 갖추어야 한다. 자원과 기술 측면에서는 강력한 판매능력, 생산기술, 창의적인 안목과 재능, 기초적인 조사연구능력의 강화, 품질 및 기술상의 명성, 산업 내에서 오랫동안 활동해 온 전통이나 다른 업종에서 익힌 독특한 기술의 배합능력, 유통경로의 적극적인 협력이 요구된다. 그리고 조직적 측면에서는 연구개발과 제품개발, 판매 간의 효율적인 기능조절, 양적인 평가 대신 주관적 평가 및 인센티브제도의 실시, 고도의 숙련을 갖춘 노동력이나 과학자, 창의적인 인재를 확보할 수 있는 쾌적한 근무여건 등이 요구된다.

차별화전략은 기업에게 산업 내에서 평균 이상의 수익을 보장하지만, 다음과 같은 위험부담이 따르기도 하므로 주의해야 하다. 첫째, 비용우위를 이룩한 경쟁기업들과 차별화를 이룩한 기업들 간의 비용격차가 너무 커서, 차별화에 따른 구매자들의 상표충성도를 지켜 나가지 못할 수 있다. 만약 가격차이가 너무 크게 되면 구매자들은 비용절감을 위해 차별화를 이룩한 기업이 제공하는 제품의 특성이나 서비스, 이미지를 포기할 수도 있다. 둘째, 차별화 속에 내포된 특이한 요소들에 대해 구매자들의 요구가 줄어듦으로써 차별화가 별 의미를 갖지 못할 수 있다. 셋째, 다른 기업들의 모방에 의해 차별화의 인식이 희박해질 수 있다. 이러한 현상은 산업이 성숙하면서 흔히 나타나게 된다.

(3) 집중화전략

집중화전략(focus strategy)은 특정 구매자집단, 제품라인의 일부분, 지역적으로 한정된 특정 시장을 집중적인 목표로 삼는 전략이다. 원가우위전략이나 차별화전략이 광범위한 고객들을 대상으로 삼는 데 반해, 집중화전략은 특정한 고객, 예를 들면 청소년들만을 집중적으로 겨냥하면서 모든 기업활동을 이에 맞추어 전개시켜 나간다는 점에서 뚜렷한 차이가 있다. 즉 집중화전략은 광범위한 영역에서 경쟁을 벌이는 기업들과는 달리, 한정된 전략목표를 보다 효과적이고 효율적으로 달성할 수 있다는 전제하에 틈새 또는 적소(niche)를 찾아 배타적이고 집중적으로 시장을 공략함으로써 경쟁우위를 확보하고자 하는 전략이다. 따라서 집중화전략은 독특한 욕구를 갖는 고객, 제품, 서비스, 그리고 유통망 면에서 고유의 특성을 지닌 세분시장이 존재할 때 가능하다.

집중화전략은 일반적으로 세분된 시장에서 특정 대상의 요구를 보다 잘 충족시킴으로써 차별화를 이룩하려는 차별적 집중화(differentiation focus)전략이나 세분된 시장에서 제품이나 서비스를 공급하는 데 원가상의 우위를 달성함으로써 해당 시장에서 효율적으로 경쟁하고자 하는 원가집중화(cost focus)전략의 형태로 나타난다.

집중화전략을 성공적으로 수행하기 위한 조건은 앞의 비용우위전략이나 차별화

전략을 수행하기 위한 조건들과 거의 동일하다. 즉 원가집중화전략을 추구하는 경우에는 앞의 비용우위전략을 추구하기 위해 요구되던 자원과 기술상의 요인 및 조직상의 요인들을, 그리고 차별적 집중화전략을 추구하는 경우에는 차별화전략을 추구하기 위해 요구되던 자원과 기술상의 요인 및 조직상의 요인들을 특정한 전략목표에 집중시켜야 한다.

집중화전략을 수행하는 데 있어 기업들은 다음과 같은 위험요인들에 주의를 기울여야 한다. 첫째, 넓은 시장을 상대로 경쟁을 벌이는 기업들과 특정 시장을 대상으로 집중화를 이룩한 기업들 간의 가격차이가 원가상의 이득이나 집중화로 성취된 차별성을 배제할 수 있을 만큼 커서 지금까지 가지고 있던 경쟁우위가 무의미하게 될 수 있다. 둘째, 전략적인 목표가 되는 세분산업과 전반적인 산업에서 요구하는 제품이나 서비스상의 차이가 별로 없다면 전체시장을 상대하는 기업들이 세분시장을 쉽게 공략할 수 있다. 한 예로, 로열크라운(Royal Crown)이 콜라에 집중한 데 반해, 코카콜라(Coca-Cola)나 펩시(Pepsi)와 같은 거대음료회사들은 콜라산업과 다른 음료산업 간에 별 차이가 없다고 느끼고 다양한 종류의 청량음료를 생산하여 규모의 경제를 통한 원가상의 이점을 가지고 콜라시장에서 로열크라운을 제압하였다. 셋째, 경쟁대상 기업들이 전략적인 목표가 되는 특정시장 안에서 보다 세분된 단위의 목표시장을 설정 · 공략함으로써 집중화기업을 압도하는 보다 집중적인 전략을 추구할 수 있다.

개별사업단위의 경쟁우위 확보를 위한 세 가지 전략 중 어느 하나도 제대로 달성하지 못한 기업은 '어정쩡한 상태(stuck in the middle)'에 놓이게 된다. 일단 어느 기업이 어중간한 상태에 놓이게 되면 상당한 시간과 지속적인 노력을 경주해야만 불리한 상황에서 벗어날 수 있다. 따라서 사업을 성공적으로 수행하기 위해서는 경쟁전략을 명확히 선택하여야 한다. 자동차산업을 한 예로 들면, 한때 원가우위를 성취한 GM(General Motors)이나 차별화를 성취한 메르세데스(Mercedes)가 수익성 면에서 선두를 달렸던 데 반해 크라이슬러(Chrysler)와 피아트(Fiat)는 어중간한 상태에 처함으로써 수익성이 떨어지기도 하였다[Porter, 1990].

7 국제수준에서의 전략적 경영

기업이 해외에 진출하여 경영활동을 수행할 때, 개별사업단위이든 복수의 사업단위들이든 경영전략을 수립하고 실행하는 과정은 동일하다. 단, 경영활동이 국제적으로 확장되어 갈 때 기업이 직면하는 시장이나 경쟁자와 같은 경영환경은 상당히 복잡하고 이질적인 성격들을 보이게 된다.[27]

1) 국제경영전략이란?

교통 및 통신수단의 발달로 각국 사람들이 쉽게 왕래하고 교류할 수 있게 되어 세계는 '지구촌'이라고 부를 만큼 단일사회적 성격을 지니게 되었다. 글로벌라이제이션이 가속화되면서 오늘날 많은 기업들은 자연스럽게 국제기업화되고 있으며, 적극적으로 해외기업들과 경쟁하면서 기업의 경영범위가 국경을 넘어 확장되고 있다. 글로벌라이제이션 상황에서 국제경영의 중요성이 그 어느 때보다도 크게 부각되고 있는 것이다. 기업들이 해외시장에 진출하여 수행하는 경영활동을 흔히 국제경영(international business)이라 한다. 보다 구체적으로는 기업이 국경선을 넘어서거나 2국 이상에서 동시에 수행하는 상품, 서비스, 자본, 노하우 등의 국제거래활동을 국제경영이라 한다[Robbins 외, 2009].

(1) 기업들이 해외에 진출하는 이유 및 동기

셔머혼(J. R. Schermerhorn Jr.)은 기업들이 해외로 나가는 이유를 특별히 세계시장의 다섯 가지 매력 때문이라고 하였다. 첫째, 이윤(profit)이다. 글로벌 사업은 국내사업보다 훨씬 더 많은 잠재적인 이윤을 제공한다. 둘째, 소비자(customer)이나. 글로벌 사업은 제품을 팔 수 있는 새로운 시장을 제공한다. 셋째, 공급자(supplier)이다. 글로벌 사업을 함으로써 필요한 원재료를 획득할 수 있다. 넷째, 자본(capital)이다. 글로벌 사업은 재무원천을 획득할 수 있다. 다섯째, 노동(labor)이다. 글로벌 사업은 낮은 가격에 노동력을 공급받을 수 있게 한다[Schermerhorn Jr., 2010].

27 국제경영전략은 상급학년에서 「국제경영학」, 「다국적기업론」 등을 통해 보다 자세히 공부하게 될 것이다.

기업들이 해외로 진출하는 이유

① 국내사업보다 훨씬 더 많은 잠재적 이윤(profit)
② 제품을 더 많이 팔 수 있는 시장의 확보(customer)
③ 글로벌 사업을 함으로써 필요한 원재료의 획득(supplier)
④ 글로벌 사업을 위한 재무원천의 확보(capital)
⑤ 글로벌 사업을 통한 낮은 가격의 노동력 확보(labor)
자료 : Schermerhon Jr., 2010.

그러나 이러한 동기만으로 기업의 국제화가 추구되는 것은 아니다. 기업이 국제화를 추구하게 되는 경우 기업은 기존의 경영환경과는 매우 다른 국제환경 속에서 더 많은 불확실성과 위험에 직면하게 되기 때문에 이에 적응하기 위한 충분한 능력과 자원을 가지고 있어야 하며, 일정기간 동안의 단계적인 준비 및 적응을 필요로 한다. 따라서 기업의 국제화는 기업내부의 혁신이나 갑작스러운 의사결정을 통해 우발적으로 일어나는 것이 아니라, 기업이 상품 · 서비스 · 경영자원 등을 해외로 이전시킴으로써 경영활동의 범위를 국제적으로 확대하는 점진적 · 단계적인 과정을 거쳐 일어나게 된다. 그러므로 기업의 국제화는 일시적이고 정태적인 관점에서가 아니라 동태적이고 과정적인 측면에서 이해되어야 한다.

(2) 기업들이 해외에 진출하는 데 있어서의 고려사항

어떤 기업이 해외에 진출하기 위해서는 첫째, 어느 나라에 진입할 것인가? 둘째, 언제 들어갈 것인가? 셋째, 얼마만큼 몰입할 것인가를 결정하는 것이 중요하다 [Gomez-Mejia 외, 2008 : 68-73].

① 국가의 선정 : 세계에는 230개국 이상이 있다고 하는데 모든 국가가 똑같이 매력적일 수는 없다. 결국은 장기적 이윤이 중요한데 다음과 같은 점을 고려함으로써 그러한 목적을 달성할 수 있다.

하나, 진출하려는 시장의 규모가 커야 한다. 중국은 1인당 커피 소비량이 작은 나라이지만 스타벅스는 중국 시장의 큰 규모 때문에 진출하였다.

둘, 진출하려는 나라의 구매력과 향후의 성장 가능성이다. 월마트가 2006년부터 2010년까지 일본에 2배 이상 투자한 이유가 바로 그것이다.

셋, 필요한 자원확보가 항상 가능해야 한다. 영국 기업인이 일본에 투자하는 이유 중의 하나가 자본비용이 영국에 비해 1/3 정도이기 때문이다.

넷, 생산품 또는 서비스가 진출국 시장에 적합해야 한다. 프랑스나 이탈리아와 같이 야구가 잘 알려지지 않은 나라에 그러한 스포츠 상품이 잘 팔릴 수는 없을 것이다.

다섯, 기업에 대해 우호적인 분위기가 조성되어 있어야 한다. 정책이 뒤에 바뀐다거나 문화적 규범이 전혀 다른 국가에 진출하기는 어려울 것이다.

② 시기의 선정 : 해외에 진출하려는 시기를 선정하는 것은 매우 중요한데, 언뜻 보면 처음으로 외국시장에 진입하는 이점(first-mover advantage)이 클 것으로 생각하기 쉽다. 왜냐하면 상품 브랜드 이미지를 강력하게 심어주어 경쟁자보다 선점할 수 있고 수요를 확대할 수 있기 때문이다. 그러나 반면에 처음 해외에 진입하는 회사는 노력이나 시간, 비용 면에서 개척비용(pioneering cost)이 많이 들게 될 것이다. 한 예로 미국 스타일의 패스트푸드로 중국 시장에 보다 늦게 진입한 맥도날드가 먼저 진입한 켄터키 프라이드 치킨(KFC)보다 큰 이윤을 남기게 되었다. 왜냐하면 KFC의 경험을 배울 수 있었기 때문이었다. 따라서 해외진출 시 진입시기의 선정을 신중하게 고려할 필요가 있는 것이다.

③ 몰입의 정도 : 해외에 진출할 때 어디에, 언제를 결정하는 것은 중요하지만 동시에 외국에 얼마만큼 몰입(commitment)할 것인가를 고려하는 것이 필수적이다. 예를 들면 모토로라는 2003년부터 2006년까지 중국에 무려 30억 달러를 투자하였다. 투자액을 비롯한 몰입의 정도는 해외 진입형태에 따라 다르게 된다. 일반적으로 제품이나 서비스를 해외지역에 수출하는 데 그친다면 투자액이 낮아질 것이며, 외국에 100% 자회사를 신설하려고 한다면 그 비용은 가장 커질 것이다.

2) 국제경영전략의 유형

일반적으로 기업이 수행하는 국제경영전략의 유형은 기업의 국제화 단계에 따라 다르다. 국제경영전략의 유형을 파악하기 위해서는 먼저 기업의 국제화과정을 이해해야 한다.

일국의 기업이 다국적기업화하는 과정을 기업의 국제화과정이라 한다. 기업이 다국적화되어 가는 과정은 여러 가지 단계로 세분하기도 하지만, 일반적인 기업의 국제화과정은 국내시장에서만 경영활동을 하는 국내지향단계를 벗어나 해외시장을 상대로 수출활동을 하는 해외지향단계, 현지판매조직이나 현지공장을 설립하는 현지지향단계, 기업의 생산 · 판매활동을 국제적으로 분산시켜 네트워크를 형성하는

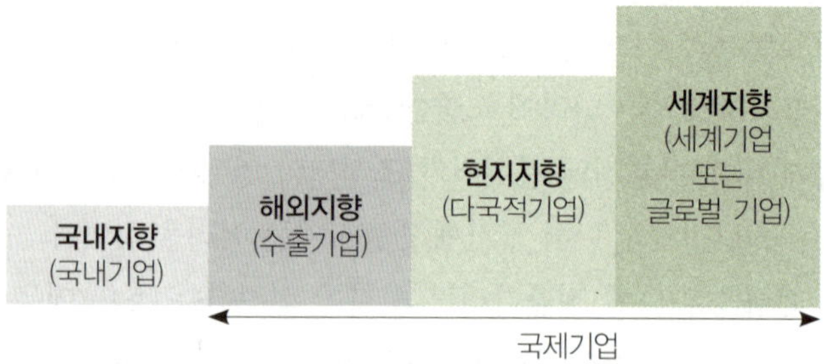

자료 : Hunger & Wheelen, 1993 : 347 수정.

세계지향단계의 3단계로 구분할 수 있다[Robbins 외, 2009 ; 권영철, 1994 : 17–22 ; 조동성, 1994 : 35–45].[28]

(1) 해외지향단계

초기의 기업경영활동이 국내시장에서만 이루어지게 되는 단계를 국내지향단계라 한다. 국내지향단계에 속한 기업들이 점차 국내시장의 한계를 인식하게 되는 경우, 기업들은 국내의 생산요소를 결합하여 해외시장에 수출함으로써 시장의 범위를 해외로 확대하는 '해외지향단계'로 접어들게 된다. 해외지향단계에서 기업들은 보통 저렴한 생산요소를 바탕으로 수출활동을 위주로 한 국제경영활동의 가장 초보적인 형태인 무역활동에 참가하게 된다.

기업들이 수출을 하는 방식에는 수출업자나 수출대리인을 통해 수출을 하는 간접수출과, 제조기업이나 무역회사가 해외지사나 마케팅 현지법인의 설립을 통해 직접 해외시장에 수출하는 직접수출, 그리고 기업이 해외의 판매자의 주문을 받아 수출하는 계약수출(OEM : Original Equipment Manufacturing) 등이 있다. 이 단계에서 활동하는 국제기업은 주로 본국에서 제품을 생산하여 해외시장에 판매하는 수출활동을 중심으로 국제경영활동을 수행하기 때문에 흔히 수출기업이라 한다. 수출기업은 일반적으로 국내기업과 큰 차이점을 나타내지는 않지만, 국내기업에는 존재하지 않는 수출활동 전담 부서와 인력을 배치하게 되고 더 나아가서는 해외판매활동을 담당하는 현지법인을 설립하게 된다. 그러나 수출기업에서는 현지법인이 아직 독자

28 국제통합의 요구와 국가반응의 요구 정도에 따라 국제경영전략을 ① 국제화전략(globalization strategy), ② 다국가 간 전략(multi–domestic strategy), ③ 초국적전략(transnational strategy)의 세 가지로 분류하기도 한다[Hitt 외, 2005].

적인 경영활동의 단위로서 기능을 다하지 못하고, 단지 기업 내의 한 부문으로서 역할을 하는 데 그치게 된다는 특징을 가진다.

(2) 현지지향단계

수출활동이 어느 정도 진전되면 수출활동의 기반이 되는 생산요소의 가격차이가 점차 축소되게 되고 또한 상대국의 수입규제가 강화되어, 기업들은 점차 수출에 따른 비용을 감소시키고 해당 국가의 규제를 회피하기 위해 현지에 공장을 설립함으로써 현지국에서 직접 생산 · 판매 활동을 전개하게 된다. 이 단계를 '현지지향단계'라고 한다. 현지지향단계에서 국제경영활동을 수행하는 기업을 흔히 다국적기업이라 한다. 다국적기업(MNC : Multi-National Corporation)이란 직접투자를 통해서 여러 국가에서 현지 생산 및 판매 활동을 영위하는 국제기업이다. 다국적기업은 수출기업과는 달리 다양한 경영활동을 수행하게 된다.

첫째, 다국적기업들이 수행하는 대표적인 국제경영활동으로 해외투자가 있다. 해외투자란 다른 국가의 기업에 자본을 투자하는 활동이다. 해외투자는 크게 다른 국가의 기업이 발행하는 주식이나 채권 등을 구매함으로써 배당금이나 이자수익 획득만을 목적으로 하는 해외간접투자와, 자국 내의 자본 · 생산기술 · 경영기술 등과 현지국의 생산요소인 노동 · 토지 등을 결합하여 현지에서 직접 생산 · 판매 활동을 할 수 있는 공장이나 법인을 설립하여 이에 대한 소유권을 지니게 되는 해외직접투자가 있다.

둘째, 다국적기업은 그들의 독점적 우위요소인 기술을 다른 국가의 기업에 판매하는 기술이전활동을 한다. 기술이전의 대상이 되는 기술은 단순한 생산기술만을 의미하는 것이 아니라 경영관리, 판매기능, 상표들을 포함한다. 기술이전은 그 대상이 되는 기술의 특성에 따라 기업이 자신이 생산하는 제품과 동일하거나 유사한 제품을 다른 국가의 기업이 생산 · 판매할 수 있도록 생산기술이나 상표권을 이전시키는 라이선싱계약(licensing agreement)[29]과 경영관리능력을 제공하는 경영관리계약(management agreement)의 형태로 나타나게 된다.

---

29 라이선싱과 유사한 것으로 프랜차이징(franchising)이 있다. 양자의 차이점은 전자가 주로 제조업에서, 후자는 주로 서비스업에서 쓰여진다는 것이다. 예를 들면 제록스는 아시아 태평양 지역을 수시장으로 하는 복사기를 순익의 5%를 받고 후지 제록스와 라이선싱 계약을 맺고 있으며, 맥도날드는 세계 약 3,000개 지역과 프랜차이징 계약을 하고 있다[Gomez−Mejia 외, 2008 : 74−75].

셋째, 다국적기업은 다른 국가에서 이루어지는 공사에 참여하는 해외건설활동을 수행한다. 해외건설은 크게 하청단계의 해외건설과 원청단계의 해외건설로 나누어진다. 하청단계의 해외건설이란 단순히 다른 기업이 시공을 맡은 공사의 하청을 받아 노동력만을 해외로 이전시키는 형태이다. 원청단계의 해외건설은 기업이 시공을 담당하고 이를 다시 하청을 줌으로써 기술자원만을 이전하거나 공사의 설계부터 완성까지 전 과정을 담당하는 이른바 '키'만 돌리면 설비나 공장을 곧바로 가동시킬 수 있는 일괄수주방식(turnkey base)의 계약형태로 참여하는 방식이다.

(3) 세계지향단계

운송수단의 발달과 함께 기업의 생산 · 판매 활동이 세계적으로 확산되면, 기업들은 점차 생산요소의 조달이 원활한 국가에서 생산을 하여 수요가 존재하는 다른 해외국가들에 판매하는 다각적 생산판매 네트워크를 형성하게 된다. 이 단계를 '세계지향단계'라 한다. 이러한 세계지향단계는 기업이 특정 국가의 국적을 버리고 국제화가 완성된 단계라 할 수 있다. 이 단계에 속한 기업들을 흔히 세계기업 혹은 글로벌 기업이라 한다.

글로벌 기업은 생산 · 판매 · 자금조달 등 경영상의 모든 활동을 최적지에서 영위하는 국제기업이다. 일반적으로 글로벌 기업은 국적을 초월한(transnational) 무국적 기업의 성격을 띠게 되고, 각국의 해외자회사들이 독자적인 경영활동의 주체가 되어 본사와 자회사, 자회사와 자회사 간에 수평관계가 형성됨으로써 자회사들 간의 경쟁도 가능하게 한다. 그리고 글로벌 기업은 다국적기업보다 다양한 국적을 가진 경영자들을 활용하는 정도가 높아 본사의 경영자들 중에 국적이 서로 다른 인사들이 포함되며, 경영활동 중에서 해외활동의 비중이 훨씬 높고(다국적기업이 약 20%, 글로벌 기업은 약 50%), 전 세계를 하나의 시장으로 보는 글로벌 중심의 경영활동을 전개한다.

효율적인 경영전략을 추진하기 위해서는 기본적으로 기업외부의 환경요인과 기업내부의 능력에 대한 분석이 선행되어야 한다. 따라서 효율적이고 효과적인 국제경영전략을 형성하기 위해서도 국제경영활동에 영향을 주는 환경요인과 국제경영활동을 수행하는 데 있어서 기업이 보유하고 있는 능력에 대해 분석하여야 하는데 SWOT 등 분석방법들을 활용할 수 있다. 국제경영활동에서 고려해야 할 환경 중

일반적인 국제경영환경과 현지국의 환경에 대해 철저하게 조사하고 국제경영을 성공적으로 수행하기 위한 전략의 선택방안을 실행할 필요가 있다.

3) 현지국 환경에 대한 이해

다양하고 이질적인 국제경영환경에 기업들이 전략적으로 대응하기 위해서는 진출하고자 하는 현지국에 대한 철저한 조사와 분석이 선행되어야 한다. 기업의 국제경영전략 추진 시 고려해야 할 현지국의 환경요인에는 크게 현지국에서의 기업활동에 직접적으로 영향을 미치는 현지국의 시장요인과 기업활동에 간접적으로 영향을 미치는 기업환경요인으로 구분할 수 있다.

(1) 현지국의 시장요인

현지국의 시장요인은 현지국에서의 기업활동에 직접적으로 영향을 미치는 환경요인으로서 크게 시장규모, 경쟁구조, 마케팅 하부구조의 이용 가능성 및 그 수준의 세 가지를 들 수 있다[Root, 1987 : 1-25].

첫째, 일반적으로 현재 및 장래의 현지국 시장규모가 작을수록 기업들은 통제수준이 낮은 국제경영활동을 선택하는 것이 유리하다. 즉 현지국의 시장규모가 작은 경우 판매량이 적어도 수익을 올릴 수 있는 간접수출 · 직접수출 또는 라이선싱 등의 계약방식이 유리하며, 반대로 현지국의 시장규모가 큰 경우에는 현지 판매지사나 법인을 통한 직접수출이나 직접투자에 의한 현지생산 등을 하는 것이 적합하다.

둘째, 현지국 시장과 관련된 또 다른 요인으로 경쟁구조를 들 수 있다. 일반적으로 현지국 시장이 한 기업이나 소수기업에 의해 지배되는 불완전경쟁구조를 띠는 경우 기업은 강력한 현지기업들과 경쟁할 수 있도록 적극적인 시장개입을 추진하여야 하고, 이를 위해 많은 투자를 해야만 한다. 반대로 현지국 시장이 완전경쟁구조를 띠는 경우에는 소극적인 시장개입을 추진하여야 하며, 이 경우 수출에 의한 진입이 적합하다. 하지만 현지국의 시장경쟁이 매우 치열한 경우에는 위험이 높기 때문에 라이선싱이나 여타 계약방식을 통해 간접적인 시장진출을 추진하여야 한다.

셋째, 현지시장의 마케팅 하부구조의 가용성과 질적 수준을 들 수 있다. 현지지시에 유망한 현지 대리인이나 도매유통업자가 존재하지 않거나 이미 다른 경쟁업체의 제품판매를 대행하고 있는 경우, 진출기업들은 자사의 현지 판매지사나 법인의 설립을 통한 직접수출방안을 채택하는 것이 적합하다.

(2) 현지국의 기업환경요인

현지국에서의 경영활동에 간접적으로 영향을 미치는 기업환경요인으로는 크게 정치적 요인, 경제적 요인, 사회적 요인의 세 가지를 들 수 있다.

첫째, 정치적 요인은 주로 현지국 정부의 외국기업에 대한 정책과 규제, 현지국의 정치적 위험을 의미한다. 일반적으로 기업이 해외에 진출하는 경우 현지국의 정부와 기업 간의 이해관계가 일치하지 않는 경우가 많아, 현지정부로부터 직·간접적인 압력을 받게 된다. 이로 인해 기업들은 현지기업에 비해 불리한 위치에서 경영활동을 해야만 하는 경우가 많다.

현지국의 정치적 요인과 관련하여 기업이 가장 주목해야 할 것은 현지국에서 발생할 수 있는 정치적 위험이다. 정치적 위험이란 기업의 경영활동에 직·간접적으로 영향을 미치는 일국의 기업환경에 급작스러운 변화를 초래하는 정치적 영향력을 일컫는다[권영철, 1994 : 75]. 이러한 정치적 위험을 사전에 방지하기 위해서는 현지정부의 안정성, 정부의 이데올로기, 정부의 외국기업에 대한 태도, 과거 국유화정책 사례 및 현황, 모국정부와의 외교적 관계 등을 고려해야 한다.

둘째, 기업들은 일반적으로 본국과 경제여건이 다른 국가에서 경영활동을 하게 되는 경우가 많다. 현지국의 경제적 요인은 기업의 생산 · 판매 · 인력수급 등과 같이 기업활동의 기반이 되는 조건을 결정하기 때문에 충분한 이해가 요구된다. 기업이 고려해야 하는 경제적 요인으로는 국민경제적 요인, 사회 하부구조, 노동, 금융, 산업구조 등을 들 수 있다[조동성, 1994 : 53].

구체적으로 기업이 고려해야 하는 국민경제적 요인으로는 현지국의 잠재적 시장규모를 나타내는 현지국의 경제규모(예, GDP : Gross Domestic Products)와 절대적 경제성과(예, GNI : Gross National Income), 현지국 경제의 동태성을 나타내는 투자율 · 성장률 · 실업률, 그리고 현지국의 수출입상태나 국제수지 · 외채부담 · 환율변화와 같은 대외경제적 관계 등이 있다. 사회 하부구조 측면에서는 기업의 활동을 뒷받침해 주는 사회간접자본, 에너지, 천연자원, 토지 등의 양적 · 질적 수준을 고려해야 한다. 그리고 노동 측면에서는 가용노동력의 양적 · 질적 수준과 노사관계 안정성 여부 등을, 금융 측면에서는 화폐의 안정 및 태환성과 현지금융의 이용 가능성 등을, 산업측면에서는 경쟁구조 · 유통구조 · 상거래관행 등을 고려해야 한다.

셋째, 기업이 고려해야 하는 사회적 요인은 주로 본국과 현지국 간의 문화적 거리감이다. 본국과 현지국 간의 문화적 거리감이 큰 경우, 현지경영에 많은 어려움이 뒤따르게 되며, 판매 · 생산 · 인력관리 등의 측면에서 직·간접적으로 많은 비용을 부담해야 된다. 일반적으로 기업이 해외진출 시 고려해야 하는 사회적 요인으로는 현지국의 언어, 의식주에 대한 관습, 가족제도, 종교, 풍습 등을 들 수 있다.

4) 국제경영전략의 선택

다음에서는 국제경영전략의 선택을 제품생산과 시장진출방식 등을 결정하는 해외시장 진출전략과, 다양하고 분산된 국제경영활동을 조정 · 통합하는 국제경영관리전략의 두 가지로 나누어 알아보고자 한다.

(1) 해외진출을 위한 전략적 대안의 선택

해외시장 진출전략은 기본적으로 기업이 해외진출을 할 때 과연 어떠한 시장에 어떠한 제품을 가지고 어떠한 진입방식을 통하여 진출할 것인가를 결정하는 전략이다. 기업이 해외진출 시 제품/시장/진입수단의 최적믹스를 구성하는 것은 해외시장에 처음 진출하는 기업이나 기존에 해외시장에 진출한 기업이 새로운 시장에 진출하고자 할 때 가장 기본적으로 결정해야 하는 문제이다.

제품 · 시장 · 진입수단의 최적믹스를 위한 방법으로는 해럴(G. D. Harrel)과 키퍼(R. O. Kiefer)가 제시한 국가매력/사업경쟁력 매트릭스 분석방법이 있다[Harrel &

해외시장 선택방안

국가매력 \ 사업경쟁력	저	중	고
고	보통	양호	양호
중	불량	보통	양호
저	불량	불량	보통

자료 : Hunger & Wheelen, 1993 : 341 수정.

진출방식의 선택방안

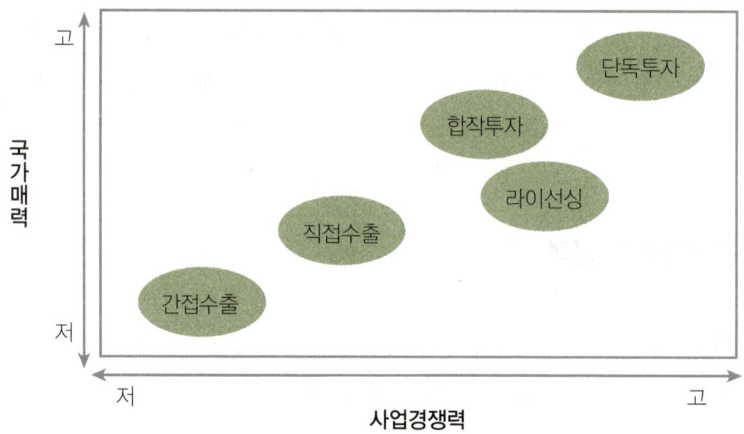

자료 : Hunger & Wheelen, 1993 : 341 수정.

Kiefer, 1981]. 해럴과 키퍼는 GE사의 산업매력/기업강점 분석방법에 근거하여 국가매력/사업경쟁력 매트릭스를 제시하고, 이를 근거로 현지국에 기업이 어떻게 제품 · 시장 · 진입수단을 선택할 것인가를 결정하는 데 유용한 지침을 제공한다. 그들은 국가매력의 결정요인으로 현지시장 규모, 현지시장 성장률, 정부규제, 정치적 안정성 등을, 사업경쟁력의 결정요인으로는 시장점유율, 제품의 현지시장 적합성, 마케팅 지원능력 등을 든다.

(2) 국제기업 간 협력활동

국제기업 간 해외협력활동의 대표적인 것으로 조인트벤처와 해외기업과의 전략적 제휴를 들 수 있다.

① 조인트 벤처

합작기업 또는 조인트 벤처(joint ventures)란 둘 또는 그 이상 기업들이, 특히 국제기업들 간에 참여기업들에 의해서 소유되는 하나의 독립된 회사를 설립하는 것을 말한다. 예를 들면 휴렛 패커드는 세계 각국에 수많은 조인트 벤처를 설립함으로써 서로 다른 컴퓨터 부품을 개발 · 판매하고 있다. 흔히 참여회사들은 균등하게 지분을 나누어 갖는다.

오늘날 조인트 벤처는 급속히 확산되고 있는 추세이다. 외국의 참여기업 입장에서 볼 때 가장 큰 이점은 진출지역의 노동시장, 정치적 환경, 경쟁구도, 기호와 문화적 규범, 언어, 법률적 제도 등을 파트너가 잘 알고 있기 때문에 서로가 일하기 편하다는 것이다. 반면에 로컬(지역) 파트너는 외국기업의 노하우, 기술, 자본 등을 쉽게 획득할 수 있다는 이점이 있다. 더 나아가서 두 국가의 회사들은 개발비용과 위험을 분담할 수 있으며, 기업의 영업부진이나 극단적으로 실패 시에도 큰 손실을 감소시킬 수 있다. 또 로컬 파트너는 국제기업에 가해질 수 있는 정부의 규제를 막을 수도 있고, 외국기업이 100% 자회사를 갖지 못하도록 진입규제를 하고 있는 외국에서 사업을 영위할 수 있는 좋은 방법이 되기도 한다.

조인트 벤처도 두 가지 약점이 있다. 하나는 참여국가의 기업들 간에 기업 목적, 전략, 문화, 성격상 마찰이 일어나서 잘못 풀리면 노사문제나 상당한 비용손실을 야기시킬 수 있다. 또 하나는 로컬 파트너가 자기 자신의 경쟁력을 강화하기 위해 외국기업의 기술을 이용하는 수도 생길 수 있다[Gomez-Mejia 외, 2008 : 75 참조].

② 해외기업과의 전략적 제휴

기업이 단독으로 해외의 새로운 사업에 진출하는 것이 어려운 경우에는 국내에서도 마찬가지지만 해외기업과의 전략적 제휴를 고려할 수 있다. 전략적 제휴(strategic alliance)란 다른 기업들과 특정 사업 및 업무 분야에 걸쳐 협력관계를 맺어 공동으로 새로운 사업에 진출하는 전략이다. 즉, 전략적 제휴는 기업들 간에 상호 보완적인 제품, 시설, 기능 및 기술을 공유함으로써 협력을 통한 시너지를 창출하고자 하는 전략이다[권영철, 1994 : 14-15]. 전략적 제휴는 독립된 기업들이 협력적 사업활동을 전개하기 위해 각자의 자율성과 독립성을 유지하면서, 특정 사업분야의 일부 혹은 전부에 걸쳐 운영책임과 위험, 성과를 공유한다[Hunger & Wheelen, 1993 : 183]. 이러한 전략적 제휴는 '적(敵)과의 동침' 즉 경쟁관계에 있는 기업과의 협력도 포함하며[30] 참여기업들이 지분참여를 통해 제 2의 사업체를 형

30 경쟁(competition)과 협력(cooperation)의 합성어로서 코피티션이라는 말이 쓰이고 있다. 코피티션(coopetition)은 네일버프(B. J. Nalebuff)와 브란덴버거(A. M. Brandenburger)의 책 제목이다. 코피티션은 경쟁우위를 얻기 위해서는 경쟁만으로는 불충분하며, 고객의 말에 귀를 기울이고, 납품업체와 협력하며, 팀을 형성하고, 경쟁자들과도 전략적인 제휴를 맺어야 한다는 것을 시사한다. '비즈니스 게임'에서 '경쟁'은 그 게임의 '반'일 뿐이다. 나머지 반은 무엇일까? 바로 '협력'이다. 그래서 코피티션은 '비즈니스는 경쟁과 협력'이라고 주장한다[Nalebuff & Brandenburger, 1996].

성하지는 않는다는 점에서 조인트 벤처 전략(joint venture strategy)과는 다르다.

오늘날 기업들은 전략적 제휴를 앞다투어 추진하고 있다. 예를 들어, 세계 최대의 만화영화 제작사인 월트 디즈니(Walt Disney)와 햄버거업계의 맥도날드(McDonald)는 10년간 전략적 제휴를 약정하였다. 그 기간 동안 맥도날드는 디즈니 만화영화 캐릭터를 독점 사용하며, 디즈니는 전 세계 맥도날드 체인점을 광고 · 판매의 장으로 활용할 수 있도록 하는 상호 판촉지원계약을 체결하였다. 흔히 기업들이 해외에 진출하는 경우, 현지정부의 각종 규제를 받게 되는데, 이러한 규제를 회피하기 위한 수단으로 현지기업이나 현지인들과 전략적 제휴를 형성한다. 예를 들어, 폴크스바겐(Volkswagen) 자동차는 일본에서의 수입규제와 유통시스템 복잡성의 문제를 해결하기 위해 일본 현지에서 생산하는 자동차 모델인 산타나(Santana)의 부속품 70%를 일본 현지 협력업체로부터 조달받아, 이를 조립 · 판매함으로써 일본 중형차시장에 성공적으로 진입할 수 있었다.

기업들이 이렇게 전략적 제휴를 선호하는 이유는 다음과 같은 이점들이 있기 때문이다[Thompson & Strickland Ⅲ, 1990 : 168 ; Byars, 1992 : 113]. 첫째, 조인트 벤처 또는 합병에 의한 해외로의 진입은 비용이 많이 소모되고, 내부사업화에 의한 진입은 오랜 시간이 걸리며, 단독진입 시에는 위험과 비용 부담이 큰 경우에 흔히 전략적 제휴가 채택된다. 둘째, 둘 이상의 독립된 기업들의 자원과 능력을 결합함으로써 생산 · 판매 · R&D에서 규모의 경제를 실현하고, 이를 통해 강력한 경쟁적 지위를 확보할 수 있다. 셋째, 기업이 이용하기 어려운 해외의 특정 자원이나 시장에의 접근이 용이하다.

성공적으로 전략적 제휴를 추진하기 위해서는 다음과 같은 위험에 주의해야 한다[이장우, 1995 : 272]. 먼저 제휴기업 간에 이익을 나누어 가지기 때문에 개별기업 입장에서는 이익이 감소될 수 있으며, 성과의 배분과정과 투자자본의 조달과정에서 심각한 갈등이 나타날 수 있다. 또한 상대기업에 기술이나 자산 · 경험이 이전됨으로써 향후 협력기업이 강력한 경쟁기업으로 등장할 수 있고, 제휴기업 간 경영철학이나 투자선호도 · 조직문화 등이 서로 다르다는 점 등으로 인해 갈등이 야기될 수 있다.

(3) 국제경영관리전략의 선택

기업의 국제화가 진전되면서 기업의 국제경영활동이 다양화되고 지역적으로도 광범위하게 분산된다. 따라서 국제화가 어느 정도 진행된 다국적기업이나 글로벌 기업을 어떻게 관리할 것이냐 하는 문제가 중요한 과제로 부각된다. 대부분의 국제 기업들은 지역적으로 광범위하게 분산된 경영활동의 균형, 즉 기업 전체의 위험분산을 어떻게 이루느냐 하는 문제와 각 사업단위의 활동을 어떻게 상호 조정하고 연계시킴으로써 기업 전체의 성과를 증대시킬 수 있는 시너지 효과를 극대화시키느냐 하는 문제에 직면하게 된다. 이처럼 다양화되고 분산된 국제경영활동을 어떻게 조정 · 통합할 것인가를 결정하기 위한 활동이 국제경영관리전략이다.

국제경영관리전략론은 본사와 현지 자회사들 간의 역할과 책임 및 권한에 따라 본국중심주의(Ethnocentrism)전략, 현지국중심주의(Polycentrism)전략, 지역별중심주의(Regiocentrism)전략, 글로벌중심주의(Geocentrism)전략의 네 가지로 나누어지는데, 이를 EPRG 모델이라고도 한다[권영철, 1994 : 22−27].

국제경영관리전략(EPRG 모델)

① 본국중심주의(Ethnocentrism)
② 현지국중심주의(Polycentrism)
③ 지역별중심주의(Regiocentrism)
④ 글로벌중심주의(Geocentrism)

① 본국중심주의전략

본국중심주의전략이란 지역적으로 분산된 사업단위들이 독자적인 의사결정권을 행사하지 못하고 본사중심의 의사결정이 이루어지도록 하는 전략이다.[31] 이러한 관리전략은 지역적으로 분산된 사업단위들의 경쟁우위가 본사에 의존적인 경우에 나타나는 형태로서, 기업의 의사결정과 이익은 본사에 집중된다. 그리고 이러한 관리전략하에서는 본국중심의 생산활동과 국제적으로 표준화된 판매활동이 이루어지도록 한다.

② 현지국중심주의전략

현지국중심주의전략이란 지역적으로 분산된 사업단위들이 독립적인 의사결정권

31 이는 자기 자신의 눈이나 관점으로만 세계를 바라보려는 지방근성 또는 파벌주의(parochialism)와 유사하다.

을 가지고 경영활동을 전개하도록 하는 전략이다. 이 관리전략은 각 사업단위들의 활동영역이 차별화 · 세분화된 경우에 나타나는 형태로서 사업단위별로 차별화된 판매활동과 생산활동이 이루어지도록 하는 것이다.

③ 지역별중심주의전략

지역별중심주의전략이란 북미, 유럽, 아시아 등 지역별로 지역본사제를 도입하여 각 지역별 특성에 적합한 경영정책을 수립하도록 하는 전략이다. 이 관리전략은 역내 자회사들 간 상호협상이 이루어지도록 하는 데 목적이 있으며, 지역본사는 본사의 지침하에 제한된 영역에서 자율적 의사결정을 할 수 있다. 후기단계의 다국적 기업들이 이 전략을 많이 사용하고 있으며, 현재 우리나라의 일부 기업들도 이 전략을 추진하고 있다.

④ 글로벌중심주의전략

글로벌중심주의전략이란 각 지역별 사업단위의 독자성을 어느 정도 인정하면서 이러한 활동을 기업 전체적인 관점에서 상호 조정하는 전략이다.[32] 이 전략은 중요한 기업활동을 특정 지역에 집중하여 이에 대한 본사의 영향력을 강화시키면서 다른 기업활동에 대해서는 각 지역별 사업단위가 자율적 결정권을 가지도록 한다.

오늘날 글로벌화되고 있는 상황에서 기업이 활동영역을 세계적으로 확장하여 나갈 때 본국에서 하던 기업활동방식을 고수 · 강요하거나 자국의 이익만을 추구한다면, 해외진출지역의 이해관계자로부터 거센 저항에 부딪히게 될 것이다. 따라서 경영자들은 경영방식의 글로벌라이제이션과 동시에 현지화(localization)를 추구하는 전력을 통해 해외진출지역의 이해관계자와 바람직한 관계 속에서 기업의 생존과 성장 · 발전을 도모해야 할 것이다.

32 예를 들면 중국에서 어떤 가전제품 부품을 생산하는 회사가 가격은 중국인에 맞게, 질은 일본식으로, 디자인은 유럽풍으로, 그리고 마케팅은 미국식으로 할 수 있을 것이다.

제 12 장

경영조직의 설계와 운영

1. 경영조직의 의의와 기계적 조직과 유기적 조직
2. 라인 조직과 라인스탭 조직
3. 사업부제 조직과 매트릭스 조직
4. 팀과 팀제 조직
5. 가상조직과 네트워크 조직
6. 새로운 조직형태의 방향
7. 공식적 조직과 비공식적 조직

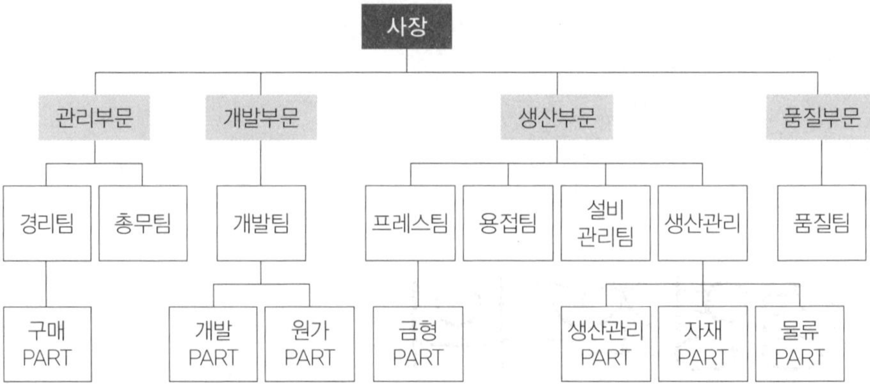

민츠버그 조직구조 유형

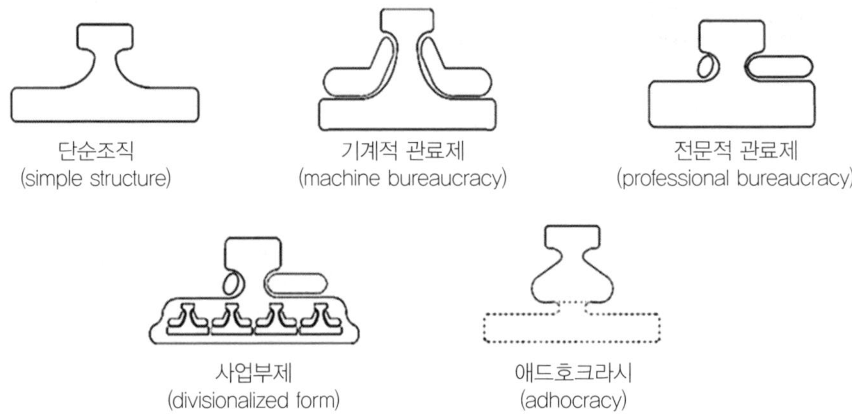

자료 : Mintzberg, 1979.

기업이나 사회조직은 유사한 업무들을 모아 부문을 만들고 이들간의 관계와 지휘계통을 만들어 목표를 달성하기 위한 일을 수행하는데 이것을 경영조직이라고 한다. 다음은 어떤 통신사의 조직도이다. 어떤 원리로 이와 같은 조직구조가 편제되었고 어떻게 작동하고 있는 것일까?

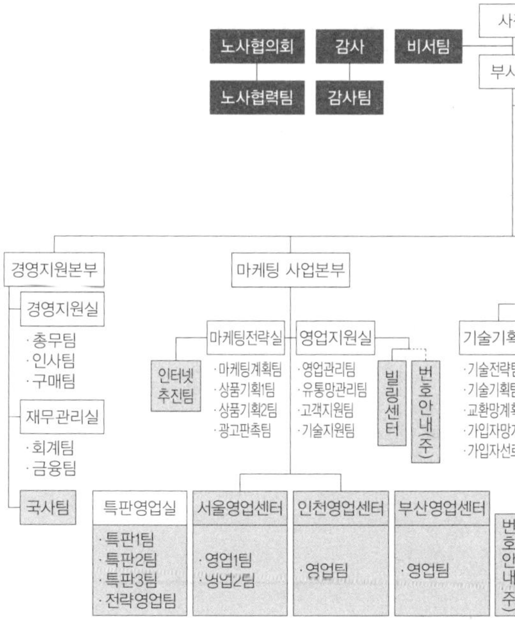

2008년에 매트릭스 조직을 도입한 하나금융지주에 이이 2009년 1월 말 신한금융지주도 매트릭스 조직개편을 실시했다. CIB(기업 · 투자금융)와 WM(자산관리) 부문 부문장이 이미 결정됐고 2008년 12월 말 한 점포에서 신한은행과 신한금융투자 직원이 한데 모여 양사 제품을 함께 취급하는 새로운 형태의 점포 4곳을 열었다. 우리금융지주도 매트릭스 조직을 도입했다.

학습문제

Q1 조직구조와 조직과정의 요소들은 무엇인가?

Q2 유기적 조직과 기계적 조직은 어떤 상황에서 경영성과목표를 달성하는 데 효과적으로 활용될 수 있는가?

Q3 관료제 조직과 팀제 조직의 상난섬은 무잇인기?

Q4 라인 조직, 라인스탭 조직, 사업부제 조직, 매트릭스 조직은 각각 어떤 상황에서 효과적인가?

핵심용어

전략적 사업단위(SBU : Strategic Business Unit), 라인 조직, 라인스탭 조직, 사업부제 조직, 매트릭스 조직, 관료제, 팀제, 사내벤처분사조직

1 경영조직의 의의와 기계적 조직과 유기적 조직

1) 경영조직의 의의

시대가 변하거나, 여건이 달라짐에 따라 기업은 그에 적합한 경영조직을 갖추어야 한다. 어느 시대나 여건을 막론하고 한 가지 최선의 경영조직은 없다. 과거부터 지금까지도 많이 쓰이고 있는 전통적인 조직형태와 현대적인 조직형태, 또한 최근에 모습을 보이고 있는 조직형태에는 어떤 것들이 있는지 살펴볼 것이다. 그리고 수면 밑에 놓여 있다고 볼 수 있는 경영조직의 모습에는 어떤 것들이 있는지 이해할 필요가 있다.

경영조직과 관련된 핵심용어

- 조직구조(organizational structure) : 경영활동에 필요한 일과 부서, 직위 및 권한관계 등을 공식적으로 짜놓은 틀을 말한다.
- 조직설계(organizational design) : 기업이 처한 상황에 따라 조직구조를 새롭게 만들거나 바꾸는 선택과정을 말한다.
- 조직형태(organizational form) : 조직설계에 따라 선택된 조직구조의 실제적이고 구체적인 모습을 말한다.

2) 기계적 조직과 유기적 조직

조직설계방식에 따라 조직구조는 구체적인 모습으로 나타난다. 먼저 다음에서는 바로 앞에서 다룬 기계적 조직과 유기적 조직의 유형에 대응하여 전통적 조직형태

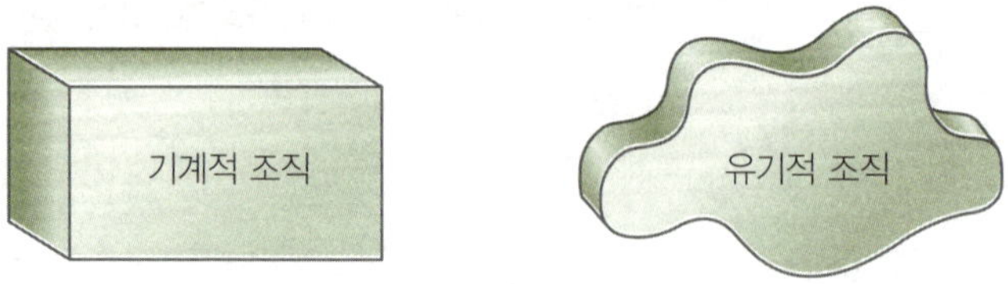

자료 : Robbins, 1991 : 301.

와 현대적 조직형태로 구분해서 살펴보고, 여기에 덧붙여 최근에 논의되고 있는 도전적인 조직형태에 대해 알아보기로 하자.

	기계적 조직	유기적 조직
주요 목표	효율성·생산성	유연성·적응성
운영방식	기계적 방식에 의존	인간의 잠재력 활용
조직구조의 구성요소	높은 과업분화 높은 집권화 높은 공식화	낮은 과업분화 높은 분권화 낮은 공식화
조직과정의 운영방식	조직지위에 기초한 의사결정 하향적 커뮤니케이션 상급자에 의한 조정	개인능력에 기초한 의사결정 쌍방적 커뮤니케이션 상호 조절 및 자발적 조정
적합한 상황요인	대량생산·연속생산기술 안정적이고 단순한 환경	소량주문생산기술 동태적이고 복잡한 환경

자료 : Gibbson 외, 1991 : 503-507 참조.

노바티스 연구실엔 벽이 없다. 세계 제약업계에 백혈병 치료제 글리벡을 선보인 스위스 제약사 노바티스 돌풍이 거세지고 있다. 신약개발에서 1위를 달리고 있으며 최근 4년간 노바티스가 미국에서 시판 허가를 받은 약품 수는 13개로 화이자의 9개를 제쳤다. 현재 임상시험 중인 약물만도 75가지로 세계 최고다. 이 무서운 돌풍은 어디서 비롯됐을까? 2002년 5월 노바티스사는 보스턴의 하버드대와 MIT 중간 지점에 연구소를 지었다. MIT와 하버드의 인재를 채용하고 사장도 하버드 의대 피시먼 교수를 모셨다. 그는 연구실과 사무실의 벽을 유리로 만들고, 중앙 홀은 천장까지 뚫었으며 엘리베이터도 사면 모두 투명유리로 만들었다. 회의실은 복도 한 가운데에 원형으로 만들고 벽도 물론 투명유리로 했다. 이 연구소는 숨을 곳이 없다. 따라서 사람들이 제각각 틀어박혀 연구에 몰두하는 것이 아니라 서로 모여 이런 저런 연구에 대한 얘기를 나눈다. 연구원들끼리는 물론 유사 벤처 파트너들과도 적극적 대화를 나눈다. 그 덕분에 노바티스는 화이자 연구비의 반만 쓰고도 두 배의 신약을 개발했다.

자료 : 임창희, 2015 : 245.

2 라인 조직과 라인스탭 조직

기계적 조직이라고 불리는 전통적 조직형태로서 라인 조직, 라인스탭 조직, 사업부제 조직을 들 수 있다.

1) 라인 조직

라인 조직(line organization)은 과업의 분화라든가 부문화가 많이 진전되지 않은 매우 초보적인 조직형태이다. 일명 군대식 조직으로서 업무의 결정과 실행을 담당하는 부서들만 있는 조직형태이다. 이러한 라인 조직은 산업화 초기에 많이 볼 수 있었던 조직형태인데 창업단계에 있는 기업이나 중소기업에서 흔히 찾아볼 수 있다. 라인 조직에서는 조직구성원들 간의 관계가 가족적이고 서로 협동하며 조직에의 사명감과 일체감을 갖고 목표를 달성하기 위해서 몰입하게 된다.

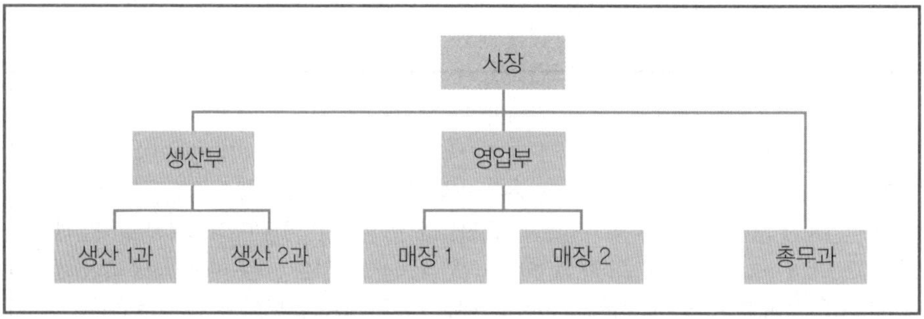

라인 조직의 목표는 비용절감과 같은 효율성의 제고 및 생산성 향상에 있다. 라인 조직은 위계질서 및 분업의 원리에 따라서 부서가 나누어지는 과업의 분화가 일어나는 동시에 동일하거나 유사한 기능을 한데 모아 통합관리하는 부문화가 이루어져 생산부, 영업부, 총무과 등의 기능별로 짜여진 조직의 형태가 나타난다. 일반적으로 라인 조직에서는 구성원들이 직접적인 접촉관계 속에서 함께 일을 하는 경우가 많아 조직운영이 비공식적이며, 또한 거의 모든 조직구성원들이 경영자와 개인적인 접촉을 가질 수 있을 정도로 관계가 밀접하기 때문에 구성원들은 경영자의 개인적 통제를 받게 된다. 라인 조직은 특히 2장에서 페이욜(H. Fayol)이 제시한 명령통일의 원칙, 전문화의 원칙, 감독폭의 원칙, 권한위양의 원칙, 권한과 책임 대응의 원칙 등 전통적인 조직원칙이 충실히 지켜지는 조직이다.

라인 조직은 신속한 기동성과 강력한 추진력을 가지고 있다는 점, 의사결정을 빨리 내릴 수 있다는 점, 일사불란한 명령지휘가 가능하여 개별부서의 조정이 용이하다는 점 등의 장점을 가진다. 그러나 라인 조직은 경영환경 변화를 탐지하는 능력에 한계가 있다는 점, 경영혁신을 촉진하는 데 한계가 있다는 점, 대규모 조직이 갖출 수 있는 시너지 효과를 기대하기 힘들다는 점 등의 단점을 갖는다. 이런 장단점을 고려해 볼 때, 라인 조직은 경영환경이 불안정적이거나 불확실성이 높은 상황, 규모가 큰 상황에서는 그렇지 않은 상황에서보다 덜 효과적이라 할 수 있다.

2) 라인스탭 조직

기업이 창업 후 성장을 계속해서 어느 정도 시장점유율이 높아지고 직원들도 많아지게 되면, 경영자가 혼자서 조직내부의 일들을 일일이 관여하기가 어려워진다. 즉, 조직의 규모가 커지고 제품계열의 수가 많아지면서 기존의 라인기능만으로는 모든 업무수행이 불가능하기 때문에 라인업무를 지원할 수 있도록 스탭기능이 분화하게 된다. 이러한 라인스탭 조직(line staff organization)의 주요 목표는 기업의 효율성 제고와 생산성 향상에 있다.

스탭(staff)은 기업에서 흔히 최고경영자가 개인적인 자문을 얻고자 하거나, 경영정책을 수립하고 주요 결정을 행하는 데 조언을 얻기 위해 만들어진다. 대기업의 경우에는 기획이나 미래전략, 법률 · 윤리 담당부서(IMF 관리체제 이전에는 종합조정실이나 비서실 등)와 같은 스탭부서를 두기도 하고, 아예 경영연구소 · 경제연구소 · 기업문화연구소 등과 같은 방식으로 독립성을 강화하기도 한다. 라인(line)은 기업목표를 달성하기 위해 필요한 업무부문을 수행하는 데 있어서 직접적인 권한과 책임

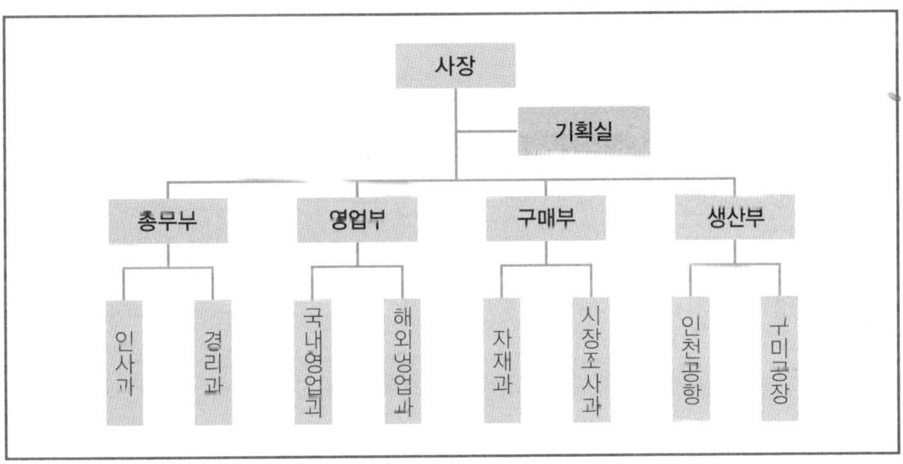

을 갖고 있는 부서나 직위를 말한다. 그리고 일반적으로 제조업의 경우 조직도표상에서 제품을 제조하는 생산부문과 제품을 판매하는 영업부문 등을 라인이라 하고, 구매부서 · 자금부서 · 인사부서 등은 조언기능을 하는 사람(부서)들을 포함하여 스탭이라 한다. 그러나 점차 조직의 규모가 커지면 이들 구매 · 자금 · 인사 부서들도 라인으로서의 성격을 갖게 되어 다시 이들 부서 내에 라인권한과 스탭권한을 가진 직위들이 나타나게 된다.

라인스탭 조직의 특징은 명령통일의 원칙과 전문화의 원칙을 조화시켜 기업의 대규모화, 즉 경영관리기능의 복잡화에 대응할 수 있도록 만들어진 조직이라는 점이다. 또한 많은 부문들을 효과적으로 조정 · 통합하기 위해서 개인적 통제가 아닌 공식적인 통제가 실시된다. 예를 들어 최고경영층과 현장부문들 간에 조정과 통제를 위한 정보시스템을 설치 · 이용하며, 커뮤니케이션이 문서를 통해 이루어지는 등 공식화된다. 이러한 라인스탭 조직은 종합적인 의사결정을 위한 정보의 축적과 활용이 가능하고, 라인은 스탭으로부터 유익한 조언과 권고를 받을 수 있고, 추진업무에 전념할 수 있다는 장점이 있다.

그러나 라인과 스탭 간에는 대립이나 갈등이 발생할 가능성이 높고, 효율성과 생산성을 증대시키기 위해 많은 부문과 계층이 생겨나면서 조직이 비대해지는 이른바 관료제(bureaucracy)가 촉진된다. 이런 관료제화가 과도하게 진전되면, 조직이 경직되어 조직구성원의 창의성이 억제되고 결과적으로 조직발전의 원동력이라 할 수 있는 혁신을 위축되게 하는 관료제의 비능률(red tape) 상황에 봉착하는 것이 일반적이다. 라인스탭 조직은 조직이 대규모화되는 초기상황, 경영환경이 안정적이고 확실성이 높은 상황에 효과적인 조직형태이다.

3 사업부제 조직과 매트릭스 조직

1) 사업부제 조직

기업이 점점 대규모화하게 되어 다양한 제품을 생산하게 되거나 많은 고객을 갖게 되면 시장변동에 매우 민감해질 수밖에 없게 되는데, 이러한 필요를 라인 조직이나 라인스탭 조직은 충족시켜 줄 수 없다. 이에 시장 등 경영환경 변화에 전념할 수 있는 조직으로 등장한 것이 사업부제 조직이다.

사업부제 조직(divisionalized organization)은 전통적인 기능적 · 집단적 조직형태와는 달리 단위적 분화의 원리에 따라 사업부단위를 편성하고 각 단위에 대하여 독자적인 생산과 영업 및 관리 권한을 부여하여 제품별 · 시장별 · 지역별 이익중심점(profit center)을 중심으로 독립채산제를 실시하는 조직형태이다. 이처럼 사업부제 조직은 각 사업단위별로 자율적 조직운영을 하는 것이 특징이다.

사업부제 조직에서는 각 사업부가 모든 과업의 계획, 집행, 그리고 성과분석에 이르기까지 마치 하나의 개별기업을 운영하는 것과 유사한 이른바 '자기 스스로 충족하는(self-contained)' 조직이 된다. 본사는 전 사업부가 전체목표를 추구하는 데 일탈하지 않도록 통괄하기 위해 기본방침과 기본계획을 수립하며 조정 · 통제의 역할을 주로 담당한다. 사업부제 조직은 결과지향적이고 제품을 크게 강조한다. 즉, 제품을 생산 · 판매하는 임무들을 한 조직단위로 묶음으로써 구성원들이 그들의 제품에 대하여 모든 노력을 집중시킬 수 있도록 한다[Jackson & Morgan, 1978 : 138-139].

사업부제 조직의 장점으로는 업무수행에 대한 통제와 평가가 용이하다는 점, 사업단위별로 책임경영과 자율경영을 실시할 수 있다는 점, 이에 따라 미래의 최고경영자를 양성할 수 있는 학습기회가 제공된다는 점, 조직구성원들에 대한 동기부여와 능력개발을 촉진할 수 있다는 점 등을 들 수 있다[Jackson & Morgan, 1978 : 138-139]. 그러나 사업부제 조직은 사업부 간에 과다한 경쟁으로 인한 역기능인 갈등상태가 나타나기 쉽고, 각 사업단위의 자율경영으로 전체조직의 일관성이 상실되며, 전체적으로 볼 때 과업이나 투자의 중복이 증가할 수 있으며, 자원의 분산이나 관리비의 증대와 같은 요인들 때문에 능률이 저하될 수 있다는 단점이 있다. 사업부제 조직은 조직의 규모가 대규모이면서 시장환경의 변화가 빨라 불안정적이고 예측하기 힘든 상황, 제품별 또는 지역별로 시장세분화가 가능한 상황에서 효과적인 조직형태이다.

2) 매트릭스 조직

매트릭스 조직(matrix organization) 또는 매트릭스-프로젝트 조직구조(matrix-project structure)는 조직구성원들이 기능부서에 소속됨과 동시에 프로젝트 팀에도 소속되는 조직이다. 이러한 매트릭스 조직은 기능식 조직과 프로젝트 팀 조직이 합쳐진 형태이며, 동시에 프로젝트 팀 조직으로부터 발전된 조직형태이기도 하다.

매트릭스 조직에서 조직구성원들은 어떤 한 기능부서에서 일하면서 자기부서의 상사에게 보고하는 동시에 특정 프로젝트에 속하여 프로젝트 관리자에게도 보고하는 2중지휘체계하에 놓이게 된다. 이는 전통적인 조직운영의 원리인 명령일원화의 원리를 파기한 것이다. 매트릭스 조직은 고객의 요구나 시장에서의 급격한 변화에 신속하게 대응하고, 조직구성원들의 능력과 재능을 최대한 활용할 수 있기 때문에 조직의 기능적 효율성과 조직구성원들의 만족 및 성과를 동시에 높일 수 있다[Arnold 외, 1986 : 259].

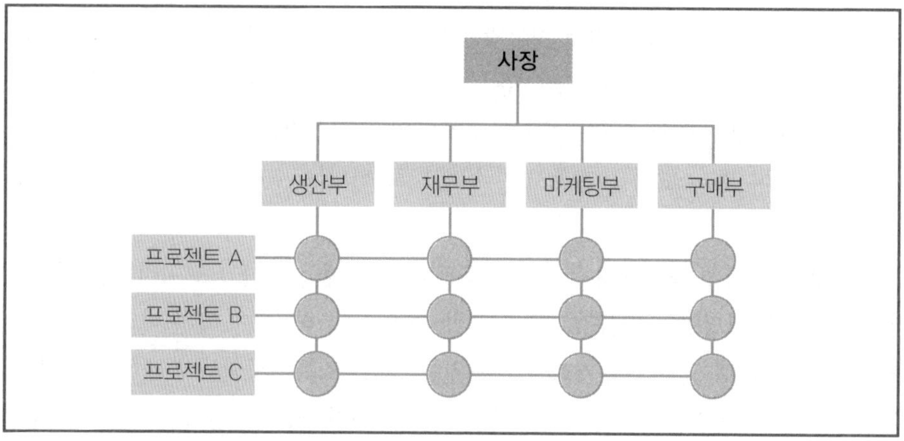

매트릭스 조직은 소량주문생산기술을 이용하는 상황, 시장환경이 빨리 변화하는 상황, 조직의 규모가 지역별로 다변화된 상황에서 효과적인 조직형태이다. 매트릭스 조직을 제대로 활용하기 위해서는 몇 가지 요건을 충족시켜야 한다. 첫째, 매트릭스 조직을 능숙하게 운영할 경영자를 선발 · 교육하여야 한다. 둘째, 구성원들의 성과를 제대로 평가할 제도적 장치를 마련하여야 한다. 셋째, 2중역할에 따른 역할모호성을 감소시킬 대책을 준비하여야 한다. 넷째, 기능부문 경영자의 권한을 위양하려는 자세를 확립하여야 한다. 다섯째, 기능부문과 프로그램부문 사이의 세력균형이 이루어져야 한다. 여섯째, 개방적이며 협동적인 조직분위기를 조성하여야 한다[조동성, 2005 참조].

4 팀과 팀제 조직

1) 팀 조직

우리는 흔히 회사에 다니는 사람들이 자기는 무슨 팀에서 일을 한다고 이야기하는 것을 자주 듣는다. 여기서 팀이란 상호 보완적인 능력이나 기술을 가진 구성원들이 공동책임하에 공동의 성과목표를 달성하기 위해 모인 소집단(small group)을 가리킨다. 다음에서는 여러 가지 팀 조직(team organization)의 형태에 대해서 알아보기로 하자.

(1) 자율적 작업팀

한 집단의 구조결정, 구성원의 충원, 수행과업의 절차 등과 관련되는 의사결정이 집단 스스로에 의해서 이루어지는가 아니면 집단외부의 경영층에 의해 이루어지는가에 따라 전통적 작업집단, 반자율적 작업집단, 그리고 자율적 작업팀으로 나누어 볼 수 있다.

전통적 작업집단(traditional work group)에서는 집단의 구조라든가 수행과업의 절차 등과 같은 전반적인 집단행위가 경영층에 의해서 이루어진다. 반자율적 작업집단(semiautonomous work group)에서는 조직의 정책을 지속시키기 위한 경영층의 지시를 제외한 나머지 집단행위는 집단에 의해서 계획되고 통제된다. 그리고 자율적 작업팀(self-managing team)은 구성원이 직무수행절차, 일의 분담, 새로운 구성원의 선발 등과 같은 문제에 대해 결정할 수 있는 권한과 능력을 갖는다. 반자율적 작업집단과 자율적 작업집단과의 차이는 후자가 보다 많은 자율권을 갖는다는 데 있다[Barker, 1993].

작업팀의 대표적인 형태인 자율적 작업팀[1]은 팀 스스로 해야 할 일을 결정하고 그 속도와 질을 통제하는 등 전통적으로 경영층에 속해 왔던 의사결정의 대부분을 자체적으로 수행하는 팀 또는 집단을 말한다. 이러한 자율적 작업팀은 열린 조직으

1 자율적 작업팀을 나타내는 영어 단어에는 여러 가지가 있다 'autonomous work team', 'self-managed team', 'self-regulation team', 'self-regulated work team', 'super team', 'empowered team' 등이 그것이다.

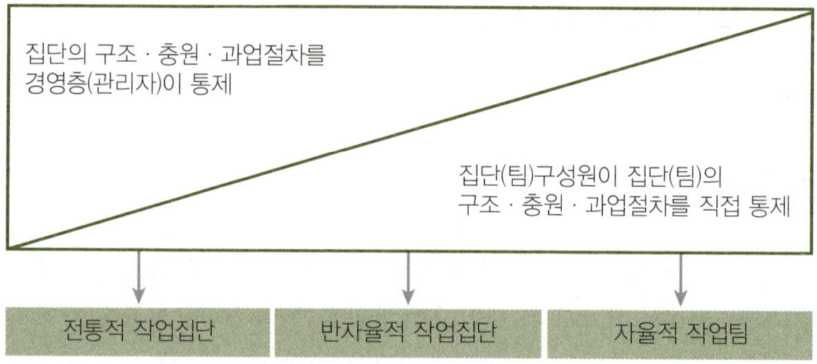

자료 : Kreitner & Kinicki, 1995 : 352 수정.

로서 프로세스중심의 다양한 능력을 지닌 소규모 시스템의 특성을 지닌다[신원무, 1995]. 즉, 자율적 작업팀은 경영자로부터 권한과 자유 및 책임을 부여받아 팀의 공동목표를 위해 자유롭게 활동할 수 있고, 업무프로세스의 단절 없이 완결성을 갖는 프로세스를 담당함으로써 여러 부문 간의 차이를 이해하고 프로세스를 전체적으로 이해 · 통제할 수 있으며, 구성원 각자가 철저한 기술개발과 정보습득을 통해 다양한 능력을 확보함으로써 변화에 대한 대응력을 향상시킬 수 있다.

전통적 작업집단에서 자율적 작업팀으로 전환한 예로 리바이스(Levi's)에서 운영하는 블루리지(Blue Ridge) 공장을 들어보자. 이 공장은 하루에 남성용 진 수천 장을 대량생산할 수 있는 400대의 재봉기를 가지고 있었다. 많은 실수와 높은 비용, 그리고 재봉라인의 잦은 교체로 문제에 봉착한 이 공장의 관리자들은 색다른 방법을 시도했다. 그들은 몇 사람의 종업원들에게 자유스럽게 재킷에 가장자리를 부착하는 새로운 시스템을 고안하도록 독려했다. 그 실험은 바로 효과를 가져왔다. 그들은 이 새로운 방식을 좋아했으며, 이것이 비용을 절약했기 때문에 회사 측도 역시 새로운 시스템을 채택하기로 하였다. 이렇게 하여 권한의 위양방식을 터득하기 시작했고 36명으로 구성된 팀 단위로 공장조직이 재편되었다. 이 팀들은 관리자들로부터 어떤 방식으로 진(jeans)을 만들라는 정확한 지침을 하달받는 대신 그들의 작업흐름을 재배치할 수 있는 발언권을 가지게 되었다. 이러한 시스템은 작업과정에서 그들에게 보다 많은 다양성과 도전감을 제공했고 그 결과 회사는 경쟁력을 강화할 수 있었다[송경근 역, 1995 참조].

(2) 프로젝트 팀

경영조직이 규모 면에서나 시장점유율 면에서나 어느 정도 안정된 궤도에 오르게 되면, 라인스탭 조직이나 사업부제 조직에서 경직상태가 나타나는 것이 일반적이다. 즉 사람이 나이가 들면 보수화되듯이 조직도 성숙단계에 이르게 되면 변화하지 않으려는 조직관성(organizational inertia)이 생겨난다. 따라서 장기적이지는 않을지라도 일시적으로 경영성과가 하락하기도 하는데, 이런 일시적인 쇠퇴기를 극복하기 위해서 이른바 조직 재활력화(revitalization)의 필요성이 대두된다. 이때 경영조직의 기본형태를 라인스탭 조직이나 사업부제 조직을 유지하면서도 그것들이 갖는 경직성을 극복하기 위해 유연성을 가진 한시적 조직이 편성 · 운영되기도 하는데, 이러한 필요성에 의해 출현하는 조직의 하나가 프로젝트 팀 조직 형태이다.

프로젝트 팀(project team) 조직은 전통적인 라인스탭 조직이나 사업부제 조직의 보완조직이다. 프로젝트 팀이 구성되어 있는 동안에는 조직의 여러 계층으로부터 파견된 고도로 숙련된 전문가들이 원활한 상호작용과 집단문제 해결방식을 통해 임무를 수행함으로써 일정한 과업에 인력과 자원을 집중할 수 있다는 장점이 있다. 특히 기술개발업무, 신규사업, 경영혁신사업, 관계회사 간 업무조정 등 다양한 영역에 활용할 수 있다. 또한 프로젝트 팀은 특정 목표의 달성이나 특정 임무를 수행하기 위하여 수직적 명령계통, 기능적 분화, 감독폭에 일반적으로 구애받지 않아 상당한 정도의 유연성을 가진다.

프로젝트 팀이 일시적일 때 그것을 태스크 포스(TF : Task Forces)라고 부른다. 태스크 포스는 과업이 끝나면 그 구성원들은 다시 본래 소속되어 있던 부서로 돌아가

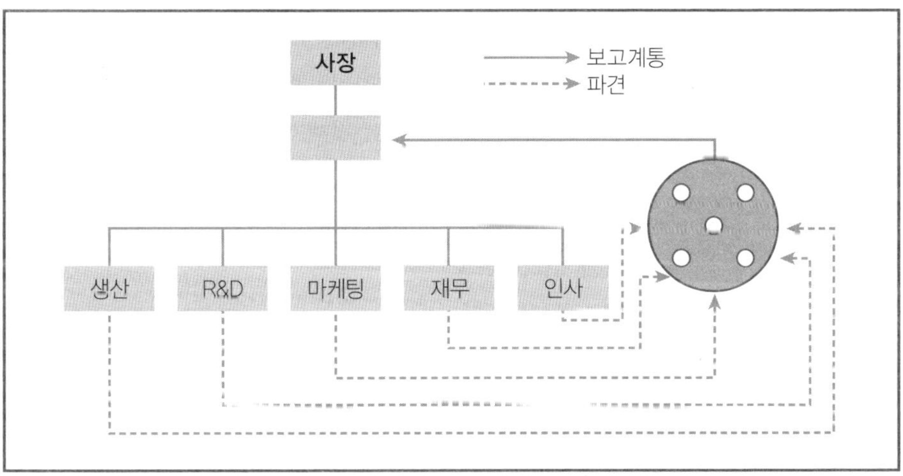

게 된다. 이러한 태스크 포스는 기간의 제한적인 성격 때문에 추진업무의 일관성이 유지되기 어렵고, 다양한 기능관리자들을 통합하기가 어려워 실패하는 경우도 많다. 그러나 효과적으로 운영된다면 태스크 포스는 특정 상황에 효과적으로 대응하는 데 유리한 조직이다.

요즘에는 소비자가 요구하는 제품과 서비스의 종류가 갈수록 복잡해지고, 산업 간 · 제품 간 융합(convergence)현상이 빠르게 진행되면서 프로젝트 팀의 좀 더 발전된 형태인 '다기능 프로젝트 팀(cross function project team)'을 운영하는 기업들이 늘고 있다. 다기능 프로젝트 팀은 사업부서 간의 경계를 뛰어넘어 우수한 인력을 선발하여 특정 프로젝트를 추진하거나 신제품 개발을 맡기는 새로운 경영조류이다[Robbins, 2004 : 108-109].

2) 팀제 조직

팀제 조직은 앞서의 자율적 작업팀이나 프로젝트 팀과 같은 '팀 조직'과 용어상 구분할 필요가 있다. 즉 팀제 조직은 팀을 조직구조의 설계와 운영의 중심기반으로 활용하는 조직을 지칭한다.

팀제 조직은 우리나라에서 1997년 말부터 비롯된 IMF 관리체제 이후 주목받기 시작하였다. 이러한 팀제 조직은 경쟁의 심화, 환경변화의 가속화에 대응하여 수평조직화와 슬림화[2]의 원리에 충실함으로써 전통적인 기능중심의 조직과 계층형 조직구조를 탈피하는 조직이다. 팀제 조직은 과거의 전통적 고층구조의 수직적 라인, 예를 들면 전무 · 상무 · 부장 · 차장 · 과장 · 대리 등의 위계를 과감하게 통합하거나, 중복 또는 유사한 부문들을 통합하여 하나의 팀으로 전환함으로써 팀장을 중심으로 업무가 이루어지도록 만들어진 조직을 말한다. 즉, 팀제 조직은 기능중심의 계층별 조직구조 내에서 일과 사람이 획일적으로 정해지는 종래의 조직형태로부터 벗어나서, 능력과 적성에 따라 탄력적으로 인재를 팀에 소속시키면서 팀장을 중심으로 각자가 동률의 책임하에 구별된 일을 하면서 상호 유기적인 관계를 유지하도록 하는 조직형태이다[정일재, 1997 참조].

---

2 수평조직화와 슬림화는 개념적으로 유사하면서도 약간의 차이가 있다. 슬림(slim)화는 조직 내 중복되는 불필요한 부서 · 일 · 자리 등을 재배치하거나 줄이는 '군살빼기'(다이어트)를 의미하며, 수평조직화는 조직구조상 계층(단계)의 수를 줄이는 것을 지칭한다.

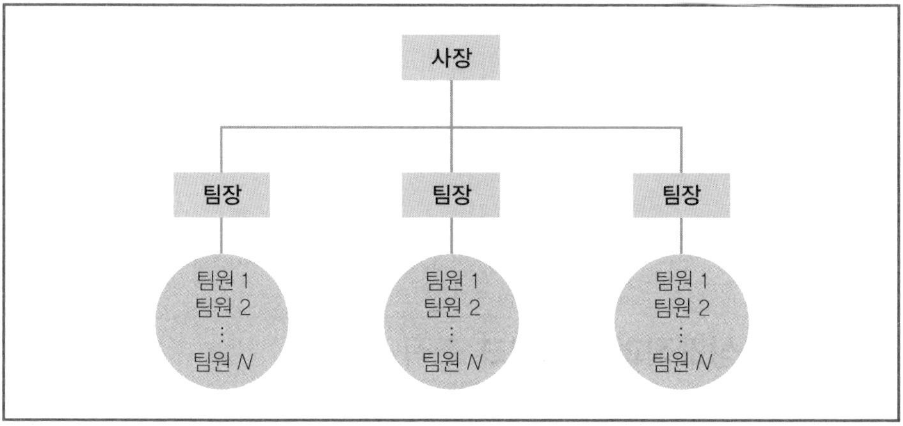

우리나라에서 1997년을 전후로 하여 종래 부과제 조직구조에서 팀제 조직구조로 변신을 한 이유들로는 다음과 같은 것들을 찾아볼 수 있다.

첫째, 1997년 이전에는 상사의 명령에 따라서 묵묵히 일하는 것이 당연한 것으로 인식되었다. 그러나 최근에는 정보를 비롯한 지식의 처리가 보다 중요해짐에 따라 창의적이고 자율적인 조직구성원을 적극적으로 육성 · 관리하는 것이 경쟁력의 원천이 되고 있는데, 이를 보다 효과적으로 촉진시켜 주는 것이 바로 팀제 조직이다.

둘째, 팀제 조직은 팀 구성원들 간의 커뮤니케이션 및 이를 통한 의사결정의 질을 향상시킨다. 팀 내 구성원들이 공식적 · 비공식적 네트워크를 통해 팀이 필요로 하는 정보 및 지식을 즉각적으로 입수하고 또 교환할 수 있게 되어 의사결정의 신속성 및 정확성을 높일 수 있다.

셋째, 팀제 조직은 업무중심으로 이질성과 다양성을 결합하여 시너지 효과를 촉진한다. 예를 들면, 팀제 조직은 조직 내의 다양한 팀 혹은 근거리 통신망(LAN : Local Area Network)을 활용하여 팀들 간의 수평적 연결관계를 창출함으로써 전사적 정보와 특수한 정보를 모든 계층, 모든 부서의 구성원들이 공유할 수 있게 한다.

넷째, 팀제 조직은 환경대응능력이 탁월하다. 팀은 과거의 과라든가 부와 같은 전통적 집단에 비해 빠른 시간 안에 구성되어 과업을 수행하고 또한 목표가 달성되면 쉽게 해체할 수 있다. 즉, 팀제 조직을 통해 복잡한 환경에 유연하게 대처하여 고품질의 제품이나 서비스를 소비자에게 즉각 제공할 수 있게 된다. 팀제 조직을 원활하게 운영하기 위해서는 팀의 자율권을 최대한으로 보장해 주어야 한다. 팀의 자율권을 최대한 보장한다는 것은 팀원들이 맡은 업무에 관해 책임을 짐과 동시에 그에 상응하는 권한을 행사하도록 하는 것을 의미한다. 이때 팀원 각자가 자기 권한과 책임영역을 정확하게 인식하도록 하는 것이 중요하다. 이와 더불어 고려해야 할 것은 팀장의 역할 강화이다. 예를 들어 팀 내의 업무분담은 팀장의 발의에 의해 시기에 관계없이 조정할 수 있도록 하고, 팀장에게 인사권을 부여하며, 예산은 팀단위로 편성하되 내부운영은 팀장의 재량에 의하도록 할 필요가 있다[이진기, 1993].

5 가상조직과 네트워크 조직

세 번째 현대적 조직형태로 들 수 있는 것은 벽 없는 조직(boundaryless organization) 또는 무경계 조직이라고 일컬어진다. 이 조직형태는 GE의 전 회장이었던 잭 웰치(Jack Welch)가 회사 내에서의 수직적 · 수평적 벽을 없애고 또한 회사와 고객 및 공급자들 간에도 외부적 장벽을 깨뜨리기 위해 고안한 것이다. 이처럼 벽을 최소화 또는 제거하기 위한 조직형태로 고려할 수 있는 것으로 가상조직과 네트워크 조직을 들 수 있다[Robbins 외, 2009 : 211-212].

1) 가상조직

가상조직(virtual organization)은 21세기에 고객의 욕구가 매우 다양해지고 기술이 점점 더 복잡해져서 기술개발에 필요한 비용을 한 기업이 감당하기 힘든 상황에서, 정보네트워크 기술의 발전을 이용한 새로운 기업 간 협력을 통해 경영성과를 높이려는 경쟁전략의 일환으로 설계된 조직형태이다.

가상조직은 마치 미국 농구올림픽 국가대표팀인 '드림 팀(Dream Team)'과 흡사한 조직이다. 즉, 특정 시장이나 제품기회를 발견했을 때 우수한 핵심역량을 가진 기업들이 서로의 필요에 의해 하나의 팀으로 만나서 최종제품의 성공을 위해 팀워크를 발휘하는 것이다.

가상조직은 기존의 기업 간 협력관계와 구분되는 두 가지 특징을 갖는다.

하나는 가상조직에 참여하는 기업들은 모두 최종제품의 성공을 위해 노력한다는 점이다. 하청관계나 라이선싱의 경우 납품업체의 주된 관심사항은 제품납품 후의 거래대금결제이다. 납품업체는 최종제품의 성공여부에는 완제품을 판매하는 기업만큼 관심을 갖지 않는다. 전략적 제휴(strategic alliance)나 아웃소싱(outsourcing)에서도 상대적인 차이는 있지만 역시 거래관계에 의해 지배받는다. 이에 반해 가상조직의 참여기업들의 관심은 최종제품이 성공했을 때 획득되는 시장이윤의 분배몫이다. 분배몫을 크게 하는 것은 참여기업들이 투입한 핵심역량의 중요성과 노력이기 때문에 제품의 최종성공을 위해 핵심역량을 자발적으로 노력하게 된다.

가상조직의 또 하나의 특징은 정보통신기술의 성과를 이용해서 주로 가상공간에서 기업 간 협력을 진행한다는 점이다. 기존의 기업 간 협력관계는 지리적인 근접성을 필요로 하지만 가상조직은 참여기업 간에 정보네트워크를 통해 정보를 공유하기 때문에 참여기업들이 멀리 떨어져 있는 경우에도 지속적인 협력이 가능하다 [Hodge, 2003].

가상조직을 원활하게 운영하기 위해서는 무엇보다도 참여기업 간 신뢰가 중요하다. 신뢰 없이는 참여기업 간에 심층적인 정보를 교환할 수 없다. 물론 기업세계에서 신뢰가 처음부터 형성될 수는 없을 것이나. 이때의 신뢰는 사전적인 탐색과정을 거쳐 상대기업의 역량이나 자질에 대해 어느 정도 확인한 후에 발생하는 것이다. 가상조직은 아직 시험적인 단계에 머무르고 있지만 향후 경영환경이 급격하게 변화하고 정보기술발전이 가속화됨으로써 새로운 기업 간 협력관계 모델로 발전할 것이다.

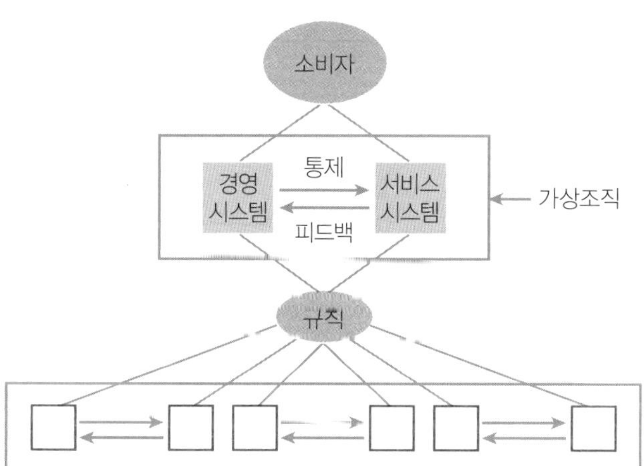

자료 : Zimmerman, 1997 재인용.

2) 네트워크 조직

팀제 조직처럼 수평적으로 조직화하면서 동시에 조직의 슬림화를 도모하는 벽 없는 조직형태로 네트워크 조직이 있다. 이러한 네트워크 조직(network organization)은 정보통신기술을 활용함으로써 조직의 유연성과 유기적 연계성의 극대화를 이루며 새로이 출현하는 기술이나 사회적 유행 및 조류 변화에 신속히 적응할 수 있는 조직이다.

네트워크 조직은 전통적인 대규모 조직의 형태와 달리 신제품 콘셉트나 독특한 디자인, 핵심제품 제조기술과 같이 가장 핵심적인 분야만을 소유하고, 그 외의 제품 생산과 판매 및 유통은 관련분야에 전문적인 다른 기업들과 네트워크를 형성함으로써 소수의 인력으로도 종래 대기업이 할 수 있었던 경영활동을 수행한다. 따라서 전통적으로 구성원의 수로 측정되었던 조직규모의 개념이 질적으로 바뀌어 네트워크 조직에서 규모의 확대는 네트워크의 확장을 의미한다[Peters, 1992 : 561-563]. 이러한 네트워크 조직은 특히 패션산업 · 출판산업 · 영화산업 · 생명공학산업처럼 소비자의 욕구가 유행에 따라 급변하거나 새로운 기술이 급속히 변화 · 발전하는 단계에 있는 산업의 경우에 매우 적합하며, 때로는 철강산업과 화학산업에서도 유용하게 쓰인다[Snow 외, 1992].

네트워크 조직은 기업이 중심적인 핵심영역은 보유하면서 그 외의 다른 핵심영역으로 선정하지 않은 부문을 조직 내부 또는 외부에서 필요에 따라 내부화한다. 이

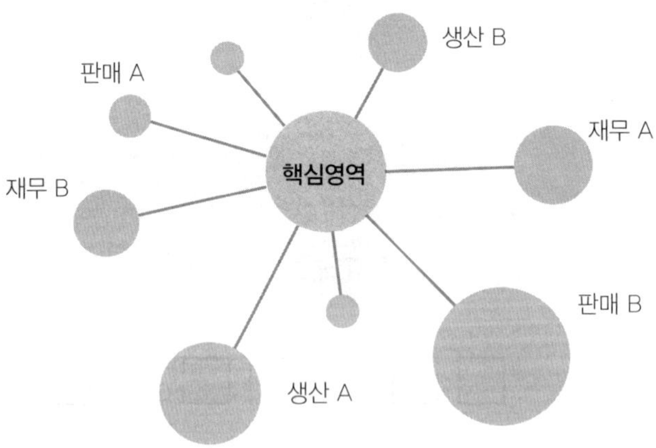

자료 : Kreitner & Kinicki, 1995 : 523 수정.

때 각 부문들은 경쟁원리에 따라 활동하고, 조직의 핵심부문에서는 연구개발 · 성과평가 · 조정 등의 역할을 맡는다.

이러한 네트워크 조직의 장점으로는 자원의 중복이나 투자를 감소시키고 시장상황 변화에 신속히 대응할 수 있다는 점, 극히 적은 자산과 인원으로 기업을 운영할 수 있다는 점, 컴퓨터와 통신 기술을 활용하여 조직 내 원활한 커뮤니케이션이 이루어지도록 하고 시간과 공간의 제약을 극복하도록 한다는 점 등을 들 수 있다. 반면, 네트워크 조직은 경영자가 생산과정에 내해 직접적인 통제력을 행사할 수 없기 때문에 생산과정에서 왜곡이 발생할 수 있다는 단점이 있다[Robbins, 1990 : 345].

6 새로운 조직형태의 방향

최근의 경영환경을 살펴보면, 전통적인 조직구조로부터 벗어나 새로운 조직형태를 설계할 필요를 느끼게 하는 많은 변화들을 찾아볼 수 있다. 특히 경영환경 변화의 가속화와 불확실성들의 영향으로 향후의 경영조직은 글로벌 조직화, 분권적 조직화, 고객지향적 조직화, 정보처리형 조직화가 심화되는 네 가지 방향으로 설계될 것으로 예상된다.

1) 글로벌 조직화

글로벌 조직화란 종래 한 국가 내에서 전개되었던 기업경영활동을 세계 전체로 확장할 뿐만 아니라, 기업경영활동이 진출지역에 뿌리를 내려 현지화할 수 있는 경영조직을 설계하는 것을 말한다. 글로벌 조직화가 필요한 이유는 정보통신기술과 교통수단의 발달이 전 세계를 네트워크화하며 국가 간 · 사회 간, 시간적 · 공간적 장벽을 허물어 범세계화, 특히 글로벌 경제가 되어 가고 있기 때문이다. 이에 따라 많은 기업들이 자국 내 기업뿐만 아니라 세계 각국의 거의 모든 기업들을 상대로 경쟁하기 위해 기업경영의 글로벌화를 추진하고 있다. 즉, 기업들은 글로벌 경제 속에서 세계기업과의 시장경쟁, 세계의 소비자를 상대로 한 판매활동, 세계적인 상품

(universal products)의 개발, 세계적 규모의 공장(world-scale factories)의 건설 등을 하는 '글로벌 기업'이 되어 가고 있는 것이다[Robey, 1991 ; Narayanan & Nath, 1993].

다음에서는 글로벌 조직화가 더욱 심화되어 가고 있는 예로서 글로벌 네트워크 조직과 글로벌 매트릭스 조직에 대해서 알아보기로 하자.

(1) 글로벌 네트워크 조직

앞의 현대적 조직형태에서 살펴본 네트워크 조직의 개념을 범세계적 차원에서 적용한 조직구조를 글로벌 네트워크 조직(global network organization)이라고 한다. 즉, 글로벌 네트워크 조직은 경영조직의 국제화 정도가 최고도로 발달한 조직형태일 뿐만 아니라 한 단계 더 나아가 국적의 개념이 없는 세계화된 조직이다. 글로벌 네트워크 조직은 국경을 의식하지 않고 대부분의 기업기능(생산, R&D, 마케팅, 재무, 회계, 인사)을 수행한다. 오늘날에도 플랜트의 동력장치 및 발전설비업체인 스웨덴의 ABB, 미국의 GE, 일본의 혼다, 한국의 삼성전자와 현대차 등이 이런 형태를 보이고 있다.

글로벌 네트워크 조직은 한국에 본사를 두고 있는 글로벌 기업이 미국계 연구개발회사에 기술용역을 주고 일본의 광고전문회사에 용역을 주면서 생산은 브라질에서 하여 호주의 판매전문회사를 통해 소비자에게 판매하는 모습을 보인다.

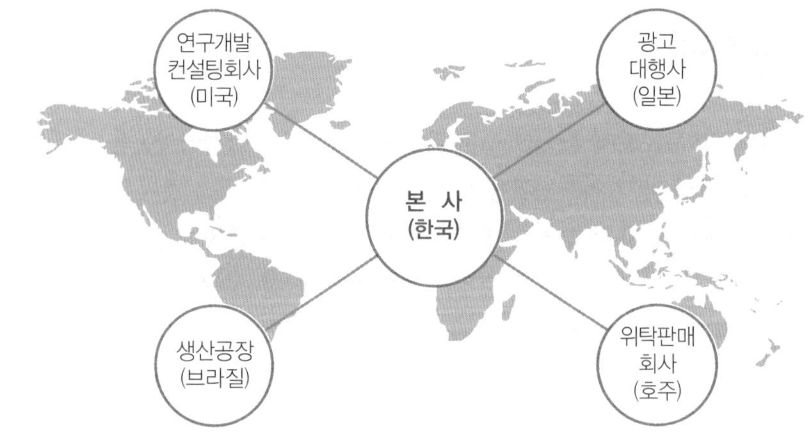

자료 : Robbins, 1991 : 325 수정.

글로벌 네트워크 조직화를 위해서는 전 세계의 경영자원을 효율적으로 결합하여 생산활동을 수행할 수 있도록 생산기지의 해외진출 및 투자를 활발히 하여 경영조직을 전 세계로 확장하거나, 기업 간 전략적 제휴 등의 방법을 이용할 수 있다. 또한 글로벌 네트워크 조직화를 위해서는 현지인을 존중하는 방향에서 조직구조를 설계하는 데 주목하여야 한다. 이를 위해 현지인들이 상사의 지시를 얼마나 잘 수용하는가, 현지인 관리자에게 얼마나 권한위양을 할 것인가, 관리폭은 어느 정도로 하는 것이 구성원들에게 받아들여지는가 하는 문제와 함께 현지사회의 문화적 가치와 관행 등을 고려해야 한다. 이외에도 전 세계적으로 기업의 윤리 및 책임에 대한 관심이 지속적으로 높아져 가고 있기 때문에, 경영자들은 윤리 및 가치관 교육에 보다 많은 관심을 기울일 필요가 있다[Robey, 1991 : 483-484].

(2) 글로벌 매트릭스 조직

역시 앞의 현대적 조직형태에서 살펴본 매트릭스 조직을 전 세계적 차원에서 조직화한 것이 글로벌 매트릭스 조직(global matrix organization)이다. 이러한 조직은 제품조직과 지역조직을 매트릭스화하여 조직구성원들이 두 개의 조직에 동시에 소속되도록 하는 조직형태이다. 글로벌 매트릭스 조직은 제품측면과 지역측면을 동시에 관리함으로써 글로벌 환경 변화에 신속히 대처할 수 있으며, 제품조직과 지역조직이 서로 연결되어 조직 내의 의사소통과 그에 따른 공동의사결정을 원활히 할 수 있는 장점이 있다. 또한, 제품의 글로벌 통합과 지역 현지화의 문제를 동시에 해결

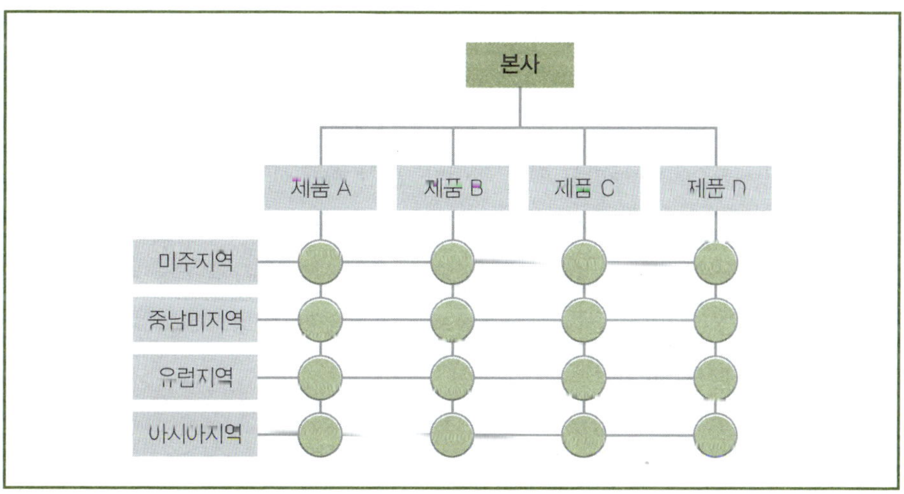

해야 하거나, 국내 사업부와 해외 현지법인 간의 기술교류와 지원공유, 신제품 관련 기술의 빠른 상품화를 위한 조정이 필요할 때에도 유용하다.

글로벌 매트릭스 조직의 성공한 예로는 ABB(Asea Brown Boveri)를 들 수 있다. 전 세계에 20만 명 이상의 직원을 거느리고 연간 300억 달러 이상의 매출을 올리는 초대형 엔지니어링 그룹인 ABB가 급성장하게 된 비결은 과감한 세계화 전략과 매트릭스 시스템이라는 특수한 조직체계에 있다. 이 회사의 바네빅 회장은 "본사는 지휘하는 곳이 아니라 지원하는 곳"이라는 경영철학에 따라 회사의 브레인들을 모두 140여 개국의 해외지사로 내보내고, 비대한 조직에서 나타나기 쉬운 관료주의를 배격하기 위한 조치로 2,000여 명에 이르던 본사직원을 170명으로 줄여 '작고 강한 본사'를 만들었다. 또 회사조직을 50여 명으로 구성된 5,000여 개의 개별 사업단위인 이익센터(profit center)로 구분해 계획수립, 조직관리, 제품 개발과 생산에 관한 결정을 자체적으로 하도록 만들었다[매일경제, 1999.10.25.]. 각 이익센터는 독자적인 대차대조표와 손익계산서를 작성하며, 그룹 이사회 밑에 서로 독립적인 지역영역과 사업영역이라는 두 개의 조직이 협조와 경쟁을 한다.

2) 분권적 조직화

조직에서 분권화가 진전되기 시작한 것은 최근의 일은 아니지만, 근래에 들어 그 경향이 더욱 심화되고 있다. 오늘날 사회는 전반적으로 권력평등화(power equalization) 또는 권력공유(power sharing) 경향이 나타나고 있다[Narayanan & Nath, 1993]. 정치적으로는 민주주의가 강화되고 사회적으로는 사회의 다원화 · 분권화가 진전되고 있으며, 사회의 여러 조직에서 권위주의, 비민주적 요소, 관료주의, 상명하달식 의사결정방식이 붕괴되고 분권적 의사결정방식이 보편화하면서 전통적인 집권적 사회 · 조직이 흔들리고 있는 것이다. 또한 빠른 의사결정, 생산과 동시적인 품질관리, 판매와 동시적인 서비스 제공 등을 요구하고 있는 시장환경의 성격변화는 의사결정권한을 조직의 일선 업무담당자에게로 위양하고, 최고경영층과 일선작업층까지의 커뮤니케이션 단계를 축소시킬 것을 요구하고 있기 때문이다[Galbraith 외, 1993 ; Roberts 외, 1991 : 99 참조].

다음에서는 분권적 조직화가 심화되어 가고 있는 예로서 심포니 오케스트라형 조직과 사내벤처분사 조직에 대해서 알아보자.

(1) 심포니 오케스트라형 조직

심포니 오케스트라(symphony orchestra)형 조직은 구성원들의 고도의 자율성과 팀워크를 기반으로 한 분권적이면서도 통합적인 조직으로서 마치 심포니 오케스트라단과 같은 모습을 보이는 조직이다.

오케스트라단이 훌륭한 연주를 하기 위해서 단원 모두가 동등한 입장에서 함께 조화를 이루어야 하듯이, 심포니 오케스트라형 조직에서는 부서 또는 구성원이 동등한 지위와 책임하에서 협동하고, 경영자들도 구성원들 위에 군림하기보다는 함께 연주를 만들어 가는 오케스트라의 지휘자처럼 지원과 후원 역할을 한다. 또한 훌륭한 연주를 위해서는 필요한 종류의 악기가 필요한 수만큼 있어야 되듯이, 심포니 오케스트라형 조직의 최적의 경영성과를 산출하기에 적합한 종류와 수의 부문들로 구성되는 조직이다[윤순봉 · 장승권, 1995 : 244−245 참조].

전통적인 조직에서는 위계적이고 수직적인 통제에 의해 조직을 운영함으로써 조직구성원들이 타율적인 업무수행을 하게 되어 급변하는 환경에 능동적으로 적응할 수 없을 뿐만 아니라 불필요한 부문과 계층이 과다하게 형성되는 경향이 있었다. 반면에 심포니 오케스트라형 조직은 높은 분권화, 낮은 복잡성, 낮은 공식화, 더욱 평면적이고 꼭 필요한 부문만으로 이루어진 조직으로서 급변하는 경영환경에 적합하

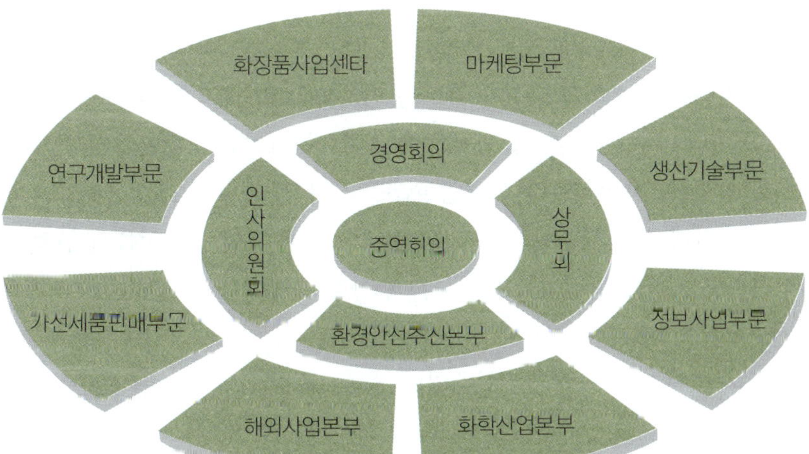

자료 : 일본 KAO사의 조직도 참조.

다. 심포니 오케스트라형 조직이 성공적으로 운영되기 위해서는 구성원 간 경영조직의 바람직한 가치 및 규범, 규율을 공유하도록 해야 한다. 즉, 오케스트라에서는 전 단원이 공통의 정보공유수단인 '악보'를 갖고 있듯이 조직에서는 조직구성원들이 공유할 수 있는 수단으로서 경영비전이나 경영이념과 같은 공동의 조직목표 또는 공유가치가 있어야 하는 것이다. 이와 같이 심포니 오케스트라형 조직은 자율경영과 참여경영을 실현하고, 효율성과 유연성을 모두 달성할 수 있는 조직이라는 장점을 갖고 있다. 이러한 고도의 자율성을 달성하기 위해서는 구성원들의 능력향상이 필수적이다.[3]

(2) 사내벤처분사 조직

사내벤처분사 조직은 기업가적(entrepreneurial) 조직이라고도 하는데[Robey, 1991 : 484], 조직구성원들의 기업가정신을 고취함으로써 조직의 내부 또는 외부에 자율적인 사내기업을 설치 · 운영하여 지속적인 경영혁신과 조직변화를 촉진하려는 분권적인 조직형태이다. 이러한 사내벤처분사 조직의 실례로는 삼성SDS의 멀티미디어 디자인이 사내벤처로 출발하여 독립한 디자인 스톰이 있으며, 삼성물산의 넥스트 웨이브, 테크노밸리 등 10여 개의 사내벤처가 예가 된다. 또 2012년부터 삼성전자에서는 C−Lab을 시도해 오고 있다.

사내벤처분사 조직은 중소기업의 장점(창업가 조직)과 대기업의 장점을 통합할 수 있는 조직이다[Koontz & Weihrich, 1988 참조]. 중소기업은 혁신적이며 신속한 의사결정이 가능하다는 등의 장점을 갖는 반면, 자금력의 취약과 대규모 연구개발투자를 위한 여력이 부족하다는 등의 약점을 갖고 있다. 그러나 대기업의 경우에는 상대적으로 풍부한 자금력과 강한 기업권력을 갖지만, 일반적으로 신속성의 결여와 기계적 업무관행 등의 단점을 가지고 있다. 이러한 양자의 장단점을 모두 해결하고 보완하면서도 조직의 혁신성과 창의성을 촉진할 수 있는 조직형태가 사내벤처분사 조직이다.

이러한 사내벤처분사 조직은 사내기업가(intrapreneur)와 모기업 간의 잘 정의된

---

3 심포니 오케스트라형 조직이 더욱 발전하게 되면 악보가 없이 그때그때의 상황조건에 어울리는 조화된 연주를 하는 재즈악단형 조직이나 우리나라의 사물놀이패형 조직이 될 것이다. 와익(Karl Weick)은 '즉흥무대(improvisational theater)'라는 말을 사용하고 있다.

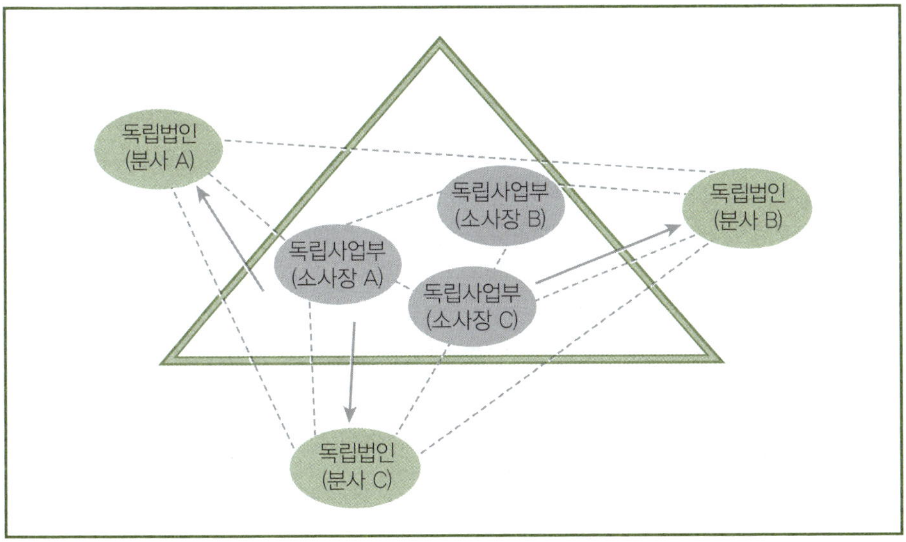

계약적 합의에 의해 나타나는데, 본사와 분사 간, 분사들 간 상호 경쟁과 협력을 조화시키는 메커니즘을 통해 기업의 창의성과 효율성을 동시에 제고시킨다. 사내벤처분사 조직은 기존 사업부문의 일부 혹은 신규 사업부문을 본사로부터 독립시켜 독립법인화시키거나 신규사업팀 조직을 완전자율 경영체제로 운영하는 조직이므로, 대규모 기업 속에 독립적 소사업 단위가 무수히 존재하거나 새로운 제품아이디어를 가진 독립적 창업법인이 본사와 다른 분사들과 유기적으로 연결관계를 구축하고 있는 모습을 보인다.

사내벤처분사 조직으로는 조직내부에 사내벤처 · 소사장제가 있으며, 조직외부로는 분사(독립법인)가 있다. 미국 기업에서는 이질적 사업분야에 진출하거나, 유능한 구성원이 조직외부에 독립경쟁기업을 설립하는 것을 예방하거나, 사내기업가에게 새로운 사업기회를 제공함으로써 경영조직의 성장을 추구하도록 하고 있는데, 이를 사내벤처라고 부른다. 일본 기업에서는 자율성과 창조성을 강조하면서 모기업과 분사가 계열관계의 성격을 띠기도 한다. 한국 기업에서는 생산라인의 일부분을 사내기업가가 독립채산제로 인수하거나 생산설비를 임대하거나 보조업무(판매 · 회계)를 지원하거나 제조공정성과에 대한 책임을 지도록 하는데, 주로 소사장제라고 불린다. 소사장제는 동일사업장 내에서 생산라인별 또는 공정별 책임자가 기업주로부터 도급을 받아 각각 독립된 자격으로 자기 책임하에 생산하는 조직형태이다.

> 윤활유를 생산하는 H사는 겉보기에는 한 개의 회사이지만 속을 들여다 보면 여덟 개의 회사이다. 큰 회사를 쪼개어 소위 분사(分社)를 한 것이다. 쪼개어진 각 회사는 회사가 아닌 사업부로 되어 있다는 점만 빼고 다른 소기업과 똑같다. 같은 H회사 직원이지만 사업부마다 월급도 다르고 보너스도 다르며, 출퇴근 시간도 다르다. 사업부의 장(長)은 사장이 아닌 부장이지만 사장과 똑같은 권한과 행세를 한다. 200여 명 남짓한 총 종업원이 여덟 개의 사업부에 나뉘어 있어서 20~30명의 소기업들의 모임과 같다. 모든 권한과 책임은 각 사업부에 속해 있어, 의사결정 속도가 빠르고 사업부별로 독립채산제로 운영되어 서로 더 적은 비용으로 생산과 매출을 올리려고 경쟁한다.

3) 고객지향적 조직화

고객지향적 조직화는 회사의 내부조직, 인적자원관리, 기술개발과 제품의 판매, 디자인개발에 이르기까지 기업의 모든 활동에 고객의 욕구와 가치를 중시하도록 조직을 설계하는 것을 말한다[Galbraith 외, 1993 참조]. 즉, 조직이 추구해야 할 지향가치로서 고객의 욕구를 충족시킬 수 있는 새로운 제품과 서비스의 개발 등을 통해 고객생활의 질 향상을 지향하는 조직을 설계하고 운영하는 것이다.

고객지향적 조직의 대표적인 형태로는 역피라미드형 조직과 아메바형 조직을 들 수 있는데, 다음에서는 이에 대해 보다 구체적으로 살펴보기로 하자.

(1) 역피라미드형 조직

역피라미드(upside-down structure)형 조직이란 소비자 주도형 조직(customer driven organization)이라고도 하는데, 경영조직이 상하위계의 명령보다 고객의 요구에 따라 설계되고 운영되는 조직이다[Galbraith 외, 1993 ; Peters 외, 1985 참조].

고객욕구가 빠르고 다양하게 변함과 아울러 기업 간 경쟁이 격화되어 고객만족이 기업생존을 좌우하는 핵심과제가 되었다. 이로 인해 종래 조직의 외부자로 인식해 왔던 고객을 기업의 내부자로 인식하도록 조직도표를 재개념화한 것이 역피라미드형 조직이다. 이는 지금까지의 전통적인 위계적 피라미드형 조직도표를 거꾸로 보는 것이다[Bateman & Zeithaml, 1990 참조].

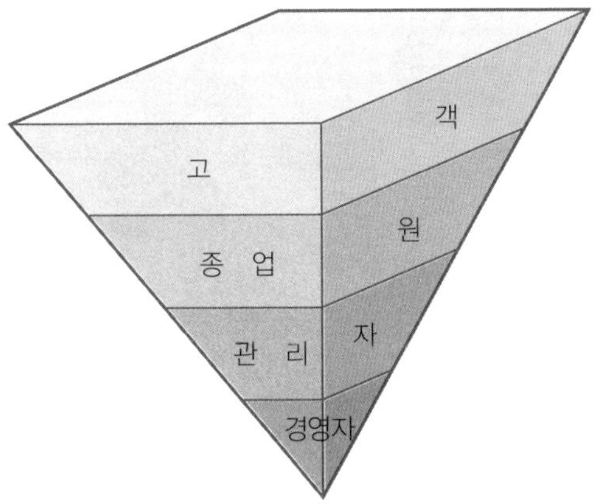

자료 : Bateman & Zeithaml, 1990 : 362 변형.

역피라미드형 조직의 예로서 노바케어(Nova Care)를 들 수 있다.[4] 이 회사는 미국에서 가장 큰 재활치료 시술업체이며 급속히 성장하는 의료회사 중의 하나로 손꼽힌다. 5,000명이 넘는 직업적인 화술 및 물리 치료사들을 보유하고 있으며, 이러한 전문가들은 미국의 주요 지역에서 환자별로 각자의 전문지식을 제공하고 있다.[5] 노바케어는 치료사들의 업무를 중심으로 전통적인 조직을 역으로 바꿈으로써 상당한 수준의 상승효과를 달성하고 있다. 치료사들이 업무시간을 환자시술에 집중할 수 있도록 하기 위해 회사는 그들이 관리상 또는 사업상의 책임으로부터 자유롭게 활동할 수 있도록 배려해 주고 있다. 예컨대 치료기관과의 계약을 주선하고 관리하면서 치료 일정이나 결과를 보고하는 일을 대행해 주고, 치료사들의 회계업무나 신용관리를 도와주며, 새로운 교육기회를 제공하고, 회사의 마케팅 능력을 통해 치료사들의 수입을 증대시켜 주는 등의 활동을 수행하고 있다.

(2) 아메바형 조직

아메바(amoeba)형 조직은 잘 다듬어진 규정, 계획, 그리고 구조에 따라 질서 있게 움직이는 전통적 조직과 거의 정반대가 되는 조직으로서 환경변화에 따라 그때그때

4 F. Drucker 외(2002), 현대연구원 옮김. Harvard Business Review 시리즈 1「지식경영」, 21세기북스, pp.266-271. ; http://www.oandp.com/news/jmcorner/; http://www.novacare.com/.

5 노바케어는 1999년 Select Medical Corporation에 매각된 후, 현재는 NAHC, Inc.로 알려져 있다. 비록 회사가 매각되었지만, 그 원인이 조직구조의 결함에 있다고 판단되지 않았기에 이를 성공사례로 분류하였다.

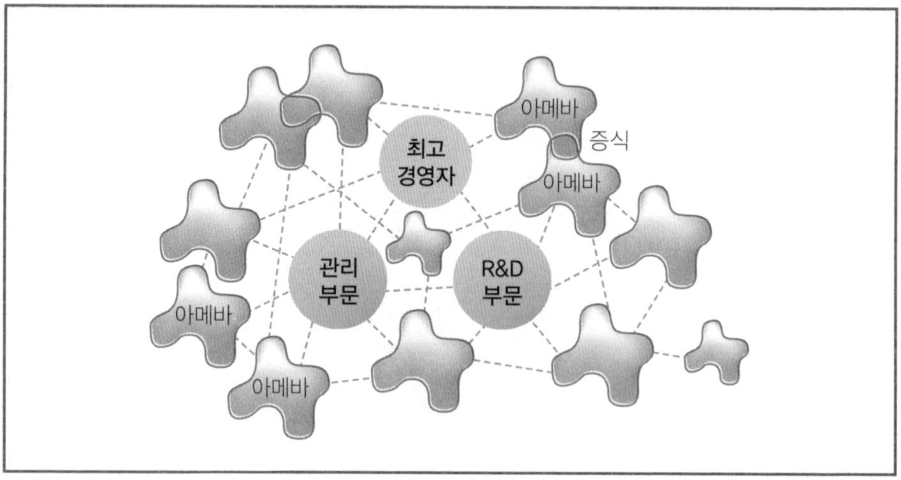

과업이나 임무를 위해 임시변통으로 움직이는 조직이다[이규형 역, 1967]. 아메바형 조직이 필요한 이유는 특히 경영환경이 급속하고 끊임없이 변화함에 따라 조직도표 안에만 고정되어 있는 것이 아닌 유기적인 조직이 요구되고 있기 때문이다. 아메바형 조직에서 조직구성원들이 하는 일은 직무기술서에 고정되어 있는 일이 아니라 고객의 욕구에 따라 수시로 바뀐다. 즉 고객의 욕구와 환경 변화에 따라 직면하게 되는 문제에 대처할 수 있는 업무를 창조하고 유연하게 대응하는 조직인 것이다[Galbraith 외, 1993 ; Robert 외, 1991 : 88–89].[6] 아메바형 조직은 다양한 아메바들이 생겨나 분열증식하는 모습을 보인다.

이러한 아메바형 조직은 "큰 기업을 작은 조직의 집합체처럼 운영한다."는 기본발상을 가지고 조직구성원 개개인을 존중하여, 전 조직원들이 각자의 능력 · 개성 · 가능성을 최대한 발휘하고 개발하도록 한다[윤순봉 · 장승권, 1995 참조]. 또한 아메바형 조직은 자율성과 유연성을 기본원칙으로 하기 때문에 조직편성의 변경, 분할, 증식이 수시로 일어난다. 즉, 어떤 아메바이든 하나 이상의 기능이나 목적을 가질 수 없다는 원칙을 유지하며, 만약 어떤 아메바가 활동 중에 새로운 기능이나 목적이 추가되면 또 다른 아메바를 분열증식한다. 아메바의 크기는 그 구성원이 2명부터 많은 경우 수십 명까지 구성되나 보통 10명 정도로 구성된다. 아메바형 조직에서는 조직운영에 대한 모든 권한이 아메바 자체에 위양되어 있고, 독립채산제로 운영하며, 아메바들 간에 여러 가지 문제로 의견이 대립되면 상부에서 조정을 하지

6 이를 자기설계시스템(self–designing systems)이라고도 한다[Robert 외, 1991 : 88–89].

않고 자유로이 경쟁시켜 강한 쪽의 의견을 따르게 한다.

아메바형 조직의 통제메커니즘은 조직문화의 공유된 핵심가치에 기반하는 경우가 많다. 예를 들어 IBM에는 독립적으로 운영되는 영업단위 조직이 10만 개가 넘는다. 자율경영팀과 같은 독립적인 사업팀으로 전권을 사업단위가 행사한다. 이들을 묶어내는 것은 IBM이 추구하는 핵심가치로서 첫째, 모든 고객의 성공을 위한 헌신, 둘째, 회사와 세상을 위한 혁신, 셋째, 모든 관계에 있어서의 신뢰와 개인의 책임에 두고 있다. 맥킨지도 50여 개국 99개 지사를 보유한 글로벌 컨설팅 회사이다. 지사는 거의 완전한 재량권을 갖는다. 하지만 운영방식은 모든 지사들이 유사하다. 최고의 프로페셔널 스탠더드를 유지하기 때문이다.

4) 정보처리형 조직화 : 지식조직(예 : 네이버의 지식인)

정보처리형 조직화는 방대한 데이터를 유용한 정보로 산출할 수 있는 정보처리능력과 시스템을 갖추고, 이를 바탕으로 조직학습을 지속적으로 도모할 수 있는 조직을 설계하고 운영하는 것이다. 이러한 조직형태로서의 지식조직(knowledge organization)이 최근에 많은 각광을 받고 있다. 지식경영이 활성화된 조직은 지식거래조직과 지식공동체조직으로 구분할 수 있다[Hansen 외, 2004 ; LG 주간경제, 1999.6.2. 참조].

지식거래조직(knowledge transacting organization)에서는 기본적으로 지식의 창출 · 확보 · 활용이 개인차원에서 이뤄지는 것으로 보기 때문에 개인들 간의 지식이전이 가장 중요한 과제가 된다. 지식이전은 지식저장고(knowledge pool)를 통해 간접적으로 이뤄지기도 하고 개인들 간에 직접적으로 이뤄지기도 하는데, 어느 경우이든 중요한 것은 지식거래 메커니즘을 정립하여 지식이전이 활발히 이루어지도록 하는 것이다. 이러한 지식거래 메커니즘은 지식을 혼자 보유하는 것보다는 지식을 공유하는 것이 개인에게도 유리하다는 상호 호혜성(reciprocity)을 강조한다. 상호 호혜성은 지식보유 수준이 거의 균등한 경우에 상내방에게 지식을 제공하여 주면 향후에 다른 지식을 받을 수 있다는 믿음에 기초한다[Hansen 외, 2004].

지식공동체조직(knowledge community organization)의 경우에는 집단 또는 조직 전체차원에서 지식의 창출을 중시한다. 즉, 지식은 개인이 혼자 창출하는 것이 아니라 창출과정에서 공유되며, 활용되는 과정에서 새로운 지식이 다시 창출되기 때문에 지식의 창출 · 공유 · 활용 과정이 엄밀하게 분리될 수 없다는 것이다. 집단차원에서 지식의 창출 · 공유 · 활용이 활발히 이루어지기 위해서 무엇보다 필요한 것은 구성원들 간의 강한 신뢰이다. 이 경우의 신뢰는 지식거래를 가능하게 하는 조건으로서 상호 호혜성 차원을 넘어서는 것이다. 즉, 지식공유가 자신에게 이롭다는 계산적 판단보다는 구성원 간의 강한 믿음 · 배려 · 결속을 기반으로 지식 창출 · 공유 활동이 이루어지는 것이다.

이러한 두 가지 지식조직의 측면 중에서 어떤 방향을 더 강조할까 하는 점은 지식경영이 추구하는 지식의 속성에 따라서 달라진다[Nonaka & Takeuchi, 1995]. 예를 들어 암묵적인 지식을 주로 취급하는 경우에는 지식공동체형 조직 측면을 더 강조하여야 한다. 왜냐하면 지식거래를 통해 이전 가능한 지식은 어느 정도 구조화되고 형식화된 지식이기 때문이다. 반면에 형식적인 지식을 더 강조하여야 하는 조직에서는 지식거래형 조직이 적합하다. 왜냐하면 지식공동체형 조직은 기본적으로 사람들 간의 상호작용을 기반으로 하기 때문에 형식화된 지식의 전파에는 비효율적인 측면을 갖고 있기 때문이다.

7 공식적 조직과 비공식적 조직

경영조직은 기업의 목표달성을 위해 조직도표에서 보는 것처럼 의도되고 계획된 측면뿐만 아니라 의도되지 않거나 비계획적인 측면을 포함하는데, 양자 모두가 구성원들의 행동 및 경영성과에 매우 큰 영향을 미치고 있다.

이 책에서 우리는 가시적으로 나타나지 않은 경영조직의 측면을 '수면 밑의 경영조직'이라고 부르기로 한다. 빙산을 예로 들면, 빙산은 바깥에서 볼 때 위에 드러난 1/10(또는 1/7)가량만이 보일 뿐 나머지 부분은 물 안에 가라앉아 있게 마련이다. 이와 마찬가지로 경영조직도 외부에 쉽게 보여지며 관찰이 가능한 부분도 있지만 양적으로 볼 때는 훨씬 더 많은 부분이 수면 밑에 자리 잡고 있는 것이다. 경영조직은 이러한 수면 위의 조직과 수면 밑의 조직이 합해진 전체의 빙산처럼 존재하는 것이다. 수면 밑의 경영조직의 대표적인 예로서 비공식 조직이 있다.

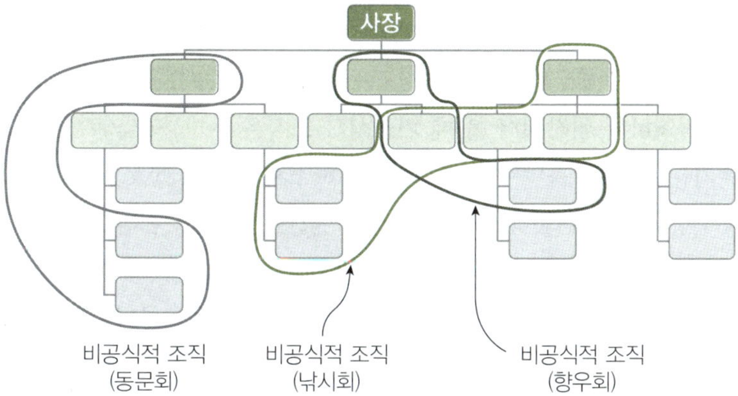

자료 : Koontz & Weihrich, 1990 : 135 수정.

경영조직은 그 성격상 크게 공식적 조직(또는 공식적 집단)과 비공식적 조직(또는 비공식적 집단)으로 구분할 수 있다. 앞에서 말한 것처럼 공식적 조직은 수면 위에, 그리고 비공식적 조직은 수면 아래 잠겨 있는 빙산에 비유할 수 있다.

① 공식적 조직(formal organization)이란 구체적인 과업수행이나 목표달성을 위해서 의도적이고 계획적으로 형성된 조직을 말한다. 예를 들어 사장실, 전무실, 인사부, 경리부, 판매 1과 등이 바로 공식적 조직이다. 공식적 조직의 가장 중요하고 일차적인 목표는 자신에게 부여된 업무의 완수를 통해 조직의 목표달성에 기여하고자 하는 데 있다. 공식적 조직을 통하여 조직은 개인들의 노력을 통합 · 조정하여 조직목표의 달성을 꾀하게 되며 개인들은 자신의 구체적인 과업을 수행하게 된다. 이런 공식적 조직의 예로는 어떤 회사의 전체 조직도표에서 볼 수 있는 조직구조나 특정 과업이나 프로젝트를 달성하기 위한 과업집단이 있다. 공식적 조직은 효율성의 논리(logic of efficiency)가 지배하며 추구하는 목표가 상대적으로 명확하다.

② 비공식적 조직(informal organization)은 조직목표의 달성 외의 다른 목표를 수행하기 위하여 결성된 조직을 말하는 것으로 조직을 이루는 구성원들의 이해와 요구에 의해 구성된다. 조직 내에 존재하는 낚시회, 산악회, 테니스회, 바둑동호회와 같은 취미모임 등이 비공식적 조직의 대표적인 예이다. 최근에는 시사 문제나 환경문제, 그리고 컴퓨터 등 특정 주제를 함께 공부하는 비공식적 조직이 많이 나타나고 있다. 이러한 비공식적 조직으로는 각자가 관련된 특정의 공통목표를 달성하기 위해 함께 모인 조직으로 진급시험을 준비하는 스터디 그룹 등과 같은 이해집단이나,

앞에서 예를 든 취미모임인 친목집단이 있다. 비공식적 조직은 감정의 논리(logic of sentiment)가 지배하며 추구하는 목표 또한 비교적 불분명한 경우가 많다.

조직을 경영하는 입장에서 볼 때 비공식적 조직은 순기능과 역기능을 동시에 보인다. 순기능으로는 개인의 다양한 욕구를 해소시켜 주는 통로가 되고, 서로 다른 부서 간의 정보의 흐름을 촉진하며, 개인의 인간적 욕구를 충족시켜 줌으로써 오히려 공식적 조직에서의 능률을 올릴 수 있다는 점을 들 수 있다. 하지만 그와 동시에 비공식적 조직은 조직 내의 비정상적 정보흐름을 발생시킨다거나, 조직에서 일부 구성원들의 소외감을 불러일으킬 수도 있다는 점에서 부정적인 영향을 미치기도 한다. 또한 구성원들이 공식적 조직의 업무보다 비공식적 조직의 일에 몰두하게 되어 조직 전체적으로 악영향을 끼칠 수도 있다. 조직의 활성화를 도모하기 위해서는 비공식적 조직의 역기능을 없애고 순기능을 강화하여 비공식적 조직의 존재의의를 살려야 한다.

그러므로 조직 내의 공식적 조직에 대한 운영과 관리 못지않게 비공식적 조직에 대해서도 관심을 가지고 이를 효과적이고 체계적으로 관리할 것이 요구된다. 이는 비공식적 조직에의 참여를 통해 기업의 구성원들이 공식적 조직에서 충족되지 못하는 자신의 다양한 욕구를 채울 수 있게 되어 공식적 조직에서의 능률을 올릴 수 있으며, 이는 경영성과에 큰 영향을 끼치기 때문이다. 여기서 주의해야 할 점은 공식적 조직과 비공식적 조직의 분류가 완전히 고정된 것은 아니라는 것이다. 비공식적 조직도 구성원들의 관계와 행위가 명확하게 규정되고 조직되어질 때는 공식적 조직으로 변할 수 있다. 반면에 공식적 조직도 그 구조적인 관계가 강압적이 아니고 통제받지 않는 관계로 대체될 때에는 비공식적 조직으로 바뀔 수도 있는 것이다.

제 13 장

생산서비스 운영관리를 어떻게 할 것인가?

1. 생산서비스 운영관리의 의의
2. 생산관리의 체계와 활동
3. TQM(전사적 품질경영)과 6 시그마
4. 공장자동화와 스마트 팩토리

김치제조 공정

맥주제조 공정

포항광양제철소의 제강 공정

유리용기 제작 공정

1986년 미국에 처음 수출된 현대자동차 엑셀의 품질은 아주 형편없었다. 그래서 엑셀은 '일회용 차', '붙어 있는 건 다 떨어지는 차'라는 오명을 얻을 정도였다. 1998년 무렵에도 현대자동차는 미국 시장에서 가격이 싸서 사는 그저 그런 차를 만드는 회사라는 평가를 받고 있었다.

1999년 임원들과 울산공장을 시찰하던 정몽구 회장은 조립을 막 끝낸 승합차에 다가가 슬라이딩 도어를 힘껏 여닫기 시작했다. 20여 차례쯤 여닫기를 반복하자 슬라이딩 도어가 레일을 벗어나 떨어졌다. 현대자동차 품질경쟁력의 수준을 한눈에 보여주는 사례다.

이에 정몽구 회장은 품질 경영을 제1의 가치로 삼고, 미국 시장에서 현대자동차의 '10년 · 10만 마일 보증수리'를 선언했다. 정 회장의 지시가 떨어지자 회사 안팎에서는 우려의 목소리가 커졌다. 만약 품질에 문제가 있어 수리를 요구하는 차량이 급증할 경우 회사가 망할 수도 있기 때문이었다. 정 회장은 모든 경영 활동을 품질 향상에 집중했다. 이후 정 회장은 한 달에 두 번 품질 관련 회의를 열고, 품질에 조금만 문제가 있어도 신차 출시를 연기해버리곤 했다.

1988년 기아자동차는 세피아로 미국 시장에 진출했다. 세피아는 기아자동차가 처음으로 자체 설계 및 제작을 한 자동차로 미국 시장에서의 품질에 대한 책임도 당연히 기아자동차가 져야 했다. 미국에는 기업이 제품에 대한 책임을 제대로 수행하고 있는지를 추적해 품질 문제 관련 소송만으로 돈을 버는 변호사들이 많기 때문에 미국 시장에 진출하려는 회사는 품질책임에 각별한 신경을 써야 한다. 기아자동차는 부품업체와 함께 'Q-133'이라는 품질관리활동을 전개하였다. 3만개의 부품을 납품받아 자동차를 조립하는 완성차업체의 특성상 부품제조 협력업체로부터 납품받는 부품의 품질이 완성차의 품질을 결정하기 때문이다. 'Q-133'이란 품질(quality: Q)을 공정능력지수가 1.33이 되게끔 높이자는 뜻이다. 공정능력지수가 1.33 정도이면 부품 1백만 개 중 불량품이 60개 이하로 발생하는 수준의 공정능력을 표시한다.

학습문제

Q1 생산관리와 생산서비스 운영관리의 개념이란 무엇인가?
Q2 SCM은 무엇인가?

핵심용어

생산성(생산단가), 품질관리(quality control), 품질분임조(quality circle), 불량률, 수율(양품률), 공장자동화(factory automation), 유연생산시스템(flexible manufacturing system), 공급사슬관리(SCM : Supply Chain Management), 6 시그마, TQM, 인더스트리 4.0, 스마트팩토리, 서비타이제이션(servitization)

1 생산서비스 운영관리의 의의

1) 생산관리 및 생산서비스 운영관리의 개념

생산관리(production management) 또는 생산운영관리(operations management)란 투입된 자원을 재화나 서비스로 변환시키는 활동과정을 과학적이고도 체계적으로 관리하는 활동이다. 생산관리라고 하면 제조분야에만 국한된 것으로 이해하는 경향이 있다. 그러나 생산관리가 다루고 있는 분야는 유형의 재화인 제품에 한정되지 않고 우리가 일상생활에서 누리는 다양한 서비스 운영관리까지 포함한다. 생산서비스 운영관리는 제조업체든 서비스업체든, 영리기업이든 비영리기업이든, 공기업이든 사기업이든 상관없이 재화나 서비스를 생산하고 제공하는 모든 조직의 가장 기본적인 활동으로서, 기업의 경쟁력을 높이기 위해서는 성공적인 생산관리가 필수적이다[Krajewski, 2004 ; 강금식 외 2010 ; 이상범 외, 2009 참조].

생산서비스 운영관리는 다음과 같은 특징들이 있다[Krajewski, 2004 참조].

첫째, 생산관리의 초점을 기존에는 제품생산에만 두었던 반면 최근에는 서비스 영역의 성장과 함께 서비스부문까지 확대하였다. 전통적인 제조업의 경우에도 더 이상 단순히 제품을 만들기만 하던 시절을 벗어나 서비스산업으로 사업확장을 꾀하거나 기존의 제품에 부수적인 서비스를 제공하는 등 수많은 서비스를 제공하고 있다. 토요타 자동차가 자동차회사의 개념을 자동차 제조업으로부터 자동차 서비스업으로 변화시킨 예가, 서비스부문으로 생산관리의 초점을 확대시킨 사례라고 할 수 있다.

둘째, 오늘날 시장 경쟁에서 기업은 더 이상 제품 · 서비스의 가격과 품질만으로 경쟁할 수는 없다. 배송 속도나 신제품의 시장출시 속도와 같은 스피드(시간)가 중요한 경쟁의 요소가 되고 있는 것이다. 모든 것이 빨리 변화하고 경쟁이 더욱 치열해지는 상황이기 때문에 시간을 경영전략의 핵심개념으로 성공하고 있는 기업이 늘고 있다. 스피드 경쟁 시대에서는 기업 간 경쟁은 바로 시간 경쟁이다. 속도의 경제(economy of speed)가 기업의 성패에 결정적인 영향을 미치는 시대가 된 것이다. 사이클 타임의 지속적 감축, 품질향상을 위한 기업의 완전한 재설계를 통한 시간기반 제조(TBM : Time Based Manufacturing)체제를 구축하여야 한다.

2) 서비타이제이션(Servitization) : 제품제조중심에서 서비스중심으로 패러다임의 변환

생산관리로부터 생산서비스 운영관리로의 개념 및 용어의 변환은 근본적인 생산관리의 패러다임 전환이 이루어져 왔음을 의미한다. 전통적으로 생산관리는 물리적인 제품의 제조생산에 국한된 개념 및 관점이었지만 생산서비스 운영관리는 물리적인 제품에 연속적인 서비스가 함께 포함된 개념 및 관점으로 확장 · 변환되어 왔음을 의미한다.

생산서비스 운영관리분야에서는 수익성을 향상시키고 고객만족을 높이기 위해 제품서비스, 프로세스, 비즈니스 모델을 획기적으로 개선하는 활동을 서비스 혁신(service innovation)이라고 명명하고 있다. 서비스 혁신은 불필요한 업무로 인한 자원의 낭비를 줄이고 품질이 저하되는 문제를 해결하는 경영혁신활동의 하나이다.

	~1950년대	1960년대~	1990년대~		2010년 ~
기본 관점	부품제조	제품제공	서비스제공		편익제공
경쟁 포인트	제품에 초점	공정에 초점	부가 서비스의 개별적 추가		제품과 서비스 번들 네트워크 고객에 초점
개념	Product only	Product differentiation (제품차별화)	Service only		Product-Service Bundle
기본방식	cost/Quantity (단가)	Quality	Flexibility	Delivery	Service

과거에는 제품을 생산해서 물리적 · 유형적인 제품을 소비자에게 판매하거나 마케팅을 한다는 개념이었지만, 생산서비스 운영관리는 유형의 제품만으로 그치지 않고 제품에 고객들이 편익을 얻을 수 있는 서비스를 번들로 공급하는 것이다. 그 결과 제품서비스에 대한 만족도로 그치는 것이 아니라 고객충성도(customer loyalty)를 획득함으로써 자사 제품 서비스에 대한 강력한 충성노를 지닌 고객 커뮤니티를 형성할 수 있게 된다.

토요타 자동차는 자동차업의 개념을 단순 자동차 제조업으로부터 서비스업으로 변환시킴으로써 미국시장 및 세계시장에서 1위로 올라설 수 있게 되었다.

서비타이제이션(Servitization)이란 제조업 기업이 고객을 만족시키는 것을 통해 경쟁우위를 획득하고 기업성과를 높이기 위해, 서비스 지향적인 기업화를 하여 더 나은 서비스를 개발하는 전략적 변화를 말한다. 제품판매의 부가요소였던 서비스를 제품과 완전히 융합시키는 생산서비스 운영관리방식이 그것이다. 제품 자체의 성능이 평준화되면서 제품 자체만으로 수익창출을 하는 데 한계에 봉착하게 되었고, 고객만족 및 고객충성도를 높일 수 있는 서비스와 제품을 통합한 제품서비스를 개발 및 제공하는 생산전략을 실행하는 것이다. 특히 ICT 기술이 발달하여 고객 요구 파악이 용이해지고 네트워크 서비스가 가능해졌다. 서비타이제이션 사례로는 현대자동차의 블루링크를 들 수 있다.

2 생산관리의 체계와 활동

생산서비스 운영관리의 목표는 원가우위, 품질우위, 납기준수(또는 단축), 생산시스템의 유연성 향상이라고 할 수 있다. 제품서비스의 생산원가를 낮출수록 기업은 시장에서의 원가우위에 기반한 수익성 제고를 할 수 있다. 품질우위는 시장에서 경쟁 제품 및 서비스보다 품질상의 우위를 확보함으로써 고객의 충성도를 획득하고 제고시킴으로써 기업의 수익성을 높일 수 있게 된다. 생산성 지표로서 수율 및 불량률이 대표적이다.

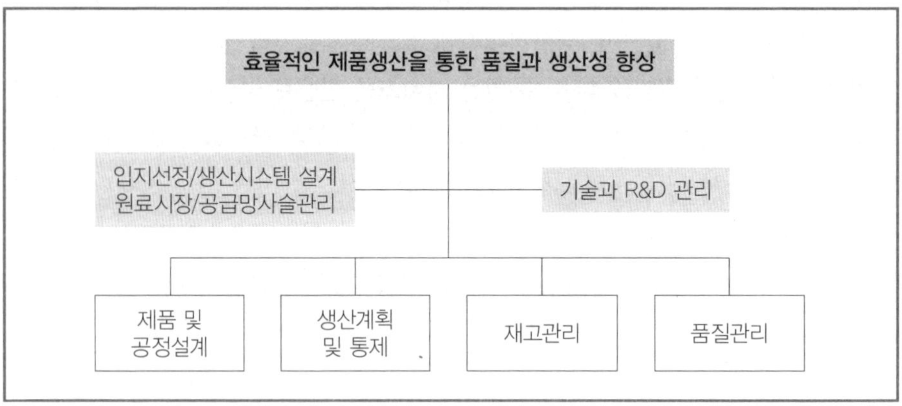

1) 생산입지 선정, 생산시스템 설계와 원료시장 및 공급사슬 관리

(1) 생산규모의 결정

생산규모를 어느 정도로 할 것인가에 대한 의사결정은 생산성을 달성하거나 향상시키는 데 있어서 매우 중요한 관리변수이다. 규모의 경제 원리에 따르면 생산량이 많을수록 제품단가는 떨어지므로 원가경쟁력을 갖출 수 있다. 그러나 생산량을 무한정 늘린다고 생산성이 향상되는 것은 아니다. 생산성이 최고로 높은 수준의 생산량을 결정해야만 하는 것이다.

주문물량을 수주받을 수 있을 정도의 캐파(capability)가 확보되지 않는다면 기업은 생산성과 수익을 높일 수 없다. 바이오의약품 위탁생산분야에서도 생산성 확보 문제가 매우 중요한 경영과제이다.

2017년 기준 15만ℓ 규모의 삼성바이오로직스 제2공장은 단일 공장 기준으로는 세계 최대 규모의 바이오의약품 위탁생산(CMO) 공장이다. 제1공장은 3만ℓ 규모이다. 18만ℓ 규모로 짓고 있는 제3공장이 2017년 12월 말에 준공되면 삼성바이오로직스는 2018년에 총 36만ℓ의 생산 능력을 보유하게 된다. 지상 4층짜리 3공장 면적은 11만 8,618㎡로, 서울 월드컵 경기장 두 배에 달한다. 따라서 스위스 제약사 론자(Lonza)의 26만ℓ와 독일 베링거인겔하임의 23만ℓ의 생산 능력을 제치고 세계 1위로 올라서게 되는 것이다. 국내에서는 삼성바이오로직스에 이어 바이오시밀러 글로벌 강자 셀트리온이 14만ℓ 생산 능력을 보유하고 있고, 동아제약과 바이넥스의 생산 능력은 1만ℓ 수준이다.

삼성바이오로직스 사장은 "우리가 15만ℓ로 2공장을 짓기 전까지 글로벌 스탠더드는 9만ℓ가 최대였다. 당시 대다수 제약바이오 기업들은 생산 규모가 9만ℓ를 넘어가면 생산성과 효율이 떨어진다고 생각했다. 다양한 산업 분야에서 제조 경쟁력을 쌓아온 삼성의 노하우로 불가능을 가능으로 만들었다."고 말했다.

동물세포를 배양하고 정제해서 만드는 바이오의약품은 생산 공정이 까다롭고 검수(QC) 과정도 엄격하다. 따라서 바이오의약품 생산 공장은 플랜트 등 설비 완공 후에도 몇 달간 자체 검증 과정, 즉 밸리데이션(validation)을 거쳐야 한다. 삼성바이오로직스 3공장은 2018년에 밸리데이션 과정을 마무리한 뒤 시험 생산에 들어간다.

삼성바이오로직스는 바이오의약품 생산 공정을 보증하는 미국 식품의약국(FDA)과 유럽의약품청(EMA)의 품질 인증도 획득하며 글로벌 품질 경쟁력도 인정받았다. 1공장의 5배 규모인 2공장도 훨씬 짧은 기간에 미국 FDA 품질 인증을 받으면서 우수성을 인정받았다. 삼성바이오로직스는 현재까지 6개 제약사와 총 9종의 제품에 대한 위탁생산 계약을 체결했고 15개 제약사와 30종 이상의 제품에 대한 수주 협상을 진행 중이다. 지금까지 수주 계약 규모만 31억 달러를 넘어섰다. 2016년 매출은 전년 대비 223% 증가한 2,946억 원이다. 3공장이 완공되면 글로벌 바이오 항암제를 기준으로 암환자 10명 중 1명은 삼성바이오로직스에서 생산한 바이오의약품으로 치료를 받을 수 있게 된다.

(2) 생산입지의 선정

생산활동을 하기 위해 기업이 공장 등의 생산시설 건설의 위치를 선택하는 공간 장소를 말한다. 생산입지 선정을 하는 데 있어서 고려하는 요인들로는 지진발생 가능성, 지형 · 기후 등의 자연적 요인, 수익성 · 지가 · 임대료 등의 경제적 요인, 소비자 연령층 · 소득수준 등의 문화적 요인, 도로와의 접근성과 주차 공간 등의 교통 요인, 소비 형태 · 입지 결정자의 정서 등과 같은 심리적 요인 등이 있다.

(3) 생산시스템의 계획

생산시스템을 사전에 계획하는 일은 과잉설비나 과소설비로 인해 수급을 제대로 충족시키지 못할 경우 입게 되는 손익이 매우 크다는 점에서 중요한 과제이다. 하림의 김홍국 회장은 하루 30만 마리의 닭을 도계할 수 있는 공장을 전북 익산에 지으려고 할 때 앞으로 국내 닭 소비량이 증가할 것을 예측하여 선제적으로 투자를 함으로써 늘어나는 닭 수요를 맞출 수 있었다. 생산공정기술 측면에서 단속공정, 연속공정, 독립공정으로 할 것인지를 선택하는 문제도 이에 해당된다.

(4) 원료시장

글로벌 경쟁을 헤쳐 나가면서 지속적인 성장과 번영을 위해 기업은 협소한 국내시장을 벗어나 세계로 그 활동무대를 넓히게 된다. 활동무대의 전 세계적인 확장은 기업에게는 기존의 국내기업들 간의 경쟁을 넘어 세계의 우량기업들과 경쟁하게 되는 것을 의미하고, 이전에 국내시장에서 가질 수 있었던 애국심에 의한 국산품 구매와 같은 이점을 상실하게 되는 것을 의미한다. 이러한 글로벌 경쟁 속에서 기업은 세계 최고의 기업들과의 경쟁에서도 뒤떨어지지 않는 제품이나 서비스를 생산할 수 있는 능력을 갖추어 나가야 하므로, 이를 일차적으로 담당하는 생산관리부문의 역할이 더욱 중요하게 된다.

(5) 기술경영과 연구개발 및 특허관리

기술(technology)이란 상품화 기술 등 제품의 생산 · 제조 · 판매 과정에서의 여러 가지 기술적인 지식 및 노하우, 비법, 숙련도(기량, skill) 등을 모두 포함한다. 기술은 원재료를 재화로 변환시켜 창출하는 과정에 활용되는 모든 기술적 지식과 노하우 및 방법론들을 말한다. 기술은 재화(제품서비스)의 품질 경쟁력과 가격 경쟁력을 결정짓는 핵심적인 요인으로 기업은 차별화된 재화를 산출해 낼 수 있는 독자적인 기술력을 확보할 필요가 있다.

기술경영(technology management)이란 신기술의 창출과 기존기술을 개선하는 전반적인 기술적 혁신과정을 전략적으로 경영하고 관리하는 활동이다[신철우, 2006 : 469].

전략적 기술경영(strategic technology management)이란 필요한 기초기술을 실용적인 상품개발에 응용하는 기술경영과정을 말한다.

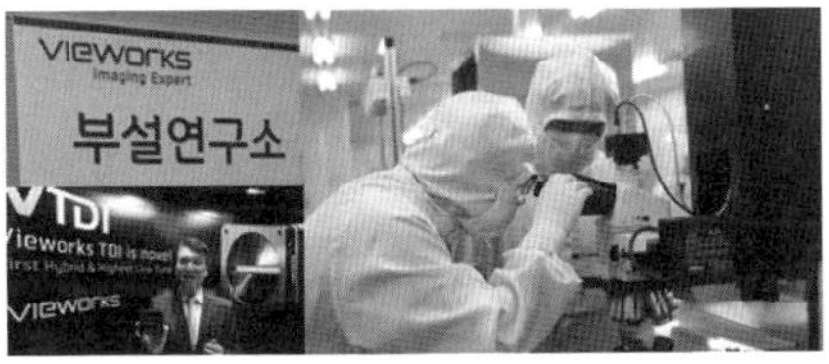

(주)뷰웍스는 최첨단 의료영상 처리장비, 영상 센서 및 정밀 광학 신호 처리장치, 광학기기 설계 분야를 선도하는 개발업체로서 디지털 디텍터와 산업용으로 특화된 최첨단 카메라를 설계, 개발, 생산하여 공급하는 전문 의료 및 특수 영상기기 전문 벤처기업이다.

기업은 기술적 비법이나 노하우를 갖추기 위해 연구개발관리를 한다. 연구개발관리란 이노베이션 경영관리 과업이 기술경영 과업들을 충족시키는 관리활동이라고 정의할 수 있다. 이노베이션 경영관리는 발명을 상업화하는 활동이고 기술경영관리는 기술적 노하우를 내부적으로 또는 외부로부터 창출하거나 유지하는 활동이다. 연구개발관리는 기초연구(basic research), 기반 연구(fundamental research), 기술개발(technology development), 고급개발(advanced development), 개념 개발(concept development), 신제품 개발(new product development), 프로세스 개발(process development), 프로토타이핑(prototyping), 연구개발 포트폴리오 관리(R&D portfolio management), 기술이전(technology transfer) 등을 포함한다. 그러나 일반적으로는 기술 라이센싱(technology licensing,), 이노베이션 경영관리(Innovation management), 지적 특허권 경영관리(IP management), 사내벤처링(corporate venturing), 인큐베이션(incubation) 등을 포함하는 것으로 정의되지는 않는다.

2) 공급사슬관리

하나의 완성된 제품은 특정 제조기업에 속한다기보다는 특정 공급사슬에 속한다. 따라서 시장에서의 경쟁은 기업과 기업 간의 경쟁 차원을 넘어서 공급사슬과 공급사슬 간의 경쟁으로 발전하고 있으며, 성공적인 공급사슬관리(SCM : Supply Chain Management)는 기업의 경쟁력과 직결되는 과제이다[Lambert 외, 2000].

(1) SCM이란?

SCM, 즉 공급사슬관리란 제품의 생산단계에서부터 소비자에게 최종적으로 판매될 때까지의 모든 과정을 연결시켜 관리하는 것을 의미한다. 이와 같이 제품의 생산단계에서 소비자에게 최종적으로 판매되는 과정의 전 단계를 연결한 것을 공급사슬(supply chain)이라고 하며, 공급사슬은 제품과 정보의 흐름상에 존재하는 공급자 · 제조자 · 유통자 · 고객 전체로 구성된다[문종범, 2005].

일반적으로 제품의 생산단계에서 소비자에게 최종적으로 판매되는 과정을 살펴보면, 많은 제조업체들은 원재료 공급업체로부터 납품을 받아 제품을 생산하는 것에 치중하여 이러한 제품을 도소매업체에게 넘기는 것만으로 끝나는 경우가 많다. 도매업체는 제조업체로부터 받은 제품을 소매업체에게 전달하고, 소매업체는 이 제품을 소비자에게 판매하는 데에만 치중하여 제조업체나 도매업체와는 별도의 연관성을 갖지 않는 경우가 대부분이다. 이렇게 원재료 공급업체, 제조업체, 도매업체, 소매업체가 별개로 분리되어 활동하게 되면 비효율적인 일들이 많이 발생할 수 있다. 이러한 비효율을 제거하고 공급사슬 전체의 효율을 높이고자 하는 것이 바로 SCM인 것이다.

기업들은 다음과 같은 필요에 의해 SCM을 도입하고 있다. 일반적으로 기업의 부가가치 중에서 60~70% 정도는 공급사슬에서 발생한다고 한다. 잡화의 경우 공급자의 생산라인을 떠난 시간부터 슈퍼마켓 카운터에서 계산을 치르고 나갈 때까지 평균 104일이나 걸린다는 것이 한 연구 결과에서 밝혀졌다. 또한 의류 공급사슬의 경우 원자재가 생산과정을 거쳐 소매점까지 이동되는 데 총 66주가 소요된다고 한다[문종범, 2005].

종전의 기업들은 FA(Factory Automation)나 CIMS(Computer Integrated Manufacturing Systems)를 도입하여 제품의 생산주기를 단축하고 품질을 개선하는 데 이용해 왔으나, 이와 같은 기업의 단독적이고 내부적인 개선을 통해서는 그 효과가 한계에 이르렀다.

기존의 경영혁신기법은 주로 기업 내의 전략, 구조, 기능 등에 대한 개선 및 혁신에 중점을 두어 왔다. 따라서 ERP와 같은 정보시스템의 구축도 기업내부에 초점을 맞추어 왔다. 그러나 SCM은 이와는 달리 기업 내 뿐만 아니라 기업 간 부문까지도 관리의 대상으로 보고, 공급자 · 자사 · 고객을 모두 통합하여 하나의 사슬로 연결하여 통합적으로 관리함으로써 공급사슬 전체의 효율과 경쟁력을 높이려는 것이다[이영해, 2004].

(2) SCM의 추진방안

SCM은 공급자에서 고객까지의 공급사슬상의 정보, 물자, 현금의 흐름에 대해 전체적인 관점에서 공급사슬상의 인터페이스(interface)를 통합하고 관리함으로써 공급사슬 내의 효율성을 극대화하는 기법이다. 이러한 SCM을 성공적으로 추진하기 위해서는 SCM의 구축, SCM 주요 기법의 활용, e-SCM의 도입 등 세 가지를 들 수 있다[한동철, 2004 ; 이영해, 2004 참조].

① SCM의 구축

SCM을 성공적으로 구축하기 위해서는 철저한 준비단계를 거쳐야 한다. 준비단계에서 가장 중요한 것 중의 하나는 목표를 명확히 하는 것이다. 물론 SCM은 재고 최소화, 물류비용 최소화, 판매 효율화, 이익 극대화 등의 여러 가지 측면에서 다양한 목표를 가질 수 있다. 그러나 실제적인 측면에서는 이보다 훨씬 구체적인 목표를 설정하여야 한다[한동철, 2004].

SCM을 현실적으로 구축하려면 상당한 시간과 노력을 투자하여야 한다. 어떤 형태의 SCM을 구축하더라도 그 공급사슬로부터 수익이 발생하는 시간은 상당히 오래 걸리며, 경우에 따라서는 창출되는 수익의 액수가 원래 계획했던 것에 못 미치는 경우도 많다. 예를 들면, 기획 · 상품 · 영업 부서와 같이 다른 부서에서 생각하던 것에 못 미칠 수도 있고, 또한 재무담당 임원이 기대하던 것에 못 미치는 경우도 있을 것이다.

또 다른 장애요인으로는 SCM에 참여하는 업체들에 대한 정보가 부족하다는 집이 있다. 참여하는 업체들이 내부적으로 가지고 있는 각종 정보를 서로 제공해야 하는데 이들은 대부분 폐쇄적으로 움직이는 경우가 많다. 따라서 SCM에 참여하는 업체들 간에 상대방을 신뢰할 수 있는 관계구축이 우선적으로 필요하다.

각 기업이 이러한 준비과정을 거쳐 SCM을 구축할 때에는 다음과 같은 몇 가지 일이 선행되어야 한다[이영해, 2004].

첫째, 기업의 업무 프로세스에 대하여 명확히 이해하는 것이 필요하다. 기업의 방향과 업무 프로세스가 어떻게 연관이 되어 있는가를 잘 파악한 후 그것이 전체 공급사슬에서 어떻게 구성되는가를 철저하게 고려해야 한다.

둘째, 각 기업 간 정보공유에 대한 문제를 고려하여야 한다. 기업내부의 정보를 다른 업체와 공유한다는 것은 매우 위험한 일일 수 있다. 그러나 장기적으로 내다볼 때 기업의 정보를 일정부분 공유함으로써, 구성된 공급사슬 내의 모든 기업이 이익을 얻을 수 있도록 하는 방안을 모색하여야 한다.

셋째, SCM에 대하여 최고경영자가 확실히 이해하고 출발하는 것이 필요하다. 최고경영자가 SCM을 필요가 아닌 생존을 위한 전략으로 인지하여야만 기업이 SCM 체제로 탈바꿈하는 데 따른 변화의 추진력을 얻을 수 있기 때문이다.

② SCM 주요 기법의 활용

각종 발전된 정보기술이 SCM을 통한 경영혁신에 응용되면서 새로운 기법들이 많이 등장하고 있다. 1990년대와 2000년대의 각종 정보기술의 발전에 따라 개발된 이와 같은 첨단기법들은 SCM을 일관성 있고 효율적으로 할 수 있게 해 준다. 그러나 이러한 기술 자체만으로 기업에서 공급사슬 전체의 수익성을 향상시키는 것이 가능하다고 할 수는 없다. 자신의 기업이 속한 공급사슬의 특성과 환경에 적합한 기법들을 선택하여 이를 잘 활용하는 노력이 필요하다[한동철, 2004 ; 이상범 외, 2009 참조]. SCM을 위한 주요 기법들의 예를 들어 보면 다음과 같다.

i) **지속보충 프로그램**(CRP) : 지속보충 프로그램(CRP : Continuous Replenishment Program)은 제조업체와 유통업체 간의 각종 상품에 대한 주문을 양자 간의 정보교류를 통하여 효율적으로 수행하는 것을 의미한다. CRP는 제조업체와 유통업체에서 유통업체의 재고관리와 수·발주관리를 지속적으로 수행한다는 개념하에서 생겨난 용어이다. CRP시스템하에서 유통업체는 전자정보교환(EDI : Electronic Data Interchange) 연결망을 통해 제조업체에 자신들의 재고수준과 제품수요량을 통보하고, 제조업체는 이에 근거하여 미래수요를 예측하며, 미리 알고 있는 유통업체의

상한치와 하한치를 고려하여 재고보충량을 결정한 후, 그날로 재고를 보충해 준다. 이러한 CRP시스템을 효율적으로 운영하기 위한 대표적인 기반기술로는 EDI와 바코드 시스템이 있다[이영해, 2004].

ii) **납품업체관리재고**(VMI) : 납품업체관리재고(VMI : Vendor Managed Inventory)는 일종의 제조업체 관점에서의 SCM이다. 유통업체의 물류센터에 있는 각종 데이터(소매업체로의 출고 데이터 및 물류센터에 현재 보관 중인 재고 데이터)가 제조업체로 전달되면, 제조업체가 알아서 소매업체의 물류센터로 제품을 배송하고 심지어는 진열까지 하는 SCM 방식의 하나이다. 여기서 말하는 납품기업은 일반적으로 제조업체를 의미하고, 경우에 따라서는 제조업체의 제품을 공급하는 중간도매상을 의미한다[Porrier 외, 2002]. VMI는 피앤지(P&G)가 월마트(Wal-Mart)의 POS(Point of

북경현대자동차와 북경현대모비스의 SCM

북경현대모비스에서 생산된 모듈

컨베이어밸트 연결된 북경현대자동차로 모듈부품 공급

Sales) 데이터를 받아서 실시한 데에서 유래한 개념이다. 우리나라의 백화점에서는 식품을 제외한 거의 모든 제품을 입점업체에서 재고관리를 하고 있고, 중소형 백화점의 경우에는 입점업체가 거의 100%의 재고관리를 하고 있다. 현재 우리나라의 백화점 재고관리를 미국식 VMI라고 간주하여도 무방할 것이다[한동철, 2002].

iii) **신속대응**(QR) : 신속대응(QR : Quick Response)은 SCM의 초기형태로서 의류산업에 주로 국한된 방법이다. QR은 의류소매업체에서 소비자 판매정보를 용이하고 신속하게 획득하여 소비자 욕구에 적합한 의류공급을 해 주는 것을 의미하며 정보기술의 발달과 함께 각종 물류 관련 업무가 증대하면서 수행되고 있다[Ritzman & Krajewski, 2004]. QR에서는 일반적으로 일정량의 제품을 계획생산하고 나머지는 소비자의 반응을 보아가면서 생산한다. 예를 들면 미국에서 QR이 수행될 초기에는 약 80% 정도의 제품을 미리 생산하고, 나머지 20%는 소비자 반응을 살펴가면서 생산하는 시스템이 활용되었다. 그러나 QR이 어느 정도 진행된 후에는 약 50% 정도의 제품을 미리 생산하고 나머지 50%는 여러 번에 나누어서 생산하는 경우가 많이 나타나고 있다. 이러한 경우에는 시즌 중에 필요한 원자재를 시즌 전에 미리 준비할 필요가 없어진다[한동철, 2002].

③ e-SCM의 도입

e-Business 환경에서의 SCM인 e-SCM은 원자재 조달, 생산, 수·배송, 판매 및 고객 관리 프로세스에서 일어나는 물류흐름과 이와 관련된 모든 활동을 통합적으로 관리하는 기법을 말한다. e-SCM은 인터넷에 기반한 디지털 기술을 활용하여 고객까지의 공급사슬상의 재화 · 정보 · 자금 등의 흐름을 총체적 관점에서 신속하고 효율적으로 관리함으로써 경쟁적 이점을 극대화하는 기법을 의미한다. 즉, e-SCM은 공급자에서 고객까지 공급사슬상의 물자 · 정보 · 자금 등을 디지털 기술을 활용하여 전체적인 관점에서 통합하고 관리함으로써 e-Business 수행과 관련된 공급자, 고객, 그리고 기업내부의 다양한 니즈를 만족시키고 업무의 효율을 극대화하려는 전략적 기법이다[이영해, 2004 ; Graham 외, 2000]. 현대모비스 아산물류센터 등은 e-SCM의 현실사례이다.[1]

---

1 "단산 차량 A/S 부품 현대모비스가 책임진다. 단종 차 부품의 산실 현대파텍스와 아산물류센터, 오마이뉴스, 2014.07.25.

1993년 11월부터 시작된 1단계 'Q-133'에서 기아자동차는 3백 개의 주요 부품협력업체들 중 30사를 선정해 각 부품회사에서 불량률이 제일 높았던 부품을 골라 개선목표로 삼았다. 우선 품질관리의 중요성을 재차 강조하는 분위기 쇄신에 나섰다. 기아자동차의 구매본부가 나서서 부품회사의 환경정리부터 요구하기 시작했다. 보통 품질관리운동의 주체는 공장장 등이 맡아온 것이 일반적이었으나 기아자동차는 협력업체의 사장이 'Q-133'의 추진대표가 되도록 설득했다. 중소기업의 사장이라면 생산부문보다 자금문제를 해결하는 데 급급한 것이 사회통념처럼 되어 있지만 사장이 품질관리에 신경을 쓰지 않는 한 그 효과를 기대할 수 없다는 것이 기아측의 판단이었다.

협력업체마다 사장을 대표로 30명 정도의 공정 베테랑들로 구성된 'Q-133' 추진팀을 만들어 본격적인 활동에 들어갔다. 이 개선 작업에는 부품업체 사장이 직접 하나의 기계를 맡아 기름걸레로 청소하는 작업이 포함되어 있을 정도로 사장의 관심을 요구했다. 또한 현장 근로자들에게는 'Q-133'의 내용을 담을 포켓북을 소지해 항상 숙지하도록 함으로써 분위기 조성이 자연스럽게 의식개혁으로 이어지도록 했다. 품질관리에 대한 분위기 조성이 무르익은 뒤 개선테마를 선정, 불량의 원인을 분석하고 대책을 수립한 뒤 그 결과를 표준화하도록 했다. 생산라인의 담당 근로자가 교체되더라도 '표준화기준'을 교과서로 삼아 지속적인 불량품 제거를 이뤄낼 수 있도록 하기 위한 것이다.

이 같은 개선활동에는 세계 유수의 부품을 갖다 놓고 비교분석을 하거나 공정 간의 상관관계를 조사해 개선점을 찾아내는 벤치마킹기법이 많이 활용된다. 이런 과정을 거쳐 1994년 8월 'Q-133'의 1단계가 끝났다. 약 10개월에 거친 1단계 기간 중 개선 아이템으로 선정된 부품업체의 불량률은 2만 6천PPM에서 51PPM으로 떨어지는 효과를 거두었다. 1단계의 개선과제가 그동안 문제가 많다고 지적된 부품이었던 탓에 이처럼 큰 효과를 얻게 된 점도 있다. 기아자동차는 60개의 부품협력사를 새로 선발해 2단계 'Q-133' 활동에 들어가며, 주요 부품업체에 제품을 납품하는 1천개의 2차 부품협력사로 확산될 때까지 'Q-133' 활동을 계속해 나가기로 했다.

3) 기술과 연구개발(R&D)관리

생신관리는 기술과 연구개발 활동을 중시하고 있다. 기술의 시대라고 할 정도로 기술은 현대 사회에서 큰 비중을 차지하고 있는데, 이러한 기술의 변화 또한 급격하게 일어나고 있다. 기술은 사회의 변화를 일으키는 가장 큰 요인 중의 하나이고, 기술의 변화는 생산양식뿐만 아니라 사회의 가치관까지도 변화시킨다. 기업에서 기술은 전통적으로 경쟁우위의 원천으로 인식되어 왔는데, 이러한 기술의 변화는 기업의 성장과 발전 기회를 제공하기도 하고 존립 자체에 위협을 주기도 한다. 따라서 기업은 즉각적 또는 잠재적으로 사용할 수 있거나 자사의 제품을 대체할 수 있는 제품제조기술을 발전 · 개발시켜야 하며, 동시에 그것이 기업에 주는 기회와 위협 및 그 정도를 정확히 파악 및 평가하여 적절한 대응방안을 모색하여야 한다.

4) 생산서비스 운영관리의 하위활동

생산관리는 효율적인 제품생산을 통한 품질과 생산성 향상을 목표로 삼고, 제품설계 및 공정설계, 수요예측 및 생산계획, 재고관리, 품질관리 활동을 수행한다.

(1) 제품설계 및 공정설계

① 제품설계

생산관리는 제품설계로부터 시작된다. 제품설계는 고객이 요구하는 제품을 가장 경제적으로 생산할 수 있도록 디자인하는 것으로 이를 기초로 적합한 생산공정설계와 작업방식을 결정할 수 있다. 뿐만 아니라 생산할 제품이 결정되어야만 공장의 입지를 결정하고 설비를 배치할 수 있다[Heizer, 2003].

제품이란 생산과정을 통해서 생산되는 모든 종류의 유·무형의 산출물을 의미한다. 제품의 결정은 제품에 대한 아이디어를 조직적으로 수집하고, 수집한 아이디어 중에서 기업의 목표에 가장 적합한 아이디어를 선택하는 것이다. 제품설계란 선택된 제품에 대한 가장 적절한 설계를 개발하는 것이다.

고객이 원하는 제품을 저렴한 가격에 우수한 품질로 공급하는 기업은 나날이 성장할 것이고, 반대로 고객이 원하지 않는 제품이나 서비스를 산출하는 기업은 곧 시장에서 도태될 것이다. 따라서 제품설계는 고객의 욕구를 충족시켜야 한다. 그러나 과대설계를 하여 고객이 원하지 않는 특성을 제품에 포함시키는 것은 오히려 역효과를 가져올 수 있다. 결국 제품설계의 목표는 소비자의 욕구에 맞는 제품을 경쟁력 있게 공급하는 것이다.

제품을 시장에 소개할 때 고려하여야 할 문제는 신제품을 내놓을 것인가 아니면 기존제품을 개량할 것인가를 결정하는 것이다. 신제품은 혁신적인 변화를, 기존제품의 변경은 점진적인 변화를 의미한다. 기존제품의 점진적인 변화는 시장에 제품을 빠르게 소개하는 장점이 있는 반면에, 잘못하면 경쟁자에게 경쟁우위를 빼앗길 위험이 있다. 그러나 신제품을 개발하는 혁신적인 변화는 경쟁우위의 장점을 지니고 있지만, 실패할 위험 또한 존재한다. 따라서 기업은 제품에 대한 여러 가지 상황을 분석한 다음, 신제품과 기존제품을 결정하여야 한다.

② 공정설계

공정설계(process design)는 제품방식을 결정하는 것으로서 제품설계를 제조 가능하게 지시하고, 구성품을 자체 생산할 것인가 또는 공급업체로부터 구매할 것인가에 관한 의사결정을 한 후, 구체적인 공정유형을 선택하여 제조명세서를 개발하고 문서화하는 과정이다.

공정설계를 위해서는 제품의 특성에 적합하도록 공정을 선택하는 것이 매우 중요하다. 일반적으로 공정은 두 가지 제품특성, 즉 표준화 정도와 수요량에 의해 선택된다. 이러한 두 가지 특성에 따라 생산공정은 프로젝트 공정, 묶음생산공정, 대량생산공정 및 연속생산공정으로 분류된다[김길선 외, 2004 ; Heizer, 2003 ; 강금식 외, 2010 참조].

i) **프로젝트공정**(project process) : 이 공정에서는 고객이 주문에 따라 일정기간 동안에 단일상품만을 생산한다. 이러한 프로젝트공정의 예로는 건축, 선박 제조, 신제품 개발, 항공기 제조 등을 들 수 있다.

ii) **묶음생산공정**(batch production process) : 여기에서는 제품을 단속적으로 그룹 혹은 묶음(batch) 단위로 생산한다. 이 공정을 단속공정이라고도 하며, 묶음의 크기가 아주 작을 경우에는 잡샵공정(job shop process)이라고도 한다. 일반적으로 제품은 고객의 주문에 따라서 생산되며, 생산량은 고객의 주문량에 따라 소량이고 수요는 변동적이다.

iii) **대량생산공정**(mass production process) : 이것은 대규모시장을 대상으로 표준화된 제품을 대량으로 생산하는 공정의 형태로 자동차산업과 같은 조립라인이 이에 해당한다. 대량생산공정은 흐름라인 혹은 조립라인과 관련된 공정형태이기 때문에 라인공정이라고도 한다.

iv) **연속생산공정**(continuous production process) : 이 공정은 고도로 표준화된 제품을 대량으로 생산하기 위하여 사용되는 공정이다. 시스템은 완전히 자동화되어 있으며, 하루 24시간 동안 연속적으로 작업이 이루어진다. 이러한 연속생산공정의 예로는 화학, 세지, 맥주, 철강, 전지 산업 등을 들 수 있다.

대량생산공정

프로젝트공정(단속독립공정)

연속생산공정

묶음생산공정

(2) 수요예측 및 생산계획

설계에 의해 생산할 제품을 결정하고 이를 생산할 공정을 결정하고 나면 생산활동 계획을 착수하게 된다. 일반적으로 생산계획은 생산시스템의 캐파(capability)와 예상수요를 고려하여 공정 및 시간 면에서 계획을 수립하는 활동이다.

① 수요예측

수요예측은 각종 생산의사결정에 기초자료를 제공한다. 생산형태를 불특정 다수의 고객을 대상으로 사전에 제품을 만들어 판매하는 재고생산(또는 계획생산)과 고객의 주문에 의해 제품을 생산하는 주문생산으로 구분해 볼 때, 특히 재고생산형태를 취하는 기업의 경우에는 대부분의 생산활동이 수요예측을 토대로 계획되어야 한다. 완전 주문생산의 경우라도 장기적으로 수요예측이 없이는 생산능력, 원자재 확보 및 각종 경영전략 등을 사전에 계획하여 추진해 나갈 수 없다[Heizer, 2003].

수요예측은 불확실한 상황하에서 통제가 불가능한 미래의 사건이나 활동의 발생 시기, 크기 또는 효과를 추정하는 작업이다. 즉, 수요예측은 원하는 제품이나 서비스의 수량, 시기, 품질 및 입지 등에 대한 미래의 수요를 추정하는 과정이다. 따라서 수요예측은 불확실하고 경쟁적인 환경하에서 모든 계획수립의 기본데이터가 되므로 매우 중요한 기능이다.

수요예측의 방법은 예측 대상이나 목적 등에 따라 여러 가지로 분류할 수 있는데, 일반적으로 크게 정성적 수요예측과 정량적 수요예측의 두 가지로 나누어진다[Krajewski, 2004].

정성적(qualitative) 예측방법은 질적인 기법으로, 이는 주로 인간의 주관적 판단에 의존한다. 즉 전문가들의 판단을 취합하여 수요예측을 하거나, 판매원들이 내리는 평가를 바탕으로 수요예측을 하는 방법이 이에 속한다. 정량적(quantitative) 예측방법은 그 접근방법에 따라 다시 시계열분석과 인과형기법의 두 가지로 구분된다. 이 중 시계열분석은 수요와 관련된 과거의 자료를 분석하여 그 자료의 패턴을 파악하고 이를 미래의 경영에 투영하는 방법이다. 이 방법은 과거의 수요패턴이 미래에도 지속될 것이라는 가정하에 예측을 하는 것이 그 특징이다. 반면에 인과적 예측모형은 수요가 환경 내의 여러 요인들과 관계를 갖는다는 가정하에서 수요와 관련된 변수를 파악하고 수요와 이들 변수들 간의 인과관계를 나타내는 모형을 만들어 수요를 예측하는 방법이다.

② 생산계획

생산계획에는 생산할 제품의 총괄적인 수요충족방안을 마련하는 총괄생산계획과 총괄계획을 최종품목별로 세분화시켜 생산의 시기와 수량을 계획하는 일정계획으로 구성된다[Heizer, 2003].

총괄생산계획(aggregate production planning)은 보통 수개월 혹은 1년간의 생산량을 계획하고 결정한 것을 정리한 것이다. 이는 기업의 전체사업계획을 실질적으로 수행하는 실천계획이다. 총괄계획은 주로 중기적인 계획이다. 일반적으로 총괄생산계획에서는 각 제품단위를 대상으로 하기보다는 기업이 현재 생산하고 있는 제품의 총수요를 대상으로 한다. 총괄생산계획이 잘못될 경우 과잉 재고가 쌓이거나 주문을 충족하지 못하여 시장점유율을 잃게 되는 치명적인 결과가 일어난다.

일정계획(scheduling)이란 가용생산능력이나 자원(장비, 인력, 공간)을 시간적으로 주문, 활동, 작업 또는 고객에 효과적이고 효율적으로 할당하는 단기의 생산능력계

양계장 달걀생산공정

획이다. 즉, 일정계획에서는 무엇이, 언제, 누구에 의해, 어떤 장비를 사용하여 이루어지는가가 결정된다. 일정계획에서는 가용자원의 할당에 대한 의사결정이 이루어지므로, 설비계획과 총괄계획에 의해 획득한 자원의 사용계획이라고 볼 수 있다.

일정계획은 총괄생산계획과는 분명히 구별되어야 한다. 총괄생산계획은 필요한 자원을 결정하는 데 비해, 일정계획은 생산목표를 충족시키기 위해 총괄계획을 통해 얻어진 자원을 최상의 방법으로 할당한다. 또한 총괄계획의 대상기간은 약 1년인 데 비해, 일정계획은 몇 달, 몇 주 또는 몇 시간을 대상으로 수립된다. 일정계획의 구체적인 내용과 기법은 생산공정의 유형에 따라 달라진다.[2]

---

2 일정계획은 라인공정(line process)의 일정계획, 단속공정(intermittent process of job shop)의 일

(3) 재고관리

재고는 많은 자본을 요구하고 고객에 대한 제품의 납품에 영향을 미치기 때문에, 재고관리(inventory management)는 생산관리의 가장 중요한 기능 중의 하나이다. 재고관리를 잘못하면 재고초과나 재고부족이 발생한다. 재고부족은 판매기회의 상실, 고객의 불만족, 생산의 장애를 야기할 수 있고, 과도한 재고는 재고유지비용을 증가시켜 생산적인 곳에 활용될 수 있는 자원을 불필요하게 묶어둘 수 있다.

재고관리의 주요 목적은 재고자산투자에 대한 최적수준을 결정하고 이를 유지하는 것이다. 따라서 재고관리의 가장 중요한 과제는 '적시적량의 재고수준'을 유지하는 것이며, 여기에서 주문횟수와 주문량의 산정이라는 문제가 발생하는데, 이러한 문제들은 결국 재고와 관련된 총비용을 감소시키는 것으로 귀결된다[Heizer, 2003].[3]

재고관리와 관련하여 대표적인 기법으로는 다음 두 가지를 들 수 있다[Krajewski, 2004].

그 하나는 자재소요계획(MRP : Material Requirement Planning) 기법이다. 이 기법은 완제품의 생산 수량 및 일정을 기초로 하여 그 제품생산에 필요한 원자재 · 부품 등의 여러 자재의 소요량 및 소요시기를 역산하여 자재조달계획을 수립함으로써, 일정관리와 더불어 효율적인 재고관리를 기하고자 하는 방법을 말한다. 이의 주 목적은 제품생산에 필요한 자재를 필요한 시기에 필요한 양을 필요로 하는 장소에 조달 · 공급하는 것이다.

또 하나는 토요타 자동차가 개발한 적시관리(JIT : Just In Time)이다. 이것은 제조과정 중에 있는 재공품 재고를 가장 적게 보유하자는 것을 기본 아이디어로 출발한 기법으로서 무재고관리라고도 한다. 이 기법을 사용하면 부품, 조립품, 또는 완제품을 생산하기 위해 제조공정기간 동안에 사용될 재고가 제 시간에 맞추어 도착하게 된다.[4] 적시관리는 품질비용을 절감하고 품질을 향상시킨다.

정계획으로 나누어 볼 수 있다[Krajewski, 2004].

3 재고와 관련되어 소요되는 비용으로는 ① 재고유지비(inventory holding cost), ② 주문비(ordering cost), ③ 재고부족비(shortage cost *or* stockout cost)의 세 가지가 있다.

4 적시관리는 토요타(Toyota)에서 시작된 것으로, 일본어로 카드(card)를 뜻하는 칸반(Kanban)시스템에 의해 이루어진다.

현대모비스는 새로운 재고통합관리시스템의 구축을 시도했다. 이는 부품공급기간을 기존 13일에서 7일로 6일가량 단축시키고, 재고를 자동으로 보충해 주기 때문에 물량을 미리 확보할 필요가 없어져 재고보유 개월수도 20% 이상 감축할 것을 목표로 하고 있다. 기존의 '고객↔딜러↔권역물류센터↔지역물류센터'처럼 부품의 공급 단계가 많아지면 공급 기간이 길어지고 적시 공급률도 떨어지게 되며, 정확한 수요 예측 없이 대응하다 보면 미리 많은 물량을 떠안게 되어 재고관리의 효율성이 저하된다. 따라서 '고객↔딜러↔권역/지역물류센터 통합관리'와 같이 개별 발주구조의 지역과 권역 물류센터를 통합운영체제로 묶어 재고의 과부족 현황 등을 상시 모니터링하는 재고통합관리시스템을 구축하는 것이다. 이를 통해 재고가 부족한 곳은 시스템상에서 자동 보충해 주고 불필요한 재고는 타 권역으로 옮겨줄 수 있다.

재고통합관리시스템 구조도

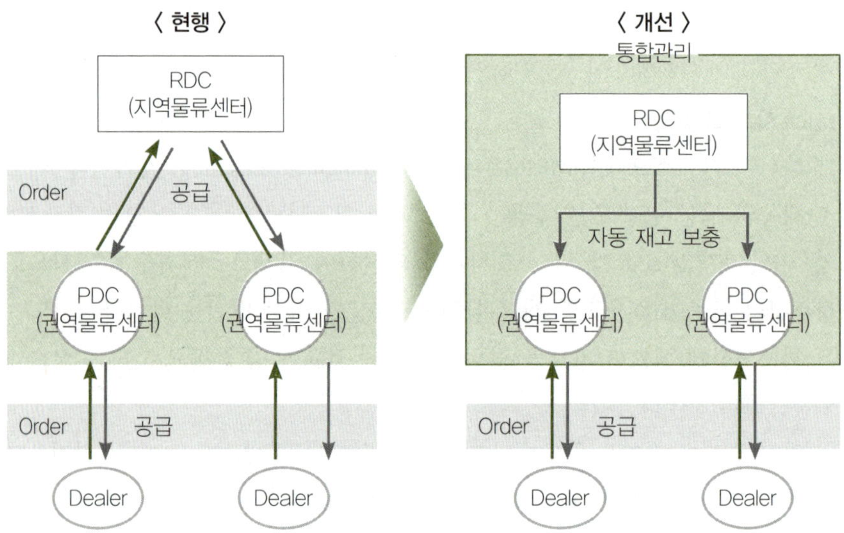

(4) 품질관리

소비자가 제품이나 서비스를 구매할 때 고려하는 요소에는 품질 외에도 가격이나 시간 등 여러 가지가 있을 수 있으나, 품질만큼 중요한 위치를 점하고 있는 것은 없다. 높은 품질은 모방하기 힘들 뿐만 아니라 단기간에 달성하기도 쉽지 않아, 곧 경쟁우위의 확보로 이어지기 때문이다[안상형 외, 1998 ; 강금식 외, 2010 참조].

제품은 고객의 요구를 충족시켜야만 하므로 품질은 '사용적합성(fitness for use)'으로 정의될 수 있다. 사용적합성이란 고객이 제품을 사용함으로써 그의 목적이 성공적으로 달성되는 정도를 말한다. 즉, 제품에 대한 고객의 만족정도라고 할 수 있다.

제품이 고객을 만족시키기 위해서는, 즉 좋은 품질의 제품을 생산하기 위해서는 고객의 요구에 맞도록 제품설계가 이루어져야 하고 또한 설계된 제품규격에 맞도록 실제 제품생산이 이루어져야 한다. 여기서 전자를 설계품질(quality of design)이라 하고, 후자를 제조품질 또는 적합품질(quality of conformance)이라 한다[Heizer, 2003].

설계품질은 제품이 생산되기 전에 엔지니어링부(또는 제품설계부)가 판매부와 생산부의 지원을 받아 고객의 요구, 제조능력, 기술수준, 경제성 등을 고려하여 결정한다. 설계품질은 시장조사, 설계 개념 및 규격에 의해 결정된다. 전사 차원에서 수율(yield)을 높이기 위해 총력을 기울여야 한다.[5]

---

5 수율[yield, 收率]이란 투입 수에 대한 완성된 양품(良品)의 비율. 양품률이라고도 하고 불량률의 반대어이다. 수율은 특히 반도체의 생산성, 수익성 및 업체의 성과 면에서 매우 중요하다. 자동차 등 기계는 일부분에서 문제가 발견되면 그 부분만 교체하거나 교정하면 되지만 반도체의 수율은 흔히 제조순서에 따라 웨이퍼 가공(fabrication) 수율, 조립(assembly) 수율 등 4종의 수율을 합친 누적 수율로 판단한다(IT용어사전, 한국정보통신기술협회). 수율의 개념은 제조공정의 생산제품에 대한 품질현황관리를 나타내는 항목이다. 품질관리항목에는 수율, 불량률, 양품률, 품질비용 등의 관리지표들이 있다. 예를 들어 100대의 완제품을 생산하는 데 순수양품으로만 검사를 통과한 완제품이 몇 개인가를 계산하여 수율을 산출한다. 100개 중 순수양품 90개이면 90% 수율이다. 불량률이 개념은 다르다. 불량 중에 수리 및 재작업으로 완성품에 포함된 것으로 순수양품은 아닌 것이 포함되면 일반적인 불량률로 관리지표를 산출한다.

생산성은 제조공정의 생산제품에 대한 현황관리를 나타내는 개념이다. 생산성에는 가동률, 비가동률, 직행률 등의 관리지표들이 있다. 예를 들어 가동률은 1개월간 생산시간 중 가동시간과 비가동시간 등을 분석하여, 전체 생산시간 대비 가동시간이 얼마인가를 계산하여, 가동률이 산정된다. 즉 비가동시간(설비고장, 교육시간, 휴식시간 등)이 많으면 가동시간이 낮아지시 동시에 생산가동률이 낮게 나온다.

3 TQM(전사적 품질경영)과 6 시그마

1) 전사적 품질경영

(1) TQM이란?

1970년대 미국의 경영학자들은 미국 제품의 경쟁력이 저하되는 것을 인식하고, 그 원인을 밝히고자 하였는데, 연구결과 그 근본적인 원인이 품질에 있다는 것을 알게 되었다. 이에 제품과 서비스의 품질을 향상시키기 위한 혁신적 경영기법인 전사적 품질경영(TQM : Total Quality Management)이 등장하게 된다.

TQM은 품질개선을 위한 단순한 기법 차원을 넘어 기업 전체의 경쟁력을 향상시키기 위한 철학이라고 할 수 있다. 이는 TQM이 품질을 제품 및 서비스에만 국한하는 것이 아니라, 기업의 모든 부문 즉 생산, 마케팅, 구매, 검사, 연구개발, 소비자조사, 판매, 기획 등 기업의 모든 경영활동과 모든 조직원들을 대상으로 하고 있기 때문이다[안영진, 2005].

TQM은 품질을 중심으로 통합적 기업경영시스템을 구축하려는 시도로서 기존의 경영관리방식을 품질개념으로 통합하여 새롭게 구성해 보고자 하는 운동이다. 즉 TQM은 품질을 생산라인에만 관련되는 개념으로 파악하던 기존의 개념에서 벗어나, 모든 사람의 모든 업무에 적용되어 제품생산뿐만 아니라 관리업무나 서비스 등에 모두 적용되는 개념으로 '고객의 욕구와 합리적인 기대를 충족시켜 주는 활동'인 것이다.[6]

TQM이 요청되는 이유는, 소비자 욕구의 다양화와 이에 따른 시장의 변화, 국제화의 진전, 그리고 TQM을 실시했던 기업들의 성공경험 등을 들 수 있다. 다음에서는 이에 대해 구체적으로 알아보기로 한다.

첫째, 점점 다양해지는 소비자의 욕구와 변화하는 시장은 기업에게 차별화된 품

---

6 여기서 일반적으로 말하는 품질관리와 전사적 품질경영의 차이를 비교해 보도록 하자. 우선 대상 면에서 품질관리(QC : Quality Control)는 현장의 제조부문을 위주로 하는 데 비해, TQM은 기업 내 전 부문이 생산성 향상과 품질향상을 위해 노력한다. 업종 면에서도 QC는 주로 제조업을 중심으로 전개되지만 TQM은 제조업은 물론 서비스부문의 품질 문제도 다룬다. 목표 면에서 QC는 생산관리 측면에 국한되어 불량률의 감소, 원가의 절감, 품질의 균일화를 도모하지만, TQM은 기술혁신과 불량예방, 원가절감을 통한 생산성의 총체적 향상과 고객만족을 모두 염두에 두고 추진된다.

질향상을 요구하고 있다. 전반적인 생활수준이 향상됨에 따라 멋을 부리고, 개성을 표현하고, 자신만의 가치를 창조하는 등 새로운 욕구가 생겨나는 것이다. 가령 자동차를 구매하더라도 이제는 거리를 이동하는 수단으로만 생각하지 않고, 자신의 개성을 표출하거나 사회적 신분의 표시로 생각하거나 또는 편안한 사무실이라고 여기는 것이다.

둘째, 만들기만 하면 팔리던 공급자(생산자) 주도의 시장이, 기술이 발전하면서 소비자 주도의 시장으로 변화하였다. 대량생산으로 공급량이 많아지면서 소비자의 선택권이 상대적으로 커지고, ICT에 기반한 정보화는 전 세계를 단일 시장으로 통합하고 있다. 기업의 임직원들은 품질향상과 차별화를 해야만 경쟁자보다 우위에서서 소비자로부터 신뢰를 얻을 수 있게 되었다.

셋째, 기존의 이윤추구방식이라 할 수 있는 판매량의 증가를 통한 이윤추구는 판매사원의 급여, 광고/촉진비용, 재고비용의 증가를 수반하지만 TQM을 시행한 기업들은 추가비용 없이(quality is free) 이윤을 증가시킬 수 있게 되었다. 즉 TQM을 통해 개선된 품질은 고객만족을 가속적으로 증대시켜 판매량의 급속한 증가를 가져왔다[Crosby, 1980 ; 강금식 외 역, 2010 참조].

(2) TQM의 원칙

TQM을 수행하는 데 필요한 원칙들로는 고객만족의 원칙, 종업원 참여의 원칙, 지속적 개선의 원칙이 있다[강종열 외, 2004 ; Krajewski, 2004 참조].

① 고객만족의 원칙

경영자는 고객만족을 창출하는 재화와 서비스를 생산하기 위해 고객중심으로 품질을 재정의하고, 품질불량비용을 감소시켜야 한다.

먼저, 다양한 방법으로 품질을 정의하기 때문에 경영자도 그에 부응해야 한다. 고객은 제품의 기계적 특성 또는 서비스의 편리성을 고려하기도 하고, 회사로부터 공급되는 제품이나 서비스에 대한 지원을 제품 또는 서비스 그 자체만큼이나 중요하게 여기기도 한다. 또한 사람들은 종종 심리적 효과(분위기, 이미지, 또는 미적 요소)에 의해 제품이나 서비스를 평가한다. 그러나 기업이 모든 분야에서 높은 품질을 달성하는 것은 매우 어려운 일이다. 따라서 기업의 성공은 소비자의 기대를 정확히 파악하고, 그 기대와 기업의 운영능력과의 차이를 연결시켜 주는 노력에 달려 있다고 할 수 있다.

또 하나, 고객만족을 위해 품질불량비율을 감소시켜야 한다. 품질비용 전문가들은 불량품이나 부적합품에 의한 손실이 매출액의 20~30%에 달하는 것으로 추산하고 있다. 품질 관련 비용으로는 결함이 발생하기 전에 이를 미리 방지하는 예방비용, 생산시스템에서 획득된 품질수준을 평가할 때 발생하는 평가비용, 재화나 서비스의 생산과정에서 발견된 결함에서 비롯되는 내부실패비용, 결함을 발견하지 못한 채 제품이나 서비스가 고객에게 전달되었을 경우에 발생하는 외부실패비용의 네 가지 주요 비용을 들 수 있다.

기업의 저력은 '프로덕트 리더십(product leadership)'에서 나온다. 이를 위해 높은 수준(high level)의 테크니컬 스킬(technical skill)뿐만 아니라 소비자 경험(user experience)이 녹아 있는 제품을 개발하기 위해 전력투구하고 있다.

② 모든 임직원 참여의 원칙

TQM의 가장 중요한 요소 중 하나는 종업원들의 참여이며, 종업원 참여와 관련된 프로그램으로는 조직문화의 변화와 팀워크의 구축 등을 들 수 있다.

먼저, TQM의 관건은 품질의 중요성을 종업원들에게 일깨워 주는 것과 제품품질을 향상시키도록 동기를 부여하는 것이다. TQM을 위한 적절한 문화를 개발하는 데 있어서 가장 중요한 것 중의 하나는 모든 임직원들에게 고객이 누구인지를 정확히 정의하는 것이다. 고객은 외부고객과 내부고객으로 나눌 수 있다. 제품이나 서비스를 직접 구매하는 고객이나 기업들을 외부고객이라 하며, 외부와의 접촉이 빈번하지 않은 종업원들을 내부고객이라 한다.

또 하나, 종업원들의 참여는 경쟁력 개선을 위한 중요한 전술이다. 종업원들의 참여를 얻을 수 있는 한 가지 방법은 동일한 목표를 가진 사람들의 소집단인 팀 활동에 의해 그들 스스로가 성과목표와 접근방법을 수립하고, 성공을 위한 책임을 지도록 하는 것이다.

가장 일반적으로 활용되는 세 가지의 팀 형태는 1920년대 일본에서 처음 도입하여 1970년대 보편화된 품질분임조와 같은 문제해결팀(problem-solving team), 1980년대 초 미국에서 처음 도입한 경영진이나 노조 모두에 관련된 가장 중요한 문제를 다루는 특수목적팀(special-purpose team), 자율관리팀(self-managing team)이다.

> 품질제일주의란 제품의 품질을 절대적으로 제1의 가치로 여기는 관리원칙이다.
> 제품이 만들어지는 제조과정에서 공정상의 기계적인 문제로 대형 불량 사고가 터지는 경우는 0.1% 미만인 반면, 불량 원인의 99.9%가 작업자가 작업 조건을 지키지 않기 때문에 생긴다고 한다. '절대품질'을 확보하기 위해 수많은 개발 프로세스(process)와 품질보증 시스템이 있어도 '절대품질'은 결국 현장 작업자의 손에 달려 있다. 따라서 작업자의 '품질 마인드(qualification mind)'가 무엇보다 중요하다. '품질 마인드'는 불량 부품을 받지도 않고, 불량을 만들지도 않고, 불량을 후공정으로 보내지도 않겠다는 사고방식을 기본으로 하며, 작업 표준과 조건을 철저히 준수해 양질의 제품을 만들겠다는 작업자의 마음 자세를 의미하는 것이다.
> 현장에서의 불량 방지와 작업자에게 '품질 마인드'를 갖게 하는 방법은 작업자에게 주어진 작업 조건을 철저히 준수하게 하고 습관화시키는 것이다. 작업 조건을 오랜 기간 철저히 준수하면 본인이 의식하지 못할 정도로 서서히 사고의 변화를 가져와 '품질 마인드'가 작업자 마음에 자리 잡게 된다.
> '절대품질'을 등한시하면 품질관리는 한순간에 무너질 수 있다. 도요타 품질 사고의 원인이 된 브레이크 관련 부품은 미국 현지 업체에서 만든 것이다. 이처럼 해외 공장에서도 '품질 마인드'는 절대적으로 필요하다.

③ 지속적 개선의 원칙

'카이젠(改善)'으로 알려진 토요타 자동차의 품질개선방식은 작업방식의 개선을 계속 추구하는 것이다. 지속적 개선의 기본철학은 어느 측면에서든 작업은 실질적으로 개선될 수 있다는 것과 작업과 매우 밀접하게 관련된 사람들이 바로 어떠한 변화가 필요한지를 파악할 수 있는 최적의 위치에 있다는 믿음이다[강종열 외 역, 2004]. 지속적 개선을 위한 방법의 예로는 문제해결 프로세스를 사용하는 것과 벤치마킹을 들 수 있다.

먼저, 지속적 개선을 채택하고 있는 대부분의 기업들은 문제해결을 위해 계획(plan)−실행(do)−검토(check)−조치(act) 사이클(P−D−C−A Cycle)이라고 하는 프로세스를 사용하도록 작업팀을 훈련시킨다. 이러한 접근법은 '데밍의 바퀴(Deming Wheel)'로 불리기도 한다[Krajewski, 2004].

다음으로, 벤치마킹(benchmarking)은 제품, 서비스, 프로세스 등을 산업의 선두기업과 비교하여 평가하는 지속적이고 체계적인 과정을 말한다. 기업은 벤치마킹을 통하여 탁월한 기업들의 경영방식을 보다 잘 이해하고 이를 활용하여 자사의 경영활동을 개선하고자 한다. 벤치마킹의 전형적인 측정단위에는 단위당 원가, 고객당 서비스의 실패, 단위당 처리시간, 고객유지율, 단위당 이익, 주가수익률, 고객만족지수 등이 포함된다. 지속적 개선에 참여하는 사람들은 벤치마킹을 이용하여 경영 성과의 목표를 측정한다[강종열 외 역, 2004].[7]

2) 6 시그마

6 시그마(Six Sigma)는 품질개선을 목적으로 1987년에 미국 모토로라(Motolola) 반도체 사업부가 처음 개발한 개념이다. 그 후 1992년 제품과 공정에서 불량률의 과감한 감소가 요구되자 보잉(Boeing), GE, 텍사스 인스트루먼트(Texas Instrument), IBM, 소니(Sony) 등을 포함하는 많은 기업에서 품질의 지속적인 개선의 일환으로 6 시그마 운동을 전개하였다[안영진, 2005].

6 시그마는 처음에는 제조부문에 적합하게 만들어졌지만, 제조부문 외에도 연구개발 · 사무 · 영업 등 기업활동의 모든 분야에 적용이 가능하여 그 적용범위가 확대되고 있으며, 수없이 많은 성공사례를 통하여 효과가 입증되고 있다.

6 시그마란 "최고경영자의 리더십 아래 시그마(σ)라는 통계척도를 사용하여 모든 품질수준을 정량적으로 평가하고, 문제해결 과정 및 전문가 양성 등의 효율적인 품질문화를 조성하며, 품질혁신과 고객만족을 달성하기 위하여 전사적으로 실행하는 종합적인 기업의 경영전략"이라고 정의된다. 6 시그마는 통계적 척도(statistical measure)로서, 정규분포에 있어 평균을 중심으로 양품의 수를 6배의 표준편차 이내로 생산할 수 있는 공정능력을 말한다. 즉 6 시그마는 생산되는 제품 100만 개당 불량품의 개수를 3, 4개 이하로 생산할 수 있는 공정능력을 말한다.

6 시그마를 개념적인 측면에서 본다면 기업운영 철학의 하나로 종업원들의 일하는 자세, 생각하는 습관, 품질을 중요시하는 조직문화의 조성을 의미한다. 즉 효율적인 품질문화를 조성하기 위한 기업의 경영철학이라 할 수 있다. 6 시그마는 고객의 관점에서 출발하여 프로세스의 문제를 찾아서 통계적 사고로 문제를 해결할 수 있는 과정을 제시하고 있다.

---

7 벤치마킹은 '데밍의 바퀴'와 유사하게 ① 벤치마킹 대상기업을 선정하는 계획 단계, ② 대상기업과의 차이의 원인을 찾아내는 분석 단계, ③ 분석을 바탕으로 새로운 목표를 달성하기 위해 경영자의 지원을 이끌어 내는 통합 단계, ④ 벤치마킹 팀의 업무를 할당하는 실행계획을 수립하는 조치 단계를 거치는 것이 일반적이다[강종열 외 역, 2004].

4 공장자동화와 스마트 팩토리

1) 공장자동화란?

공장자동화(FA : factory automation)란 생산공정의 자동식 기계화를 말한다. 제품의 설계에서 제조, 출하에 이르는 공장 내의 공정을 자동화하는 기술로서 그 구성요소는 컴퓨터 지원 설계/제조(CAD/CAM) 자원시스템, 해석시스템, 생산관리시스템, 다품종 중 소량생산시스템(FMS) 등이 있다.

생산공정 자동화의 내용은 첫째, 생산 라인 통합 인터페이스 구축으로, 이기종 제어 컨트롤의 프로토콜에 맞춰 공장 라인의 장비들을 통합한 인터페이스 라인을 구축하는 것과 둘째, ETOS의 전용 네트워크를 활용한 생산장비 간의 제품정보 공유로 자동화를 구현하는 생산 제품정보 공유로 인한 자동화, 무분별한 컨트롤 및 제어 시스템의 통합으로 FMS를 구하는 현 통합생산관리시스템 구축을 포함한다.

유연생산시스템(FMS : Flexible Manufacturing System)은 공장자동화(factory automation)의 기반이 되는 시스템화 기술이다. 여기서 자동화(automation)란 전기적 명령어 시퀀스(sequence), 릴레이(relay), PLC(Programmable Logic Controller), 마이크로 프로세서 또는 컴퓨터에 의해서 제어되는 기기, 수치제어 가공기, 자동조립기, 로봇, CAD/CAM 등의 자동화 기기와 이를 이용하여 생산성과 유연성을 높일 수 있도록 하는 생산공정의 시스템화를 의미한다.

국순당의 자동화 생산라인

국순당 생산공장으로 전 공정이 자동화되어 있다. 자동화를 통해 생산성 향상과 안전하고 청결한 작업장을 운영하고 있다.

2) 스마트 팩토리와 로봇 인공지능을 활용한 생산운영관리

독일, 미국, 일본은 정부와 민간기업 주도 아래 스마트 팩토리 구축사업을 적극적으로 해 왔고, 우리나라도 스마트 팩토리 추진단을 만들어 생산 라인의 스마트 팩토리 구축을 촉진하고 있다. 기존의 제조시설은 공장과 경영관리업무가 서로 분절되어 있었다. 공장에서는 물품 재고관리와 시스템 운영관리를 수기로 적었고 추후에 엑셀로 정리하며 공장 운영 사항을 관리하곤 했다. 공장의 기계에 오류가 생기거나 불량품이 나오는 원인을 파악하는 것에 어려움을 겪기도 했고 정보 전달이 원활하지 않아 즉각적인 대응이 이루어지지 않기도 했다. 이를 개선시키기 위해 등장한 스마트 팩토리는 공장이 스스로 판단하고 이에 따라 작업을 수행할 수 있는 지능화된 공장을 의미한다.

스마트 팩토리는 단순히 사람의 노동력을 대체하는 공장자동화에서 한발 더 나아가 공장의 센서와 기기들로부터 축적된 정보, 빅데이터를 바탕으로 공장 스스로 공정 최적화나 생산 스케줄 수립 등과 관련된 최적의 의사결정을 할 수 있다.

아직까지 현실적으로 스스로 정보를 판단하는 인공지능수준의 시스템 구축은 쉽지 않은 상황이며 대부분 기계의 가동상태, 기계의 파손 및 제품의 하자 발생 가능성 판단 및 예측, 원격 관리 등을 통한 장비의 효율 및 안정성 확대, 생산성 향상, 비용절감에 초점을 두고 있다. 센서를 통해 위험을 감지하면 기계의 작동을 스스로 멈춰 작업장의 사고를 예방하고 이상 징후가 발생하면 즉각 대응할 수 있어 불량품의 수를 줄일 수도 있다. 또 각 생산시설 간 네트워크를 통해 재고 및 수량 정보를 자동으로 전송시켜 효율성 있는 물류관리를 할 수 있고 에너지 및 원료 사용실적과 패턴을 분석해서 자동화 처리하기 때문에 에너지를 절약할 수 있게 한다. 이러한 지능화된 생산설비를 위해서는 필요한 기술인 생산관리시스템(MES)과 전사적 자원관리시스템(ERP)이 서로 IoT로 연동돼 중앙정보처리장치의 일방적 명령이 아닌 작업장 내 모든 설비가 상호 간 또는 중앙정보시스템과 실시간 공유되어야 한다. 또 고객 니즈 저장, 설비부문과 생산방식 간의 통신, 생산정보를 고객사와 공유하기 위해서는 무선주파수인식장치(RFID) 기술 개발과 시스템 구축도 중요하다. 보쉬는 디젤엔진 핵심부품인 연료 인젝터를 생산 시에 RFID 기술을 적용시켜 수십만 가지 제품사양과 실시간 생산정보를 고객사와 공유할 수 있게 됐고 국내 기업 포스코도 RFID 체제를 구축해 창고에서부터 유통기지, 고객사에 도착까지 효율적인 재고 및 유통관리가 가능해졌다. 스마트 팩토리는 고객의 니즈에 따라 맞춤형 소량생

백스터 작업자 협동 로봇

요리사 로봇(야스카와전기의 MOTOMAN)

아마존 물류창고 KIVA 로봇

영국 '몰리 로보틱스(Moley Robotics)'가 개발한 세계최초 로봇 부엌

산을 목표로 한다.

생산라인에서 활용되는 산업용 로봇을 상용화한 지는 매우 오래되었는데, 일본 미쯔비시나 우리나라의 현대중공업이 산업용 로봇 생산업체이다. 한국의 생산제조 라인에서 산업용 로봇 활용률은 전 세계 1위이며, 로봇을 활용한 생산활동은 오래 전부터 우리 곁에 있어 왔다.

로봇은 산업용뿐만 아니라 일상생활에서 쓰이는 청소 로봇 등 서비스 분야로까지 확대되고 있다. 일본 혼다사는 아시모라, 소프트뱅크사는 페퍼라는 로봇을 생산 · 판매하고 있으며, 야스카와(YASKAWA)전기 등도 산업용 로봇과 서비스 로봇을 생산 · 판매하고 있다. 특히 미국 회사 로보티카는 백스터(Baxter)라는 휴머노이드 작업자 로봇을 만들어 시판하고 있다. 백스터 로봇은 미국 리씽크 로보틱스사(Rethink Robotics Inc.)가 개발한 양팔 스마트 협업 로봇이다. 높은 안전성 및 조작이 용이하며 저렴한 가격으로 전 세계 수백 여 개의 대학교 연구소 및 기업에서 사용하고 있다.

생산서비스 운영관리 심화학습용어

- 공급업체(vendor) : 외부에서 지불대상 material이나 용역을 조달하는 비즈니스 파트너. 더 넓은 의미의 공급자(supplier)도 그러한 의미로 많이 사용가능. Supplier는 판매와 관련 없는 트랜잭션에 관계할 수도 있고 또한 내부공급원이 해당될 수도 있음.
- 공장자동화(factory automation) : 에너지 절감, 생산성 및 품질 향상을 위해 공장의 생산공정을 자동화한 시스템
- 기본단위(base unit of measure) : 자재(material) 재고가 관리되는 단위, 시스템은 다른 단위로 입력된 양을 기본단위로 전환. 재고관리(inventory management)에서, 기본단위는 재고보관단위와 동일
- 배치(batch) : 제품 생산 시의 생산단위 수량. Batch의 주요한 특징은 동일 제품에 대한 '동질성(homogeneity)'으로써, 자재관리 모듈인 MM에서는 batch가 동일 재고로 관리되는 자재에 대한 별도로 관리될 수 있는 부분집합으로 구분되어 처리 가능. 하나의 생산로트(production lot)는 여러 개의 batch로 분할 가능
- 생산성(productivity) : 생산에 투입된 생산요소의 효율성을 나타내는 지표.
- 수요관리(demand management) : 수요관리는 완제품과 중요 어셈블리에 대하여 요구수량과 요구일자를 결정하는 것이 목적이며, 완제품의 계획과 생산 · 조달에 사용되는 전략을 기본값으로 지정하며 변경도 가능. 수요관리의 결과는 독립소요량(independent requirement)의 형태를 갖는 demand program이며, 수작업으로 생성될 수 있으며 선행 계획결과(sales plan, aggregate production plan, forecast)를 이용하여도 생성 가능
- 실적원가/실제원가(actual costs) : 특정 회계기간 동안에 특정 오브젝트에 대해서 발생되어진 모든 원가. 실적원가는 오더에 대한 자 품목의 출고, 오더에 대한 확정(confirmation) 또는 출고 및 외부처리(exteranal processing)와 같은 기표가 발생하는 트랜잭션에 대해서도 업데이트됨.
- 실제조원가(manufacturing cost) : 직접 인건비와 같이 직접적으로 제조 및 생산 행위에 사용된 원가와 생산 간접비(production overhead), 특별 직접비(special direct cost) 등으로 구성. 제품 제조원가(cost of goods manufactured)의 일부분이 됨.
- 실행시간(operating time) : 능력(capacity)이 실행되는 시간. 실행시간은 실제 작업시간과 휴식시간, 능력 효율도(capacity utilization)에 의해 구성됨.
- 6시그마(six sigma) : 기업 또는 조직 내의 다양한 문제를 구체적으로 정의하고 계량화하여 완벽에 가까운 기업의 제품이나 서비스를 개발하기 위한 품질경영기법
- 오더(order) : Company조직 내에서 일을 수행하기 위한 오브젝트
- 인더스트리 4.0(industry 4.0) : 사물인터넷(IOT)과 같은 ICT 기반 기술을 활용한 지능형 공장을 구축해 경쟁력을 제고하기 위한 차세대 산업혁명
- 일정계획(scheduling) : 일정계획에서는 시스템이 order나 order의 operation들의 시작 및 종료일자를 계산. 일정계획은 다음에서 기술된 기능들에서 사용됨.
- 자재(material) : 사고팔거나, 소비되거나, 생산되는 물질(substance)이나 상품(commodity); material은 용역일 수 있음.
- 자재원가(material cost) : 직접 자재비와 간접 자재비로 구성되며, 제조원가의 일부분임.

- 작업(operation) : 검사계획(inspection plan), 네트워크(network) 또는 작업오더(work order) 및 공정(routing) 등의 각 단계(step)를 나타냄.
- 작업시설(operating facilities) : 생산에 필요한 시설들로써 다음과 같은 항목들이 있음. 생산도구(machine, plant 등), 생산 자원, 자재 이동 도구, 시설, 에너지, 용품 등
- 전체원가(full costs) : 자재 및 직접 인건비 등이 포함되는 고정비(fixed cost), 변동비(variable cost)의 완제품 총 제조원가
- 처리시간(processing time) : 하나의 특정 작업(operation)에서 자재를 처리하는 데 요구되는 시간. 처리시간은 오더 수량에 종속적이며, 준비시간(setup time)이나 해체시간(teardown time)은 포함하지 않음. 처리시간은 실행시간(execution time)의 일부
- 캐파(capacity) : 특정 시간 동안 Work center가 작업을 수행하는 능력. Capacity들은 capacity category에 따라 구분되고, work center에 할당되어 사용됨.
- 통합제조원가(absorption costing) : 고정비(fixed cost) 및 변동비(variable cost)에 관계없이 모든 제조비용을 분석하는 방법으로, 제품에 관련된 모든 비용은 제조원가로 취급
- 판매계획(sales plan) : 미래의 판매량의 명세(description). 판매계획은 얼마나 많은 제품(material/member)이나 제품그룹(product group)이 판매될 수 있는지를 기술. 판매계획은 수요관리(demand management)와 주 생산계획(master production scheduling)의 시발점(starting point).
- 판매생산계획(sales & operations Planning) : 판매생산계획(SOP)은 과거, 현재, 예측된 미래의 데이터에 기초하여 판매와 생산목표를 설정할 수 있는 예측 및 계획 기능. 또한 이들 목표를 달성하기 위해 요구되는 용량(amounts of capacities)을 결정하기 위해 용량계획(capacity planning)을 수행가능. SOP는 Application Link Enabling(ALE)을 이용하여 분산환경에서 실행가능.
- 품질관리(quality control) : 제품품질의 유지 또는 향상을 위한 관리
- 플랜트(plant) : 공장(plant)은 물품을 생산하거나 용역을 제공하는 조직단위
- 한계비용(marginal cost) : 액티비티(activity)에 따라서 다양하게 변경되는 제조원가. 직접재료비(direct materials), 직접인건비(direct labor), 간접비의 변동비 부분(variable portion of overhead) 등이 포함됨.

제 14 장

마케팅관리를 어떻게 할 것인가?

1. 마케팅의 개념과 특징
2. 마케팅관리의 체계와 4P
3. 고객만족경영과 고객관계경영
4. 브랜드 경영(Brand Management)
5. 온라인 마케팅과 바이럴 마케팅

데이비드 오길비(David Ogilvy) Dove 광고

Rolls royce 광고

경쟁업체보다 고객에 집중하라. 가장 많은 것들을 가르쳐주는 것은 고객이다. 기업이 시장에서 도태되는 것은 경쟁업체가 아닌 고객에 의한 것이다[야나이 다다시, 유니클로 회장].

경제학은 시장을 소비자와 공급자가 수요와 공급에 의해 만나는 물리적 · 비물리적 공간으로 이해한다. 경제학은 시장을 매우 단순화하여 개념화하였지만, 경영학은 그렇게 단순하게 가정하지 않는다. 경영학은 수많은 특성들을 기준으로 하여 시장을 세분화하여 인식하고 경영관리를 할 수 있다고 본다. 제품별 시장이 존재할 뿐만 아니라 동일한 제품시장도 매우 다양하게 세분할 수 있다고 본다. 이를테면 분유시장은 생후 1~3개월, 3~6개월, 6개월~1년 등의 시장이 각각 별도로 존재한다.

마케팅은 제품에 대한 개념을 일반적인 상식과 달리 재정의함으로써 고객들에게 제품구매의욕을 갖도록 할 수 있다. "침대는 가구가 아니다. 침대는 과학이다."는 우리 한국 소비자들에게는 매우 익숙한 침대 광고 카피이다. 일반적으로 인식하지 못하고 있던 새롭고 특이한 특성을 부각시킴으로써 고객들의 주목을 끌 수 있다. "침대는 에이스다."는 에이스 침대를 차별화하는 광고 카피이다.

"250미터 지하 천연 암반수로 만든 하이트 맥주"라는 광고 카피를 내세운 하이트 맥주는 기존의 OB 맥주의 시장점유율을 넘어섰다.

광고의 아버지라고 불리는 데이비드 오길비(David Ogilvy)는 1948년 직원 2명이 휴잇 오길비 벤슨 앤 매더 광고대행사를 세계 최초로 창립하였다. 그는 "광고가 제품의 가치를 함축적으로 표현한 정보인 동시에 고객을 향한 기업의 약속이라 보았다. 때문에 광고할 제품을 3주 이상 연구했고, 광고에 제품의 가치가 정확히 드러나도록 노력했다. 만일 광고에서 말하는 제품의 가치와 제품의 실제 가치가 어긋날 경우 오길비는 과감히 계약을 끊고 광고를 중단시킬 정도로 민감하게 대응했다." 데이비드 오길비(David Ogilvy)의 유명 광고 중의 하나는 "시속 60마일로 달리는 뉴 롤스로이스 차 중에서 가장 큰 소리는 전기 시계 소리입니다."라는 롤스로이스 광고 카피이다.

학습문제

Q1 마케팅이라는 용어는 언제부터 왜 생겨났는가? 세일즈와 마케팅의 차이는 무엇인가?

Q2 CSM이란 무엇인가?

Q3 CRM이란 무엇인가?

핵심용어

마케팅, 4P(Product, Price, Place, Promotion), CSM, CRM,

1 마케팅의 개념과 특징

기업의 가장 기초적이고 본질적인 기능이라면 제품 서비스 생산활동과 함께, 판매하는 일이다. 제품을 아무리 잘 만들더라도 팔지 못한다면 기업은 도산한다.

마케팅에 관한 정의는 경제여건과 정의자의 견해에 따라 매우 다양하다. 미국마케팅학회의 1960년도 정의에 따르면 마케팅이란 '제품과 서비스를 생산자로부터 소비자 또는 사용자에게 흐르도록 하는 기업활동의 수행'이다. 미국마케팅학회는 1985년 3월 '개인과 조직의 목표를 충족시킬 교환을 야기시키기 위하여 아이디어 및 제품, 서비스의 개념화와 가격결정, 촉진, 유통을 계획하고 수행하는 과정'으로 재정의 내렸다.

마케팅 분야의 권위자인 필립 코틀러(Philip Kotler)는 "마케팅은 다른 개인(또는 집단)들과 제품 및 가치[1]를 창조하고 교환함으로써 개인(또는 집단)들이 자신이 원하고 필요로 하는 것을 얻는 사회적 과정이다."라고 하여 "교환과정을 통하여 욕구와 필요를 충족시키려는 인간활동"으로 정의하였다.

한국마케팅학회에서는 "마케팅(Marketing)은 조직이나 개인이 자신의 목적을 달성시키는 교환을 창출하고 유지할 수 있도록 시장을 정의하고 관리하는 과정이다."라고 정의하고, "마케팅관리(Marketing Management)란 고객의 욕구충족과 기업의 목표를 달성하기 위해 관련 자료를 수집 · 분석하여 마케팅전략을 수립하고 실행하며 그 성과를 평가하고 통제하는 행위를 말한다."라고 정의한다[안광호 외 역, 2008 ; 박찬수, 2010 참조].

"(제품 서비스 구매)선택에 영향을 주는 모든 활동"이라는 위너(R. S. Winer)의 정의가 간결하기는 하지만[김상훈, 2004], 판매(sales)가 상대적으로 소극적인 개념이라면 마케팅은 판매뿐만 아니라 능동적이고 선제적이며 전략적으로 시장소비자(구매자)의 구매행동에 영향을 주려는 활동들을 포함한다. 즉 마케팅은 "상대방과의 교환이 바람직하게 일어나도록 하기 위한 모든 활동", "상대방과의 장기적이며 호혜적인 교환관계를 개발하고 유지하기 위한 활동", "가치의 자발적인 교환활동", "교

1 가치(value)란 제품이나 서비스가 소비자의 기본적인 욕구 및 필요를 충족시키거나 문제를 해결해 줄 수 있는 능력에 대한 추정치이다. 소비자는 그가 지불해야 하는 가격과 이러한 가치를 대비하여 교환여부를 결정하게 된다.

환의 잠재력을 증대시키고 실제적 교환으로 구체화시키는 활동" 등의 개념을 포함한다. 마케팅관리는 경영성과(이윤, 매출성장, 시장점유율 등)를 효과적으로 달성하기 위하여 시장의 잠재고객들과의 유익한 교환관계를 개발하고 유지하기 위한 프로그램을 계획 · 실행 · 통제하는 경영관리 활동이다.

마케팅의 개념은 생산과 동일하다는 접근시각부터 시작해서 사회적 마케팅 개념으로 진화해 왔다.

생산 콘셉트 (Production Concept)	제품 콘셉트 (Product Concept)	판매 콘셉트 (Selling Concept)	마케팅 콘셉트 (Marketing Concept)	사회적 마케팅 콘셉트 (Societal Marketing Concept)
• 생산 = 구매 • 초점 : 어떻게 생산하며 생산된 제품을 이떻게 어떤 유통망을 통해 소비자에게 전달할 것인가? • 선행조건 1. 수요 과잉 시장 2. 생산성이 기업의 성과에 지대한 영향을 미쳐야 함.	• 소비자는 보다 나은 제품을 선호. • 초점 : 제품의 개발 및 향상 • 주의사항 1. 소비자는 제품 관련 속성 이외의 사항도 고려 2. 마케팅 근시안(Marketing Myopia)에 빠지지 않도록 함.	• 판매지향적 촉진 노력이 없으면 소비자는 해당 제품을 구매하지 않음 (공급 > 수요) • 적극적으로 원하여 구매하고자 하는 제품이 아닌 경우 등에 효과적으로 적용 가능. • 관계지향적인 오늘날 마케팅의 기본목적과는 거리감이 존재.	• 경쟁자들보다 효과적으로 목표 고객의 욕구와 니즈를 파악해야 함. • 5가지 기준 1. 기업의 초점 2. 비즈니스 종류 3. 목표 고객 4. 기업의 목적 5. 목적달성 수단	• 마케팅 콘셉트와 동일 • 사회 전체의 복지를 증대시키는 방향으로 마케팅 활동을 수행해야 함. • 환경 친화적인 제품(Green Product)과 기업들이 소비자로부터 보다 나은 평가를 받게 됨.

또한 마케팅 패러다임 측면에서 보면 마케팅은 제품중심의 마케팅(Product-centric Marketing)인 마케팅 1.0, 고객지향적 마케팅(Customer-oriented Marketing)인 마케팅 2.0, 그리고 가치지향적 마케팅(Value-driven Marketing)인 마케팅 3.0으로 진화해 왔다.

필립 코틀러(Phillip Kotler)는 4차 산업혁명에 따른 시장 변화를 '마켓 4.0'으로 설명하면서 초연결성을 강조한다. 사람들이 몰리는 곳은 물리적 공간에만 있지 않으며, 수요는 분산되어 있고, 이질적인 시장이 공존하는 세상이 시장의 특성이 되었다는 것이다. 사회는 수직적 사회에서 수평적 사회로 변모하고 있고 시장은 아이디어를 공급하고, 기업은 그 아이디어를 상품으로 만들고 있다고 보았다. 필립 코틀

	마케팅 1.0	마케팅 2.0	마케팅 3.0
	제품중심의 마케팅 (Product-centric Marketing)	고객지향적 마케팅 (Customer-oriented Marketing)	가치중심의 마케팅 (Value-driven Marketing)
목적	제품판매	고객만족과 고객유지	세상을 더 좋은 곳으로 만들기
실현 가능하게 하는 힘	산업혁명	정보기술	뉴웨이브 기술(New Wave Technology)
기업이 시장을 보는 방식	물질적 니즈를 가진 대량구매자(Mass Buyers with Physical Needs)	마인드와 마음을 가진 더 스마트한 소비자 (smarter consumer with mind and Heart)	마인드, 마음과 정신을 가진 전인적 인간(whole human with mind, heart and spirit)
핵심 마케팅 개념	제품 개발(product development)	차별화(differentiation)	가치 포함(value)
회사의 마케팅 가이드라인	제품 구체화(product specification)	회사와 제품의 포지셔닝 전략	
고객에의 가치제공 (value proposition)	기능적 용도 (functional)	기능적 용도와 정서적 가치	기능적·정서적·정신적 가치(functional, emotional, sprotual)
고객과의 상호작용방식	일대 다수 거래	1:1관계	다수대 다수의 협동 (many to many collaboration)

러는 4차 산업혁명과 궤를 같이하는 시장의 새로운 변화와 시대에 걸맞은 새로운 마케팅 툴과 전략으로 디지털로 모든 것과 모두가 연결된 시대에 더 많은 고객이 참여할 수 있도록 진화할 것을 강조하고 있다. 공동 창조(co-creation), 통화(currency), 공동체 활성화(communal activation), 대화(conversation)라는 4C로 재정의되어야 기업의 생존 확률을 높일 수 있다고 한다.

마케팅관리 활동과 성과는 다음과 같은 특징이 있다[김재일, 2005 참조]. 첫째, 마케팅활동에는 광고, 가격, 품질 등 다양한 변수가 존재하고 이들이 상호작용을 일으키기 때문에 개별 투입요소에 대한 매출효과를 산출하기도 힘들다. 즉 '광고비 20 증가에 매출액 10 증가' 식의 1:1대응이 불가능한데, 이는 광고 이외에 가격할인과 같은 다른 변수에 의해 매출이 영향을 받을 수 있기 때문이다. 게다가 시장에는 여러 기업들이 경쟁하기 때문에 반사이익과 같은 경쟁효과도 존재하게 된다. 따라서 시장에서의 성과를 반드시 특정 기업의 마케팅활동에 대한 반응으로 연결시키기에는 다소 무리가 따른다고 할 수 있다.

둘째, 마케팅활동에는 점화수준과 포화수준이 존재한다. 점화수준(threshold

level)이란 소비자의 구매행동을 촉발하는 데 필요한 최소한의 마케팅활동수준을 가리키는 것으로, 한두 번의 광고를 통해 매출이 쉽게 증대되지 않는다는 점을 설명한다. 반대로 포화수준(saturation level)은 마케팅활동을 증가시켜도 더 이상 매출이 증대되지 않는 수준을 가리키는 것으로, 마치 설탕을 물에 녹일 때 물의 온도와 양에 따라 어느 정도 이상이 되면 더 이상 용해되지 않는 것에 비유할 수 있다. 그러나 점화수준과 포화수준은 절대영점과 같이 불변이라기보다는 소비자들의 수나 소득의 변화에 따라 가변적인 성격을 지니고 있으므로, 적절히 이를 고려하면서도 그 폭을 넓힐 수 있는 방안을 개발하는 것이 중요한 문제가 된다.

셋째, 마케팅활동의 성과는 마케팅활동을 한 후 일정시간 이후에 효과가 나타나는 시차(time lag)가 있다. 반대로 형성된 시장반응이 시간이 흐름에 따라 서서히 감소하는 쇠퇴효과(decay effect)도 나타난다. 마케팅의 시차효과의 변화를 고려해 마케팅을 수행할 필요가 있다.

2 마케팅관리의 체계와 4P

기업의 마케팅관리는 소비자만족의 극대화를 통한 소비자생활의 질 향상을 목표로 하여, 제품 · 가격 · 유통 · 촉진의 네 가지 활동을 관리함으로써 이루어진다.[2]

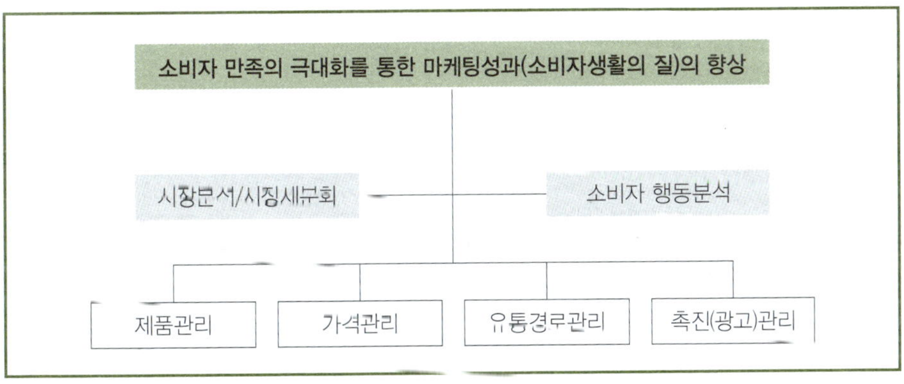

2 이에 대한 자세한 내용들은 상급학년에서 「마케팅관리론」이나, 「가격관리론」 또는 「촉진관리론」, 「소비자행동론」 등을 통해 배우게 될 것이다.

1) 마케팅관리의 목표 및 성과

마케팅관리의 목표 및 성과는 소비자만족의 극대화를 통한 마케팅성과의 향상이다. 마케팅성과는 회사 측 입장에서는 매출액의 증대, 시장점유율의 향상, 단골고객의 증가(소비자의 제품충성도) 등이며, 소비자 입장에서는 '소비생활의 질 향상'이라고 할 수 있다.

충성고객

할리데이비슨과 애플에는 있지만 현대차나 삼성전자에는 없는 것이 무엇일까? 바로 '충성스러운 고객'이다. 애플에는 아이폰 출시일에 맞춰 조금이라도 먼저 제품을 손에 쥐기 위해 밤을 새워가며 줄을 서는 팬들이 있다. 반면 삼성전자에는 갤럭시를 얻기 위해 줄을 서는 팬들이 없다. 이 문제는 사실 오래전부터 한국 기업들의 관심대상이었다.

순고객추천지수

애플은 '고객의 삶을 풍요롭게'라는 미션하에 모든 매장에서 NPS(순고객추천지수)를 성공의 척도로 사용하고 있다. 매일 근무 시작 전 매장 직원들은 전날 방문 고객 중 비추천고객이 있는 경우 근본 원인과 해결책에 대해 논의한다. NPS가 높은 경우 서로 박수와 응원을 보내는 것으로 하루 일과를 시작한다. NPS를 일선 매장에까지 가장 적극적으로 도입했다. 고객불만은 적절한 조치를 취할 수 있는 레벨의 직원이 직접 관리할 필요가 있다. 애플의 경우 매장 매니저가 NPS 점수를 0~6점을 준 고객에게 직접 전화를 한다. 매장 매니저들은 실수에 대해 고객에 사과하고 근본원인을 조사한다. 해결 방안을 도출한 후에는 해당 고객을 응대한 팀과 교훈을 공유한다.

사회적 마케팅은 기업이 경제적 돈벌이에만 관심을 두는 것에서 벗어나, 소비자 생활의 질 향상뿐만 아니라 사회적 책임과 윤리적 경영을 준수하는 것이 마케팅성과로 인식하는 개념이다.

2) 시장분석, 시장세분화, 표적시장, 포지셔닝, 소비자행동분석

마케팅활동 용어	개념
시장 (market)	특정한 제품으로서 충족될 수 있는 욕구를 갖고 있으며, 그것을 선택하려는 의도와 구매능력을 갖춘 개인이나 조직의 집합이다. 간혹 수요와 혼용되기도 함.

시장세분화 (market segmentation)	전체시장을 구성하고 있는 잠재고객들을 어떠한 기준에 의하여 유사한 하위집단으로 분리하는 과정이다. 이때 사용되는 기준을 시장세분화 변수 또는 시장세분화 근거라고 하며 시장세분화의 결과로서 도출된 하위집단을 세분시장 또는 하위시장이라고 함.
시장조사 (market research)	특정한 시점에 있어서 시장의 구성과 고객들의 행위특성에 관한 조사로서 여러 가지 요인들의 가변성은 고려하지 않는 정적인 개념임.
표적시장 (target market)	시장세분화의 결과로 도출된 여러 세분시장 중에서 마케팅노력을 특별히 집중시키려는 주고객시장 또는 시장세분화를 거치지 않은 상태에서 전체시장임. 표적시장의 선정기준은 규모, 미래의 성장전망, 경쟁상황 등을 포함하며 표적시장을 선정하기 위한 기본적인 전략에는 제품/시장 전문화, 제품전문화, 시장전문화, 선택적 전문화, 완전포괄 등 다섯 가지의 기본형태가 있음.
STP	마케팅전략의 기본적인 구성요소를 함축적으로 나타낸 기호로서 시장세분화(segmentation), 표적시장의 선정(targeting), 목표 포지션의 결정(positioning)을 의미하며 이 다음에 이어지는 단계는 마케팅믹스의 개발임.
AIO	라이프 스타일을 묘사하기 위한 활동(activities), 관심(interests), 의견(opinions)의 측면들을 말함.
틈새시장 (niche market)	전체시장을 세분한 결과 규모가 아주 작은 세분시장에서는 기업들의 관심이 적을 것인데, 오히려 이러한 소규모 세분시장에서 전문화한다면 수익성이 높을 수 있다. 이러한 세분시장을 표적으로 하는 마케팅을 틈새 마케팅이라고 함.
TPO	소비자 행동에 영향을 미치는 상황요인으로서 시간(time), 장소(place), 계기(occasion)임.
효용 (utilities)	재화가 인간의 욕구를 충족시키는 데 기여하는 측면으로서 형태효용, 시간효용, 장소효용, 소유효용 등 네 가지 기본적인 유형이 있다. 이 중 형태효용이란 적당한 공정을 거쳐 원재료를 제품으로 변환시킬 때 창출되는 부가가치로서 주로 생산활동의 산물이다. 이에 반하여 나머지 세 가지 효용은 각각 보관, 수송, 소유권 이전을 통하여 창출되는 부가가치임.
효익 (benefits)	제품이나 어떠한 행동이 소비자가 '원하는 바'를 충족시켜 줄 수 있는 측면으로서 대체로 소비자의 기본적인 욕구에 관련된다. 일반적으로 치약은 소비자에게 충치예방, 구취제거, 미백효과, 신경치료 등의 효익을 제공함.
포지션 (position)	기업이나 제품, 상표 등의 마케팅 대상들이 잠재고객들의 마음 속에서 그려지는 모습이다. 잠재고객들은 결정적인 속성들의 차원에 따라 마케팅대상을 지각하며 그러한 신념들의 총체가 포지션이 된다 는이미지
포지셔닝 (positioning)	마케팅목표를 효과적으로 달성하기 위하여 바람직한 목표 포지션을 결정하는 일로서 결국 잠재고객들의 지각 속에서 자리매김을 결정하는 것이다.
포지셔닝 전략 (positioning strategy)	경쟁구조분석과 잠재고객의 욕구구조분석을 근거로 하여 바람직한 목표 포지션을 정의한 후, 적절한 마케팅믹스를 개발하여 커뮤니케이션하는 일이다.

4P	마케팅믹스를 구성하기 위한 의사결정들을 네 범주로 나누었을 때 제품분야(product), 가격분야(price), 경로분야(place), 촉진분야(promotion)를 의미하며 마케팅도구나 마케팅 의사결정 변수를 의미한다.
잠재적 수요 (latent demand)	많은 잠재고객들이 제품에 대한 열망은 공유하고 있으나 실제로 그러한 제품을 가용하지 않은 수요상태이다.
소비자 행동 (consumer behavior)	제품을 탐색, 평가, 획득, 사용 또는 처분할 때 개인이 참여하는 의사결정과정과 신체적 활동을 말한다.
준거집단 (reference group)	규범, 가치, 신념을 공유하며 묵시적 또는 명시적 관계를 가짐으로써 구성원들의 행동이 상호 의존적인 두 명 이상의 모임. 관계의식으로 인하여 개인이 자신의 태도와 행동의 근거로 삼으려는 관점과 가치를 제공하는 집단.
애쉬현상 (ash phenomenon)	준거집단의 묵시적인 압력에 의하여 개인의 판단이나 행동이 왜곡되는 현상.
중앙소구 (pyramidal order)	메시지 내에서 가장 강한 소구를 중앙에 두는 대안. → 점증소구, 점강소구
소비자의 제품(서비스)에 대한 지각과정 (perception process)	소비자의 정보처리과정은 크게 자극에 노출, 주의, 해석, 활용 및 저장으로 이루어지는데 이 중 앞의 세 단계를 지각과정이라고 한다. 정보처리의 각 단계는 자신의 기존 신념과 태도를 지지하거나 문제 해결에 도움이 되는 정보만을 자발적으로 선택함으로써 선택적인 성격을 갖는다.
지각된 위험 (perceived risk)	상표선택의 결과가 내포하는 불확실성에 기인하여 주관적으로 지각하는 위험으로서 예상되는 결과에 따라 경제적 위험(재무적 위험), 성능위험(기능위험), 신체적 위험, 심리적 위험, 사회적 위험, 시간손실, 미래기회의 상실 등이 있다.

(1) 시장조사 및 시장분석

시장조사는 마케팅조사(marketing research)라는 용어와 혼용되는데, 제품과 서비스를 마케팅하는 데에 관련된 문제에 대하여 객관적이며 정확한 체계적인 방법으로 자료를 수집 · 기록 · 분석하는 일이다. 의사결정자의 정보욕구를 진단하고 그러한 정보에 관련되는 변수들을 선정한 후, 유효하고 신뢰성 있는 자료를 수집 · 기록 · 분석한다. 마케팅분야에 있어서 문제 확인과 해결에 관련된 정보를 획득 · 분석 · 종합하기 위한 체계적이며 객관적인 과정이자, 고객과 환경요인의 변화를 고려한다는 점에서 시장조사보다 포괄적이며 동적인 개념이다.

또한 기업은 제품형태를 근거로 한 포지셔닝 분석, 소비자가 '원하는 바'에 따른 제품형태 대안들(냉동건조 커피, 인스턴트 커피, 탈카페인 커피, 그라운드 로스터 커피)의 포지션을 평가하거나 특정한 제품형태의 시장잠재력을 평가하는 시장구조분석(market structure analysis)을 실시할 수 있다.

(2) 시장세분화

시장세분화(market segmentation)란 전체시장을 내부적으로 유사하고 외부적으로 상이한 하위집단으로 분리하였을 때 도출되는 하위시장들을 말한다. 시장은 여러 가지 기준에 의해 특성과 규모가 다른 여러 가지의 시장으로 나누어 인식할 수 있다. 경영학이 시장을 단순히 동질적인 1개의 시장으로 인식하는 경제학보다 우월한 학문임을 말해 주는 중요한 개념이 세분시장(시장세분화)이라고 할 수 있다.

마케팅계획 작성 예

변수		세부내용	비고
지리적 변수	국내 시장 구분	1순위 : 서울, 2순위 : 경기, 3순위 : 광역시, 4순위 : 중소도시	서울, 경기
	런칭 대상 Market	서울 : 25개 구, 경기 : 3개 시	서울 : 강남, 양천, 노원, 송파 경기 : 고양, 안양, 분당
인구통계적 변수	타깃 연령	사업 타깃 : 초등학생, 중하생, 고등학생	학생 : 7~13세(초등) 학부모 : 35~45세
	성별	학생 : 남자·여자, 학부모 : 남자·여자	학부모는 어머니만 대상
	소득	월평균 20만 원 이상 사교육비 지출하는 소득수준대(2010 사교육비조사)	300만 원 이상 소득 수준자
	학생 성적순위별	월평균 20만 원 이상 사교육비 지출하는 성적순위 비율(2010 사교육비조사)	성적순위 60% 이내
심리적 변수	사회적 신분	하위층, 중하위층, 중산층, 상류층, 노동자층, 고위층 등	중하위층, 중산층, 상류층
	라이프 스타일	• 학생 : 학원참여, 개인 및 그룹 과외, 학습지, 인터넷, 방과후학교 등 • 학부모 : 싱글, 기혼(자녀 유), 맞벌이, 외벌이 등	• 학생 : 사교육받는 대상 • 학부모 : 기혼자 중 여성
행동학적 변수	영어학원 이용 형태	Premium 영어어학원, lap-School형 영어학원, 내신 대비 보습영어학원 등	Premium 영어학원
	혜택(이점)	품질, 서비스, 경제성(가격), 편리성	품질 및 서비스
	사용자 유형	사용 경험 無, 지속적 사용자, 교차사용자, 잠재적 사용자 등	지속적, 잠재적 사용자
	시장 충성도 정도	없음, 약함, 중간, 강함, 절대적 등	중간, 강함, 절대적
	제품에 대한 태도	정열적, 적극적, 소극적, 무관심, 부정적, 적대적 등	정열적, 적극적, 소극적

개별적 특성 변수	상품가격의 수용성	•고비용이더라도 품질이 좋으면 수용하는 계층 •합리적인 가격(중간가격)이면서 품질이 좋으면 수용하는 계층 •저비용으로 품질을 원하는 계층	•고비용 수용자 •합리적 가격 수용자
	리스크에 대한 태도	•신규 학원에 대한 리스크를 수용하는 계층 •기본 검증되어야 수용하는 계층 •시장에서 안정화되어야 수용하는 계층	1차 : 리스크 수용층 2차 : 기본 검증 수용층
	정보 신뢰 수용도	1. 주변 학부모 · 지인 추천 2. 학원 직접 방문 상담 3. 인터넷 검색 등	시장조사

(3) 소비자행동

소비자행동(consumer behavior)이란 제품을 탐색, 평가, 획득, 사용 또는 처분할 때 개인이 참여하는 의사결정과정과 신체적 활동을 말한다.

소비자행동분석은 소비자가 제품(서비스)을 구매하는 과정에서의 행동 및 태도를 과학적으로 분석하여 소비자로 하여금 제품(서비스)을 구매하도록 하는 원리와 방법에 관한 지식과 통찰을 얻는 활동이다. 사람들의 행동은 그 개인의 행동 및 태도가 준거집단에 의해 영향받는 경향이 있는데, 소비자의 구매행동 역시 준거집단의 영향을 받는 경우가 많다.

또한 소비자의 행동은 대상물(제품, 서비스)이나 인물(영업사원이나 제품 광고모델)에 대한 인지(congintion) 및 지각(perception) 과정과 태도와 신념 및 가치관과 그에 따른 선택된 행동이므로 소비자의 스키마(schema)[3]나 신념[4] 등이 작용하게 된다.

소비자의 행동은 사회문화적 · 관습적인 것에 의해 형성되고 반복될 수 있으므로 기업은 소비자의 습관적 구매행동[5]을 파악할 필요가 있다.

---

3 소비자의 스키마(schema)는 소비자가 어떤 태도대상에 대하여 기억 속에 저장해 갖고 있는 일반화된 지식체계이다. 다양한 정보단위의 연상과 조합으로 구성되어 이미지나 포지션의 근거가 되는데, 예를 들어 갈증이라는 일반화된 지식체계는 코카콜라, 여름, 심한 운동 등을 포함한다.

4 소비자의 신념(beliefs)은 어떤 지각대상에 대하여 소비자가 갖고 있는 주관적인 판단으로서 객관적인 사실과는 다를 수 있다. 실제로 소비자는 자신의 신념을 근거로 하여 자극들을 해석하고 평가하기 때문에 신념은 객관적인 사실보다 중요하다.

5 습관적 구매행동(habitual buying behavior)이란 과거경험을 근거로 하여 만족을 보증하고 정보탐색과 상표평가의 필요성을 감소시켜 나타나는 단순화된 의사결정과정을 말한다.

3) 마케팅믹스

기업이 마케팅관리를 하면서 다루는 수단의 조합을 마케팅믹스(marketing mix)라고 하는데, 이는 제품(Product), 가격(Price), 유통(Place), 촉진(Promotion)을 말하며, 영문 머리글자를 따서 4P라고 한다.[6] 마케팅믹스(marketing mix)는 마케팅목표를 가장 효과적으로 달성하기 위한 마케팅도구들에 관한 의사결정의 조합이다. 대체로 마케팅환경요인에 적응하면서 잠재고객이 '원하는 바'를 충족시키기 위한 총체적인 수단으로 간주된다.

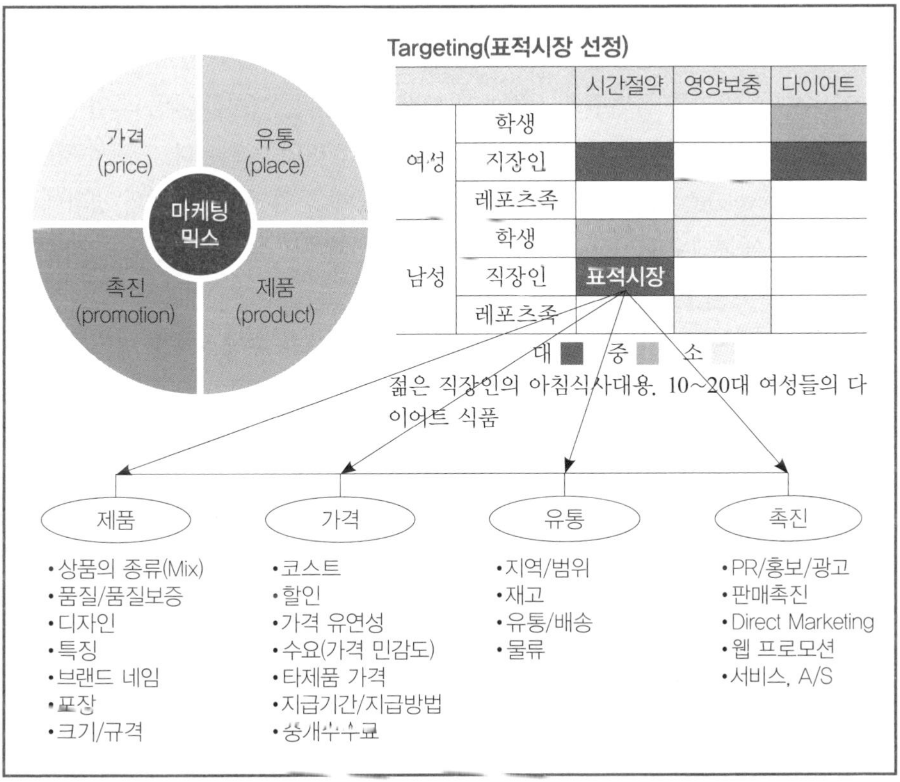

6 한편, 4P는 기업의 일방적인 관점에서 구축된 것이라는 데에서 한계를 가지고 있으므로, 기업과 고객의 양자가 고려된 관계중심적인 관점에서 구성되어야 한다는 주장도 나타난다. 이러한 문제점을 극복하기 위하여 인터넷 환경하에서의 마케팅믹스로 5C 개념을 제안하기도 한다. 5C는 Collaborariton, Contentware, Commitment, Communication, Channel을 말한다[양석준, 2005].

(1) 제품관리

제품(product)이란 "고객들의 기본적인 욕구를 충족시키거나 문제를 해결해 줄 수 있는 모든 것들"을 의미한다.[7] 마케팅 담당자들은 마케팅 개념에 따라 잠재적인 고객들의 욕구나 문제를 확인하고 그것을 충족시킬 최적의 마케팅믹스를 개발하여 제공함으로써, 고객만족을 창출하고 이윤을 획득하려고 한다. 제품은 고객만족을 제공하는 마케팅믹스의 가장 중심적인 위치에 있다. 제품은 한 가지만 출시하지 않고 제품의 깊이와 폭으로 구성된 제품라인을 관리할 필요가 있다[안광호 외 역, 2008 참조].

모든 제품은 수명을 갖고 있다. 즉 제품은 고객의 잠재적 욕구실현을 위해 처음 시장에 도입된 후 고객만족을 창출하면서 인기를 끌다가 가치를 잃게 되면 다른 욕구충족 수단에 자리를 물려주고 시장에서 퇴장하게 된다. 이러한 제품의 일생을 제품수명주기라고 하는데, 이를 이해하는 것은 제품관리의 기초이다. 제품수명주기(product life cycle)는 신제품이 개발되어 처음 시장에 도입된 후, 시간의 경과에 따라 나타나는 매출액수준(시장수요)의 변화패턴으로 대체로 도입기, 성장기, 성숙기, 쇠퇴기로 구분된다.[8]

마케팅 담당자들은 자신들이 책임지고 있는 각 상품의 수명주기를 반드시 인지하고, 그 상품이 얼마나 오랫동안 각 단계에 머물러 있을 것인지 예측할 필요가 있다. 만약 상품이 성숙기에 오랫동안 있을 것으로 예상된다면, 한참 후에 대체상품

제품라인

7 마케팅에서 제품(product)이란 인간의 욕구를 충족시키는 데 이용될 수 있는 모든 수단(욕구충족 수단)을 지칭하며, 유형재뿐만 아니라 무형의 서비스, 사람, 장소, 조직, 아이디어, 활동 등을 포함한다. 또한 모든 제품은 기능적 속성과 상징적 속성 및 부수서비스의 세 가지 측면으로 구성된다.

8 제품믹스(product mix)는 생산자든 중간상인이든 마케터가 자신의 고객들을 위하여 시장에 제공하고 있는 모든 품목들의 목록이다. 제품믹스는 폭, 깊이, 길이, 일관성의 측면을 갖는다.

이 출시될 수 있다. 성숙기가 짧을 것이라 예상된다면, 새로운 상품은 훨씬 일찍 출시되어야 할 것이다. 세계적으로 선도적인 컴퓨터 마우스 회사인 로지텍(Logitech)은 기술기반 액세서리들이 가지고 있는 짧은 제품수명주기가 문제였다. 마이크로소프트(Microsoft)와 같은 강력한 경쟁자가 있는 산업에서 로지텍은 자주 새로운 상품을 출시해야만 했고, 현재 흐름에 맞춰 모든 상품을 무선으로 바꾸어, 과거 4년여간 경쟁자들을 능가하며 판매에서 엄청난 성장을 하게 되었다[Pride 외, 2005 : 404].

제품수명주기를 통해 얻어진 제품에 대한 이해를 바탕으로 기업은 본격적인 제품관리활동에 착수하게 된다. 제품관리는 마케팅 환경요인의 변화에 대응하여 제품의 구성을 조정하는 활동을 말하는 것으로, 시장에서 자사의 제품이 소비자의 욕구와 필요에 효과적으로 대응하는 것을 목표로 한다. 따라서 제품을 관리한다는 것은 시장의 변화를 검토하여 시장의 욕구와 필요에 부응하도록 제품의 구성을 끊임없이 조정하는 일이다. 이는 구체적으로 제품수명주기상의 모든 단계에서의 제품수정활동, 쇠퇴기에서의 기존제품의 폐기의사결정, 그리고 신세품의 개발을 통한 새로운 제품의 추가 등 세 가지로 구성된다.

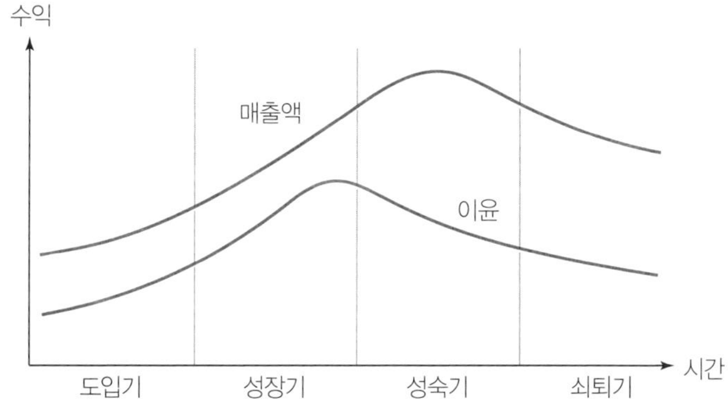

자료 : Pride 외, 2005 : 402.

선매품(選買品, shopping goods)

제품에 대한 완전한 지식이 없으므로 구매를 계획하고 실행하는 데 많은 시간과 노력을 소비하며, 여러 제품을 비교하여 최종적으로 결정하는 구매행동을 보이는 제품이다. 식품 · 기호품 · 일상용품 등 최소한의 노력으로 구매를 결정하는 편의품에 비하여 구매단가가 높고 구매횟수가 적은 것이 일반적이다. 소매점의 중요성이 높고, 선매품을 취급하는 상점들이 서로 인접해 하나의 상가를 형성하며 발전한다. 구매자가 비교하는 대상에 따라 동질적 선매품(homogeneous goods)과 이질적 선매품(heterogeneous goods)으로 나누어지는데, 동질적 선매품은 냉장고 · 가스렌지 · 텔레비전 · 세탁기 등과 같이 상표는 다르더라도 제품이 표준화되어 유사한 특징을 가진다. 가격이 중요한 선택기준이 되며 수요가 탄력적이다. 또한 이질적 선매품은 의류 · 가구 · 구두 등 상표가 표준화되지 않고 제조업체에 따라 차이가 크므로 구매자가 제품특성을 비교하기 위하여 구매에 시간과 노력을 많이 소비하는 제품이다. 이 경우에는 품질 · 스타일 · 욕구에 대한 적합성이 중요한 선택기준이 되므로 판매원의 역할이 중요하게 작용하며, 수요가 비탄력적이다.

편의품(便宜品, convenience goods)

제품에 대하여 완전한 지식이 있으므로 최소한의 노력으로 적합한 제품을 구매하려는 행동의 특성을 보이는 제품. 식료품 · 약품 · 기호품 · 생활필수품 등이 여기에 속하며, 구매를 하기 위하여 사전에 계획을 세우거나 점포 안에서 여러 상표를 비교하기 위한 노력을 하지 않으므로 구매자는 대체로 습관적인 행동 양식을 나타낸다. 따라서 구매할 필요가 생기면 빠르고 쉽게 구매를 결정하며, 선호하는 상표가 없더라도 기꺼이 다른 상표의 제품으로 대체한다. 또 단위당 가격이 저렴하고 유행의 영향을 별로 받지 않으며, 상표명에 대한 선호도가 뚜렷하다. 그러므로 편의품을 판매하는 소매점의 특성은 별로 중요하지 않으며, 판로의 수가 많을수록 좋다. 편의품은 다시 필수상품(staple goods) · 긴급상품(emergency goods) · 충동상품(impulse goods)으로 나누어지는데, 필수상품은 일상적으로 구매와 소비를 반복하는 제품으로 가까운 장소에서 최소의 노력으로 구매되며, 이때 정보탐색은 거의 일어나지 않는다. 긴급상품은 긴급한 상황에서 구매되는 것이므로 가격이 높더라도 구매될 수 있으며, 또한 충동적인 동기에서 구매되는 충동상품의 경우에는 제품의 시장노출과 포장이 구매에 촉진적인 역할을 한다.

전문품(專門品, specialty goods)

상표나 제품의 특징이 뚜렷하여 구매자가 상표 또는 점포의 신용과 명성에 따라 구매하는 제품. 비교적 가격이 비싸고 특정한 상표만을 수용하려는 상표집착(brand insistence)의 구매행동 특성을 나타내는 제품으로, 자동차 · 피아노 · 카메라 · 전자제품 등과 독점성이 강한 디자이너가 만든 고가품의 의류가 여기에 속한다. 구매자가 기술적으로 상품의 질을 판단하기 어려우며, 적은 수의 판매점을 통해 유통되어 제품의 경로는 다소 제한적일 수도 있으나, 빈번하게 구매되는 제품이 아니므로 마진이 높다. 전문품의 마케팅에서는 상표가 중요하고 제품을 취급하는 점포의 수도 적기 때문에 생산자와 소매점 모두 광고를 광범위하게 사용한다. 생산자는 소매점의 광고비를 분담해 주거나 광고 속에 자사의 제품을 취급하는 소매점을 소개하는 협동광고를 실시하기도 한다.

(2) 가격관리

가격(price)이란 소비자가 제품을 구입할 때 지불하는 대가로서 화폐액으로 표시되며, 시장에서의 제품의 교환가치로서 보다 구체적으로는 구매자들이 특정 제품을 구매함으로써 얻게 되는 효용에 부여된 가치이다. 가격결정은 기업의 수익과 이윤에 직접적으로 영향을 미치며, 생산요소들의 결합형태에도 영향을 준다는 점에서 마케팅활동의 성패에 매우 중요한 활동이다.

기업의 가격관리활동은 최초의 가격결정과 상황에 따라 결정된 가격의 조정으로 이루어진다. 최초의 가격결정은 기준가격의 설정이라고도 불리는데 제품, 시장, 기업조직 자체의 특성에 따라 차이가 있으나 일반적으로는 가격목표의 설정, 가격전략의 방향설정, 가격산정, 최종가격의 결정이라는 과정을 거친다. 이때 최초가격결정은 제품에 대한 수요, 원가구조, 경쟁제품의 가격과 품질, 그리고 법적 요인 등의 영향을 받는다.

가격관리에서 기업은 시장의 확대나 현재의 고객층을 유지하는 것 등을 목표로 정할 수 있다. 기본적인 가격전략의 방향은 경쟁기업의 가격에 따라 달라지는데, 경쟁기업에 비하여 상대적으로 고가격을 책정하는 고가격전략, 동일하게 책정하는 대등가격전략, 그리고 상대적으로 싸게 책정하는 저가격전략 등이 있다.

가격전략의 방향이 설정되면 가격을 어떤 방식으로 추산할 것인가를 결정하고 이에 따라서 생산된 제품의 원가에 기준하거나 혹은 목표로 하는 수익률을 기준으로 가격의 범위를 결정한 후 최종적으로 소비자에게 제시될 가격을 결정한다. 그러나 한번 결정된 가격이 소비자에게 항상 일정하게 제시되는 것만은 아니며 상황에 따라 적절하게 인상되거나 인하되기도 한다[안광호 외 역, 2010 참조].

지역별, 성별, 연령에 따라 세분화된 시장별로 가격을 달리 책정하는 가격차별화 전략[9]을 통해 마케팅성과를 향상시킬 수 있다. 지역별 가격차별화 방법으로는(지역적 가격정책, geographic pricing policies) 수송비의 부담이 점차로 가중됨에 따라 시장의 지역적 위치, 생산시설의 입지, 지역별 경쟁상황 등을 고려하여 수송비를 효과적으로 다루기 위한 가격정책이다. 즉, 생산지점 가격정책, 균일가격 인도정책, 지역별 균일가격 인도정책, 기점 가격정책, 수송비흡수 가격정책이다. 경제학은 수요와 공급량에 의해 가격이 변동한다고 매우 단순하게 생각하지만 마케팅에서는 시

9 가격차별화(price discrimination)는 제품 또는 서비스의 원가가 동일함에도 불구하고 두 개 이상의 (세분)시장에 대하여 다른 가격을 적용하는 일이다.

가격맞춤화전략

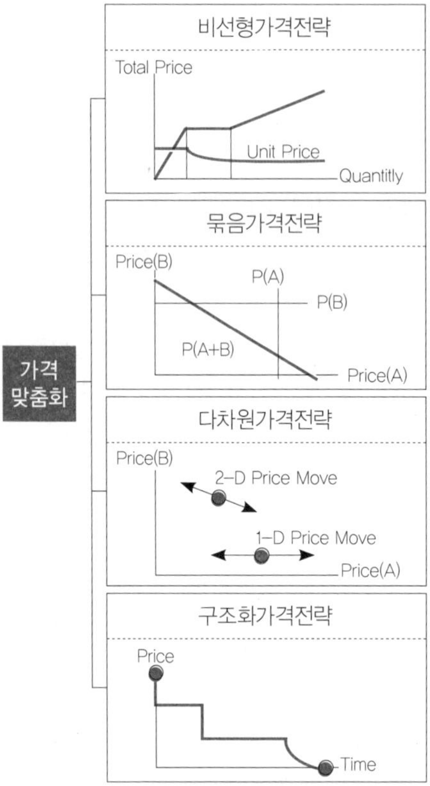

전략	의미	방법
비선형가격전략	고객의 구매 수량에 따른 맞춤가격 제공	•고객의 구매 물량 증가에 따른 차별적 가격할인 혜택 제공 •수량할인, 이중 요율, 이단계 요율, 복수 이중 이율, 가격 포인트 등
묶음가격전략	고객의 구매 품목에 따른 맞춤가격 제공	•고객이 다른 제품 혹은 서비스와 통합 구매를 할 때 차별적 가격할인 혜택 제공 •언번들, 순수번들, 혼합 번들 등
다차원가격전략	고객의 구매 형태에 따른 맞춤가격 제공	•긴밀히 연관된 복수의 가격 요소들을 전략적으로 연계 •이중 가격제, 내구/소모품 연계 가격, 유료할인 멤버십 등
구조화가격전략	고객의 구매 여건에 따른 맞춤가격 제공	•고객의 지불여력 및 재무계획을 고려한 가격체계 구조화 •분할 소유, 조건부 가격, 할부, 리스, 렌털, 선불 등

자료 : 동아비즈니스 리뷰, 2009. 4.

장에서의 제품가격은 쉽게 바뀌지 않는 관습가격(customary price)[10]의 속성도 지니고 있는 복잡한 문제임을 고려하고 있다.

(3) 경로관리(유통관리/유통경로관리)

제조업체에 의해 생산된 제품은 도매상 · 소매상을 거쳐 최종소비자에게 전달되며, 이 과정에서 운송업자나 금융기관, 그 밖의 여러 중간상들도 유통과정에 개입

10 관습가격(customary price)이란 껌이나 우유, 자장면 등 일부 편의품에 대하여 오랫동안 마케터와 고객들 사이에 공정하다고 인정되어 온 가격으로서 이러한 가격의 변화는 매우 탄력적인 수요변화를 초래하기 때문에 대체로 안정적인 경향이 있다. ≒ 전통가격

하게 된다. 유통경로(place)관리란 생산자와 소비자 사이의 공간적 분리를 메워주는 마케팅활동으로, 크게 유통경로에 대한 관리와 여기에 참가하는 유통기관에 대한 관리로 이루어진다[Pride 외, 2005].

유통경로는 소비자들에게 최대의 만족을 가져다주면서 동시에 기업에 최대이익을 가져다주는 유통참가자들로 구성되는데, 이는 소비용품 · 산업용품의 제품유형별로 차별적으로 이루어져야 한다. 소비용품의 유통경로 설계는 일반적으로 규모가 큰 제조업자가 중심이 되어 이루어지는 경우가 대부분으로, 유통경로에 참가하는 기관의 상대적 시장지배력, 재무능력, 원하는 경로파트너의 이용 가능성에 따라 영향을 받는다.

산업용품의 경우에는 대부분의 산업용품시장에서 구성부품들이 표준화되어 생산됨으로써 특정 기업의 제품을 차별화하기가 어렵기 때문에 적절한 유통경로 설계가 중요한 과제이다. 산업용품의 유통경로는 고객 · 제품계열 · 지리적 영역 · 판매활동의 특성 및 각 대체안들에 대한 비용–수익분석 등에 의해 영향을 받으며, 일반적으로 소비용품에 비해 경로가 짧다.

유통기관은 상품 또는 서비스가 생산자로부터 소비자에게로 이전되는 과정에 개입하여 유통기능을 수행하는 기관으로 제품의 흐름을 원활하게 하려는 목적을 지닌다. 유통기관에는 도매기관, 대리중간상, 소매기관이 있다. 도매기관이란 재판매, 업무용 등 영리적 구매동기하에 제품을 구매하는 재판매업자 및 조직구매자를 주요 대상으로 판매활동을 수행하는 기관이다. 대리중간상은 기능중간상이라고도 부르는데, 취급하는 상품에 대한 소유권은 취득하지 않으면서 판매와 구매 활동을 매개하는 중간상으로, 유통기능을 한정적으로 특화하여 수행하는 기관이다. 소매기관이란 욕망충족적 구매동기하에 제품을 구입하는 최종소비자들을 대상으로 소비용품을 판매하는 유통기관을 말한다. 오늘날에는 포스(POS : Point of Sales)시스템을 도입함으로써 소매기관에 대한 보다 효율적인 관리가 가능하게 되었다. 포스시스템은

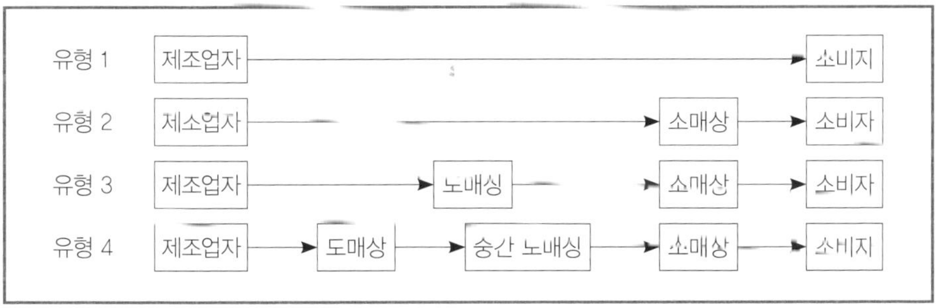

점포자동화를 앞당기는 정보처리시스템으로, 바코드를 이용하여 제품의 판매와 동시에 무엇이 언제 어디서 어떻게 얼마나 판매되었으며, 팔고 남은 재고가 어느 정도인지, 새로운 주문은 언제 얼마나 해야 하는지에 대한 정보가 즉각적으로 입수되어 소매점관리에 반영된다[Pride 외, 2005].

(4) 촉진관리 : 광고 홍보 및 판촉

촉진(promotion)관리란 잠재적인 소비자의 제품구매행동을 촉진하는 방법들의 총체로서 소비자를 설득하는 커뮤니케이션 등 마케팅믹스의 모든 수단을 포괄하는 활동으로 광고, 홍보, 인적 판매, 판매촉진 등을 포함한다.

광고[11]는 확인된 광고주가 일정한 대가를 지불하고 제품, 서비스를 비개인적으로 제시하고 촉진하는 것을 말한다. 홍보는 대중매체에서 대가 없이 기업활동, 제품, 서비스에 대한 상업적으로 의미 있는 기사나 뉴스를 전달하여 인지수준을 높이고 수요를 환기시키는 활동을 말한다.[12]

> 2001년 3월 14일 블랙데이를 맞아 남녀인연 정보업체 '천년의 사랑'(대표 이유나)은 회원들을 대상으로 짜장면 값을 대신 내주는 이색 이벤트를 실시했다. 이 사이트에 회원으로 가입해서 만난 남녀 한 쌍이 짜장면을 먹은 뒤 이 회사에 영수증을 보내면 그 값을 송금해 준다는 것이다. 단, 짜장면류 이외의 다른 중국 음식은 대상에서 제외된다. 천년의 사랑은 이 행사에 참가한 회원 가운데 자체 인연 매칭시스템의 분석 결과, 인연율이 가장 높은 한 쌍과 낮은 한 쌍에게 커플 시계와 커플링 반지도 제공한다. 이 업체는 앞으로도 각종 기념일에 이 같은 이색 이벤트를 지속적으로 펼칠 계획이다.
> 이러한 프로모션 기법의 예로는 선거투표 참가 인증샷을 보내오거나 수능시험을 치른 수험생들에게 영화 관람료를 50% 할인해 주는 것 등도 들 수 있다.

---

11 광고(advertising)는 특정한 후원자에 의해 비용이 지불되는 모든 형태의 비인적 판매제시를 지칭한다. 판매제시란 제품 또는 서비스, 아이디어 등에 관한 것이며 마케터는 TV, 라디오, 신문, 잡지 등의 매체를 통하여 그의 메시지를 고객들에게 제시하는 것으로 광고를 마케팅 커뮤니케이션(marketing communications)이라고도 한다. 표적시장으로부터 바람직한 반응을 유도하기 위하여 그들에게 통합된 자극을 제시하며, 현재의 메시지를 수정하고 새로운 커뮤니케이션 기회를 확인하기 위한 경로를 설계하는 과정을 말한다. 이때 전달 메커니즘을 신뢰할 필요가 있다.

12 뉴스버타이징(newsvertising, news와 advertising의 복합어)은 광고효과를 증대시키기 위해 뉴스거리가 갖는 분위기에 편승하여 실시하는 광고를 말한다. 예를 들어, 항공보험의 광고를 항공기 충돌사고를 표제기사로 실은 신문의 광고에 싣는 것으로, 더욱 효과적일 수 있다.

인적 판매[13]란 매출을 실현할 목적으로 한 사람 또는 그 이상의 예상구매자들과 대화를 통해서 상품이나 서비스를 제시하는 활동을 말한다.

판매촉진(sales promotion)이란 소비자의 구매를 촉진시키고, 거래점의 유효성을 높이기 위한 마케팅활동으로서 광고, 홍보, 인적 판매에 속하지 않는 모든 촉진활동을 말한다[Pride 외, 2005]. 대체로 다른 촉진도구의 기능을 보완하기 위하여 설계되는데 가격할인,[14] 견본(샘플) 제공, 쿠폰(coupon) 제공, 프리미엄, 트레이딩 스탬프, 전시회, 리베이트(rebate)[15] 등은 판매촉진으로 분류될 수 있는 대표적인 예들이다.

다양한 제품들이 대량으로 시장에 공급되는 상황에서 소비자는 자신의 욕구와 필요를 충족시키기 위해 대단히 넓은 선택범위를 갖게 된다. 즉 소비자는 특정한 기업의 제품을 소비하지 않고도 다른 기업이 생산한 대체품을 구매함으로써 욕구를 충족시킬 수 있으며, 마케팅 담당자가 아무리 훌륭한 제품을 생산하였다 할지라도 소비자 스스로 그러한 제품의 존재나 그것이 제공하는 효익, 가격, 획득 가능성 등에 대한 지식과 정보를 얻기 위하여 특별히 노력하지는 않을 것이다. 더욱이 그들은 과거 경험이나 제한된 정보만을 가지고 구매결정을 내리는 경향이 있기 때문에 새로운 제품에 대하여는 무관심하거나 구매저항을 보이기도 한다. 따라서 마케팅 담당자는 잠재고객들로부터 바람직한 행동을 유도하기 위해 적절한 지식과 정보를 효

13 인적 판매(personal selling)란 판매원이 잠재고객을 직접 대면하여 수행하는 제품 또는 서비스, 아이디어의 제시로서 전화 판매뿐 아니라 모든 유형의 판매원 활동을 지칭하며 산업고객, 중간상인, 최종소비자에 대한 판매를 모두 포함한다.

14 판매촉진 기간 동안 제품가격을 할인해 줌.

15 제품을 구입할 시에는 정상가격을 지불하지만, 구매 후 일정기간이 지난 후 구매확인을 통해 일부 금액을 구매자에게 되돌려 주는 기법이다. 포인트 적립 또는 마일리지 적립 등도 리베이트의 예가 된다.

과적으로 제공하고 설득해야 하므로 촉진활동이 중요한 과제로 대두되고 있다.[16]

광고는 곧 마케팅으로 인식될 만큼 기업이 벌이는 마케팅활동 중 가장 눈에 띄는 활동이다. 홍보는 사람 이외의 매체(신문, 잡지, TV, 라디오)로 하여금 제품, 서비스, 회사 등을 뉴스나 논설의 형태로 다루게 함으로써, 이것들에 대한 수요를 자극하는 것을 의미하는데 광고와 달리 홍보비용은 스폰서가 부담하지 않는다. 더구나 이렇게 뉴스매체에서 취급해 주는 이야기는 소비자들이 광고보다 더욱 신뢰하는 경향이 강하다.

매체	장점	단점
신문	•넓은 독자층 •독자의 능동적 관심 •신속하게 다량정보 전달가능 •지방지의 경우 지역 차별화 •높은 신뢰성, 신속성, 상세한 정보 제공	•광고수명이 매우 짧음 •인쇄가 선명치 못함 •낮은 표적성
TV	•시청자의 주의를 끌기 쉬움(시청각 효과 높음) •시청자 수에 비해 광고비가 낮음(높은 비용효율성) •다수의 불특정 다수 비표적 시청자에게도 가능(광범위한 도달범위)	•총광고비용이 비쌈(대단위 비용) •광고시간이 짧아 제한 시간으로 한정된 카피메시지 •높은 혼잡효과(clutter effect) •낮은 회상률 •빈번한 채널 변경(zapping)
라디오	•표적 청중에게 집중전달 •시간이나 지역 선정의 유연성 •신규제작이 TV광고에 비해 용이	•표적청중이 한정 •시각효과 없음(청각에 의존한 제한된 표현)
잡지	•표적고객에게 집중전달 •인쇄질 높음 •광고수명이 오래감 •다량의 정보전달	•독자범위의 한정 •광고게재까지 많은 시간 소요 •높은 혼잡효과
직접우편	•탁월한 표적성 •자세한 정보 제공 •직접적 반응 유도 •효과 측정 용이	•낮은 도달률 •낮은 상호작용성 •비용효율성 •혼잡효과(junk mail로 취급)
전자통신	•저렴한 광고비 •다량의 정보	•대부분이 보지 않음 •짧은 수명
인터넷	•다양한 표현 수단 •무제한의 정보량 •상호작용성, 표적성, 유연성	•낮은 도달률 •컴퓨터 사용자의 제한성 •낮은 침입성

16 매체(media)는 메시지를 송신자로부터 수신자에게 전달하기 위한 그릇으로 전달메커니즘을 구성한다. 대표적인 매체로는 TV, 라디오의 전파매체와 신문, 잡지의 인쇄매체가 있다.

모바일	• 다양한 전달 수단 • 뛰어난 타깃팅 능력 • 개인화와 높은 이동성 • 시공간 한계극복 • 정확한 효과측정 가능	• 소비자의 낮은 수용의도와 태도 • 개인 정보 유출의 위험성
옥외매체	• 높은 지역성 • 광범위한 도달범위 • 지속적인 노출 • 대규모의 스펙터클한 표현 가능	• 짧은 노출시간 • 단순한 메시지 • 낮은 표적성 • 도심 내 혼잡효과

3 고객만족경영과 고객관계경영

회사는 소비자의 욕구를 만족시키지 않고서는 시장경쟁에서 살아남을 수가 없다. 고객만족경영(CSM : Customer Satisfaction Management)이나 고객관계경영(CRM : Customer Relationship Management)은 기업경영의 혁신기법으로서 마케팅 부서에서 담당하던 기능과 사고방식을 전사적으로 확대시킨 것이다. 즉 회사가 얼마나 고객지향적(customer orientation)[17]인가를 측정하고 관리함으로써 기업의 생존과 성장을 도모하고 있는 것이다. 기업들은 고객의 제품(서비스)에 대한 충성도를 고객충성도(customer royalty), 고객관여도(involvement),[18] 기업충성도(corporate royalty),[19] 상표충성도(Brand royalty)[20] 등의 개념으로 생각해 내고 관리해 왔다.

---

17 고객지향성(customer orientation)은 총체적 마케팅, 목표지향성과 더불어 마케팅 개념의 삼대정신을 구성하는데 고객을 모든 마케팅활동의 초점으로 삼는 정신이다. 대체로 "고객은 왕이다." 또는 "고객은 항상 옳다."는 등의 격언들이 이러한 정신을 반영한다. → 고객제일주의

18 관여(involvement)는 구매 또는 소비행위가 의사결정자에게 갖는 개인적 중요성 또는 관여성으로서 고가품, 복잡한 제품, 많은 위험을 수반하는 제품, 상표 간의 품질차이가 큰 제품, 자아 이미지에 관련되는 제품 등에서 관여도가 높은 경향이 있다.

19 기업충성(corporate loyalty)이란 특정한 기업에 대하여 보이는 충성 → 상표충성

20 상표충성(brand loyalty)이란 특정한 상표를 지속적으로 선호하여 반복구매로 나타나는 현상으로서 단순한 외견상의 반복구매 행동뿐 아니라 특정한 상표에 대한 심리적 개입을 포함한다. → 점포충성, 기업충성

1) 고객만족경영(CSM)

LG 그룹은 1989년 '고객만족경영'과 '인간존중경영'을 경영이념으로 표방한 바 있다. 전 그룹 차원에서 경영이 추구하고 달성해야만 하는 이념적 가치이자 목표로서 고객만족경영을 표방한 것이다. 고객만족의 개념을 중심으로 고객만족경영(Customer Satisfaction Management)은 기업이나 고객만족경영을 도입한 회사의 모든 것들을 고객에 초점을 두고 경영관리를 실행하는 것이 전사 차원의 고객만족경영이다. 고객만족은 전통적으로 마케팅관리 성과의 개념이라고 할 수 있지만 이를 중심으로 전사적 경영관리활동을 일원화(alinement)시키는 것이다.

미라이 공업 야마다 아키오 사장은 "회사가 성장하려면 고객이 만족해야 한다. 미라이 공업의 제품을 설치하면 매우 쉽게 설치할 수 있다. 공사가 빠르게 끝난다. 비용이 싸다. 깨끗하다. 이런 장점이 있어야 타사 제품을 사지 않고 미라이 공업의 제품을 산다. 그런데 고객을 감동시키는 것은 사장 1명이 할 수 있는 것이 아니라 직원들의 힘이다."라고 강조한다. 고객의 니즈를 만족시켜 주는 제품서비스를 합리적인 가격에 시장에 공급하면 고용안정은 자동적으로 달성될 것이다.

고객지향적 경영으로 실제 성과향상을 달성하지 못하고 경영상의 혼선만 초래하는 경우도 많다[이유재, 2001]. 기업들이 고객지향적 기업으로 쉽게 변하지 못하는 이유는 첫째, 기업(특히 제조기업)은 고객 니즈를 반영한 제품개발보다는 원가절감 등에 익숙해져 있는 경향이 크기 때문이다. 둘째, 고객 니즈를 파악하기가 점점 어려워지기 때문이다. 특히 IT시장처럼 트렌드 변화가 빠른 시장에서는 고객의 니즈를 정확히 파악하고 이를 제품화하는 것이 점점 어려워지고 있다. 또한 넘쳐나는 언론 홍보와 광고로 고객은 자신의 니즈와 광고의 이미지를 혼동하기도 한다. 고객조차도 자신의 니즈가 무엇인지 정확히 모르는 경우가 발생하는 것이다. 셋째, 양적인 성과지표가 높은 상태를 고객만족경영을 하고 있다고 생각하는 경향이 있다. 대표적으로 시장점유율이 높은 기업은 고객지향적이라고 생각하는 경향이 있다. 안정적인 시장지위를 장기간 유지하게 되면, 회사는 고객이 진정으로 원하는 제품(서비스)을 제공하고 있다고 착각하게 된다. 그러나 실제로는 더 나은 대안이 없기 때문에 고객들이 전환하지 않고 있을 뿐이며, 고객들의 니즈를 충족해 주는 제품이 등장했을 때, 절대 무너지지 않을 것 같던 1위 기업들이 자리를 내주는 경우를 쉽게 찾아볼 수 있다. 넷째, 익숙한 방법으로 회귀하고자 하는 기업의 오랜 관성 때문이다. 당장 눈에 보이는 성과가 나타날 수 있는 내부통제를 강화하는 것이 오히려 더 합리적으로 보이는 것이다[형민우, 2005].

> 고객만족경영이 주류업계에서도 활발히 전개되고 있다.
> 두산, 진로, 보해양조, 롯데칠성 등 주요 주류업체들은 신제품 출시 직전이나 직후에 특정 지역이나 고객층을 대상으로 소비자 반응을 알아보기 위한 '테스트 마케팅(test marketing)'을 하였다. 2001년 1월 말 녹차성분이 함유된 소주 신제품 '산'을 출시한 두산의 경우 프로야구 개막식 날 서울 송파구 신천동 잠실야구장 부근에서 경기 입장권을 구입한 관객들을 대상으로 테스트 마케팅을 했다. 두산과 해태 간에 벌어진 이 행사에서 두산 측은 입장권을 소지한 관객들에게 '산'을 무료로 받을 수 있는 제품교환권 2천여 장을 제공했다. 두산은 건강을 중시하는 최근의 음주경향에 맞춰 경희대 한의학 과학기술연구원과 산학 협동으로 개발한 '천문동'이라는 성분을 포함시킨 전통약주제품 '군주(君酒)'에 대해서도 음식점과 대형할인점 등에서 테스트 마케팅을 실시하고 있다. 2000년 하반기부터 '천년의 아침', '맑은 보해', '순금매취순' 등 3종류의 신제품을 출시한 보해양조는 출시 직전과 직후에 서울 등 수도권지역의 음식점 등을 중심으로 자사제품에 대한 소비자들의 반응을 파악하기 위해 금강산 무료여행권까지 내걸면서 다양한 테스트 마케팅을 실시했다. 진로도 지난 2월 중순 알코올 도수 22도 '참이슬'에 대한 소비자들의 반응을 알아보기 위해 서울 신촌, 강남역, 청진동 등 소주 수요가 많은 지역에서 1~3주 동안 테스트 마케팅을 하였다.

2) 고객관계경영(CRM)

기업의 성공과 실패는 고객의 지속적인 만족에서만 나타날 수 있는 고객의 로열티에 달려 있다. 고객관계경영(CRM : Customer Relationship Management)이란 고객관리에 필수적인 요소들(기술 인프라, 시스템 기능, 사업전략, 영업 프로세스, 조직의 경영능력, 고객과 시장에 관련된 영업정보 등)을 고객중심으로 정리 · 통합하여 고객활동(customer interaction)을 개선함으로써 고객과의 장기적인 관계를 구축하고 기업의 경영성과를 개선하기 위한 경영방식이라고 할 수 있다[이유재, 2001].

기본적으로 CRM의 목적은 신규고객의 유치에서부터 시작하는 고객과의 거래관계를 고객의 전 생애에 걸쳐서 유지하고 제고해 나가면서 장기적으로 고객의 수익성을 극대화하는 것이다. 좀 더 구체적으로 말하면 새로운 고객과의 거래를 시작한 후 다양한 마케팅활동을 전개하여 고객과의 관계를 강화시켜 평생고객으로 발전시키고자 하는 것이다.

성공적인 CRM의 수행을 위해서는 고객과 접촉하는 순간부터 고객을 유지하는 단계까지 전 과정에서 고객 데이터를 획득하고 활용하는 프로세스의 정립이 필요하다. 첫째, 고객의 데이터 수집 단계에서는 다양한 경로를 통해 데이터를 획득하고 고객활동을 측정 · 예측할 수 있는 도구를 개발하고 고객의 요구에 따라 고객을 세분화하고 고객의 기대수준을 정의한다. 둘째, 전략의 수립 단계에서는 최적의 채널을 선택하고 예측에 따른 타깃고객을 선정한다. 셋째, 수익강화를 위한 기회포착 단계에서는 고객요구에 맞는 적합한 제품 및 서비스를 정의하고 적절한 제시시점을 찾아내야 한다. 넷째, 새로운 업무설계 단계에서는 축적된 고객지식을 바탕으로 업무를 재설계하고 조직을 재편하여야 한다. 마지막으로 고객과의 지속적인 상호작용을 위해 고객의 의견에 귀 기울이고 고객경험을 체계적으로 관리하는 것이 필요하다[이유재, 2001 ; 안광호 외 역, 2008 참조].

3) CRM을 효과적으로 추진하려면 어떻게 해야 하는가?

고객 니즈의 예측 및 로열티 향상, 주문오류 감소, 신속한 배송, 고객문의에 대한 적절한 대응, 영업사원들의 서류업무 감소, 시장점유율 증대, 기업의 수익과 이익 증대 등 수많은 효익들로 인하여 CRM이 기업에서 차지하는 비중이 더욱 커지고 있다.

CRM의 궁극적 목표는 고객과의 관계상승을 통한 경영성과의 제고이다. 그러나 경영자들은 종종 CRM을 고객과의 관계개선 전략이 아닌 비용절감을 위한 기술적인 도구로 규정하는 경향이 있다. 따라서 고객에 대한 정보들이 과거에 비해 점점 더 증가하고 그 자료들을 분석할 수 있는 기술들이 향상되고 있음에도 불구하고, CRM에 대한 경영자들의 인식은 여전히 비용절감에 편중되어 있기 때문에 CRM이 가지고 있는 기회를 제대로 살리지 못하고 있다.

CRM의 성공을 위해 필요한 또 하나의 요소는 핵심정보의 공유라 할 수 있다. CRM의 도입 초기부터 핵심정보의 공유에 대한 중요성이 계속적으로 제기되어 왔음에도 불구하고 사실 정보공유가 제대로 이루어지고 있지 못한 상황이다. 이러한 현상이 발생한 가장 큰 이유는 정보의 입력 및 공유 과정이 현장 구성원들의 입력행위에 너무 크게 의존하고 있으며 정보입력 이후 공유 및 활용을 위한 기술적 지원이 미비하다는 점을 들 수 있다.

CRM을 보다 선진적으로 추진하기 위해서는 산업별 CRM, 고객경험관리(CEM : Customer Experience Management), 그리고 e-CRM의 도입방안을 검토해 볼 필요가 있다.

(1) 산업별 CRM의 추진

CRM을 추진하는 데 있어서 산업별로 CRM의 추진방향을 고려하고 재정립할 필요성이 제기되고 있다. 산업별로 CRM을 구축할 때 고려해야 할 점으로는 다음을 들 수 있다[김재일, 2005 ; 박찬수, 2010 참조].

① 제조업의 CRM

대부분의 제조업은 제품 차별화가 가능한 업종이며, 고객과 간접채널을 통해 접촉한다. 제조업에서는 CRM을 통해 단기적으로 수익을 높이는 것보다는, 고객의 불만을 예방하고 로열티를 증가시켜 장기적 관점에서 고객의 만족도와 브랜드 선호도를 높이는 노력이 필요하다. 고객의 만족도와 브랜드 선호도는 자연스럽게 고객 1인당 수익성 향상으로 이어질 것이다. 이를 위해서는 먼저 콜센터나 애프터서비스 조직, 웹 사이트 등을 이용해서 고객의 데이터를 수집하고 통합해야 한다.

② 금융업의 CRM

CRM에 가장 큰 관심을 보였던 산업은 금융업계로, 금융업에서 먼저 CRM이 부각되게 된 이면에는 금융업에서 제품 차별화가 어렵다는 점이 작용했다. 금융업에서의 제품 차별화는 금리나 기간 등의 몇 가지 조건을 조합한 것에 불과하다. 그리고 특별한 상품이 개발되더라도 경쟁사가 쉽게 모방할 수 있다. 결국 금융업에서 고객과의 관계를 강화하기 위해서는 고객에 대한 부가적인 혜택이 필요하다. 그런데 금융업에서 부가적 혜택으로 고객에게 금전적인 혜택을 주는 것에는 한계가 있으므로 비금전적 혜택으로 승부할 수밖에 없다. 이때, 어떤 비금전적 혜택이 필요할 것인가는 고객에 대한 철저한 조사가 뒷받침된 다음 결정되어야 한다.

③ 유통업의 CRM

유통업에서 고객확보에 가장 중요한 영향을 미치는 요인은 입지이다. 아무리 뛰어난 매장을 갖추었더라도 입지가 고객의 활동지역과 다르면 고객을 유치하기 쉽지 않다. 따라서 유통업의 CRM은 신규고객 확보 측면의 노력보다는 기존고객의 유지와 개발에 초점을 맞추는 것이 바람직하다. 한편, 대부분의 오프라인 유통업체들은 e-Business 채널을 운영하고 있다. 따라서 오프라인과 온라인 채널의 통합된 CRM이 반드시 필요하다. 오프라인에서의 우량고객이 온라인에서 천대받아서는 곤란하다. 특별한 이유가 없는 한 온라인 매장과 오프라인 매장은 일관성을 갖는 것이 바람직하다[김재문, 2001].

(2) 고객경험관리(CEM)의 도입

이른바 고객지향이라는 영역에 새로 등장한 것이 바로 CRM이다. 그러나 5천만 달러짜리 CRM을 3~5년이나 사용하고도 그 실용성에 불만을 표시하는 기업들이 종종 있다. 또한 차별성을 부각시키지 못할 뿐더러 고객지향적인 정책에도 실패했다고 결론을 내리는 경영진들도 적지 않다. CRM은 기업에게 중요한 소비자의 행동, 즉 고객의 소비패턴의 결과 자발적이라고 하는 고객행동이 일어나도록 고객의 행동이 이루어지는 데에만 초점을 맞춘다는 데 문제가 있다. 기능적 요소 이외에 다른 욕구들은 제외된다. 그리하여 CRM을 넘어서서 고객의 경험을 관리하는 고객경험관리(CEM : Customer Experience Management)라는 혁신적인 경영기법이 등장하게 되었다[박찬수, 2010 참조].

CEM은 지속적으로 고객을 만족시키는 동시에 이익을 창출해 낼 수 있는 제품과 서비스를 만들어 내는 데도 도움이 된다. 고객경험중심의 접근방식은 사회문화적인 배경과 비즈니스 환경 전반에 대한 폭넓은 접근을 통해 시장과 경쟁자를 파악하는 데 도움을 주므로, 기업은 여기서 얻은 통찰을 활용하여 신제품을 개발하고 출시할 수 있다. CEM은 제품이나 회사에 대한 고객의 전반적인 경험을 전략적으로 관리하는 프로세스로, 고객중심의 경영전략이다. CEM은 단순한 고객관리 기록에서 벗어나 풍부한 고객관계 구축으로 옮겨가는 개념으로 CRM을 넘어서고 있다. CEM은 기존의 마케팅관리 기법에서 추구하는 접근방식을 과감히 깨뜨리고 혁신적인 패러다임을 새로이 제시하고 있다.

CEM은 분석적이면서도 창의적이라 고객의 실상을 정확히 꿰뚫어 볼 수 있는 통찰력을 얻게 해 준다. CEM은 고객의 경험세계를 파악할 수 있는 전략적 도구를 제시하여, 기업이 고객가치를 증대시킬 수 있도록 효율적인 실행도구를 제공한다. CEM의 이론구조와 방법론을 이용한다면, 다양한 고객접점 전반에 걸친 고객경험을 통합하여 실질적인 성장과 연계시킬 수 있을 뿐만 아니라, 외부고객과 내부고객의 경험도 관리할 수 있다. CEM이론은 고객 세분화, 타깃고객의 선정, 타깃고객에 대한 제품선전 브랜드, 서비스 혁신의 모두를 포함하는 내·외부적 사업분야를 다루고 있다.

(3) e-CRM의 도입

CRM 개념이 도입이 된 후 많은 기업들이 CRM의 도입을 추진하여 왔으며, 이와 때를 같이하여 e-Business가 폭발적으로 성장하게 되었다. 특히 인터넷이 고객과의 거래채널 및 마케팅 커뮤니케이션 도구로서 그 위치를 점점 확대해 나가기 시작하면서 인터넷상에서의 고객관리가 기업경영의 중요한 이슈가 되었다. 이렇게 등장한 개념이 e-CRM이다.

e-CRM을 간략히 정의한다면, '인터넷 환경에서 수행되는 CRM'이라 할 수 있다. 많은 사람들이 e-CRM을 CRM과 구분하여 이야기하고 있지만 그 근본 철학이자 목표인 '고객과의 관계 구축 및 강화를 통한 기업의 성장'이라는 명제는 결코 다르지 않다. 다만 기존의 CRM 개념에 비해 인터넷 환경을 강조함으로써 새로이 고려해야 하는 요소들이 e-CRM 개념에 포함되어 있다[김재일, 2005].

e-CRM과 관련한 대표적인 분류체계는 업무 프로세스의 관점에서 e-Strategy, e-Sales, e-Service로 나누어 살펴보는 것이다[김재일, 2005]. e-Strategy는 기업이 확보하고 있는 고객들에 대한 기본정보와 인터넷을 통해 파악할 수 있는 추가적인 정보, 예를 들어 고객의 탐색행동이나 고객의 구매행동 등에 대한 정보를 통합하여 이에 대한 체계적인 분석을 통해 전략적 계획을 수립하는 활동이다. e-Sales는 인터넷을 통하여 제품이나 서비스를 판매하는 것이다. 여기에는 인터넷을 통하여 직접 상거래를 수행하는 활동뿐 아니라 실제 거래는 다른 채널에서 발생하더라도 전체 판매 프로세스의 일부를 인터넷으로 지원하는 활동도 포함된다. e-Service는 고객 서비스를 인터넷을 이용하여 수행하는 것이다. 가장 간단한 형태로는 잘 구성한 웹사이트를 통해 제품 및 서비스 정보를 체계적으로 전달하는 것이 있다. 그 밖에도 고객 문의사항을 잘 정리하여 고객이 스스로 해결하게 하거나 고객의 이메일 문의를 유도하여 그에 대한 응답을 빠른 시간 내에 성실히 수행하는 것도 포함된다.

4 브랜드 경영(Brand Management)

브랜드(brand)의 본질적인 목적은 기업의 제공물을 다른 기업의 것과 구별하기 위한 것이다. 브랜드는 상품의 이름, 슬로건, 심벌 등의 요소로 구성되는데 고객들은 이것을 특정한 기업이나 상품을 구별하는 메커니즘으로 활용한다.[21]

브랜드는 기업의 자산이다. 한 예로 미국의 유명한 담배회사인 필립 모리스는 크래프트라는 식품회사를 인수하면서 장부가의 6배가 넘는 129억 달러를 지불한 바 있다. 인터브랜드(Inter-Brand)에 의하면 2004년 브랜드 평가순위에서 코카콜라는 673억 달러의 브랜드가치를 갖고 있는 것으로 평가되었으며, 마이크로소프트는 613억 달러의 브랜드가치를 갖고 있는 것으로 평가되었다.

상표확장전략(brand extension strategy)이란 이미 시장에서 성공을 거둔 기존제품의 상표를 신제품이나 개선된 제품에 활용함으로써 성공적인 상표에 대하여 소비자들이 갖고 있는 호의와 상표충성을 그대로 이연시키고 소비자들의 인지도를 높여 신제품 도입을 용이하게 하려는 전략이다. 대체로 첨가어 + 기존상표 또는 기존상표 + 첨가어의 형태를 가지는데 복합 + 미원이나 남양분유 + S 등의 예가 있다.

또한 브랜드는 기업의 마케팅전략의 설계과정에서 포지셔닝(positioning)과 성공적인 마케팅활동에 필수적인 역할을 담당하는 중요한 요소이다[이유재, 2004 ; 안광호 외 역, 2008 참조].

최근 브랜드 경영은 전략적 브랜드 경영과 브랜드 경영의 혁신에 초점이 모아지고 있다.

1) 전략적 브랜드 경영

(1) 디지털 시대에의 대응

강력한 브랜드는 기업의 모든 것을 대변한다. 강력한 브랜드는 소비자의 구매결

21 상표(brand)는 자신의 제품을 확인하고 다른 경쟁자의 제품과 구별하기 위하여 판매자가 사용하는 단어, 상징, 디자인 또는 이들의 결합이라 할 수 있다. 상표의 구성요소 중에서 소리로 표현될 수 있는 부분을 상표명이라고 하며 그 외의 도식적 요소를 상표표지라고 한다.

정에 큰 영향력을 미치게 되고, 이에 따라 기업의 입장에서는 단순한 시장점유율 향상뿐만 아니라 고객의 평생생애가치(life time value)의 점유율이 상승하게 된다. 궁극적으로 기업은 강력한 브랜드로 인해 고객 유지율이 높아지고 고객을 획득하기 위한 비용이 줄어들게 된다. 그렇다면 새롭게 등장한 디지털 환경이 브랜드에 대해 우호적인 영향을 미칠 것인가, 아니면 위협적인 요소로 등장할 것인가?

이에 대한 의견은 크게 두 가지로 나뉘고 있다[이상규, 2001]. 하나는 브랜드의 수명이 이미 다했다는 주장이다. 인터넷을 이용하는 소비자의 경우 제품의 탐색비용이 크게 줄어들었기 때문에 그동안 높은 가치를 누리던 브랜드는 가격경쟁력이 있는 일반 브랜드의 강한 압박을 받게 되리라는 것이다. IM연구소에서 주관한 2000년 KNP(Korea Netizen Profile) 조사를 보면 소비자가 인터넷 쇼핑몰에서 구매하는 이유 중 '가격이 저렴하다.'는 이유가 56% 정도를 차지하고 있다. 인터넷을 통해 제품을 구입하는 소비자들은 편리함, 배송의 정확성, 가격의 상대적 저렴함 등에 의해 구매 결정을 하고 있다. 이러한 소비자들에게는 브랜드가 미치는 영향이 미미하다고 할 수 있다.

또 다른 하나의 관점은 브랜드가 미치는 힘이 더욱 커질 것이라는 전망이다. 기업과 소비자 간의 정보의 비대칭성은 예전에 비해 많이 완화됐지만 아직까지 소비자의 입장에서는 인터넷을 통해 얻는 정보에 대한 불안감이 존재하는 것 역시 사실이다. 또한 아직까지 전자결제 시스템이 고객에게 완전한 신뢰를 주지 못하고 있고, 배송과정에서 불편함도 있는 실정이다. 게다가 온라인 기업의 제품이나 서비스의 확장 또는 모방이 오프라인 기업에 비해 용이하고 단기간에 가입자 수를 늘리기 위한 가격경쟁이 가속화되고 있는 상황에서 여전히 브랜드는 강력한 힘을 발휘할 수 있다는 전망이다. 결국 불완전한 정보, 가격경쟁 등의 복잡한 상황 때문에 소비자는 좀 더 가격이 비싸더라도 기꺼이 브랜드 파워가 강하고 믿을 수 있는 제품을 구매한다는 것이다. 위의 조사에서 소비자가 구매를 꺼리는 이유로 '제품정보부족', '제품불신', '기업불신' 등의 항목이 높은 비율을 차지했다는 것은 디지털 시대에도 브랜드의 힘이 소비자의 구매의사 결정에 영향력을 미칠 수 있다는 것을 의미한다.

이러한 두 가지 관점은 나름대로 타당성이 있다. 문제는 디지털 시대의 이러한 변화를 따라잡는 기업만이 브랜드를 더욱더 강하게 만들 수 있다는 점이다. 디지털 환경하에서의 기존 브랜드 자산의 관리와 함께 많은 기업들이 온라인으로의 사업 확장을 모색하면서 브랜드 확장을 통해서 인터넷 브랜드를 구축하려 하고 있다. 그런데 오프라인 브랜드와 인터넷 브랜드 간에는 충분한 인식과 전략적 접근이 부족한 실정이다. 따라서 인터넷 브랜드 구축은 오프라인 브랜드를 단순히 옮겨 놓은 것이 아니라 인터넷이라는 매체의 특성을 감안해서 이루어져야 할 것이다. 즉, 인터넷이라는 매체가 갖고 있는 상호작용성, 인터넷산업의 보다 치열한 경쟁상황, 인터넷 소비자의 성향 등이 고려되어야 한다. 결론적으로 오프라인 브랜드 자산이 이러한 인터넷이라는 상황하에서 어떠한 의미를 갖는지를 검토하여 인터넷 브랜드의 결정이 이루어져야 할 것이다[김재일, 2005].

(2) 브랜드 경영의 패러다임 전환

최근의 광고들은 제품의 기능이나 성능과 같은 물리적 특징을 강조하는 대신, 그 브랜드를 사용하는 사람이나 사용하는 상황을 보여주면서 간접경험을 전달하는 경향이 있으며, 제품 본연의 기능 외에 제품 주변의 사항, 즉 심볼(symbol)이나 로고(logo) · 색상 · 디자인 등에 주의를 끌도록 포지셔닝을 하고 있다. 이는 제품의 기능과 관련된 요소를 강조하던 기존의 브랜드 경영이 제품 본연의 기능 이외의 것을 강조하는 것으로 변화되고 있음을 보여주는 것이다. 그렇다면 제품 비관련 요소(non-product related factors)가 중요해지는 원인은 무엇인가? 이러한 원인은 무엇보다 소비자들의 브랜드에 관한 인식의 변화에서부터 찾아볼 수 있다[여준상, 2000].

첫째, 최근에 소비자들의 브랜드 선택행동이나 평가과정을 살펴보면 이성적 판단에 의하기보다는 감성적 판단에 더 의존하는 경향이 있다. 제품의 물리적 속성이나 기능 등에 대한 이성적 판단보다는 브랜드 전반에서 받는 총체적 느낌, 브랜드 주변에서 느끼는 외적 요소에 더욱 영향을 받고 있는 것이다. 이러한 경향은 관심의 집중도가 낮은 저관여(low-involvement) 제품뿐만 아니라 가전제품 · 자동차 등 관심의 집중도와 탐색노력 정도가 높은 고관여(high-involvement) 제품에 대해서도 나타나고 있다.

둘째, 최근 소비자들은 브랜드를 평가할 때 제품의 여러 가지 속성을 일일이 다른 브랜드들과 비교하여 그 각각의 결과를 종합적으로 평가하는 방식을 취하기보다는, 특정 한 요소에 대해 평가를 한 후 그 결과에 따라 브랜드 전체를 판단하는 총합적(holistic) 의사결정을 하는 경향이 있다. 예를 들어 옷을 구매하는 경우 소비자들은 디자인이라는 한 요소에 의해 브랜드 평가를 내릴 가능성이 높으며 다른 요소들의 경우 영향을 아예 미치지 않거나 미치더라도 아주 미미하게, 주변적 요소로서 작용할 가능성이 높다.

이러한 소비자들의 인식의 변화와 발맞추어 기술환경, 사회환경, 문화환경, 소비환경 등 소비자 주변의 모든 환경들이 복잡해지고 있다. 소비자들의 경우 정보의 홍수, 기능의 홍수 속에서 살아간다 해도 과언이 아닌 상황으로 변해 가고 있다. 소비자들의 정보처리 능력에도 한계가 있다. 특정 점화수준(threshold)을 넘어선 정보는 더 이상 입력정보로서의 역할을 못하게 된다. 오히려 너무 지나치게 많고 다양한 정보가 제공될 경우 소비자들은 인지적 노력의 과부하성을 위험으로 인식한 나머지 그동안 모아온 모든 정보를 버리고 단순한 감성적 정보에 의존하려는 경향을 보이기도 한다. 따라서 경영자들은 제품의 본연적 기능에도 충실해야 하겠지만 이와 함께 더욱더 중요해지는 제품 비관련 브랜드 요소가 중요하게 나타나는 패러다임의 전환기에 맞추어서 브랜드 경영을 보다 큰 관점에서 살펴볼 필요가 있는 것이다.

2) 브랜드 경영의 혁신

(1) 디자인 혁신과 고객중심의 혁신

1990년대의 경영혁신은 연구실에서 새로운 기술을 개발하고, 제품을 디자인(design)하여 그것을 소비자들에게 보여주는 것을 의미했다. 그러나 최근의 경영혁신은 소비자가 무엇을 원하는지를 알기 위해 그들을 관찰한 후, 이를 새로운 제품에 반영하여 소비자들을 만족시키는 것을 의미한다. 최근에 기업의 경영자들에게 요구되는 것은 '새로운 방식으로 생각'하는 것이다. 이것은 기업들에게 새로운 가치와 조직구조를 정립하도록 요구하고 있다[Business Week, 2005.08.15.].

스타벅스의 경우는 커피를 파는 것이 아니라 이른바 커피를 마시는 문화를 판매한다. 이러한 스타벅스는 새로운 패러다임에 기초한 고객중심의 혁신이라고 볼 수 있다. "보기 좋은 떡이 먹기도 좋다."는 말이 있다. 비단 음식에만 해당되는 얘기가 아니다. 제품에 적용하면 보기 좋은 제품이 비싼 값에 잘 팔린다는 의미가 된다. 디자인이 좋은 제품만이 초일류가 될 수 있다는 말과 일맥상통한다. 특히 갈수록 업체 간 기술격차가 줄어들면서 디자인은 제품차이를 구별할 수 있는 핵심요소로 부각된 지 오래다. 즉 디자인은 기업생존을 판가름하는 핵심가치라는 얘기다.

단순히 디자인에 많은 투자를 하는 것만으로는 디자인에서 앞서 나갈 수 없다. 이제 "좋은 디자인은 좋은 사업이다(Good Design is Good Business)."라는 슬로건에 의문을 제기하고 그 진정한 의미를 다시 한 번 음미해 봐야 할 시기이다. '좋은 디자인'은 결코 그 자체만으로 '좋은 사업'이 될 수 없다. 기업에 있어서의 디자인은 경제적 성과를 목표로 한다는 점에서 예술에서의 '미'의 개념과는 분명한 차이가 있음에 주목해야 한다. 어디까지나 경영 마인드와 전략으로 철저히 무장한 디자인만이 경쟁에서 승리라는 과실을 보장해 준다. 다시 말해 기업의 전략목표 달성을 위한 핵심역량으로 디자인을 적극 활용하는 디자인 경영이 뿌리내린 후에야 '좋은 디자인'은 '좋은 사업'이 되어 그 빛을 발하는 것이다. 디자인 경영의 성공을 위한 핵심 포인트로는 다음과 같은 점들을 들 수 있다[강승훈, 2004].

① 포인트 1 : 디자인부서가 제품개발을 주도한다. 디자인 경영의 성공을 위해서는 디자인을 제품전략의 출발점으로 삼아야 한다.

② 포인트 2 : 디자인 경영을 가치사슬 전 분야로 확장한다. 총체적인 의미에서 '디자인에 앞선 기업'이 되기 위해서는 디자인 경영을 기업의 가치사슬 전반으로 확장하여 적용하는 것이 필요하다.

③ 포인트 3 : 자기 회사만의 '디자인 언어'를 만든다. 장기적인 측면에서 경쟁자와 차별화될 수 있는 디자인 스타일을 확립하기 위해서는, 제품 디자인 전반에 일관된 메시지, 즉 자기만의 '디자인 언어'를 담는 것이 필요하다.

④ 포인트 4 : 트렌드를 앞서가는 디자인을 추구한다. 제품수명주기가 짧아진 시장의 경쟁에서 승리를 거두기 위해서는 트렌드를 따라가는 디자인(Trend-Driven Design)을 뛰어넘어 트렌드를 주도하는 디자인(Trend-Driving Design)을 추구해야 한다.

⑤ 포인트 5 : 디자인에 문화적 요소를 반영한다. 성공적으로 해외시장에 진출하기 위해서는 제품 디자인에 목표 소비자가 영위하고 있는 문화를 반영하는 것이 필요하다. 왜냐하면 근본적으로 디자인은 문화에 기반을 두고 있기 때문이다.

(2) CEO 브랜드의 구축

우수한 제품도 히트상품이 되기 위해서는 마케팅활동이 중요하다. 마찬가지로 능력 있는 CEO도 기업가치를 높이는 데 기여하기 위해서는 전략적 관리가 필요하다[정지혜, 2004 참조].

기업 입장에서 소비자에게 전달하고 싶은 이미지를 기업의 BI(Brand Identity)라고 한다. 기업 BI를 개인 차원에서 그 회사의 대표인 CEO에게 적용시킨 것이 CEO 브랜드이다. 잭 웰치, 빌 게이츠, 리처드 브랜슨 등이 차별적인 이미지를 구축한 경우로서 CEO 브랜딩의 성공적인 사례로 손꼽힌다. 여기서 말하는 CEO 브랜딩이라는 것은 음지에 있는 CEO를 슈퍼스타로 만들자는 의미가 아니다. 기업의 총체적인 BI와 일치하는 방향으로 CEO의 이미지를 만들어 나가고, 또한 고객들에게 신뢰감을 줄 수 있도록 그가 가진 역량을 마케팅하라는 것이다. CEO 브랜드의 고객들이란 주주, 임직원, 거래 파트너, 기업의 잠재지원 인력, 그리고 일반 소비자들이 될 것이다.

미국 해리스 폴(Harris Poll)의 조사는 고객들이 더 이상 기업이 제시하는 비전이나 목표치를 신뢰하지 않고 있음을 보여준다. '우리 회사는 이러합니다'라는 광고가 비효과적일수록 기업이 다른 방법으로 고객의 신뢰를 확보하는 것은 보다 중요해진다. 비슷한 품질임을 알면서도 사람들이 프리미엄을 주고 브랜드를 구입하는 것은 브랜드가 주는 '일관성'에 대한 보장 때문이다. CEO의 이미지를 통한 브랜드 관리가 점차 중요해지는 이유 중 하나도 여기에 있다.

대중에 호소하는 능력, 스타성, 윤리성, 스토리텔링, 이벤트 등 커뮤니케이션 전문가들이 강조하고 있는 CEO 브랜드 구축기술도 다양하다. 이것들은 우리가 일반적으로 제품 브랜드를 구축하기 위해 사용하는 마케팅의 세부전략들과 크게 다르지 않다. 그러나 이런 기술적인 측면 말고 CEO 브랜드를 생각할 때 우리가 쉽게 간과하고 있는 점이 있다. 대표적인 스타 CEO들의 사례를 통해 CEO 브랜드 구축을 위해 무엇이 필요한지를 살펴보자[정지혜, 2004].

첫째, 기업의 문화에 걸맞은 차별화된 포지셔닝이 필요하다. 브랜드를 더욱 가치

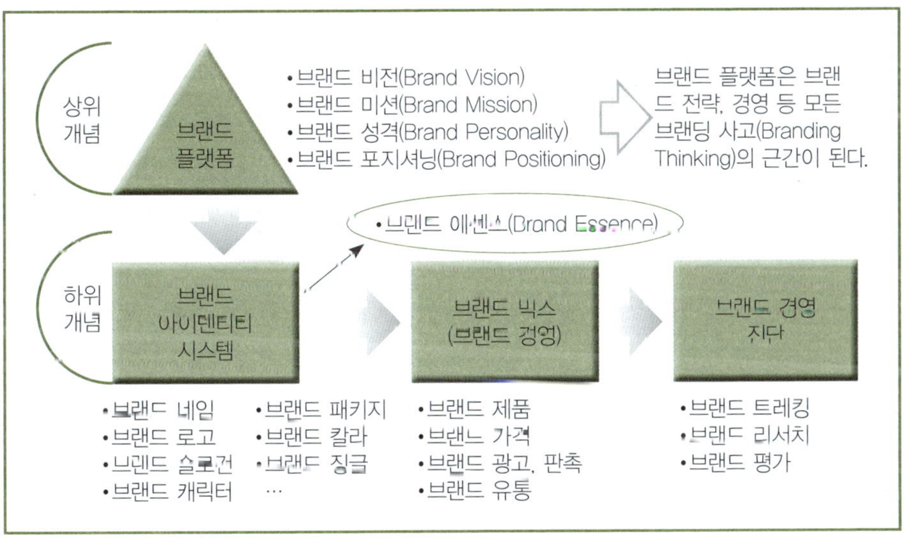

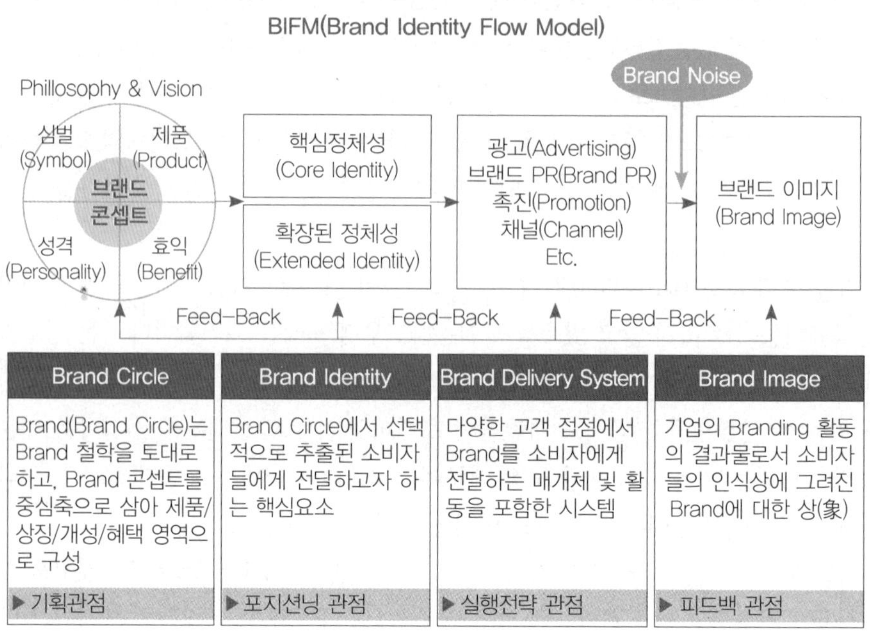

자료 : 동아비즈니스 리뷰, 2010. 6.

있게 만드는 것은 다른 브랜드와의 차별성이지만 CEO 브랜드에 있어서는 한 가지가 더 요구된다. 기업을 대변하는 수단으로서 조직문화에 걸맞고 때로는 기업이 가지는 부정적인 측면을 상쇄할 수 있는 이미지여야 한다는 것이다. 여행 · 항공 · 음반 등 다양한 분야에서 사업을 하고 있는 영국 버진그룹(Vergin Group)의 CEO 리처드 브랜슨은 반항아, 히피, 해적 등 강력하고 독특한 이미지를 가지고 있다.

둘째, 언론과의 관계에서 주체가 되어야 한다. IBM의 CEO 루 거스너는 카메라 앞에 서면 자신도 모르게 과장된 약속을 하게 된다고 생각했다. 그래서 가능한 한 불필요한 인터뷰는 자제하고 반드시 필요할 때, 영향력 있는 매체와 기자를 선택했다. 결과적으로 거스너의 인터뷰는 언제나 메이저 언론의 주요 특집으로 다뤄졌고 더 큰 주목을 받았다.

셋째, 내부고객부터 팬으로 만들어야 한다. 브랜드를 구축해야 하는 대상이 누구인가? 이것을 생각했을 때 CEO 브랜드의 경우에는 특히 기업 내부고객을 간과해서는 안 된다. 단지 유명한 스타 CEO와 CEO 브랜드를 성공적으로 구축한 CEO의 차이라면 내부고객—직원들에게 자신을 얼마나 효과적으로 브랜딩했느냐의 차이일 것이다.

넷째, 본질에 충실해야 한다. 브랜드는 일종의 약속이다. 고객들은 지속적인 품질보장 때문에 프리미엄을 지급하고도 브랜드를 선택한다. 따라서 브랜드를 구축하기 위해서는 먼저 일관된 행동과 약속을 지키는 모습을 통해 신뢰를 획득해야 한다. 일관된 약속은 능력을 포함한다.

세계 10대 브랜드

순위	브랜드	관련 산업	2017년 브랜드 가치 (백만 달러)	전년대비	2016년 브랜드 가치
1	Google	기술	109,470	▲ 24%	88,173
2	Apple	기술	107,141	▼ 27%	145,918
3	amazon.com	기술	106,396	▲ 53%	69,642
4	AT&T	전기 통신	87,016	▲ 45%	59,904
5	Microsoft	기술	76,265	▲ 13%	67,258
6	SAMSUNG	대기업	66,219	▲ 13%	58,619
7	verizon	전기 통신	65,875	▲ 4%	63,116
8	Walmart	소매	62,211	▲ 16%	53,657
9	facebook	기술	61,998	▲ 82%	34,002
10	ICBC	금융업	47,832	▲ 32%	36,334

자료 : 브랜드 파이낸스, Global 500 2017.

5 온라인 마케팅과 바이럴 마케팅

온라인 마케팅이란 인터넷이나 SNS 모바일 네트워크를 통한 마케팅을 하는 기법이다. 온라인 마케팅은 포털 사이트 배너 광고, SNS를 활용한 마케팅, 바이럴 마케팅 등이 있다.

바이럴 마케팅이란 네티즌들이 이메일이나 메신저 혹은 블로그 등을 통해 자발적으로 기업이나 상품을 홍보하도록 만드는 기법으로, 상품이나 광고를 본 네티즌들이 퍼담기 등을 통해 서로 전달하면서 자연스럽게 인터넷상에서 화제를 불러일으키도록 하는 마케팅 방식이다. 바이럴 마케팅은 넓은 의미에서 입소문 마케팅과 유사하지만 입소문 마케팅이 주부나 동호회 등을 통해 상품의 이용평이나 기능 등과

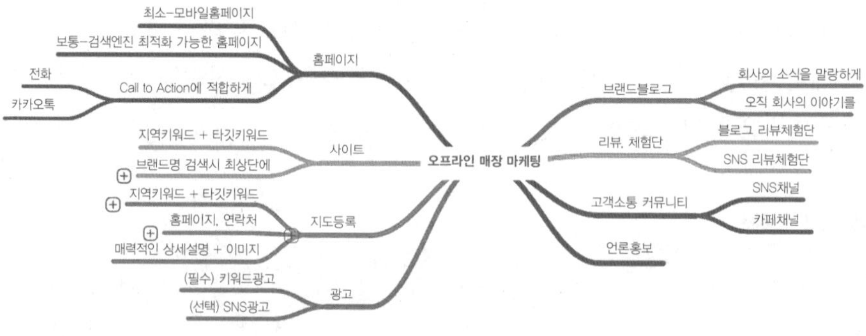

자료 : https://www.youtube.com/watch?v=ec6tJnmijdo

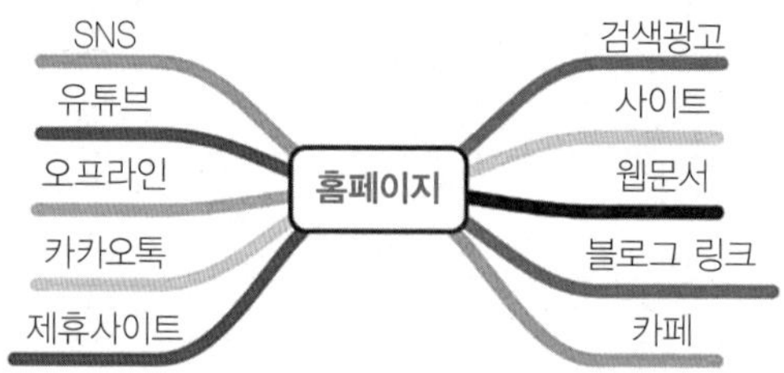

자료 : https://www.youtube.com/watch?v=ec6tJnmijdo

관련된 내용이 많다는 점에 반해, 바이럴 마케팅은 엽기적이거나 재미있는 독특한 콘텐츠가 기업 브랜드와 결합해 인터넷을 통해 유포된다는 점에서 차이가 있다.

마케팅 심화학습용어

- 거시마케팅(macro(–level) marketing) : 마케팅을 사회적 과정으로 파악하는 거시적 관점의 마케팅으로서 "사회 전체의 이질적인 공급능력을 이질적인 수요와 효과적으로 대응시키고, 사회의 장·단기목표를 효과적으로 달성할 수 있도록 전체 경제시스템의 제품들이 생산자들로부터 소비자들에게 원활하게 흐르도록 하는 사회경제적인 활동"으로 정의된다.
- 경험곡선(experience curve) : 누적생산량이 증가함에 따라 작업효율이 증대될 뿐 아니라 생산시간이 단축되고 원료의 낭비가 감소하여 단위당 생산원가가 하락하는 현상을 도식화한 것. ≒ 학습곡선, 학습효과
- 계층적 세분화(nested approach) : 매우 일반적인 것들로부터 조직에 구체적인 특성에 관련되는 것들의 방향으로 세분화 근거들의 계층적 구조를 가정하여 단계적으로 실시하는 시장세분

화 → 거시세분화, 미시세분화

- 고객(customer) : 교환에 있어서 마케터의 상대방을 말하며, 자신에게 제공되는 것을 수용하고 마케터가 원하는 것을 반대급부로서 기꺼이 제공하는 측이다. 쉽게 말하여 우리에게 돈을 지불하는 모든 사람은 고객인 것이다. 그러나 특별히 소비자와 구분할 때 고객은 특정한 기업 또는 상표의 구매자이며 소비자는 제품범주의 구매자를 지칭한다.
- 구매 동기(motive) : 생체 에너지를 활성화시키고 소비자의 목표를 향하여 그러한 생체 에너지의 방향을 결정짓는 내적 동인으로 특정한 여건에서 소비자 행동을 야기시키고 그 방향을 결정지을 수 있도록 활성화된 상태의 욕구. 본원적 구매동기, 선택적 구매동기, 이성적 동기, 감성적 동기, 애고 동기
- 그린 마케팅(green marketing) : 환경 컨슈머리즘이 제기하는 기회와 위협들에 적응하기 위하여 마케팅 활동을 조정함으로써 환경친화적 조직으로 변신하려는 노력.
- 기술적 조사(descriptive research) : 마케팅 현상을 묘사하거나 어떤 사상의 빈도를 측정하고 변수들 사이의 연관성을 결정하거나 미래의 마케팅 현상을 예측하려는 조사. 변수들 사이의 연관성을 결정해 주지만 결코 인과관계를 밝혀주지 못한다는 데 유의해야 함.
- 기준가격(base price) : 여러 가지 가격구조의 근거로 이용하기 위하여 마케터가 제품의 생산원가와 수요수준, 경쟁자의 가격을 분석하여 관리회계의 측면에서 내부적으로 결정한 가격. 기준가격을 결정하기 위한 방법은 원가지향적 방법, 수요지향적 방법, 경쟁지향적 방법으로 구분된다.
- 노출(exposure) : 광고물이 시야에 들어오는 것과 같이 개인이 감각기관을 통하여 내부적이든 외부적이든 어떤 자극에 당면하는 현상
- 다속성 태도모델(multi−attribute attitude model) : 어떤 대상에 대한 전반적인 태도가 여러 가지 속성에 대한 신념들과 소비자의 욕구기준을 반영하는 가중치의 결합에 의하여 결정된다는 견해의 태도모델.
- 단수가격정책(odd pricing policy) : 경제성의 가격이미지를 형성하여 구매를 자극하기 위하여 단수의 가격을 구사하는 정책. ⇔ 개수가격정책
- 도매(wholesaling) : 재판매나 사업을 영위하기 위하여 제품을 구매하는 산업고객에게 제품을 판매하는 활동이며, 매출액의 50% 이상을 도매활동으로부터 실현하는 상인중간상 ⇔ 소매
- 디마케팅(demarketing) : 초과수요의 상태에서 제품을 획득하려는 잠재고객들의 경쟁을 수수방관하기보다는 고객만족을 보장하고 장기적인 고객관계를 유지 · 개선하기 위하여 수요를 적정수준으로 감축하고 가용한 제품을 합리적으로 할당하려는 마케팅 관리과업이다. 디마케팅에는 일반적 디마케팅, 선택적 디마케팅, 외견상 디마케팅, 비고의적 디마케팅의 네 가지 기본형태가 있음.
- 라이프 스타일(life style) : 소비자가 돈과 시간을 어떻게 소비하는가(활동), 자신의 환경 내에서 무엇을 중시하는가(관심), 자신과 주변환경에 관하여 어떠한 생각을 갖고 있는가(의견)의 측면에서 묘사되는 생활양식
- 리마케팅(remarketing) : 감퇴적 수요상태에서 표적시장을 변경하든가 마케팅 믹스의 요소들을 변경함으로써 수요를 부활시키는 마케팅 관리과업이다.
- 리포지셔닝 전략(repositioning strategy) : 소비자들이 '원하는 바'나 경쟁자들의 포지션이 변함에 따라 기존제품의 포지션을 바람직한 방향으로 새롭게 전환시키는 전략 → 포지셔닝

- 마케터(marketer) : 교환의 당사자 중에서 교환을 실현시키기 위하여 주도권을 행사하는 측이며 그 상대방은 (잠재)고객이다. 즉 자신이 필요한 것을 얻어내기 위하여 상대방에게 무엇인가를 제공하려는 편은 판매자이든 구매자이든 마케터이다.
- 마케팅 실험(marketing experiment) : 한 변수와 다른 변수 사이의 인과관계를 검증하기 위한 조사를 설계하고 이에 따른 실제 조사를 실시한 후, 결과를 분석하는 일. 변수들 사이의 인과적 관계를 밝히기 위하여 분산분석을 적용할 자료를 산출해 준다.
- 마케팅 전략(marketing strategy) : 마케팅목표를 달성하기 위한 행동방안으로서 중요한 구성요소는 시장세분화를 통한 표적시장의 선정과 목표 포지션의 선정, 마케팅믹스의 개발이다. → 에스티피
- 머천다이징(merchandising) : 적절한 시간과 적절한 장소에 적절한 양의 제품을 공급하는 일로서 간혹 마케팅과 혼용되기도 하는데, 중간상인의 제품관리를 의미한다. 즉 협의의 머천다이징이란 고객수요에 부응하도록 제품의 구색을 갖추는 상품선정활동을 지칭한다.
- 메시지(message) : 송신자가 갖고 있는 추상적인 아이디어를 여러 가지 상징 또는 상징의 조합을 사용하여 전달 가능한 형태로 표현한 것
- 반응탄력성(response elasticity) : 자극의 % 변화를 구매량의 % 변화에 연관시킴으로써 특정한 마케팅 자극에 대한 소비자의 민감도를 나타내기 위한 지수
- 분권화 시장(decentralized market) : 각 생산자(가계)가 자신의 다양한 욕구를 충족시키기 위하여 다른 생산자(가계)들을 직접 방문하여 거래해야 하는 교환구조 ⇔ 집중화 시장
- 비영리 마케팅(nonprofit marketing) : 오늘날에는 기업활동을 중심으로 발전되어 오던 마케팅 개념과 원리들을 기업 이외의 조직들까지 도입하기에 이르렀는데, 비영리기관이 자신의 목표를 효율적으로 달성하기 위해 마케팅 원리를 적용하는 일을 비영리 마케팅이라고 한다.
- 사회적 마케팅(Societal Marketing *or* social marketing) : 특정한 사회문제로부터 도출된 사회적 목표를 달성하기 위하여 사회적 아이디어를 개발하고 그것을 공중에게 수용시키기 위한 프로그램을 설계 · 실행 · 통제하는 일로서 일반적인 마케팅에서와 유사한 의사결정을 필요로 한다. → 아이디어 마케팅
- 수요관리(demand management) : 마케팅관리란 결국 마케팅목표를 효과적으로 달성할 수 있도록 실제수요의 크기, 타이밍, 성격을 바람직한 수요에 맞도록 조정하는 것이라는 관점에서 마케터의 과업을 달리 지칭하는 용어이다.
- 수직적 마케팅 시스템(vertical marketing system) : 마케팅 경로상에서 지도자격인 구성원이 형성하는 전문적으로 관리되고 집중적으로 계획된 유통망으로서 경로통합의 근거에 따라 법인형, 관리형, 계약형으로 구분된다.
- 수평적 마케팅 시스템(horizontal marketing system) : 새로운 마케팅 기회를 효율적으로 활용하기 위하여 둘 이상의 경로참가자들이 연합하여 공동으로 마케팅전략을 설계하고 추진하는 형태로서 공생적 마케팅 시스템이라고도 한다.
- 기업 아이덴티티(CI) : 기업의 경영이념과 활동방향을 정립하고 이를 시각적으로 표현한 기업의 존재가치(corporate identity). 따라서 CI 프로그램(CIP)이란 기업이 자신의 존재가치와 의미를 명확하게 하기 위하여 통일성 있는 이미지를 대내외적으로 형성하려는 일종의 커뮤니케이션전략이다.
- 씨피엠(CPM) : 수신자 1,000명에게 광고물을 노출시키는 데 소요되는 비용을 나타내는 지수

(Cost-per-thousand audience method). 예를 들어, 300만 원짜리 TV 광고물에 1,000만 명이 노출되었다면 CPM은 300원이다.

- 에이이(AE) : 광고주를 위하여 마케팅 조사, 매체선정, 광고물의 제작 등 여러 분야의 기능을 종합적으로 통합하여 광고계획을 수립하고 관리하는 광고대행사의 담당자. 광고주의 유치나 광고주와의 단순한 연락업무를 넘어서 특정한 광고주의 스텝 역할까지도 수행한다.
- 원천효과(source effect) : 메시지가 동일할지라도 송신자의 특성에 따라 커뮤니케이션의 효과가 다르게 나타나는 현상
- 의견선도자(opinion leader) : 집단의 다른 구성원들이 특정한 주제에 관하여 전문성과 영향력을 갖고 있다고 간주해 주는 사람으로 의견 선도력의 가장 중요한 원천은 정보이다.
- 이미지(image) : 제품 또는 서비스, 기업, 점포에 관하여 고객들이 갖고 있는 정신적 그림으로서 고객이 지각대상과 함께 연상하는 감정적 및 미학적 느낌을 모두 포함한다.
- 전방적 경로(forward channel) : 제품 자체나 그 소유권이 생산자로부터 소비자에게 흘러가는 경로 ⇔ 후방적 경로
- 지역상표(local brand) : 일정한 지역 내에서만 마케팅 되는 상표가 아님 → 중간상인 상표
- 패널(panel) : 일정한 공급자, 거래점, 소비자 등의 구성원을 포함하는 고정된 표본으로서 어떤 특성에 관하여 시간경과에 따라 여러 차례 반복적으로 측정된다면 시계열 자료를 산출해 준다. → 시계열적 설계
- 홍보(publicity) : 특정한 기업이나 제품을 위하여 발간되는 뉴스와 정보로서, 메시지를 제시하기 위하여 사용되는 지면이나 시간에 대하여 후원자가 지불하지 않는다는 섬에서 무료이다. 대체로 홍보메시지는 신문, 잡지, 라디오와 같은 매체를 통하여 뉴스나 공지사항으로 제시된다.

제 15 장

재무관리와 경리회계를 어떻게 할 것인가?

1. 재무관리의 개념과 기능
2. 재무관리의 체계와 내용
3. 경제적 부가가치(EVA) 관리
4. 전사적 위험관리(ERM)
5. 국제재무관리

NYSE

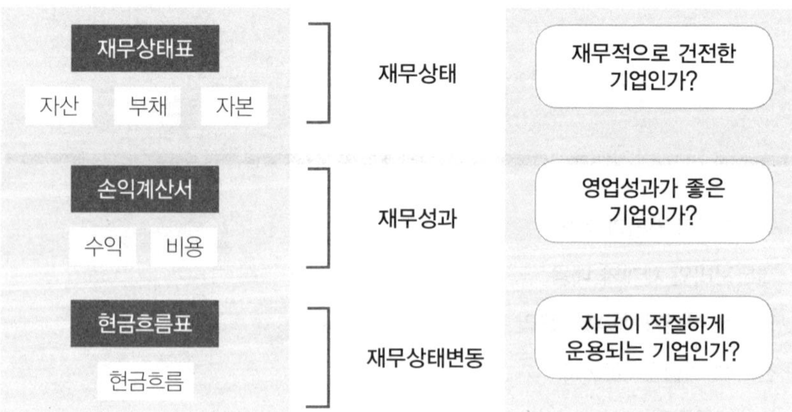
재무상태표
자산
부채
자본
재무상태
재무적으로 건전한 기업인가?
손익계산서
수익
비용
재무성과
영업성과가 좋은 기업인가?
현금흐름표
현금흐름
재무상태변동
자금이 적절하게 운용되는 기업인가?

[대출]

드라마 '태양의 후예'에서 유아인(극중 은행원)이 송혜교(극중 여의사)의 대출신청을 거절하는 장면이 나온다. 드라마에서 송혜교는 해외 의료봉사활동을 마치고 돌아와 호기롭게 병원 이사장에게 사표를 내고 병원 개업을 위해 계약금까지 지불한 상황에서 대출을 받으려 한다. 그러나 대형병원 VIP병동 전문의와 의사면허만 있는 개업준비 의사는 신용도가 다르므로 대출이 안 된다는 유아인의 답변을 듣고 결국 이사장에게 사표 반려를 요청하기에 이른다. 대출거절 장면이나 연인인 송중기에게 "살려주세요. 대출이 안 된대요."라고 하소연하는 장면 등이 나온다.

[흑자도산과 캐시플로우]

영업실적이 좋고 재무상으로도 문제가 없어 언뜻 보기엔 건전경영을 하고 있는 기업이 갑자기 자금변통이 안돼 부도가 나는 것을 흑자도산이라 한다. 즉, 기업이 단기부채를 변제하기 위해 충분한 현금을 확보하지 못해 도산하는 것이다. 기업들은 대부분 사채시장이나 제2금융권에서 급전을 받아 단기채무를 상환하는데 제2금융권이나 사채시장마저 얼어붙은 상황에서는 현금을 구하지 못한 중소기업이 흑자도산하는 경우가 많다[한경 경제용어사전].

[위험과 이자율]

만약 누군가에게 돈을 빌려준다면, 일정기간 후에 우리는 원금뿐만 아니라 돈을 빌려쓴 기간 동안만큼 이자를 받기를 요구할 것이다. 이때 상대방이 신용도가 낮다면 원금을 갚지 못할 위험이 커지므로 높은 이자율을 요구하게 될 것이다.

[헤지 및 환차손과 KIKO]

2008년 말 미국발 금융위기와 함께 찾아온 환율 급등으로 많은 중소기업들이 줄줄이 도산한 가운데 어떤 기업들은 흑자였음에도 불구하고 도산하는 사태가 벌어졌다.

이러한 혼란 속엔 '키코'가 있었다. 키코(KIKO)란 녹인 녹아웃(Knock-In Knock-Out)의 영문 첫 글자에서 따 왔다. 약정환율과 변동의 상한(Knock-In) 및 하한(Knock-Out)을 정해 놓고 환율이 일정한 구간 안에서 변동한다면 약정환율을 적용받는 대신, 하한 이하로 떨어지면 계약을 무효화하고, 상한 이상으로 올라가면 약정액의 1~2배를 약정한 환율에 매도하는 환헤지 상품이다.

학습문제

Q1 재무관리란 어떤 경영관리활동을 말하는가?

Q2 금융시장과 기업의 재무관리는 어떤 관련성이 있는가?

Q3 자금의 조달과 운용을 하는 데 있어서 어떤 점들을 고려해야만 하는가?

핵심용어

자금조달, 자금운용, 이자율, 지주회사, 지분율관리, 포트폴리오, CAPM, MM이론, EVA, ERM, 위험, 헤징, 선물시장, 파생상품, 환테크, 흑자도산, 레버리지 효과

1 재무관리의 개념과 기능

집안 살림살이의 기본적이고 매우 중요한 활동이 바로 수입과 지출을 지혜롭게 잘 관리하는 것이다. 기업도 수입(자금의 조달)과 지출(투자)을 적절히 조정하는 자금관리가 중요하다. 재무관리는 생산, 마케팅활동 등과 같은 다른 경영활동분야와 밀접한 관련성을 지닌 중요한 관리기능의 하나이다. 기업이 제품을 구성하는 원재료를 구입하려고 할 경우라든가, 구입한 원재료를 가지고 제품을 만들려고 할 때, 그리고 제품을 소비자에게 공급하려고 할 때도 모두 자금흐름에 대한 명확한 계획이 필요하기 때문이다[박정식 외, 2009 참조]. 최근 들어와서는 기업이 다루는 자금의 규모가 이전에 비해서 현저히 커져서 재무관리의 실패는 기업의 재무상태를 악화시키고 극단적인 경우 기업의 도산까지로도 이어질 수 있다. 기업규모의 증대는 대규모 자금이 소요되는 투자안의 실행을 가능케 하나, 이러한 투자가 실패할 경우 파산과 같은 심각한 결과를 초래할 수 있다. 재무관리(Financial Management)는 광의의 개념과 협의의 개념이 있다.

협의의 재무관리는 기업재무(corporate finance)라고도 하며, 기업의 자금흐름과 관련된 활동을 다루는 분야를 지칭한다. 기업재무관리에는 자금의 조달과 운용, 그리고 그와 관련된 계획 및 통제 등이 포함된다. 기업의 자금이란 타인자본과 자기자본을 모두 포함한다. 타인자본은 기업이 금융기관이나 채권자들로부터 조달한 부채를 말하며, 자기자본은 창업자가 개인 자금을 출연하거나 회사가 주식발행 등을 통해서 자체적으로 적립한 협의의 자본을 가리킨다. 협의의 재무관리란 기업이 필요로 하는 자본의 조달(financing)과 이의 운용, 즉 투자(investment)에 관련된 기업활동을 계획하고 지휘하며 그 결과를 통제하는 것이며, 일반적으로 재무관리라 함은 협의의 재무관리인 기업재무를 의미한다[선우석호, 2004 ; 박정식 외, 2009 참조].

광의의 재무관리에는 기업재무 외에 유가증권 · 부동산 · 외환 등의 투자의사결정을 다루는 투자론, 금융기관 · 금융시장 · 금융제도 등을 다루는 금융기관론, 선물 · 옵션 · 스왑 등의 파생상품과 그들이 거래되는 파생상품시장을 다루는 파생금융상품론 등 광범위한 연구분야를 포함하는 재무학을 지칭한다.

재무관리의 목표는 대체로 기업가치의 극대화(maximization of firm value)와 자기자본가치의 극대화(maximization of equity value)라고 할 수 있다. 재무관리의 목표는 재무관리자가 자본조달결정과 투자결정을 내릴 때 의사결정기준이 되므로 명확하게 설정되어야 한다.

재무관리의 주요 역할은 3가지로서 ① 기업의 경영활동에 필요하거나 미래의 경영성과에 영향을 미칠 수 있는 자산들 중 어떤 자산에 얼마만큼을 투자할 것인가를 결정하는, 즉 최적의 자산구조를 결정하는 투자의사결정 기능, ② 기업의 경영활동이나 투자활동에 필요한 자금조달방법을 결정하는, 즉 최적의 자본구조를 결정하는 자금조달의사결정 기능, ③ 앞의 두 기능이 장기적인 관점의 기업자금흐름에 대한 의사결정 기능이라면, 단기적 관점에서 영업활동에 필요한 현금의 유·출입을 관리하는 것은 유동성관리 기능이다[박정식 외, 2009].

재무관리의 중요성

① 투자의사결정, 자금조달의사결정, 유동성관리 기능을 수행함.
② 생산, 마케팅 활동 등과 밀접한 관련성을 지님.
③ 자금의 적절한 운용을 통해 미래의 불확실성에 대처함.
④ 재무관리의 실패는 기업 자체의 존폐를 결정함

한 중소기업이 회계담당 직원의 공금횡령으로 자금난을 겪다가 결국 부도 처리됐다.
서울 수서경찰서는 특정경제범죄가중처벌법상 업무상 횡령 등의 혐의로 강남구 수서동 소재 부동산 시행업체 A사 직원 김 모 씨(38)를 구속했다. 경찰에 따르면 김 씨는 2008년 7월부터 2013년 8월까지 A사 회계담당 직원으로 일하면서 회사 계좌에서 본인 시중은행 계좌로 300~500만 원씩 이체하는 수법으로 5년 동안 190여 차례에 걸쳐 10억 원의 회사 공금을 빼낸 혐의를 받고 있다. 또한 김 씨는 2012년 8월 말 회사 금고에서 1,000만 원짜리 수표 6장 등 6,000만 원을 훔친 혐의(절도)도 받고 있다.
조사 결과 수도권 소재 전문대학 세무회계학과를 나온 김 씨는 자신이 관리하는 회계장부를 조작해 범행을 철저히 숨겼다. 김 씨는 평소 아버지에게 물려받은 빌딩 한 채와 10여 억 원어치의 대기업 주식을 보유하고 있다며, 자신이 수십억 원대 자산가라는 거짓말로 임직원들을 속여 왔다고 한다. 김 씨의 범행이 수년간 드러나지 않은 이유는 김 씨가 혼자 A사의 회계 · 경리 담당 직원을 해 온 탓이라고 경찰은 전했다.

황금보기를 돌같이 하라!
견물생심 = 충농구배
(인간의 본성)

2 재무관리의 체계와 내용

재무관리의 목표는 기업의 자금흐름을 효과적으로 관리함으로써 기업 가치를 극대화하는 데 있다. 이를 위해 유동성관리, 자본조달결정, 투자결정활동을 수행한다.

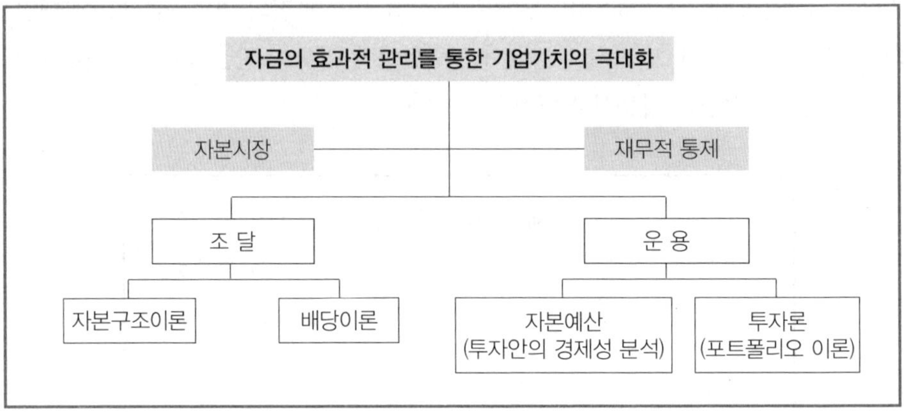

1) 재무관리의 목표는 무엇일까?

(1) 기업가치의 극대화

기업가치의 극대화란 기업의 수익성과 위험에 의해 결정되는 기업가치(firm value)를 최대한 크게 만드는 재무관리의 목표이다. 기업가치는 기업이 벌어들인 미래수익이 클수록 커지며, 미래수익의 불확실성이 높아질수록 줄어든다.

(2) 자기자본가치의 극대화(주주가치의 극대화)

자기자본제공자인 주주의 이익을 최대화시키는 것을 말한다. 주주가치의 극대화는 기업을 투자자의 소유물로 보는 상법상의 기업관을 중시하는 개념이라고 할 수 있다.

기업의 자본에는 타인자본(채권자)과 자기자본(주주=투자자)이 있는데, 채권자는 일정한 이자를 계약에 의해 받을 수 있지만 투자자는 기업이 수익을 내느냐에 따라 받을 수도 있고 받지 못할 수도 있다. 주식회사의 경우 자기자본은 주식형태로 발행되므로 주주가치의 극대화는 자본시장에서 주가의 극대화를 의미한다고 볼 수 있다(박정식 · 박종원, 2015).

> 자본자산 가격결정모형(CAPM : Capital Asset Pricing Model)은 자본시장이 균형상태를 이룰 때 자본자산의 기대수익과 위험의 관계를 설명하는 모형이다. CAPM은 증권시장이 경쟁적이라면 예상위험 프리미엄은 시장위험, 즉 베타계수에 따라 비례해서 변화한다고 설명한다. 즉 자본자산평가 모델은 개별종목의 총위험을 시장에 연관되어 나타나는 위험(체계적 위험)과 시장과 상관없이 나타나는 위험(비체계적 위험)으로 분류하고 시장과 상관없이 나타나는 위험은 포트폴리오 투자에 의해 제거될 수 있다고 본다. 따라서 체계적 위험에서 보상받을 수 있는 방법은 시장과 관련된 베타계수뿐이다. CAPM은 모든 투자자는 동시에 동일한 내용의 정보를 입수할 수 있다는 효율적 시장가설을 전제로 하고 있다.
>
> $$E(Ri) = Rf + [\ E(Rm) - Rf\ ] \times i\text{주식의 체계적 위험지수}$$
>
> 자료 : 박정식 · 박종원, 2015.

2) 자금시장 : 금융시장과 자본시장

기업이 재무관리활동을 수행하는 과정에서 직접적으로 대응해야 하는 곳이 자본시장이다. 기업이 처한 금융환경의 불확실성이 증가함에 따라 자금의 적절한 운용을 통해 미래 불확실성에 대처할 필요성이 증대되고 있다. 컴퓨터 네트워크 등 정보통신기술의 진척은 국경에 관계없이 자금이동이 대량으로 신속하게 이루어지게 하고 있고, 뉴욕 · 도쿄 · 런던 등과 같이 서로 다른 거래시간을 가지고 있는 국제금융시장은 24시간 내내 자금의 거래가 가능토록 하고 있다. 또한 인터넷의 확산과 사이버 거래의 활성화, 증권시장의 대중화와 세계화 등과 같은 오늘날의 금융환경 변화는 재무담당자의 신속하고 적극적인 대응을 요구하고 있다. 자금시장에는 금융시장, 사채시장, 회사채 시장 등이 있다.

3) 재무적 통제(유동성관리) : 회사의 재무적 건강상태를 어떻게 측정관리할 수 있을까?

유동성관리란 단기간의 영업활동에 필요한 현금의 유입과 유출을 관리하는 것으로 기업경영에서 매우 중요하다. 유동성관리의 대표적인 기법으로는 당기에 만든 재무제표와 당기 이전에 만들어진 재무제표를 비교하는 방법과 당기의 재무제표상에 나타나 있는 항목들 간의 비율(ratio)을 분석하는 기법이 있다.[1]

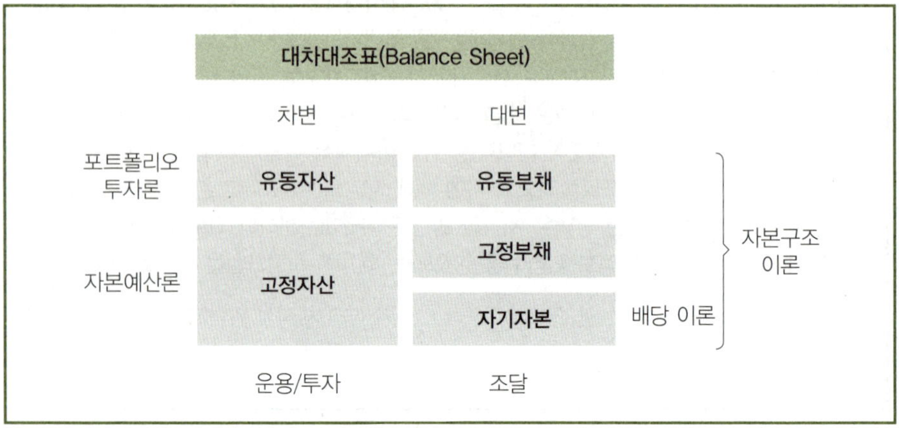

(1) 재무제표(대차대조표와 손익계산서)를 이용한 기법

대차대조표의 비교를 통한 유동성관리에서는 연도별 대차대조표 항목들을 서로 비교하여 자산 · 부채 · 자본의 증감에 대한 동향을 지속적으로 추적함으로써 기업의 전반적인 성과에 대한 통찰을 얻을 수 있다. 또한 재무담당자가 어떤 항목들에 대한 관리에 중점을 두어야 하는지를 알 수 있게 된다. 손익계산서의 비교를 통한 유동성관리에서는 기업의 영업활동 중 어떤 부분이 취약한가를 분석함으로써 영업활동의 효율성을 증진시키는 방안을 강구할 수 있다.

---

1 기업의 회계부문에서 제공되는 재무제표 자료는 경영자 · 종업원 · 주주 등과 같은 기업내부 이해관계자들뿐만 아니라, 투자자 · 정부기관 등과 같은 기업외부의 사람들에게도 매우 중요한 정보가 된다. 그중 가장 기본적인 자료는 대차대조표와 손익계산서이다. 대차대조표(B/S : Balance Sheet)는 어느 특정 시점에서 기업의 재무상태를 나타낸 것으로, 자산 · 부채 그리고 자본 항목으로 구성된다. 대차대조표가 어느 특정 시점을 기준으로 기업의 재무상태를 나타낸 것이라면 손익계산서(I/S : Income Statement)는 일정기간 동안의 경영성과를 수익(revenue)과 비용(expenses), 그리고 당기순이익(net income)의 측면에서 나타낸 것이다. 자세한 회계의 내용에 대해서는 「회계원리」, 「재무회계」, 「중급회계」, 「원가회계」, 「관리회계」 등의 과목에서 배우게 될 것이다.

- 대차대조표 : 회사의 자본은 자기자본과 타인자본으로 구성되며 회사의 자산은 자본과 부채이다.
- 손익계산서 : 일정기간의 영업실적(매출액)과 실적을 내기 위해 얼마나 비용을 사용하였고 이익은 얼마인지를 산출해 내는 계산서이다.
- 이익잉여금 처분계산서 : 기업이 벌어들인 이익 중 주주들에게 배당을 주고 세금을 내고도 남는 돈을 어디에 어떻게 처분했는지를 나타내는 자료이다.
- 현금흐름표 : 수시로 들고 나는 현금의 이동에 관한 정보에 관한 자료이다.

(2) 비율분석을 이용한 기법

재무제표상에 나타나 있는 여러 계정을 분기별로 비교하거나 아니면 계정 그 자체로 평가할 수도 있지만, 계정 간의 비율분석(ratio analysis)을 통해 기업의 경영성과와 재무성과를 파악해 그 결과를 바탕으로 내부통제를 실시할 수도 있다. 여기서 비율분석은 달리 말해 두 수치 간의 수리적 관계를 말한다. 비율분석에 있어서 비교대상이 되는 기준은 일반적으로 그 기업이 속해 있는 산업에 있어서 비율의 평균인 산업평균(industrial average)이 된다. 산업평균과 더불어 기업의 특성과 과거 시장활동 경험에 기초해 경영자가 설정한 기준이 비교대상이 되기도 한다.[2]

① 성장성과 안정성

성장성 지표	경영규모 및 성과의 증가를 나타내는 비율로서, 기업의 경쟁력과 수익창출 능력을 보여준다.
매출액증가율	전년대비 당해 매출액 증가율을 나타내며, 기업의 성장률을 보여준다.
총자산증가율	전년대비 당해 기업에 투자되어 운영된 총자산의 증가율을 나타낸다.
자기자본증가율	전년대비 당해 자기자본의 증가율을 나타내며, 장부가치를 기준으로 주주의 부가 얼마나 늘었는지 보여준다.
순이익증가율	전년대비 당해 순이익의 증가율을 나타내며, 기업의 성장세를 보여준다.
주당이익증가율	전년대비 당해 주당순이익의 증가율을 나타내며, 주주의 투자단위당 성장세를 보여준다.

2 이러한 비율분석에서 많이 사용되는 것으로는 유동성비율, 레버리지비율, 활동성비율, 수익성비율 등이 있다[박정식 외, 2009].

안정성 지표	기업이 조달한 자본이 타인자본에 의존하고 있는 정도를 보여주는 지표로서 부채의 원리금 상환능력을 측정하는 데 주로 사용됨.
부채비율	타인자본을 자기자본으로 나눈 비율로서, 기업이 청산을 하더라도 채권자의 채권을 손실 없이 회수할 수 있을지 보여준다.
이자보상비율	경상이익의 규모를 통해, 기업의 부채사용에 따른 이자지급능력을 보여준다.

② 수익성과 생산성

수익성 지표	기업이 투자한 자본으로 얼만큼의 이익을 달성했는지 보여주는 지표로서, 일정기간의 영업성과를 보여준다.
총자본순이익률	투자수익률(ROI)이라고도 불리며, 기업에 투자된 총자본이 최종적으로 얼마나 많은 이익을 창출하였는지를 보여준다.
매출액순이익률	매출액 대비 당기순이익의 규모를 나타내는 지표로서, 기업의 경영효율성 측정에 사용되는 비율이다.
자기자본순이익률	자기자본대비 당기순이익의 규모를 나타내는 지표로서, 주주가 기업에 투자한 자본에 대해 벌어들이는 수익성을 측정하는 비율이다.

생산성 지표	기업이 투입한 생산요소에 대한 산출량을 나타내는 지표로서, 경영활동의 효율성과 성과배분의 합리성을 보여준다.
노동생산성	종업원 1인당 부가가치생산액의 비율로서, 노동력이 효율적으로 이용되는지를 평가하는 데 사용되는 지표다.
자본생산성	기업에 투자된 총자본을 통해 얻은 부가가치액의 비율을 나타낸다.

③ 유동성과 활동성

유동성 지표	쉽게 현금화시킬 수 있는 자산의 비율로서 단기적인 채무지급능력을 보여준다.
유동비율	유동자산을 유동부채로 나눈 비율로서, 단기부채지급능력을 평가하는 데 사용되는 비율이다. 수익성과 상충관계에 있기 때문에 경영자의 판단하에 적절한 비율을 유지할 필요가 있다.
당좌비율	유동자산에서 재고자산을 고려하지 않고 유동부채로 나눈 비율이다. 유동성이 상대적으로 낮은 재고자산을 제외함으로써, 유동자산 중에서도 유동성이 매우 높은 자산만을 통해 유동성을 평가하는 비율이다.

활동성 지표	기업이 보유하고 있는 자산을 얼마나 효율적으로 활용하고 있는지 보여준다.
재고자산회전율	연간매출액을 재고자산으로 나눈 비율로서, 일정기간 동안에 재고자산이 몇 번이나 현금 또는 매출채권으로 전환되었는가를 나타낸다.
매출채권회전비율	매출액을 매출채권으로 나눈 비율로서, 매출채권의 현금화 속도를 보여준다.
비유동자산회전율	매출액을 비유동자산으로 나눈 비율로서, 기업이 보유하고 있는 비유동자산의 활용도를 나타내는 비율이다.
총자산회전율	매출액을 총자산으로 나는 비율로서, 총자본회전율이라고도 한다. 이 비율은 기업이 사용한 총자산을 얼마나 효율적으로 이용했는가를 보여준다.

4) 자본조달

미래에 수익성이 있다고 판단되는 새로운 제품시장에 진출하려고 할 경우, 기업은 일단 제품을 생산할 수 있는 공장부지를 마련해야 하고, 공장을 지어야 하며, 또한 생산장비를 설치해야 한다. 그런데 이런 프로젝트의 경우 대규모의 자본이 들어가게 마련이다. 가장 바람직한 상황은 기업 자체 내에 이를 충당할 수 있는 여유자본을 보유하고 있는 경우이다. 그러나 대부분의 경우 기업내부의 여유자본만을 가지고 프로젝트를 추진할 수 있으므로 자본을 외부로부터도 차입해야 한다.

이렇듯 기업이 새로운 제품시장 등에 진출할 경우에 막대한 자본을 필요로 하는데, 이때 필요한 자본을 어디로부터 조달할 것인가와 조달한다면 각 원천으로부터의 조달비율은 어느 정도로 하는 것이 해당 기업에 있어 바람직한가를 결정하는 것을 자본조달결정(financing decision)이라고 한다.

자본조달결정의 정의에서도 살펴볼 수 있듯이 자본조달결정은 크게 두 가지 사항들에 대한 결정으로 나누어 생각해 볼 수 있다. 하나는 자본의 원천을 결정하는 것이고, 다른 하나는 각 원천으로부터 어느 정도의 자본을 조달할 것인가를 결정하는 것이다. 자본의 조달원천과 조달비율을 결정하는 것은 언뜻 보기에 독립된 것처럼 보이지만 실제로는 아주 밀접하게 관련되어 있다.

어느 원천으로부터 자본을 조달하는 것이 기업에 가장 유리한가를 결정하는 데는 여러 가지 요인이 있다. 조달자금을 고정자산을 취득하는 데 사용하려면 장기적으로 사용할 수 있는 타인자본을 통해 조달하는 것이 좋을 것이다. 또한 주식발행을 통해 자본을 조달하려고 할 경우에는 지나친 주식의 발행으로 인해 특정 의도로 이

기업의 주식을 사들여 기업의 지배권을 확보하려고 하는 기업이나 기관은 없는지 고려해야만 한다. 이 밖에도 자본을 조달할 수 있는 금융시장이 조직적으로 정비되어 안전하게 차입할 수 있는지 등도 고려해야만 한다.

그러나 자본의 조달에 있어 가장 중요한 것은 과연 특정 조달원천으로부터 자본을 조달했을 경우에 어느 정도의 대가를 지불해야 하는가를 사전에 파악해서 조달결정 시 이를 고려해야 한다는 점이다. 자본을 사용하는 대가로 자본의 사용자인 기업이 자본의 제공자 혹은 제공기관에 지급하는 비용을 자본비용(cost of capital)이라 한다. 여기서 자본은 일반적으로 장기부채나 자기자본 등과 같은 장기적인 자금의 원천만을 가리킨다. 예를 들어 기업이 사채를 발행하여 자금을 조달할 경우 채권자들에게 지급해야 되는 이자가 사채조달에 따른 자본비용이 되며, 주식을 발행하여 자금을 조달할 경우에는 주주에게 지급되는 배당금이 자기자본에 대한 자본비용이 되는 것이다.

자본의 조달원천을 크게 자기자본과 타인자본으로 나눌 수 있듯이 자본비용도 크게 자기자본비용과 타인자본비용으로 나눌 수 있다. 먼저, 타인자본비용은 타인자본을 사용하는 대가로 기업이 투자가에게 지급해야 하는 비용으로 차입원금에 대한 이자비용의 비율로 측정하게 된다. 그러나 기업의 경우 이자비용은 세금추징에서 면제되어 이른바 감세효과(tax shield)가 있으므로 법인세를 공제하여 구하게 된다. 반면에 주식의 발행을 통한 자기자본조달에 의해서 발생하는 자기자본비용은 타인자본비용처럼 쉽게 측정할 수가 없다. 왜냐하면 주식의 경우 부채와 달리 상환만기라는 것이 존재하지 않고, 자기자본을 제공한 대가로 주주에게 지급하는 배당금은 부채의 이자비용과 달리 일정하지 않으며, 기업의 상황에 따라서는 지급하지 않아도 무방하기 때문이다.[3]

5) 투자결정(자본운용)

투자(investment)란 미래에 어떤 수익을 제공할 것으로 기대되는 자산을 구매하기 위해 현재 가지고 있는 자금을 지출하는 행위를 말한다. 이때 투자로부터 얻게 되는

---

3 자기자본과 타인자본을 통한 자본조달의 결과 자본구조가 형성된다. 이때 특히 타인자본의 사용정도가 기업가치에 영향을 끼치는가를 연구하는 이론이 자본구조이론(capital structure theory)이다. 자본구조이론으로 널리 알려진 것으로 다른 조건이 일정한 경우 타인자본의존도, 즉 레버리지가 기업가치에 영향을 주지 못한다는 MM이론이 있다[Modigliani & Miller, 1958 : 261–296].

수익은 일반적으로 자산으로부터 벌어들이게 될 미래 현금흐름(cash flow)으로 측정한다. 그러나 구매한 자산으로부터 얻을 것으로 기대했던 미래 현금흐름은 미래 상황에 따라 변동할 수 있는 불확실성을 가지기 때문에 투자에는 미래 불확실성이 존재하게 된다.

이런 의미에서 일반인들이 여유자금이 생기면 이를 은행에 예치하거나 가격이 오를 만한 부동산을 구입하는 것도 모두 투자라고 할 수 있다. 기업의 투자활동도 이와 마찬가지이다. 다만 기업이 수행하는 투자는 대개가 대규모 장기투자이고, 투자의 성패는 기업의 장기적인 경영성과뿐만 아니라 기업의 존립 자체에 결정적인 영향을 미친다는 점에서 다를 뿐이다. 일반적으로 기업의 투자활동은 토지 · 기계 · 건물 등과 같은 실물자산에 대한 투자와 주식 · 채권 · 파생금융상품 등과 같은 금융자산에 대한 투자로 구분된다. 기업은 위험을 회피하기 위해 분산투자인 포트폴리오 투자(Portfolio investment)를 할 수 있다.

투자와 투기 : 집 값이 된 튤립과 주식투자에 실패한 뉴턴

인류 투기의 역사는 고대 로마시대부터 기록으로 발견되지만, 1630년내 당시 네덜린드에서 발생한 튤립투기는 튤립구근(球根)의 가격이 치솟아 구근 값이 집 한 채 값에 이르렀던 경우도 있었다. 만유인력의 법칙으로 유명한 아이작 뉴턴은 주식에 투자했다가 큰 손실을 봤다는 기록이 있다.

자료 : 임창희, 경영학원론, 2007.

과거에는 자본예산(capital budgeting)을 중심으로 하는 실물자산에 대한 투자활동이 중요했으나, 오늘날에는 파생금융상품시장과 같은 새로운 증권시장이 급속히 발전함에 따라 금융자산에 대한 투자활동이 더욱 중요해졌다.

(1) 자본예신활동

기업이 실물자산에 투자하기 위해서 행하는 자본예산활동은 투자목적의 설정, 투자안의 선정과 투자안의 성격에 따른 분류, 투자안들로부터 예상되는 현금흐름의 측정, 투자안의 경제성 평가 그리고 투자의 결정 및 실행으로 구분된다. 이러한 활동들 중에서 투자안의 미래 현금흐름 측정 및 평가 활동이 가장 중요한 활동이라고 할 수 있다. 투자안의 미래 현금흐름 측정은 미래 상황에 대한 예상을 바탕으로 투자안으로부터 어느 정도의 현금흐름이 발생할 것인가를 예측하는 과정이며, 투자안의 경제성 평가는 투자안으로부터 발생할 것으로 예상되는 미래 현금흐름을 평가하여 해당 투자안의 채택여부를 결정하는 활동이다.

(2) 순현가법과 화폐의 시간적 가치

투자안의 경제성을 평가하는 방법들을 자본예산기법이라고 하는데, 여러 가지 자본예산기법들 중에서 순현가법(NPV : Net Present Value)이 가장 우월하므로 여기에서는 순현가법에 대해서 간략하게 살펴보도록 하자.[4]

순현가란 투자안으로부터 얻게 될 미래 현금흐름(현금유입액)의 현재가치에서 투자안에 지출한 비용(현금유출액)의 현재가치를 차감한 것을 의미한다. 이러한 순현가를 이해하고 계산하기 위해서는 화폐의 시간적 가치라는 개념을 먼저 알아야 한다. 지금 현재 가지고 있는 1,000원의 가치는 1년 후에 가지게 될 1,000원의 가치보다 크다. 왜냐하면 지금 현재 가지고 있는 1,000원은 미래에 수익을 가져다줄 수 있는 자산에 곧바로 투자할 수 있으므로 1년 후에 가지게 될 1,000원이 제공할 수 없는 수익창출의 기회를 제공할 수도 있고, 1년 동안 물가가 상승한다면 현재 1,000원 하는 재화를 1년 후에는 1,000원으로 사지 못할 수도 있기 때문이다. 이러한 현재 1,000원과 1년 후의 1,000원 간의 가치차이를 화폐의 시간적 가치라고 한다. 이러한 화폐의 시간적 가치는 일정기간 동안 자금을 사용하는 대가로 지급하는 이자로 측정할 수 있다. 자금을 빌려주는 사람 입장에서 이자는 현재 실행할 수 있는 소비나 투자 활동을 자금을 빌려주는 기간 동안 포기하는 대가가 되기 때문이다. 따라서 미래에 얻게 될 1,000원의 가치를 현재의 가치로 환산하기 위해서는 적절한 화폐의 시간적 가치만큼을 차감해야 하는데, 이를 할인(discount)이라고 한다. 일반적으로 현재가치는 미래 현금흐름을 적절한 이자율로 나누어서 계산하는데, 1년 후의 미래 현금흐름은 (1+이자율)로 한번 나누어 주고, 2년 후의 미래 현금흐름은 (1+이자율)로 두 번, n년 후의 미래 현금흐름은 (1+이자율)로 n번 나누어서 계산한다. 이때 현재가치 계산에 사용되는 이자율을 할인율(discount rate)이라고 한다.

이제 간단한 예를 이용하여 순현가법으로 어떻게 투자안의 경제성을 평가하는지 살펴보자. XX회사는 현재 1억 원짜리 기계장치를 구매하고자 한다. 해당 기계를 사용하면 생산능률이 증대되어 향후 10년간 매년 1,800만 원씩 추가적인 현금

---

4 순현가법 이외의 자본예산기법들로는 회수기간법, 회계적 이익률법, 내부수익률법, 수익성지수법 등이 있으며, 이들에 대해서는「재무관리」나「투자론」에서 다루게 될 것이다.

대차대조표와 재무 의사결정

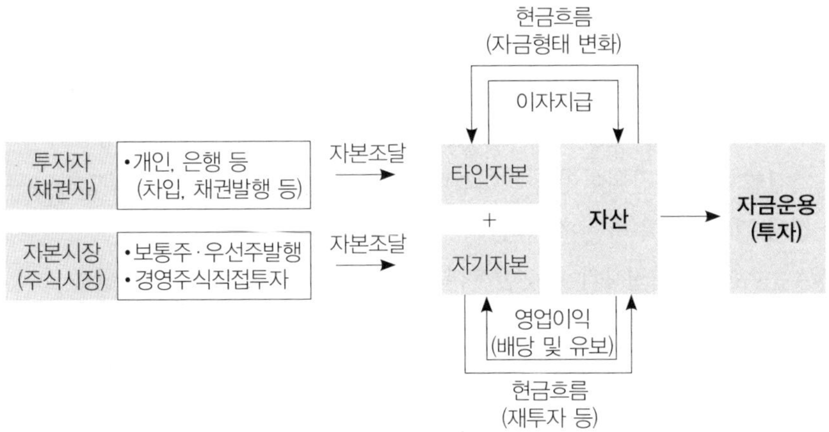

자료 : 박성환 · 이준우, 2011 : 442.

흐름을 얻을 수 있는 것으로 예측되었다. 이때 이자율을 10%라고 가정하면 10년간 발생하는 추가적인 현금유입의 현재가치는 총 1억 1,060만 원이 되어 현재의 기계장치 구매비용(현금유출의 현재가치) 1억을 차감한 순현가는 1,060만 원이 된다. 그러나 만약 이자율이 상승하여 13%가 되면 현금유입의 현재가치는 총 9,767만 원밖에 되지 않아 구매비용을 차감하면 순현가는 −233만 원이 된다. 순현가법이 가지는 장점 중 하나는 투자안의 경제성을 평가하는 기준이 간단명료하면서도 객관적이라는 데 있다. 즉, 계산한 순현가가 0보다 크면 클수록 좋은 투자안으로 채택하고, 순현가가 0보다 작으면 투자안을 기각한다. 따라서 이자율이 10%라면 XX회사는 1억 원짜리 기계장치를 구매하고, 이자율이 13%라면 구매하지 않는다는 투자결정을 내리게 된다.

3 경제적 부가가치(EVA) 관리

경제적 부가가치(EVA : Economic Value Added) 경영이란 기업의 효율적인 운영에 필요한 자금을 조달하고 조달된 자금이 투자를 통해 효과적으로 사용되는가를 관리하는 기법이다.

EVA란 기업이 고유의 영업활동을 통해 창출한 순가치의 증가분을 의미한다. 즉, 세후영업이익에서 투하자본에 대한 자본비용이 공제된 잔여이익으로 정의할 수 있다. 여기서 잔여이익은 채권자와 주주라는 자본제공자가 위험을 부담한 것에 대한 비용과 공공서비스의 제공자인 국가 및 지방자치단체에 대한 세금을 영업이익으로부터 차감한 순수한 잔여이익을 의미하며, 주식회사의 최종적인 위험부담자인 주주에게 전액 귀속되어야 하는 것이다.

EVA는 주주나 채권자가 비슷한 위험을 가진 증권에 투자했을 때 받을 수 있는 최소한의 투자수익률(또는 요구수익률)을 상회하는 경제적 이익을 의미하는 것이므로, 이 값이 양(+)이면 현 시점에서 자본제공자의 기회비용을 초과하여 경제적으로 새로운 가치를 창출하였다는 것을 의미한다[LG 주간경제, 1996.12.19.].

EVA = 세후영업이익 − 자본비용[5]

기업의 자본비용은 앞에 언급한 현금흐름의 특성들을 고려하여 결정된다. 따라서 기업이 자신의 자본비용에 비해 얼마만큼이나 더 많은 잔여이익을 발생시켰는가를 나타내는 EVA는 당해 연도에 영업활동을 통해 어느 정도의 실질적인 이익을 거두었으며, 이를 통해서 기업가치가 얼마나 증가했는가를 보여준다. 예를 들어 100억 원을 투자하여 10%의 세후영업이익률을 거두었다면 회계적으로는 10억 원의 이익이 발생하였으므로 해당 기업의 영업성과가 좋았다고 평가할 것이다. 그러나 만약 해당 기업의 자본비용이 12%라면 해당 기업의 영업성과가 좋았다고 할 수 있겠는가를 생각해 보자. 자본비용이 12%라는 것은 기업이 100억 원의 자금을 사용했을 때 12억 원의 비용을 지불한다는 의미이므로 실질적으로 해당 기업은 투자로부터 2억 원의 적자를 보고 있으며, 기업가치 역시 그만큼 감소했다는 것을 의미한다. 이처럼 EVA 경영은 수익뿐만 아니라 기회비용이라고 할 수 있는 자본비용도 동시에 고려함으로써 실질적인 기업가치를 산출할 수 있도록 하는 기법이다[LG 주간경제, 2002.7.3. 참조].

기업들이 EVA 경영을 도입하게 된 이유는 첫째, 외형 위주의 전사적인 손익정보에 더하여 부가가치정보, 즉 영업이익에 자본비용이 감안된 새로운 성과 측정과 평

5 세후영업이익이란 기업이 순수영업으로부터 창출한 이익에서 법인세를 차감한 이익을 말하고, 자본비용이란 투자자들이 제공한 투자자본에 대한 기회비용을 말한다.

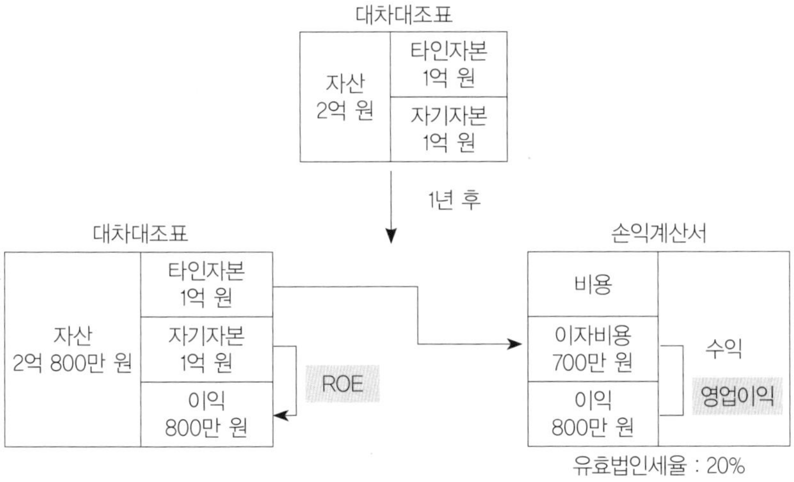

자기자본비율(ROE)
= 이익/자기자본=800만 원/1억 원=8%

경제적 부가가치(EVA)
= 영업이익 1,500만 원−법인세 300만 원−(타인자본비용 700만 원+자기자본비용(10%) 1,000만 원)
= △500만 원

가의 지표를 필요로 하게 되었기 때문이다. 종래의 경영성과 측정기준은 주로 매출액 · 시장점유율 · 경상이익 등과 같은 외형 위주의 성과지표였는데, 이와 같은 전통적인 외형 위주의 평가정보만을 제공하는 측정지표들이 영업이익에 자본비용을 감안한 성과 측정이 가능하지 않다.

둘째, 자본비용만으로 기업가치를 파악하는 것이 적절하지 않다는 문제점이 있다. 기업가치는 그 기업이 앞으로 벌어들일 미래 현금흐름의 현재가치이므로 기업이 생산과 판매라는 본원적인 활동을 통해 이미 투자된 자본비용 이상으로 얼마만큼의 현금흐름을 창출하였는가를 의미하는 EVA가 좀 더 유용하고 중요한 정보일 수 있다.

셋째, 종래의 경영성과 측정지표들이 단순히 얼마만큼의 경영성과를 달성했는지를 측정하는 데 비해 EVA는 일정정도의 경영성과를 달성하기 위해 투자된 경영자원의 양과 이의 효율적인 운용정도를 측정할 수 있다는 장점을 가지고 있다. 또한 각 사업부문별로 특정 기간 동안 경영활동을 통하여 벌어들인 EVA를 가감 없이 반영할 수 있다는 장점을 가지고 있다.

많은 기업들이 기업목표라는 가치명제(value proposition)가 가치중심의 경영으로 변화함에 따라, 가치경영을 위한 대표적인 성과지표로서 EVA를 성과지표로 도입하거나 EVA를 중심으로 한 성과평가시스템의 구축을 계획하고 있는 것이다. 그러나 EVA를 활용한 성과평가에는 경영자들이 빠지기 쉬운 몇 가지 문제점이 있어 EVA 지표를 개발할 때 주의하여야 한다. EVA에는 경영자들이 자기자본과 타인자본을 모두 포함한 투하자본의 요구수익률보다 더 높은 이익률을 올려야만 기업가치를 상승시킬 수 있다는 경영철학이 담겨 있다. 만약 경영자들이 이 철학을 제대로 이해하지 못한 채, 단지 EVA 수치에만 매몰되어 기계적인 성과평가를 실시하는 것은 위험한 일이다.[6]

① 양적 경영성과지표 외에 질적 성과지표의 필요성
② 분권화된 조직의 효율적 운영
③ 현금흐름을 창출하는 부가가치 개념의 도입
④ 투자된 경영자원의 양과 효율적인 운영정도의 파악

EVA는 이익원천의 범위와 규모를 파악하기 위해서 이용될 수 있다. 즉, 이익이 가장 많이 발생하는 사업이 무엇인가를 분석하기 위해서 EVA를 이용하는 것이다. 이익의 원천을 파악하기 위해서는 일반적으로 관련 산업의 가치사슬 활동범위를 정한 후, 산업의 전체활동이 어떻게 구성되어 있으며, 각 활동은 어떤 관련을 가지고 운영되고 있는지를 파악하는 일련의 작업을 수행하게 된다. 이를 통하여 이익의 원천을 파악하게 된다. 또한 각 이익원천의 규모를 파악하기 위해서는 이익을 기업별 · 제품별 · 경로별 그리고 지역별로 구분하여 측정하게 되는데, 이는 이익을 구분하여 분석함으로써 이익발생의 원천을 정확하게 알 수 있기 때문이다.

또한, EVA는 경영의 효율성을 평가하기 위한 지표로 사용할 수 있다. EVA는 최고경영자뿐만 아니라 중간경영자의 성과평가 및 보상체계와 연계할 수 있다. 이를 통하여 경영진과 주주의 이해관계가 일치되고 기업의 효율성을 제고할 수 있게 되는 것이다. 또한 투자의사 결정 시 EVA는 투자자의 기대수익까지 반영함으로써 기업의 실질적인 부의 창출이나 손실을 직접 측정할 수 있다. 따라서 신규사업의 투자

6 EVA가 지닌 산정상의 문제점에 대하여 살펴보면, 첫째 EVA는 태생적으로 재무지향적이라는 특성을 지니고 있는데, 이는 EVA의 장점이기도 하지만 반대로 한계가 될 수 있다. 둘째, EVA는 경영자에게 단기지향적인 행위를 유도할 가능성이 있다[LG 주간경제, 2002.7.3.].

여부 심의 시 기업의 시장가치에 미치는 영향을 측정 · 평가하여 신규사업의 판단기준으로 이용할 수 있다. 나아가 기업이 EVA 경영을 성실히 수행할 경우 자원을 효율적으로 활용하는 방향으로 개선시켜 나갈 수 있기 때문에 비합리적이고 무분별한 자원의 사용을 억제시키며, 투자자의 경영활동에 대한 효과적인 감시가 가능해진다[한국증권거래소, 1998].

마지막으로, EVA는 각종 구조개선을 위한 일환으로서 활용할 수 있다. EVA 경영은 기업의 자발적인 구조조정 유도를 통하여 기업의 수익성을 제고할 수 있다. 즉, 저수익 창출부문을 파악하고 치유하여 고수익의 투자를 유도하며, 저수익부문의 자산을 매각하는 등 중요한 결정지표로 활용할 수 있으며, 투자안 사업성 분석 및 효율적인 사후관리를 위한 적절한 지표이기 때문에 장기적으로 기업의 수익성을 제고시킬 수 있다. 또한 다수의 계열사가 존재하는 경우 기업가치 창출을 많이 하는 계열사들만을 주력기업으로 육성하고 한계기업을 정리하게 되면 전체적으로 수익성이 제고되며, 전문기업으로 육성할 수 있게 된다[강효석 외, 1999].

4 전사적 위험관리(ERM)

전사적 위험관리(ERM: Enterprise Risk Management)는 경영환경의 불확실성이 커지고 있고, 많은 위험요인들이 서로 연관되어 있으므로, 이들을 전사 차원에서 통합관리함으로써 위험관리의 포트폴리오 효과를 기대할 수 있을 뿐만 아니라 경영자원의 효율적 배분을 통한 적절한 대응이 가능하다[LG 주간경제, 2004.5.26.].

기업가치를 창출해 내는 방법에는 영업활동의 성장 및 수익성 제고를 통한 방법과 기업활동에 내재되어 있는 위험을 잘 관리하여 손실을 최소화하는 방법이 있다. 1990년대 말의 IMF 금융위기를 통해서 우리나라 기업들 역시 위험관리의 중요성을 깊이 인식하고, 기업의 생존과 경쟁력 강화를 위한 위험관리시스템의 도입에 관심을 기울이고 있다.

ERM은 위험요인을 제거 · 회피하거나 최소화하는 활동을 각 부문별로 수행하는 것이 아니라 전사적인 관점에서 수행하는 것을 의미한다. 이때 전사적 위험관리에서 '전사'라는 용어는 다음과 같은 의미를 지닌다[LG 주간경제, 2003.10.22.].

예를 들어 해외에서 원료를 수입하여 가공, 판매하는 회사가 있다고 하자. 이 회사의 업무 프로세스에서 나타나는 위험요인은 다양하다. 원료가격의 등락에 따른 위험, 원료의 품질불량에 따른 위험, 선적지체 및 해상물류 위험, 제조공정의 위험, 완제품의 보관 및 물류 위험, 수출가격의 등락에 따른 위험 등 매우 많은 위험요인들이 있다. 그런데 지금까지 이들 위험요인들은 대부분 관련 부문에서만 고려할 뿐, 이들 위험요인들이 어떤 관계를 갖고 회사의 최종적인 경영성과에 어떤 영향을 미치느냐에 대한 고려는 별로 없었다. ERM은 바로 이런 문제를 해결할 수 있도록 회사 전체 차원에서 위험을 통합적으로 고려한다는 점에서 큰 의미를 지닌다. ERM을 도입하게 되면 기업경영에 있어서 다음과 같은 효과를 제공해 준다[LG 주간경제, 2001.4.4. ; 2005.6.15.].

첫째, ERM은 포트폴리오 효과(portfolio effect)를 가져다준다. 포트폴리오 효과란 보유하고 있는 자금을 여러 자산에 분산투자함으로써 개별 자산의 위험들을 서로 상쇄하여 전체 투자 포트폴리오의 위험이 감소하는 효과를 의미한다. 같은 원리로 ERM은 모든 위험을 하나의 포트폴리오로 관리하며 위험요인 간의 상쇄효과를 통해 전체위험을 감소시킬 수 있다. 원유를 수입해야 하는 정유회사의 구매부서는 달러환율이 상승하게 되면 위험이 증가하게 된다. 그러나 이 회사가 미국 기업의 매출채권을 보유하고 있다면 그 채권의 가치가 상승하게 되고 전체적인 시각에서는 구매부서의 손실이 매출채권의 이익으로 상쇄되어 전체위험은 부분위험의 합보다 줄어들게 되는 것이다.

둘째, 성공적인 ERM은 기업지배구조 개선에 기여한다. 우리나라 기업의 경우 기업지배구조가 매우 복잡하게 구성되어 있는 관계로 외국의 신용평가회사나 투자자로부터 상당한 저평가를 받고 있는 실정이다. 이러한 상황에서 성공적인 ERM은 효과적인 위험관리 및 내부통제를 가능케 하여 기업의 투명성을 제고하고, 나아가 기업지배구조를 개선하는 역할을 할 수 있다.

셋째, ERM은 위험을 고려한 성과평가를 가능케 한다. 전사적 차원에서 기업의 일상업무를 수행하는 개별 구성원들이 자신의 이익을 창출하기 위해서 어느 정도의 위험을 취하였는가를 측정함으로써 위험을 고려한 성과평가가 가능하다. 만약 적절한 위험에 대한 고려 없이 구성원들의 성과를 평가하고, 그에 따라 보상을 지급한다면 구성원 모두가 높은 위험을 부담하려는 유인을 갖게 되어 기업 전체의 위험이 지나치게 높아질 수도 있다.

넷째, ERM은 외부 이해관계자들과의 의사소통을 강화한다. 여태까지는 대부분의 기업들이 주로 단기 수익성에 관한 정보가 담긴 재무상태만을 공개하는 것이 일반적이었다. 따라서 외부 이해관계자들은 기업이 처한 위험과 기회요인들을 제대로 알지 못하게 되고, 이로 인해 정보의 불균형이 발생하게 된다. 이러한 상황이 계속되다 보면 투자자들이 위험 프리미엄을 요구하게 되어, 기업의 자본비용은 상승하게 되고 기업가치는 떨어지게 마련이다. ERM은 기업들이 처한 이와 같은 딜레마가 가중되는 상황을 타개할 수 있는 방법으로 적극적인 의사소통을 강조하고 있다.

ERM이 성공적으로 수행되기 위해서는 다음 조건들을 고려하여야 한다[LG 주간경제, 2004.8.18.].

첫째, 위험관리의 목적과 정책을 명확하게 수립하여야 한다. 둘째, 핵심적인 기업활동과 관련해서 중점적으로 관리해야 할 위험대상을 정하고, 이를 중심으로 전사적 위험관리활동을 해야 한다. 셋째, 위험관리를 위한 체계적인 시스템을 구축하여야 한다. 이때 체계적인 시스템은 단순히 전산시스템만을 의미하는 것이 아니라 전사적 위험관리활동을 전체적으로 조율하고 수행하는 데 필요한 모든 구성체계를 의미한다. 넷째, 내·외부 커뮤니케이션을 강화해야 한다. 위험관리조직은 위험관리활동에 관한 내용을 가지고 이해관계자들과 적극적으로 커뮤니케이션해 나가야 한다. 이를 통해 기업 내 모든 조직원들이 위험관리의 중요성을 인식하도록 하고, 자사의 위험관리활동이 시장에 전달되도록 해야 한다. 다섯째, 위험관리를 위한 리더십이 필요하다. 위험관리는 지속적으로 추진되는 기업의 주요 경영관리시스템으로 인식되어야 하며, 이를 위해서는 무엇보다도 최고경영자의 지속적인 관심과 의지가 매우 중요하다.

ERM을 도입하려면 성공조건을 갖추어야 함과 동시에 리스크의 식별, 리스크의 평가, 핵심위험지표의 도출, 대응방안의 수립이 필요하다[고제민, 2004 참조].

① 리스크의 식별 : ERM을 도입함에 있어 가장 중요한 과정은 리스크의 식별이다. 리스크 식별의 결과물인 리스크 간의 인과관계도(causal map) 혹은 영향도(influence diagram)를 통해 기업이 미래에 처할 수 있는 모든 리스크를 한눈에 파악할 수 있기 때문이다. 그런 점에서 이 단계는 ERM의 인프라를 닦는 작업이라고 할 수 있다.

② 리스크의 평가 : 리스크 식별단계에서 잠재적으로 발생 가능한 리스크를 모두 찾아낸 후에는 그중에서 전사 차원에서 우선적으로 관리하여야 할 리스크를 선정한다. 이를 위한 리스크의 평가는 전략적 중요도 평가와 영향도 및 발생 가능성을 고려한 운영 차원의 평가과정을 거치게 된다.

③ KRI의 도출 : 리스크의 평가에서 전략 차원의 평가와 운영 차원의 평가를 거쳐 중점관리대상 리스크를 확정한 후에는, 이 리스크를 제대로 측정할 수 있는 핵심위험지표(KRI : Key Risk Indicator)를 도출하는 작업과 KRI가 높은 리스크에 대해 적절한 조치를 취하는 단계가 필요하다.

④ 대응방안의 수립 : 마지막으로 위기발생 가능성을 높이고 전략목표 달성에 걸림돌이 될 수 있는 리스크를 줄이기 위한 대응방안을 수립하여야 한다. 전사 차원의 리스크 관련 최고의사결정은 CEO를 중심으로 하는 리스크 관리위원회나 이사회에서 수행하는 것을 유력한 방안으로 생각해 볼 수 있다.

5 국제재무관리

국제재무관리는 글로벌 금융시장에서 기업자금의 조달과 운용에 직·간접적으로 관련된 의사결정을 하는 관리기능이다. 국제재무관리는 다국적기업에서 시작되어 발전되어 왔으나 최근에는 각국 자본시장의 자유화를 배경으로 전개된 국제금융시장의 범세계적 통합화과정에서 세계적인 자산 · 부채관리전략으로서 그 중요성이 크게 부각되고 있다. 국제재무관리는 기본적으로 기대수익률과 위험을 고려하여 행해지지만 원화나 달러화와 같이 통화 간 거래와 국제중개기관의 개입 그리고 컨트리 리스크(country risk) 존재 등과 같은 점이 작용한다는 점에서 일반 재무관리와 차이가 있다[NEW 경제용어사전, 2006.4.7.].

1) 수출금융과 수출금융보험제도

수출금융(Export Financing)은 물품의 수출을 촉진하기 위하여 수출입업자 및 수출용 원자재 생산업자(수출용 완제품 생산업자 포함)를 지원대상으로 하여 수출상품의 선적 전에 제조, 가공에 필요한 소요자금을 지원하는 정책금융이며 우대금융이다.

금융기관이 수출업자 또는 수출품 생산업자에게 제공한 수출금융의 원리금상환이 이루어지지 않은 경우 손실을 보상해 주는 보험제도를 말한다. 수출금융제도의 목적은 원래 수출업자에게 수출금융을 지원한 후 은행이 입은 손실을 보상하는 것이지만 이 보험제도는 금융기관의 수출업자에 대한 원활한 금융지원을 유도, 수출금융 자금 면에서 수출업자를 지원하는 데 큰 역할을 하고 있다. 우리나라의 경우 수출보험공사가 회계연도별 또는 반기별로 금융기관을 상대로 보험계약을 맺고 있다[NEW 경제용어사전, 2006.4.7.].

2) 환차손 및 환차익과 환차손준비금제도

외화자산(미국에 사 놓은 부동산 등) 또는 부채를 보유하고 있을 경우, 환율변동에 따라 자국통화로 평가한 자산(부채)의 가치가 변동하게 되는데, 환율이 오르거나 내려서 이익이 나면 '환차익(exchange gain)'이라고 하고 반대로 손실이 발생한 경우를 '환차손(exchange loss)'이라고 한다. 예를 들어 해외에서 1억 달러를 빌린 기업이 있을 때 원화대비 달러 환율이 1,200원에서 1,220원으로 오르면 원화 환율이 달러당 20원 오름에 따라 원화로 계산한 부채액은 20억 원(20원×1억 원)이 증가한다. 반대로 원화의 대미 달러 환율이 1,200원에서 1,180원으로 하락하면 원화로 계산한 부채액은 20억 원이 감소하는 효과가 나타난다.

특히 장래의 환차손(환율의 변동으로 발생하는 손해) 발생에 대비하여 영업이익의 일부를 환차손 준비금으로 적립하고 실제 환차손이 발생하면 동적립금을 환차손에 충당하는 제도를 '환차손준비금제도'라고 한다.

3) 헤징

헤징(hedging)이란 공석이나 위험을 막는 '울타리'라는 뜻의 '헤지(hedge)'에서 비롯된 금융용어로 위험분산, 위험회피라는 의미를 가지고 있는데 주가, 환율, 금리 등의 변동으로 인한 가격위험(가격변동위험)을 제거함으로써 손실을 방지하는 행위를 가리키는 말이다.

헤징은 크게 매도헤징과 매입헤징이 있다. 예를 들어 어떤 기업이 20만 달러의 수출대금을 3개월 후에 결제받기로 한 경우, 3개월 후에 환율이 상승하면 이익을 얻게 되지만 환율이 하락하면 손해를 입게 된다. 이때 수출업체는 계약 체결 직후 20만 달러의 선물환(장래의 약속한 시점에 일정한 환율로 매매할 것을 미리 약속한 외국환)을 파는 매도헤징을 통해 3개월 후 발생할 수도 있는 환율하락으로 인한 손해를 방지할 수 있다. 물론 환율인상으로 인한 이익은 포기하는 것이지만, 불확실성을 회피하고 보수적인 관점에서 안정적으로 기업재무관리를 할 수 있다. 예를 들어 어떤 기업이 20만 달러의 물품대금을 3개월 후 지급하기로 한 경우, 3개월 후 환율이 상승하면 손해를 보지만 환율이 내려가면 이익을 얻게 된다. 이 경우 수입업체는 계약체결 후 20만 달러의 선물환을 사는 매입헤징을 함으로써 불확실성을 회피할 수 있다.

제 16 장

경영정보시스템 관리와 Big Data Analytics

1. 경영정보시스템의 의의와 체계
2. 경영시스템과 경영정보시스템(MIS)의 관계
3. 경영계층과 경영정보시스템(MIS)
4. 경영정보시스템의 도입 효과
5. 경영정보시스템의 종류
6. 전사적 자원관리
7. 지식경영시스템과 학습조직화
8. 보안경영
9. 빅데이터 분석기법과 인공지능 기술의 활용
10. 블록체인 기술

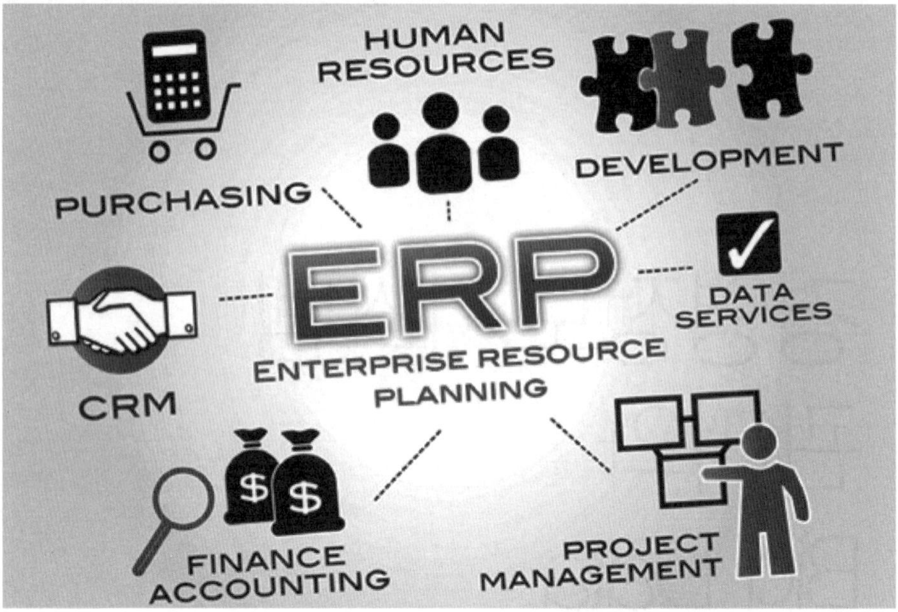
HUMAN RESOURCES
DEVELOPMENT
PURCHASING
ERP
DATA SERVICES
CRM
ENTERPRISE RESOURCE PLANNING
FINANCE ACCOUNTING
PROJECT MANAGEMENT

market
processing
business
LARGE network
commerce
TREND internet
BIG
STORAGE solution future web
ANALYTICS
DATABASE
TEAMWORK
goal
success share
customer
idea
technology
DATA
obtain
attention
service
share
performance
socialSYSTEM
target
media security teamwork information
collection
manage

블록체인
Block Chain Security
Technology

SK하이닉스는 2017년에 전년 대비 매출(30조 1,094억 원)은 75%, 영업이익은 319%(13조 7,213억 원)를 증가시키는 실적을 올렸다. 이는 빅데이터 분석 기법을 생산라인에 적용해 생산성을 높임으로써 이러한 성과향상의 원동력이 된 것이다. 즉, SK하이닉스는 2016년 조직별로 흩어져 있던 데이터 분석 전문가들을 한데 모아 데이터 분석만을 전문적으로 담당하는 약 30명 규모의 데이터 사이언스(Data Science)라는 데이터 전문부서를 구성했다. 그리고 규모를 2~4배로 확장하면서 여러 가지 제도를 통해 데이터중심의 조직관리시스템을 구축해 오고 있다. 0.1도의 온도 변화와 먼지 한 톨까지 미세하게 관리해야 하는 공장 내 환경에서 수백·단계 이상의 공정을 거쳐 생산되는 반도체의 특성상 미세한 온도 변화에 따라 제품 수율과 품질이 달라지고, 하나의 공정 변화가 나머지 수백 개 공정에 영향을 미친다. 때문에 이 모든 것을 365일 24시간 실시간으로 분석하여 데이터를 산출하는 빅데이터 활용이 중요하고 그 적용 효과 또한 매우 크다고 하겠다.

알리바바(중국 전자상거래 업체)의 창업자 마윈은 실시간으로 생기는 엄청난 빅데이터를 수집 · 분석할 수 있는 데이터기술에 주목하였다. 그는 "2030년 세계는 시장경제(market economy)와 계획경제(planned economy)를 놓고 대논쟁을 다시 벌이게 될 것"이라며 "꼬박 100년 전(1930년대)엔 미국이 주장한 시장경제가 이기고 러시아가 졌지만 이젠 상황이 달라졌다. 2030년엔 계획경제가 더 우월한 시스템이 될 것"이라고 주장한 바 있다. 그 이유는, 1930년대엔 사람들이 '보이지 않는 손'이 시장에 있다고 믿었기 때문에, 그래서 시장경제가 이긴 것이지만, 손에 데이터를 쥐고 있는 지금의 우리는 예전엔 보이지 않던 그 손을 볼 수 있게 됐다는 것이다. 이제 정보기술(IT: Information Technology) 시대는 저물고, 시장을 훤히 들여다볼 수 있어 자원을 계획적으로 생산 · 분배할 수 있는 데이터기술(DT : Data Technology) 시대가 올 것이라고 그는 주장한다.

학습문제

Q1 경영정보시스템 개념과 체계는 무엇인가?

Q2 Big Data Analytics의 개념과 원리는 무엇인가?

핵심용어

MIS, Big Data Analytics

1 경영정보시스템의 의의와 체계

경영정보시스템(MIS: Management Information System)이란 자료를 저장하고, 정보를 생성함으로써 기업 내에서 필요한 지식을 생성하고 축적하며 이를 활용하도록 하는 통합적 컴퓨터 정보시스템이다.

경영정보시스템은 기업의 경영관리에 필요한 정보를 신속히 수집하고 종합적·조직적으로 가공, 축적, 제공하여 기업의 생산성과 수익성을 높일 목적으로 구축된 다양한 정보시스템과 그 네트워크를 총칭하는 용어이다.

경영정보시스템은 경영시스템의 하위시스템의 하나로서 간단히 '조직에서 정보기술을 효율적이고 효과적으로 활용·관리하는 방법에 대한 지식체계'로 정의된다. 경영정보시스템은 경영자의 의사결정과정을 촉진시켜 주고 그들이 조직의 계획, 실행, 통제 기능을 효과적으로 수행하도록 하는 데 필요한 정보를 정확하고 적시에 제공하기 위한 시스템이다. 경영정보시스템은 경영시스템의 통합적 경영관리를 가능하게 하는 기반 기술을 제공해 준다.

① 정보 : 자료를 의미 있는 유용한 형태로 만든 것이다. 정보는 정보수요자에게 의미가 있는 형태로 처리된 자료로서 현재 또는 미래의 행위나 의사결정에 실제적인 혹은 지각된 가치를 가지는 것이다.

② 시스템 : 복잡한 기능적 효과를 실현하기 위해 상호작용을 하는 개별요소의 집합체이다. 정보시스템 : 데이터를 입력받아 이를 정보로 변환시키는 시스템이다.

③ 자료(데이터, data) : 있는 사실 그대로, 즉 가공되지 않은 사실을 의미한다. 정보가 발전되어 나오는 원천으로서 아직 분석되지 않은 상태로 남아 있는 제 사실, 숫자, 사건 등의 기록이다. 자료와 정보의 관계는 원재료와 완제품의 관계에 비유할 수 있다.

④ 지식(knowledge) : 경험과 정보를 토대로 체계화한 내용이다. 지식은 동종의 정보가 집적되어 어떤 특정의 목표달성에 도움이 되도록 추상화되고 일반화된 정보이다. 지식은 정보사회의 저변을 확대, 정보는 정보사회의 고도화를 촉진(심도를 깊게 함)한다.

⑤ 경영정보 : 경영자의 행위에 어떤 의미를 지니는 정보, 즉 그것이 정확하고 적

시적이며 적절함으로 인해 또는 그것이 어느 상황의 주요 사실을 나타내 주고 있음으로 해서 경영자가 그 상황과 관련하여 무엇을 할 것인가를 결정할 수 있는 정보이다.

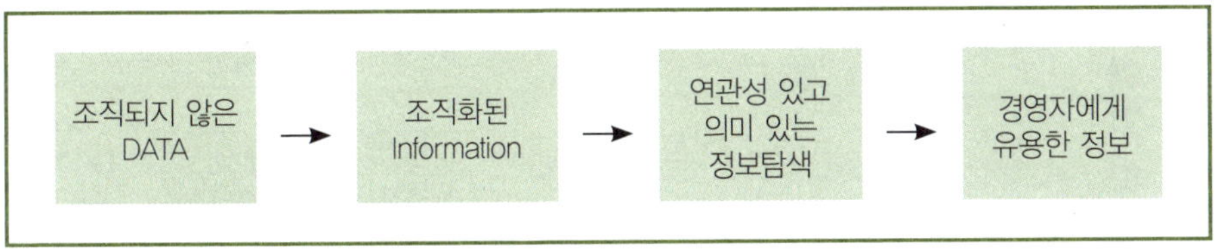

⑥ 정보의 속성과 정보의 질 : 정보의 질은 정보의 가치판단 기준인 정보의 질, 적시성, 양, 적합성 등에 의해 결정될 수 있다.

정보의 속성

- 정확성(accuracy) : 오류가 없는 정부
- 관련성(relevance) : 의사결정자의 사용 목적과 관련이 있는 정보
- 완전성(complete) : 의사결정자가 필요로 하는 모든 정보를 포함하는 것
- 경제성(economical) : 정보는 생산비용이 경제적이어야 함
- 신뢰성(reliable) : 정보는 신뢰할 수 있어야 함
- 간편성(simple) : 정보는 단순해야 함
- 적시성(timeliness) : 정보는 의사결정자에게 필요할 때 시기 적절하게 제공되어야 함
- 검증 가능성(verifiability) : 정보는 검증 가능해야 함

⑦ 정보시스템 관리자(information systems manager) : 프로그래머와 분석가, 프로젝트관리자, 시설관리자, 통신관리자나 데이터베이스 전문가들의 리더다. 그들은 또한 컴퓨터 운영 및 데이터 입력직원들의 관리자이다. 또한, 하드웨어 공급업체 및 제주업체, 소프트웨어회사, 컨설턴트 등 외부 전문가들은 정보시스템의 일상 운영과 장기계획에 자주 참여한다.

⑧ 정보시스템 부서(information systems department) : 정보기술서비스를 담당하는 정규 조직단위이다. 정보시스템 부서는 기업의 IT 기반구조를 구성하는 하드웨어, 소프트웨어, 데이터 저장, 네트워크의 관리를 담당한다.

데이터 분석과 정보의 질은 서술적 분석, 신난석 분석, 예측직 분석, 처방적 분석

의 단계로 발전해 가면서 정보의 가치가 커지고 가치창출력과 경영성과 달성에 도움이 될 것이다. 미국 IT 기업 가트너의 데이터 분석 발전 모델은 참고할 만하다.

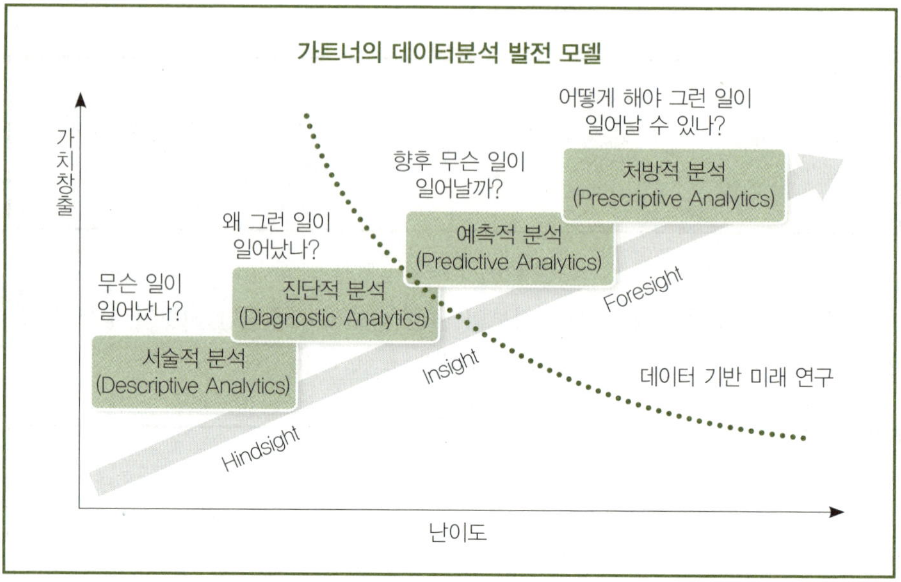

경영정보시스템(MIS)의 체계는 다음 그림과 같다. 경영정보시스템은 기업경영시스템의 하위시스템 목표로서 '효율적인 정보처리와 창출을 통한 경영의사결정에의 공헌'을 추구하며 정보니즈의 파악, 정보기술의 선택 활동과 경영정보시스템의 계획 · 개발 · 관리의 프로세스로 구성되어 있는 체계이다.

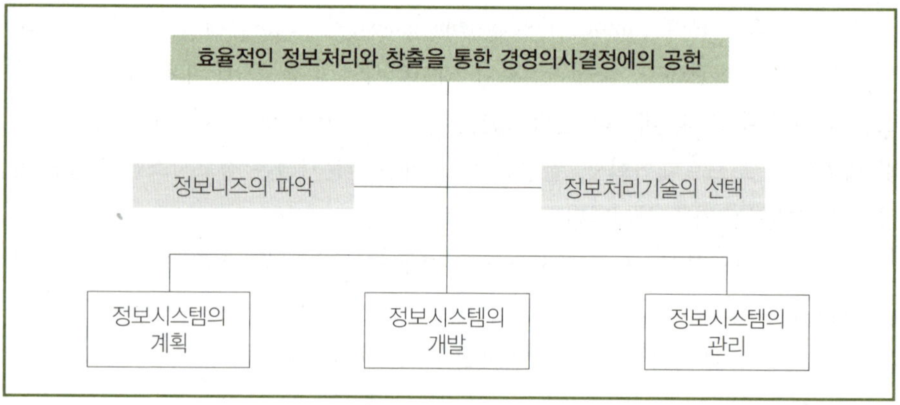

2 경영시스템과 경영정보시스템(MIS)의 관계

1) 경영활동수준에 따른 경영정보시스템의 종류

① 거래처리시스템
② 운영통제시스템
③ 경영통제시스템
④ 전략계획시스템

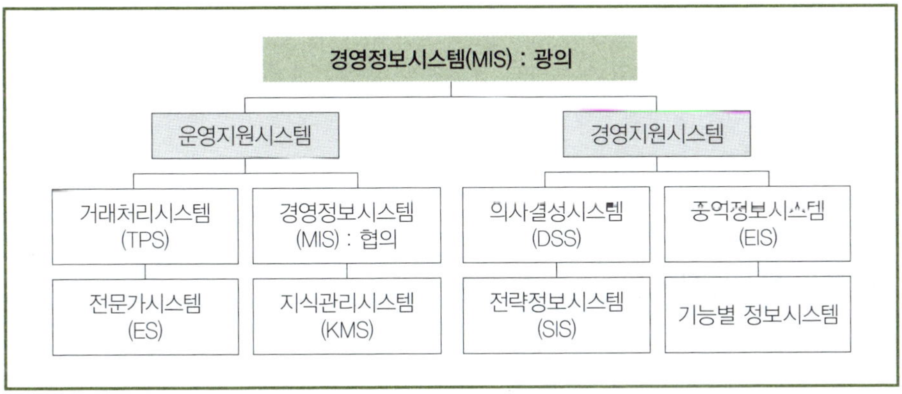

경영정보시스템의 수준(발전단계)으로는 ① 집중된 단순 자료처리 단계, ② 경영규모 창출에 중점을 둔 자료처리, ③ 분권화된 최종사용자 컴퓨팅, ④ 상호작용 네트워크, ⑤ 전문가 시스템으로 나누어 볼 수 있다.

경영활동수준에 따라 요구되는 정보의 특성에는 차이가 있다.

정보특성 \ 경영활동수준	거래처리 운영통제 경영통제 전략계획 하위 ―――――――――――――― 고위
출처	조직내부 ―――――――――――― 조직외부
범위	매우 좁음 ――――――――――― 매우 넓음
종합 정도	매우 상세 ―――――――――――― 종합적
지향 시점	과거 ――――――――――――――― 미래
즉시성	매우 높음 ――――――――――― 매우 낮음
정확도	높음 ――――――――――――――― 낮음
이용빈도	자주 ――――――――――――――― 가끔

세계경제의 글로벌화에 따라 정보시스템 활용에 대한 필요가 증대되고 있다. 내부정보만으로는 시장경쟁에서 이길 수 있는 효과적인 의사결정을 할 수 없으며, 외부정보의 수집과 신속하고 정확한 분석시스템이 구축될 필요가 있다. 중앙집중식 정보처리 환경에서 분산식 정보처리 환경으로 다운사이징되어 가는 과도기에서 발생할 수 있는 혼란상태에 능동적으로 대처하고 향후 도래될 조직을 위한 기간구조로서의 정보전략이 요구되고 있다.

2) 경영정보시스템의 발전과정과 수준

경영정보시스템은 1950년대부터 시작되었고, 현재까지 지속적으로 발전되어 왔다.

1950년대 : 처음으로 컴퓨터를 도입하고 일상적 거래를 처리함
(전자적 자료처리 : EDPS, 거래처리시스템 : TPS)
1960년대 : 협의의 경영정보시스템(MIS)으로 발전
1970년대 : 사무정보시스템(OIS)과 의사결정지원시스템(DSS)의 등장
1980년대 : 최종사용자컴퓨팅(EUC)의 등장, 전문가시스템(ES)과 전략정보시스템(SIS), 중역정보시스템(EIS)의 등장
1990년대 : 웹과 전자상거래(EC)의 발전, 지능형 시스템, 통합적인 정보시스템(ERP와 EAI), 경영혁신의 도구(BPR과 BPM)
2000년대 : 디지털 기술의 컨버전스, 가상기업과 e-비즈니스 실시간 기업(RTE)의 등장과 비즈니스 인텔리전스(BI)

구분	자료처리 전산시대	정보기술 활용시대
경영진의 기대	비용절감	투자 효익(ROI)
전산의 역할	보조	핵심업무자동화
전산활용의 구상	집행업무	전략적인 업무
MIS에 관한 의식구조	제한된 경영보조	전략추진과 경영혁신
사용자	제한된 사용자	기업의 전체적인 사용자
최고경영자의 자세	업무위임	직업적인 참여
기술활용	전산지향	다기술 다기능 활용
경제적 기대	미온	절대적 투자가치 추구
사내외에 미치는 영향	제한적	광범위함

정보 네트워크란 단편적 · 개별적으로 정보의 수집 · 분석 · 평가 등이 이루어지던 것이 단위시스템을 연결 · 융합시켜 연결의 절약 내지 경제를 실현시켜 주는 다이나믹한 과정을 말한다. 정보네트워크의 유형은 기업 내 네트워크화, 기업 간 네트워크화, 기업과 시장의 네트워크화, 인간시스템과 기계시스템의 네트워크화 등이다.

3 경영계층과 경영정보시스템(MIS)

경영정보시스템은 조직에서 의사결정자가 정확하고 효율적인 의사결정을 할 수 있도록 판단 결정에 유용한 정보를 산출 · 제공해 주는 의사결정지원 경영정보시스템으로 발전되어 왔다.

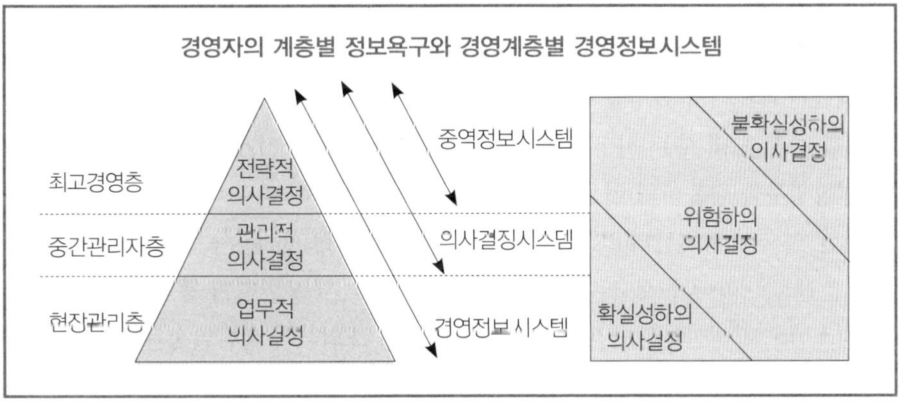

4 경영정보시스템의 도입 효과

MIS는 주로 다음과 같은 목적에서 도입되며 효과를 기대할 수 있다.

① 운영 효율성 향상 : 기업 운영의 효율성을 개선하여 생산성을 증대시킨다. 더 싸고 더 좋고 더 빨리 대응할 수 있다.

② 새로운 비즈니스 모델의 설계와 시도 : 새로운 상품, 서비스, 비즈니스 모델을 창출하는 데 활용될 수 있다.

③ 고객–기업 간의 커뮤니케이션 채널 구축과 친밀도 제고 : 고객의 요구에 즉각적으로 반응할 수 있고, 잠재적 요구까지 분석해 낼 수 있다.

④ 경영관리 의사결정의 질 향상 : 정보부족으로 인해 단순 예측과 운에 의존하던 의사결정을 보다 확실한 정보와 자료에 근거하여 분석 · 판단 · 선택을 할 수 있게 된다.

5 경영정보시스템의 종류

경영정보시스템은 표에서 볼 수 있는 바와 같이 여러 가지 종류가 경영관리활동에서 활용되고 있다. 대표적인 경영정보시스템인 거래처리시스템(TPS : Transaction Processing System)은 1950년대 중반, 기업의 회계처리를 위해서 컴퓨터를 도입하여 사용한 것이 거래처리시스템의 시작이라고 할 수 있는데 자재 구입, 상품 판매, 영수증 발행, 급여 지급, 온라인 입·출금, 신용도 관리, 상품의 주문 · 발송 등 거래와 관련된 데이터가 발생할 때마다 단말기에서 발신된 데이터를 수신 · 처리하여 그 결과를 즉시 보내 주는 시스템이다. 기존에 수작업 또는 기계장치로 수행되던 사무 및 현장업무를 컴퓨터의 이용을 통해 효율적으로 처리해 준다.

또한 전사적 자원관리(ERP : Enterprise Resource Planning)시스템은 회사의 모든 정보뿐만 아니라 공급사슬관리, 고객의 주문정보까지 포함하여 통합적으로 관리하는 시스템으로 생산부문이 마케팅을 실시간으로 조회하여 생산일정을 조회 및 변경할 수 있는 등 비용낭비나 생산지연 요인을 사전에 제거하는 일이 가능해진다.

의사결정지원시스템(DSS : Decision Supporting System)은 경영자가 정확하고 신속한 경영의사결정을 할 수 있도록 활용되는 시스템이며, 전문가시스템(ES : Expert System)은 특정 분야에 대하여 가지고 있는 전문적인 지식을 정리하고 표한하여 컴퓨터에 기억시킴으로써, 전문가 및 일반인도 이 전문지식을 이용할 수 있도록 하는 시스템이다. 의료진단시스템, 설계시스템 등이 있는데, 인공지능 기술의 응용분야 중에서 가장 활발하게 응용되고 있는 분야이다. 이외에도 전략정보시스템(SIS : Strategic Information System), 전자자료처리시스템(EDPS : Electronic Data Processing System), 정보보고시스템(IRS : Information Reporting System), 중역정보시스템(EIS : Excutive Infomation System), 집단의사결정시스템(GDSS:Group Decision Support System), 고객관계관리(CRM:Customer Relationship Management), 인적자원정보시스템 등이 있다.

정보시스템 유형	기능별 정보시스템	하위시스템
생산정보시스템	생산기계통제, 컴퓨터기반설계(CAD), 생산계획, 설비배지 등	생산관리시스템, 재고관리시스템, 품질관리시스템 등
마케팅 정보시스템	주문처리과정, 시장분석, 가격분석, 판매예측 등	제품시스템, 가격시스템, 유통경로시스템, 판매촉진시스템, 마케팅믹스시스템 등
인사정보시스템	훈련과 개발, 경력경로, 보상분석, 인적자원계획 등	인사관계시스템, 교육훈련시스템, 보상관리시스템 등
재무 및 회계정보시스템	재무흐름, 포트폴리오 분석, 예산, 수익계획 등	재무예측시스템, 자금관리시스템, 재무통제시스템 등
거래처리시스템(TPS)	조직에서 매일 방생하는 비즈니스 업무에 대한 자료를 처리함.	판매주문시스템, 호텔의 예약시스템, 지불시스템, 사원기록시스템
경영정보시스템(MIS)	경영관리에 관한 의사결정, 경쟁적 우위 획득이 가능하도록 지원하고 있으며 비즈니스 혁신 도구임.	재고관리시스템, 생산정보시스템, 회계정보시스템 등
의사결정지원시스템(DSS)	다양한 대안들 중에서 최적의 대안을 선택하도록 경영자의 의사결정을 지원해 주는 것	데이터베이스시스템, 모델베이스시스템, 제품수요예측시스템 등
사무정보시스템(OIS)	소규모 집단과 개인의 매일의 업무를 광범위하게 지원해 주는 시스템	워드프로세스, 스프레드시드, 팩스, 전자우편 등
중역정보시스템(EIS)	중역들이 주요 성공요소에 관련한 기업 내·외부 정보를 쉽게 접근할 수 있도록 해 주는 컴퓨터기반정보시스템	새로운 정보와 수식 업데이트 정보시스템

고객관계관리 시스템(CRM)	고객과 관련된 기업의 내·외부 자료를 분석, 통합하여 최고의 고객서비스를 제공하기 위한 정보시스템	e-Business 소프트웨어 제품을 위한 Siebel 시스템
전사적 자원관리 시스템(ERP)	기업 활동을 위해 사용되는 기업 내의 모든 인적 · 물적 자원을 효율적으로 관리하여 궁극적으로 기업의 경쟁력을 강화시켜 주는 역할을 하는 통합정보시스템	SAP R/3(시스템, 애플리케이션, 자료처리제품 등)
지능정보시스템(AIS)	인간의 학습능력과 추론능력, 지각능력, 자연언어의 이해능력 등을 컴퓨터 프로그램으로 실현하여 불확실성과 모호성 속에서 경영자의 의사결정을 지원해 주는 시스템	자동번역시스템, 인공지능로봇, 전문가시스템 등

6 전사적 자원관리

전사적 자원관리(ERP: Enterprise Resource Planning)란 생산, 물류, 재무, 회계, 영업과 구매, 재고 등 경영활동 프로세스들을 전산시스템을 활용해 통합적으로 연계해 관리하고, 오퍼레이션 과정에서 발생하는 가능한 모든 정보들을 공유하고 새로운 정보의 생성과 빠른 의사결정을 도와주는 정보관리시스템을 말한다. 인사 · 재무 · 생산 등 기업의 전 부문에 걸쳐 독립적으로 운영되던 각종 관리시스템의 경영자원을 하나의 통합시스템으로 재구축함으로써 생산성을 향상시키는 데 초점을 두고 있다.

현장에서는 여러 가지 IT System이 활용되고 있는데, 많은 기업들이 SAP나 Oracle의 ERP를 사용하고 있으며, 각종 SCM(Supply Chain Management) System, SRM(Supply Relation Management) System, Order Management System, WMS(Warehouse Management System), CRM System, 원가관리시스템, MRP(Material Resource Planning) System, 구매발주시스템, 생산공정의 MES System, PLM(Product Lifecycle Management) System, 리스크관리시스템, 수주 산업에서 Profoma 같은 일정관리시스템 등을 별도로 운영하거나 ERP와 연동하여 운영한다.

> 2000년 12월 현대모비스는 기아자동차 AS부품 판매사업을 인수하였다. 그리고 기아차의 모든 AS부품을 24시간 이내에 신속하게 공급할 수 있도록 전국적인 '결품 지원체제'를 구축했다고 밝혔다. 이는 전국 750여 개 기아차 정비공장 또는 카 클리닉과 현대모비스의 부품사업소 및 부품센터, 여의도 본사 결품지원 종합상황실, 소하리공장 결품지원팀을 전산으로 연결, 필요한 부품을 24시간 이내에 공급해 주는 시스템이다. 결품지원팀은 또 차량 7대를 별도로 운영하며 부품사업소나 부품센터에 재고가 없을 경우 기아차 생산라인이나 협력업체에서 직접 부품을 조달, 공급할 예정이다. 현대모비스는 이를 통해 결품률(수리대상 차량 중 결품이 나는 비율)을 6.7%에서 4.5%로 낮출 수 있을 것으로 기대했다. 지금까지는 정비공장과 부품사업소가 전산시스템으로 연결되지 않아 정비공장 인근 부품사업소에 재고가 없으면 여러 곳에 직접 문의를 해야 해서 수리기간이 3~4일 걸리는 사례가 많았다고 현대모비스는 설명했다.

IT 시스템은 많은 수작업을 컴퓨터가 자동으로 하게 해 준다. 그리고 각자의 PC에 나름의 방식으로 정리되어 있어 수많은 왜곡이 발생할 수 있는 것들을 모두 한 곳에 모아서 서로 연결시키고 통합하여 관리한다.

각 업무의 플로우(flow)가 제대로 정의되어 있지 않는 등 회사의 작업방식이나 업무 프로세스가 주먹구구 식으로 이루어지고, 해당 세부업무(activity)를 마치고 난 산출물(output)이 명확히 표준화되어 정의되어 있지 않다면, IT 시스템에서 입력값을 얻을 수 없다. IT 시스템을 깔기에 앞서 PI(Process Innovation)를 할 필요가 있다. BPR(Business Process Reengineering)이라고 하거나 PI라고 하는 것은 현재 업무를 쪼개고 각 업무의 연결고리를 플로우(flow)로 연결하여 산출되는 결과를 아웃풋(output)으로 정의하는 과정이다. 작업 후 결과(output)를 IT 시스템에 입력 가능한 형태로 표준화시키는 것이다.

7 지식경영시스템과 학습조직화

지식경영이란 기업구성원 개인이나 각 부서가 갖고 있는 지식을 최대한 발굴하고 명시적으로 만들어 회사의 모든 경영활동에 그 지식을 사용하도록 하는 관리방식이다. 이를 위해 지식경영시스템을 MIS로 구축하여 운영하는 경우가 많다.

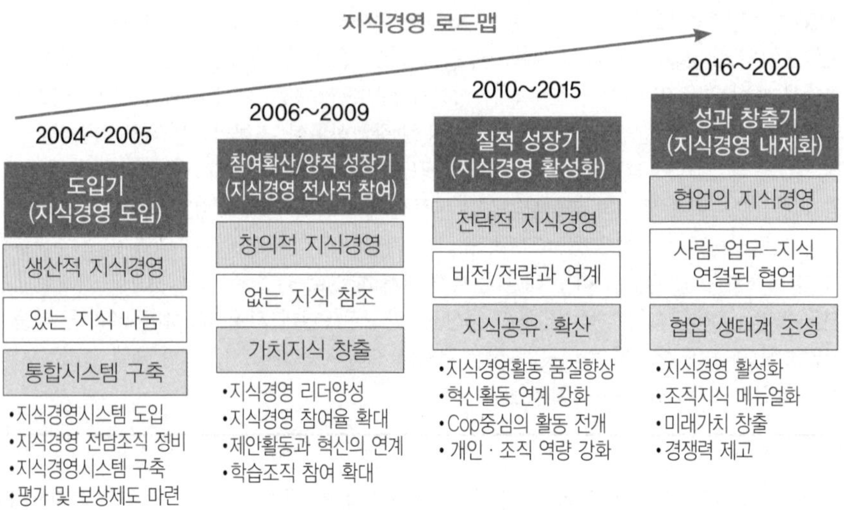

자료 : 한국철도시설공단 홈페이지, 2018.4.23.

지식은 암묵지와 명시지로 구분할 수 있는데 지식경영시스템을 구축함으로써 암묵지를 명시적인 지식으로 만들어 낼 수 있다.[1] 지식경영시스템을 통해 조직구성원들은 정보와 지식을 공유하고 상호 학습할 수 있는 학습조직(learning organization)을 만들 수 있으며, 새로운 지식과 정보를 통해 조직은 변화하는 환경에 효과적으로 적응할 수 있는 능력을 갖출 수 있다.

8 보안경영

지식과 정보는 제품서비스의 품질을 향상시키거나 원가를 절감하는 데 매우 중요할 수 있으므로 경쟁업체에게 유출되지 않도록 하는 관리시스템을 구축할 필요가 있다. 이를 정보보안경영시스템(ISMS : Information Security Management System)이라고 하는데, 기업이 민감한 정보를 안전하게 보존하도록 관리할 수 있는 체계적 경영시

1 지식경영 창시자 노나카(I. Nonaka)는 언어나 숫자로 표현할 수 있고 쉽게 공유할 수 있는 객관적 지식을 형식지라 하고 학습과 체험을 통해 개인에게 습득돼 있지만 겉으로 드러나지 않은 상태의 지식을 암묵지로 분류하였다.

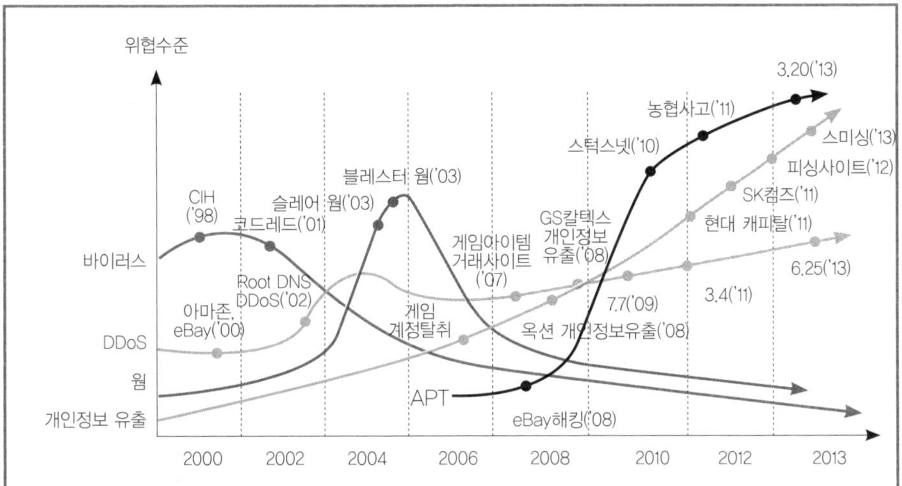

자료 : 방송통신위원회.

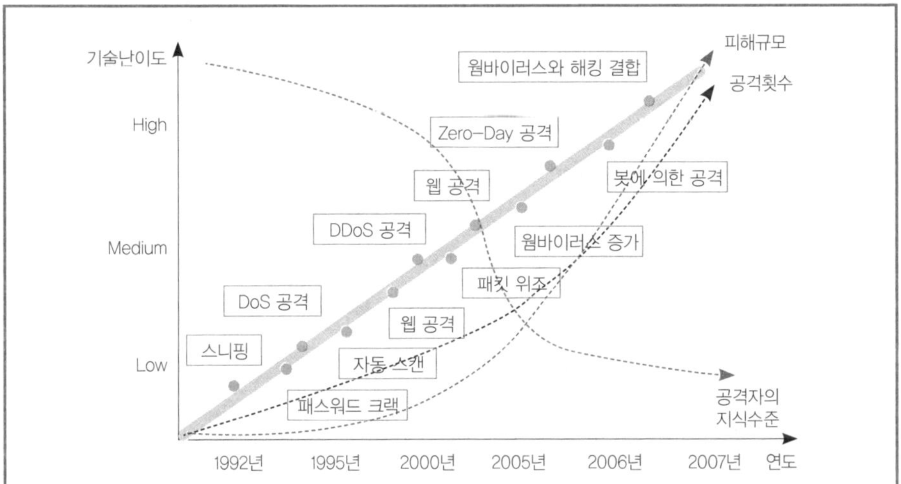

자료 : 방송통신위원회.

스템을 말한다. 보안에 실패하면 막대한 손실을 입을 뿐만 아니라 기업생존에도 영향을 줄 수 있어, 기업의 정보보안 문제는 이제 기업경영의 핵심으로 부상하고 있다. 대량 데이터 유출사태를 겪거나 경쟁자에게 지적 자산을 도난당한 기업은 시장에서 도태될 수 있다. 실제 2005년 엔씨소프트, 2008년 옥션과 GS칼텍스, 2011년 농협, 앰배서더호텔, 현대캐피탈, 씨티그룹, 소니픽처스 프랑스 사이트 해킹사고로 개인정보 유출사고 문제가 발생하여 기업이 보안경영에 더욱 관심을 갖게 하였다.

IT 시스템의 계층별 해커의 공격방식은 침투, 감염, 탈취 등이며 이를 방지하기 위해 IT 시스템 접근기술을 활용할 필요가 있다.

총 해킹사고 건수

	2010	2011	2012	2013	2014	2015	2016	2017
홈페이지 변조	3,043	1,854	3,157	1,700	1,115	615	1,056	1,724
침해사고 신고접수	53	63	91	82	175	225	247	287
악성코드 은닉사이트 탐지	–	11,805	13,018	17,750	47,703	46,850	11,044	13,347

자료 : e-나라지표 및 한국인터넷진흥원홈페이지, 2018.8.

- 미국 월마트에서는 3,300달러짜리 제품이 온라인상에서 믿기 어렵도록 싼 33달러의 가격으로 올라온 일이 일어났다. 사전에 이러한 실수가 발생하지 않도록 하는 통제시스템이 구축되어 있지 않았기 때문이었다.
- 미국 연방정부 인사부서가 관리하고 있는 개인정보 400만 건이 해킹되어 Social Security Number와 기타 개인정보가 유출되었다.
- 미국의 뉴멕시코 주에는 핵폐기장이 있다고 한다. 이곳에서는 방사능이 누출된 적이 있었는데, 그 때 관리자는 방사능 누출을 사전에 탐지하지도 못했고 통제하지 못했다.

보안경영기술은 매우 다양하게 발전하고 있다. 보안책임자들은 첨단보안기술을 도입하여 사이버 공격에 대비하고 디지털 비즈니스 혁신을 가능하게 하면서 클라우드, 모바일, 데브옵스(DevOps) 등의 새로운 컴퓨팅 스타일을 수용하고 있다. 현장 기업들은 최근 얼굴인식, 지문인식, 홍채인식, 정맥인식 등과 같은 생체인식 기술을 활용해 보안관리를 강화하고 있다.

2018년도 현재 생체인식기술에 기반한 보안기술

종류	원리	장점	단점
얼굴인식	눈썹간 거리, 얼굴뼈 돌출정도 등의 특징으로 신원 인증	기계와 직접 접촉하지 않아도 되므로 편리하고 거부감 적음	기술개발정도 수준이 아직 낮아 정확도가 낮음
홍채인식	평생 변하지 않는 안구의 홍채패턴을 이용하여 신원 인증	상대적으로 높은 정확도를 가지고 있음. 기계와 접촉하지 않아도 되는 편리함	인식시스템 가격이 상대적으로 고가임
지문인식	개별 손가락이 가진 고유의 지문 특징으로 신원 인증	기계 접촉이 간편하고 지문패턴이 개인마다 달라 신뢰성과 정확도 높음	접촉식 방식으로 본을 뜰 경우 신원위조 인증 가능
정맥인식	손바닥이나 손목에 위치한 혈관을 적외선 조명으로 패턴 정보를 추출해 인식하는 기술	특정 부문의 지문이나 손가락이 없는 사람도 이용 가능함	시스템 소형화가 어려워 기계가 크고 비쌈

자료 : 특허청 홈페이지 자료 참조 발췌.

9 빅데이터 분석기법과 인공지능 기술의 활용

빅데이터 분석은 데이터베이스에 잘 정리된 정형 데이터뿐 아니라 인터넷, 소셜 네트워크 서비스, 모바일 환경에서 폭발적으로 생성되는 웹 문서, 이메일, 소셜 데이터(소셜 네트워크 서비스 텍스트 데이터, 유튜브 비디오 데이터 등) 등 비정형 빅데이터를 의미 있고 효과적으로 분석하는 기법이다. 즉 소셜 빅데이터, 실시간 사물지능 통신(M2M : Machine to Machine) 센서 데이터, 기업 고객관계 데이터 등 도처에 존재하는 다양한 성격의 빅데이터를 효과적으로 분석하는 것을 말한다.

2012년 2.8제타바이트에 이른 빅데이터는 2020년에는 40제타바이트로 급격히 증가할 것이며, 그중 20%는 정형 데이터, 나머지 80%는 비정형 데이터가 될 것으로 예상하고 있다[전자신문사, 2013.2.11.].

빅데이터 분석의 핵심은 데이터 그 자체이다. 따라서 빅데이터 분석기법이 효과적이기 위해서는 데이터 자체를 수집하고 공유하는 것이 중요하다. 데이터는 부서간에 자유롭고 유연하게 공유되어야 한다. 빅데이터 분석 기술과 인공지능 기술이 제대로 활용되기 위해서는 모든 관련 데이터가 자유롭게 수집될 수 있는 환경 조성이 필요하다. 즉, 생산공정뿐만 아니라 경영프로세스 전반을 설명할 수 있는 데이

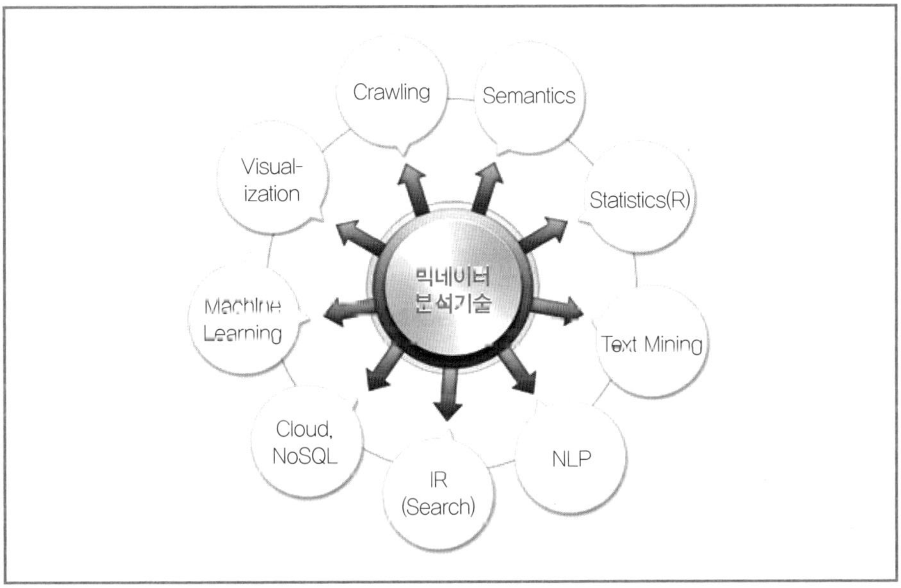

터를 확보해야 한다. 예컨대, 불량의 원인을 찾기 위해 해당 공정의 정보만을 이용하는 경우가 많은데, 불량은 과거 공정으로부터 누적된 영향에 의해 발생하는 경우가 많기 때문에 전체 공정에 대한 데이터를 확보해야 한다.

아무리 유의미한 데이터 분석 결과를 얻어도 실제 그것을 적용하는 현업의 엔지니어가 그 가치를 이해하지 못하면 아무런 소용이 없다. 데이터 사이언스는 모든 기술의 기초가 되고 있으므로 임직원들의 데이터 사이언스 역량을 강화해야만 할 필요가 있다.

10 블록체인 기술

블록체인 기술(blockchain security technology)이란 누구나 열람할 수 있는 장부에 거래 내역을 투명하게 기록하고, 여러 대의 컴퓨터에 이를 복제해 저장하는 분산형 데이터 저장기술이다. 블록체인 기술의 오리지널 아이디어 개발자는 일본인 나카모토 사토시이다. 그는 2007년 글로벌 금융위기 사태를 보면서, 중앙집권화된 금융시스템의 위험성을 인지하고 개인 간 거래가 가능한 블록체인 기술을 고안했다[위키피디아, 2018.8.6.].

2008년 10월 31일 사토시 나카모토(中本哲史)는 “Bitcoin: A Peer-to-Peer Electronic Cash System”이라는 제목의 9쪽짜리 논문을 암호화 기술 커뮤니티 메인(https://bitcoin.org/bitcoin.pdf)에 올렸다. 이 논문에서 사토시 나카모토는 비트코인을 “전적으로 거래 당사자 사이에서만 오가는 전자화폐”라고 소개하고 “P2P 네트워크를 이용해 이중 지불을 막는다.”라고 설명했다. 2009년 1월 3일에 사토시는 논문으로 설명했던 Bitcoin Core 프로그램을 비트코인이라는 가상화폐로 직접 구현했다.

블록체인 기술을 활용하면, 은행과 같은 금융기관을 중간에 거치지 않고도 개인 간에 송금거래가 가능하다. 이때 은행과 같은 공신력 있는 금융기관이 없더라도 거래의 신뢰와 보안을 담보해 낼 수 있는 기술이 블록체인 기술이다. 당사자 간의 거래가 이루어지면 그 거래 내역을 블록체인에 들어와 있는 모든 참여자들의 컴퓨터에 저장해 거래에 참여하는 모든 사용자에게 거래 내역을 보내주고, 거래 때마다 이를 대조해 데이터 위조를 막는다. 전자 결제나 디지털 인증, 화물 추적, P2P 대출, 원산지부터 유통까지 전 과정을 추적하거나 예술품의 진품 감정, 위조화폐 방지, 전자투표, 전자시민권 발급, 차량 공유, 부동산 등기부, 병원 간 공유되는 의료기록 관리 등 신뢰성이 요구되는 분야에 응용될 수 있다.

① 블록(block) : 블록은 데이터를 저장하는 단위로, 바디(body)와 헤더(header)로 구분된다. 바디에는 거래 내용이, 헤더에는 머클해시(머클루트)나 넌스(nounce, 암호화와 관련되는 임의의 수) 등의 암호코드가 담겨 있다. 블록은 약 10분을 주기로 생성되며, 거래 기록을 끌어모아 블록을 만들어 신뢰성을 검증하면서 이전 블록에 연결하여 블록체인 형태가 된다. 처음 시작된 블록인 제네시스 블록은 그 앞에 어떤 블록도 생성되지 않은 최초의 블록이다.

② 노드(node) : 블록체인은 중앙집중형 서버에 거래 기록을 보관, 관리하지 않고 거래에 참여하는 개개인의 서버들이 모여 네트워크를 유지 및 관리한다. 이 개개인의 서버, 즉 참여자를 노드라고 한다. 중앙관리자가 없기 때문에 블록을 배포하는 노드의 역할이 중요하며, 참여하는 노드들 가운데 절반 이상의 동의가 있어야 새 블록이 생성된다. 노드들은 블록체인을 컴퓨터에 저장해 놓고 있는데, 일부 노드가 해킹을 당해 기존 내용이 틀어져도 다수의 노드에게 데이터가 남아 있어 계속적으로 데이터를 보존할 수 있다.

③ 해시함수 : 해시함수는 어떤 데이터를 입력해도 같은 길이의 결과를 도출하는 함수를 말한다. 도출되는 결과가 중복될 가능성이 낮고, 결과값으로 입력값을 역으로 추정하기 어렵다. 이 때문에 해시값을 비교하면 데이터의 변경이 발생했는지 파악할 수 있다. 해시함수는 SHA(Secure Hash Algorithm)-1이 처음 고안된 후 더 발전된 형태의 SHA-2(SHA 256)가 나왔는데, 이것을 블록체인에서 사용하고 있다. SHA-2는 어떤 길이의 값을 입력해도 결과가 256비트로 도출된다.

제 17 장

사람관리의 체계와 조직행위 및 조직문화관리

ATTITUDE
GOALS
SUCCESS
MOTIVATION
IDEA
SUPPORT
PERFORMANCE

Appreciation
Strategy
Humility
Commitment
Responsibility
Integrity
Leadership
Listening
Honest
Communication
Purpose
Determination
Values
Passion
Principles

TEAM
WORK

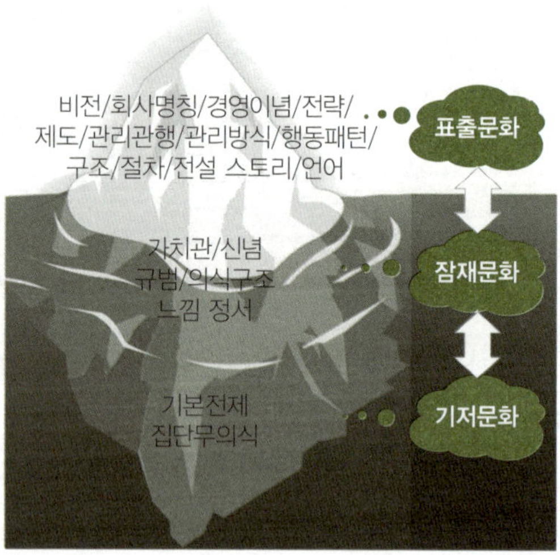
비전/회사명칭/경영이념/전략/
제도/관리관행/관리방식/행동패턴/
구조/절차/전설 스토리/언어
표출문화
가치관/신념
규범/의식구조
느낌 정서
잠재문화
기본전제
집단무의식
기저문화

효과적인 팀워크에 필요한 기본 요소는 J. 리처드 해크먼 교수가 밝혀낸 바 있다. 1970년대부터 팀을 연구하기 시작한 그는 40년 넘는 연구를 통해 획기적인 통찰을 얻었다. 협업에 가장 중요한 건 팀 구성원의 성격이나 태도, 행동방식이 아니라는 것이다. 그 대신 성공적인 팀을 꾸리려면 원활한 협업을 가능케 하는 일정한 '활성화 조건'이 필요하다. 해크먼 교수가 제시한 세 가지 조건인 명확한 방향성과 탄탄한 구조, 지원을 아끼지 않는 협조적인 업무 환경은 지금도 팀의 성공에 특히 더 중요한 요소들로 확인됐다. 이 세 가지 요건에 대한 관심이 그 어느 때보다 많이 요구되고 있다.

① 명확한 방향성 : 위대한 팀들의 공통 분모는 구성원들에게 활기를 불어넣고, 방향을 제시하며, 능동적인 참여를 이끌어 내는 하나의 방향성을 지녔다. 팀원들이 자신이 무엇을 지향하는지 모를뿐더러 분명한 목표도 없다면 그 팀은 절대로 고무될 수 없다. 그리고 그 목표는 도전의식을 자극할 수 있어야 하지만(무난하면 동기부여가 되지 않으므로) 달성하기가 너무 힘든 나머지 팀원들을 의기소침하게 만들면 안 된다. 또 반드시 결과가 따르는 목표여야 한다. 인정이나 금전적 대가, 승진 같은 외적 보상을 기대해서든, 만족감이나 의미 있는 일이라는 인식 같은 내적인 보상 때문이든 팀원들이 목표달성에 집중하게 해야 한다. … 중략 …

② 탄탄한 구조 : 또한 팀은 구성원의 수와 비율이 알맞고, 과업과 절차가 최적으로 설계돼 있어야 하며, 유해한 행동을 막고 긍정적인 역학 관계를 촉진할 규범도 필요로 한다. 성과가 우수한 팀에는 여러 가지 기량을 고루 갖춘 구성원들이 있기 마련이다. 모든 팀원이 반드시 기술적으로나 사회적으로 최상의 기량을 지녀야 하는 건 아니다. 전체적으로 그 두 가지를 적절히 갖추면 된다. 나이와 성별, 인종뿐만 아니라 지식과 견해, 관점의 다양성도 팀이 좀 더 창의적으로 일하게 하고, 집단사고를 피하는 데 도움이 될 수 있는 요소다. … 생략 … [Haas & Mortensen, 2016, 6. 일부 발췌 수정].

학습문제

Q1 사람관리의 인간관과 인재상은 무엇인가?

Q2 조직행위관리는 어떤 것인가?

Q3 조직문화관리는 어떤 경영관리활동이며 창달방안에는 어떤 것들이 있는가?

핵심용어

조직행위론(organizational behavior), 동기부여(모티베이션), 리더십, 조직문화

1 사람관리의 의의

"경영은 사람을 다루는 일"이라는 말처럼 사회는 조직사회이고, 조직의 가장 중요한 구성요소는 사람이다. 조직에서 발생하는 많은 문제는 근본적으로 인간들의 문제이며, 이러한 인간문제를 어떻게 해결하느냐 하는 것이 조직의 존속 · 발전의 관건이 되고 있어, 사람관리는 경영학 연구에서 핵심영역으로 인식되고 있다. 기업의 최고경영자들 역시 인적자원관리를 기업경영의 가장 중요한 이슈로 인식하고 있는데, 일례로 미국의 최대 도넛 체인업체인 크리스피 크림(Krispy Kreme)의 스콧 라이븐굿(Scott Livengood) 회장은 "인적 자원이 가장 강하고 긍정적인 힘이다. 이 힘만이 우리를 바꿀 수 있다."라고 한다.

기업에서 경영성과를 향상시키기 위해 사람과 관련된 문제들을 다루는 경영활동을 포괄하여 사람관리라고 한다. 사람관리(people management)란 조직에 속한 사람을 자율적 인간이라는 관점에서 바라보면서 개인과 조직 모두가 함께 성장 · 발전할 수 있도록 사람과 관련된 문제에 대한 이해와 해결방안에 관한 이론 및 실천 체계를 지칭한다[Straub & Altner, 1991 참조].

현대인들은 기업조직에 참여하지 않더라도, 크게는 국가 · 사회 조직에 소속되거나, 작게는 동호회 같은 소모임이나 학교와 같은 집단에 소속되게 마련이다. 이에 현대사회를 '조직화된 사회(organized society)'라고도 일컫는다. 사실, 대다수의 현대인들은 기업조직에 직접 참여하고 있거나 적어도 매우 긴밀한 관련 속에서 살아가고 있다. 이때 기업조직에서의 사람들은 구성원들 간에 사회적 관계를 형성하고 공통목표를 달성하기 위해 협동하는 주체임과 동시에 조직의 존속과 유지, 그리고 목표달성을 위해 관리되어야만 하는 대상이다. 그뿐만 아니라 기업조직과 관련지어 생각하기에 앞서 조직에서 사람은 인간 자체로서 존엄한 인격을 가지고 있다. 즉 조직에서의 사람은 조직에 참여하는 주체로서의 성격, 조직을 구성하는 인적 요소로서의 성격, 생산요소 또는 자원으로서의 성격, 관리대상으로서의 성격, 일을 수행하는 주체로서의 성격, 인간존재로서의 성격 등과 같은 다면적인 속성을 지니고 있다.

우리는 조직에서의 사람을 인간(human being), 노동자(laborer), 근로자(worker), 노동력(labor force *or* work force), 인력(manpower), 직원(personnel), 인적 자원(human resource), 종업원 또는 피고용자(employee), 조직구성원(organization member) 등 다양한 용어로 표현한다. 이처럼 다양한 용어를 사용하는 이유는 조직에서의 사람이 갖는 성격이 다면적이기 때문이다. 우리는 조직에서의 사람을 때로는 인간 그 자체로서 바라볼 수도 있고, 때로는 기업의 목표달성에 필요한 측면에 초점을 두어 바라볼 수도 있으며, 조직구성원들 간의 사회적 관계에 초점을 두어 바라볼 수도 있다. 이와 같이 조직에서의 사람이 갖고 있는 다면적인 모습을 포괄할 수 있는 용어가 바로 사람(people)인 것이다. 이에 우리는 사람을 조직을 구성하는 인적 요소를 지칭하는 대표적인 용어로 사용하고자 한다. 그러나 논의에 따라서 인력이라든가, 인적 자원이라든가, 인간이라든가, 직원 또는 종업원, 구성원 등과 같은 용어를 혼용할 것이다.

조직에서의 사람이 갖는 여러 가지 속성은 크게 자연인으로서의 성격과 조직인으로서의 성격 두 가지로 나누어 이해할 수 있다[Leavitt 외, 1973 참조].

조직에서의 사람이 갖는 속성

자연인	조직인
•생리적 욕구와 경제적 이익 추구 •다른 사람들과의 상호작용 증대 •자아실현과 사회적 인정 추구 •조직과 사회발전에의 자발적 기여	•조직의 업무기능 및 역할 담당 주체 •조직의 재화나 서비스 창출 주체 •조직의 성과산출을 위한 대체 대상 •기업조직 고유의 핵심 경쟁력

먼저, 조직에서의 사람은 자연인으로서의 성격, 즉 인간 그 자체로서의 본질적 속성을 갖는다. 조직에서의 사람은 인간이라면 누구나 지니고 있는 인간의 고유한 특성을 지니고 있는 것이다. 자연인으로서 사람은 의 · 식 · 주의 기본적 생리욕구를 충족시키려고 할 뿐만 아니라 경제적 · 문화적 생활수준의 향상을 위해 필요한 경제적 이익을 얻고자 한다. 그리고 사람은 조직에 참여하여 다른 사람들과의 상호작용의 기회를 증대시킴으로써 홀로 있을 때의 고독함과 두려움을 해소하고 주위환경으로부터 자신을 보호하며, 구성원들과 애정과 사랑을 나누는 등 사회적 욕구를 충족시키고자 한다. 또한 사람은 자신의 개성과 능력을 최대한 발휘하고자 하는 자아실현(self-actualization)을 추구한다. 사람들은 조직에 참여함으로써 다른 사람보다 좋은 위치에 오르거나 더 나은 모습으로 발전하여 존경과 신망의 대상이 되고자 하며,

사회적으로 인정받는 일을 통해 자신이 속해 있는 집단 · 조직 · 사회의 발전에 이바지하기를 원한다.

다음으로, 조직에서의 사람은 조직에 참여하여 그 일원이 됨으로써 갖게 되는 조직인으로서의 속성을 지니고 있다. 즉, 사람은 조직의 형성에 있어 필수적인 요소인 것이다. 조직인으로서 사람의 속성은 먼저 조직형성의 핵심요소로 조직의 유지와 목표달성을 위해 필요한 조직활동, 즉 업무 기능 및 역할을 담당하여 수행하는 주체라는 점이다. 기업의 경영활동이 사회에 유용하고 가치 있는 재화나 서비스를 창출하는 것이라고 볼 때, 사람이 바로 이러한 가치창출 활동의 주체이다. 그리고 조직에서의 사람을 특히 생산자원의 인적 요소 또는 인적 자원이라고 부르는 것은 사람이 성과산출을 위해 대체 가능한 대상으로서의 성격을 지닌다는 것을 말한다. 또한 조직에서 사람은 타 기업이 모방할 수 없는 기업 고유의 핵심역량을 배양하여 기업경쟁력을 제고시키는 출발점이 된다. 앞으로도 조직에서의 사람 및 사람을 다루는 방식과 관련된 경영요소는 기업경쟁력을 좌우하는 핵심원천으로서, 극심한 경쟁환경 속에서 다른 기업들이 모방할 수 없는 기업 고유의 경쟁력이 될 것이다[Pfeffer, 1994 참조].

사람관리는 기업경영에서 매우 중요한 활동인데, 다음과 같은 몇 가지 이유를 들 수 있다.

첫째, 조직에서 발생하는 많은 문제가 근본적으로 인간문제이며 이러한 인간문제를 어떻게 해결하느냐 하는 것이 조직의 유지 · 발전에 중요한 요소가 된다. 예를 들어 최근 유행처럼 번지고 있는 경영혁신기법들이 성공을 거두지 못하는 이유도 바로 조직에서의 사람과 관련된 문제를 간과하였기 때문이다. "사람이 변해야 조직이 변한다."는 평범한 말은 이를 함축적으로 시사하는 것이다. 이처럼 사람관리는 다른 어떤 기업경영활동보다 인간중심적인 중요한 경영활동이다.

둘째, 사람관리는 타 기업이 모방할 수 없는 고유의 핵심역량을 배양하여 기업경쟁력을 제고하는 활동이다. 많은 연구자들은 조직에서 사람을 다루는 방식과 관련된 경영요소가 기업경쟁력을 좌우하는 핵심원천이라고 지적한다. 조직에서 사람과 관련된 부분은 극심해진 경쟁환경 속에서 다른 기업들이 모방할 수 없는 기업 고유의 경쟁력인 것이다. "사람이 기업경쟁력의 원천"이라든가[Pfeffer, 1994], "동기부여된 인력이 경쟁을 위한 무기"라든가[Vroom, 1990], "사람은 관리적 성공과 조직성공의 열쇠"라는[Peters, 1982] 말은 절대불변의 명제가 되어 가고 있다.

셋째, 오늘날 지식정보 사회에서도 경영의 요체는 역시 사람관리이다. 즉 지식정보 사회의 대명사라 할 수 있는 지식경영은 조직구성원들로 하여금 조직 내외의 지식자산을 획득 · 개발토록 하고, 이를 효과적으로 공유 · 활용하도록 촉진한다. 이는 외부의 지식자산을 확보 · 활용하는 것, 새로운 지식을 창조하는 일, 필요한 지식을 공유하는 일, 여러 지식자산을 결합하여 업무에 적용하는 것은 모두 그 조직구성원들이 해야 하는 일들이기 때문이다.

넷째, 사람관리는 기업이 노동문제 · 인권문제와 관련된 사회적 압력에 대해 효과적으로 대처하도록 하여 사회와의 균형관계 속에서 경영성과를 달성하도록 하는 활동이다. 사회민주화, 지방자치단체의 영향력 증대, 노조활동의 활성화에 따라 기업의 경영활동에 대한 외부로부터의 제약이 점증하고 있다. 즉, 과거 그 어느 때보다 조직에서의 사람을 다루는 방식에 대한 사회감시활동이 강화되고 있는데, 사람관리는 노사간에 동반자관계를 형성하게 함으로써 과도한 사회적 제약과 감시를 예방하는 역할을 수행한다.

다섯째, 사람관리는 기업경영의 글로벌화를 달성하는 데 있어서 핵심적 관건이 되고 있다. 최근에는 경영의 글로벌화와 함께 기업인력의 국제화 현상이 두드러지면서, 기업에서의 사람관리문제도 외국인 근로자의 관리, 파견근로자와 현지인 간의 마찰해소 및 협력적 관계의 구축 등 서로 다른 문화적 배경을 가진 사람들을 통합시키는 중심활동으로서 사람관리의 중요성이 더욱 높아지고 있다.

2 사람관리의 인간관

오늘날 기업은 단순히 재화나 서비스만을 제공하는 경제적 생산기능만을 담당하는 조직체가 아니라 현대인의 생활환경으로서도 그 의미가 크다. 따라서 사람에 대한 관리활동은 조직에서 사람이 어떤 성격 또는 본질을 갖는가를 이해하는 데서 출발해야 하며, 사람관리활동에 대해 어떠한 관점을 견지할 것인가에 대한 진지한 고민이 필요하다. 경영학분야에서 잘 알려진 조직에서의 사람에 대한 논쟁들 중 대표적인 것으로 다음의 두 가지를 들 수 있다.

1) 타율적 인간관인가? 자율적 인간관인가?

사람이 자율적 존재라는 시각을 가진 경영자와 반대로 타율적 존재라는 시각을 가진 경영자의 사람을 다루는 방식은 큰 차이가 날 것이다. 경영학분야에서도 이와 유사한 논쟁을 맥그리거(D. McGregor)의 X · Y이론에서 찾아볼 수 있다. X · Y이론은 인간을 타율적인 존재로 보느냐(X이론적 관점), 아니면 자율적인 존재로 보느냐(Y이론적 관점)에 관한 대립적인 시각을 말한다[McGregor, 1960]. 이는 마치 동양철학에서 인간을 성악설적 입장과 성선설적 입장으로 나누어 보는 것과 유사하다고 할 수 있을 것이다.

X이론(타율적 인간관)	Y이론(자율적 인간관)
① 대부분의 사람들은 일을 싫어하며, 가능한 한 일을 하지 않고 지냈으면 한다.	① 많은 사람들에게 일은 오락이나 휴식과 마찬가지로 자유스러운 것이다.
② 사람들은 대체로 평범하며, 자발적으로 책임지기보다는 명령받기를 좋아한다.	② 사람들은 누가 명령을 하지 않아도 자기지시와 자기통제를 한다.
③ 대부분의 사람들은 창의적이지 못하며, 안전위주의 사고나 행동을 취한다.	③ 당면문제를 잘 처리하는 능력은 특정인에게만 있는 것은 아니며, 많은 사람들이 창조적 능력을 갖고 있다.
④ 조직의 목표달성을 위해서는 통제와 상벌이 필요하다.	④ 통제와 상벌만이 조직목표의 달성수단은 아니다. 사람들은 조직목표를 달성하도록 스스로 동기를 유발할 수 있다.

자료 : McGregor, 1960 참조.

타율적 인간관(X이론적 관점)에서는 인간을 일하기 싫어하고 책임지기 싫어하며, 창의성을 발휘하기보다 마치 로봇처럼 기계적인 일을 선호하는 수동적 존재로 파악한다. 따라서 이 가설에 입각하면 엄격한 감독, 상세한 명령과 지시, 상부로부터의 하부에 대한 지배 중시, 금전적 자극 등을 특색으로 하는 관리나 조직이 출현한다.

산업화 초기부터 최근까지도 기업현장에서는 사람을 타율적으로 보는 X이론적 경영방식이 많이 행해져 왔다. X이론적 경영방식이란 단기적이고 근시안적인 경제효율주의를 강조하는 경영을 말한다. 이러한 접근방식은 조직의 생산성이나 효율성 제고에만 초점을 두어 사람을 단순히 제품과 서비스의 생산에 필요한 투입요소 또는 수단으로만 여기게 되고 결국 단편적이고 획일적이며 통제 위주의 경영방식을 초래하게 한다. 이와 같은 인간관을 가진 경영자는 기업경영에서 조직구성원들로 하여금 다른 사람들을 수단시하는 성향을 갖게 하며 구성원들이 불필요하고 과도한 경쟁을 갖도록 함으로써 구성원들 간의 상호 불신을 유발하고, 경쟁에서 오로지 승리하고자 수단을 가리지 않는 비윤리적 행위를 조장하는 등 많은 문제점을 초래한다.

이와 같이 X이론적 인간관이 조직구성원들을 비인간화함으로써 발생하는 문제점들을 치유하고 기업경영을 성공적으로 하기 위해서 등장한 것이 조직 내 인간을 Y이론적 존재로 바라보는 것이다. 즉, 자율적 인간관(Y이론적 관점)에서는 인간을 적절한 조건만 주어진다면 일을 마치 놀이처럼 즐겁게 생각하고, 자발적으로 무엇인가 새로운 것을 만들고자 자기지시나 자기통제를 하며, 맡은 바를 기꺼이 책임지려는 창조적인 존재로 파악한다. 여기서 유의할 점은 Y이론적 인간관이 조직에 속한 사람의 잘못에 대해 수수방관하고 묵과하는 등 사람을 무조건 선한 존재로 보는 것이 아니라 사람이 유용한 존재가 될 수 있도록 하기 위한 조건도 함께 조성하고자 하는 관점이라는 것이다. 따라서 이 가설에 입각하면 의사결정과정에 조직구성원들을 광범위하게 참여시키는 참여적 관리, 엄격한 관리 대신 부하가 문제 해결의 주체가 되고 상사는 그 문제 해결을 도와주는 자율적 관리가 행해지게 된다.

오늘날처럼 경쟁이 격화된 상황에서 기업을 성공적으로 경영하기 위해서는 구성원 개개인의 자발적이고 적극적인 참여와 창의성이 절대적으로 필요하다. 또한 구성원들의 교육수준이 향상되고 민주적인 시민의식이 성숙됨에 따라, 이들을 자율적 존재로 보아 개성을 존중하고 능력을 개발하며 자기 스스로 일을 알아서 하도록 하는 경영방식을 실행하여야만 하는 것이다. 따라서 실제 조직생활에서 인간이 X이론적 성향을 많이 보이는 것은 사실이지만 Y이론적 관점으로 변할 수 있도록 노력하는 것이 오늘날 경영자의 임무인 것이다. 이처럼 규범적인 차원에서 인간의 존엄성을 존중하기 위해서 뿐만 아니라 실제적으로 경영성과의 향상을 촉진하기 위해서도 Y이론적 시각을 바탕으로 개인과 조직의 동시적 성장발전을 도모해야 한다.

2) 경제인 관점인가? 사회인 관점인가?

사람을 보는 또 다른 입장으로는 사람이 주로 어떤 한 가지 동기에 의해 행동한다는 경제인 · 사회인 관점과, 매우 복잡한 동기에 따라 행동한다는 복합인 관점이 있다[Schein, 1980 참조].

경제인(economic man) 관점은 인간을 주로 합리적 계산을 하면서 경제적 유인에 의해 움직이는 수동적 · 기계적 존재로 이해하며 이러한 측면이 중시되어야 한다는 입장이다. 즉, 사람이 주로 경제적 유인에 의해 자극을 받으며 매우 합리적으로 자신의 경제적 이익을 극대화하는 행동을 한다고 보고, 이때 경제적 유인은 조직의 관리하에 있으므로 인간의 동기를 조직이 유발하거나 통제할 수 있다고 본다. 그리고 인간의 감정과 같은 요소들을 기본적으로 비합리적인 것으로 보고 이러한 인간의 비합리적인 요소가 매우 합리적인 인간의 모습을 방해하지 않도록 조직이 형성되어야만 한다고 본다.

사회인(social man) 관점은 인간의 비합리적 측면을 강조하면서, 인간의 사회적 욕구를 중시해야 한다는 입장이다. 즉 사람은 기본적으로 사회적 요구에 의해 자극을 받고 타인과의 관계를 통해 일체감을 가지며, 기계적이고 효율성을 추구하는 산업조직 내 업무 자체보다 다른 사람과의 사회관계 속에서 의미를 찾으려 한다고 본다. 그리고 조직(경영층)이 제시하는 경제적 · 물질적 보상 및 유인 · 통제보다 오히려 동료집단과 같은 사회적 요인에 더 민감한 반응을 하며 자신의 사회적 요구와 충족하여 주는 정도에 따라 경영층에 더 많은 반응을 한다고 본다.

그러나 우리는 인간을 경제인 관점과 사회인 관점 중 어느 하나를 택일하는 것이 아니라 양자를 포괄하는 인간의 다양성이라는 관점에서 보아야 할 것이다. 즉 인간은 복합적이고 매우 변동적인 존재이며 조직생활이나 업무경험을 통해 새로운 욕구를 배울 수 있는 존재인 것이다. 이러한 복합인(complex man) 관점은 사람을 경제적 동기나 사회적 동기 어느 하나에 의해서만 움직이는 단순한 존재가 아니라 매우 복잡하고 개인 간에 차이를 보이는 다양한 욕구를 가지고 있으며, 더 나아가 자기성장과 자아실현을 추구하는 존재로 보는 것이다. 따라서 조직마다 또는 같은 조직 내에서도 부서마다 사람들의 욕구나 동기는 저마다 다를 수 있고 한 개인이 서로 상충되는 목표를 동시에 가질 수도 있으며 여러 가지 외부자극에 대해서 동시에 반응할 수도 있다고 본다. 결국 복합인관에서 중시하는 것은 인간이 자신의 모든 능력을 최대한 발휘하려는 자아실현인(self-actualizing man)이라는 것이다. 즉, 사람들은 성숙되기를 바라고 또 그렇게 될 수 있으며, 장래를 전망하며, 보다 높은 이상을 지향하는 일에 관심을 가지고 있다는 것이다[Schein, 1980].

요컨대 경영학에서는 사람을 불변의 존재가 아니라 성장하는 과정에 있는 이성적인 존재이며, 적합한 조건하에서는 대인관계에 있어서도 협동적이고 신뢰할 수 있는 태도를 가지고 경영성과(조직유효성)를 향상시키기 위해 노력하는 존재로 본다. 사람관리는 바로 이러한 관점으로부터 출발해야 하는 것이다.

3 사람관리의 목표는 직원을 편안하게 해 주는 것인가?

사람관리는 개인목표와 조직목표의 합치, 인적 자원의 개발 및 육성, 그리고 조직에서 바람직한 인재상의 정립을 그 목표로 하고 있다.

1) 개인목표와 조직목표의 균형

기업은 구성원들을 동원하여 협동체계를 구성함으로써 보다 효율적이고 유효하게 조직목표를 달성하려고 한다. 그런데 개인은 조직을 통하여 자기의 목표를 달성할 수 있다고 생각할 때 조직을 지지한다. 만일 그렇게 생각하지 않는다면 그는 조직목표 따위는 아랑곳하지 않게 될 것이다. 즉 모든 사람들은 조직이 자기의 목표와 어떻게 부합되는지를 제각기 분석하고 나서 행동하기 때문에 조직에서 개인목표를 실현할 수 없다면 조직의 목표달성은 물론이고 장기적 존속과 유지가 불가능하다.

개인목표와 조직목표의 균형

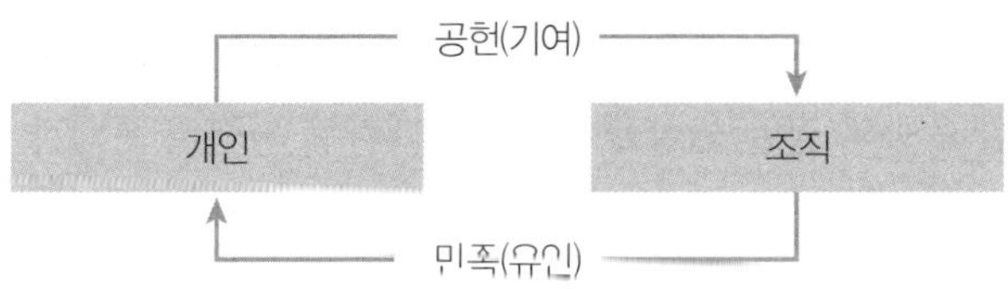

이렇듯이 조직목표와 개인목표는 매우 밀접한 관계를 가지고 있기 때문에 조직에서 대다수의 개인목표가 조직목표와 일치하게 되면 개인은 조직으로부터 자신의 공헌에 대한 보상을 받게 되고, 또 조직은 조직구성원 개인이 조직의 목표달성에 공헌할 수 있도록 유인할 수 있다. 그러나 현실에서는 개인목표와 조직목표가 일치하

지 않는 경우가 많다. 극단적으로는 '완전한 대립'으로부터, '부분적 대립,' 그리고 양자의 목표가 서로 무관한 '중립'의 경우도 나타난다.[1]

사람관리는 이상적으로 개인목표와 조직목표가 합치되어야 할 필요성에서 대두되었다. 즉 개인목표와 조직목표의 양자는 합치될 수 있으며 또 합치되어야 한다는 당위성을 주장하는 관점에서 사람관리가 등장하게 되는 것이다. 개인목표와 조직목표의 합치를 일찍이 바나드(C. I. Barnard)는 개인과 조직 간의 균형적 조화로 파악하였는데, 이는 그의 대내적 균형(internal equilibrium) 개념에서 구체화되고 있다[Barnard, 1938 ; Wolf, 1982 참조].[2]

바나드는 조직을 사회적 협동체계라고 주장한다. 즉 기업은 사람들이 모여서 협동하는 협동시스템이라는 것이다. 이는 개인이 생리적 능력과 환경의 물리적 제약으로 인한 한계를 지니고 있음을 뜻한다. 개인들은 이러한 한계를 인식하고 이를 극복하기 위해 조직을 형성한다. 인간은 개인의 궁극적인 한계를 조직 내에서 그의 동료들과 함께 협동함으로써 극복하고자 한다. 이와 같이 바나드는 개인의 행위를 제한하는 한계를 극복하기 위하여 조직이 생성되며 발전된다고 설명한다. 바나드는 나아가서 이렇게 형성된 조직이 존속 · 발전하기 위해서는 조직이 원래 형성된 목표에 충실해야만 할 것을 주장하고 있다. 즉 조직의 존속 · 발전을 위해서는 조직의 대내적 균형이 유지되어야 하는데 이는 개인이 조직에 대해 공헌하는 만큼의 만족(유인)을 조직에서 얻는 상태를 말한다.

결국 개인목표와 조직목표의 균형이란 개인과 조직 간에 주고받는 것이 등식을 이루는 관계임을 의미한다. 이것은 모든 구성원들이 한편으로는 조직의 성공을 위해 일하면서 또 한편으로는 자신의 욕구를 충족시킴과 동시에 개인이 성장하며 성숙할 수 있는 기회를 가질 수 있는 상태를 말한다. 이때 인간은 개인적으로 자신의 욕구충족을 위해 조직에 참여하며, 그 속에서 다른 사람들과의 상호작용을 통해 이익과 즐거움 · 만족 등과 같은 보상을 얻고, 그 대가로 노력의 투입과 성과향상과 같은 결과물을 조직에 제공하는 상호 교환관계를 형성한다. 따라서 조직에서 개인목

---

1 완전한 대립의 경우는 기업을 내부로부터 파멸시키고자 하는 개인을 조직구성원으로서 가지고 있는 조직의 예를 들 수 있다. 그리고 부분적 대립의 경우는 전쟁에 참가한 군인이 전우가 죽는 것을 보고 반전감정이 싹텄으나 그가 부상한 전우를 치료하고자 하는 예를 들 수 있다. 중립적인 관계란 조직은 조직목표를, 개인은 개인목표를 달성하고자 하여 서로 각기 좋은 방향으로 가지만 개인과 조직이 서로 진실로 필요한 관계가 아닌 경우를 들 수 있다.

2 기업과 사회 간의 대외적 균형(external equilibrium)에 대해서는 신유근(2001), 「사회중시경영 : 기업과 사회」(경문사) 참조.

표와 조직목표가 상호 균형을 이루기 위해서는 사람관리를 인간존중경영의 관점에서 실천해 나가야 하는 것이다.

2) 인적 자원의 개발 및 육성

우리는 인재라는 말을 많이 쓰고 있다. 인재란 특정 조직에서 바람직한 개인의 모습으로서 조직의 목표달성에 기여할 수 있는 기본적인 능력을 갖추면서 동시에 업적도 뛰어난 사람을 말한다. 여기서 능력이란 어떤 일을 수행하는 데 있어서 또는 어떤 요구되는 수준의 결과를 산출하는 데 있어서 필요한 개인적인 힘을 말하는 것으로, 업무수행능력과 업무지식이 그 대표적인 예이다. 그리고 업적 또는 성과란 일정한 기간 내에 한 개인이 이루어 놓은 구체적인 실적을 의미하는 것으로서 판매원의 판매량, 생산공정에서의 원가절감액, 주식 약정고와 같은 것이 그 예들이다.[3]

따라서 인재개발이란 조직구성원들에게 조직이 요구하는 능력과 업적을 갖추도록 경영자가 지원하는 것은 물론 개인 스스로가 노력하는 것까지 포함한다. 인재개발은 사람을 돈이나 물자처럼 취급하여 일방적으로 조직이 바라는 대로 변환시키고

인적 자원 포트폴리오 관리도

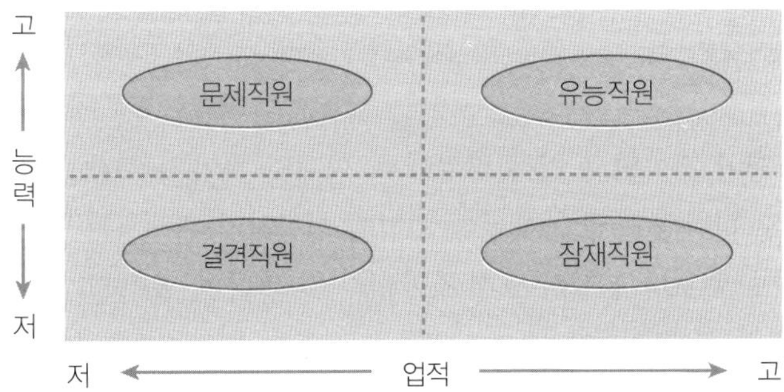

자료 : Ference 외, 1977 변형.

3 능력과 업적 외에도 조직에서 유능한 인재가 갖추어야 할 요소로 자질을 들 수 있다. 자질이란 비교적 장기간에 걸쳐서 형성된 인간적 덕목이나 품성, 예를 들어 성실성, 근면성, 책임감, 적극성 등을 말한다. 또 높은 개인성과(업적)를 산출하는 데 필요한 능력과 자질을 특히 개인 역량(individual competence)이라고도 한다[Boyatzis, 1982 참조]. 또 어떤 사람들은 개인성과를 높여줄 수 있는 요소들로 지식(K : Knowledge), 업무스킬(S : Skill), 시능 및 신체적 능력(A : Ability)을 들기도 한다[Goldstein, 2001].

자 하는 것이 아니라 개인의 욕구, 개인의 인생설계, 개인의 이성을 존중하면서 개인의 목표와 조직이 추구하는 목표를 일치시키는 데 초점을 두고 있는 것이다.

이러한 인재개발의 의미는 이른바 인적 자원 포트폴리오를 통해 더욱 분명하게 이해할 수 있다. 인적 자원 포트폴리오 관리도(human portfolio management grid)에서 볼 수 있는 바와 같이 조직에는 능력이나 업적이 모두 낙후되어 있는 결격직원(deadwood), 능력은 높되 낮은 성과를 보이는 문제직원(problem employees), 능력은 낮을지라도 성과가 높은 잠재직원(work horses)들이 있게 마련이다. 특히 잠재직원과 문제직원은 기업에서 대다수 인력을 차지한다. 인재개발은 이러한 구성원들을 능력 면에서나 업적 면에서 뛰어난 스타(stars)와 같은 유능직원으로 양성하려는 것이다.

인재개발은 조직구성원들 중 유능직원은 더욱 유능한 직원이 될 수 있도록 능력개발과 업적향상의 기회를 부여하고 지원하며, 특히 조직구성원들의 대다수를 차지하고 있는 문제직원이나 잠재직원이 유능한 인재로 성장하도록 조직의 지원과 개인의 노력을 촉구하는 데 그 목적이 있다. 결격직원에 대해서도 해고시킨다는 식의 단순한 발상을 하는 것이 아니라 이들을 개발과 육성의 대상으로 인식하고 유능직원이 될 수 있도록 성장의 기회를 제공하고 스스로 노력을 기울이도록 지원하는 것이다. 사람관리는 현재의 유능한 인재만을 아끼고 존중한다는 의미에서가 아니라 능력과 업적이 부족한 사람들도 더욱 발전적인 방향으로 이끌고 지원한다는 점에서 그 의미가 있는 것이다.

기업 간 경쟁이 격화되고 있는 상황에서 '인재의 차이'가 그대로 '기업의 차이', '성과의 차이'로 나타나고 있기 때문에 기업이 성공하기 위해서는 인재상을 정립하는 것이 그 어느 때보다 절실히 요청되고 있다. 그렇다면, 오늘날 기업에서는 과연 어떤 인재상을 요구하는 것일까?

① 자아실현인 : 계속적인 자기발전을 위해서 자신의 잠재력을 극대화시킬 수 있는 사람
② 창조인 : 새로운 기회와 유용한 가치를 지속적으로 창출할 수 있는 사람
③ 전문인 : 자신의 현재 업무나 새로운 분야에 관해 다양한 지식과 경험을 갖춘 사람
④ 국제인 : 글로벌 경영상황에서 요구되는 문화적인 개인역량을 갖춘 사람

(1) 자아실현인

바람직한 인재의 첫째 모습은 자아실현인이다. 자아실현인은 자신의 잠재력을 최대한으로 개발하는 사람, 개인 특유의 방식으로 스스로의 기량 · 재능 · 감정 등을 표현하는 사람을 말한다[Cherrington, 1994 : 136-137 참조].

자아실현인은 계속적인 자기발전을 위해 자신의 잠재력을 극대화하는 과정을 거쳐 이루어진다. 이런 의미에서 자아실현(self-actualization)은 사람이 어떤 목표에 도달했다는 최종상태로서의 의미가 아니라 사람이 그 목표에 점점 더 다가가는 과정 속에서 계속 '되어 간다'는 의미이다. 또한 자아실현은 자기 자신의 발전이 다른 사람과의 조화로운 관계 속에서 성취되는 것일 뿐만 아니라 다른 사람의 발전 가능성을 인정하고 이해하며 타인을 존중하는 태도 속에서 발현된다는 점을 전제로 한다는 점에서 사회적이고 이타적인 개념이다. 그리고 개인은 자신의 잠재능력을 최고도로 발현하는 자아실현에서 얻는 성취를 통해 만족을 얻는다.

자아실현인은 현실에 대한 뛰어난 인식을 하고 핵심문제를 중시하며, 프라이버시(privacy)와 자기존재의미, 최고절정감의 경험을 중시하고, 높은 자발성 및 자율성을 바탕으로 조직 내의 업무뿐만 아니라 개인의 사생활에도 최선의 노력을 기울인다[山下達哉, 1992 : 105-113]. 또한 자아실현인은 자아 · 타인에 대한 높은 수용자세를 갖고 신뢰와 화합의 우호적인 대인관계를 형성하며, 이기주의를 배격하면서 민주적 자치의식을 바탕으로 직장동료와 협력하고, 인간미와 도덕적 겸양을 갖추고, 장래에 대한 높은 관심과 보다 높은 이상을 향한 일에 대한 집중력과 일관된 자세를 갖고 있다.[4]

(2) 창조인

오늘날 경영환경의 변화 측면을 고려할 때 개인역량 중에서도 특히 개성이나 창의성은 개발 · 배양할 필요성이 커지고 있다. 창조인이란 새로운 시각에서 사물을 보고 아이디어를 얻을 수 있는 능력 및 자질을 갖추어 지속적으로 새로운 기회와 유용한 가치를 창출하는 사람이다[Reitz, 1981 : 64 참조].

창조인은 장기적인 안목을 가지고 현재 처해 있는 상황에 안주하지 않고 보다 바

---

4 예를 들어, 소니(Sony)가 원하는 핵심인재는 '디지털 드림 키드(Digital Dream Kid)'라는 한마디로 요약된다. 조직은 개개인이 희망하는 꿈을 실현하는 장이 되어야 하며, 자기 아이디어를 마음껏 추구할 수 있는 환경을 조성해야 한다는 것이다.

람직한 모습을 갖기 위해 지속적으로 변혁을 추구하면서 조직의 변화담당자(change agent)로서의 역할을 충실히 수행하며, 새로우면서도 유용한 아이디어를 산출할 수 있는 발상의 전환능력과 사고능력을 지속적으로 개발한다. 또한 창조인은 새롭고 도전적인 일을 좋아하며 실패를 두려워하지 않으며, 반복적이고 정형화된 업무보다도 전에 그 누구도 하지 않았던 문제들에 대한 새로운 시각과 방법을 구상한다. 그리고 특히 집념과 의지 같은 자질과 모험가적 기질을 키움과 동시에 창조력에 필수적인 시대변화에 따른 사람의 느낌, 감성을 민감하게 읽어낼 수 있는 감수성을 개발하고자 노력한다.

사람관리는 종업원의 감수성을 배양하고 개성과 창의성을 발휘하도록 하는 경영이다[山下達哉 외, 1992 : 18-40 참조]. 제품이나 서비스의 개발과 개선에 관한 아이디어, 판매촉진이나 광고선전에 관한 아이디어, 시간 · 자금 · 노동력 · 자재의 절약을 위한 아이디어, 제품의 연구나 기획추진에 대한 아이디어, 근로조건을 개선하는 아이디어 등 회사를 발전시킬 수 있는 거의 모든 아이디어가 종업원들로부터 나오도록 촉구하는 관리방식인 것이다. 지금까지의 조직은 일정한 규율을 만들어 거기에서의 일탈을 용납하지 않았지만, 향후 경영환경의 변화에 적응해 나가기 위해서는 구성원들의 창의성을 개발하는 경영을 실천해 나가야 할 것이다.

(3) 전문인

앞으로는 직장인이 고도의 전문가로 변신하지 않으면 살아남지 못하는 시대가 될 것이다. 이른바 '프로페셔널 비즈니스맨의 시대'가 도래하고 있는 것이다[北失行男, 1991 : 73]. 이처럼 전문인은 자신의 현재의 업무나 새로운 분야에 관한 다양한 지식과 경험을 갖춘 사람이다.

전문인은 관심분야에 대한 집중력과 관찰력을 발휘하며 부단히 배우고 연구하는 학습인이다. 그리고 전문인은 높은 성취욕구와 도전적 자세를 바탕으로 프로정신(강한 승부근성)을 갖추고 있으며, 스스로 동기를 유발하여 업무뿐만 아니라 자신의 개인생활에도 적극적이다. 또한 전문인은 높은 책임감과 자립심을 가지고 자력으로 무엇이든지 해낸다는 정신력과, 어학실력이나 일반 기술지식 등 기본지식뿐 아니라 자기업무의 처리방식이나 고유기술에 대해 통찰력을 갖추고 있다.

이러한 의미에서 사람관리는 조직구성원들을 하나 또는 그 이상의 분야에 있어서의 전문가로 양성하는 개발지향적 경영을 실천해 나가는 것이다. 이때 누구보다도 뛰어난 업무수행역량을 갖추도록 하는 것에 그치는 것이 아니라, 높은 수준의 윤리적인 자질도 갖추도록 해야 한다. 즉 '직업인으로서의 모습'과 함께 가정과 사회의 일원으로서의 책임과 의무를 다하는 '시민으로서의 모습'을 함께 갖춘 사람이 전문인이다. 이러한 전문인의 양성은 기업의 사회적 책임 수행의 기초가 된다[北失行男, 1991 : 64-66참조].

(4) 국제인

경영환경 및 직무환경의 여러 가지 변화를 볼 때, 현대 기업에서 구성원들은 글로벌 경영상황에 적합한 국제인으로서의 역량을 갖출 것을 요구하고 있다. 국제인은 국내적 사고에서 벗어나 세계가 하나의 공동체라는 인식을 가지고 지구촌 가족의 일원으로서 권리를 행사함과 동시에 이에 따르는 책임과 의무를 다하겠다는 사고와 사세, 국제적 감각을 갖춘 사람을 말한다.

국제인은 세계가 하나의 유기체라는 인식하에 모든 인류가 함께 잘살 수 있도록 사고하고 행동하는 '세계시민(cosmopolitan)'으로서의 양식과 교양을 갖추고 있다. 또한 국제인은 다양한 문화적 상황에서 세계화된 기업활동을 수행할 수 있는 의사소통능력을 갖추고 있으며, 자신이 속해 있는 사회의 전통문화에 대한 뿌리의식을 바탕으로 외국의 문화에 대해서도 개방적인 태도를 견지하고, 세계경제와 사회의 발전에 기여하려는 사람으로서 윤리성과 신뢰성을 갖추고 있다[山下達哉 외, 1992 : 18-40 참조].

이러한 의미에서 사람관리는 다인종, 다문화권 속의 사람들과 더불어 살아갈 수 있는 국제인을 양성하는 경영이어야 한다. 이를 위해 조직에서는 구성원들의 어학능력을 개발하고, 여러 국가의 문화를 습득할 수 있도록 교육 프로그램을 운영하여야 하며, 국제사회에서 바람직한 사회적 관계를 형성시키기 위한 윤리의식을 제고하여야 한다.

4 사람관리의 체계

사람관리에서는 구성원들의 근로의욕을 어떻게 증진시킬 것이며 팀장이 효과적인 리더십을 어떻게 발휘하도록 할 것인가, 어떤 신입사원을 뽑아 어떻게 교육시키며 적합한 부서에 배치하고 승진시킬 것인가, 노사 간에 우호적이고 협력적인 관계를 어떻게 형성할 것인가와 같은 문제들을 다룬다.

사람관리는 크게 행위관리와 제도관리로 구분된다. 행위관리는 개인의 가치관, 태도와 같은 심리적 측면과 그에 따른 행동에 초점을 두어 조직 내 구성원들의 바람직한 행동을 촉진하고 관리하는 경영활동이다. 제도관리는 조직구성원들의 개별적 측면에 초점을 두어 조직에서 필요로 하는 인력을 확보하고 교육하며 평가 · 보상하기 위한 제도적 장치를 구축하고 운영하는 경영활동과 조직 내 사용자와 근로자 간의 집단적 관계에 초점을 두어 협력적 노사관계를 구축하려는 경영활동을 말한다.

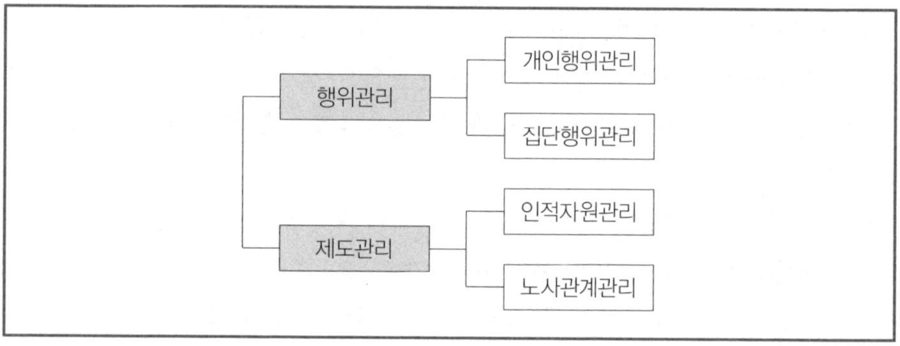

기업조직에서 사람들은 회사에서 바람직하게 여기는 행동을 하거나 바람직하지 않은 행동을 한다. 예컨대 사람들은 회사에 대한 애착이 강하거나 아니면 곧 떠나려고 하거나, 시간규칙을 잘 지키거나 아니면 잘 지키지 않거나, 회의에 적극적으로 참여하거나 또는 수수방관하는 자세를 보이거나, 상하간 위계질서를 지키거나 아니면 자유분방하거나, 동료직원들과 갈등하거나 협동하거나 한다. 이러한 조직에서의 개인 및 집단의 행동 및 태도를 연구하여 사람을 효과적으로 관리하고 변화시키기 위한 통찰력을 경영자와 구성원 모두에게 제공하려는 학문분야가 조직행위론(OB :

Organizational Behavior)이다.[5]

조직행위론은 인간의 행동에 대한 통합적인 이론과 인간 관련 문제 해결을 위한 종합적인 아이디어를 제공하려는 행동과학(Behavioral Science)에 이론적 뿌리를 두고 있으며, 기업현장에서 계획된 변화 프로그램을 통해 조직구성원의 태도와 행동을 바람직한 방향으로 변화시키려고 한다. 이러한 행위적 관리는 다시 개인행위관리와 집단행위관리로 나누어진다.

1) 개인행위의 관리

개인행위관리의 목표는 개인(individual)이 자기 자신과 조직 모두에게 유익한 바람직한 행동을 하도록 관리하는 것이다. 즉 개인의 조직에 대한 애착 · 직무몰입 · 만족도 등을 높이고, 각자가 자신의 창의성과 능력을 최대한 발휘할 수 있도록 하며, 상사 · 부하 · 동료 · 외부인 등의 주변사람들과의 관계를 개선하고, 결근 · 이직 · 나태 등의 부정적 행동을 줄이고자 하는 것이다. 구성원들의 근로의욕이 높이 열심히 일할 때 개인과 조직의 성과가 모두 향상될 뿐만 아니라 보람을 크게 느낄 수 있는 것이다.

이를 위해 개인행위관리는 조직에서의 개인 행위 및 태도 그리고 그 영향요인에 대한 심층적인 이해를 바탕으로 어떻게 하면 기업에서 사람들이 자발적으로 열심히 일하도록 할 것인가, 자신의 직무와 회사에 대해 호의적인 태도를 갖도록 할 것인가, 판단 및 평가는 어떻게 이루어지며 공정한 판단 및 평가가 이루어지기 위해서는 어떻게 할 것인가, 개인이 바람직한 행동을 학습하는 과정은 어떻게 일어나며 효과적인 교육 및 자기계발 방법은 무엇인가, 구성원들의 스트레스를 줄이고 사기를 어떻게 앙양시킬 것인가 하는 것 등에 초점을 두고 이를 촉진시킬 수 있는 관리방안에 관심을 두고 있다. 이 중에서 특히 개인의 모티베이션 증진문제가 개인행위관리의 중심이 되고 있다.

2) 집단행위의 관리

집단행위관리의 목표는 동료들 간 선의의 경쟁을 바탕으로 팀워크를 존중하면서

5 이에 대한 자세한 공부는 경영학과의「조직행위론」또는「조직행동론」과목에서 하게 될 것이다.

자율적으로 협동함으로써 효율적이고도 탄력적인 과업수행이 이루어질 수 있는 성공적인 집단 또는 소집단(small group)을 형성하려고 하는 것이다. 개인이 아무리 일을 잘해 낼 수 있는 능력이 있더라도 집단 속에서 다른 구성원들과 상호 유기적으로 협동하지 않는다면 개인의 성과도 높지 않을 뿐 아니라 집단(팀)의 성과, 나아가 조직의 성과도 낮아지게 마련이다. 반면에 구성원들 간에 팀워크가 이루어지고 협력적이고 유기적인 상호관계를 형성하고 있으면 구성원들 개인의 성과를 총합한 것 이상의 성과가 나타나는 시너지 효과(synergy effects)를 얻을 수 있다.

이러한 집단행위관리를 위해 구성원들 간에 정보 및 의사를 전달하는 커뮤니케이션, 집단이 당면한 문제를 해결하기 위한 방안을 선택하는 집단의사결정, 구성원들 간 또는 부문들 간 발생하는 갈등의 해소, 구성원들이 공통목표를 인식하고 달성하려고 노력을 기울이도록 리더가 구성원들에게 영향력을 행사하는 리더십을 강조한다. 이 중에서도 특히 부서장(팀장)의 리더십개발 문제가 집단행위관리의 중심이 되고 있다.

5 조직문화관리

조직문화 또는 기업문화는 전체 기업경영시스템의 하위시스템들이 기업목표를 달성할 수 있도록 통합해 주는 정신적 인프라(infra)로서의 역할을 한다. 다음에서는 조직문화란 무엇이며, 어떤 유형들이 있으며, 그리고 그 관리방안에는 어떤 것들이 있는지 알아보도록 한다.

1) 조직문화란?

(1) 조직문화의 개념

우리는 흔히 어떤 기업은 보수적이며 소극적이라느니, 또 어떤 기업은 공격적이며 저돌적이라느니 하는 말을 한다. 각 개별기업에 대한 이와 같은 다양한 인식의 차이는 조직의 내·외부에서 기업구성원들의 행동에 영향을 주는 조직문화의 차이에서 비롯된다. 이러한 조직문화에 대해서 살펴보기 전에 먼저 문화란 무엇인가 알아보자.

문화(culture)란 용어는 인류학의 선구자인 타일러(E. Tylor)에 의해 처음 사용된 이래 여러 학자들 사이에서 연구목적에 따라 다양하게 정의되어 왔다. 일반적으로 문화란 한 사회의 구성원들에 의해 역사적으로 형성되어 공유되고 학습되는 가치, 규범, 사고방식, 관습이나 행동방식 등을 지칭한다. 이는 시간의 흐름에 관계없이 고정불변인 것이라기보다는 경제발전 단계나 기술변화, 정치상황, 경기변동 등에 따라 끊임없이 변화하는 특성을 지닌다[Schein, 1992].[6]

일반적으로 넓게 쓰이는 조직문화(organizational culture) 또는 기업조직을 대상으로 한 기업문화(corporate culture)라는 말은 일반적인 의미의 문화라는 말에서 연유되었다. 따라서 조직문화에 대한 정의는 문화에 대한 정의만큼이나 다양하지만, 이들 정의가 포함하고 있는 것들을 종합해 보면 "조직문화란 특정 기업에서 최고경영자와 일반구성원들 모두를 포함하는 조직 전체구성원들 사이에 공유된 가치의식, 행동방식, 그리고 상징특성"이라 정의할 수 있다[신유근, 2005 : 548].

이러한 조직문화의 핵심적 특성은 '독특성(uniqueness)'과 함께 '가꾸어 나갈 수 있다(cultivation).'는 데 있다[신유근, 2005 : 548].

먼저, '독특성'이란 특정 기업의 조직구성원들이 공유하는 정신적 · 행동적 · 상징적 특성이 다른 조직(기업)과는 상이한 모습으로 조직 차원에서 표출되었음을 의미한다. 우리는 주위에서 유사한 제품을 만들어 내고 있지만 회사의 성격이 매우 다른 경우를 찾아볼 수 있다. 예를 들면 한 회사는 "모든 결정이 서류에 의해서 행해지고, 변화나 위험을 싫어한다. 규정이나 규칙에 따른 것을 선호하고 상사의 지시에 따르는 것이 당연하다고 여긴다. 개인성과가 중시되고 연공에 따라 보상이나 승진이 결정된다." 반면에 다른 회사는 "모험을 해 보거나 변화하는 것을 좋아한다. 실패하더라도 새로운 기술을 만들어 보려 한다. 한번 해 보자 하는 분위기가 지배한다. 팀워크를 중시하고 직급이 크게 고려되지 않는 경우도 많다. 종업원들에게 자유재량권도 주어진다." 위 두 회사의 차이, 즉 두 기업이 가지는 나름대로의 독특한 성격은 많은 사람들에게 공통적으로 인식된 결과라고 할 수 있다.

다음으로, '가꾸어 나갈 수 있다.'라는 특성은 조직문화가 기업의 경영성과나 기

---

6 어떤 연구에 따르면 문화에 대한 정의는 모두 164개나 될 정도로 다양하다고 한다[Kroeber & Kluckhohn, 1952 : 77-142]. 이러한 문화개념의 다양성은 기업을 보는 시각차이와 결부되어 다양한 기업문화의 정의를 파생시켰다.

업경쟁력 등에 미치는 효과와 결부되어 실제경영에서 특히 강조된다.[7] 급변하는 외부환경에 적응하여 살아남기 위해서는 조직의 모든 부분이 변해야 하며 조직문화도 예외일 수는 없다. 따라서 조직문화는 고착화되고 영원불변한 것이라기보다는, 좋은 방향으로도 혹은 나쁜 방향으로도 유도될 수 있는 가변성을 지닌 것으로서 그 창달과정이 중요하다.

(2) 조직문화의 중요성

조직문화는 본래 사회적 협동시스템의 속성을 지니는 기업의 본질과 관련되어 주로 사회적 성과향상을 목표로 해 왔다. 그러나 최근 들어 조직문화가 기업경영의 새로운 핵심자원, 또는 다른 경쟁기업들이 모방할 수 없는 지속적인 경쟁우위의 원천으로 강조되면서 경제적 성과의 향상이라는 측면으로도 그 기능을 넓혀 가고 있다. 다음에서는 조직문화가 왜 중요한지를 보다 구체적으로 알아보기로 하자[Sathe, 1985 : 25-31 ; Schein, 1992 참조].

첫째, 조직문화는 개인과 조직을 연결하는 역할을 한다. 이는 개인이 조직구성원으로 참여하여 자신의 역할을 수행하는 데 필요한 능력, 기대되는 행동 및 가치관 등을 익히는 과정을 의미하는 조직사회화(organizational socialization)를 통하여 가능하다. 기업은 조직문화를 통해 경영이념과 규범체계를 신입사원이나 외부 영업사원에게 학습시키는데, 이를 통해 공유된 가치의식과 사고방식은 신규참여자를 기존구성원 및 조직과 결합시키는 역할을 한다.

둘째, 조직문화는 최고경영자로 하여금 일관된 경영스타일을 지속하도록 하는 매개체 역할을 한다. 조직문화가 강할 때[8] 최고경영자는 조직에서 형성되어 있는 문화를 수호하고 이를 더욱 발전시켜 경영혁신을 도모할 수 있는 기틀을 마련할 수 있다.

셋째, 조직문화는 일반구성원들은 물론 중간관리자들의 행위기준을 설정해 주고 구성원들 간의 상호작용을 촉진한다. 조직문화는 조직 전체구성원들의 정신적 · 행

---

7 '가꾸어 나갈 수 있다.'라는 특징은 조직문화 그 자체를 자연발생적인 입장에서 연구하는 문화순수론의 입장과는 달리 조직문화가 기업목표의 달성에 순기능적으로 작용할 수 있다는 문화실용론의 입장에서 비롯된 것이다.

8 조직구성원들이 조직의 문화적 가치를 신봉하면 할수록 강한(strong) 문화가 형성된다. 이렇게 되면 조직구성원들은 약한(weak) 문화와 달리 자기 조직의 정체성을 느끼고 조직이 원하는 바를 자연스럽게 달성하려고 한다. 그러나 반면에 급변하는 환경변화를 싫어하거나 다른 사람들에 대한 배타주의가 형성될 수 있다[Gomez-Mejia 외, 2008 : 152].

동적 방향을 가늠해 주는 지주로서, 기업 내 공유된 행동규범과 규칙의 체계를 규정하여 불필요한 노력을 줄이게 한다.

넷째, 조직문화는 구성원들의 일체감을 바탕으로 협력적 노사관계의 구축에 이바지한다. 즉 조직문화는 공유된 가치와 신념을 통해 구성원들 간 갈등의 소지를 줄여주며 협동심을 유발한다. 또한 구성원들 간 커뮤니케이션을 촉진할 뿐만 아니라 상호 이해의 폭을 넓혀주며 조직에 대한 몰입감을 증대시켜 준다.

다섯째, 조직문화는 대외적으로 기업의 사회적 이미지와 위상을 제고시킴으로써 대외홍보를 용이하게 하고, 이를 통해 우수한 인재의 모집이나 선발을 수월하게 한다. 뿐만 아니라 조직문화가 강하면 좋은 고객들을 많이 확보하게 됨으로써 경제적 성과를 향상시키는 데도 기여하게 된다.

과거에는 주로 기업에 안정성을 부여하는 기능을 중심으로 조직문화를 바라보았다. 하지만 오늘날 경영환경이 급변하고 경쟁이 격화됨에 따라 지속적 기업경쟁력의 원천으로서 조직문화가 강조되고 있다. 이러한 입장에서 볼 때 바람직한 또는 강한 조직문화를 지닐수록 조직의 유효성이 높아지고, 경영성과가 향상된다고 할 수 있다[Saffold, 1988 : 546–558 ; Cameron 외, 1983 참조]. 이처럼 바람직한 조직문화는 구성원들이 함께 만들어 나가는 참여과정을 통해 조직유효성의 증대나 경영혁신의 촉진과 같은 긍정적 기능과 역할을 수행한다.

2) 조직문화의 구성요소와 유형

문화의 속성상 구성원들은 자기 기업의 문화가 구체적으로 어떠하다라고 명백히 말할 수는 없어도 자신이 몸담고 있는 기업에 내재해 있는 문화가 조직구성원으로서 바라는 바와 부합되는지를 피부로 느낄 수는 있다. 다음에서는 이와 관련하여 조직문화는 어떤 요소로 구성되며, 또 어떤 유형이 있는지에 대해 알아보기로 하자.

(1) 조직문화의 구성요소

앞에서 언급한 바와 같이 조직문화는 최고경영자와 일반구성원들 모두를 포함하는 조직 전체구성원들 사이에 공유된 가치의식, 행동방식, 그리고 상징특성을 말한다. 다음에서는 이러한 조직문화의 세 가지 구성요소에 대해 보다 자세하게 알아보기로 한다.

조직문화의 구성요소들 중에서 가치의식(가치 · 이념적 요소)은 추상적인 수준에서, 상징특성(상징 · 언어적 요소)은 구체적인 수준에서, 그리고 행동방식(행동 · 관행적 요소)은 중간 수준에서 나타난다.[9]

① 가치·이념적 요소

가치 · 이념적 요소는 조직문화의 세 가지 요소 중에서 가장 핵심이 되고 밑바탕이 되는 요소이다. 여기에서 말하는 가치(values)란 조직의 모든 구성원들에게 공통적인 방향감각과 일상행위의 가이드라인을 제공하는 것으로 기업에서는 대체로 사시, 사훈 또는 경영이념이라는 형태로 존재한다[Schermerhorn Jr., 2010]. 예를 들어 '인간존중경영'이나, '사업보국의 정신'과 같은 구호에 내포되어 있는 것이 바로 조직문화에 내재한 가치 · 이념적인 요소이다. 최근에는 지금까지의 딱딱하고 엄격한 사훈에서, 예를 들면 "가능성은 무한하다.", "알아서 하자.", "나는 누군가의 행복이다.", "우리가 곧 성공이다." 등 젊어지고 있는 경향이 나타나기도 한다. 이렇듯 가치의식에는 최고경영자가 중시하는 경영이념이나 강조정신과 일반구성원들이 중요시하는 정신적 자세나 사원정신 등이 포함된다.

② 행동·관행적 요소

행동 · 관행적 요소란 조직구성원들 간에 공유되어 일반적으로 받아들여지는 확립된 행동의 표준 또는 규칙을 말하는 행동규범을 말한다. 기업에는 여러 가지 행동규범이 있는데 예를 들면 늦게까지 일을 한다거나 아니면 정시퇴근을 규칙으로 하는 업무수행방식, 위에서 아래로만 명령이 전달된다든지 하는 업무지시방식 등이 그것이다. 행동방식과 함께 조직문화의 중요한 구성요소 중의 하나가 인사관리관행이나 소집단운영관행 등의 관리관행이다. 조직이 어느 일정단계 이상 성숙하게 되면 이러한 관리관행은 역으로 일반구성원들의 가치의식에 큰 영향을 미치게 된다[Hofstede 외, 1980 참조]. 이를테면 연공위주의 보상이나 승진 관리관행을 통해서 구성원들은 연공서열주의라는 가치의식을 가지게 되고, 품의제도나 소집단운영제도 등을 통해 참여적 가치의식을 공유하게 된다.

9 샤인(E. H. Schein)은 조직문화의 구성요소를 인식수준에 따라 비가시적이며 전의식적인 수준의 기본전제(basic underlying assumptions), 의식수준의 가치(values), 그리고 가시적 수준의 인공물과 창조물(artifacts and creations)로 분류하고 있다[Schein, 1992 참조].

③ 상징·언어적 요소

상징 · 언어적 요소는 조직문화가 가장 가시적인 수준에서 표출된 것으로 기업의 내부적 통합과 구성원들 간의 동질성을 파악하는 데 매우 중요하다. 상징(symbol)이라 함은 일반적으로 조직이나 구성원들의 가치 또는 신념이 어떤 구체적 대상물들에 의하여 특징적으로 표현되는 상태를 말한다. 상징은 크게 물적 상징, 구두상징, 활동상징으로 분류할 수 있다. 물적 상징은 회사마크 · 건물 · 유니폼 · 마스코트 등의 유형적 형태로서 기업의 가치와 신념을 표현하는 것을 가리키며, 구두상징은 조직의 가치 · 신념 등이 가장 일반적인 이야기의 형태로 나타나는 것으로서 조직구성원들이 일상적으로 생활하면서 듣고 전달하며 사용하는 영웅담 · 별명 · 전설 · 에피소드 · 사보 · 사가 등을 가리킨다. 활동상징은 의례 · 의식 · 기념식 · 명상의 시간 · 체육대회 · 축제 등 조직생활의 문화적 가치를 극대화하고 종업원들에게 기억할 만한 경험을 제공하는 것을 의미한다.

언어(language)는 구성원들 간에 의사를 전달하는 매체로서 어떤 사물이나 사건에 대한 개념과 의미의 범위를 한정짓는 역할을 한다. 특히 언어의 일종으로서 기업내부의 구성원들 간에만 통용되는 밀인 은어 등은 구성원들의 사고방식과 가치관, 기업 특유의 역사적 경험을 반영하는 것으로, 이를 사용하는 구성원들은 서로 동질감을 느끼게 되고 조직외부의 사람들은 잘 알아들을 수 없게 된다. 그 결과 구성원들은 자신이 속한 조직이 다른 조직과 다르다는 것을 깨닫게 된다.

(2) 조직문화의 유형

그간 많은 연구자들이 기업에서 보이고 있는 문화들 간의 특징적인 차이를 체계적으로 밝혀봄으로써 조직문화를 유형화하기 위한 노력을 기울여 왔다. 다음에서는 그중에서도 대표적인 두 가지 조직문화의 분류방법에 대해 설명하고자 한다.

① 홉스테드의 문화 유형

홉스테드(G. Hofstede)는 국가 차원에서 조직문화를 유형화하였다. 그는 1970년에 60개 이상의 국가들에 걸쳐 있는 IBM으로부터 자료를 수집하여 '권력의 거리', '불확실성 회피'의 두 차원과 '개인주의-집단주의', '남성성-여성성'의 두 차원으로 각국의 조직문화적 특성을 구분하였다[Hofstede, 1980 참소].[10]

---

10 1984년 홉스테드와 본드는 남성성-여성성으로 구분하는 대신 물질주의-정신주의(quantity of

홉스테드가 시도한 조직구성원들이 가지고 있는 가치로서 권력의 거리와 불확실성 회피라는 두 가지 차원에서 조직문화의 유형화에 대해서 알아보자. 권력의 거리(power distance)란 사회구성원들이 육체적으로나 지적으로 평등하지 못하다는 사실에 대해 어떤 반응을 보이는가 하는 것으로서, 어떤 사회에서는 권력과 부의 불균등을 더욱 심화시키고 강화하는가 하면(불평등), 또 다른 사회에서는 이러한 불균등을 가능한 한 해소시키려고 한다(평등). 불확실성 회피(uncertainty avoidance)란 사회구성원들이 환경의 불확실성에 적응해 나가는 방법이 문화에 따라서 서로 어떻게 다른가 하는 것으로, 어떤 사회는 불확실성에 대해 별로 위협을 느끼지 않아 다른 스타일의 행위나 의견을 쉽게 수용하는 반면(유연함), 어떤 사회에서는 불확실성에 대해 불안해하며 회피하려 하므로 규칙이나 절차에 의존하려고 한다(엄격함).

노르웨이나 영국과 같은 나라의 조직문화는 권력의 거리를 줄이고자 하고 불확실성에 유연하게 대처하고자 하는 문화유형으로 분류되는데, 이 유형에서는 조직의 의사결정이 협상에 의해 이루어지게 된다. 반면, 한국과 일본의 조직문화는 불평등이 심화되어 있고 불확실성을 회피하려고 하므로 법에 의한 통치가 주로 이루어지는 유형이다. 한편, 중국과 인도의 경우는 불평등이 심화되어 있으며 불확실성에 대하여 유연하게 대처하려고 하는 문화로서 사람에 의한 통치가 주로 이루어지는 조직문화 유형이다. 반면, 독일과 이스라엘의 조직문화는 평등을 지향하고, 엄격한 규칙이나 절차에 의하여 불확실성을 줄이려고 한다.

이처럼 홉스테드가 시도한 조직문화의 유형화는 기업이 해외로 진출할 때 유사한 조직문화를 갖는 국가에 진출하는 것이 문화적 차이가 적어서 기업경영에 도움이 될 수도 있다는 시사점을 준다. 그러나 국가들 간에는 거시환경적 특성이 다르므로 조직문화가 달라야 하는데도 왜 조직문화가 유사한 국가가 존재하는지, 같은 국가 내에서도 왜 조직문화의 차이가 나타나는지를 설명하지 못하고 있다.

② 딜과 케네디의 조직문화 유형

딜(T. E. Deal)과 케네디(A. A. Kennedy)는 기업 차원에서 환경이 기업경영에 미치는 위험도와 기업과 종업원에게 성패가 알려지는 피드백의 속도를 양축으로 하여

---

life-quality of life)로 대체하였다. 이외에도 홉스테드는 23개국의 학생들의 가치에 대한 연구에서 다섯 번째 차원으로 장기지향성(long term orientation)과 단기지향성(short term orientation)을 들고 있다[Hofstede, 1991 참조].

네 가지 조직문화의 유형을 제시하였다[Deal & Kennedy, 1982 참조].[11]

i) **의지가 강한 남성적 문화**(tough-guy, macho culture) : 이는 위험도가 높고 성과의 피드백을 빨리 요구하는 환경하에서 형성되는 문화이다. 즉, 높은 위험에 직면하여 구성원들의 적극적인 행동을 요구하는 문화이다. 따라서 남성형 문화나 모험형 문화, 또는 강력한 지도자형 문화라고도 불리며, 이는 조직 내 구성원들이 상호경쟁하는 개인주의적인 문화적 특성을 갖는다. 이러한 문화의 대표적인 조직으로는 건설업, 경영컨설팅 조직, 경찰이나 외과의사들의 조직을 들 수가 있다. 이러한 문화의 장점으로는 빠른 기간 내에 질서정연하게 업무수행을 하게 하고, 조직에서 스타들이 갖는 고뇌를 덜어줄 수 있으며, 과감한 행동이 성공하면 상당한 보상을 받는 것 등을 들 수 있다. 하지만 과거의 실패에서 교훈을 얻지 못하고, 단기지향성을 지니므로 활동의 지속적인 가치가 무너지며, 응집력이 약화될 수 있는 약점도 가지고 있다.

ii) **열심히 일하고 잘 노는 문화**(work hard, play hard culture) : 이 문화는 위험도가 낮고 그 대신 성과의 피드백을 빨리 요구하는 환경에서 형성된다. 근면과 노력이 성공의 열쇠가 되는 확률이 높기 때문에 근면형 문화 또는 적극형 문화라고도 한다. 이러한 문화유형으로는 자동차판매, 부동산업, 소매상, 대중소비용품의 판매와 같이 판매조직에 적합한 문화이다. 이러한 문화유형은 많은 일을 빠른 기간 내에 처리할 수가 있다는 장점을 가진다. 그러나 이러한 문화는 문제를 조기에 해결하려고 하기 때문에 단기지향적이고, 문제의 해결보다는 활동에 더 많은 관심을 가지며 질보다는 양을 우선하기 때문에 생각과 주의력이 집중되지 못한다는 단점을 지닌다. 따라서 무분별하게 정력을 낭비할 소지가 있다는 약점이 있다.

iii) **기업의 운명을 거는 문화**(bet-your-company culture) : 이러한 문화는 위험도는 높고 성과의 피드백은 낮은 환경하에서 형성된다. 따라서 고위험형 문화 또는 투기형 문화라고도 하며, 올바른 의사결정이 중요하며 회의가 중요한 의식이 되고 기업 전체에서 신중한 기풍이 조성된다. 이러한 문화유형은 유류, 항공, 자본재, 광산업, 시설재와 같은 산업에 속하는 조직에 적합하다. 이러한 문화유형은 높은 수준의 발명을 할 수 있고 과학적 발전을 할 수 있는 강점을 갖는다. 그러나 업무처리가 매우 늦고 단기적인 경제적 위기에 약하며, 현금흐름의 문제에 직면할 위험이 있

11 네 가지로 조직문화를 유형화한 예를 많이 찾아볼 수 있다. 그중 대표적으로 퀸(R. E. Quinn)과 맥그라스(M. R. McGrath)가 합의문화, 개발문화, 위계문화, 합리문화로 구분한 예를 들 수 있다 [Quinn & McGrath, 1985].

고, 급변하는 환경에 민첩하게 적응하지 못하고 결단이 어렵다는 문화적 약점을 가지고 있다.

iv) **과정을 중시하는 문화**(process culture) : 이러한 문화는 위험도도 낮고 성과의 피드백도 느린 환경하에서 생성되는 문화유형이다. 절차형 문화라고도 하는 이 문화는 산출물과 같은 결과보다 그것이 어떻게 이루어지는가 하는 진행 방법과 과정에 초점을 둔다. 이 문화에서는 조직 내 구성원들이 사려 깊고 질서정연하며 보수지향성을 지닌다. 또한 정확하고 완전무결주의를 지향하기 때문에 관료주의 문화 또는 관료형 문화라고도 한다. 이러한 문화는 은행, 보험회사, 제약업, 정부기관, 공공산업에서 많이 찾아볼 수 있다. 이 문화유형은 작업장에 질서와 시스템을 가져온다는 장점이 있지만, 지나치게 형식적이고 창의성이 없으며 장시간 근무와 싫증나는 일이 많아지는 등의 약점도 있다.

딜과 케네디와 같이 조직문화를 개별기업 차원에서 유형화하는 것은 여러 기업들 간의 조직문화를 비교해 볼 수가 있다는 점에서 유용하다. 그러나 홉스테드의 연구와는 반대로 넓은 시각에서 문화의 차이를 반영하지 못한다는 단점이 있다. 결국 우리가 조직문화를 유형화하는 이유는 어떤 조직문화가 '좋다', '나쁘다'라는 가치판단을 하려는 것이 아니라, 복잡하고 다양한 경영현상으로서의 조직문화를 더욱 단순화시켜 조직 간 비교를 용이하게 함으로써 기업경영에 유용한 시사점을 얻으려는 것이다.

3) 조직문화의 창달 관리

조직문화에는 우열이 있을 수 없다. 절대적으로 최선의 조직문화가 존재하는 것이 아니라 자기 조직의 특성에 적합한 조직문화를 창달하는 것이 중요하다. 조직문화를 창달할 수 있는 관리방안들로는 다음과 같은 것들이 있다.

(1) 최고경영자의 솔선수범과 사원정신의 확산

바람직한 조직문화를 창달하기 위해서는 무엇보다 최고경영자의 솔선수범과 사원정신의 확산이 중요하다.

① 최고경영자의 솔선수범

조직문화는 무엇보다 최고경영자에 의해 크게 영향을 받는다. 따라서 조직문화를 바람직한 방향으로 창달하기 위해서는 최고경영자가 앞에서 선도하는 역할을 해야 할 뿐만 아니라 지속적인 관심을 가지고 후원하는 역할을 해야 한다. 즉, 최고경영자는 바람직한 행동을 솔선수범하는 모습을 보임으로써 상징적인 역할을 수행해야 하는 것이다. 최고경영자의 모범적인 자세는 구성원들 사이에 하나의 역할모델로서 수용됨으로써 공유도가 높은 강한 조직문화의 형성을 촉진시킬 수 있다. 예를 들어 기술중시의 가치를 강조하기 위해서 최고경영자가 자주 연구소를 방문한다거나 고객중시의 가치를 강조하기 위해서 영업매장에서 직접 고객들과 상담을 하는 행동을 보이는 것이다. 이러한 최고경영자의 행동은 구성원들에게 무엇이 중요한가, 어떤 것을 바람직한 가치로서 추구할 것인가를 상징적으로 전파하게 한다.

② 사원정신의 확산

바람직한 조직문화를 창달하기 위해서는 기업마다 구성원들이 가져야 할 공유가치(shared value)가 필요하다. 그러한 가치 또는 정신의 예로는 협동정신, 질서의식, 그리고 경쟁논리의 세 가지를 들 수 있다[신유근, 2005 : 569].

첫째, 협동정신이란 제한적이고 폐쇄적인 집단이기주의적 태도로부터 벗어나 조직 전체구성원들 간의 신뢰관계 속에서 형성된 '우리' 의식에 입각하여 행동하는 것을 말한다.

둘째, 질서의식이란 개인이 자유를 누리고 권한을 행사하되 그에 따른 결과에 책임을 지는 것이다. 그러므로 이것은 구성원들이 조직목표를 달성하고 자발적으로 규범을 준수하려는 노력을 통해 효율적으로 일을 수행하는 데 있어서 가장 기본이 되는 개념이다.

셋째, 경쟁논리란 기업 내 모든 구성원이 자율성을 가지고 공정한 절차와 제도 속에서 게임의 룰(rule of game)을 지키면서 경쟁을 통해 그들의 목적을 추구하며, 그와 함께 기업의 목표도 달성한다는 자세이다. 공정한 경쟁이 이루어지기 위해서 가장 필요한 것은 누구에게나 균등하게 기회를 부여하는 것이다.

이러한 사원정신을 확산시키기 위해서는 조직문화 교범이나 해설서를 작성하고 각 계층별로 교육훈련을 실시하는 것이 필요하다. 경영자층에 대한 교육훈련의 핵심은 조직문화 창달을 위한 상징적 위치로서의 중요성과 역할을 인식하게 하고, 솔선수범하는 행동자세를 강조하는 것이어야 한다. 중간관리자층에 대해서는 조직문화의 전파를 위한 실질적 담당자로서의 역할과 중요성을 인식시켜야 할 것이다. 조직의 일반구성원들에 대해서는 사원으로서 실천해야 할 바람직한 행동의 습득 및 새로운 조직문화 창조를 위한 협력적 자세와 참여정신의 함양이 필요하다. 신입사원들에게는 기업의 새로운 구성원으로서 기업의 창업 및 발전과 같은 기업역사를 이해시키고, 선배들의 정신과 향후 기업조직의 구성원으로서 갖추어야 할 정신 및 구체적인 행동을 강조할 필요가 있다.

(2) 조직문화 창달을 위한 제도화 방안

조직문화를 창달하기 위해서는 여러 가지 제도화 방안이 필요하다. 다음에서는 제도화 방안의 대표적인 예로 대내외적 커뮤니케이션의 활성화방안, 가치창조자의 역할 제고방안, 그리고 기업 아이덴티티의 확립방안에 대해 알아보기로 한다.

① 대내외적 커뮤니케이션의 활성화방안

바람직한 조직문화일지라도 구성원들 간에 공유되지 않으면 의미가 없다. 따라서 기업 내 수평적 · 수직적 방향으로 개방적인 의사전달체계를 구축함으로써 원활한 커뮤니케이션이 이루어지도록 해야 한다. 문화정립에 잠재적으로 심각한 장애가 될 수 있는 구성원들의 폐쇄성을 줄이고 개방성을 늘리기 위해서는 의사소통을 원활하게 하는 관행을 정착시켜야 한다. 이를 위해서는 상·하급자 간의 갈등의 원인이 되는 일방적 의사전달을 배제하기 위해 신문고식 하의상달방안이나, 자유로운 의사전달을 위한 스피크업 시스템(speak-up system)과 같은 하의상달방안을 강구해야 한다. 상·하급자뿐만 아니라 기업 내의 여러 부서들 간에도 의사소통이 잘 안 되는 경우가 많은데 이를 개선할 방안도 아울러 필요하다. 예를 들어 기업 내 캔 미팅(can meeting)과 같이 수평적 · 수직적인 방향에서 개방적인 의사전달을 보장하고 이를 통해 합의를 도출하고 갈등을 해소할 수 있는 방안을 마련하는 것도 중요하다.

② 가치창조자의 역할 제고방안

조직문화를 창달하는 과정에서는 불확실성에 대한 관리부재의 문제와 구성원들로부터 저항 등의 문제가 나타나게 마련이다. 이러한 저항을 최소화하여 조직문화를 형성하기 위해서는 이를 총괄적으로 담당하는 가치창조자를 양성하는 것이 도움이 된다. 가치창조자(value creator)는 '기존의 가치를 바꾸는 것이 아니라 새로 창조'

한다는 사고방식을 가지고 그것을 구현해 나가는 사람으로서 주로 중간관리자층이 이러한 역할을 담당하게 된다.

그들의 역할로는 다음과 같은 것을 들 수가 있다. 첫째, 가치창조자는 조직문화의 내용을 경영정책과 연계시키고 이를 조직 대내외에 확산시키는 문화 전파자의 역할을 해야 한다. 이러한 의미에서 가치창조자를 변화담당자(change agent)라고도 한다. 둘째, 가치창조자는 문화네트워크를 구축하고 이를 유지 · 통합 · 확산시키는 역할을 해야 한다. 문화네트워크(cultural network)란 종교별 · 취미별 · 세대별 등 다양한 문화적 단위에서 발생할 수 있는 문화의 의미와 문화적 정보를 전달 · 공유할 수 있는 시스템을 말한다. 셋째, 가치창조자는 조직 내 여러 가지 형태의 소집단 활동을 활성화하여야 한다. 그러나 비공식적 소집단은 잘못된 경우 반문화(counter culture)[12]를 형성할 수도 있다. 가치창조자는 이를 고려하여 문제가 되는 비공식적 집단을 건전한 소집단으로 활성화할 수 있도록 지도하고 지원해야 한다.

③ 기업 아이덴티티의 확립방안

조직문화를 창달하기 위해서는 대내적으로 구성원들 간의 가치공유는 물론, 대외적으로 좋은 이미지를 가지려는 노력이 필요하다. 이때 고객으로부터 좋은 기업이미지를 확보하여 경쟁력을 제고하기 위해서는 기업이 아이덴티티를 가지고 있어야 한다. 기업 아이덴티티(CI : Corporate Identity)란 기업이 어떻게 보여져야 하는가를 조사하여 고객에게 인식시키고 또 고객이 원하는 방향으로 보여주는, 창의적이고 적극적으로 기업 이미지를 창출하는 것을 말한다. 기업 아이덴티티는 회사이름 · 회사휘장 등의 물적 상징을 정비 · 보완 · 강화하여 기업의 모습이 사회 및 소비자 집단에 정확히 전달되게 함으로써 좋은 기업 이미지를 형성시키고, 내부적으로는 사원의 의식개혁과 단결을 도모하는 전략으로 활용할 수 있다.

기업 아이덴티티를 확립하기 위해서는 구체적인 전략이 필요한데, 이를 기업 아이덴티티 전략이라 한다. 기업 아이덴티티 전략(CIP : Corporate Identity Plan)은 이미지 통일화 전략 또는 기업의 주체성 확립 전략으로, 일반적으로 경영환경을 기업이 원하는 방향으로 만들기 위해서 시각이나 행동양식의 변화 등 계획적으로 기업

12 이러한 반문화(反文化)는 하위문화라는 개념에서 파생된 것이나. 하위문화(sub culture)란 조직 내 소수나 하부단위의 구성원들에 의해 오랫동안 경험되고 축적되어 공유되는 가치들로서, 이는 주로 그룹에서의 각 계열사 문화나 각 계열사 내의 하위부서의 문화를 일컫는 것이다. 이러한 하위문화가 기업의 상위문화와 갈등을 일으켜 조직에 있어서 저해요소로 작용할 때 이를 반문화라고 한다 [Roberts 외, 1991 : 134].

의 이미지나 커뮤니케이션 시스템을 구축하는 것을 의미한다.

(3) 협력적 노사관계를 위한 이념정립

바람직한 조직문화의 창달은 최고경영자의 일인극이나 슬로건만으로는 이루어지지 않는다. 즉 최고경영자의 노력뿐만 아니라 구성원들의 창의와 헌신을 이끌어 내는 것이 성공적으로 조직문화를 창달하는 데 관건이 된다. 기업의 전 구성원들이 참여하고 헌신할 수 있는 문화적 풍토의 조성을 위해서는 노사 간의 공감대(sympathy)를 형성하는 것이 중요하다.

노사 간에 공감대 형성을 통해 조직문화를 창달하기 위해서는 산업민주주의의 이념적 가치를 공유하는 것이 필요하다. 산업민주주의(industrial democracy)의 이념적 가치가 무엇인가에 대한 논의는 여러 분야에서 오랫동안 이루어져 왔지만, 그 이념적 가치는 노사 간에 성장성 · 공정성 · 협동성 가치를 균형적으로 이룩하는 데 있다고 할 수 있다[신유근, 2001 : 383−385].

첫째, 성장성(growth)이란 노사 간에 상호 이익을 증진하며 다 함께 성장 · 발전한다는 가치를 강조하는 개념이다. 노사가 상호 이익을 증진시키는 공생적 관계를 맺기 위해서는 우선 양측이 나누어 가질 수 있는 파이(pie)를 크게 만들어야 한다. 이러한 성장성의 제고를 위하여 노사 양측은 각자의 이익추구가 상대방의 이익을 빼앗는다는 영화게임(zero−sum game)의 시각을 벗어나 상대방의 이익을 증진시켜 줄 수 있는 확대화게임(positive−sum game)의 시각을 가지는 것이 필요하다.

둘째, 공정성(fairness)이란 노사 양측이 나누어 가질 수 있는 몫을 증대시키는 과정과 증대된 몫을 나눈 결과가 모두 공정하게 이루어져야 한다는 개념이다. 설령 노사 양측이 나눌 수 있는 파이를 매우 크게 증대시켰을지라도 성과증대에 공헌한 노력만큼의 몫을 분배받지 못했다고 생각하게 되면 양측은 대립과 갈등을 일으키게 된다. 이러한 공정성의 제고를 위해서는 기업과 이해관계자 양쪽 모두 상대방을 존중하여, 정당하지 못한 방법으로 목적을 이루려 하거나 한쪽이 다른 한쪽에 비해 힘의 우위를 가지고 있다고 하더라도 이를 악용하여 상대방으로부터 이득을 취하려는 태도를 버려야 한다.

셋째, 협동성(cooperation)이란 노사 양측이 단기적으로는 자신에게 손해가 있을지라도 장기적으로는 결국 서로에게 이익이 되는 관계라는 믿음을 가지고 지속적으로 서로 협동하는 관계를 맺고자 하는 것이다. 이러한 협동성의 고취를 위해서는 노사 양측이 서로에게 도움을 줄 수 있는 신뢰에 기반하여 상호 간의 이해의 폭을 넓히고자 하는 자세가 필수적이다. 또한 단지 어느 한쪽을 이용하기만 하는 것이 아닌 진정한 협조를 위해 상대방에게 도움을 줄 수 있는 스스로의 능력과 역량을 자발적이고 적극적으로 배양하는 것이 필요하다.

제 18 장

인적자원관리와 노사관계관리 그리고 고성과 작업시스템

1. 인사관리(인적자원관리)의 개념과 체계
2. 전략적 인적자원관리
3. 노사관계관리
4. 고성과 작업시스템(high performance work system)

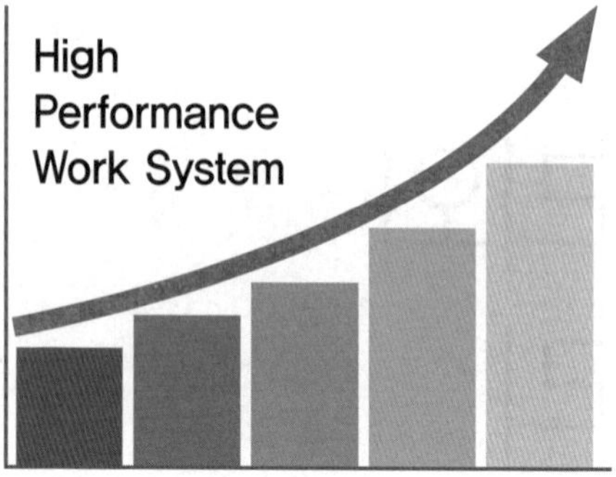

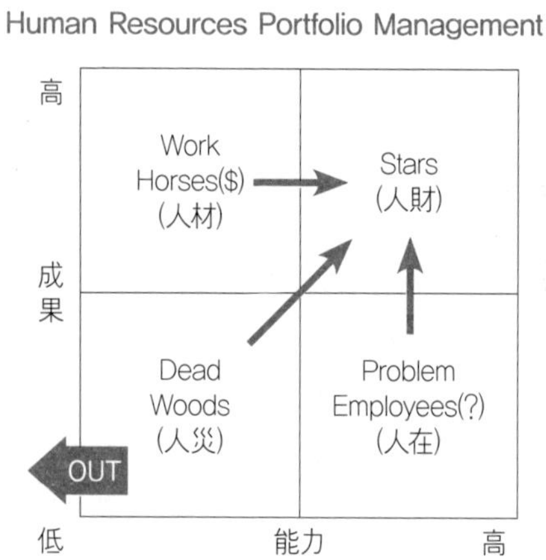

주 : The Boston Consulting Group's(BCG)의 Growth-Share Matrix(1960's)를 응용한 HR Matrix로서 1960년대부터 인력의 분석틀로 많은 선진기업들이 활용함.

자료 : 한국대학교육협의회의 고등교육 전문지 '대학교육 125호 : 우리가 바라는 인재란?(육근열)'에 게재된 내용임(magazine.kcue.or.kr).

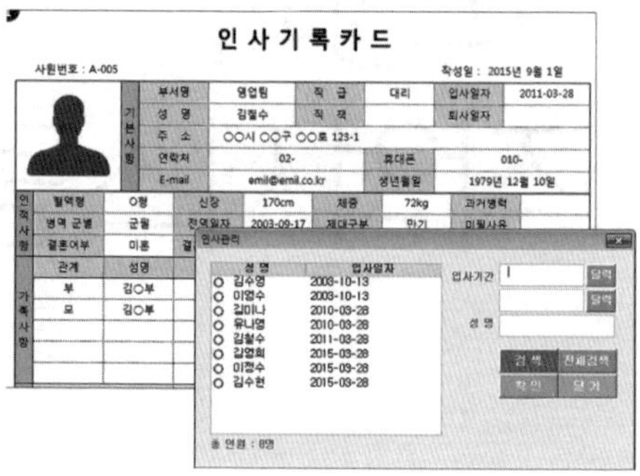

현대중공업 노조의 임단협 출정식이 2016년 5월 4일 울산 현대중공업 본사에서 열렸다. 10일 열리는 임금 및 단체협약 노사 상견례를 앞두고 열린 이 출정식에서 백형록 노조위원장은 투쟁사에서 "임금 인상 투쟁 승리의 그날까지 투쟁하겠다."고 밝혔다.

같은 날 현대중공업은 9~15일 사무직 과장급 이상을 대상으로 희망퇴직을 진행한다고 노조에 밝혔다. 2015년 1월 희망퇴직 때처럼 생산직은 대상에서 제외됐지만, 2016년 4월엔 임원의 약 25%인 60여 명이 옷을 벗었다. 그러나 노조는 홈페이지에서 "'회사가 최대 위기에 직면했다.'는 경영진 논리는 조합원을 억압하기 위한 언어폭력"이라고 주장했다. 2013년 3분기(7~9월) 이후 10개 분기 만인 2016년 1분기(1~3월)에 현대중공업은 흑자 전환했다. 그러나 1분기 수주가 3척에 그쳐 내년이면 독(dock)이 빌지도 모른다. 그러나 노조는 임단협에서 기본급 9만 6,712원 인상, 성과급 250% 이상 지급, 1년에 조합원 100명 이상 해외연수 등의 요구안을 내걸었다.

최은영 유수홀딩스 회장(전 한진해운 회장) 일가는 보유하고 있던 한진해운 주식 96만 주를 한진해운 자율협약 신청 직전에 전량 매각했다. 금융당국은 최 회장이 내부 정보를 사전에 입수해 주식을 팔아치웠을 가능성을 염두에 두고 수사에 착수했다.

구조조정이 진행되고 있는 대우조선해양의 경영진은 2013~14년 분식회계를 저질렀다는 의혹을 받고 있는 가운데 당시 수억 원의 연봉을 챙긴 것으로 드러났다. 현대상선, 현대중공업 경영진도 누적 적자가 쌓여가던 2015년까지 거액의 보수를 받아 챙겼다. … 중략 …

학습문제

Q1 인사관리와 인적자원관리란 어떤 경영관리활동을 말하는가?

Q2 인사관리(인적자원관리)의 목표는 무엇이며 채용 교육훈련 평가보상은 어떤 기능을 하는가?

Q3 노사관계관리는 어떤 경영관리활동이며 노사관계의 이슈에는 어떤 것들이 있는가?

Q4 노사관계관리의 목표는 무엇이며 어떤 제도들이 있는가?

핵심용어

평가 보상 제도, 전략적 인적자원관리, 노사관계, 임가제도

1 인사관리(인적자원관리)의 개념과 체계

기업에서 사람관리를 제도적으로 적용하는 관리부문이 인적자원관리와 노사관계관리가 있다. 인적자원관리는 상대적으로 회사와 종업원 간 고용관계와 관련된 제도이며, 노사관계관리는 사용자층과 노동자계층이라는 사회적 집단 간 관계와 관련되어 있다.

인적자원관리는 조직에서의 사람을 인적 자원으로 보아 기업의 지속적 경쟁력을 제고할 수 있도록 유능한 인적 자원을 육성할 수 있는 개발지향적 사람관리 체계를 구축하는 데 관심을 두고 있다. 어떻게 하면 조직 속의 사람을 유능한 인재로 육성할 수 있는가에 초점을 두고 있는 인적자원관리의 기본활동은 조직 내 인력의 흐름과 관리기능의 성격을 기준으로 해 볼 때 확보관리, 평가관리, 개발관리, 보상관리, 유지관리로 나누어 볼 수 있다.[1]

1) 확보관리

확보(acquisition)관리는 인적자원관리에서 제일 먼저 수행되는 기능으로 조직의 목표를 달성하는 데 필요하고 적합한 자질과 능력을 갖춘 사람을 획득하는 과정이다. 확보관리는 구체적으로 현재 기업에서 보유하고 있는 인적 자원의 적정성을 어떻게 판단할 것인가, 앞으로의 인력수요예측을 어떻게 행할 것인가, 우수인력이 우리 기업에 지원하도록 하기 위해 어떻게 할 것인가, 타당성과 신뢰성 있는 선발 프로그램을 어떻게 마련할 것인가 하는 문제 등과 관련된 활동이다. 이러한 확보관리에는 주로 직무분석을 통한 인력계획, 유능한 인재를 확보하기 위한 모집 · 선발 · 배치라는 일련의 의사결정과정인 채용관리활동들이 포함된다.

직무분석(job analysis)이란 직무에 관한 정보를 수집하고, 수집된 정보를 분석하여 직무의 내용을 파악한 다음, 각 직무의 수행에 필요한 지식 · 능력 · 숙련 · 책임 등의 제 요건을 명확히 하는 일련의 직무합리화 과정을 의미한다. 직무분석은 직무

---

1 인적자원관리의 주요 관리기능(활동)은 다양하게 구분되고 있다. 예를 들면, 확보(procurement)관리, 개발(development)관리, 통합(integration)관리, 유지(maintenance)관리, 이직(separation)관리라는 일련의 흐름으로 구분하는 방법이 있다[Flippo, 1980].

의 개념과 직무의 질적 내용을 명확히 함으로써 직무에 바탕을 둔 과학적인 인사관리를 가능하게 하는 것으로, 정원관리는 물론 선발과 배치의 기준, 직무의 이동경로, 인사고과의 항목 선정, 교육훈련의 필요성 발견, 직무급의 설정 등의 관리내용과 밀접하게 연결되어 사용된다.

채용(recruitment)관리란 조직이 필요로 하는 유능한 인재를 확보하기 위한 모집 · 선발 · 배치 등과 관련된 일련의 의사결정과정을 말한다. 채용관리의 목적은 결국 현재 또는 미래의 필요인력을 분석하고 유능한 인재에 대한 공급원을 개발하여 모집과 협의의 채용관리라고 하는 선발활동을 수행하고 배치함으로써 확보관리의 유효성을 높이는 데에 있다.

2) 평가관리

평가(evaluation)관리에는 확보한 인적 자원의 자질 · 능력 · 업적 등을 평가하는 인사고과활동과, 직무의 중요도 · 난이도 · 위험도 등 여러 평가요소에 의해 직무의 상대적 가치를 평가하는 공식적이고 체계적인 방법인 직무평가가 포함된다. 평가관리에는 세부적으로 어떤 평가 기준 및 원칙을 채택할 것인가, 어떤 평가항목 또는 평가요소를 선정할 것인가, 평가도구의 공정성을 어떻게 확보할 것인가, 평가방법 또는 평가자 및 절차를 어떻게 확정할 것인가, 그리고 인적자원관리제도 자체의 효율성을 어떻게 평가할 것인가 하는 문제 등이 포함된다.

인사고과(rating *or* performance appraisal)는 조직에서 사람을 평가하는 방법을 제도화한 것이다. 인사고과는 효율적인 경영관리활동을 전개하기 위하여 조직구성원 개개인의 자질 · 능력 · 업적 등에 대한 정보수집을 위한 평가제도이다.[2] 이와 같은 인사고과는 조직에서의 평가수단으로서 가장 중요할 뿐만 아니라 현대 인적자원관리의 거의 모든 영역에 영향을 미치는 기초자료로서의 역할을 하고 있다. 즉 인사고과는 종업원의 능력개발, 업적향상, 종업원의 처우를 결정하기 위한 기초자료가 된다.

---

2 오늘날에는 역량에 기초한 평가제도를 도입하고 있는 회사들이 늘고 있다. 역량(competency)에 기초한 평가는 단순히 당장 활용할 수 있는 구체적이고 단편적인 지식이나 기술에 대한 평가보다는 개인의 기본실력, 기초소양을 중시한다[Bennett & Watson, 1993 참조]. 따라서 역량에 기초한 평가는 단지 업무수행에 필요한 지식만이 아니라 기업의 비전, 경영이념 등을 교육하여 기업이 지향하는 새로운 가치, 윤리, 규범을 학습하도록 함과 동시에 동료와의 인간관계 및 팀워크를 증진할 수 있도록 하는 전반적인 인성 · 소양을 강조한다.

직무평가(job evaluation)란 조직에서 개별 직무(일)의 중요도 · 난이도 · 위험도 등의 여러 평가요소에 의해 직무의 상대적 가치를 평가하는 공식적이고 체계적인 방법이다. 직무평가는 능력급의 일종인 직무급 임금체계의 기초가 되며, 배치 · 교육훈련 · 승진 · 직무설계 등 다른 인적자원관리 영역에도 활용된다. 그러나 직무평가는 평가요소의 비중이나 평가방법 등의 선택을 둘러싸고 노사 간에 갈등을 야기할 소지도 있다.

3) 개발관리

개발(development)관리란 인적 자원의 능력을 최대한 발휘할 수 있도록 일의 기회와 교육훈련의 기회를 부여하는 활동이다. 개발관리에는 세부적으로 종업원에 대한 교육훈련의 필요성 분석, 교육 프로그램의 내용 · 대상 · 방법의 선정, 교육훈련의 실시 · 평가와 피드백의 효과적 활용, 승진기준과 승진유형의 결정, 연공이나 능력과 같은 승진요소를 어떻게 반영할 것인가, 전문화 원리에 의한 직무설계방식 이외의 현대 인적자원관리에 적합한 설계방식의 구상과 직무순환의 방침을 어떻게 설정할 것인가 하는 문제 등이 포함된다.

교육훈련(education & training)이란 채용된 종업원들이 그들의 환경과 담당직무에서 최대의 능력을 발휘할 수 있도록 단시일에 많은 기술을 숙달시키고 업무지식 등을 향상시키기 위한 종합적인 활동 및 프로그램의 체계이다. 교육훈련은 교육내용에 따라 나누면 일반교육훈련과 직무훈련으로 나누어지며, 실시방법에 따라서는 사내훈련과 사외훈련으로, 대상자에 따라서는 신입사원교육과 관리자교육 등으로 나누어진다. 오늘날에는 e-Learning이 활성화되고 있는데, 다양한 형태의 교육 콘텐츠를 통해 교육자와 학습자, 학습자와 다른 학습자 간에 쌍방향의 커뮤니케이션이 가능하고, 학습자에게 다양한 선택권이 주어지면서 참여자 간에 상호 평가가 가능한 온라인 학습체계 · 학습조직화의 선두가 되고 있다.

승진(promotion)관리란 조직에서 구성원을 더 상위의 직무로 옮김으로써 조직의 효과성을 높이는 관리활동이다. 조직구성원들은 조직에서 과업을 수행하면서 승진에 의해 보수와 지위가 오름에 따라 그에 수반되는 책임을 인식하고, 인정감 · 도전감을 얻게 되어 고차적인 욕구 달성을 기대할 수 있는 것이다. 조직에서는 구성원들의 승진을 합리적으로 관리하기 위해서 나름대로의 승진기준을 갖게 되며, 이 기준에 입각하여 각 조직에 적합한 승진제도를 설계하게 된다.

직무순환(job rotation)은 수평적 인사이동을 말하는 것으로서 흔히 배치전환이라고도 한다. 예를 들어 직무순환이란 인사팀에 근무하던 K사원이 3년의 기한이 차게 되면, 다른 부서 즉 현장이나 기획부로 근무처를 옮기는 것을 말한다. 이렇게 다양한 작업 및 직무 경험을 하도록 함으로써 사원의 능력을 개발하기 위한 것이라는 점에서, 배치전환 중에서도 그 목적이 조금 다르다. 즉 직무순환은 기능이나 작업조건, 책임 및 권한 등이 현재까지 담당했던 직무와는 성격상 다른 직무로의 이동을 말한다.

4) 보상관리

보상(compensation)관리란 확보되고 개발된 인적 자원이 조직에 공헌한 만큼 금전적 · 비금전적 대가를 제공하는 활동을 말한다. 보상관리에는 조직 전체의 보상수준을 어떤 기준에 의하여 책정할 것인가, 기본급 임금체계 중에서 가장 적합한 유형을 어떻게 설정할 것인가, 개인 또는 집단의 성과에 대하여 어떤 방식으로 인센티브(incentives)를 지급할 것인가, 수당이나 복리후생 그리고 퇴직금을 어떻게 관리할 것인가 하는 문제 등이 포함된다. 보상 중에서 가장 기본이 되는 임금(wage *or* compensation)[3]은 조직의 구성원이 조직에 대해 제공한 노동력에 대한 대가로 받는 일체의 금품을 말하는데, 실제로 임금은 기본급과 각종 수당을 모두 포함한다. 임금은 보는 관점에 따라 해석이 달라질 수도 있다.

임금은 기업조직의 입장에서 보면 다음과 같이 경제적 효율성을 극대화시키는 데 기여한다. 첫째, 임금은 조직의 목표달성에 핵심적 요소가 되는 생산성에 영향을 미친다. 둘째, 임금은 기업이 생산하는 상품의 제조원가의 상당한 부분을 차지하고 있어 기업의 이윤획득은 물론 시장에서의 해당 상품의 경쟁력을 결정하는 데 매우 중요한 요소가 된다. 셋째, 임금은 기업이 노동시장에서 인력을 확보하는 데 중요한 역할을 한다. 유능한 인재를 획득하기 위해서는 경쟁조직보다 더 높은 임금을 제공해야 하는 경우가 많다.

---

3 급여는 이를 받는 근로자의 종류에 따라 구분되기도 하는데 정신노동에 종사하는 근로자에게 지급되는 급여를 봉급(salary)이라 하고, 육체노동에 종사하는 근로자에게 지급되는 경우 이를 임금(wage)이라 한다. 그러나 이 책에서는 근로자의 유형에 관계없이 노동력의 대가로 받는 것을 임금 또는 보상이라는 말로 사용한다.

한편, 임금은 종업원들의 입장에서는 첫째, 소득의 주 원천으로서 생리적 욕구를 충족시키는 데 결정적인 역할을 한다. 둘째, 종업원의 생활의 질을 향상시키는 데 중요한 역할을 한다. 자녀교육, 문화생활 등에 금전으로서의 임금은 필요불가결한 도구가 된다. 셋째, 임금은 종업원들의 존경욕구를 충족시켜 줄 수 있다. 임금이 개인의 능력 내지 업적을 반영할 때 임금인상은 바로 조직에서 인정받는다는 표시이며, 사회적 지위의 상징이 되기 때문이다[박경규, 1999].

조직에서는 종업원들의 업적에 바탕을 둔 연봉제와 같은 임금지급방법 외에도 종업원들에게 인센티브를 주기 위한 수단으로 상여금(bonus)이나 스톡옵션(stock option)제도와 같은 우수한 작업실적을 보인 특정 작업자에게 지급하는 포상제도를 실시하고 있다. 그 밖에도 복리후생(employee benefit)은 종업원 생활의 안정과 질의 향상을 위해 직접적인 보상인 임금 외에 부가적으로 지급되며, 현금뿐만 아니라 시설의 사용 등 다양한 방법으로 실행된다.

5) 유지관리

유지(maintenance)관리란 인적 자원이 자신의 능력을 발휘하면서 조직 내에 남아 있도록 각종 배려를 행하거나, 조직에서 사람들이 직무를 수행하는 과정에서 나타나는 여러 가지 어려운 문제들을 해결하는 활동이다. 예를 들어 인간관계에 대한 고민이나 노동의 대가에 대한 불만, '평생직장' 개념이 바뀌게 됨에 따라 나타나는 불안 등을 극복하여 최대한으로 능력을 발휘하게끔 인적 자원을 유지하는 활동이다. 유지관리의 주요 과제로는 인간관계 개선을 위한 유용한 기법을 마련하는 문제, 이직원인을 규명하고 그것을 효과적으로 처리하는 것과 같은 고용조정 문제 등이 있다. 이러한 유지관리에는 주로 인간관계 · 퇴직 · 이직 · 재훈련 등의 활동을 행하는 관리기능, 그리고 근로자의 삶의 질 향상과 기업의 경쟁력 강화를 균형 있게 실현하기 위하여 직장 내에서 협력적 노사관계를 구축하려는 활동인 노사관계관리 등이 포함된다.

어느 특정한 회사에서 노동자의 유·출입을 가리켜 노동이동이라고 하고, 이 중에서도 기업의 내부에서 외부로의 이동을 이직(turnover)이라 한다. 이와 같은 이직을 기업의 입장에서 긍정적인 방향으로 다루려는 활동을 이직관리라 한다. 기업에서 중요한 인적 자원이 이직하면 이에 따른 선발비용과 선발한 신입사원에 대한 훈련비용 등의 낭비를 초래하며, 이직자와 잔류종업원들 간의 인간관계가 파괴됨으로 말미암아 기업의 경영성과에도 부정적 영향을 미치므로 이직관리가 중요하다.

유지관리에서 말하는 노사관계관리란 흔히 미시적 수준 즉 경영노사관계(management-labor relations) 차원에서의 활동을 말한다. 즉 기업을 운영하는 두 주체로서 경영자(사용자)와 노동자가 대등한 기반 위에서 상호 협의나 노동자의 경영참가 등을 통하여 생산성 향상을 도모하고 궁극적으로는 노사의 공존공영과 기업의 안정과 발전을 이루고자 하는 협력적 노사관계의 구축에 관심을 둔다(이 점에 대해서는 뒤의 '노사관계관리'에서 별도로 설명하고자 한다).

2 전략적 인적자원관리

전략적 인적자원관리(SHRM : Strategic Human Resource Management)란 기업이 지속적 경쟁우위를 갖기 위해 경영전략과 인사관리를 연결하는 방법 및 활동을 의미한다. 이는 확보 · 평가 · 개발 · 보상 · 유지 등 전통적인 인적자원관리의 기본과제들은 물론 인사담당자들의 역량 개발을 전제로 한 전문성 확보와 e-HRM의 구축을 포함하는 포괄적인 개념이다.

먼저, 전문성 확보 차원에서 기업들은 인사전문가를 활용하여 실천적인 인사전략들을 개발하고 활용하며, 다양한 인적자원관리 기법을 실행하는 데 역점을 두고 있다. 현대기업에서 인사담당자는 전략실행 · 행정능률 · 직원헌신 · 변화역량 등의 다중역할 모델을 수행하고, 인사 전략 및 활동을 사업전략과 일치시키는 데 주력하며, 지식자산의 축적에 힘쓰는 등 전문적인 역할을 요구받고 있다[Ulrich, 2003 ; LG 주간경제, 2004 ; CEO Information, 2000 참조]. 뿐만 아니라 오늘날에는 인사전문가들이 기업 내의 조직과 제도, 조직문화를 변화시키고 혁신하는 내부적 역할은 물론이며 이제는 고객욕구를 충족시키는 외부적 활동까지도 연계할 수 있는 전략적 인사전문가로 거듭나야 할 시점에 이르렀다.

다음으로, 정보기술을 활용하는 e-HRM이 디지털 시대에 접어들면서 다양화 · 복잡화된 인적 자원을 효율적으로 관리하고, 구성원들에게 보다 질 높은 서비스를 제공하기 위해 계속해서 확산되고 있다. e-HRM(e-Human Resource Management,

전자적 인적자원관리)이란 정보기술을 활용하여 시간과 공간의 제약 없이 구성원들이 주도적으로 인적자원관리 서비스를 설계 · 선택하는 활동을 말하는데, 이를 통해 인적자원관리 부서가 단순한 행정지원업무중심에서 현장관리자의 자문 및 비즈니스 파트너 등 기업경쟁력 제고에 도움이 되는 전략적 인적자원관리 부서로의 변신이 가능하게 된다[Andors, 2005 참조].

이러한 e-HRM의 도입은 인적자원관리에 있어서 다음과 같은 유용성을 가진다. 첫째, 구성원들 간의 커뮤니케이션을 원활하게 한다. 기업에 있어서 컴퓨터 기술이 가장 먼저 적용될 수 있는 것이 바로 e-Mail이다. 일단 프로그램이 설치되고 구성원들이 조금만 배우면 언제 어디서나 24시간 커뮤니케이션이 가능하다. 둘째, 보다 효과적이고 효율적인 교육이 가능하다. 인터넷을 통하여 조직 · 제품 · 서비스 등에 대한 정보를 제공하여 편리한 시간과 장소에서 읽고 공부할 수 있도록 함으로써 교육에 드는 비용이 급격하게 감소함은 물론 직원들에게 용이한 교육 서비스를 제공할 수 있다. 셋째, 종업원 채용이 용이하다. 대부분 기업들의 인터넷 사이트에서 일반적인 아이콘은 '경력관리'와 '채용'이다. 특별한 기술을 가진 종업원을 찾고 있는 기업은 웹사이트를 통해 세계 각처에서 잠재적인 후보자들과 접촉할 수 있다. 더 나아가 이러한 프로그램은 대기업들이 잠재적인 종업원들의 데이터베이스를 구축할 수 있게 해 준다[Pride 외, 2005 : 519-522].

인적자원관리의 주요 이슈

최근 국내외 기업들 사이에서 주요 관심사로 부각되고 있는 인적자원관리의 주요 이슈들을 살펴보면 다음과 같이 요약해 볼 수 있다[Robbins 외, 2009 ; LG 주간경제, 2005.8.24. 참조].

(1) 다운사이징

다운사이징(downsizing)이란 비용을 감소시킬 필요가 있거나 시장점유율이 감소하는 경우, 또는 너무 급격하게 조직의 규모를 불려 온 경우 등 기업이 너무 많은 종업원들을 고용하고 있을 때 기업의 경영성과를 높이기 위해 초과인력을 제거하는 것을 말한다. 경영자는 다운사이징으로 인한 부작용을 최소화하기 위해 기업의 상황에 대한 정확한 정보를 공개해야 하며, 해고대상자들에게 가능한 한 빨리 해고사실을 통보할 필요가 있다.

또한 해고된 종업원들에게 보조를 제공할 때에는 일정한 기간 동안 혜택을 부여하거나 퇴직금을 제공하며, 새로운 직장을 구할 수 있도록 도움을 제공해야 한다. 기업에 남게 된 종업원들 또한 다운사이징으로 인해 심리적인 불안을 겪게 된다. 따라서 경영자는 종업원들이 상담할 수 있는 심리상담자나, 그룹토론 등의 제도적인 노력을 기울여야 하며 종업원들에게 그들이 얼마나 중요한 존재인지를 인식시켜 줄 필요가 있다.

(2) 채용방식의 다양성

기업의 활동무대가 국내에서 세계로 확장됨에 따라 민족, 언어, 문화적 다양성의 효과적인 관리가 기업의 지속적인 성장의 관건이 되었다. 국내 인사담당자의 66%가 다양성관리 프로그램에 높은 관심을 보이고 있으며, 80%는 다양성관리를 잘하는 기업을 선호한다고 응답하고 있다. 더 나아가 기업들은 인력의 차별을 금지하는 소극적인 다양성관리에서 벗어나 조직구성원들의 학습을 촉진하고 창의성을 발휘하도록 하는 적극적 의미에서의 다양성관리를 추구하고 있다[성상현 외, CEO Information, 2004].

인력을 다양화하기 위한 구체적인 방안으로는 인력채용방식의 변화, 교육방식의 변화 등을 들 수 있다. 예를 들어, 마이크로소프트(Microsoft)는 기술직 채용에서 여성비율을 높이기 위해 노력하고, 이들이 채용된 이후에도 성공적인 직장생활을 할 수 있도록 지원하고 있다. 또한 어드밴티스(Advantice)는 공식적인 조언 프로그램과 종업원들을 위한 다양한 훈련 프로그램을 제공함으로써 다양화를 위한 노력을 기울이고 있다[Robbins & Coulter, 2005].

그리고 외부에서 우수 후보자를 확보하기 위해 내부 임직원이 알고 있는 지인 혹은 인맥을 통한 후보자 추천방식(employee referral)을 활용하기도 한다. 특히 경력사원 채용 시 활용도가 높으며 임직원 추천자의 입사 시 조직적응도가 빠르고 조직문화에 대한 이해가 높아 우수인재를 검증하고 오랫동안 유지하려는 목표를 달성할 수 있어 수용도가 점점 높아지고 있다. 추천 후보자가 입사한 경우 해당 임직원에게 금전적 · 비금전적 보상이 제공되기도 한다. 그러나 추천결과가 잘못되었을 때는 그에 상응하는 책임이 따르기도 한다.

(3) 다양한 보상방식

최근 전 세계적으로 금전적인 보상에서 비금전적인 보상으로 보상의 형태가 다양화되고 있다. "금전적 보상은 점차 보상의 기능보다는 구성원들이 당연히 받아야 할 권리의 성격이 강해지고 있다."는 드러커(P. F. Drucker)의 말처럼 금전적 보상의 동기부여 효과는 점차 약화되는 추세이다. 탁월한 성과로 인해 차등을 둘 수 있는 금전적 보상규모의 차이는 기본급의 3%에 불과하다는 연구결과도 나오고 있는 등 금전적 보상의 한계가 지적되고 있다.

이에 따라, 많은 해외기업들이 비금전적인 보상수단으로 앞에서 내재적 모티베이션의 강화방안으로 설명한 바 있는 성과에 대한 인정과 포상, 축하 등과 같은 '종업원 인정 프로그램'을 활성화하고 있다. 미국 기업들 사이에서는 '인정은 해도 그만 안해도 그만인 것이 아니라 반드시 해야 하는 핵심요소이며, 단순한 프로그램 차원을 넘어선 관리방식 중 하나'라는 인식이 강해지고 있다. 예를 들어, KFC는 '깨끗한 청결, 친절한 고객대응, 신속한 업무처리' 등과 같이 훌륭한 행동의 유형을 여섯 가지로 나누고, 이에 해당하는 구성원에게 즉각적으로 포상하는 제도를 실시하고 있다[최병권 · 강승훈, LG 주간경제, 2005.8.24.].

(4) 고령인력의 활용

고령화 시대에 접어들면서 고령인력(grayforce)의 효율적인 활용 문제가 중요한 이슈로 떠오르고 있다. 흔히 경영자들은 고령인력은 기존의 관습에 젖어 있어 창의적이지 못할 것이라거나, 체력이 약하기 때문에 낮은 생산성을 보인다거나, 오래된 지식과 느린 학습속도로 인해 재교육비용이 많이 든다는 등의 선입견을 가지고 있다. 그러나 새로운 제품 아이디어의 80% 이상을 40세 이상의 인력이 창출하고 있으며, 생산성은 나이의 함수가 아니기 때문에 일하는 방식과 프로세스를 효율화한다면 고령인력 역시 높은 생산성을 발휘할 수 있다는 연구결과가 있다.

뿐만 아니라 고령인력이 가지고 있는 풍부한 경험과 노하우로 인해 오히려 상대적으로 적은 교육비용으로도 높은 성과를 거둘 수 있다. 폴라로이드(Polaroid)는 정년에 임박한 사람에게 3~6개월가량의 휴가를 보내고, 복귀 후에는 다른 직무로 이동할 수 있는 기회를 제공하는 예비퇴직제(rehearsal retirement)와 주당 근무시간을 20~32시간으로 줄이는 근로시간단축(tapering off)제도를 통해 고령인력의 생산성 제고 및 유지 효과를 누리고 있다. 에어로스페이스(Aerospace) 역시 55세 전후의 정년기 인력에게 약 3개월의 휴가를 주되, 재입사 시 계약직 컨설턴트로 고용하거나 근로시간을 단축하는 방식으로 고령인력 활용도를 높이고 있다[최병권 · 강승훈, LG 주간경제, 2005.8.24.].

(5) 성희롱 방지와 약물중독의 방지

성희롱은 불만족스러운 직업환경을 형성하며, 업무를 수행하기 위한 종업원들의 능력을 저하시켜 조직의 성공적인 활동을 방해하기 때문에 현대 인적자원관리의 중요한 이슈가 되고 있다. 성희롱 관련 소송이 제기된 경우 소송 자체에 드는 비용 외에도 장기결석, 생산성 저하, 이직 등으로 인한 비용이 「포천」(*Fortune*) 선정 500대 기업의 경우 해마다 670만 달러에 달한다. 따라서 경영자들은 성희롱의 개념을 정확히 이해하고 성희롱의 직접적인 피해자뿐만 아니라 그로 인해 영향을 받는 누구나가 성희롱으로 인한 피해자가 될 수 있음을 인식해야 한다[Robbins & Coulter, 2005].

또한 알코올 중독자는 학생에서 교수, 성직자에서 파일럿에 이르기까지 사회의 모든 계층에서 발생한다. 미국의 알코올 중독으로 인한 생산성 손실은 연간 86조 달러로 추정되며, 약물중독으로 인한 생산성 손실은 연간 약 54조 달러에 달하는 것으로 추정된다. 경영자들은 약물중독에 대처하기 위해 약물중독으로 인한 생산성의 손실을 엄격하게 지적하고, 종업원의 업무수행에 영향을 미치는 개인적인 문제들을 스스로 극복해 낼 수 있도록 상담 프로그램을 제공하는 등 조직내부에서 해결하려는 노력을 보일 필요가 있다[Kinicki & Williams, 2006].

(6) 일(직장 생활)과 삶(사생활)의 균형

일과 삶에 대한 세대 간의 인식차이는 직장 내에서 세대 간의 갈등요소가 되고 있다. 젊은 세대는 일과 삶의 균형(Work-Life Balance, 워라밸)을 중시하고 있으며 조직문화 및 인사제도 역시 이를 반영하여 변하고 있다. 미국의 경우 단례시간근무제는 1996년 31%에서 2003년 71%로 증가하였고, 선택적 복리후생제도를 도입하여 건강지원 · 자기계발 · 문화활동 등 다양한 혜택을 제공하여 직장생활의 만족도를 제고시키고 있다[성상현 외, CEO Information, 2004].

많은 기업에서 일과 생활의 균형에 대한 중요성을 인식하고 있지만 급변하는 경제상황 속에서 이를 실천하는 데 필요한 비용에 민감하게 반응하는 것이 사실이다.

하지만 일과 삶의 균형을 위한 프로그램이나 정책은 핵심인재의 중요한 유지방안이 되며 새로운 인재에게는 입사이유가 되기도 한다. 복지혜택에 있어 예전과 달라진 점이 있다면 회사 차 제공 및 보너스 지급 대신 사내 운동시설을 갖춘다거나 학습지원 프로그램 등을 실시하는 것이다. 경기침체로 이전과 같은 많은 금전적 보상을 할 수 없게 된 미국 기업은 다각적인 측면으로 일과 생활의 균형을 실천하기 위해 노력하고 있다. 그러한 예로서 근무수당 제공, 육아휴직과 육아양육, 휴가, 재택근무 등을 들 수 있다[인사관리, 2010, 8월호 : 52].

일과 생활의 갈등에 대한 연구를 살펴보면 갈등의 주요 원인으로 심리적인 요인을 꼽고 있다. 심리적으로 가족의 영역에 일이 침범한다든지, 일의 영역에 가족이 침범하는 것이 문제라는 것이다. 따라서 경영자는 표준작업량을 적절히 정하고, 일과 관련된 여행을 줄이고, 직장 내 양질의 탁아 프로그램을 제공하는 등 근로자들이 일과 생활의 균형을 찾을 수 있도록 지원해야 한다[Robbins 외, 2009].

3 노사관계관리

1) 노사관계의 의의

인적자원관리는 조직의 인적 자원을 전략적으로 개발 · 육성하는 데 초점을 두고 있는 반면, 노사관계관리는 협력적 노사관계의 정착을 통한 기업경쟁력 기반의 강화에 집중하고 있다. 기업들이 지향하는 노사관계의 모습은 협력적 노사관계이다. 협력적 노사관계란 노사 공동이해의 조화를 추구하면서 민주적 문제 해결방식을 선택하는 노사관계로서, 노사 간 상호 신뢰와 상생정신을 바탕으로 공동이익의 증진을 도모하며 나아가 기업의 지속적인 성장 · 발전을 위해 노사 양 당사자가 당면 문제를 협의적으로 해결해 나가는 노사관계이다.

현대 사회에서 노사관계 문제는 근로자 개인의 발전에 커다란 영향을 줄 뿐만 아니라 기업의 생산성과 효율성, 나아가 사회 전체의 안정 및 발전과도 직결되는 문제라는 점에서 그 중요성이 매우 크다. 일반적으로 노사관계는 다음과 같은 중요성을 갖는다.

첫째, 기업의 경영환경으로서 근로자 및 노동조합과 관련된 환경은 기업경영 전반과 성공여부에 매우 커다란 영향력을 행사하는 요인이다. 예를 들어 국제노동기구(ILO : International Labour Organization) 등을 중심으로 하여 근로자의 권익을 보호하려는 노력이 전 세계적으로 전개되어 왔는데, 최근에는 세계경제의 새로운 질서를 형성하고자 하는 과정에서 근로자의 노동조건과 무역규제를 연계하는 움직임이 구체화되고 있다. 이 움직임은 국제적으로 합의된 노동자의 권리를 인정해 주지 않는 국가의 제품에 대해 무역상의 제재를 가한다는 것으로, 근로자의 권리보호라는 기본가치를 전제로 하고 근로자와의 바람직한 관계정립을 바탕으로 한 기업활동을 요구하고 있다.

둘째, 노사관계에서 발생하는 문제 해결을 통해 현대 사회에서 발생하고 있는 근로자들의 노동소외 또는 인간소외 현상을 해결하는 데 실질적인 도움을 줄 수 있으며, 더 나아가 근로자들의 질적 · 양적 변화에 대해 대응해 나갈 수 있다. 그간의 경제성장과정에서 근로자의 노동소외와 같은 문제점들이 노출되기 시작하였는데, 성장제일주의의 기치 아래 도외시되었던 근로자의 인간적 고충과 소외 문제에 관심을 기울여야 한다는 목소리가 높다.

셋째, 노사관계는 기업경영의 차원에서뿐만 아니라 근로자 개인의 삶의 질로부터, 크게는 국가사회의 성장과 발전에 큰 영향을 미친다. 예를 들어 어느 공기업의 노사관계가 악화되어 파국으로 치닫게 되면, 노사 양 당사자는 물론 일반국민 등 간접적으로 관련된 많은 사람들에게 심리적 · 물질적 부담과 고통을 안겨주게 된다. 뿐만 아니라 국가 이미지가 훼손되어 외국인들이 투자를 기피하게 된다.

넷째, 노사관계는 기업경쟁력, 나아가 국가경쟁력의 중요한 기반이 된다. 대립 · 갈등을 보이는 불안정한 노사관계하에서는 기업의 경쟁력뿐만 아니라 기업의 생존까지도 위협받는다. 예를 들어, 계속해서 업계수위를 지켜 오던 회사가 심각한 노사분규의 여파로 꼴찌의 자리로 밀려난 사례라든가, 노사갈등으로 매년 적자를 누적해 오던 회사가 노사협력을 선언하면서 적자를 줄여 나가고 있는 사례는 우리에게 노사관계가 기업경쟁력과 어떤 관계를 갖고 있는지를 깨닫게 해 준다.

2) 노사관계의 주요 이슈

노사관계의 주요 이슈는 근로자와 사용자 양측 모두에서 제기되고 있다. 노사관계에 대한 많은 연구들이 노사관계의 경제적 측면에 대해 주목하지만, 노사관계라 하는 것은 단순히 노사 간에 이루어지는 경제적 측면의 상호 관계에만 한정되지는 않는다. 노사관계라 하는 것은 사람들이 만나 형성하는 사회적 관계이며, 따라서 고용자로서의 사용자와 피고용자로서의 근로자 간에도 인간적 관계를 갖게 마련이다. 또한 사용자의 힘과 근로자집단(노동조합)의 힘이 맞붙어 서로가 개별적인 이익을 추구하기 위해 대결하는 파워게임(power game)의 장으로서 노사관계는 권력적 관계의 성격을 갖는다[Peitchinis, 1985 : 6-7].

결국 노사관계에서 제기되는 과제는 개별기업 내의 경영자와 근로자 간에 국한되는 이슈로부터 산업 전체 또는 국가 차원에서 관심을 갖고 다루게 되는 것들까지 그 범위와 내용이 매우 다양하지만 과제의 성격에 따라 노사관계의 이슈들을 경제적 이슈, 권력적 이슈, 인간적 이슈로 나누어 살펴볼 수 있다[신유근, 2001].[4]

경제적 이슈는 주로 임금, 상여금, 복지후생 등과 같은 금전적 문제를 중심으로 노사간의 이해상충으로 인하여 발생하는 문제들이다. 특히, 전통적으로 임금은 근로자의 입장에서 생계유지 및 재산축적의 수단으로 여겨져 왔고 사용자 측의 입장에서는 노무비 등의 생산비로 인식되어 왔다. 이러한 임금에 대한 양측의 상반된 시각은 분쟁의 시발점이 되고 있다. 이러한 노사관계의 경제적 이슈들로는 임금체불 문제라든가, 임금구조의 격차 문제라든가, 복지후생의 확충요구 문제 등을 들 수 있다. 특히 대부분의 기업에서는 임금인상의 폭과 범위와 관련하여 노사간의 분쟁과 조정이 연례행사처럼 되어 있다.

권력적 이슈는 노사 간 힘의 관계와 노조 및 근로자 내부의 갈등을 중심으로 나타나는 문제들이다. 근로자 개인 각각은 기업에 비해 상대적으로 사회적 · 경제적 권력이 약한데, 그러한 힘의 불균형이 기업과 근로자 문제를 심화시킨 면도 많다. 이에 근로자는 집단적인 힘을 발휘하여 스스로의 권익을 보호 · 증진하고자 하는 노력을 기울이게 되는데, 그러한 과정에서 노동조합이 미숙한 운영을 하거나 기업이 소극적 · 부정적 태도를 보임으로써 권력적 이슈가 발생하게 된다. 이러한 노사관계의 권력적 이슈로는 사용자 측에 의한 노조활동의 방해 및 부당노동행위 문제와 노조 측에 의한 경영권 침해 문제가 대표적이다.

인간적 이슈는 근로자의 직업 및 욕구 구조를 중심으로 기업과 근로자 간에 이해상충 및 상호 이해부족으로부터 나타나는 문제들로서, 기본적으로 근로자가 사회

---

4 근로자 관계 이슈는 발생수준에 따라 개별 근로자의 권리와 관련하여 제기되는 이슈와, 근로자 집단 또는 노동조합을 중심으로 제기되는 이슈의 두 가지 차원으로 나누기도 한다.

발전에 기여하는 사회적 존재로 존중받고 보호받아야 한다는 생각에서 비롯되는 것이다. 인간적 문제는 근로자들의 마음속 깊이 내재되어 있는 심리적 불만, 즉 소외감 · 박탈감 · 모멸감 · 불공평성 · 좌절 및 분노 등을 포함하는 것으로서 쉽게 표출되기 어려운 부분이다.

노사 양측의 선택 가능한 교섭과정에서의 상대 측에 대한 압력수단

① 동정파업(sympathic strike) : 파업하는 다른 회사의 노조가 약할 때 함께 파업하여 자기 회사 경영진이 다른 회사 경영진에게 압력을 가하도록 함으로써 노동자들의 유대감을 강화시킨다.
② 교대파업(switch st) : 예로써 지하철 기관사와 매표원이 교대로 파업하여 전면파업과 비슷한 압력을 넣는다.
③ 연좌농성(sitdown st) : 공장정문에 연좌하여 다른 노동자들도 동참케 한다.
④ 돌발파업(flash st) : 예고 없이 갑작스런 파업으로 사용자에게 타격을 준다.
⑤ 불법파업(wild cat st) : 노사협상에서 파업 안 하기로 정한 후 약속을 파기하고 행하는 파업
⑥ 태업(sabotage) : 근무는 계속하면서 게으르고 융통성 없는 원칙고수로 사용자에게 피해를 주는 파업으로 실세근무를 인 하면 시회여론이 나쁘거나 전면파업이 법으로 금지되었을 때 행한다.
⑦ 불매운동(boycott) : 사용자의 물건을 사지 않고 팔지도 못하도록 방해하며 타격을 주려는 것이다.
⑧ 직장폐쇄(lock out) : 사용자가 노동자에게 가할 수 있는 타격으로서 공장 문을 걸어 잠그고 일방적으로 생산활동을 중단하고 무노동 무임금 원칙에 의해 임금지급도 안 한다.

3) 협력적 노사관계의 구축방안

협력적 노사관계를 위한 조성방안으로 여러 가지가 제시되고 있으나 가장 중요한 것들로는 노사관계 당사자의 역할을 정립하는 것과 단체교섭 및 경영참가제도를 활성화시키는 것 두 가지를 들 수 있다.

(1) 노사관계 당사자의 역할 정립

노사관계가 협력적 · 동반자적 관계라는 의미는 양자가 상호 이익을 주고받으며

함께 성장 · 발전하는 상호 의존적 공생관계임을 말하는 것이다. 즉 사용자는 기업가로서 기업을 운영하게 되는데, 기업은 근로자에게 사회적 생산활동의 기회와 인간다운 생활을 위한 경제적 재원을 제공하고 근로자가 자발적이고 협조적인 자세로 기업활동에 참가할 수 있는 기회를 제공하여야 하는 것이다. 근로자 역시 기업의 생산활동에 참여하여 노동력을 제공하면서 경제적 보상을 받고자 할 뿐만 아니라, 사회의 한 구성원으로서 사회발전에 기여하는 사회적 존재가 되기를 희망하고 그러한 기회를 기업으로부터 제공받기를 원한다[Carroll, 1989 ; 鈴木幸毅, 1992].

노사관계라는 용어에서도 알 수 있듯이 노사관계에는 양 당사자가 있다. 그런데 이것은 개별적인 인간관계가 아니라 집단 간 관계를 말한다. 이러한 노사관계의 당사자는 노동조합과 사용자조직(사용자집단)이다. 노사관계를 산업관계 차원으로 확장하여 볼 경우에는 정부도 중요한 노사관계의 당사자로 포함시키기도 하지만 기업경영 차원에서는 주로 사용자와 노동조합에 초점을 둔다.

노동조합이란 생산조직에서 일 또는 노동과 관련된 조건에 대해 사용자 측과 협상을 벌일 목적으로 형성된 근로자집단이다. 즉 사용자에 대해서 상대적으로 약자의 위치에 있는 근로자들이 사용자와의 관계에서 교섭력을 강화하기 위해 여러 근로자들이 모여 자신들의 권익향상을 위해 지속적으로 활동하는 단체를 말한다. 이러한 노동조합은 조합원의 경제적 · 사회적 지위의 향상을 위해 경제적 기능(임금협상, 근로조건협상), 공제적 기능(조합원 상호 간의 상호 부조), 정치적 기능(노조의 정치활동) 등을 수행한다.

근로자들이 노조에 가입하는 방식을 숍제도(shop system)라고 하는데, 그 가입방식에는 여러 가지가 있다. 즉 조합가입이 고용조건이 아닌 오픈 숍(open shop), 사용자가 자유롭게 고용을 하지만 일정기간 후 노조에 반드시 가입해야 하는 유니온 숍(union shop), 노조가입이 고용의 전제조건이 되는 클로우즈드 숍(closed shop) 제도 등이 있다. 노동조합의 종류로는 근로자들이 몸담고 있는 산업과는 관계없이 자신이 담당하고 있는 직무와 관련된 기능이나 직업 · 숙련수준에 따라 결성하는 직업별 노동조합, 어떤 한 회사에 종사하는 근로자들이 결성하는 기업별 노동조합, 개인의 직업이나 숙련정도에 관계없이 특정한 산업에 종사하는 모든 근로자들이 결성하는 산업별 노동조합 등이 있다.

사용자조직은 노사관계에 있어서 노동조합과 같은 노동자조직과 더불어 노사관계의 기본 당사자가 되는 기초조직이다. 사용자조직이란 사용자 측의 조직을 말하는 것으로 사용자 개념 그 자체가 개별기업 차원에서는 사용자조직을 의미할 수도 있고,[5] 기업 간 사용자들 간의 단체를 결성할 수도 있다. 이를 사용자단체라고 하는데, 노사 문제에 있어서 가맹자인 사용자의 이익을 지키고 사회적 지위를 확립하기 위하여 조직된 집단이다. 사용자단체가 통상 노동조합에 대항하여 출현하였다고 보는 견해가 일반적인데, 사용자단체는 노동조합과 직접 교섭한다기보다 정부정책이나 입법활동에 영향력을 행사하는 압력단체로 활동하여 사용자들의 이익보호를 대변하려고 한다. 우리나라에도 사용자단체가 존재하는데, 예를 들어 한국경영자총협회라든가 전국경제인연합회 등이 그것이다.

협력적 노사관계를 구축하기 위해 노사관계 당사자들이 행해야 할 주요 역할들은 다음과 같다[신유근, 2001].

노사관계 당사자들의 주요 역할

1. 경영자 측의 역할 :
   - 경영의 투명성(지배구조, 재무회계, 인사 등) 제고
   - 경제적 · 권력적 · 인간적 이슈에 대한 이해
2. 노조 측의 역할 :
   - 협상교섭능력 제고를 위한 실력배양
   - 경영전략을 비롯한 기업경영에 대한 이해
3. 노사 양측의 역할 :
   - 협력적 노사관계를 위한 공동 프로그램의 실행
   - 산업민주주의 이념 및 조직문화의 공유
4. 제3자의 역할 :
   - 노사정위원회의 활성화
   - 전문가의 연결핀(linking pin) 역할 제고

(2) 단체교섭과 경영참가제도의 활성화

① 단체교섭

단체교섭(collective bargaining)이란 근로자단체인 노동조합과 사용자 또는 사용자가 상호 대등한 입장에서 근로자들의 근로조건을 유지 · 개선하기 위해 임금, 노동시간, 그 밖의 근로조건에 관한 단체협약의 체결을 위하여 대표자를 통해 집단적 타협을 모색하고 협약을 관리하는 절차를 말한다.

5 일반적으로 사용자의 범위는 최고경영층 · 중간관리층 · 하위관리층까지 포함하나, 법률적으로는 노사관계의 당사자로 임금교섭 및 지급의무를 지니며 경영의 지휘권을 갖는 사람을 말한다.

이러한 단체교섭제도는 노사 간 갈등을 공식적이고 제도적인 경로를 통해 해결하려는 방법으로서, 특히 미국식 단체교섭제도가 노사관계제도의 대명사로 인식되어 왔다. 미국과 영국의 경우에는 노사가 서로의 입장을 인정하고 노사 간의 모든 문제를 노사가 서로 대등한 관계에서 단체교섭 및 조정을 통하여 해결하고 있다[박덕제 외, 1989 : 50−183].

단체교섭을 보다 효율적으로 운영하기 위해서는 노사협의제를 활성화할 필요가 있다. 노사협의제는 노사 간의 의사소통을 통한 상호 이해와 노사의 이해가 일치하고 있는 문제를 협의하는 장으로서, 노사 상호 간 신뢰를 바탕으로 성공적인 협조관계를 유지하면서 생산성 향상과 노동복지를 동시에 추구한다. 노사협의제를 활성화하면, 노동조합과 대화를 나눔으로써 경영자와 관리자의 책임감이 증대된다는 점, 그 결과 근로자들은 경영자와 관리자를 이전에 비해 훨씬 더 신뢰하게 된다는 점, 단체교섭을 원활하게 추진할 수 있다는 점 등의 이점이 있다. 또한 조합원과 근로자들의 자기계발의욕이 높아지며, 창조적으로 일을 하게 된다는 효과가 있다. 최근 몇몇 기업에서는 최고경영자와 사무직 사원들이 생산현장의 작업에 동참하거나, 노사대화의 활성화를 위한 프로그램을 마련하는 등 신뢰구축에 힘쓰고 있다.

② 근로자의 경영참가

근로자의 경영참가(worker participation)란 기업의 근로자 또는 근로자대표가 소속기업의 경영의사결정에 참여하는 것을 말한다. 즉, 노동조합 입장에서는 기업경영관리에 관하여 자본가 측 내지 경영자 측의 독선을 배제하고 근로자 측의 욕구를 반영시키고자 하며, 경영자 입장에서는 근로자들의 노동의욕을 높이고 적극적인 협력을 유도하는 것이다.[6]

그동안 경영권은 사용자의 배타적 영역으로서 근로자들이 넘볼 수 없는 성역으로 인식되어 왔었지만 점차 경영참가를 통한 근로자와의 협력을 필요로 하는 변혁의 시대를 맞이하게 되었다. 오늘날에는 노사 간 대립관계를 발전적으로 지양하고 협동적 노사관계를 수립하는 데 경영참가제도가 커다란 역할을 하고 있다. 경영참가제도는 노사공동체의식 고양, 종업원의 경제적인 혜택과 안정성의 부여, 생활수

6 국제노동기구의 한 보고서에서는 노동자의 경영참가는 임금과 근로조건, 고용과 해고, 직업훈련, 기술적인 변경과 생산기구의 조직 및 사회적 귀결, 투자 및 계획 등의 문제에 관하여 기업수준에서 여러 가지 결정을 하거나 이를 준비하고 준수하는 데 있어서 노동자들이 영향력을 행사하는 것이라고 규정하고 있다.

준의 향상, 근로자의 주인의식 함양, 근로자의 높은 조직몰입 · 애사심 · 일체감의 효과를 볼 수 있다. 이러한 경영참가의 종류에는 의사결정참가, 자본참가, 이익참가 등이 있다.[7]

첫째, 의사결정참가는 기업의 경영의사결정과정에서 근로자들에게 의견발표 기회나 의결권행사의 기회를 부여하는 제도를 말한다. 의사결정참가의 범위는 나라마다 다르지만 공정계획이나 작업집단 개발계획에 관한 사항, 고용 및 인사노무 사항, 공장이전, 최고경영자의 임명, 합병, 회사존폐 문제에 관한 사항 등을 포함한다. 독일의 공동의사결정제도가 이에 해당하는데, 근로자들의 기업경영에 관한 지식의 부족과 경영층의 소극적 태도로 많이 활용되고 있지는 못한 실정이다.

둘째, 자본참가는 기업의 자본에 대한 근로자의 참가기회를 제공하여 자본의 출자자로서 기업경영에 참여시키려는 제도이다. 오늘날 많이 활용되고 있는 자본참가로는 종업원지주제도를 들 수 있다. 종업원지주제도(ESOP : Employee Stock Ownership Plan)란 회사의 경영방침에 의하여 종업원들에게 특전혜택을 제공함으로써 종업원이 자사주식을 자발적으로 취득 · 보유하도록 권장하는 제도이다. 종업원지주제도는 종입원에 대한 보상 및 이익의 제공, 그리고 집단 인센티브로서의 성격도 갖고 있지만, 주가는 하락할 수도 있으므로 무엇보다도 회사와 종업원 간 일체감을 조성할 수 있다는 점이 가장 큰 특징이다[Northcraft 외, 1991 : 547 참조].

셋째, 이익참가란 근로자들이 그들의 직무를 수행하여 기업이윤 창출에 기여한 이상 그러한 기업이윤으로부터 직접적인 이익을 받아야 한다는 원칙에 따라 근로자들을 경영성과의 배분과정에 참여하게 하는 제도이다. 이익참가의 대표적인 제도로 이윤분배제도(profit sharing plan)가 있는데, 이는 경영성과에 대한 공헌도를 반영해 보너스를 지급하는 것이다. 따라서 기업의 경제적 성과가 매우 높은 경우에 공정한 이윤분배제도를 시행하면 보너스가 급여액보다 많은 경우가 있을 수도 있다 [Steers, 1991 : 204 참조].

7 이러한 세 가지 경영참가의 내용을 포괄하는 경영참가방식의 예로는 미국에서 개발된 스캔론 플랜(Scanlon plan)을 들 수 있다. 스캔론 플랜은 스캔론(J. N. Scanlon)에 의해 창안된 노사협력에 의한 생산성향상 방안으로서, 그 중심내용은 제안제도와 보너스제도의 통합적 운영방안이다.

4) 노사관계의 변화 추세

노사관계가 어떤 양상을 보이고 있느냐 하는 것도 많은 사람들이 관심을 갖고 있는 부분이다. 최근 세계적인 노사관계의 추세를 살펴보면 다음 몇 가지를 들 수 있다[Excellence Korea, 2005].

첫째, 노동조합 조직률이 감소하고 있다. 노동조합에 대한 사회적 관심과 지지도가 떨어지고, 경영 측의 노사 문제 예방적 인사 및 조직 관리를 위한 다양한 정책과 제도 등의 영향으로 노동조합 가입자 수가 점점 줄고 있는 것이다.

둘째, 노사분규 건수가 줄어들고 있다. 대형사업장의 노조가 임금협상 전권을 회사 측에 위임하는 등 과거와 달리 상생적 분위기가 빠르게 확산되고 있다.

셋째, 노동조합이 회사에 제기하는 핵심 이슈가 달라지고 있다. 임금인상과 같은 처우개선보다는 고용안정이 우선시되고 있고, 한걸음 더 나아가 인적 자원 개발이나 직무훈련, 퇴직자 지원 등이 핵심 이슈로 제기되고 있다.

넷째, 노동조합의 조직은 통합되더라도 노사 간 교섭은 개별화되고 있다. 규모가 작은 노조들은 재정악화와 조직력 약화 등을 극복하기 위해 다른 노조들과 합병하여 대형노조로 전환하고 있다.

다섯째, 노동운동권 내부에서 자성과 비판의 목소리가 높아지고 있다. 노조가 조합원 복지향상뿐 아니라 직업알선, 교육훈련 등 고용가치를 높이는 활동을 해야 한다는 것이다.

이러한 노사관계의 변화양상에 따라 노사 당사자들이 긴장하는 측면도 있으나 더욱 협력적이고 상생적으로 나가기 위한 제반의 노력을 경주하고 있는 것이다.

4 고성과 작업시스템 (high performance work system)

고성과 작업조직이란 고성과를 창출할 수 있도록 조직의 자원과 기회를 최대한 활용하도록 하는 사람과 기술, 조직구조의 최적의 결합체제로서 전사적 차원의 작업방식의 총체적 체계이다. 임직원의 업무수행지식, 스킬, 몰입도, 유연성을 최대화하기 위한 인사관행(HR practices), 작업구조, 일하는 과정(work process) 등의 결합체라고 할 수 있다. 고성과 작업조직에 대한 아이디어가 발생한 시기는 1980년대 미국에서 시작되었다. 1980년대 미국에서는 일본 기업들이 미국 기업을 M&A를 통해 잠식해 들어오는 것에 대해 큰 위기감을 느끼고, 어떻게 일본 기업들이 미국기업을 이길 수 있었는가에 대해 일본 기업을 관찰연구한 결과 작업 현장의 근로자들이 자발적으로 품질개선을 위한 고도의 몰입을 하는 자율적 작업집단의 작업문화가 작동하고 있는 점에 주목하였다. 이를 벤치마킹하여 미국 기업의 작업장에 '작업장 혁신(workplace innovation)', '고몰입 작업시스템(high commitment work system)', '고참여 작업시스템(high involvement work system)', '고관여 작업시스템(high engagement work system)', '유연적 작업시스템(flexible work system)' 등 여러 가지의 용어가 붙여지며, 미국 기업의 작업장에 종업원들의 고몰입과 자율적 작업팀의 작업장 혁신 프로그램이 확산되며 다시 일본 기업들과의 시장경쟁에서 이길 수 있는 성과를 획득했다. 이에 따라 점차 고성과 작업시스템의 전사적 차원의 작업장 방식은 전 세계적으로 확산되었다[Guthrie, 2001; Ramsay, Scholarios, and Harley, 2000]. 현재까지 고성과 작업조직은 인사관리나 노사관계의 중요한 연구주제로 대두되고 있다.

고성과 작업시스템의 핵심내용은 작업 현장에서의 의사결정과정에 일반 근로자의 참여 기회의 확대와 책임의 확대, 근로자의 업무수행 스킬 및 직무역량 강화 훈련, 성과주의의 평가 및 보상과 인센티브 시스템 등으로 구성된다[Brown, 2006]. 작업 현장에서의 근로자의 의사결정참여 기회의 확대와 책임의 확대는 근로자의 몰입도를 극대화하는 작업방식 및 인사관행이다. 고성과 작업시스템은 노동자의 역할을 육체적 작업동작으로 국한하였던 테일러리즘과 달리 노동자의 몰입과 제안 및 두뇌적 판단 작업으로 확대함으로써, 작업장에서 근로자 참여와 책임을 극대화하는 작업조직을 구축하는 것이다. 또한 노동자를 다른 상품과 마찬가지로 노동력을 노동시장에서 거래하는 상대방이며 조직 내 위계적 구조 속에서 노동과정을 통제해야 한다는 통제형 인사관리가 아니라 노동자의 자발적인 몰입과 헌신, 숙련향상을 지향하는 몰입형 인사관리시스템을 지향한다[Walton, 1985; MacDuffie, 1995].

고성과 작업시스템의 특징

인사관행(HR Practice)	개요	예
충원(staffing)	직무와 적합하고 조직에 적합한 합당한 지식, 스킬, 능력을 평가하는 절차가 광범위하게 작동하는가	• 선별적 스크리닝 • 기술적 스킬과 대인관계스킬, 태도 그리고 퍼스낼리티 평가 • 성과에 기초한 승진
자율관리팀(self-managed team)	팀구조에 권한과 책임을 인정함으로써 아래로 권력을 재분배함	• 종업원 참가프로그램 • 과업과 의사결정 권한을 가진 팀 • 전사적으로 광범위하게 팀 활용
분권화된 의사결정(decentralized decision making)	더 큰 책임을 맡고 회사의 자원을 접근할 수 있게 함으로써 종업원을 임파워먼트함	• 자유재량 있는 과업 부여(less well defined tasks) • 의사결정권한(authority to make decisions) • 종업원 관여(employee involvement) • 참여적 경영(participative management)
훈련(training)	지식, 스킬, 능력을 개발하는 공식화된 프로그램이 얼마나 광범위하게 작동하고 있는가	• 현재 및 미래의 스킬과 기술적 대인관계 스킬 훈련 • 다기능 훈련(cross training) • 신입직과 경력직 모두를 위한 훈련
유연한 업무분장(flexible work assignment)	개인 지식, 스킬과 능력을 확장시키는 기회의 제공	• 직무순환제(job rotation) (팀 순환제) • 1개 추가적인 직무 수행 능력 • 직무충실화(job enrichment)
커뮤니케이션(communication)	정보접근성과 의사표현 기회를 제공하는 개방적인 수직적 수평적 의사소통채널	• 운영결과의 모든 수준에 접근가능 • 종업원 제안제도 • 사업전략설명 프로그램
보상(compensations)	성과 상황에 따른 금전적보상과 시장보다 높은 수준의 금전적 보상 정책	• 이익분배제(profit/gain sharing) • 종업원지주제(employee ownership) • 상대적으로 높은 수준의 보상 • 성과 상황에 따른 금전적 보상 • 팀 보상(Team-base pay)

제 19 장

스타트업 창업과 중소벤처기업 경영의 과제

1. 스타트업 창업과 기업가정신
2. 스타트업 및 벤처기업과 벤처캐피털
3. 중소 · 중견 기업의 성장 · 발전을 위한 경영 과제

창조시대의
기업가정신을
찾으라
새로운 산업도 육성하고 인재도 육성하고
그래서 새로운 시장을 만들어서 이익을 창출한다

STARTUP COMPANY
VISION
IDEA
PLANNING
MOTIVATION
TARGET GROUP
LOCATION
PR
COMPETITION
MARKETING
STRATEGY

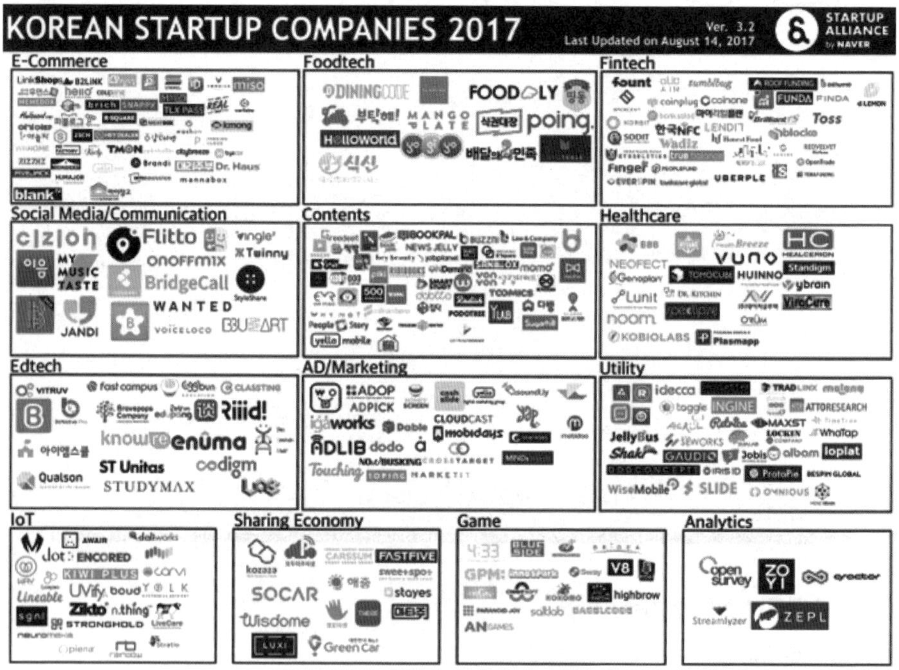
KOREAN STARTUP COMPANIES 2017
Ver. 3.2
Last Updated on August 14, 2017
STARTUP ALLIANCE by NAVER
E-Commerce
Foodtech
Fintech
Social Media/Communication
Contents
Healthcare
Edtech
AD/Marketing
Utility
IoT
Sharing Economy
Game
Analytics

'타르타르'(프리미엄 디저트카페) 강호동 대표는 5살 때 혈우병 진단을 받았다. 한 달 90만 원을 벌었던 어머니는 아들의 약값을 대느라 기초생활수급자가 됐다. 15년간 동사무소에서 쌀을 타다 먹어야 할 정도로 가난했던 강 대표는 학교에서도 왕따였다. 이 때문에 고등학교도 졸업하지 못해 중졸인 그는 18세에 5만 원을 들고 서울로 올라와 닥치는 대로 일을 했다. 삼겹살 가게에서 불판을 닦고 길거리에서 구두도 닦으며 하루 17시간 씩 일해 26세가 되던 해 수중에 1억 원을 모을 수 있었다. 그 돈으로 광주에 작은 호프집을 열었다. 각종 마케팅 서적을 독파해 가게 마케팅 방안을 연구했고 그 결과 3개월 만에 그의 호프집은 월 3,500만 원의 매출을 올리는 곳이 됐다. 그의 장사 수완이 입소문을 타자 주변 상점 사람들이 그에게 마케팅 방법을 배우러 찾아왔고 이후 그는 아예 마케팅 회사를 차려 또 한 번 '대박'이 났다.

그렇게 잘나가던 마케팅 회사를 과감히 정리하고 차린 곳이 바로 타르타르다. 타르타르는 국내에서 생산된 제철 재료로 수제 타르트를 만드는 가게로, 1년 만에 전국 매장 수가 40여 개로 불었고 태국 수출도 앞두고 있다. 연 매출은 약 100억 원에 육박한다.

강 대표는 '흙수저 중 흙수저'였던 자신이 성공할 수 있었던 비결로 독서를 꼽았다. 그가 고등학교를 중퇴하고 서울로 올라오게 된 계기가 바로 「헬렌켈러 전기」였기 때문이다. 이후 그는 정주영 회장처럼 고난을 이겨내고 성공 신화를 쓴 사람들의 책을 잡히는 대로 읽기 시작했고 "가난에서 벗어나려면 도전하는 것밖에 답이 없다."는 깨달음을 얻어 지금의 자리까지 오게 된 것이다. 작은 호프집 경영을 위해 온갖 서적을 찾아 읽은 것도 여기서 나온 버릇 중 하나다.

강 대표는 "나보다 악조건에서 시작하는 청년들은 거의 없을 것"이라며 "국가나 부모를 원망하기 전에 뭐든 경험하고 적극적으로 도전했으면 한다."고 조언한다. 실제 그도 처음 서울에 상경했을 때 미성년자라는 이유로, 병이 있다는 이유로 제대로 된 일자리 하나 구할 수 없었지만 구둣가게, 고깃집, 호프집 등 분야를 가리지 않고 다양한 현장을 경험한 덕분에 '세상을 보는 눈'을 키울 수 있었다는 것이다. 안정적인 사업을 관두고 타르타르를 창업한다고 했을 때도 주변 반대가 심했다. 하지만 강 대표는 카페 프랜차이즈 회사들이 정체기라는 것을 발견하고 디저트 카페라는 새로운 도전을 감행했고, 결국 국내를 넘어 태국까지 진출하는 데 성공했다. 그는 "죽을 각오로 최선을 다하면 성공할 기회는 반드시 온다."고 말한다.

학습문제

Q1 창업이란 무엇이며 창업의 성공요인에는 어떤 것들이 있는가?

Q2 기업가정신(entrepreneurship)이란 무엇이며 핵심적 요소들에는 어떤 것들이 있는가?

핵심용어

스타트업, 창업, 기업가, 기업가정신, 중소기업

1 스타트업 창업과 기업가정신

창업은 아이디어를 사업화하여 사업체(비즈니스 조직)를 설립하는 활동이다. 개인(들)이 사업기회를 포착해서 경영활동을 시작하는 것으로 창업으로 새로운 스타트업이 탄생하고 제품이 시장에 나오며, 그 결과 경제성장의 촉진 및 고용증대 효과가 나타난다.

1) 창업과 사업기회

창업자가 사업기회를 포착하여 사업체를 설립하면서 고객이 만족하여 계속 구매하려고 하는 재화를 공급할 수 있을 때 성공적인 창업이 된다. 사업기회를 제대로 포착하기 위해서는 기업가의 경험이나 새로운 아이디어가 필요하기 때문에 많은 사람들이 자신이 경험했던 분야나 근무하던 조직에서 나와서 새로운 기업을 설립하는 경우가 많다.

경험과 노하우를 바탕으로 하여 새로운 아이디어를 발견하게 되면 창업을 결심하고 자신의 직장을 나와 새로운 기업을 설립하는 것이다. 새로운 아이디어가 있다고 해서 그것이 바로 창업으로 이어지는 것은 아니다. 회사원, 발명가, 연구원, 학생 등 많은 사람들이 사업화가 가능한 여러 가지 아이디어를 만들어 낼 수는 있지만 이러한 아이디어가 반드시 창업으로 이어지는 것은 아니다. 사업기회는 사회 · 경제적 관점에서 새로운 가치를 창출할 수 있어야 하고, 새로운 시장을 개척하거나 기존 시장을 건설적으로 대체할 수 있어야 하며, 지속성을 가져야 한다.

2) 사업기회 포착의 고려요소

사업기회를 포착하기 위해 창업자는 기술의 진보, 시장상황의 변화, 정부의 지원, 경쟁구도의 변화 등을 고려해야 한다. 또한 기업을 창업하는 데는 필요한 자원이 어느 정도 확보되어 있어야 한다. 창업자는 일반적으로 최소한의 자금으로 사업 착수를 하고 주어진 자금을 최대한 활용할 필요가 있다.

창업초기에는 발로 뛰는 '땀의 자본(sweat equity)'을 투자하고 고객으로부터 창업기업이 제공할 재화나 서비스에 대하여 미리 돈을 받거나 물물교환거래를 통해서 자력으로 생존하고 성장할 수 있어야 한다. 창업초기 제품개발과 시장개척에 필요한 자금을 확보하는 것이 창업기업의 생존과 성장을 위한 관건이다.

3) 창업동기

사람들이 창업을 하는 이유는 몇 가지가 있다. 어떤 사람은 직장생활에서 쌓은 경험과 지식을 토대로 자신만의 사업을 구상하는 경우도 있고, 또 어떤 사람은 직장을 그만두게 된 것을 계기로 사업을 시작하기도 한다. 새로운 아이디어가 떠올라 실현해 보고자 하는 동기에서 창업을 하는 경우도 있으며 자신의 취미가 우연히 새로운 사업 아이템이 되는 경우도 있다.

몇몇 사람들에게는 자기 사업을 성공적으로 경영하는 데 필요한 지식과 능력을 쌓으면서 서서히 창업의 욕구가 생기기도 하는데, 이러한 지식과 능력이란 경영기술을 말하는 것으로, 창업자는 자신의 사업을 시작하게 되면 기업의 자금, 인사, 판매, 광고, 구입, 가격산정, 그 외 다양한 사업에 필요한 기능들을 갖추어야 한다[Pride 외, 2005 : 170−171].

4) 창업의 준비와 시작

기업을 창업하기 위해서는 ① 기술적 노하우, ② 제품이나 서비스 아이디어, ③ 인적 네트워크(인맥), ④ 물리적 자원, ⑤ 고객의 주문 등과 같은 요소가 필요하며, 이러한 요소들 중에서 몇 가지를 갖추고 있다면 창업할 수 있다. 예를 들어 제품이나 서비스 아이디어를 가지고 있으며 잠재적인 고객을 확보하고 있든지, 아니면 기술적 노하우와 기업운영에 필요한 자금 즉 실물자원을 가지고 있거나, 또는 제품이나 서비스의 아이디어와 기술적 노하우를 가지고 있든지 등 위의 다섯 가지 중에서 적어도 두 가지 이상을 가지고 있다면 기업가들은 자신만의 기업을 창업할 수 있는 기반을 갖추고 있는 것이다[Vesper, 1992 : 109−110].

어떠한 과정을 거쳐 기업을 창업할 수 있을까? 프라이드(W. M. Pride) 등은 창업을 하는 데 있어서 계획의 부재는 창업실패의 중요한 원인이라고 지적한 바 있다. 사업의 종류나 규모에 상관없이 창업에 있어 계획(planning)은 매우 중요하며, 얼마나 치밀하게 준비한 사업계획이 있는가는 창업 성공에 상당한 영향을 줄 수 있다.

사업계획서는 창업을 하려는 기업가에게 가이드 역할을 한다. 사업계획서(business plan)를 세우는 데 있어 충분한 시간을 가지고 신중하게 작성해야 창업 이후에 시간을 절약할 수 있다. 또한 사업계획서는 잠재적인 투자자들에게 새로운 창업에 대한 투자를 결정하게 하는 간략한 보고서의 역할도 한다. 창업자가 바쁜 것처럼 은행의 대출담당자도 사업계획서 이외의 자료들을 찾기 위해 낭비할 시간이 없을 것이다. 따라서 사업계획서는 읽기 쉽고 간결해야 하며, 완결된 구성을 갖춰야 한다. 그리고 정확성과 현실적인 기대가 효율적인 사업계획서를 만드는 데 아주 중요하다. 투자자를 속이는 것은 비윤리적이며, 자신을 속이는 것은 사업의 타당성을 판단하는 데 혼란을 가져오는 어리석은 일이라 할 수 있다[Pride 외, 2005 : 178–179].

사업계획서를 작성할 때는 창업기업이 대상으로 하는 고객에게 가치를 창출하여 제공할 수 있는 핵심적인 영역을 파악해야 하는데, 사업계획서의 핵심적인 영역으로는 ① 사업기회의 평가, ② 사업개념의 개발, ③ 필요자원의 검토 및 획득 방법 등을 들 수 있다.[1] 잘 계획된 사업계획서는 창업 이전 시기에 특히 중요한데, 사업계획서가 얼마나 타당성을 갖는가에 따라서 외부자금을 활용할 수도 있고, 정부의 지원도 기대할 수 있으며, 은행이나 기타 벤처투자자로부터 자금을 조달할 수 있기 때문이다.

사업계획서의 핵심적인 영역에 대한 보다 구체적인 사항은 다음과 같다.

첫째, 사업기회의 평가란 창업자가 추진하려고 하는 사업의 잠재적인 수익성과 관련 사업 가능성, 수익의 지속성, 고객욕구의 만족 가능성을 평가하는 것이다. 이처럼 사업기회의 평가는 시장의 잠재적인 수요를 평가하는 것이다. 창업자는 시장에서 잠재적인 수요가 있다고 판단되면 곧바로 사업기회를 최대한 이용하여 고수익을 얻기 위해서 실천적인 사업전략을 짤 수 있어야 한다.

둘째, 사업개념의 개발이란 실천적인 측면에서의 사업구상으로서 새로운 사업에

1 프라이드 등은 사업계획서에 포함될 내용으로 ① 새로운 벤처의 미션과 특성은 무엇인가? ② 왜 이 사업이 새로운 아이디어인가? ③ 창업가의 목적은 무엇인가? ④ 새로운 벤처사업을 시작하는 데 있어 비용은 얼마나 들 것인가?의 네 가지를 들고 있다[Pride 외, 2005 : 178–179].

진출했을 때 잠재적인 경쟁자가 누구인지 파악하고 경쟁사가 유사품의 복제나 저가 전략으로 도전해 올 때의 대응방안을 마련하는 것이다. 이를 위해서는 구매업체와 지속적으로 우호적인 관계를 유지할 수 있어야 한다. 특히 원료 및 원자재 공급업체와의 협력적인 관계가 중요한데, 이들과의 우호적인 관계는 기업활동을 할 때에 일시적으로 자금난에 부딪힌다고 하더라도 상호 신뢰에 기초해 난관을 극복할 수 있게 해 주기 때문이다.

셋째, 필요자원의 검토 및 획득 방법이란 사업에 필요한 자원으로서 무엇이 얼마나 필요한지, 만일의 경우에 대비하여 여유자원을 얼마나 확보해야 하는지, 창업자가 자체적으로 조달 가능한 자원은 무엇인지, 그리고 미비한 자원을 공급할 수 있는 사람이 누군지를 파악하는 것이다. 사업에 필요한 자원의 명세를 확정하였다면 마지막으로 필요한 자원을 어떻게 획득해야 할지에 대한 세부사항이 사업계획서에 들어가야 한다. 창업자는 자원의 획득과정에서 창업자가 이용할 수 있는 인맥 등의 네트워크(network)를 적극 활용할 수 있어야 한다. 이러한 네트워크에는 은행 · 회계사 · 변호사 · 관련 정부기관 · 상공회의소 등의 공식적인 네트워크와 친구 · 가족 · 친지 등의 비공식적인 네트워크가 있다.

창업자가 사업장 소재지의 관할 세무서에 신고를 하면서 사업자번호를 획득하게 되면 법적으로 사업자가 되며 창업한 것이 된다. 주식회사 형태로 사업체를 신고할 경우에는 법인 신고를 하면 된다.

창업단계인 스타트업의 경우에는 모든 것이 처음이므로 각 사안들에 대하여 경영관리시스템을 정비하는 것이 중요하다. 창업자는 기존의 가용자원을 효율적으로 조직해야 한다. 이는 조직내부적으로 갖추어진 인력이나 생산요소들과 조직외부의 공급업체 및 유통업체와의 협력관계를 잘 갖추는 것을 의미한다. 또한 창업자는 기업을 장기적으로 발전시키기 위해서 종업원 확보전략을 세워야 한다. 대부분 창업기업의 경우에는 기존의 대기업에 비해서 유능한 인력을 확보하는 것이 어렵다. 기업지명도가 낮고 향후 몇 년간 어떤 업무를 담당할 종업원들이 얼마나 필요한지에 대해서도 예측하기가 어렵기 때문이다.

창업기업의 종업원들은 일반적으로 여러 가지 업무를 겸직하여 수행하는 경우가 많다. 예를 들어 경리업무와 총무업무를, 또는 생산업무와 판매업무를 겸해야 하는 경우가 많다.

5) 창업의 실패와 성공

(1) 창업이 실패하는 이유는?

창업은 실패할 확률이 높다. 신규사업 중 63%가 6년 이상 지속되지 못한다고 한다. 그리핀(O. Griffin)은 창업실패의 원인으로 다음의 네 가지 요인을 들고 있다[Griffin, 2005 : 302−333].

① 경영능력과 경험의 부족이다. 사람들은 상식적인 수준에서 사업이 운영될 것이라 생각하고 자신의 능력을 과신하며, 단지 열심히 일하는 것만이 성공의 열쇠라고 생각한다. 그러나 경영자는 의사결정의 기본방법을 알아야 하고 경영의 원칙과 개념들을 이해하고 있어야 한다.

② 무관심 또한 실패의 원인이 된다. 창업자들은 단지 한정된 시간만을 새로운 사업에 투자하려고 한다. 하지만 신규사업을 시작할 때는 많은 시간과 노력이 요구된다. 시간과 노력을 기울이지 않는 창업가는 실패하기 쉬운 것이다.

③ 통제시스템 구축의 실패이다. 효율적인 통제시스템은 사업의 진행상황을 관찰하는 데 기준이 되고, 창업가가 문제상황을 발견할 수 있게 해 준다. 만약 통제시스템이 문제상황을 알려주지 않는다면 창업가들은 눈에 보일 만큼 문제가 커진 이후에야 문제를 인식하게 된다.

④ 창업 및 운영 자금의 부족이 신규사업의 실패 원인이 된다. 몇몇 창업가들은 단기간에 순이익이 날 것이라는 낙관적인 전망만을 하지만, 손익분기점을 넘기기 위해서는 몇 달 혹은 몇 년이 걸릴지도 모르는 것이다.

특히 자금은 창업 이후 기업이 성공적으로 살아남기 위한 가장 중요한 요소이다. 사업을 하다 보면 돈과 관련된 문제가 많다. 창업 이후 수익을 내기까지 수년이 걸리는 경우가 많기 때문에 창업자는 단순히 창업할 때의 자본뿐만 아니라 본격적인 수익기로 들어가기 전까지의 자금이 필요하다. 또한 한쪽에서 자금유통이 끊기기 시작하면 다른 쪽에도 영향을 주는 경우가 많고, 이는 연속적인 자금악화를 초래함으로써 기업의 생존을 위협한다. 이러한 예는 소규모 기업이나 인터넷 기업에서 많이 찾아볼 수 있는데, 특히 자금투자자들의 기대를 충족시키지 못할 경우 새로운 사업에 대한 투자가 막히는 경우가 많다. 미국의 디지털 엔터테인먼트 네트워크(Digital Entertainment Network)는 투자부족으로 비디오 스트리밍 사이트를 폐쇄해야 했으며, 의류 도매상인 부닷컴(boo.com)은 6개월 동안 1억 달러 이상을 투자했지만 결국 문을 닫고 말았다[www.business2.com 참조].

또한 경영기술의 부족으로 기업이 도산하는 경우도 많다. 돈, 시간, 사람, 재고 등 기업의 모든 요소가 창업 이후 기업을 성공적으로 운영하기 위해 필요한 것들이다. 창업을 하는 데는 낙관적인 생각과 좋은 아이디어 이상의 많은 것들이 필요하다. 사업확장을 하는 과정에서 문제가 발생하기도 하는데, 성공적으로 창업을 한 사람이 사업규모를 확장하려다가 실수를 하는 경우가 생긴다. 그리고 어떤 창업기업들은 성공한 회사들을 벤치마킹(benchmarking)[2]하는 데만 급급하여 실패하기도 한다.

(2) 창업이 성공하려면?

창업의 성공원인도 몇 가지로 구분해 볼 수 있다.

① 열정과 헌신이다. 창업자는 시간과 노력을 아끼지 말아야 한다.

② 시장상황에 대한 철저한 분석을 통해 시장의 수요를 예측할 수 있어야 한다.

③ 경영능력이다. 창업에 성공한 사람들은 경험을 축적하거나 다른 사람의 능력을 사용한다.

④ 성공할 수 있는 시기를 제대로 포착해야 한다. 예를 들어, 스타벅스는 음반시장이라는 신규사업에 대한 철저한 시장조사를 통해 시장상황을 파악하고, 자사의 장점들을 적극적으로 활용함으로써 창업을 시도했다[Griffin, 2005 : 302−333].[3]

6) 인터넷 기술과 스타트업

1990년대 중반 이후 인터넷의 발달로 창업하는 데 필요한 설비가 컴퓨터, 모뎀,

---

2 타 업종이나 동일업종에서 최고 성과를 내고 있는 기업을 모델로 삼아 창조적 모방을 통해 그 독특한 비법을 배우는 방식을 벤치마킹이라 한다. 벤치마킹을 성공적으로 수행하기 위해서는 자기기업을 객관적으로 평가해야 하며, 무조건 우량기업의 것만 대상으로 하다 보면 실패할 수도 있음에 유의해야 한다.

3 한편, 드러커(P. F. Drucker)는 신생기업이 성공하기 위한 요소로 다음의 네 가지를 들고 있다. ① 시장에 초점을 맞추어야 한다. ② 재무계획, 특히 현금흐름과 미래의 자본수요에 대한 계획을 갖고 있어야 한다. ③ 최고경영자팀(top management team)을 구성해야 한다. ④ 창업자인 기업가 자신이 자신의 역할과 책임, 일의 범위, 그리고 다른 사람들과의 관계 등에 대해 결정을 내려야 한다[Drucker, 2003 : 145].

전화선, 그리고 인터넷 도메인만 있으면 되므로 창업비용이 과거에 비해 상대적으로 낮아졌다. 창업비용이 낮아진 대신 수익은 높아졌고, 수익을 올릴 수 있는 기회 또한 많이 늘어났는데, 이러한 변화를 통해 10대 창업가들도 생겨나고 있다. 예를 들어, 소프트웨어나 컴퓨터 게임에 대한 팁을 제공하는 마이 데스크탑(My Desktop)이라는 사이트는 미국에서 3명의 청소년들에 의해 창업되어 연 3만 달러 이상의 수익을 올렸다. 이들은 자신들이 설립한 기업을 백만 달러 이상의 가격과 수천 주의 스톡옵션을 받고 타회사에 매각하였으며, 그 매각대금으로 지금은 바이 버디(Buy Buddy)라는 두 번째 인터넷 기반 전자상거래사업을 하고 있다. 10대 창업의 또 다른 예로 서핑 프라이즈(Surfing Prize)라는 사이트를 들 수 있다. 이 사이트는 수많은 인터넷 사용자가 인터넷에 접속하는 동안 디스커버 카드(Discover Card), 애스크 지브스(Ask Jeeves), 티켓닷컴(Tickets.com), 그리고 워너 브라더스(Warner Brothers)와 같은 기업들의 광고를 허용하는 조건으로 수익을 올렸다. 서핑 프라이즈는 25,000명 이상의 회원을 확보하고 있다[Pride 외, 2005 참조]. 하이테크 산업에 있어서 10대 창업의 성공적인 경우는 매우 이례적이고 도전적인 현상이라 할 수 있다[Business Week, 2000, May 29].

> 배달의 민족 배달앱 서비스를 창업해 2017년 말 1,600억 원의 매출을 하고 있는 우아한 형제들의 창업자 김봉진 대표는 2010년 창업 후 4년 동안 적자일 때에 버틸 수 있었던 힘은 함께 창업한 친구들의 우정이었다고 한다. 2010년 답십리의 한 카페에서 친형과 중학교 동창들을 합쳐 모두 6명이 일주일에 한 번씩 회의를 하면서 배달 앱을 만들었는데, 창업멤버들이 서로 전적으로 믿고 의지할 수 있는가가 스타트업의 성공할 수 있는 밑거름이 될 수 있다.

7) 기업가정신

창업은 물론 창업 이후에도 계속 성공하기 위해서는 사업아이디어, 자금, 우수한 인력 등의 여러 가지 요소들이 필요하지만, 그중에서도 가장 필수적인 요소는 기업가의 기업가정신이다.

(1) 기업가란?

기업가란 의미의 앙트라프레뉴어(entrepreneur)란 용어는 16세기 초 프랑스에서 군사원정을 지휘하는 자를 뜻하는 의미로 사용되기 시작하였다. 이 용어는 18세기 초 교량건설가, 도로건설가 혹은 건축가와 같은 모험가를 뜻하는 것으로 사용되었고, 18세기 말에는 경제적 의미를 포함하여 위험을 부담하는 자본가(risk-taking capitalist)로 인식되기 시작하였다[Hoselitz, 1951 : 193-220]. 미국의 경우 20세기 초에 기업가는 산업발전을 담당하는 기술자와 생산의 주요 담당자를 가리키는 말이었다.

이처럼 기업가에 대한 개념은 시대에 따라 변해 왔다. 고전적인 기업가 개념은 17세기 산업혁명 이후부터 19세기 말까지 경제학자들에 의해 정의된 개념으로 상인기업가적 특징을 가지고 있었으며 소유경영자, 자수성가형의 기업가로 받아들여졌다.

19세기 말, 산업혁명의 영향으로 새로운 상품의 발명과 기술의 발전이 생산에 엄청난 파급효과를 가져오자, 기술자기업가 및 발명자기업가가 산업사회를 주도하기 시작하였고 이때부터 전문경영자의 개념도 부각되었다[문원택 외, 1999 : 18-25]. 전통적으로 기업가는 자기자본으로 위험을 감수하면서 기업을 운영 · 지배하는 주체를 의미했다.

오늘날 기업가는 기업의 설립에서부터 운영에 이르기까지 모든 활동을 담당하는 최고책임자를 지칭한다. 기업가는 스스로 출자를 담당하고 이에 따른 위험을 부담하는 동시에 기업 내의 경영관리를 직접 수행하는 최고경영자로, 기업의 설립부터 기업에 관한 제반 경영활동을 스스로 책임지는 사람을 의미한다.

이러한 기업가들은 개인이나 개인 간의 작은 집단이 모여서 만든 기업으로서 주변환경에 영향을 주지 않을 정도의 판매액과 자산규모를 가진 소규모 기업들, 즉 중소기업(small and medium industry)과 벤처기업(또는 모험기업, venture business)을 창업한다[Griffin, 2005 : 302-333].

벤처기업은 중소기업에 포함되지만 기술적인 측면에서 첨단 신기술을 활용한다는 점을 부각시켜 일반 중소기업과 구분하기도 한다. 양자를 구분해 보자면 중소기업은 문자 그대로 규모가 작고 독립적으로 소유되고 운영되는 기업으로, 꼭 중견기업이나 대규모 기업으로 성장하지 않을 수도 있고, 적지 않은 중소기업 소유자들은 자기들의 회사운영을 적정한 규모로 유지하려고 한다.

반면 벤처기업의 기업가들은 첨단 신기술을 기반으로 하여 창업을 하며 초기단계에는 규모가 작지만 중견기업이나 대규모 기업으로 성장시켜 나가려는 경향이 강하다. 구글, 마이크로 소프트, 애플 등 글로벌 거대기업으로 알려진 기업들이 스타트업 벤처로 시작하였으나 제품이 전 세계 시장을 석권하는 기업으로 성장하였다.

중소기업과 벤처기업을 쉽게 구분하기는 어렵지만, 상대적으로 중소기업 기업가들이 안정성과 이윤추구를 선호한다면, 벤처기업 기업가들은 고위험 고수익(high risk high return) 성향이 강하며 성장성과 시장에서의 위치선점이 보다 중요한 목표가 된다고 말할 수 있다[Gomez-Mejia, 2008 : 310-312].

경기도 성남시에 소재한 '뷰웍스'는 의료 · 산업 · 바이오 등 영상관련 통합 솔루션을 제공하는 특수영상기기 전문업체다. 회원들이 모이자 김후식 대표는 자사를 소개하는 시간을 가졌다. 그는 "뷰웍스는 카메라를 제조해 판매하는 기업이었다. 그러다 광학계를 개발하는 용역을 하기 시작했는데 용역기준이 커져 지금은 관련 물건을 개발 · 판매하고 있다."며 "의료용, 산업용 카메라, 영상센서 및 정밀 광학신호 처리장치, 광학기기 설계분야 등 특수영상기기를 제작한다."고 설명했다. 김 대표는 뷰웍스에서 제조해 판매하는 카메라와 영상장비 등 샘플을 직접 보여주며 제품을 설명했는데, 그중 회원들의 눈길을 끈 것은 3D 영상 카메라였다. 회원들은 3D안경을 쓰고 영상기기 앞에 서서 움직여 보는 등의 체험을 통해 뷰웍스 제품들에 대한 이해를 더했다.

(2) 기업가정신이란?

기업가정신(entrepreneurship)이란 새로운 사업의 시작을 위해 기업가가 마땅히 갖추어야 할 자세나 정신을 말한다. 기업가(기업창업자)들은 자신들이 봉급생활자로 일했을 때보다 수입이 적더라도 자신만의 사업을 시작하고 운영하는 위험을 기꺼이 감수하고 싶어 한다[Pride 외, 2005 : 169]. 대부분 창업을 하는 사람들은 이전에 다른 기업에서 일했던 경험이 있으며, 때에 따라 창업을 하는 시점까지 기업에 고용되어 있는 경우도 있다.

기업가가 갖추어야 할 자세나 정신들은 매우 다양하고 많지만 다음 네 가지 요소에도 주목할 수 있다.

① 비전의 제시와 실현욕구

기업가는 기업의 비전을 제시하고, 이를 실현하고자 하는 실천자이다. 기업가가 눈에 보이는 단기적인 현상에만 집착하면 방향성을 상실하거나 미래에 대한 확신을 갖기 어렵다. 특히 창업 초기의 기업은 자원이 열악하기 때문에 금전적 보상을 통해 우수한 인적 자원을 고용하기가 어렵다. 따라서 미래의 가능성을 가지고 창업팀을 구성하고 사람들을 모으려면 비전의 제시가 필요하다.

일반적으로 비전(vision)은 조직이 지닌 핵심적인 이념과 그것을 구현하기 위한 목표로 이루어진다. 흔히 말하는 조직의 바람직한 미래상으로서의 비전은 주로 기업목표달성에 치중하는 관점을 나타낸다. 경영비전은 과거부터 현재까지 기업의 역사와 전통에 대한 이해와 미래에 대한 희망을 바탕으로 기업이 나아가야 할 모습을 안내해 주는 이정표 역할을 하는 것으로 언뜻 애매모호한 듯 보이지만 기업이 미래에 도달하고자 하는 일종의 이상적인 모습(ideal picture) 또는 기업의 전체적인 방향을 제시해 주는 청사진이다.

경영비전을 얘기할 때 개념적으로 많은 혼돈을 느끼게 하는 것들이 바로 계획이나 목표, 꿈과 같은 용어들이다. 이러한 용어들과 구분하여 비전은 미래가 어떠해야 하며 어떻게 보일 수 있는지에 관한 그림을 말하고, 계획이나 목표는 그러한 그림을 현실로 만드는 수단을 의미한다[Snyder 외, 1994]. 또한 비전은 아직까지 도달하지 못한 현실일 뿐 언젠가는 달성하려고 하는 미래상태에 대한 정신적 이미지를 가리키기 때문에 막연한 꿈과는 완연히 구별되는 개념이다.

창업자의 비전은 다음과 같은 기능을 갖는다.

첫째, 비전은 경영자가 기업이 핵심이념을 철저하게 지킴으로써 높은 수준의 야망을 실현하는 원동력이 된다. 일반적으로 비전은 경영자가 갖는 경영철학을 많이 반영하게 되는데 이런 견지에서 보면 비전을 가지고 있는 경영자는 뚜렷한 경영철학을 가지고 있으며, 더 나아가 확고한 비전과 그것을 뒷받침하는 전략구상력을 가졌는가의 여부는 경영자가 회사나 사회에서 존경받는 소신이 되기도 한다[김정석, 1994].

둘째, 비전은 구성원들로 하여금 끊임없이 혁신에 도전하도록 의식을 불어넣는다. 일류기업들이 되는 과정에서 비전을 향한 혁신을 추구함에 있어 "이제는 됐다."라는 현실안주가 없다. 그들에게는 기업의 목표를 실현할 수 있다는 신념과 기업목표를 향해 헌신하려는 의지가 있을 뿐이다.

셋째, 비전은 기업경영시스템의 각 구성요소들을 통합시킨다. 향후 변화하는 경영환경에 대응하기 위해서는 기업의 모든 능력을 한곳으로 집중할 필요가 있다. 앞에서도 언급한 바와 같이 많은 경우 기업의 경영시스템은 각 요소 간의 연계가 잘 이루어지지 않아 경영활동이 소모적이기가 쉬운데 비전이 이를 막아주는 방향타 역할을 한다.

넷째, 비전은 기업의 일반구성원들을 임파워먼트시키는 역할을 수행한다. 임파워먼트(empowerment)는 구성원들에게 동기부여와 권한을 부여하는 것으로서 조직 내부적으로 구성원들의 상상력과 창조력을 고무시키고, 이들 간의 원활한 커뮤니케이션을 지원하며, 이들의 정신적 에너지를 폭발시키는 것과 같은 기능을 수행한다.

다섯째, 비전을 통해 기업은 내·외부의 이해관계자들에게 희망과 신뢰감을 심어줄 수 있다. 비전경영은 새로운 성장기회를 찾기 위해 새로운 시장의 개발이나 새로운 고객의 확보를 지향하기도 하지만 동시에 현재의 시장이나 현재의 고객에 대해서도 계속적으로 관심을 갖도록 한다. 또한 비전은 사회를 중시하는, 즉 열린경영을 지속적으로 추진할 수 있게 하여 명성을 쌓아 나가게끔 한다.

② 창의성과 혁신

창의성과 혁신은 기업가정신의 가장 근본적인 요소로 논의되어 왔다. 창의성(creativity)과 혁신(innovation)을 우리는 가끔 동일한 개념으로 혼용하고 있다. 물론 양자 간에 공통점이 많은 것이 사실이다. 그러나 다소 엄격하게 보면 이 둘은 꼭 똑같은 개념이 아니면서도 기업가정신으로 양자가 결합된 필요한 요소인 것이다.

먼저 창의성이란 새로운 것을 '생각해 내는 것(thinking up)'이며, 혁신은 새로운 것을 '실행하는 것(doing)'이라고 차이점을 말할 수 있다. 따라서 창의성은 비교적 주관적이고 다소 흐릿한 개념으로 '내부적(internal)'인 용어이며, 혁신은 현실적으로 측정이 가능한 '외부적(external)'인 용어이다[Google, "The Difference Between Creativity and Innovation"]. 예를 들면 창조성, 창조력, 독창성 등 여러 말로 불리는 창조성은 회사에서 무엇인가 기발하고 이전에 없었던 새로운 아이디어를 생각해 내는 종업원들의 능력을 말하며, 혁신은 그러한 아이디어를 실제로 제품으로 만들어 팔 수 있게끔 하는 능력을 말한다. 접착천 제품인 벨크로(Velcro)의 발명자인 메스트럴(George de Mestral)은 들판에서 흔히 볼 수 있는 도꼬마리라는 식물의 갈고리가 옷에 어떻게 잘 달라붙는가를 연상하여(창의성) 제품을 생산할 수 있는 계기를 만

들었다(혁신).[4]

조직에서 창의성과 관련해서 바이크스랜드(G. Vikesland)는 경영자와 종업원들이 알아야 할 여러 가지 내용들을 제시하고 있는데, 그중 몇 가지만 요약해서 소개해 보면 다음과 같다[Google : Vikesland, "Employee Creativity"].

- 창의성은 어느날 갑자기 생기는 것이지 누가 예측하거나 통제되는 것이 아니다. 따라서 창의성이 생길 때를 기다리는 것이 중요하다.
- 창의성은 학력, 나이, 근무기간, 직무와 관련이 없다. 창의적 활동은 크기나 모양에 관계없이, 그리고 복잡하면서도 간단하게 일어난다.
- 창의적인 아이디어를 냈다고 해서 부자가 되는 것은 아니다. 스스로 보상을 느끼는 것이며, 창의적 활동에 보낸 시간만큼 만족을 느끼게 된다.
- 창의적인 아이디어는 회사가 정치적인 분위기에 싸여 있거나 관료적 구조에서는 만들어지지 않는다.
- 미국 회사들은 약 38% 정도의 창의적 아이디어를 받아들이는 데 비해, 일본 회사들은 약 90% 정도를 채택한다고 한다.

이노베이터(innovator)의 특징은 다음과 같다[허민구, LG주간경제, 2004.4.16. 참조 · 요약].

첫째, 혁신가는 아이디어 창출자가 아니라 발견자이다. 혁신가는 새로운 아이디어를 누구보다도 먼저 받아들인다. 더블 클릭(Double Click)의 창업자로 잘 알려진 미국의 벤처기업가 오코너(O'Connor)는 "아이디어는 도처에 널려 있지만, 이를 발견하지 못할 뿐"이라고 말한 바 있다. 그러나 누구보다도 앞장서서 아직 검증되지 않은 새로운 아이디어를 받아들이고 직접 실험에 옮기는 성향을 갖고 있는 사람이 혁신가이다.

둘째, 혁신가는 다양한 실험을 통해 아이디어의 가치를 평가한다. 그렇지만, 혁신가가 새로운 아이디어의 잠재적 가치를 한눈에 알아보는 통찰력을 갖고 있는 것은 아니다. 대신에 혁신가는 남보다 앞서서 다양한 실험과 시행착오의 과정을 통해 새로운 아이디어의 전략적 가치, 즉 수익창출 가능성(profit potential)을 이해하게 된다. 혁신가는 "나는 결코 실패해 본 적이 없다. 다만, 전구에 불을 켜지 못하는 1,000가지의 다른 방법들을 개발해 내었을 뿐이다"라는 에디슨(Thomas Edison)의

4 이러한 발상법을 조직적으로 활성화시키는 창의성 훈련방법을 시네틱스(synetics)라 한다.

사고방식으로 무장하고 한 번에 한 가지씩 실험하는 접근방식에 따라 아이디어의 가치를 찾아 나간다.

셋째, 혁신가는 아이디어를 실행에 옮김으로써 가치를 창출한다. 혁신가의 역할 중 가장 두드러진 역할은 실행능력이다. 유망한 아이디어를 먼저 포착하더라도 이를 실행에 옮겨 성과를 창출하지 못하면 아무 소용이 없다. 혁신가의 실행능력은 아이디어를 구체적인 제품이나 서비스, 또는 사업 모델로 구현하여 소비자에게 전달함으로써 가치를 창출하는 능력이다. 이 과정에서는 재무적 · 인적 자원은 물론 이해관계자 네트워크의 지지를 획득하는 등의 폭넓은 능력이 요구된다.

혁신과 관련된 논의들은 최근에도 경영분야의 실제나 연구 면에서 가장 주목을 받으면서 이루어지고 있다.

③ 성취동기와 실패회피동기

성공한 기업가는 원래 일을 좋아하고 일(사업)에 매우 열정적인 사람들이다. 현대그룹 창업자 정주영이나 미국의 발명가이자 기술자기업가 헨리 포드(Henry Ford) 같은 기업가들이 바로 그런 사람들이었는데, 일 없이는 못사는 '일중독자(workaholic)'들을 서양에서는 자기희생을 감수한다는 뜻에서 흔히 '꿀벌(Apis mellifera)'이라고도 부른다. 이 말은 남을 위해서 평생 동안 꿀을 모아다 주는 좋은 사람이라는 긍정적인 뜻을 내포하고 있다. 스타벅스의 하워드 슐츠(Howard Schultz) 회장은 자사의 브랜드 이미지가 세계적 품질을 보증하는 고급커피의 대명사가 될 것이라는 장기적인 비전을 지녔고, 어떤 일에든 열정적으로 몰입하는 자신의 성격을 바탕으로 커피에 몰두하여 지금의 스타벅스를 일구어 냈다.

이러한 성공적인 기업가들이 가지고 있는 특징을 맥클레랜드(D. C. McClelland)는 성공이 개인에게 있어서 얼마나 중요하고 가치가 있는 것인가를 나타내는 성취동기(achievement motive) 또는 성취욕구(n·Ach : need for Achievement)가 강하다고 설명한다.

성취동기이론에 따르면 한 개인의 성취동기가 얼마나 강한가 또는 성취욕구가 얼마나 큰가 하는 것은 그 사람이 살아오는 과정에서 겪는 삶의 경험에 따라 달라진다고 본다. 특히 과거의 성공경험에서 자기 스스로 희열을 느껴 보았다거나 커다란 사회적 · 경제적 보상을 받았을 경우 성취욕구는 강해진다. 사람들은 성장하는 과정에서 자기 주위의 어떤 사물이나 상황과 자신의 긍정적 또는 부정적 감정을 관련시키는 법을 배우게 된다. 특히 어떤 일을 완수했을 때 유쾌한 느낌을 받은 성취상황을 경험한 사람은 강한 성취동기욕구를 얻게 되고, 이러한 사람에게 있어서 성취동기욕구는 다른 동기욕구보다 우위에 서게 된다. 이때 한 개인이 어떤 분야에 대해 얼마나 강한 성취욕구를 갖는가는 사람마다 다를 수 있다[Tosi 외, 1991: 280].

성취동기이론을 이해하는 데 있어서 유용한 반대 개념은 실패회피동기이다. 실패회피동기란 문자 그대로 성공하려는 욕구보다도 실패를 하지 않으려는 욕구를 말한다. 성취동기는 실패회피동기와 보완적이다. 즉 성취동기가 큰 사람은 성공할 수 있는 상황 또는 기회를 적극적으로 찾는 반면, 실패회피동기가 큰 사람은 성공할 수 있는 상황을 찾기보다는 실패하지 않을 상황을 찾는다[Tosi 외, 1991 : 281 참조].

성취욕구가 높은 사람들은 자기 스스로 성과목표를 정하기 좋아하고, 아주 쉽거나 너무 어려운 목표는 피하며 난이도와 위험수준이 중간 정도로서 노력하면 달성 가능한 목표를 선호한다. 또한 이들은 업무수행에 관한 즉각적이고 효율적인 피드백을 선호하며, 자신이 해결한 문제에 대하여 기꺼이 책임지려고 한다[McClelland, 1962]. 이것이 바로 새로운 사업을 일으켜 세우는 기업가정신의 요체인 것이다.

(3) 도전정신(개척정신)

기업가정신의 또 다른 요소는 도전정신 또는 개척정신이다.[5] 도전정신은 위험을 무릅쓸 용기와 실패해도 곧바로 재기할 수 있는 인내심과 집념을 의미한다. 기업가에게 모험과 위험에 대한 보상은 바로 이윤으로 연결되는데, 위험이 클수록 보상 또한 커지는 속성 때문에 성공한 기업가들은 실패를 두려워하지 않는 모험가들이 많다. 새로운 도전과 기회를 추진하는 데에는 불확실성이 뒤따르기 때문에, 기업가정신의 발휘는 기본적으로 위험을 전제로 한다. 미래에 도전하는 기업과 현재를 지키려는 기업은 위험을 바라보는 관점과 시각이 근본적으로 다르다. 현재를 지키려는 기업은 안정적인 환경에서 최소의 위험부담을 통해 기존사업의 최적화를 추구한다. 반면에 미래에 도전하는 기업은 고객을 위한 새로운 가치창출에 초점을 두고 공격적으로 미래의 성장기회를 모색한다. 그들은 미래의 위험을 무시하고 기존사업에만

5 여기서는 도전이라는 말을 매우 긍정적으로 쓰고 있지만 부정적인 의미에서 싸움을 거는 도전적 행위(challenging behavior)로 쓰는 경우도 적지 않다. 그리고 도전정신은 미국 서부 개척시대로부터 비롯된 개척정신(pioneering spirit)이나 미국 대통령이었던 케네디가 세칭한 뉴프론티어(new fronteer) 정신과 일맥상통하는 용어이다.

매달리는 것이야말로 오히려 더 위험하다는 것을 잘 알고 있다.

우리가 도전정신 또는 개척정신을 말하는 데 현대그룹의 창업자인 고 정주영 회장을 빼놓을 수 없다. 정 회장의 "하면 된다(Can Do Spirit)."라는 도전정신은 널리 알려져 있다. 정주영은 소년시절 굶주림에서 벗어나려고 가출하여 서울로 상경하여 쌀가게 점원으로 일하다 주인으로부터 큰 신임을 얻어 쌀가게를 맡아 운영을 하게 된다. 중일전쟁이 발발해 쌀을 배급제로 하게 되자 쌀가게를 폐업하고 1940년 자동차 수리업 아도서비스를 개업한다. 1950년 드디어 세계 굴지의 건설회사가 된 현대건설을 설립하고 그야말로 불가능하다고 생각되는 여러 사업들을 해 낸다. 국내에서 한강 인도교 공사 등 경험을 거쳐 1965년에는 우리나라 역사상 최초의 건설업 해외진출을 시도한다. 1970년에는 세계 고속도로 건설사상 가장 빠른 공기로 경부고속도로 건설에 참여하였다. 1972년에는 막대한 자금이 소요되는 현대조선(중공업)을 설립하여 오늘날 우리나라가 세계적인 조선강국이 되는 데 견인차 역할을 하였다. 당시 조선사업의 설립에 대한 반발이 매우 거세었는데, 그는 "이봐, 해봤어?"라고 응수하고 그 시절 거북선이 그려진 500원짜리 지폐를 들고 외국에 돌아다니면서 일찍부터 우리나라가 조선입국임을 내세워 자금을 조달한 전설적인 에피소드를 남겼다.

1976년에 우리나라 자동차 고유모델인 포니(pony)를 생산하고 오늘날 성장을 거듭하고 있는 현대차 · 기아차의 모체가 되었다. 1983년에는 현대전자를 설립하고 창립 10년 만에 세계적인 반도체회사로 발돋움하게 하였다. 한때 현대그룹 계열사 전부를 합친 총매출액은 부가가치로 환산하면 우리나라 총국민생산(GDP : Gross Domestic Product)의 5%에 이르기도 하였다. 이것이 바로 한 사람의 "하면 된다"라고 하는 도전정신을 보여준 예이다.

2 스타트업 및 벤처기업과 벤처캐피털

1) 벤처기업이란?

벤처기업 또는 모험기업(venture business)이란 사업이 실패할 위험성은 매우 높으나 성공할 경우 매우 높은 수익을 얻을 수 있는 사업에 도전하는 스타트 업을 지칭하는데, 일반적으로는 벤처캐피털(venture capital)[6]로부터 투자를 받은 창업 단계의 기업을 의미한다.

이러한 벤처기업은 국가별로 조금씩 다른 의미로 정의되고 있다. 미국의 「중소기업투자법」은 벤처기업을 "위험성이 크나 성공할 경우 높은 기대수익이 예상되는 신기술 또는 아이디어를 독립기반 위에서 영위하는 신생기업(new business with high risk-high return)"으로 정의하고 있다. 일본의 「소기업의 창조적 사업활동 촉진에 관한 임시조치법」에서는 "중소기업으로서 R&D 투자비율이 총매출액의 3% 이상인 기업, 창업 후 5년 미만인 기업"을 벤처기업으로 규정하고 있으며, OECD에서는 "R&D 집중도가 높은 기업" 또는 "기술혁신이나 기술적 우월성이 성공의 주요 요인인 기업"을 벤처기업이라 정의하고 있다. 우리나라는 벤처기업을 다른 기업에 비해 기술성이나 성장성이 높아서 정부에서 우선적으로 지원할 필요가 있다고 인정하는 기업이라 정의하고 있다.[7] 이처럼 벤처기업이란 신생중소기업으로서 자본 측면에서 모험자본과 결합되거나 그럴 가능성이 높은 기업, 경영자 측면에서 기업가가 기술창업인인 경향이 큰 기업, 기업행태 측면에서 고도의 첨단기술을 기반으로 신제품을 상업화하고 연구개발활동이 활발한 기업, 시장 및 사업주체 측면에서 고위험 · 고수익 사업을 수행하고 신생산업 또는 신흥시장에서 많이 출현하는 기업, 자원부족 문제의 해결과 필요한 자원의 조달 문제가 핵심적인 성공요인으로 논의되는 기업을 말한다[이춘우, 1999 : 46]. 흔히 미국 샌프란시스코 근교에 있는 실리콘 밸리(Silicon Valley) 하면 연상되는 사업이 바로 벤처기업이다.

벤처기업의 일반적인 특징은 다음과 같이 요약할 수 있다. ① 첨단기술이 필요한 미개척분야의 기업이다. ② 기술혁신의 템포가 빠른 분야의 기업으로 총매출액 대비 기술개발의 비율이 높다. ③ 지식집약적인 기업으로 주로 정보통신, 전기전자, 유선공학, 의료기기, 영상멀티미디어 분야가 주를 이룬다. ④ 소자본으로 창업할 수 있는 중소기업의 형태를 취한다. ⑤ 기본시스템을 제외하고는 외부자원을 이용하는 경우가 많다. ⑥ 매출성장률, 부가가치율, 수출비율이 높다. ⑦ 의사결정이 신

6 모험자본(venture capital)이란 고도의 기술력과 장래성은 있으나 경영기반이 약해 일반 금융기관으로부터 융자받기 어려운 벤처기업에 무담보 주식투자 형태로 투자하는 기업이나 그러한 기업의 자본을 말한다.

7 우리나라 벤처기업의 유형은 ① 벤처캐피털 투자기업, ② 연구개발 투자기업, ③ 특허기술(신기술) 개발기업, ④ 우수기술 평가기업 등의 네 가지가 있다[벤처기업육성에 관한 특별조치법].

속하고 추진력이 강력하다. ⑧ 기존의 사회자본을 사용하는 기업이다. ⑨ 지적재산권의 비중이 높다[장수덕, 2003 ; 신구범 외, 2004 ; 장승기, 2005].

여기서 한 가지 짚고 넘어가야 할 것은 벤처기업 하면 가끔 창업동기를 오해하는 경우가 있을 수 있다는 사실이다. 사업의 위험부담이 크기 때문에 경영자가 무리하게 경영을 하지 않을까 하는 우려이다.

일본 기업들 중 벤처기업으로 출범하여 오늘날 세계적인 초일류기업으로 명성을 얻고 있는 소니(Sony)의 설립취지서를 살펴보면 아직도 창업정신이 일관되게 흐르고 있음을 알 수 있다. 이 취지서에는 당시 회사의 경영자원은 궁핍하고 사회의 평가조차 없지만 이상적인 회사를 창립하려는 의기로 가득 찬 기개가 나타나 있다[박우진 역, 2007 : 22].

- 부당한 상업주의를 버려 내실을 기하고 회사의 규모를 좇지 않는다.
- 대기업이 손대지 않는 곤란한 기술에 도전한다.
- 사회적으로 이용도가 높으며 고급기술을 갖춘 독자적인 제품을 만든다.
- 종업원은 소수정예, 실력본위로 채용한다.
- 회사의 이익을 종업원에게 적절히 환원한다.

2) 벤처기업의 경영활성화 방안

우리나라 벤처 생태계는 여러 가지 문제점을 가지고 있지만, 새로운 변화를 주도하고 있는 것도 사실이다. 가장 대표적인 것이 전문인, 청년, 여성 등 새로운 벤처기업가 집단이 등장한 것이다. 특히 첨단 신기술력을 기반으로 하는 벤처기업의 경우에는 창업자의 역할이 매우 중요하며, 벤처기업가에 의해 창업자본 조달행태의 변화, 창업지원 인프라의 발전, 공격적인 해외진출 등이 이루어지고 있다. 이러한 변화가 어느 정도나 실질적인 성과를 나타내고 있는지 평가하기에는 다소 이른 감이 있지만, 이는 새로운 흐름으로서 향후 우리나라 창업문화의 변화를 가져올 것으로 보인다[한정화, 2003 : 11 참조].

(1) 벤처창업의 촉진요인과 저해요인

우리나라는 벤처창업의 시대적 흐름을 적기에 타는 데 성공하면서 벤처창업이 활성화되었다. 이러한 현상을 가져온 주 요인으로 다수의 성공 모델이 출현했고, 언론이 이를 집중 조명함으로써 벤처스타들이 등장한 것을 들 수 있다. 또한 벤처에 대한 정부의 정책적 지원에 힘입어 모험자본과 투자자의 주요 회수시장인 코스닥이 형성된 것도 벤처창업의 촉진요인으로 작용했다. 이 밖에도 우리나라의 벤처창업을 촉진한 요소는 대기업의 구조조정에 의한 고용불안 및 파생형 창업현상, 아웃소싱의 활성화 등이다.

우리나라의 벤처창업 활성화를 저해하는 요인들도 여러 가지가 있다. 무엇보다도 가장 큰 요인은 높은 실패율이다. 벤처스타들 가운데서도 이미 많은 실패기업인이 나타나게 되었다. 특히 벤처기업의 규모가 매출액 100억 원 이상으로 성장하면서 과거의 1인 비즈니스 체제의 한계가 드러나기 시작했다[매일경제, 2005.10.27.]. 그리고 아직 창업기업에 대한 사회적 인식도가 낮은 가운데, 벤처에 대한 부정적 인식이 확산되었다. 코스닥의 심한 변동과 동시에 벤처캐피털의 기능이 위축되고, 전문성 향상의 기회가 제한되었다. 내수시장 규모한계 및 국내외적인 경기침체 또한 벤처창업 활성화의 저해요인으로 작용했다[한정화, 2003 : 9–10].

(2) 벤처기업이 해결해야 할 전략적 과제

벤처기업 또는 벤처산업이 경영활성화를 위해 해결해야 할 전략적 과제로는 다음 몇 가지를 들 수 있다[박성범, 2010 : 91–97 인용 · 요약].

첫째, 기술과 경영지식을 갖춘 전문경영인을 확보하여야 한다. 벤처 비즈니스는 기술적인 측면이 강하게 요구되지만 고도의 기술이 전문적인 경영능력과 균형 있게 상호 의존적일 때 비로소 기업은 발전적일 수 있는 것이다.

둘째, 짧은 기간 내에 투자이익률을 극대화할 수 있는 기술을 개발하여야 한다. 비즈니스가 계속기업으로 성장하고 발전하기 위해서는 기술수준이 매우 높으며, 또한 현재의 높은 기술을 혁신을 통하여 계속 발전시킬 수 있는 저력이 있어야 한다.

셋째, 운영에 필요한 자금을 적시조달할 수 있어야 한다. 자금조달이 원활하게 이루어지기 위해서 벤처 비즈니스는 첨단기술을 바탕으로 이익이 보장될 가능성이 높은 내용을 제시하여야 한다.

넷째, 소비자 욕구를 파악할 수 있는 예측능력을 향상시켜야 한다. 벤처 비즈니스에서의 마케팅 전략은 소비자의 욕구를 적극적이며 예리하게 파악하는 예측능력이 가장 중요하다. 또한 제품수요에 대한 정확한 정보수집능력을 배양하여야 한다.

다섯째, 기업경영방식을 국제화시켜야 한다. 벤처기업이 국제화하는 데는 여러 가지 한계가 있는 것이 사실이지만 특히 자본, 해외시장 정보에 익숙한 고급인력, 기술, 국제적인 시야와 경영관리기법 등의 문제를 해결해야 한다.

여섯째, 정부의 정책적 지원을 받아야 한다. 벤처 비즈니스가 발전함으로써 기대되는 효과인 새로운 고용창출의 이점을 최대한 살리기 위해서는 정부의 체계적인 지원시책이 무엇보다도 중요하다.

3 중소 · 중견 기업의 성장 · 발전을 위한 경영 과제

1) 경영관리시스템의 구축

중소기업이든 벤처기업이든 창업기업이 성장하여 보다 규모가 큰 중견기업으로 발전하게 되면 기업의 전략과 기회에 대처하는 방법, 자원의 통제방법, 경영관리의 구조, 그리고 보상정책 등이 바뀌어야 한다. 창업 초기에는 우선 제품을 생산해서 판매하는 것이 중요한 관건이지만 창업한 기업이 정착하고 시장에서 살아남게 되면 창업기의 경영관리방식에서 벗어나 새로운 환경에 적응하여야 한다. 급속한 성장을 경험한 기업이 경영방식을 새로운 환경에 맞게 전환하지 않는다면 그 기업은 반드시 위기를 경험하게 될 것이다. 이를 방지하기 위해 어느 정도 성장하고 복잡화된 기업들은 경영방식을 기업가의 개인적 역량을 활용하는 기업가적 경영(entrepreneurial management)에서 기업구성원들의 역량도 활용할 수 있는 전문가적 경영(professional management)방식으로 전환하여야 한다.

전문가적 경영으로의 전환을 위해서는 종업원들이 전문적인 능력을 발휘할 수 있도록 개발하고, 능력과 정보를 보유한 사람에게 의사결정권한을 위임하며, 이들이 기업의 목표달성을 위해 노력하도록 공식적인 통제시스템을 개발하여야 한다. 이들을 차례로 살펴보면 다음과 같다[이경묵, 1999 참조].

첫째, 주먹구구식 경영에서 전문가적 경영으로 경영방식을 전환하기에 앞서 질 높은 의사결정을 할 수 있는 인적 자원을 개발해야 한다. 기업가적 경영스타일에서는 기업가의 독선과 독단 때문에 기업가의 명령과 판단을 순종하는 사람들만이 살아남고, 공격적이고 독립적인 사람들은 남아 있기 어렵다. 따라서 책임을 받아들이고 이를 수행할 수 있는 능력이 있는, 즉 경영능력이 있는 사람을 찾기가 어렵다. 전문가적 경영방식으로 전환하기 위해서는 창업 초기와는 다른 자질과 능력을 갖춘 사람이 요구된다. 따라서 전환을 위해 미리 핵심직위에 적합한 능력을 갖춘 사람들을 내부적으로 개발하거나 외부로부터 영입해야 한다. 외부로부터의 영입을 위해서는 기존에 접촉해 왔던 벤처 캐피털리스트, 회계사, 변호사, 거래은행 등을 통해 소개를 받는 것이 바람직하다.

둘째, 의사결정권한의 이양이다. 전문가적 경영의 힘은 의사결정에 필요한 정보와 능력을 보유한 사람들에게 의사결정권한을 위양하는 데서 나온다. 즉 소비자, 고객, 경쟁자에 대해 가장 구체적인 정보를 획득하고 의사결정을 할 수 있는 능력을 갖춘 사람들에게 권한을 배분하는 것이다. 이때 어떤 문제의 의사결정권한을 최고경영자가 보유할지의 여부는 매우 중요한 결정이다. 기업의 목표와 자원배분에 관한 전략적 의사결정은 최고경영자가 보유하는 것이 바람직하다. 의사결정권한을 구성원들에게 위양한다고 해서 기업가가 의사결정에 영향을 미칠 수 있는 기회가 없어지는 것은 아니다. 최고경영자인 기업가는 정보제공을 통해, 혹은 기업의 전략에 대한 설득을 통해 의사결정에 영향력을 행사할 수 있다.

셋째, 공식적 통제방식의 개발이다. 기업가가 일부 구성원들에게 의사결정권을 위양하면 위임받은 사람들은 자기 자신의 이익이 아니라 기업 전체를 위해 권한을 활용해야 한다. 이것이 기업의 통제시스템이다. 공식적인 통제시스템의 설계에서 가장 중요한 것은 종업원들의 인센티브와 기업의 이익을 일치시키는 것이다. 즉 종업원들이 자기 자신의 사적 이익을 위해 노력하는 것이 기업의 목표달성에 도움이 되도록 통제시스템을 만들어야 한다. 통제시스템의 요소로서는 공식적인 업무수행 절차, 규정, 규칙, 인사고과, 임금체계 등을 들 수 있다.

2) 한국 중소기업의 성장 발전을 위한 과제

중소기업이 우리나라 경제활동에서 차지하고 있는 비중은 매우 높다. 기업수만도 300만 개에 가까운 우리나라 전체 기업수의 99% 이상을 점하고 있으며, 고용규모도 1,000만 명을 넘어서 87%에 달하고 있다. 생산액이나 수출액도 우리나라 전체의 50% 이상을 점하고 있으며 앞으로 그 비중은 더욱 증가할 것으로 예상된다. 그러나 이렇듯 중소기업들이 우리나라 경제에서 중요한 역할을 담당하고는 있으나 경영상 해결해야 할 여러 가지 문제들은 산적되어 있다. 기업내부적으로는 기술개발, 자금조달, 생산관리, 영업활동, 노무관리 등 경영시스템을 개선해야 할 뿐만 아니라 기업외부적으로도 특히 대기업과의 관계를 개선시켜 나가야 할 어려운 상황에 놓여 있는 것이다.

이처럼 중소기업들이 직면하고 있는 문제점들을 적극적이고 능동적으로 해결함으로써 경영을 활성화시키기 위해서는 경영전략을 수립하고 실천하는 것이 무엇보다 요청된다[박성범, 2010 : 132-134 인용 · 요약].

① 중소기업은 기본적으로 외형위주의 양적 성장보다는 질적인 내실화를 기해야 한다. 이러한 중소기업의 내실화는 새로운 기술을 개발하거나 도입하여 신제품을 생산하고 경영합리화에 의한 원가절감을 할 수 있는 경영전략을 통해 가능하며, 재무구조의 충실화가 중요하다.

② 외부환경의 변화가 중소기업에 유리하게 작용될 수도 있으므로 중소기업 경영자는 독창적인 제품이나 아이디어가 있으면 과감하게 모험투자를 행하여 경영환경에 적극 대응하는 도전적인 자세를 가져야 한다. 또한 소비자들의 제품 구매동기나 구매내용 등의 변화를 유발시키고 소비패턴의 변화를 가져올 수 있는 제품전략이나 마케팅전략을 수립할 필요성이 있다.

③ 중소기업 간의 새로운 환경변화에 부응하는 협력활동이 필요하다. 즉 동종업종 간의 협동화로서 공해 문제, 지역사회와의 문제, 종업원의 복지향상 문제 등을 공동으로 협력하여 대처하는 경우이다. 또한 이업종 간의 교류를 통해서 기술수준 향상을 꾀하며, 특히 이업종 간의 정보교환, 인적 교류 등으로서 경쟁력을 높이는 융합화 전략을 추진하여야 한다.

④ 소비자의 기호가 규격화 · 표준화 · 동질화된 수요로부터 앞으로는 개성화 · 다양화 · 고급화된 수요형태로 바뀌고 있음을 중소기업 경영자는 인식하여야 한다. 이와 같은 소비형태는 곧 중소기업에 적합한 사업기회를 제공하게 된다. 이러한 점에서 볼 때, 중소기업 경영자는 다품종소량생산방식 또는 전문생산방식의 차원에 맞추어 전략을 수립하여야 한다.

⑤ 전문화도 경쟁우위를 확보하는 철저한 차별화 전략이다. 대기업보다는 중소기업이 인간의 창조성을 살리고 구성원들의 다양한 재능을 상품화하는 데 유연하고

빠르기 때문에 전문화를 위해서는 결집력이 중요하다. 전문화로 경쟁우위를 확보하기 위해서는 꾸준히 생산기술을 개발하여 전문기술 및 독자적 생산기술을 축적하고 항상 최고의 품질을 지향해야 한다.[8]

⑥ 규모가 작은 중소기업이지만 기업의 구성원 모두 응집된 힘을 발휘할 수 있도록 공통된 비전을 갖추는 것도 매우 중요하다. 보통 기업문화나 기업의 경영철학, 비전 등의 개념은 대기업에만 존재하는 것으로 인식하고 있는데, 앞으로는 중소기업도 노사가 모두 공유할 수 있는 공통된 비전을 통하여 종업원의 응집력을 유발시켜야 한다.

3) 대기업과 중소벤처기업 간의 상생협력 및 동반성장은 가능한가?

대기업과 중소기업 관계의 문제는 당사자가 기업이라는 동일한 성격을 가지고 있기 때문에 서로를 잠재적인 경쟁자로 인식하거나 대기업 위주의 일방적인 경영방식으로 인해 발생한다.

① 대기업의 중소기업 사업영역 침범 문제

대기업의 중소기업 사업영역 침범 문제는 대기업이 대규모 자본과 생산능력을 기반으로 자기 사업영역과 직접적인 관련이 없음에도 불구하고 수익전망이 있다고 판단되는 중소기업의 사업영역에 진출하여 중소기업의 존립기반을 위태롭게 하기 때문에 발생한다. 대기업이 중소기업의 고유영역을 침범하는 것은 중소기업의 채산성을 악화시키고 그 존립 가능성을 위협한다는 점에서 문제의 심각성이 지적되고 있다. 또한 대기업에 의한 경제력 집중 문제는 대기업의 중소기업 사업영역의 침범 문제와 연결되어 커다란 사회적 이슈가 되고 있다. 그리고 대기업이 법규를 악용하여 사실상의 자회사인 분사형태로 중소기업에 직접 진출함으로써 경제력 집중을 더욱 심화시키고 있는 것이 사회문제화되고 있다.

② 대기업의 거래상 부당행위 문제

대기업이 기업권력을 남용함으로써 거래상의 부당행위 문제가 발생하기도 한다.

---

8 우리나라 중소기업 제품 중 전문화로 세계적인 명성을 얻고 있는 브랜드는 궤스트, 은성시, IIJC, 쓰리세븐, 영안모자, 코메론 등 수없이 많다[박성범, 2010 : 134].

대기업 부과 과징금 누적액
(2012년 1월~2016년 9월)

과징금(원)		순위		위반 횟수(건)
3,495억 8,100만	현대차	1	롯데	124
2,832억 2,500만	삼성	2	SK	88
2,176억 5,200만	포스코	3	LS	85
1,730억 2,000만	SK	4	현대차	64
1,476억 2,900만	대림	5	LG	57

자료 : 공정거래위원회.

공정거래위원회로부터 박용진(더불어민주당) 의원이 받은 자료에 따르면, 2012년부터 2016년 9월 말까지 가장 많은 과징금을 부과받은 기업은 현대차그룹으로 3,495억 8,100만 원이었다. 공정위 소관 법률에는 시장 지배적 지위 남용과 기업 결합을 규제하는 독점규제 및 공정거래에 관한 법률을 비롯해 하도급거래 공정화에 관한 법률, 가맹사업 거래의 공정화에 관한 법률 등이 포함되는데, 현대차그룹이 관련법을 위반해 공정위에 적발된 건수는 모두 64건이었다. 시정명령 이상의 조치를 받은 경우가 30회였고, 경고를 받은 경우도 34회에 달했다. 삼성그룹이 2,832억 2,500만 원의 과징금을 부과받아 2위, 포스코그룹이 2,176억 5,200만 원으로 3위였다.

삼성은 시정명령 이상 조치를 받은 경우가 23건, 경고를 받은 경우가 18건으로 총 법 위반 건수는 41건이었다. 과징금 부과 건수는 19건이었고, 검찰고발 건수는 10건으로 집계됐다.

포스코는 시정명령 이상 21건, 경고 28건 등 총 49건의 법 위반 사례가 적발됐다. 그중 21건에 대해 총 2,176억 5,200만 원의 과징금을 부과받았다. 특히 검찰고발 건수는 13건으로 30대 대기업 중 가장 많았다.

법 위반 횟수로는 롯데그룹이 124건으로 가장 많았다. 롯데는 13건에 대해 360억 5,800만 원의 과징금을 부과받았다. 부과 과징금 순위로는 11위에 해당하는 규모다. 법 위반 횟수 2위는 SK(88건, 부과과징금 1,730억 2,000만 원), 3위는 LS(85건, 362억 9,000만 원) 등으로 나타났다.

한편, 같은 기간 주요 업종별 상위 10개사에 부과된 과징금 자료를 보면 정보통신업에서는 이동통신 1위 사업자인 SK텔레콤의 부과과징금이 470억 7,000만 원으로 가장 많았다. 건설업에서는 현대차그룹에 속한 현대건설이 최근 5년간 가장 많은 2,408억 3,500만 원의 과징금을 부과받았다.

이외에도 대림건설(1,473억 5,800만 원), SK건설(1,015억 2,300만 원) 등이 공정위 소관 법을 어겨 1,000억 원이 넘는 과징금을 부과받은 것으로 파악됐다.

특히, '하도급계약 불이행'은 대표적인 불공정거래의 예로 대기업과 중소기업 간에 체결한 하도급계약을 대기업 측이 일방적으로 이행하지 않음으로써 발생하는 문제이다. 예를 들어, 대기업이 중소기업과 거래를 함에 있어서 대기업의 우월적 지위를 남용하여 납품대금을 지급하지 않거나 지연이자 및 어음 할인료를 주지 않으며,

부당하게 납품대금을 깎고 국내 신용장 개설을 기피하는 등의 문제가 발생한다. 또 대기업이 중소기업에 대하여 불공정거래를 강요하는 것으로는 대기업의 경영활동 과정에서 직면하는 투자위험, 경기위험, 비용부담 등을 중소기업에게 강제로 떠넘기는 사례를 들 수 있다. 즉, 대기업의 부실한 경영관리로 인해 발생한 부담을 중소기업에게 떠넘김으로써 중소기업의 경영난을 가중시키고 있는 것이다.

③ 대기업의 중소기업에 대한 지원부족 문제

대기업의 중소기업에 대한 배려와 지원부족 문제를 들 수 있다. 대기업은 종종 중소기업의 경영능력을 강화하는 것이 곧 대기업의 발전과도 직결된다는 사실을 잊어버린다. 최근 대기업들이 중소기업에 대하여 해외 동반진출을 지원한다든지 협력업체에 대해 물품대금을 전액 현금결제해 주거나 어음기일을 단축하는 등 중소기업 지원책을 내놓는 등의 지원이 확산되고 있기는 하지만 여전히 일부 대기업의 편법결제 관행이 남아 있다. 우수한 인력이 대기업으로 몰리고 중소기업으로의 지원을 회피한다는 문제점도 있다. 중소기업의 전문기술인력의 부족과 관련하여 문제가 되고 있는 것이 대기업이 중소기업에 대하여 기술이전을 회피하는 것이다. 중소기업이 대기업의 하청을 맡아 이를 수행하는 경우 대기업에게 기술이전을 받을 목적으로 그다지 좋지 못한 조건하에서도 이를 수락하는 경우가 많이 있다.

④ 대기업 위주의 정부정책

우리나라는 과거 정부가 성장우선정책을 시행하면서 성장의 동인을 대기업에서 찾았기 때문에 경제력이 대기업에게 지나치게 집중하게 되었다. 또한 기업을 지원해 주는 역할을 담당하는 금융기관 역시 대기업을 위주로 대출해 주는 것이 안전하기 때문에 중소기업에의 대출을 꺼려왔음을 부정할 수 없다. 대기업 위주의 이러한 정책은 많은 부작용을 낳게 되고 경제가 불균형적으로 발전하게 되어 이를 극복하기 위한 많은 정책이나 제도가 도입되고 있지만 아직까지도 대기업 위주의 정책은 이어지고 있다. 이러한 대기업 위주의 정부의 지원정책 때문에 중소기업들이 필요한 자원을 대기업에 의존할 수밖에 없으며, 이러한 현실로 인하여 우리나라에서 중소기업의 입지는 더욱 약화될 수밖에 없게 되었다.

⑤ 중소기업에 대한 경시풍조

우리나라의 중소기업이 낮은 경쟁력을 갖게 된 근본적인 이유는 중소기업에 대한 사회의 경시풍조 때문이라고 할 수 있다. 중소기업에 대한 사회의 경시풍조는 중소기업의 정상적인 활동 및 성장 · 발전에 커다란 장애가 되고 있다. 중소기업에 대한 사회적 차별은, 특히 생산요소시장에서 발생하고 있다. 즉, 생산요소시장에서 발생하는 대기업과 중소기업 간의 문제는 자금과 노동 및 원재료의 확보과정에서 중소기업이 처하게 되는 불리한 위치와 관련하여 발생하게 된다. 중소기업이 주식이나 사채 발행에 의해 사회 일반에서 자금을 조달하기는 더욱 어렵다. 노동시장에 있어서도 중소기업은 우수한 인력의 확보에 고심하면서도 여러 가지 요인 때문에 대기업에 우수한 인력을 빼앗겨 버리는 경우가 많다. 그 주요한 요인으로는 중소기업이 대기업에 비하여 유능한 인력을 확보할 수 있는 상대적인 인센티브가 부족한 것을 들 수 있다.

제 20 장

기업의 성장과정과 경영위기 그리고 경영혁신

1. 조직수명주기 모형에서의 기업의 성장 단계
2. 기업성장과정에서의 경영위기와 조직성장통
3. 변화와 혁신경영
4. 이노베이션경영(혁신경영)
5. 경영혁신에 대한 저항관리

① 글로벌 기업의 성장 추이를 살펴보면 3년 동안 길게는 10년 동안 성장정체, 이른바 성장통의 시기가 관찰된다. 조직성장통은 흔히 대기업의 문제로 거론되는 대기업병과 비슷한 개념이다. 대기업병의 증상으로는 비효율적인 보고 문화, 느린 의사결정, 보신주의의 팽배 등과 같은 보수주의적 · 관료주의적 경영방식에 따른 경영위기와 시장 변화에 대응하지 못하는 전략의 실패에 따른 성장 정체 등의 경영위기가 있다.

② 우버는 스마트폰 기반 교통서비스를 서비스하는 미국의 교통회사(운송 네트워크)이다. 전 구글 인사 담당 부사장 출신으로 우버의 최고 인사 책임자로 영입된 리앤 혼지(Lianne Hornsey)는 USA Today와의 인터뷰(2017년 5월 25일자 기사)를 통해 우버의 조직 문제에 대해 자신의 견해를 피력했다. 그는 "2016년 한해 조직 규모가 6,000명에서 12,000명으로 두 배 가까이 성장하는 과정에서 '사람'보다는 '사업'에만 집중한 경향이 있어, 당연히 있어야 할 기본적인 인재 관리 프로세스가 일부 존재하지 않았던 것도 사실이다. 특히 직원들의 보상시스템과 성과관리 체계의 공정성에 대한 문제가 있다. 90% 이상의 기업 문화 변화관리 프로그램이 실패하듯이, 우버의 조직문화 역시

하루 아침에 바뀔 수 없고 상당한 시간과 노력이 소요될 것으로 생각된다."고 말했다.

③ 갑자기 작은 일에도 시시콜콜 허락을 받아야 되는 것 같고, 분명 우리 팀의 일인데 다른 팀이 끼어들어 사사건건 지휘하고 있는 것을 발견하면, 감정적으로 치고 박고 싸우면서 일은 점점 정체되고… 이런 상황들이 더욱더 자주 발생하게 되면 조직은 점차 관료적으로 변해가며, 빠르게 성장해 나가는 '스타트업(start-up)'의 느낌은 먼 추억으로 남게 된다.

④ 배출가스 조작사건으로 인한 폭스바겐(Volks Wagen)의 판매중단 조치는 위기관리(crisis management)의 중요성을 부각시킨다. 위기관리시스템은 발생 가능한 위기를 어떻게 감지 · 예방하고, 발생 후에는 어떻게 조치하는지 미리 예상하여 대비하는 관리시스템이다.

⑤ 경영의 神 마쓰시타의 경영위기 극복 사례 '아타미 회의'

도쿄 올림픽이 열린 1964년, 승승장구하던 마쓰시타 전기는 재고가 쌓이고 수익이 줄기 시작했다. 고도 경제성장기에 이루어진 과잉 설비투자와 주력 가전제품인 흑백TV · 세탁기 등의 보급이 포화 상태에 달했기 때문이다. 판매회사와 대리점 사장들의 불만과 원성이 극에 달하자 경영 일선에서 물러나 있던 창업자 마쓰시타 고노스케(松下幸之助 · 당시 69세) 회장은 1964년 7월 시즈오카 아타미의 한 호텔에서 '전국판매회사 대리점 사장 간담회'를 열었다. 그러나 회의장은 흡사 마쓰시타 규탄대회였다. 사흘간 대리점 사장들의 이야기를 들은 마쓰시타 회장은 단상에 올라 눈물로 사죄했다. "아무도 거들떠보지 않던 마쓰시타의 전구를 팔아준 게 여러분입니다. 지금의 마쓰시타가 있는 것도 전부 여러분 덕입니다. 저는 여러분께 단 한마디 불평을 할 자격이 없습니다." 마쓰시타는 그 자리에서 판매망 개혁을 약속했고, 새로운 출발을 다짐했다. 가전시장의 불황을 탓할 수도 있는 상황이었지만, 그는 그간의 자만을 반성하며 고개를 숙였다. 대리점 사장단은 뜨거운 박수와 눈물로 협력과 단결을 약속했다. 이를 계기로 본사 영업본부장으로 복귀한 마쓰시타는 전사 차원의 논의를 거쳐 지역별 판매회사망을 조직하는 등 회사를 부활시켰다. 당시 아타미 회의에 대리점 사장으로 참석한 이와사키 시로는 "회사보다는 인재 양성을, 제품보다는 사람을 먼저 생각하는 그의 경영철학에 참석자 전원이 탄복했다."고 회상했다.

학습문제

Q1 조직수명주기 모형은 어떤 관점과 내용인가

Q2 변화(change)와 혁신(innovation)의 공통점은 무엇인가?

Q3 비계획적 변화와 계획적 변화란 무엇인가

핵심용어

조직변화, 조직의 수명주기, 경영위기, 조직성장통, 위기관리, 경영혁신

1 조직수명주기 모형에서의 기업의 성장 단계

기업은 특별한 사유가 발생하지 않는 한 영원히 존재하는 영구존속체(going concerns)로 인식할 필요가 있다는 주장이 있지만 기업도 이 세상의 모든 것들과 마찬가지로 탄생과 성장 그리고 성숙과 쇠퇴와 사멸하는 일생을 거친다.

기업의 일생을 조직수명주기 모형(organizational life cycle model)을 통해 이해할 수 있다. 조직수명주기 모형은 모든 조직은 창업가 단계, 공동체형성 단계, 공식화 단계, 성숙화 단계, 변신 및 조정 단계를 거쳐 발전한다[Greiner, 1972 ; Quinn & Cameron, 1983 ; Daft, 1989 참조]는 이론이다.

조직수명주기 모형과 조직의 성장 단계

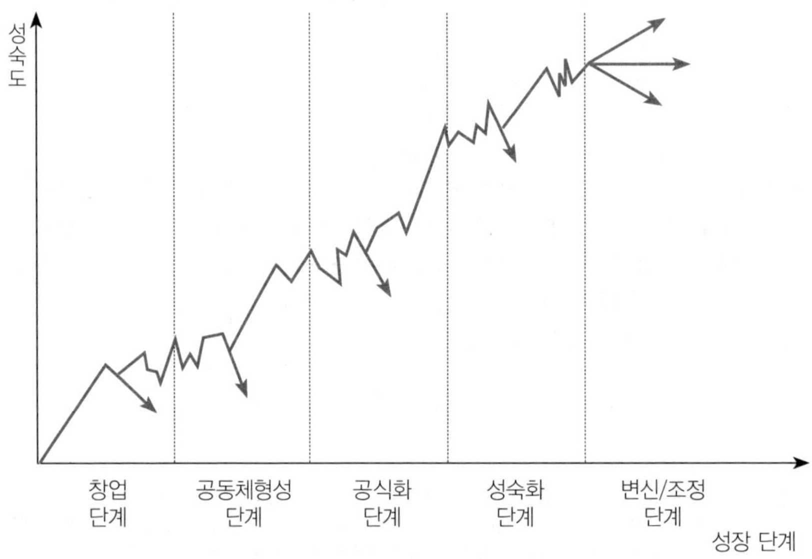

조직의 성장 단계 각각에 대해 그 중요한 내용을 살펴보자.

1) 창업가 단계

창업가 단계(entrepreneurial stage)는 조직이 생겨나는 단계로, 이 단계에서의 조직목표는 창조적 신제품 또는 서비스를 제공함으로써 새로운 시장을 창출하든지 혹은 기존시장에서 살아남는 것이다. 이 단계에서는 조직구성원이 상당히 밀접한 관계 속에서 장시간 함께 일하므로 조직구조는 비공식적이고 비관료적이며 커뮤니케이션도 비공식적인 성격을 띤다. 또한 조직구성원이 창업가와 개인적인 접촉을 가질 수 있을 정도로 관계가 밀접하기 때문에 조직구성원은 창업가의 개인적 통제를 직접 받는다. 창업 초기에 시장에서 조직이 생존하여 커나가기 위해서는 생산을 효율적으로 하고 생산된 제품과 서비스를 시장에서 적극적으로 판매하여야 하는데, 이때 관리에 관련된 여러 가지 지식이 필요하게 된다. 창업가가 관리능력을 보유하고 있지 못할 경우 조직은 리더십의 위기(leadership crisis)에 처하게 된다. 조직은 이 위기를 극복하기 위해서 관리기술을 보유하고 이를 행사할 수 있는 능력 있는 관리자를 외부로부터 영입하기도 한다. 실제로 기업이 창업가 단계에서 위기에 봉착했을 때 그 위기를 효과적으로 극복하지 못하면 시장에서 사라질 수도 있다. 1단계의 화살표는 이것을 말해준다. 관리적 리더십의 등장으로 리더십의 위기를 해결하면 공동체형성 단계로 접어들게 된다.

2) 공동체형성 단계

공동체형성 단계(collectivity stage)는 조직구성원들 간에 가족애를 느끼고 서로 협동하며 조직의 목표와 일체감을 느끼고 조직의 목표를 달성하기 위해서 몰입하는 단계이다. 이 단계에서의 주된 목표는 조직의 성장으로, 강력한 관리적 리더십의 등장으로 목표와 방향이 분명하게 정립되고 부서가 위계질서에 맞게 생겨나며 부서 간의 분업이 시작된다. 아직까지 대부분의 조직부문이 비공식적인 성격을 띠지만 분업화가 시작되면서 몇몇 공식적인 시스템이 등장하며 커뮤니케이션이 공식화되기 시작한다. 강력한 리더십의 행사로 조직은 급속하게 발전하지만 그 역효과로 하위관리자들은 재량권을 제한 당한다. 이때 하위관리자들은 그들의 관리영역에 대해 재량권을 고수하는 반면, 최고경영자층이 그들의 책임 및 권리를 위양하지 않으려는 이른바 자율성의 위기(autonomy crisis)가 발생하는데 이를 해결하기 위해 하위관리자에게 통제권을 위임할 필요성이 대두된다. 권한위양을 통해서 자율성의 위기를 해결하면 조직은 공식화 단계로 접어들게 된다.

3) 공식화 단계

공식화 단계(formalization stage)는 조직에서 일어나는 일들에 대해 개인적인 통제의 수준을 넘어 조직의 공식적인 메커니즘에 의한 통제가 실시되는 단계이다. 이 단계에서의 주된 목표는 조직의 내부안정과 시장의 확대이다. 이러한 목표를 달성하기 위해 개인적 통제가 아닌 규칙과 절차에 의한 공식적인 통제가 실시되고, 최고경영층과 현장부문들 간에 조정과 통제를 위한 정보시스템이 설치되고 사용되며, 커뮤니케이션이 공식화된다. 이 단계에서는 전략 및 계획과 일상의 운영 사이의 업무분담이 정착되는데 이때 일반적으로 최고경영자는 계획과 전략만을 담당하고, 일상적인 운영에 관계되는 것은 중간관리자에게 위임된다. 공식화 단계에서는 효율성과 생산성을 증대시키기 위해서 많은 부문과 계층이 생겨남에 따라 조직이 비대해지고 복잡해져 이른바 관료제화(bureaucratization)가 촉진되는데, 관료제화가 과도하게 진전되면 조직이 경직되어 조직구성원의 창의성이 억제되고 결과적으로 조직발전의 원동력이라 할 수 있는 혁신이 위축되는 관료제의 비능률(red tape)의 위기에 처하기도 한다. 관료제의 비능률의 위기를 극복한 조직은 성숙화 단계에 들어서게 된다.

4) 성숙화 단계

성숙화 단계(elaboration stage)는 이제까지 조직이 쌓아왔던 명성을 유지하고 조직체계를 완성하는 단계이다. 이를 위해 조직은 협력과 팀워크를 강조하며 이를 통해서 조직의 발전을 도모하고자 한다. 협력과 팀워크를 구체화시키기 위해서 다양한 기능을 통합하는 팀을 구성하고, 공식화된 시스템을 가능하면 단순화시킨다. 또한 필요한 경우 새로운 상황에 맞는 경영진을 외부로부터 영입하게 되고 이를 바탕으로 합리화 및 혁신을 추진하게 된다. 그러나 조직이 성숙하게 되면 장기적이지는 않을지라도 일시적으로 쇠퇴의 시기를 맞게 될 가능성이 많다. 이런 일시적인 쇠퇴기를 극복하기 위해서 이른바 재활력화(revitalization)의 필요성이 대두된다.

5) 변신 및 조정 단계

성숙화 단계를 거치는 동안에 조직이 계속적으로 성장 혹은 발전할 수 있을 것인지 혹은 쇠퇴할 수밖에 없는지가 판명된다. 즉 이때 기업은 변신 및 조정 단계(transformation/cooperation stage)에 이르게 되는데 이 단계에서 조직은 재활력화, 현상태의 유지 혹은 쇠퇴 가운데 어느 하나의 방향으로 나아가게 된다.

(1) 재활력화

재활력화는 조직의 생존을 위협할 수 있는 환경 변화에 직면한 조직이 발전을 거듭하기 위해서 혁신적인 방법을 통해 제 2의 성장을 도모하는 것을 말한다. 재활력화 단계에서 조직의 목표는 생존과 발전을 동시에 달성하는 것이다. 이런 목표를 달성하기 위해서 조직은 도전적이고 창의적이며 강력한 리더십을 갖춘 최고경영진을 영입하거나 내부승진을 통해 기존의 최고경영진을 교체하거나 여러 가지 혁신기법을 통해서 조직을 재구축하고 기존의 업무 프로세스를 과감하게 바꾼다.

(2) 현상태의 유지

현상태 유지는 조직이 성숙화 단계에 이르러 그때까지 이루어진 조직의 발전 단계를 일정기간 계속 유지하는 것을 말한다. 쇠퇴라든가 재활력화와 같은 눈에 보이는 변화가 없고 단지 안정적인 외부환경이나 내부상황에 힘입어 현상태가 지속된다. 이렇게 조직의 상태를 지속시키기 위하여 경영진은 기존의 조직운영방법을 그대로 활용함으로써 기존의 전략이라든가 비전을 바꾸지 않거나 일부에서 발생하는 문제점들을 점진적으로 개선해 나간다.

(3) 쇠퇴

쇠퇴란 조직의 성장이나 발전이 어떤 원인에 의해서 정체되거나 퇴보하는 경향을 말한다. 쇠퇴의 원인은 크게 제품이라든가 서비스 시장의 축소와 같은 시장환경 변화에 의한 것과 조직 자체의 변화에 의한 것으로 나눌 수 있는데, 이 중 특히 우리의 관심을 끄는 것은 조직 자체의 변화에 의한 것이다[今口忠政, 1993 참조]. 조직 자체의 변화에 의한 쇠퇴는 우리가 흔히 주위에서 볼 수 있는 것으로 새로 생겨난 조직이 체제가 잘 갖추어져 있지 못해서 실패하는 경우, 급속한 성공에 노취한 나머지 성공을 가져왔던 요소가 오히려 기업의 족쇄가 되어 실패를 불러일으키는 경우가 있다[Miller, 1990].

2 기업성장과정에서의 경영위기와 조직성장통

기업은 성장과정에서 수많은 경영위기 상황에 직면하게 된다.

조직의 성장과 위기

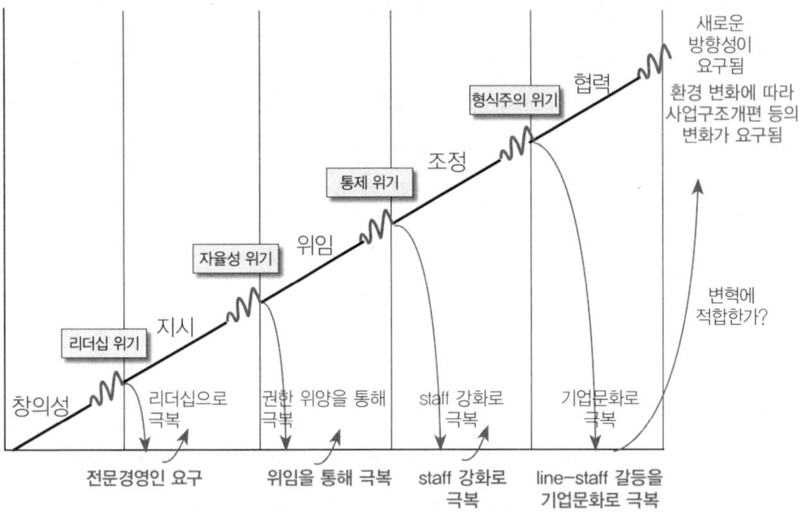

자료 : Greiner, 1972 : 37-46.

경영위기를 명확하게 정의하기 위해선 위험과 취약점을 함께 이해할 필요가 있다. 위험이란 기업이나 조직에 부정적인 영향을 미칠 수 있는 경영상의 불확실성을 말한다. 경영위기는 이런 위험이 기업내부 취약점을 통해 현실화된 것이다. 평상시에도 기업경영환경을 둘러싸고 있는 다양한 위험을 식별하고, 현실화되지 않도록 지속적으로 관리 · 경영하는 것이 위기관리(crisis management)라고 한다. 경영위기는 크게 수익성 저하에 따른 재무적인 위기, 기업의 불법 행위로 인한 명성이나 브랜드 가치를 떨어뜨리는 신뢰의 위기 등으로 구분할 수 있다. 경영위기는 낮은 확률, 중대한 결과, 불확실성, 의사결정에 대한 시간적 압박 등이 특징이다.

경영위기가 무조건 안 좋은 것은 아니다. 경영위기는 기업 내 취약점에서 발생하는데, 발견한 취약점을 개선하는 데 성공할 경우 한 단계 질적으로 성장 · 발전할 수 있다. 위기를 곧 기회로 만들 수 있는 계기가 될 수 있기 때문에 위기를 겪으면서 문제점을 발견하고 개선해 조직내부 결속을 강화할 수 있다면 더욱 강한 기업으로 재탄생할 수 있다.

1) 조직성장통

미국 캘리포니아 주립대 경영대학원 교수 에릭 플램홀츠(Eric Flamhlotz)와 이본 랜들(Yvonne Randle)은 20여 년간 포춘 500대 기업을 연구한 후, 기업에도 성장통이 발생한다는 이론을 창시했다. 그들은 *Growing Pains*라는 책을 통해 기업도 인간과 마찬가지로 성장통을 겪는다고 주장했다. '질풍노도의 시기'인 청소년기에 인간은 심신으로 고통의 시기를 겪는다. 모두가 아프다. 세상이 끝난 것처럼 한숨을 쉬고 일탈을 하기도 한다. 이유 없는 반항과 가출도 이때 벌어진다. 몸은 어른처럼 커졌으나 여전히 정신은 미성숙하다. 사람들은 누구나 사춘기를 겪고 성장통에 괴로워한다. 따라서 사람들이 모여 만들고, 의욕적으로 성장시켜 온 기업 역시 반드시 이와 비슷한 과정을 겪게 된다는 것이다. 많은 전문가들은 이 상황을 '기업의 사춘기'에 비유한다.

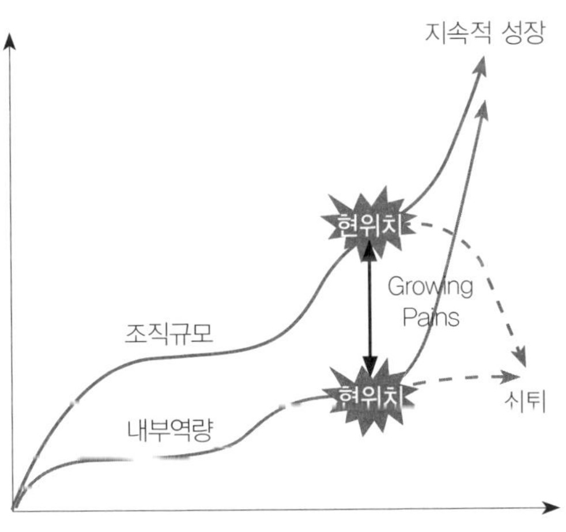

자료 : Flamholtz and Randle, 2000.

급속하게 성장하다 보면 성장 속도를 따라잡는 것만으로도 버거워지기 시작한다. 변화하는 고객의 욕구와 필요를 곧바로 따라잡는 것이 불가능해진다. 시장과의 소통이 어려워지면서 기업은 추진력과 경쟁력을 잃게 되고, 매출도 하락하기 시작한다.

조직성장통의 징후를 Flamholtz & Randle(2000), Flamholtz & Hua(2002)는 10가지를 제시하였으며, 이를 성장통의 측정도구로 사용하였다[Flamholtz & Hua, 2002].

징후 1 : 직원들이 하루로는 시간이 모자란다고 느낀다.

이는 가장 흔히 나타나는 성장통 징후 중 하나로 과중한 업무량과 심각한 스트레스를 호소하게 되며, 이는 결국 사기저하, 잦은 결근율, 생산성 저하, 높은 이직률과 이로 인한 신규직원 영입에 따른 비용증가를 유발시키게 된다. 이러한 현상은 그 기업에 계획수립시스템이 없거나 아니면 미개발 상태이고, 공식적인 조직 구조가 없으며 직원들이 시간을 효율적으로 쓸 줄 모른다는 것을 의미한다.

징후 2 : 예상치 못한 급한 일에 시간을 많이 빼앗긴다.

이 문제는 대부분의 경우 장기적인 계획이나 전략적 계획이 없기 때문에 생기거나, 혹은 계획을 세우는 사람보다는 앞에 나서서 일을 벌이는 사람을 더 존중해 주는 기업 풍토에서 기인되는 문제이다. 회사 전체가 앞으로 어떤 일이 일어날지 모른 채 하루하루를 채워나가기 때문에 기업의 생산성, 효율성 및 능률성이 낮아질 수밖에 없다.

징후 3 : 대부분의 직원들이 다른 직원들이 하는 일에 대해서 알지 못한다.

자신의 업무가 무엇인지 그리고 다른 직원의 업무와 어떤 관계인지 잘 모르는 직원이 많아지면서, 하고 싶은 일만 처리하고 나머지 일은 미루어 버리는 경향이 발생하게 된다. 이러한 문제들은 정확한 역할과 책임을 나타내는 조직 기구표나 효과적인 팀워크의 부재에서 비롯되며 직원들 간의 책임 범위, 직원과 부서 간의 관계가 불명확한 것이 원인일 수 있다. 그리고 부서들 간에 의사소통이 부재하여, 같은 일을 중복해서 하거나 아니면 남에게 서로 일을 미루는 현상들이 발생하게 된다.

징후 4 : 직원들이 기업의 궁극적인 목표를 모른다.

이것은 기본적으로 의사소통의 문제로 직원들이 기업의 정체성(identity)이 없다고 불평하게 되고, 경영진이 기업의 방향에 대해 충분한 정보를 주지 않는 것에 불만을 갖거나 또는 경영진조차도 기업의 향방에 대해 모른다고 생각한다. 이러한 현상의 주요 원인은 전략적인 계획의 존재여부와 관련된 것으로 기업이 불충분하거나 미개발 상태의 계획수립과정을 가지고 있거나, 이미 만들어진 계획이 기업 내에서 제대로 알려지지 않았던 것에서 기인한다.

징후 5 : 좋은 관리자를 찾아보기 힘들다.

이는 기업이 관리직의 경험이 없는 일부 기능적 영역의 '일 잘하는' 직원들(영업, 재무 등)을, 관리자로서의 역량도 뛰어날 것으로 판단하고 관리직으로 승진시켰기 때문에 일어날 수 있는 문제이다. 두 가지 역할은 완전히 서로 다른 능력을 필요로 하는 것인 만큼 다른 기능적 분야에서 일 잘하던 직원이라고 해도 적절한 관리교육 없이는 유능한 관리자가 될 수 없다. 이는 관리자의 일을 제대로 정해 두지 않았거나 관리자들이 그 일을 제대로 수행할 만한 능력을 갖출 수 있게끔 사전교육을 실시하지 않았기 때문에 발생한다.

징후 6 : 혼자만이 일을 제대로 처리할 수 있다고 생각하는 직원들이 많다.
이러한 징후는 각자의 역할과 책임 및 각 역할 간의 관계가 분명치 않기 때문에 발생되는 것으로서, 일 처리에 있어서 누가 담당자인지 모르기 때문에 그냥 수행자가 마음대로 처리해 버리는 현상이 발생하는 것이다. 또 다른 경우로는 직무 수행에의 책임을 다른 직원이나 부서에 이관시키려고 했을 때 일어날지 모르는 감정적 대립을 예방하기 위해 그냥 혼자서 자의적으로 처리하려 할 때 발생한다. 이러한 상황은 부서들 간 고립이 발생될 수 있으며 팀워크(teamwork)도 약해질 수밖에 없다. 정보가 소통될 수 있는 공식적인 시스템이 없기 때문에 부서 간이나 상하 간의 결속력이 약해지며 생산성 저하와 비효율성이 초래된다.

징후 7 : 대부분의 직원들이 회의는 시간 낭비라고 생각한다.
성장하고 있는 기업에서는 보다 나은 협동과 정보교환을 위해서 회의가 잦아지기 시작한다. 그런데 회의 계획안과 결정도 없는 그저 단순한 토론에 그치고 마는 경우가 대부분으로, 결정된 사항에 대해서도 실행에 옮기는 시스템이 뒷받침되어 있지가 않다. 따라서 이를 예방하기 위해서는 객관적인 정보와 객관적인 성과목표 그리고 엄격한 피드백이 필요하다.

징후 8 : 계획을 세우는 경우가 드물며, 세운다 해도 사후관리가 안 되어 방치되는 경우가 많다.
이러한 성장통의 징후는 계획이 세워진 후에 그것을 실천에 옮길 후속 조치가 없다는 것이다. 계획의 중요성을 실감하여 계획수립시스템을 도입해 경영계획을 세우지만, 막상 수립한 계획을 실천에 옮기지는 않으며 방치해 놓기도 한다.

징후 9 : 기업 내에서의 자리에 불안을 느끼는 직원들이 많다.
직원들이 자신의 입지에 대해 불안을 느끼기 시작하며 불안감이 커지면 직원들의 사기가 떨어지고 이직률이 높아지게 된다. 또한 직원들이 기업 내에서 자신의 가치를 잘 모르기 때문에 걱정이 많아지게 되며, 팀워크(teamwork) 저하와 고립 현상이 나타나기도 한다. 이러한 현상은 기업문화가 불안감을 증폭시키는 데 한 원인이 되었고, 이러한 불안감은 직원들이 기업을 위해 일하기보다는 개인의 이익만을 챙기는 데 급급해야 하는 분위기를 만든다

징후 10 : 기업의 매출은 계속해서 증가되는데, 수익은 그것을 따라가지 못한다.
최악의 경우는 매출이 늘어날 때 수익은 오히려 감소하는데도 기업은 그 이유조차 모를 수 있다. 대부분의 경우 수익 저하의 원인은 매출만을 강조하는 기업철학 때문일 수 있으며 매출 지향적인 기업의 직원들은 사업을 번창시키거나 매출만 증가시키면 비용은 문제가 되지 않는다는 생각에 젖기 때문에 비용 절감을 위한 노력을 기울이지 않게 된다.
자료 : Flamholtz & Hua, 2002.

서로 협업을 해야 하는 부분에서 갈등이 생기면서 기업 전체의 성과가 악화되는 것이다. 이러한 경우 제품개발 부서는 마케팅 부서가 제품을 잘 팔지 못한다고 비난하고, 마케팅 부서는 제품 자체의 경쟁력이 없다는 식으로 서로를 비난한다. 사업조직 간의 이기주의도 빈발한다. 사업부 자율과 내부 경쟁을 통해 성장을 도모하던 시기에는 큰 문제가 없었지만 시장을 공략할 만한 틈새가 점점 작아지면 각각의 사업부가 같은 시장이나 제품을 공략하는 경우가 많아진다. 소니는 마케팅과 R&D, 생산 조직을 모두 분리하여 기능별 최적화를 추구했으나 생산은 R&D가 개발한 제품을 제대로 생산하지 못했고, 마케팅과 협업이 부족한 R&D가 개발한 제품은 시장 경쟁력이 부족했다.

오스본 증후군

한 기업이 센세이션을 일으키며 혜성과 같이 나타났다가 어느새 흔적도 없이 사라져 버리는 현상을 말한다. 1980년대 휴대용 컴퓨터에 대한 소비자 욕구를 읽고 최초로 노트북 개념의 컴퓨터를 개발한 '오스본 컴퓨터'. 혁신적인 제품으로 창업 2년 만에 1억 달러라는 매출을 달성했지만 창업 3년째 되던 해 갑작스럽게 파산했다.

자료 : 플램홀츠 · 랜들, 2002.

오스본 컴퓨터의 휴대용 컴퓨터

2) 조직의 건강 정도 진단 평가와 처방

회사의 조직 건강도가 어느 정도나 되는지를 문진표를 통해서 진단 평가해 볼 수 있다. 여러 가지 진단지가 있지만, 맥킨지가 개발한 문진표도 활용할 수 있을 것이다[Keller & Price, 2011].

조직 건강 평가

	병든	어느 정도 해내는	우수한
방향성	전략을 세우긴 하지만 어려운 과제들을 해결하지 못한다.	설득력 있는 전략을 만들고 전달하며, 시스템과 프로세스를 통해 전략을 강화한다.	설득력 있는 전략을 만들고 전달하며, 시스템과 프로세스를 통해 전략을 강화하고, 직원들에게 목적의식을 부여하여 비전수립과정에 참여하게 한다.
리더십	지나치게 세부적인 부분까지 지시를 내리며 세세하게 감독한다(과도한 통제).	부하 직원들에게 관심을 갖고 그들의 요구에 적절히 대응한다(높은 지지).	부하 직원들에게 관심을 갖고 그들의 요구에 적절히 대응하며, 도전적인 목표를 세워 직원들이 잠재력을 최대한 발휘하며 일할 수 있도록 독려한다(높은 도전).
문화와 분위기	공유 가치라는 일관된 생각이 없다.	조직의 각 사업부 내부와 사업부들 사이에 신뢰의 기반이 형성되어 있다.	조직의 각 사업부 내부와 사업부들 사이에 신뢰의 기반이 형성되어 있고, 조직 전반에 걸쳐서 강력한 성과의 문화가 구축되어 있다.
책임	책임 소재가 지나치게 복잡하며 역할이 모호하다.	직원 각자의 역할과 책임이 분명하고, 성과와 보상/징벌을 연계시킨다.	직원 각자의 역할과 책임이 분명하고, 성과와 보상/징벌을 연계시키며, 전 직원이 주인의식을 갖도록 노력한다.
조정과 통제	서로 상충하며 불분명한 통제시스템과 통제 프로세스를 가지고 있다.	능률적이고 효과적인 프로세스를 통해 핵심 목표들과 지표들을 조정한다.	능률적이고 효과적인 프로세스를 통해 핵심 목표들과 지표들을 조정하고, 조직의 경계를 넘나들며 협력하여 일을 할 때 창출되는 가치를 포착하고 이를 측정한다.
역량	인재 파이프 라인을 관리하지 못하고, 일을 잘 못하는 직원을 제대로 관리하지 못한다.	전략을 수행하기 위해 필요한 스킬을 개발한다.	전략을 수행하기 위해 필요한 스킬을 개발하며, 장기적인 경쟁 우위를 창출할 자사만의 역량을 구축한다.
동기 부여	직원들이 회사 일에 별로 참여하지 않는 것을 정상이라고 생각한다.	인센티브, 기회, 가치 등을 통해 동기를 부여한다.	인센티브, 기회, 가치 등을 통해 동기를 부여하고, 직원들이 열심히 노력할 수 있도록 그들이 의미 있게 생각하는 것과 정체성을 십분 활용한다.
외부 지향성	조직의 에너지를 내부로 돌린다.	고객을 위한 가치 창출을 최우선 목표로 삼는다.	고객을 위한 가치 창출을 최우선 목표로 삼고, 모든 이해 관계자들을 위한 가치창출에도 초점을 맞춘다.
혁신과 학습	직원들의 아이디어를 활용하는 체계적인 접근법이 없다.	아이디어를 포착하고, 개별 과제 수행을 통해 점진적으로 가치를 창출한다.	아이디어를 포착하고, 개별 과제 수행을 통해 점진적으로 가치를 창출하며 시장 리더의 지위를 유지하기 위해 회사 안팎의 네트워크를 활용한다.

자료 : Keller & Price, 2011 : 119-120.

조직 건강을 뒷받침하는 37가지 실천방법

요소	실천 방법	세부 내용
방향성	1. 비전공유	미래가 어떤 모습일 것인가에 대해 설득력 있고 생생한 이미지를 만들어 전달함으로써 방향을 정한다.
	2. 전략의 명료화	목표를 달성하기 위한 분명한 방향과 전략을 정하고 그것을 구체적 목표로 바꾼다.
	3. 직원들의 참여	조직의 미래 방향에 대한 논의에 직원들을 참여시키고 그들의 역할에 대해 의논한다.
리더십	4. 권위적 리더십	조직 내의 위계질서와 지위상 권위를 이용하여 일을 진행시킨다.
	5. 상담가적 리더십	의사소통, 협의, 위임을 통해 직원들을 참여시키고 권한을 부여한다.
	6. 후원가적 리더십	팀의 화합, 지원과 지지, 직원 복지 등을 중시하여 긍정적인 환경을 만든다.
	7. 도전적 리더십	직원들이 어려운 도전을 시도하고 스스로 가능하다고 생각하는 것보다 더 많은 것을 해내도록 독려한다.
문화와 분위기	8. 개방성과 신뢰성	정직, 투명성, 열린 대화를 중시한다.
	9. 건강한 내부경쟁	결과와 성취를 강조하고, 성과를 촉진하기 위해 건전한 수준의 내적 경쟁을 유도한다.
	10. 운영상 규율 중시	행동 및 성과 기준을 분명하게 정하고 그 기준을 지키는지 면밀히 감독한다.
	11. 창의적 · 기업가적	혁신, 창의성, 솔선하는 자세를 중시한다.
책임	12. 역할의 명료화	분명한 구조, 역할, 책임질 일 등을 명확히 함으로써 책임을 분명히 한다.
	13. 성과 계약	명확한 목표와 공식적이고 명시적인 성과목표를 통해 책임을 분명히 한다.
	14. 성과에 따른 결과 관리	보상과 결과를 개인의 성과와 연결함으로써 책임을 분명히 한다.
	15. 주인의식	강한 주인의식과 개인적 책임감을 통해 책임을 분명히 한다.
조정과 통제	16. 성과평가	인재풀 관리를 위해 공식적 성과평가, 피드백, 성과평가 결과의 변화 추이 분석 등을 활용한다.
	17. 운영상 관리	운영상의 핵심성과지표(KPIs), 측정지표, 실행목표 수준에 집중하여 비즈니스 성과를 모니터하고 관리한다.
	18. 재무적 관리	재무적 핵심성과지표, 재무적 자원의 효율적 배분과 통제에 집중하여 성과를 모니터하고 관리한다.
	19. 직업적 규범	분명한 기준, 정책, 규칙을 이용하여 행동의 기대치를 정하고 준수하게 한다.
	20. 위험관리	예상되는 위험을 파악하고, 완화시키며, 예상치 못한 문제가 발생하면 빠르게 대응한다.

역량	21. 인재 확보	적합한 능력을 지닌 직원을 고용한다.
	22. 직원 개발	직원들의 지식과 스킬을 개발한다.
	23. 프로세스에 기초한 역량	역량과 노하우를 성문화된 방법과 절차로 만들어 조직에 내재화시킨다(예 : 훈련 매뉴얼, 표준운영 규정).
	24. 전문지식/기술 아웃소싱	역량이 부족한 부분은 외부 인력을 활용한다(예 : 판매업체, 비즈니스 파트너, 컨설턴트).
동기 부여	25. 의미 있는 가치	설득력 있고 개인적으로 의미 있는 가치에 호소하여 직원들에게 동기를 부여한다.
	26. 영감을 주는 리더	격려, 지도, 인정 등을 통해 직원들에게 영감을 준다.
	27. 커리어를 발전시킬 기회	경력을 키우고 발전할 기회를 제공하여 직원들에게 동기를 부여한다.
	28. 금전적 인센티브	성과와 관련한 금전적 보상을 이용하여 직원들에게 동기를 부여한다.
	29. 보상과 인정	비금전적 보상을 제공하고 인정을 해 줌으로써 높은 성과를 올리도록 독려한다.
외부 지향성	30. 고객과의 관계	고객들을 이해하고 그들의 니즈를 충족시킨다.
	31. 경쟁자와의 관계	경쟁업체에 대한 정보를 확보하여 비즈니스상의 결정을 내리는 데 활용한다.
	32. 비즈니스 파트너십	외부 비즈니스 파트너들과의 네트워크를 구축하고 유지한다.
	33. 정부와 지역사회와의 관계	정부, 규제기관, 공공기관, 지역공동체 등과 견고한 유대 관계를 맺는다.
혁신과 학습	34. 상의하달식 혁신	고위 리더들이 제시하는 최우선순위 과제들을 통해 혁신과 학습을 추진한다.
	35. 하의상달식 혁신	새로운 아이디어나 개선 과제를 개발하는 데 직원들이 참여하도록 독려하고 보상을 제공한다.
	36. 지식 공유	전사적으로 공동협력작업이나 지식 공유를 가능하게 한다.
	37. 외부 아이디어 포착	조직외부에서 아이디어와 우수 경영 관행들을 도입한다.

자료 : Keller & Price, 2011 : 86-88.

3 변화와 혁신경영

1) 변화의 의의와 유형

지속적으로 기업경쟁력을 제고시키기 위해 혁신(innovation)활동을 끊임없이 수행해야만 한다. 혁신이란 어떤 성격을 가지고 있으며, 혁신관리의 내용에는 어떤 것들이 있는가, 혁신을 어떻게 추진할 것인가 하는 문제들에 대해 살펴보자.

혁신과 변화(change)라는 두 용어는 함께 혼용되어 쓰이는 경우도 적지 않지만 기본적으로는 상호 연관을 미치면서 서로 달리 쓰이기도 한다.

변화를 혁신보다 더 큰 개념으로 보는 견해가 지배적이다. 즉 변화가 조직의 문화나 비전, 사명과 같은 보다 조직의 본질적이고 미래에 대한 것이라면, 혁신은 원가를 절감한다든지, 인력을 감소시킨다든지, 유통구조를 대폭 줄인다든지 하는 보다 가시적인 활동을 일컫는다. 수로(水路)에 비유하자면 변화는 일정한 흐름으로 물이 지속적으로 흐르도록 '통제(control)'하는 것이라면, 혁신은 수로를 '돌리고 바꾸는 것(channel)'으로 볼 수 있다.[1]

서양 철학자 헤라클라이투스(Heraclitus)는 일찍이 "우리는 똑같은 강물에 두 번 들어가지 못한다."고 말한 적이 있다. 이는 강물이 쉼 없이 흘러가기 때문에 강물에 두 번째 들어갈 때는 앞서 들어갔을 때의 그 강물이 아니라는 뜻이다. 헤라클라이투스의 이 말은 세상의 모든 것은 변화한다는 것을 단적으로 나타내고 있다. 즉 세상에서 변화하지 않는 것은 모든 것은 변한다는 사실 그 자체뿐이라는 역설이 성립하는 것이다. 좀 더 정확히 말해서 변화(change)란 어떤 실체(實體)가 어떤 특정한 상태로부터 다른 상태로 이동하는 것을 말한다.

변화는 그 성격에 따라 여러 가지로 구분할 수 있지만, 크게 비계획적 변화와 계획적 변화, 그리고 점진적 변화와 변혁적 변화의 두 가지로 구분하는 것이 일반적이다.

---

1 이밖에도 변화와 혁신의 차이점에 대한 많은 논의가 있다. 예를 들면 혁신을 변화보다 앞선 개념으로 본다든지, 혁신은 변화를 요구하지만 변화는 반드시 혁신을 요구하지 않는다든지 하는 것이다. 그리고 우리나라의 경우이지만 변화보다 혁신이라는 용어를 비호감적으로 사용하기도 한다. 즉 혁신이라고 하면 고용조정 등 고통을 동반하는 것으로 보기도 한다. 그러나 저항이 많이 따르기도 하지만 혁신은 새로운 가치를 창출하는 조직의 '이노베이션'인 것이다[Naver ; Google 참조].

(1) 비계획적 변화와 계획적 변화

변화는 조직이 어떤 특정의 상태로부터 보다 나은 상태로 이동하는 것을 말한다.

① 비계획적 변화(unplanned change)란 예기치 않았던 외부환경의 변화로 인해 조직이 생존 혹은 지속적인 성장을 위해서 어쩔 수 없이 수동적으로 적응해 나가는 것으로서 변화의 원인이 조직내부에 있는 것이 아니라 조직외부에 있다. 일례로 신세대가 입사하면서 조직 내 세대 간 갈등이 증폭되었다면 이는 조직이 신세대의 입사로 인해 기대했던 변화가 아니라는 점에서 비계획적 변화라 할 수 있다.

② 계획적 변화(planned change)란 어떤 목표를 달성하기 위해 의도적으로 일으키는 변화를 가리킨다. 이는 조직이 앞으로 있을 환경변화에 능동적으로 대처하기 위해서 사전에 철저한 계획에 의거해서 조직을 변화시키는 것으로서 변화의 주체는 조직 또는 경영자 자신이 된다. 예를 들어 어느 자동차공장의 품질관리팀에서 작업성과 향상에 큰 보탬이 되리라고 기대되는 첨단 컴퓨터를 들여놓는다고 하자. 이때 컴퓨터의 도입으로 인한 구성원의 직무상 변화와 저항이 예상되어 이에 효과적으로 대응하기 위하여 구성원들이 컴퓨터와 친해질 수 있는 프로그램과, 구성원들이 느낄지도 모를 불안에 효과적으로 대처할 수 있는 프로그램을 경영자가 개발했다면, 이 프로그램의 개발을 통한 조직변화는 구성원들의 행동과 의식의 변화라는 목적을 가진 계획적인 변화라 할 수 있다.

우리가 여기서 다루고자 하는 변화는 계획적 변화로서 기업조직에서 바람직한 조직변화(OC : Organization Change)를 지칭한다. 계획적 조직변화는 기업을 경영하는 데 있어 다음과 같은 중요성을 갖는다[Robbins 외, 2009 ; Gomez-Mejia 외, 2008 참조].

첫째, 조직변화는 조직 또는 경영자의 입장에서뿐만 아니라 조직구성원들의 입장에서도 동시에 추구한다. 계획적 조직변화가 목표로 하고 있는 것은 크게 두 가지이다. 하나는 조직의 환경대응능력을 향상시키는 것이고 다른 하나는 조직구성원들의 행위를 개선시키는 것이다.

둘째, 조직변화는 조직구성원들이 조직을 이해하는 방식과 조직에 대해서 느끼는 심리적 감정의 변화를 동반한다는 데 그 중요성이 있다. 즉, 조직변화는 사람이 조직을 이해하는 방식, 그리고 조직 내에서 바람직한 것에 대한 판단, 또는 기술과 행동에 대해 기존에 갖고 있었던 가정에 대한 변화를 동반하게 된다.

셋째, 조직변화는 유연하고 활력 있는 조직을 운영하도록 촉진시킨다. 유연하고 활력 있다는 말은 조직의 정체성(identity)을 포기하고 조직구성원의 개성만을 존중한다는 의미가 아니라 조직을 구성하는 각 하위단위들이 서로 경쟁 및 협력, 그리고 조정을 통해서 공동의 목표를 달성하기 위해 조직을 둘러싸고 있는 환경에 적극적으로 대응하는 것을 의미한다.

넷째, 조직변화는 집권적인 경영스타일을 지양하고 분권적인 경영으로의 전환을 지향한다. 분권적인 경영이란 조직구성원들이 실제 수행하는 직무의 권한을 직접 그들이 갖는 것을 의미한다. 물론 이때는 권한위양(delegation of authority)뿐만 아니라 책임의 위양도 이루어져야 한다.

다섯째, 조직변화가 조직 전체수준에서 일어나는 변화이기 때문에 개인수준과 집단수준에서의 변화를 적극적으로 지원해 주는 메커니즘이 된다. 조직은 일종의 시스템이며, 시스템을 구성하고 있는 한 부분이 변화하면 시스템의 다른 부분들이 따라서 변화한다. 예를 들어 조직 전체의 구조가 변화하면 조직을 구성하고 있는 하위시스템인 개인과 팀이 각각의 수준에서 발전적인 방향으로 같이 변하게 된다.

(2) 점진적 변화와 변혁적 변화

점진적 변화(evolutionary change)란 조직이 장시간에 걸쳐 연속적으로 진화 · 발전하는 것을 가리킨다[Nelson & Winter, 1982]. 이러한 관점에서 본다면 조직은 우리가 생각하는 것만큼 그리 빠르게 변화할 수는 없으며 단지 지속적이고 점진적인 변화만이 가능하다. 이 관점은 마치 사람이 자기 자신의 가치관과 그 가치관에 걸맞은 행동양식을 지닌다고 할 때, 그 가치관이나 행동을 하루아침에 바꾸기란 쉽지 않으며 또한 결심을 했다고 해서 그 결심한 바가 반드시 행동으로 나타난다는 보장도 없는 경우에 비유할 수 있다. 조직도 사람의 가치관이나 신념에 버금가는 조직문화가 있고 이것에 기초한 행동양식이 있는데 사람의 가치관과 행동양식이 하루아침에 바뀌지 않는 것처럼 조직도 순식간에 단절적으로 변화할 수는 없다는 것이다.

점진적 변화의 성공사례로서 포드(Ford)의 예를 들 수 있다. 포드는 1980년대 초기 경영위기에서 극적으로 재기한 이후 새로운 경영기법의 도입에 대한 필요성을 인식하고 조직구성원의 변화에 초점을 맞추고 인적 자원의 역량을 제고할 수 있는 각종 변화관리 프로그램을 도입하였다. 중간관리층을 대상으로 한 LEAD(리더십 교육 및 개발) 프로그램의 운영으로 유연한 변화관리의 추진, 자발적 참여 및 자유로운 의사소통을 강조하고, 일주일간의 집중훈련과 6개월 후 실시된 보완교육을 통하여 회사에서 일어나는 경영활동에 대한 심도 있는 교육을 실시하였다. 그리고 회사의 변화를 위한 각 사안에 대하여 고민하고 토론하도록 하여 회사가 변화되어야 한다는 전제에 동의하도록 하였다. 그 결과 점진적으로 새로운 관점과 사고를 통해 조직에서 자신의 역할에 대하여 재조명하는 동시에 자신을 회사의 동반자로 생각하게 되었으며, 교육참가자들은 기존의 관습과 전통에 얽매이지 않는 새로운 사고와 행동양식을 보이게 되었다[강신규 외, 2003 참조].

점진적 변화는 조직구성원의 참여의식을 고취하여 조직 내 저항을 최소화할 수 있으며 조직 내에 조직변화를 체화시킬 수 있는 장점이 있다. 반면에 변화가 이루어지기까지 장시간이 소요될 수 있으며, 변화추진 기간 중에 변화의 목표나 방법이 변질될 수도 있다는 단점이 있다.

변혁적 변화의 사례로서 네덜란드의 세계적 전자업체인 필립스(Philips)를 들 수 있다. 1990년 티머(Jan Timmer)가 시장으로 취임했을 때 필립스의 당시 순영업손실은 어마어마한 규모였으며, 이러한 경영악화의 상황에서도 조직구성원들은 기업이 변화되어야 한다는 사실을 받아들이지 못하고, 기존과 같은 계약조건을 유지하기를 원했다. 티머는 구성원들에게 개인적 제약의 조건이 변화되어야 한다는 것을 설득하는 것이 더 큰 문제임을 인식하였다. 회사가 파산했다는 가상자료를 배포하고, 조직구성원들에게 회사의 회생을 위해 헌신할 것을 강조하면서, 티머는 간단명료하게 조직변화의 필요성을 강조하는 동시에 변화에 반대하는 사람들은 회사를 그만두도록 하였다. 결과적으로 비용절감을 위해 20%의 감원을 지시하는 동시에 개인의 성과에 따라 새로운 고용계약을 체결하였다. 1991년 말까지 6,800명(전체종업원의 22%)을 감원하였으며, 종신고용의 계약을 종료하였다. 1994년의 사내 설문조사에 따르면 대부분의 조직구성원들은 변화와 새로운 분위기를 긍정적으로 받아들이고 있었으며, 필립스의 재무성과 역시 회복되었다.

자료 : 강신규 외, 2003 참조.

변혁적 변화(transformational change *or* radical change)는 조직이 불연속적이고 급진적으로 변화하는 것을 가리킨다[Miller & Friesen, 1980]. 이 관점의 기본가정은 변화가 성공하기 위해서는 속도를 늦추고 좁은 범위에서 시작하여 충격을 최소화하기보다는 오히려 변화의 속도가 빨라야 하고 그 변화의 폭도 넓어야 한다는 것이다. 변화가 장기간 지속되다 보면 그 변화에 저항하는 세력이 반드시 생겨나게 되어 그로 인해 변화가 실패할 수도 있으며, 또한 변화가 일부분에서만 발생한다면 조직 내 다른 부분으로 전파되기도 전에 변화가 좌절당할 수도 있기 때문에 조직은 불연속적이고 혁명적으로 변화할 수밖에 없다는 것이다. 이런 종류의 변화를 가능하게 하는 것은 기술의 급속한 발전과 이의 효과적인 적용이라고 할 수 있다. 즉 제품생산기술의 변화뿐만 아니라 정보기술(IT : Information Technology) 등과 같은 변화가 이를 가능하게 한다. 예를 들면 비즈니스 리엔지니어링(Business Reengineering)은 조직활동의 프로세스 전체를 새롭게 재편성하는 것으로 변혁적 변화의 접근이라고 할 수 있다.

변혁적 변화는 조직변화를 신속하게 진행시킬 수 있으며 구성원들의 저항을 쉽게 통제할 수 있다는 장점이 있다. 그러나 저항을 일시적으로 무마시킬 수는 있지만 조직변화가 조직 내에 근본적으로 체화되기 어려운 단점이 있다.

두 가지 관점은 모두 환경과의 적합성 확보를 위한 조직변화의 일상성과 당위성을 강조하고 있다[Hannan 외, 1984 ; Aldrich, 1979].[2] 또한 위의 두 관점은 상호배타적인 성격을 지니지만 상황에 따라서 점진적인 변화가 필요한 때도 있고 또 어떤 경우에는 급격한 변화가 필요할 때도 있으므로 상호 보완적일 수도 있다.

기업이 생존하여 성공하기 위해서는 점진적이거나 변혁적인 조직변화를 항상 시도해야 하며 이때 구성원의 만족과 개발에 대한 고려가 반드시 선행되어야 한다. 만약 조직이 지나치게 급속하고 단절적인 변화를 추구하다 보면 단기적으로는 조직의 성과를 증대시키지만 장기적으로 조직구성원의 만족과 성취감을 저해하게 된다. 그렇게 되면 조직과 조직구성원이 동등하기보다는 조직구성원이 조직에 예속되는 '사람 없는 조직(organization without people)'으로 전락할 수 있다.

2) 조직변화관리의 접근법

조직변화를 효과적으로 실행할 수 있도록 관리할 수 있는 대표적인 접근법으로 세 가지 모형을 들 수 있다[Gomez-Mejia 외, 2008 : 163-166].

---

2 환경에의 적응을 강조하는 조직변화의 일반적인 두 관점과는 달리 환경변화에 적응하기 위한 조직의 인위적인 변화는 조직이 보유한 핵심역량(core competence)의 체계를 교란시킬 뿐 조직의 환경적합성을 높여주지 못한다고 보는 관점도 있다. 이 관점은 일명 환경선택적 관점(environmental selection perspective)이라고도 한다[Hannan & Freeman, 1989].

(1) 별 모형

별 모형(star model)이라고 불리는 조직변화를 위한 접근법은 변화를 실행하는 데 핵심이 되는 5요소를 제시한 것으로 에드 로울러(Ed Lawler)에 의해 개발되었다.

① 변화의 유형(type of change)

어떤 유형의 변화, 즉 진화적 변화와 변혁적 변화 중 어떤 것이 필요한가? 진화적 변화라면 지속적으로 개선하거나 변경할 것인가? 변혁적 변화라면 더 역동적인 변경이 필요한데, 그것은 제품이나 사업전략의 변경과 같은 것인가? 변혁적 변화는 별 모형의 나머지 요소들의 변화도 필요로 하게 된다.

② 구조(structure)

사람들이 어떻게 함께 팀을 짜며, 결정을 내리는가? 구조는 변화를 도와주는가 아니면 방해하는가?

③ 보상체계(reward system)

구성원들은 어떻게 보상을 받는가? 팀 노력이 필요하다면 개인성과를 어떻게 고려할 것인가?

④ 과정(process)

조직에서 정보는 어떻게 교류되며 행동이 통제되는가? 정보교류가 원활하지 않고 의사결정이 위계적으로만 이루어진다면 변화는 어려울 것이다.

⑤ 사람(people)

어떤 기술이나 능력이 필요한가? 그러한 것들은 조직 내에서만 필요한가, 아니면 훈련을 시키거나 조직외부로부터 습득할 수 있는 것인가?

별 모형은 위의 다섯 가지 요소 외에 조직문화를 포함한다. 그러나 문화는 다섯 요소에 의해 영향을 받고 이루어지는 것으로 직접적인 변화의 요소는 아니다. 다시 말하면 문화는 변화를 어떻게 성공적으로 수행하고 유지하느냐를 결정하는 데 필요한 다섯 가지 요소의 혼합체로 볼 수 있는 것이다. 따라서 다섯 가지 요소를 어떻게 믹스(mix)시킬 것인가를 결정하는 도전이 바로 변화를 촉진하는 요체가 되는 것이다.

(2) 르윈의 3단계 변화모형

조직 전체수준에서뿐만 아니라 개인행위나 집단행위의 모든 수준에 걸쳐서 변화의 단계를 설명하는, 가장 잘 알려진 변화모형은 르윈(Lewin)이 제시한 3단계 변화모형이다. 르윈은 변화는 해빙, 변화, 재동결의 3단계를 거쳐 일어나는 것으로 설명한다. 이렇게 볼 때 변화는 마치 이물질이 포함된 얼음을 깨끗한 얼음으로 만들기 위해서는 그 얼음을 녹여서 이물질을 제거하고 다시 새로운 얼음을 얼려야 하는 것과 같은 이치이다[Lewin, 1951 재인용].

① 해빙

해빙(unfreezing)은 어떤 일을 하는 데 있어서 기존 방식이나 습관을 깨뜨림으로써 새로운 대체안을 받아들일 자세를 갖도록 하는 것이다. 이는 변화의 필요성을 인식하도록 하여 과거의 태도를 '녹여주는' 과정이다. 이러한 해빙단계는 경영자가 변화의 필요성과 중요성을 인식하도록 하는 단계이다.

② 변화

일단 변화모형에서 해빙단계가 이루어지면 다음 단계로 변화과정을 거친다. 이때의 '변화(changing)'는 변화가 진행되는 과정으로서 다시 순종, 동일화, 내면화의 세 가지 단계로 나누어 볼 수 있다[Kelman, 1963 재인용].

i) 순종(compliance)은 한 개인이 자신의 생각과 반대되는 의견제시나 판단을 하라는 압력을 받고 다른 사람이나 집단의 호의적인 반응을 얻기 위해서나 나쁜 반응을 회피하기 위해서 그들의 영향력을 수용할 때 나타난다.
ii) 동일화(identification)는 한 개인이 다른 사람이나 집단과 관계를 맺는 것이 자신의 일부를 형성한다는 이유로 그들의 태도를 받아들일 때 발생한다.
iii) 내면화(internalization)는 새로 갖게 된 태도와 그에 기초한 행위 자체가 만족스럽고 자신의 가치체계에 부합될 때 발생한다.

일반적으로 순종이 조직이 바라는 행위를 유도하는 가장 신속한 방법이긴 하지만 이 방법에는 항상 감독이 따라야 하며 보상이나 벌이 주어져야만 한다. 반면에 내면화는 시간이 오래 걸리고 어려운 방법이기는 하지만 일단 이루어지기만 하면 가장 효과적인 방법으로 알려져 있다. 또 내면화와 동일화는 서로 상반된 것이 아니므로 효과적인 변화는 그 둘을 하나의 변화전략으로 합성시킨 결과인 때가 많다.

③ 재동결

재동결(refreezing)이란 새로 익힌 태도, 지식, 행위가 개인의 퍼스낼리티나 조직의 분위기와 강하게 결합하여 고착화되는 과정을 말한다. 내면화를 통해 새로운 행위가 학습된다면 자연스럽게 재동결이 이루어진다. 재동결을 위해서는 변화과정 중에 있는 개인이 계속 변화할 수 있도록 강화시켜 줄 수 있는 환경을 마련하여야 한다. 대부분의 변화계획이나 훈련계획의 효과가 단기에 그치는 것은, 그 계획에 참여했던 사람들이 원래의 환경으로 돌아갔을 때 그 환경이 새로 익힌 행위패턴을 강화시켜 주지 못하거나 심지어는 그들에 대한 적대감까지 나타내기 때문이다. 따라서 재동결과정에서 관심을 가져야 하는 것은 새로운 행위나 태도가 시간이 지남에 따라 소멸되지 않도록 효과적으로 강화해 주어야 한다는 것이다.

(3) 힘의 장 분석모형

르윈에 의해 제시된 힘의 장(場) 분석(force-field analysis)모형은 변화가 일어나기 전에 두 종류의 서로 다른 힘이 균형을 이룬다는 것이다. 그 힘은 변화를 촉진하는 추진력(driving forces)과 변화를 저지하는 억제력(restraining forces)으로 구성된다[Lewin, 1951].

르윈은 힘의 장 분석모형에 따른 변화를 추진하기 위해서는 경영자가 첫째 변화 억제력에 비해 상대적으로 변화 추진력을 증가시키거나, 둘째 변화 추진력에 비해 상대적으로 변화 억제력을 감소시키거나, 셋째 둘 다를 행하는 세 가지 방법 중의 하나를 선택할 수 있다고 한다.

4 이노베이션경영(혁신경영)

이노베이션(innovation)은 기업의 지속적 경쟁력을 제고시킬 수 있는 핵심요소이다. 혁신을 통해서 조직은 활력을 찾을 수 있다. 뿐만 아니라 혁신은 기업가정신(entrepreneurship)의 요체가 된다.

클래리베이트 애널리틱스의 세계 100대 혁신기업은 매년 종합적인 특허 출원 규모, 특허 승인 성공률, 세계적인 적용범위, 발명의 영향력 등 포괄적인 분석을 바탕으로 선정된다. 한국은 LG 전자 · LS산전 · 삼성전자가 6년 연속 혁신기업에 이름을 올리고 있다. 분석 결과 2016년 전 세계 혁신은 양적 혁신에서 질적 혁신으로 초점이 바뀌고 있으며, 4차 산업혁명 시대를 맞아 구글은 자율주행 자동차에, 아마존은 드론 기술에 적극 투자하는 것이 눈에 띄고 있다.

2017년 세계 100대 혁신기업에 이름을 올린 기업들은 다음과 같다.

기업/기관명	국가	분야	100대 혁신기업에 이름을 올린 연도
3M(3M Company)	미국	화학, 화장품	2011, 2012, 2013, 2014, 2015, 2016
애플(Apple)	미국	통신	2011, 2012, 2013, 2014, 2015, 2016
아케마(Arkema)	프랑스	화학, 화장품	2011, 2012, 2013, 2014, 2015, 2016
보잉(Boeing)	미국	항공, 방위	2011, 2012, 2013, 2014, 2015, 2016
듀폰(DuPont)	미국	화학, 화장품	2011, 2012, 2013, 2014, 2015, 2016
구글(Google)	미국	소프트웨어	2012, 2013, 2014, 2015, 2016
LG전자(LG Electronics)	대한민국	가사용품	2011, 2012, 2013, 2014, 2015, 2016
LS산전(LSIS)	대한민국	석유, 가스, 에너지	2011, 2012, 2013, 2014, 2015, 2016
삼성전자(Samsung Electronics)	대한민국	하드웨어, 전자	2011, 2012, 2013, 2014, 2015, 2016
소니(Sony)	일본	가사용품	2011, 2012, 2013, 2014, 2015, 2016
도요타(Toyota Motor)	일본	자동차	2011, 2012, 2013, 2014, 2015, 2016

자료 : 클래리베이트 애널리틱스 홈페이지.

1) 경영혁신의 내용과 필요성

(1) 경영혁신의 내용

슘페터(J. A. Schumpeter)는 기업가의 혁신기능으로 ① 신제품의 생산, ② 신기술의 도입, ③ 신시장의 개척, ④ 신공급원의 발견, ⑤ 신조직의 형성 등 다섯 가지를 제시한 바 있다. 이러한 혁신기능은 기업가의 당연한 임무로 인식되었으며 기업가의 존재의의는 혁신활동으로 여겨졌다. 이것이 바로 슘페터가 말하는 기업가론이다[Schumpeter, 1934 재인용]. 슘페터의 기업가론을 통해 혁신이 기업의 존속과 번영을 가능하게 하며, 혁신기능은 기업이 존속하는 동안 계속적으로 필요한 것임을 알 수 있다. 이런 의미에서 혁신이란 과거의 정태적 균형을 창조적으로 파괴하여 새로운 동태적 균형을 이룩하게 함으로써 결과적으로는 생산성을 높여주거나 코스트를 줄여주거나 또는 수익을 증대시켜 주는 모든 아이디어나 방법의 도입을 뜻하는 것으로서, 불연속적인 신결합을 수행하는 과정이라 할 수 있다[김원수, 1991 참조].

슘페터가 기업성장과 사회발전의 차원에서 혁신의 중요성을 강조한 이래, 혁신은 경영학 연구분야에서 커다란 관심을 불러일으켰다. 로저스(E. M. Rogers) 등은 1995년에 4,000여 종의 연구를 검토하여 혁신의 확산(diffusion of innovation)을 체계적이고 포괄적으로 분석하였다. 그 결과 혁신의 확산이 농업사회학에서부터 교육학, 의사소통, 공중보건 및 의료사회학, 그리고 경제학 및 경영학에 이르기까지 다양한 분야에 이르고 있음을 발견하였다[Rogers & Rogers, 2003].

적어도 오늘날 경영학적 관점에서 본다면 슘페터가 말하는 혁신기능은 보다 구체적이고 실천적으로 설명되어야 할 필요가 있다. 예를 들면 신제품은 어떤 방법으로 생산하는 것이 보다 혁신적인 것인지, 신시장을 어떤 기법을 통해 혁신적으로 개척할 수 있는 것인지 하는 등의 문제를 제기할 수 있는 것이다.

드러커(P. F. Drucker)는 혁신을 매우 포괄적인 의미로 사용하고 있는데, 혁신을 "기업가 특유의 도구로서 기업가가 변화를 사업이나 서비스를 위한 변화로 이용하기 위한 수단"이라고 정의하고 있다[Drucker, 1999]. 즉, 혁신이란 일반적으로 기대하지 않았던 성공, 실패 또는 대외적인 사건, 현실과 당위성 사이의 괴리, 과정상의 탐구, 산업구조나 시장구조의 변화, 인구통계적 변화, 지각과 의미의 변화, 그리고 새로운 과학적 · 비과학적 지식으로부터 비롯되는 것이다. 반면, 밴 드 벤(Van de

Ven)은 혁신 자체의 개발과 실행에 초점을 맞추어 혁신을 "제도적 질서 아래에서 다른 사람과 관계를 맺고 있는 어떤 사람들이 새로운 아이디어를 개발하고 실행하는 것"으로 보고 있다[Van de Ven, 1986 : 590]. 경영혁신에 대한 구분 관점을 정리해 보면 다음과 같다.

① 내용혁신과 과정혁신 : 혁신을 독립적인 결과물, 특히 새로운 것을 중시하는 내용(성과)의 관점과 혁신의 성공을 위해 필요한 일정한 단계를 중시하는 과정의 관점으로 나눈다.

② 기술혁신과 관리혁신 : 기업의 본질과 관련하여 기업을 기술적 시스템으로 보는 기술혁신과 사회적 시스템으로 보는 관리혁신으로 나눈다.

③ 급진적 혁신과 점진적 혁신 : 변화와 마찬가지로 혁신의 속도에 따라 급진적 혁신과 점진적 혁신으로 나눈다.

경영혁신을 그 강도에 따라 사업구조조정이나 인력구조조정과 같은 고강도 혁신, 강도가 높지 않은 벤치마킹수준에서의 혁신 등으로 나누어 볼 수도 있다.

(2) 경영혁신의 필요성

혁신은 변화와 창조, 혹은 발명의 개념과 밀접히 연관되어 종종 혼란을 야기하기도 한다. 앞에서 언급한 바와 같이 흔히 변화란 어느 특정 상태가 다른 상태로 이동하는 것을 가리키는 보다 포괄적인 개념으로, 방향성을 고려하지 않고 있는 개념이다. 이에 비해 혁신에서 말하는 변화란 우리의 주의를 끌 만한 가치가 있는 것으로서 현재상태로부터의 발전적인 개선을 지칭한다. 발명 혹은 창조는 이전의 세상에 존재하지 않았던 뭔가 새로운 것을 만드는 것(something new into being)을 의미하는 반면, 혁신의 가장 큰 특징은 뭔가 새로운 것을 사용하는 것(something new into use)이라는 점에 있다[Mohr, 1969].

기업에게 이러한 경영혁신이 필요한 이유는 다음과 같다.

첫째, 경영혁신은 기업경쟁력을 확보하기 위한 수단이다[Aaker, 1988]. 기업들은 경쟁력을 확보하기 위한 여러 가지 대안을 모색하고자 하는데, 이때 각종 혁신적인 경영기법과 아이디어가 기업경쟁력의 원천이 된다. 여기서 말하는 기업경쟁력이란 시장 내 다른 동종기업과의 경쟁에서 더 높은 성과와 수익을 내게 해 주는 경쟁우위(competitive advantage)를 지칭하는 것으로, 특정 기업이 해당 경쟁산업 내에서 다른 기업에 비해 상대적으로 높은 효율성과 효과성을 유지하는 능력, 즉 경쟁기업에 비해 상대적으로 낮은 원가 혹은 높은 기술력으로 성과를 유지할 수 있는 내부능력을 의미한다. 따라서 새로운 경영혁신기법과 아이디어는 종종 동종기업과의 경쟁에서 우위를 차지하게 하는 중요한 수단이 된다.

둘째, 경영혁신의 확산을 통하여 조직의 구성원들은 보다 창조적인 변화를 꾀할 수 있으며, 각 구성원들끼리 의사소통을 증진시킬 수 있다. 즉 혁신의 확산을 통하여 기업의 구성원들은 창의적인 아이디어를 공유하게 되며, 의사소통을 증진하게 된다. 특히 혁신의 확산과정을 통하여 기업은 경제적인 혜택뿐만 아니라 개인적인 성장, 만족감의 제고, 집단응집성의 향상, 대인 의사소통의 개선 등의 이점을 얻게 되며, 나아가 혁신의 채택은 조직의 구성원들은 물론 조직을 넘어서 널리 사회에도 혜택을 주게 된다[West & Farr, 1990 : 9].

셋째, 경영혁신은 장기적인 관점에서 기업의 변화를 초래하고 기업경영시스템 전반에 걸쳐 급속한 변화를 추진하는 변화의 메커니즘을 제공한다. 경영혁신이 급속한 변화의 원리를 제공한다는 것은 산업의 라이프 사이클(life cycle)상의 도입기와 성숙기를 통해서도 확인할 수 있다. 산업이 처음 출발하고 발전하는 도입기에서 기업들은 신제품 개발과 같은 급속한 혁신을 통해 성장을 모색할 뿐만 아니라, 성장기를 거쳐 산업이 다각화되고 성숙하는 단계에 이르러서도 제품이나 공정 모두를 혁신함으로써 새로운 도약을 꾀하게 된다[Strebel, 1987 : 117-124].

일반적으로 기업이 경영혁신을 통해 궁극적으로 도달하려는 목표는 지속적인 기업경쟁력의 강화를 통해 경제적 · 사회적 성과를 향상시키는 좋은 기업(good company) 또는 초일류기업(excellent company)이 되는 것이다. 보다 구체적으로 말하면, 기업에서 경영혁신이 지향하고 있는 목표는 효율성과 생산성, 그리고 인력양성에 이르기까지 매우 다양하다. 종래 경영혁신에서는 기업의 경제적 생산시스템의 속성이 중시되어 효율성이나 생산성 등의 경제적 성과를 강조하였으나, 최근 들어서는 고객만족이나 인적 자원의 개발과 같은 사회적 성과를 추구하는 움직임이 많이 나타나고 있다.

2) 혁신관리의 추진과정

경영혁신을 지속적으로 추진하기 위해서 혁신추진과정을 체계적으로 관리해야 한다. 경영혁신의 추진과정은 기업조직이 처한 사회적 · 문화적 환경, 외부이해관계자 집단의 구성, 내부구성원의 특성, 리더십의 특성 등에 따라서 다양한 양상으로 나타날 수 있지만, 일반적으로 아이디어의 산출단계, 채택단계, 그리고 추진단계의 세 단계로 나누어진다[Damanpour, 1991 참조].

(1) 제1단계 : 아이디어의 산출 단계

혁신추진과정의 제1단계는 아이디어의 산출(idea generation)이다. 경영혁신은 얼핏 보기에 아무것도 아닌 것처럼 보이는, 그러나 무척 새로운 아이디어로부터 시작한다. 혁신적인 아이디어가 산출되지 않는다면 경영혁신은 일어날 수가 없다. 그러나 혁신적인 아이디어가 반드시 이 세상에 없었던 기상천외한 것만을 의미하는 것은 아니다. 혁신은 이미 조직의 내부 또는 외부의 어딘가에서 알려져 있었지만, 혁신을 추진하려는 기업이 비로소 새로운 것으로 인식하게 된 것이나 기존에는 별개의 것으로 생각되던 것을 결합해 보는 것을 포함한다.

어떤 회사도 새로운 아이디어 없이 경쟁력을 유지할 수 없다. 혁신은 이러한 아이디어들의 표현이다. 아이디어는 새로운 제품이나 서비스일 수도 있고, 새로운 경영방식, 새로운 업무수행 절차일 수도 있다. 아이디어는 조직 내부 또는 외부로부터 올 수도 있다. 창의성은 조직의 변화에 있어서 가장 중요한 요소로서 새로운 아이디어가 적합한 상황을 만났을 때 발생한다. 오늘날, 많은 우수한 기업들은 모든 구성원들에게서 창의성을 유발할 수 있는 방법을 찾고 있다. 일례로, 검색엔진 회사인 구글(Google)은 구성원 모두가 새로운 아이디어를 생각하는 데 그들의 시간을 써야 한다고 믿는다.

혁신적 아이디어를 산출하기 위해서는 서로 다른 관점을 받아들이고 창의적인 아이디어들을 개진할 수 있는 조직풍토를 조성하여야 한다. 이를테면, 구성원들의 창의성 함양을 위한 훈련 프로그램을 강화하거나, 어떤 아이디어라도 제안하도록 구성원들에게 인센티브를 제공하는 방안이 필요하다. 구성원들에게 조직의 내·외부적 정보를 제공하고 또 이들이 보다 쉽게 접근할 수 있는 정보시스템의 인프라를 구축함으로써 혁신에 필요한 새로운 아이디어의 창출을 도모해야 한다. 혁신에 필요한 아이디어는 새로운 정보를 접할 수 있을 때 가능한 것으로, 개인의 상상력을 자극할 수 있는 다양하고 충분한 정보를 가지고 있을 때 조직의 구성원은 정보의 원활한 활용을 통한 창조적 도약에 힘입어 혁신을 활발하게 수행할 수 있기 때문이다[井澤良智 · 增田卓司, 1992 참조].

(2) 혁신의 채택 단계

제2단계는 혁신의 채택(adoption of innovation)이다. 혁신의 채택 단계에서는 제1단계에서 제안된 여러 혁신적 아이디어들을 조직 내 다른 사람들에게 전파하고 그 타당성을 홍보하여 특정 아이디어를 선정하게 된다. 이때 제안된 혁신적 아이디어가 바람직한가, 달성 가능한가, 조직에 이로운가 하는 점 등을 고려하여 그 실행 가능성을 검토해야 한다. 예를 들어 조직의 중요한 변화일 경우에는 혁신이 이사회의 서명을 통해 법적으로 처리되고, 반대로 작은 변화일 경우에는 중간관리자들에 의해 혁신이 채택된다[Daft, 2004 : 404-406]. 이러한 과정을 거쳐서 실행 가능성이 확인되면 혁신을 성공적으로 수행하기 위해 기업에서 사용할 수 있는 모든 자원을 집중해야 한다.

경영혁신은 일상적인 업무수행보다 훨씬 더 많은 별도의 자원을 필요로 하므로, 특히 혁신과정에 있어서 중요한 영향력을 가진 최고경영층은 조직으로부터 부여받은 권한을 바탕으로 자금, 공간, 장비, 자료 등과 같은 필요한 여유자원(slack resource)을 구성원들에게 제공해야 한다. 그러나 여유자원은 기업이 혁신을 시작할 수 있는 여력을 제공해 주는 반면, 너무 많을 경우 경영자가 혁신의 필요성을 느끼지 못하게 할 수 있으므로 각별한 유의가 요구된다.

또한 질 높은 혁신의 아이디어가 채택되기 위해서는 조직 내의 개방적이고 원활한 커뮤니케이션을 통해 혁신의 아이디어 및 혁신문제에 대한 대화를 촉진하고 의견이 일치되도록 유도하여야 한다. 이를 위해 기업조직들의 정보공유에 관한 교육이나 상하 간 · 부서 간에 원활한 커뮤니케이션을 촉진하는 문호개방정책(open door policy)을 유용한 기법으로 활용할 수 있다. 일례로 3M은 비공식적으로 8,300명의 연구원들에게 일하는 시간 중 15%는 업무와 관련되지 않은 일을 하는 데 쓸 수 있도록 하고 있다. 또한 대부분의 혁신은 일반적인 예산에 추가된 특별한 투자의 분배가 요구된다. 3M에서는 장래성이 있는 아이디어는 '페이싱 프로그램(pacing program)'이 되어 개발을 위한 많은 투자가 일어나고 있다[Daft, 2004 : 404-406].

(3) 혁신의 추진 단계

제3단계는 혁신의 추진(implementation of innovation)이다. 혁신의 추진은 최고경영자와 이를 지지하는 조직구성원들에 의해서 채택된 혁신을 조직 전반에 걸쳐 확산시키는 과정으로 혁신의 추진과정에서 가장 핵심적인 단계이다. 혁신의 확산이란 개인 · 집단 또는 다른 어떤 채택단위에 의하여 어떤 혁신이 구체적인 의사소통채널을 통하여 시간을 두고서 조직의 일반구성원들로 확대되어 나가는 것을 말한다.[3]

혁신의 추진 단계에서는 혁신이 강력히 추진될 수 있도록 최고경영자가 강력한 추진력을 갖추는 것이 중요하다[井澤良智 · 增田卓司, 1992 참조]. 이를 위해 구성원들에게 현재뿐만 아니라 미래의 경영혁신에 대해서도 기대감을 심어주어 혁신의 실행과정에 대한 구성원들의 이해와 참여를 유도하여야 한다. 특히 혁신을 수행하는 개인들은 현재상태에 대한 위협과 미래의 불확실성으로부터 끊임없는 회의를 경험하게 되므로 물질적 · 정신적으로 자신감을 갖도록 해야 한다. 예를 들어 물질적 지원으로서는 혁신운동과 관련된 추가적 보상을 들 수 있는데, 여기에는 개인에게 지급되는 수당이나 상여금 외에도 이윤배분제도 등의 프로그램이 포함된다.

이러한 혁신의 추진은 조직구성원들이 실제 새로운 아이디어, 기술, 행동방식 등을 사용할 때에 일어난다. 물질적인 것들이나 장비들이 필요하고, 노동자들은 새로운 아이디어에 대한 훈련을 받아야 한다. 추진단계는 그 이전 단계의 결과를 확인하는 단계로서 매우 중요한 단계이면서 가장 어려운 단계라고 할 수 있다.

3) 경영혁신 기법들과 역사적 변천과정

(1) 경영혁신의 기법들

1970년대부터 최근에 이르기까지 출현한 경영혁신 기법들로는 Product portfolio management, Corporate Restructuring, Time-Based Competition, Business Process Reengineering, Out souring, Spin-off, Enterprise Resource Planning, Customer Relationship Management, Supply Chain Management, Economic Value Added, Balance Score Card, Learning Organization, Knowledge

---

3 경영혁신의 확산에서 상승효과가 나타날 수 있다. 이때 상승효과(synergy of diffusion)란 하나의 혁신이 채택된 후 곧이어 다른 혁신의 채택을 촉진하는 것을 가리킨다[Fennel, 1984].

Management, Electronic Commerce, Lean Production System, Total Quality Management, Toyota Production System, Just in Time, Blue Ocean Strategy, 6 Sigma, 5S, Strategic Business Unit 등이다.

1970년대에 들어서면서부터는 기업들에게 성장 문제가 큰 과제가 되었고, 어떠한 분야에 진출해야 성공적으로 확장을 할 수 있을까에 대해 고민하게 되면서 이에 중점을 둔 경영혁신 기법들이 나타났다. 80년대부터는 일본 기업이 대두되면서, 기존의 성장 위주에서 수익성 위주의 경영혁신 기법이 관심을 끌게 되었다. 90년대는 IT 산업을 중심으로 해서 미국 기업들의 반격이 시작되는데, 이 당시에는 핵심역량(KSF)이 조명을 받게 되었다.

(2) 경영혁신 기법들의 역사적 변천 과정

각 시대별로 중심이 된 경영혁신 기법을 정리해 보면 다음과 같다.

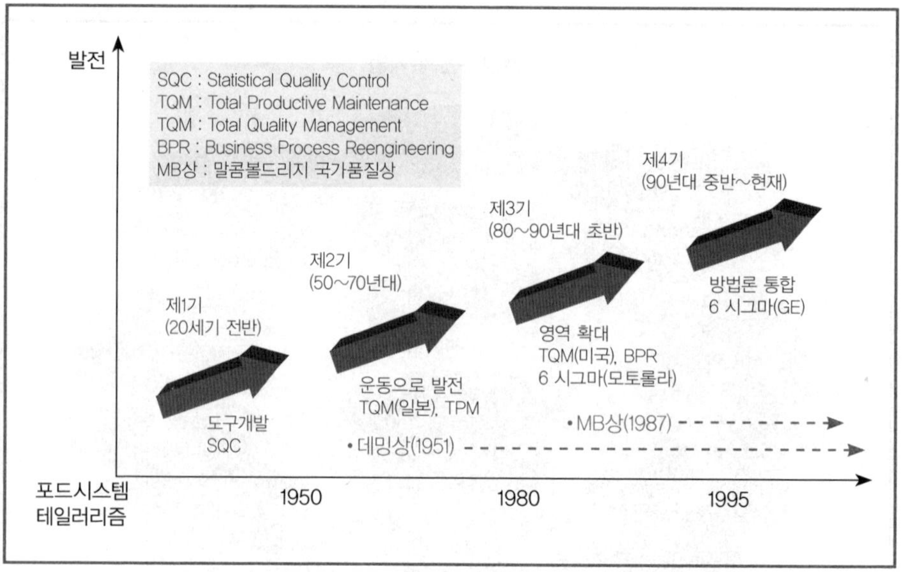

70년대 : 미국 기업의 지배, 성장성 중시 경영

1. Product Portfolio Management(PPM)
2. Strategic Business Unit(SBU)

80년대 : 일본 기업의 반격, 수익성 중시 경영

1. Japanese Management(TQC, JIT, Lean Production)
2. Restructuring
3. Downsizing

90년대 : 미국 기업의 부활, 핵심역량 중시 경영

1. Time-Based Competition
2. Biz. Process Reengineering
3. Knowledge Management

① 70년대 경영혁신 기법

70년대의 경영혁신 기법인 제품 포트폴리오 관리(PPM : Product Portfolio Management)는 일반적으로 BCG 매트릭스와 GE 매트릭스를 많이 사용하는데, 투자분석으로 사용하기에는 많은 문제점이 있어서 오늘날에는 단순히 현재 자사의 상태를 둘러보기 위한 툴 정도로만 사용되고 있다. 한편, 전략적 사업단위(SBU : Strategic Business Unit)는 같은 기업의 다른 사업부서와는 다른 고객을 대상으로 다른 제품라인을 제공한다. 기업의 사장은 기업의 전체적인 기업전략을 정하고 이 기업전략의 추진은 전략사업단위가 담당한다는 것을 말한다.

② 80년대 경영혁신 기법

80년대의 경영기법은 주로 일본의 경영철학에 대한 연구와 그것을 답습한 미국의 경영전략이 주를 이룬다. 이러한 일본식 경영혁신 기법은 앞에서 설명한 소프트웨어 중심의 경영혁신 기법이라고 할 수 있다. 일본의 경영철학으로써 린생산방식(Lean Production System)은 생산방식의 혁명이라고 할 수 있다. 칸반시스템(Kanban System), 적시관리(JIT : Just In Time), 자동화(Autonomation)와 같은 개념을 담고 있으며, 오늘날에도 린생산방식(Lean Production System)은 생산방식의 근간이 되고 있다. 한편 에드워즈 데밍에 의해 전해진 통계적 품질관리는 일본으로 전해져 전사적인 품질관리인 Total Quality Management로 발전하여 품질관리에 혁신을 가져왔다. 또한, 신제품 개발에 대해서도 현격한 차이를 보여주었는데, 이러한 일본의 신제품 개발과정을 Concurrent Engineering이라 하여 Team-based Approach, Overlapping Process로 요약된다. 이러한 일본 경영혁신 기법의 특징은 기업 경쟁력의 원천=일선 근로자, 조직 간 · 구성원 간 정보공유 중시, 조직 내 공감대 형성 강조, 근로자의 자발적 참여 유도로 요약될 수 있다.

최근 일본 기업들의 부진과 미국 기업들의 분발로 이러한 일본식 기업의 경영혁신 기법이 퇴색하고 있기는 하지만 최근에도 지식경영과 같은, 개인의 지식을 회사 전체의 지식으로 만드는, 경영혁신 기법이 각광을 받고 있다.

③ 90년대 경영혁신 기법

90년대에 들어 80년대 불황을 겪었던 미국 기업들은 와신상담하게 된다. 이에 따라 미국 기업들은 앞다투어 여러 가지 경영혁신 기법을 도입하게 되는데, 이러한 미국 기업들의 경영혁신 기법을 살펴보면 앞의 일본식 경영혁신 기법과는 구별되는 하드웨어 중심의 경영혁신 기법이라고 할 수 있다. 90년대에 미국 기업들이 성공하게 된 예들을 분류해 보면 혹독한 감량 경영(Chrysler), 과감한 사업구조 변화(GE, Intel), 일본식 경영의 도입(Motorola, Ford), 새로운 영역의 개척(Disney, Microsoft)을 들 수 있다. 미국식 경영혁신 기법의 특징이라면, IT로 대표될 수 있다. 이러한 IT를 통한 대표적인 경영혁신 기법들은 Management Information System(MIS) : 자동화, Business Process Reengineering(BPR) : Don't Automate, Obliterate,

Enterprise Resources Planning(ERP) : IT의 급격한 확산(CRM, SCM, SEM 등), Internet 확산 : e-Business의 시대 등이다. 90년대에 IT가 미국 기업들에게 커다란 이익을 가져다줄 것이라는 환상에 빠져 기업들은 너도나도 MIS 프로그램을 도입하게 된다. 그러나 성공한 기업은 극히 일부였는데, 그 이유는 기존의 불필요한, 불합리한 프로세스를 제거하지 않고 무조건적으로 자동화함으로써 문제가 발생했기 때문이다. 따라서 이러한 IT중심의 경영혁신 기법을 성공적으로 도입하기 위해서는 먼저 합리적인 프로세스를 구축하는 것이 필요하다고 하겠다. 이러한 개념에서 고려된 것이 BPR(Business Process Reengineering)이라고 할 수 있다. 이러한 BPR은 앞에서 말한 바와 같이 근본적인 불합리를 제거한다는 것에 중점을 둬야 한다. 그리고 이러한 불합리가 제거되었을 때 IT의 효율이 나타난다는 것이다.

한편, ERP(전사적 자원관리)는 시간과 공간에 구애받지 않고 모든 사내 정보를 통합 관리하는 것으로 일종의 패키지에 의한 DB의 통합이라고 할 수 있다. 지난 90년대에 유럽, 미국, 일본 등에서 글로벌 경영체제가 속속 들어서면서부터 다국적회사를 운영하기 위한 종합적인 정보망이 필요하게 됨에 따라 등장하였다. ERP는 MRP(자재소요량관리), MRPII(생산자원관리), MIS(경영정보시스템) 등의 자원관리 기법의 발전과정을 거치면서 발전하였다. 한편 서양의 대표적인 경영혁신 기법 중에는 성과측정 도구들을 들 수 있다. 성과측정 지표로는 EVA(Economic Value Added, 경제적 부가가치), 균형성과표(Balanced Score Card) 같은 것이 있다.

미국식 경영혁신 기법의 특징은 기업경쟁력의 원천=최고경영자, 기능이나 사업부 차원이 아닌 기업 전체 차원의 기법, 기존사업의 철수나 경영 프로세스의 통폐합 강조, 비용 절감에 초점을 둔다.

④ 2000년대 이후의 경영혁신 기법의 추세

전체 프로세스를 중심으로 접근(ERP, 6 시그마), 고객의 관점 강조, 미국식과 일본식 경영혁신 기법의 적절한 조화, 과학적 측정과 평가를 중시하고 있다.

5 경영혁신에 대한 저항관리

혁신관리를 위해서도 조직구성원들의 혁신에 대한 저항과 조직에 잠재해 있는 구조적 관성을 극복해야만 한다.

1) 구성원들의 저항

경영혁신을 추진할 때에는 크든 작든 구성원들의 저항에 부딪히게 된다.[4] 이때 저항(resistance)이란 일상생활을 위협하는 실제적 · 가상적 변화에 대한 감정적 · 행위적 반응을 총칭하는 개념이다[Kreitner & Kinicki, 1995]. 이러한 저항은 혁신의 걸림돌로 작용할 수 있기 때문에 경영혁신을 지속적으로 추진하는 과정에서 이를 극복하는 것이 선결과제이다.

(1) 저항의 원인

혁신에 대한 저항의 개인적 원인은 ① 익숙한 방법으로 변화에 대응하려는 습관, ② 혁신이 있을 때 안전에 대한 위협을 느끼는 성향, ③ 생산성과 보상의 연결이 높을 때 새로운 업무에 대한 성과를 내지 못하거나 과거의 수준을 유지하였을 때 느끼는 경제적인 공포, ④ 알지 못하는 것에 대한 막연한 두려움, ⑤ 듣고 싶은 것만 듣고 자신이 창조한 세계에 반(反)하면 무시하려는 경향인 선택적 정보처리 등의 다섯 가지를 들 수 있다[Robbins, 2005 참조].

이 같은 개인적 저항은 표준화된 방법으로 나타나지 않는다. 공공연할 수도 있고 함축적일 수도 있으며 즉시 나타날 수도 있고 연기되어 나타날 수도 있다. 공공연하고 즉시 나타나는 저항, 이를테면 파업을 하겠다고 위협한다든지, 불평을 내뱉고 일부러 업무를 느리게 진행하자고 약정한다든지 하는 등의 저항은 오히려 그 해결이 쉬우나, 조직에 대한 충성도가 감소하고 실수와 실책이 증가하며 병을 핑계로

4 경영혁신에 대해 구성원들이 반드시 저항만을 하는 것은 아니다. 개인에 따라서는 경영층이 추진하는 혁신을 수용하여 이를 지지하거나 협력하기도 한다. 그러나 기업 전체적으로 볼 때 혁신을 수용하는 구성원들은 많지 않기 때문에, 혁신에 대한 구성원들의 보편적인 반응은 저항이라고 할 수 있을 것이다.

한 장기결근의 증가 등 함축적인 저항은 알아차리기 어렵기 때문에 그 해결 또한 어렵다. 이와 같은 저항은 처음에는 최소한으로 존재하지만 몇 주, 몇 달, 몇 년이 지나 표면화되거나 점차적으로 축적되어 이후에 촉발하기도 한다[Robbins, 2005 : 551-554].

(2) 저항의 형태

이렇듯 구성원들이 보이는 저항의 형태는 그 강도에 따라 잠재적 저항과 표출적 저항으로 나누어 볼 수 있다[신유근, 2005].

먼저, 잠재적(covert) 저항은 경영혁신에 대한 무관심이나 반감, 냉소, 소극적 협조, 무사안일, 복지부동 등 구성원들이 내재적으로 지니는 심리적인 태도 측면과 결부되어 쉽게 드러나지 않는다. 그렇기 때문에 집단의 조직화된 저항으로 표출되기보다는 개인적 차원에서 못마땅함을 느끼는 정도로 머무르는 것이 보통이며 저항이 그리 강하지 않은 소극적인 성격을 띠게 된다.

반면, 표출적(overt) 저항은 항의나 사직, 태업 등과 같이 구성원의 심리적 태도보다는 행동적 측면으로 많이 나타나며 잠재적 저항에 비해 집단의 조직화된 저항으로 연결되기 쉽다. 표출적 저항은 실제행동으로 나타나기 때문에 적극적 성격을 띠며 심한 경우 혁신 자체를 부정해 버릴 정도로 투쟁적이기도 하다.[5]

잠재적 저항은 그들이 신분이나 현재상태 등에 대해 느끼는 위협의 정도와도 관련된다. 통상적으로 강한 저항은 변화가 극적이고 급진적일 때, 급작스럽고 예기치 않은 변화나 충격이 발생할 때, 변화가 관련 당사자들에게 역효과를 미치고 자신들이 손실을 입는 것으로 여길 때, 기존전략이나 기업사명 등에 대한 강한 지지가 존재할 때, 변화의 목표가 불명확하고 불안감을 야기할 때, 그리고 이전의 변화가 효과적이지 않았을 때 많이 발생한다[Karlof, 1993].

(3) 저항의 극복

경영혁신에 대한 구성원들의 저항을 극복하기 위해서는 우선 그 원인을 체계적

---

5 구성원들의 저항과 관련하여 '조직냉소주의'라는 말이 나오고 있다. 조직냉소주의(organizational cynicism)란 해당 조직의 구성원들이 경영진, 정책, 제도, 변화 및 혁신 활동 등 조직 전반에 걸쳐 이유 없는 무관심이나 적대감, 극단적인 불신을 나타내는 것이다[김현기, LG 주간경제, 2003.9.3.].

으로 분석해야 한다. 저항은 변화에 대한 정보의 부족으로 인해 야기되는 경우가 많으므로 변화과정을 구성원들에게 명백히 제시하고, 의사결정과정에 구성원들을 보다 많이 참여시켜 이를 극복하는 것이 필요하다. 또한 혁신을 추진하는 데 있어서 지나치게 하향적 · 지시적인 변화방식은 지양해야 한다. 더불어 경영혁신의 성과에 대해 회의적인 시각을 갖지 않도록 변화의 결과를 명확히 제시하여 노조원들이나 일반구성원들, 특히 중간관리자들에게 변화의 명분과 기본목표 및 실질적 효익이 피부에 와 닿도록 하는 것이 중요하다.

경영혁신에 대한 저항을 관리하는 기법으로는 다음과 같은 것들이 있다[Schermerhorn Jr. 외, 2010 ; Robbins, 2009 참조].

① 교육과 커뮤니케이션 : 정보가 없거나 부정확한 정보와 분석이 존재하는 경우에는 일대일 토론, 메모, 집단발표, 리포트 등의 교육과 커뮤니케이션을 통해 구성원들을 설득할 수 있다.

② 참여와 몰입 : 자신이 참여한 결정에 저항하는 것은 어렵다. 따라서 의사결정과정에 반대자를 참여시킴으로써 저항을 극복할 수 있다.

③ 촉진과 지원 : 상담, 치료요법, 기술훈련, 짧은 유급휴가 등의 촉진과 지원을 이용하여 변화를 두려워하는 조직원들에게 도움을 줄 수 있는 일을 할 수 있다.

④ 협상과 동의 : 저항이 세력이 강한 사람 혹은 집단으로부터 나왔을 경우 상호협상과 동의의 과정을 통해서 변화를 유도할 수 있다.

⑤ 조작과 적응적 흡수 : 사실을 보다 매력적으로 왜곡하거나, 바람직하지 않은 정보를 은폐하고, 사실과 다른 소문을 만드는 등의 조작과 저항세력의 우두머리에게 변화결정의 핵심역할을 부여하는 적응적 흡수방법을 통해 변화를 수용하게 할 수 있다.

⑥ 명시적 · 묵시적 강압 : 임금삭감, 전근, 승진상의 불이익 등 변화에 따르지 않는 구성원들에게 직접적인 위협과 힘을 가함으로써 변화를 이끌어 낼 수 있다.

2) 조직의 구조적 관성

혁신에 대한 개인적 저항과 조직의 구조적 관성은 인체에 비유할 수 있다. 인체가 노화되어 발생하는 병과 같이 오랜 기간 동안 축적된 조직 차원의 병폐를 구조적 관성으로, 이에 비해 특정 자극에 대한 인체의 반응처럼 혁신이라는 자극에 대한 개인의 즉각적인 반발을 구성원들의 저항으로 생각할 수 있다. 그리고 시간적 측면에서 조직의 구조적 관성이 혁신 이전부터 존재하는 비교적 장기적인 것인 데 반해 구성원들의 저항은 혁신에 대한 반응으로 나타나는 단기적인 것으로 이해할 수 있다.

"세 살 버릇이 여든까지 간다."는 말처럼 개인도 자신이 평소 갖고 있던 행동방식 · 사고방식을 고치기 힘들 듯이 기업도 성장하는 과정에서 기존의 기업조직에서 하던 경영방식을 쉽게 바꾸지 못하는 구조적 관성을 갖게 된다. 본래 관성(inertia)이란 개념은 물리학에서 차용된 개념으로 사물이 외부 힘에 의해 저지되거나 굴절되지 않는 한 일직선으로 움직이려는 성향을 가리킨다[Karlof, 1993]. 이러한 관성의 개념을 경영학에서 원용하여 중요한 기업조직의 현상으로 설명하고 있는데, 조직의 구조적 관성(structural inertia)이란 기업에서 기존의 상태를 어떻게든 유지하고 계속해서 이 방향으로만 조직을 이끌어 나가려고 하는 조직의 독특한 습관을 말한다.

(1) 관성의 형태

조직의 구조적 관성은 조직관료화라는 대내적 관성과 조직외부 환경에 대한 대응능력 부족이라는 대외적 관성으로 나누어 볼 수 있다.

먼저, 주로 조직 자체의 관료화 · 경직화 문제를 지칭하는 대내적 관성은 권한의 집중, 과도한 공식화 등으로 창의성을 저해하고, 변화에 대한 요구를 억제하는 현상을 말한다. 예를 들면 조직의 관료적 풍토라든가, 위계적 조직운영에 따른 상명하복식(上命下服式)의 권위적인 조직풍토, 전제적 리더십 등이 고착화되어 쉽게 변화되지 않는 상태를 가리키는데 이러한 대내적 관성은 기업이 혁신에 대한 필요성을 인식하지 못하고 계속적으로 정체되는 원인을 제공한다.

다음으로, 외부환경 변화에 대한 뒤늦은 대응 문제, 혹은 대응능력의 마비를 가리키는 대외적 관성은 변화된 환경 속에서 이를 인식하지 못하고 과거의 경영 관행이나 방식을 답습하는 현상을 말한다. 예를 들면 과거 고도성장한 기업이 아직도 오래전의 환상에 집착해 있거나, 사업확장에 따른 외형적인 성장을 성공으로 생각하여 급변한 경영환경여건을 감지하지 못하고 있는 경우를 말한다.

(2) 관성의 극복

조직의 구조적 관성을 극복하기 위해 경영자는 구체적으로 다음과 같은 자세를 지녀야 한다[윤종용, 2005 : 341-347].

첫째, 혁신이 몰고 오는 올바른 희생을 이겨낼 인내력을 길러야 한다. 희생과 더불어 고통과 갈등을 견디어 낼 리더의 소신과 용기, 인내가 필요하다.

둘째, 기득권층의 저항을 극복하여야 한다. 기득권층을 최대로 포용하고 설득하여 스스로 혁신에 공감하고 동참하여 희생을 감수하도록 해야 한다. 기득권층을 설득하고 이해시켜 동참하게 하기 위해서는 우선 윗사람부터 바뀌고, 솔선수범과 희생을 해야 한다.

셋째, 목표와 비전을 크게 세우되, 실천은 점진적이고 단계적으로 추진해야 한다. 작은 변화, 쉬운 변화부터 시작하여 성공함으로써 조직원들의 변화에 대한 불안감을 해소해 주고, 그 성공사례를 조직 내에 전파하여 조직 전체가 자신감을 갖게 하며 자극과 경쟁심을 불러일으켜서 변화의 불씨를 만들어야 한다.

넷째, 일관성 있고 지속적으로 혁신을 추진해야 한다. 혁신에 성공하기 위해 리더는 혁신과 변화에 대한 방향과 전략, 프로세스를 확실히 수립하고, 이를 강력하고 일관성 있게 지속적으로 추진해야 한다. 혁신은 스프링과 같다. 원상으로 복귀할 수 없도록 끝까지 변화시켜 체질화되도록 해야 한다.

다섯째, 강력한 추진조직을 구성해야 한다. 조직은 경영현장과 각 프로세스를 잘 아는 유능하고 전문성이 있으며 문제의식이 예리한 사람들로 구성되어야 한다. 그리고 혁신조직은 최고경영자가 직접 지휘하여야 한다. 그렇게 함으로써 조직이 최고경영자의 혁신의 의지를 읽게 되며, 따라서 조직과 전체를 변화시킬 수 있고, 혁신의 저항세력들과 기득권층을 설득하고 동참시킬 수 있다.

여섯째, 성과에 대한 보상을 철저히 해야 한다. 혁신에 따른 불안과 고통, 희생을 견디어 온 조직구성원들에게 충분히 보상해 주어야 한다. 혁신은 중·장기적으로 그들에게 이익으로 되돌아온다는 것을 보여주고 믿도록 해야 한다. 그러나 변화와 성과가 없을 때는 보상도 없다는 것을 분명히 하는 것도 중요하다.

참고문헌

한국문헌 : 서적

강금식 · 정우식(2010), 「생산운영관리」(박영사).
강태구(2000), 「글로벌 기업경영론」(무역경영사).
강효석 · 이원흠 · 조장연(1999), 「기업가치 평가론 : EVA와 가치창조경영」(홍문사).
권영철(1994), 「무한경쟁시대의 전략적 제휴」(김영사).
김길선 · 김희탁 · 어윤양 외(2004), 「디지털 시대의 생산시스템과 SCM」(법문사).
김만중(2003), 「최고의 승부사 빌 게이츠」(거송미디어).
김상훈(2004), 「하이테크마케팅」(박영사).
김원수(1991), 「경영학원론」(경문사).
———(1994), 「신경영학원론」(경문사).
김인호(1988), 「경영전략론 : 한국기업의 경영원리와 경영전략」(비봉출판사).
김정석(1994), 「무한경쟁시대의 패러다임전환 경영혁신」(창현출판사).
김재일(2005), 「유비쿼터스 인터넷 마케팅」(박영사).
김지수 · 노택환(1994), 「기업의 합병 · 매수론」(영남대학교출판부).
문원택 · 이준호 · 김원석(1999), 「헨리포드에서 정주영까지」(한국언론자료간행회).
박경규(1999), 「한국기업의 연봉제 설계방안」(대한상공회의소).
박덕제 · 조우현 · 이원탁(1989), 「선진각국의 노동운동과 노사관계」(한국경제신문사).
박성환 · 이준우(2011), 「경영학의 탐색」(법문사).
박성범(2010), 「중소기업론 : 전략적 접근을 중심으로」(탑북스).
박정식 외(2009), 「재무관리」(다산출판사).
박찬수(2010), 「마케팅원리」(법문사).
배병삼(2012), 「공자, 경영을 논하다」(푸르메).
백기복(2002), 「조직행동연구」(창민사).
서두칠(2001), 「우리는 기적이라 말하지 않는다」(김영사).
송계충 · 정범구(2004), 「조직행위론」(경문사).
신유근(1992), 「한국의 경영 : 그 현상과 전망」(박영사).
———(2001), 「사회중시경영 : 기업과 사회」(경문사).
———(2005), 「인간존중경영 : 조직행위론적 접근」(다산출판사).

———(2007), 「KRP 경영론 : 현대경영의 역동적 관점」(다산출판사).
———외(1993), 「신조직환경론」(다산출판사).
안광호 · 권익현 · 이병훈(2005), 「마케팅」(학현사).
안상형 · 이명호 · 김기석(1994), 「현대 경영과학」(학현사).
안영진(2005), 「경영품질론 : 6시그마와 TQM」(박영사).
안중호 · 박철우(2003), 「e-Business 기술체계」(서울대학교 경영대학 전자상거래 지원센터).
윤순봉 · 장승권(1995), 「열린시대열린경영」(삼성경제연구소).
이광현(1995), 「핵심역량 경영」(명진출판).
이명호 · 유지수(1999), 「경쟁우위확보를 위한 생산관리」(박영사).
이상범 · 류춘호(2009), 「현대 생산 · 운영관리」(명경사).
이영해(2004), 「e-비즈니스 시대의 SCM(공급사슬경영) 이론과 실제」(문영각).
이유재(2001), 「죽은CRM 살아있는CRM」(한언).
이장우(1995), 「경영전략론 : 통합적 접근」(법문사).
이재기(2004), 「글로벌 시대의 신경영과 국가 경쟁력」(한올출판사).
이춘우 외(2014), 「기업가정신의 이해」(이오북스).
임창희(1996), 「조직행동」(학현사).
———(2007), 「경영학원론」(학현사).
———(2015), 「경영학원론」(라온).
장세진(1996), 「경영전략」(박영사).
정진철 · 장후석(2003), 「선진기업에서 배우는 인재육성 전략」(현대경제연구원).
조동성(1994), 「국제경영학」(경문사).
———(2005), 「21세기를 위한 경영학」(서울경제경영).
조영호(1993), 「사람을 위한 조직관리」(명진출판).
채서일(1993), 「마케팅」(학현사).
최일섭(1997), 「지역사회복지론」(서울대출판부).
한동철(2002), 「공급사슬관리」(SIGMAINSIGHT).
한영우(1983), 「조선전기의 사회경제연구」(을서문화사).
한정화(2003), 「벤처창업과 경영전략」(홍문사).

한국문헌 : 논문

구자룡(2002), "소비자-브랜드 관계 유형별 브랜드 인지, 지각된 품질 및 브랜드 이미지가 브랜드 태도 및 브랜드 로열티에 미치는 영향에 관한 탐색적 연구"(상명대학교 박사학위논문).
권석균(1995), "조직학습의 이론적 전망," 「인사조직연구」, 제3권 제1호, pp.121~163.

문종범(2005), "정보시스템 기반의 공급사슬통합이 기업의 성과에 미치는 영향에 관한 연구"(서울대학교 박사학위논문).

민남식(1993), "조직의 환경변화와 경계부서의 역할에 관한 연구"(서울대학교 박사학위논문).

신유근 · 민남식(1992), "인재육성을 위한 평가시스템의 개발," 사운 심병구 박사 정년기념 논문집 발간위원회 편, 「사운 심병구 박사 정년기념논문집」, pp.215~240.

양석준(2005), "디지털 환경에서의 Reverse Marketing에 관한 연구"(서울대학교 박사학위논문).

이경묵(1996), "사회적 자산의 형성과 활용," 서울대학교 경영대학, 「노사관계연구」 제7권, pp.265~290.

——(1999), "벤처기업의 경영전략," 중소기업청, pp.177~197.

이춘우(1999), "조직앙트라프리뉴어십과 조직성과"(서울대학교 박사학위논문).

정진철 · 장후석(2003), "선진기업에서 배우는 인재육성 전략," 현대경제연구원.

한정화(1992), "경영전략론의 진화과정에 관한 비판적 고찰," 「인사조직연구」, 제1권 제1호, pp.95~121.

——(1997), "IMF 시대 기업의 사회공헌 활동," 「삼성사회공헌활동백서」(삼성사회봉사단).

한국문헌 : 역서

데이브 얼리치(Ulrich, Dave)(2003), *HR Champions*, 김용구 외 역, 「*HR Champions*」(미래경영개발연구원).

렉컨설팅그룹(1993), 최병진 역, 「일본기업의 신경영혁명」(21세기북스).

로버트 슬레이터(2000), 강석진 · 이태복 역, 「잭 웰치와 GE방식 필드북」(물푸레).

리츠만 외(Ritzman and Krajewski)(2002), *Foundations of Operations Management* (Prentice-Hall), 강종열 외 역(1994), 「생산운영관리의 기초」(시그마프레스).

마이클 포터(Porter, M. E.)(1985), *Competitive Advantage : Creating and Sustaining Superior Performance*(NY : The Free Press), 조동성 역(1991), 「경쟁우위」(교보문고).

블라드 게오르게스쿠(Georgescu, Vlad) · **마리타 볼본**(Vollborn, Marita)(2004), *Nanobiotechnology*, 박진희 역, 「나노바이오테크놀로지」(생각의 나무).

블랙(Black, J. S.) · 모리슨(Morrison, A. J.) 외(1999), *Global Explorers : The Next Generation of Leaders*(Brunner-Routledge), 장국현 역(2002), 「글로벌 리더십」(FKI미디어).

스코트 켈러(Keller, Scott) · **콜린 프라이스**(Price, Colin)(2011), *Beyond Performance*, 시

영조 역(2014), 「맥킨지가 밝혀낸 해답 : 차이를 만드는 조직」(대덕문화사).

앨빈 토플러(Toffler, A.)(1990), *Powershift*(NY : William Morrow and Company Inc.), 이규행 감역(1990), 「권력이동」(한국경제신문사).

에릭 플램홀츠(Flamholtz, Eric G.) · **이본 랜들**(Randle, Yvonne)(2015), *Growing Pains*, 이광준 역(2002), 「기업 성장을 방해하는 10가지 증상」(매일경제신문사).

요코타 히데키, 임혜성 역(2016), 「회사의 목적은 이익이 아니다」(트로이목마).

이나모리 가즈오, 양준호 역(2009), 「경영의 원점, 이익이 없으면 회사가 아니다」(서돌).

이코노미스트 인텔리전스 유니트(The Economist Intelligence Unit), 이철 역(1994), 「글로벌 기업의 핵심역량」(사계절).

존 네이스비트(Naisbitt, J.)(1994), *Global Paradox*, 정성호 역, 「글로벌 패러독스」(세계일보).

카미사카 타쿠로(上坂卓郎), 박우진 역(2007), 「벤처기업론 입문」(한국학술정보).

코틀러 외(Kotler, P. & Armstrong, G.)(2008), *Principles of Marketing*, 12th., 안광호 외 역(2008), 「Kotler의 마케팅 원리」(시그마프레스).

토머스 데이븐포트(Davenport, T. H.)(1994), *Process Innovation*, 송경근 역, 「프로세스이노베이션」(21세기북스).

톰 피터즈(Peters, T.)(1993), *Liberation Management*(NY : Knopf), 노부호 외 역(1994), 「해방경영」(한국경제신문사).

톰 피터즈(Peters, T.) · 낸시 오스틴(Austine, N.)(1994), *A Passion for Excellence the Leadership Difference*, 조영호 역,「(초우량기업을 만드는) 엑설런트 리더십」(21세기북스).

피터 드럭커(Drucker, P.)(1999), *Management Challenge for 21st Century*, 이재규 역, 「21세기 지식경영」(한국경제신문사).

피터 디아만디스(Diamandis, Peter) · **스티븐 코틀러**(Kotler, Steven H.)(2016), *BOLD*, 이지연 역(2016), 「볼드(*BOLD*)」(비즈니스북스).

일본문헌

南部鶴彦(1980), "消費者主權," 「經濟學大辭典」, Vol.1(東京 : 東洋經濟新報社).

村松司叙(1991), 「現代經營學總論」(東京 : 中央經濟社).

北失行男(1991), 「知本主義 經營學」.

山下達哉 外 5人(1992), 「人才の條件」(東京 : ダイセモンド社).

鈴木幸毅(1992), 「環境問題企業責任—企業社會における管理と運動」(東京 : 中央經濟社).

伊丹敬之 · 加護野忠男(1989), 「經營學 入門」(東京 : 日本經濟新聞社).

井澤良智 · 增田卓司 編(1992), 「現代企業と經營戰略」(東京 : 同文館).

구미문헌 : 서적

Aaker, D. A.(1988), *Strategic Market Management*(NY : John Wiley & Sons).

Aldrich, H. E.(1979), *Organization and Environment*(Englewood Cliffs, NJ : Prentice-Hall).

Arnold, H. J. & Fledman, D. C.(1986), *Organizational Behavior*(NY : McGraw-Hill).

Babbage, C.(1935), *On the Economy of Machinery and Manufactures*(NY : A. M. Kelley).

Baird, L. S., Post, J. E. & Mahon, J. F.(1990), *Management : Functions and Responsibilities*(NY : Harper & Row Publishers).

Barnard, C. I.(1938), *The Functions of Executives*(Cambridge, MA : Harvard University Press).

Baron, R. A.(1991), *Behavior in Organizations : Understanding and Managing Human Side of Works*(Boston, MA : Allyn and Bacon, Inc.).

Baron, R. A. & Shane, S. A.(2004), *Entrepreneurship*(Mason, OH : Thomson/South-Western).

Bartol, K. M. & Martin, D. C.(1991), *Management*(NY : McGraw-Hill).

Bateman, T. S. & Zeithaml, C. P.(1990), *Management : Function and Strategy* (Homewood, IL : Irwin).

Bennis, W. G. & Nanus, B.(1985), *Leaders : The Strategies for Taking Change*(NY : Harper & Row).

Berle, A. A. & Means, G. C.(1968), *The Modern Corporation & Private Property*(Harcourt Brace & World, Inc.), *Linkages : The Pshchology of Commitment, Absenteeism and Turnover*(NY : Academic Press).

Blake, R. R. & Mouton, J. S.(1968), *Corporate Excellence through Grid Organizational Development*(Houston, TX : Gulf Publishing).

Boulding, K. E.(1972), *The Futurists*(NY : Random House).

Boyatzis, R. E.(1982), *The Competent Manager*(NY : John Wiley).

Byars, L. L.(1992), *Strategic Management : Formulation and Implementation, Concept and Cases*, 3rd ed.(NY : Harper Collins Publisher, Inc.).

Cameron, K. S. & Whetten, D. A.(1983), *Organizational Effectiveness : A Comparison of Multiple Models*(NY : Academic Press, Inc.).

Carroll, A. B.(1989), *Business & Society : Ethics and Stakeholder Management*, 3rd ed. (London : International Thomson Publishing).

———(1996), *Business & Society : Ethics & Stakeholder Management*(Cincinnati, OH : South-Western Publishing Co.).

Champagne, P. J. & McAfee, R. B.(1989), *Motivating Strategies for Performance and Productivity : Meeting the Unique Needs of Employees*(NY : Harper & Row).

Chandler, A. D.(1962), *Strategy and Structure*(Cambridge, MA : MIT Press).

Cherrington, D. J.(1994), *Organizational Behavior*, 2nd ed.(Boston, MA : Allyn and Bacon).

Chrisensen, C. M. & Raynor, M. E.(2003), *The Innovator's Solution*(Cambirdge, MA : Harvard University Press).

Claeys, G.(1993), *Selected Works of Robert Owen*(London : William Pickering).

Collins, J.(2001), *Good to Great : Why Some Companies Make the Leap and Others Don't*(NY : Harper Business).

Collins, J. C. & Lazier, W. C.(1992), *Beyond Entrepreneurship*(Englewood Cliffs, NJ : Prentice-Hall, Inc.).

Crosby, P. B.(1980), *Quality is Free : The Art of Making Quality Certain*(NY : New American Library, Mentor).

Daft, R. L.(2003), *Management*, 6th ed.(Mason, OH : Thomson/South-Western).

――――(2004), *Organization Theory and Design*, 8th ed.(Mason, OH : Thomson/South-Western).

Deal, T. E. & Kennedy, A. A.(1982), *Corporate Culture : The Rites and Rituals of Corporate Life*(NY : Addison Wesley).

Donnelly, J. H., Gibbson, J. L. & Ivancevich, J. M.(1990), *Fundamentals of Management*, 7th ed.(Homewood, IL : Irwin).

Douglas, J. D.(1971), *The American Social Order : Social Rules in a Pluralistic Society*(NY : The Free Press).

Drucker, P. F.(1989), *The New Realities*(NY : Harper & Row, Inc.).

――――(1992), *Managing for The Future : The 1990s and Beyond*(NY : Truman Talley Books).

――――(1999), *Management Challenges for the 21st Century*, 1st ed.(NY : Harper Press).

Drucker, P. F. & Sathe, V.(2003), *Corporate Entrepreneurship : Top Managers and New Business Creation*(Cambridge : Cambridge University Press).

Ehrlich, P. R.(1968), *The Population Bomb*(NY : Ballantaine Books).

Etzioni, A.(1961), *A Comparative Analysis of Complex Organizations*(NY : Free Press of Glencoe).

Fayol, H.(1949), *General and Industrial Management,* trans. by Constance Storm (Marshfield, MA : Pitman & Publishing).

Fiedler, F. E. & Garcia, J. E.(1987), *New Approaches to Effective Leadership : Cognitive Resources and Organization Performance*(NY : John Wiley).

Follett, M. P.(1924) *Creative Experience*(NY : Longman Green and Co.).

Frederick, W. C., Davis, K. & Post, J. E.(1988), *Business and Society : Corporate Strategy, Public Policy, Ethics*, 6th ed.(NY : McGraw-Hill, Inc.).

George, J. M. & Jones, G. R.(1996), *Understanding and Managing Organizational Behavior*(Redading, MA : Addison-Wesley).

George, M. L., Rowlands, D., Rowlands, D. T. & Kastle, B.(2003), *What Is Lean Six Sigma?* (NY : McGraw-Hill).

Gibbson, J. L., Ivancevich, J. M. & Donnelly, J. H.(1991), *Organization : Structure, Process and Behavior*(Homewood, IL : Irwin).

Goldstein, I. L.(2001), *Training in Organizations : Needs Assessment, Developmet & Evaluation*(Boston, MA : Course Technology, Inc.).

Gomez-Mejia, L. R., Balkin, D. B. & Cardy, R. L.(2008), *Management : People, Performance, Change*, 3rd ed. (NY : McGraw-Hill Companies, Inc.)

Griffin, R. W.(2005), *Management, 8th ed.*(Bostion, NY : Houghton Miffin Company).

Gulick, L. H. & Urwick, L. F.(1937), *Papers on the Science of Administration*(NY : Institute of Public Administration).

Hall, R. H.(1991), *Organizations : Structure Process & Outcomes*, 5th ed.(Englewood Cliffs, NJ : Prentice-Hall).

Heizer, J. & Render, B.(2003), *Principles of Operations Management*(Englewood Cliffs, NJ : Prentice-Hall).

Hellriegel, D., Jackson, S. E. & Slocum, Jr., J. M.(2005), *Management : A Competency Based Approach*, 10th ed.(Mason, OH : Thomson).

Herman, E. S.(1981), *Corporate Control, Corporate Power*(Cambridge, MA : Cambridge University Press).

Hersey, P. & Blanchard, K. H.(1982), *Management of Organizational Behavior : Utilizing Human Resource*, 4th ed.(Englewood Cliffs, NJ : Prentice-Hall).

Higgins, J. M.(1994), *The Management Challenge*, 2nd ed.(NY : MacMillan Publishing Company).

Hitt, M. A., Black, J. S. & Porter, L. W.(2005), *Management*(Englewood Cliffs, NJ : Prentice-Hall Inc.).

Hodge, B. J.(2003), *Organization Theory*(Englewood Cliffs, NJ : Prentice-Hall)

Hofstede, G.(1980), *Culture's Consequences : International Differences in Work Related Values*(Beverly Hills, CA : Sage).

————(1991), *Cultures and Organizations : Software of the Mind*(London : McGraw-hill).

Hunger, J. D. & Wheelen, T. L.(1993), *Strategic Management*, 4th ed.(NY : Addison-Wesley Publishing Company, Inc.).

Ivancevich, J. M. & Matteson, M. T.(1987), *Controlling Work Stress*(San Francisco, CA : Jossey-Bass).

Jackson, J. H. & Morgan, C. P.(1978), *Organization Theory : A Macro Perspective for Management*(Englewood Cliffs, NJ : Prentice-Hall.).

Kanter, R. M.(1983), *The Change Masters : Corporate Enterpreneurs at Work*(London : Unwin).

Karlof, B.(1993), *Key Business Concepts : A Concise Guide*(London : Routledge).

Kast, F. E. & Rosenzweig, J. E.(1979), *Organization and Management*(NY : McGraw-Hill Book Co.).

Katz, D. & Kahn, R.(1966), *The Social Psychology of Organization*(NY : John Wiley & Sons).

Kerr, C., Dunlop, J. T., Harbison, F. & Myers, C. A.(1960), *Industrialism and Industrial Man : The Problems of Labor and Management in Economic Growth*(Cambridge, MA : Harvard University Press).

Kim, W. C. & Mauborgne, R.(2005), *Blue Ocean Strategy*(Cambirdge, MA : Harvard University Press).

Kinicki, A. & Williams, B. K.(2005), *Management : A Practical Introduction*(NY : McGraw-Hill Book Co.).

Koontz, H. & O'Donnell, C.(1976), *Management : A Systems and Contingency Analysis of Managerial Functions*, 6th ed.(NY : McGraw-Hill Books Company).

————(1984), *Principles of Management*, 4th ed.(NY : McGraw-Hill).

Koontz, H. & Weihrich, H.(1988), *Management*, 9th ed.(NY : McGraw-Hill International Edition).

Krajewski, L. J.(2004), *Operations Management : Processes and Value Chains*, 7th ed.(Prentice-Hall).

Kreitner, R.(2004), *Management*, 9th ed.(Boston, MA : Houghton Mifflin Co.).

Kreitner, R. & Kinicki, A.(1995), *Organizational Behavior*, 3rd ed.(Homewood, IL : Irwin Inc.).

Kroeber, A. L. & Kluckhohn, C.(1952), *Culture : A Critical Review of Concepts and Definitions*(Boston, MA : Harvard University Press).

Kuhn, T. S.(1962), *The Structure of Scientific Revolution*(Chicago, IL : University of Chicago Press).

Laudicina, P. A.(2005), *World out of Balance*(NY : McGraw-Hill).

Leavitt, H. J., Dill, W. R. & Eyring, H. B.(1973), *The Organizational World*(NY : Harcourt Brace Jovanovich, Inc.).

Lewin, K.(1951), *Field Theory in Social Science*(NY : Harper & Row).

Litterer, J. A.(1965), *The Analysis of Organizations*(NY : John Wiley & Sons).

Locke, E. A. & Kirkpatrick, S.(1991), *The Essence of Leadership : The Four Keys to Leading Successfully*(NY : Lexington Books).

Luthans, F.(2002), *Organizational Behavior*, 9th ed.(NY : McGraw-Hill).

Luthans, F., Hodgetts, R. M. & Thompson, K. R.(1990), *Social Issues in Business : Strategic and Public Policy Perspectives*, 3rd ed.(NY : Macmillan Publishing Co.).

Madura, J.(2004), *Introduction to Business*, 3th ed.(Mason, OH : Thomson/South-Western).

Mann, P. H.(1965), *An Approach to Urban Sociology*(London : Routledge & Kegan Paul).

March, J. G.(1994), *A Primer on Decision Making : How Decisions Happen*(NY : The Free Press).

Massie, J. L.(1987), *Essentials of Management*, 4th ed.(Englewood Cliffs, NJ : Prentice-Hall, Inc.).

McFarland, D. K.(1986), *The Managerial Imperative : The Age of Macromanagement*(Cambridge, MA : Ballinger Publishing Co.).

McGregor, D.(1960), *The Human Side of Enterprise*(NY : McGraw-Hill Book Company).

Miles, R. E. & Snow, C. C.(1978). *Organizational Strategy, Structure and Process*(NY : McGraw-Hill).

Mintzberg, H.(1973), *The Nature of Managerial Work*(NY : Harper and Row).

————(1979), *The Structure of Organization*(Englewood Cliffs, NJ : Prentice-Hall).

————(1992), *Structure in Fives : Designing Effective Organizations*(Prentice-Hall).

Mintzberg, H. & Quinn, J. B.(1991), *The Strategy Process : Concepts and Cases*(Englewood Cliffs, NJ : Prentice-Hall Inc.).

Naisbitt, J.(1994), *Global Paradox : The Bigger the World Economy, The More Powerful its Smallest Players*(Westport : Easton Press).

Narayanan, V. K. & Nath, R.(1993), *Organizational Theory : A Strategic Approach*(Homewood, IL : Richard D. Irwin.).

Nelson, B. & Spitzer, D.(2003), *The 1001 Rewards & Recognition Fieldbook*(NY : Workman Publishing).

Nelson, R. R. & Winter, S. G.(1982), *An Evolutionary Theory of Economic Change*(Cambridge, MA : Harvard University Press).

Nonaka, I. & Takeuchi, H.(1995), *The Knowledge-Creating Company : How Japanese Companies Create the Dynamics of Innovation*(NY : Oxford University Press).

Northcraft, G. B & Neale, M. A.(1991), *Organizational Behavior : A Management Challenge*(Chicago, IL : The Dryden Press).

Novak, M.(1983), *The Spirit of Democratic Capitalism*(NY : Simi and Schuster).

Ouchi, W. G.(1981), *Theory Z*(NY : Avon).

Pearce Ⅱ, J. A. & Robbinson, R. B.(1991), *Strategic Management : Formulation, Implementation and Control*(Homewood, IL : Richard D. Irwin, Inc.).

Peattie, K.(1992), *Green Marketing*(London : Pitman Publishing).

Peitchinis, S. G.(1985), *Issues in Management-Labour Relations in the 1990s* (London : Macmillan).

Peters, T.(1992), *Liberation Management : Necessary Disorganization for the Manosecond Mineties*(NY : A.A. Knopf).

Peters, T. & Austine, N.(1985), *A Passion for Excellence*(NY : Random House).

Peters, T. J. & Waterman Jr., R. H.(1982), *In Search of Excellence*(NY : Harper & Row).

Pfeffer, J.(1994), *Competitive Advantage through People*(Boston, MA : Harvard Business School Press).

Porrier, C. C. & Michael, J. B.(2002), *e-SCM : e Supply Chain Management*(Pub Group West).

Porter, M. E.(1980), *Competitive Strategy : Techniques for Analyzing Industries and Competitors*(NY : The Free Press).

————(1985), *Competitive Advantage : Creating and Sustaining Superior Performance*(NY : The Free Press).

————(2000), *What is Strategy?*(Cambridge, MA : Harvard University Press).

Pride, W. M. & Ferrell, O.C.(2005), *Marketing : Concepts and Strategy*(Boston, MA : Houghton Mifflin Co.).

Pride, W. M., Hughes, R. J. & Kapoor, J. R.(2005), *Business*, 8th ed.(Boston, MA : Houghton Mifflin Company).

Pyzdek, T.(2003), *The Six Sigma Handbook : A Complete Guide for Greenbelts, Blackbelts and Managers at All Levels*(NY : McGraw- Hill Book Co.).

Rahim, A. M.(1986), *Managing Conflict in Organization*(NY : Praeger).

Reder, A.(1994), *In Pursuit of Principle and Profit : Business Success through Social Responsibility*(NY : G.P. Putnam's Sons)

Reitz, H. J.(1981), *Behavior in Organization*, 2nd ed.(Homewood, IL : Richard Irwin, Inc.).

Ritzman, L. P. & Krajewski, L. J.(2004), *Operations Management*(Englewood Cliffs, NJ : Prentice-Hall).

Robbins, S. P.(1990), *Organizational Theory*, 3rd ed.(Englewood Cliffs, NJ : Prentice-Hall, Inc.).

————(2004), *Business Today*(NY : South-Western).

————(2005), *Organizational Behavior*, 11th ed.(Englewood Cliffs, NJ : Prentice-Hall).

Robbins, S. P. & Coulter, M. K.(2009), *Management*, 10th ed.(Upper Saddle River, NJ : Pearson Education, Inc.).

Robbins, S. P. & De Cenzo, D. A.(2003), *Fundamentals of Management*, 4th ed.(NJ : Prentice-Hall).

Roberts, K. H. & Hunt, D. M.(1991), *Organizational Behavior*(Boston, MA : PWS/KENT Publishing Company).

Robey, D.(1991), *Designing Organizations*, 3rd ed.(Homewood, IL : Irwin, Inc.).

Rogers, E. M & Rogers, E.(2003), *Diffusion of Innovations*, 5th ed.(NY : The Free Press).

Root, F. R.(1987), *Entry Strategies for International Markets*(Lexington, MA : D.C. Health).

Rothlisberger, F. J. & Dickson, W. J.(1939), *Managment and the Worker*(Cambridge, MA : Harvard University Press.).

Ruggles, R. & Holtshouse, D.(2001), *The Knowledge Advantage*(Oxford : Capstone Publishing).

Sathe, V.(1985), *Culture and Related Corporate Realities*(Homewood, IL : Richard D. Irwin).

Schein, E. H.(1992), *Organizational Culture and Leadership*, 2nd ed.(San Francisco, CA : Jossey-Bass Publishers).

Schermerhorn Jr., J. R.(2010), *Management*, 10th ed.(NY : John Wiley).

Schermerhorn Jr., J. R., Hunt, J. G. & Osborn, R. N.(2002), *Organizational Behavior*, 8th ed.(NY : John Wiley).

Schumpeter, J. A.(1934), *The Theory of Economic Development*(Cambridge, MA : Harvard University Press).

Selznick, P.(1957), *Leadership in Administration*(NY : Harper & Row).

Senge, P. M.(1990), *The Fifth Discipline*(NY : Doubleday).

Simon, H. A.(1976), *Administrative Behavior : A Study of Decision-Making Processes in Administrative Organization*(NY : The Free Press).

Skinner, S. J., Ivancevich, J. M., Lorenzi, P. & Crosby, P.(1996), *Management*(Homewood, IL : Richard D. Irwin, Inc.).

Snyder, N. H. ***et al.***(1994), *Vision, Values & Courage*(NY : The Free Press).

Steers, R. M.(1991), *Introduction to Organizational Behavior*, 4th ed.(NY : Harper Collins Publishers).

Stewart, A. M.(1994), *Empowering People*(London : Pitman Publishing).

Straub, T. J. & Altner, R. F.(1991), *Introduction to Business*, 4th ed.(Thomson Information/Publishing Group).

Taylor, F.(1911), *The Principles of Scientific Management*(NY : Harper & Row).

Thierauf, R. J. ***et al.***(1977), *Management Principles and Practices*(NY : John Wiley).

Thompson, A. A. & Stickland, A. J.(1990), *Strategic Management : Concepts and Cases*, 5th ed.(Homewood, IL : Richard D. Irwin, Inc.).

Thompson, J. D.(1967), *Organizations in Action*(NY : McGraw-Hill Book Co.).

Tosi, H. L., Rizzo, J. R. & Caroll, S. J.(1991), *Managing Organizational Behavior*, 2nd ed.(San Francisco, cA : Harper & Row).

Tushman, M. L. & Anderson, P.(2004), *Managing Strategic Innovation and Change : A Collection of Readings*, 2nd ed.(NY : Oxford University Press).

Vroom, V. H.(1990), *Manage People, not Personnel : Motivation and Performance Appraisal*(Boston, MA : Harvard Business Review Book).

West, M. A. & Farr, J.(1990), *Innovation and Creativity at Work*(Chichester : John Wiley).

White, D. D. & Bednar, D. A.(1992), *Organizational Behavior*(Boston, MA : Allyn & Bacon).

Wolf, W. B.(1982), *The Basic Barnard : An Introduction to Chester I. Barnard and His Theories of Organization and Management*, ILR Paperback, No. 14(NY : Conell University Press).

Wood, D. J.(1990), *Business and Society*(NY : Harper Collins Publishers).

Zuboff, S.(1988), *In the Age of the Smart Machine*(NY : Basic Books).

구미문헌 : 논문

Ackoff, R. L.(1973), "Computer Obstructed Education," *DATA BASE 5*(2-3-4), pp.108~114.

Adams, J. S.(1963), "Toward an Understanding of Inequity," *Journal of Abnormal and Social Psychology*, Vol.67, pp.422~436.

Andors, A.(2005), "Tech Smarter," *HR Magazine*, Oct, Vol.50.

Ansoff, H. I.(1957), "Strategies for Diversification," *Harvard Business Review*, Sep/Oct, Vol.35 Issue 5, pp.113~124.

Astley, W. G. & Van de Van, A. H.(1983), "Central Perspectives and Debates in Organization Theory," *Administrative Science Quarterly*, Vol.28, pp.245~273.

Barker, J. R.(1993) "Tightening the Iron Cage : Concertive Control in Self-managed Organizations," *Administrative Science Quarterly*, Vol.38, pp.408~437.

Barney, J. B. & Zajac, E.(1994), "Competitive Organizational Behavior : Toward an Organizationally-Based Theory of Competitive Advantages," *Strategic Management Journal*, Vol.15, Special Issue, pp.5~10.

Bourgeois, L. J.(1981), "On the Measurement of Organizational Slack," *Academy of Management Review*, Vol.6, pp.29~39.

Child, J. & Mansfield, R.(1972), "Technology, Size, and Organization Structure," *Sociology*, Sep., pp.369~393.

Conger, J. A. & Kanungo, R. M.(1988), "Empowerment Process : Integrating Theory and Practice," *Academy of Management Review*, Vol.13, pp.471~482.

Damanpour, F.(1991), "Organizational Innovation : A Meta-Analysis of Effects of Determinants and Moderators," *Academy of Management Journal*, Vol.34, No.3, pp.555~590.

Davis, G. F. & Thompson, T. A.(1994), "A Social Movement Perspective on Corporate Control," *Administrative Science Quarterly*, Mar., Vol.39, No.1, pp.141~173.

Day, G. S. & Wensley, R.(1988), "Assessing Advantage : A Framework for Diagnosing Competitive Superiority," *Journal of Marketing*, Apr., pp.1~20.

Delaney, J.(1993), "The Safe Way to Start a Retail Business. Pushcarts-a Great Way to Test Markets, as Melissa Das-Gordziej Found out," *The Executive Female*, Vol.14, No.3, May, p.15.

Fasching, D. J.(1981), "A Case for Corporate and Managemet Ethics," *California Management Review*, Summer, pp.62~76.

Ference, T. P., Stomer, J. A. F. & Warren, E. K.(1977), "Managing the Career Plateau," *Academy of Management Review*, Oct., pp.602~612.

Folger, M. & Konovsky, M.(1989), "Effects of Procedural and Distributive Justice on Reactions to Pay Raise Decisions," *Academy of Management Journal*, Vol.32.

Galbraith, J. R. & Lawler Ⅲ, E. E.(1993), "Effective Organizations Using the New Logic of Organizing," in J. R. Galbraith, E. E. Lawler & Associates(eds.), *Organizing for the Future*(San Francisco, CA : Jossey-Bass Publishers).

Garvin, D. A.(1983), "Can Industry Self-Regulation Work?" *California Management Review*, Vol.25, p.42.

Gladwin, T. N., Kennelly, J. J. & Krause, T-S.(1995), "Shifting Paradigms for Sustainable Development," *Academy of Management Review*, Vol.20(4), pp.874~907.

Goopaster, K. E.(1983), "Business Ethics : The Field and Course," in Hoffman, W. M., Moore, J. M. & Fedo, D. A.(eds.), *Corporate Govenance and Institutionalizing Ethics*(Toronto : Lexington Books).

Graham, G. & Hardaker, G.(2000), "Supply Chain Management across the Internet," *International Journal of Physical Distribution & Logistics Management*, Vol.30(3/4), pp.286~295.

Greiner, L.(1972). "Evolution and Revolution as Organizations Grow." *Harvard Business Review*, pp.37~46.

Hannan, M. T. & Freeman, J. H.(1984), "Structural Inertia and Organizational Change," *American Sociological Review*, Vol.49, pp.149~164.

Hansen, B., Hvam, L., Malis, M. & Riis, J.(2004), "Reengineering of the Quotation Process : Application of Knowledge Based Systems," *Business Process Management Journal*, Vol.10, Issue 2, p.200.

Hart, S. L.(2003), "Beyond Greening : Strategies for a Sustainable World," *Harvard Business Riview*, p.75.

Harvey, E.(1968), "Technology and the Structure of Organizations," *American Sociological Review*, pp.247~259.

Hay, R. & Gray, E.(1974), "Social Responsibilities of Business Managers," *Academy of Management Journal*(March).

Herzberg, F.(1968), "One More Time : How Do You Motivate Employee?" *Harvard Business Review*, January-February, p.57.

Hofstede, G. & Bond, M. H.(1984), "Hofstede's Culture Dimensions : An Independent Validation Using Rokeach's Value Survey," *Journal of Cross- Cultural Psychology*, December 1984, pp.417~433.

Hofstede, G., Neuijen, B., Ohayv, D.D. & Sanders, G.(1990), "Measuring Organizational Culture," *Administrative Science Quarterly*, Vol.35, pp.291~304.

Holtshouse, D.(1998), "Knowledge Research Issues," *California Management Review*,

Vol.40, No.3, pp.277~281.

Kelman, H. C.(1963), "Three Process of Social Influence," in Hollander, E. P. & Hunt, R. G., *Current Perspectives in Social Psychology*(NY : Oxford University Press), pp.454~462.

Kim, W. C. & Mauborgne, R(2004), "Blue Ocean Strategy," *Harvard Business Review*, Vol.82, Issue 10, pp.76~84.

Knowles, W. H.(1958), "Human Relations in Industry : Research and Concepts," *California Management Review*, Vol.1, pp.95~100.

Koontz, H.(1961), "The Management Theory Jungle," *Journal of the Academy of Management*, Vol.3(4).

Lambert, D. M. & Cooper, M. C.(2000), "Issues in Supply Chain Management," *Industrial Marketing Management 29*, pp.65~83.

Locke, E. A.(1976), "The Nature and Causes of Job Satisfaction," in Dunnetee, M. D.(ed.), *Handbook of Industrial and Organizational Psychology*(Chicago, IL : Rand McNally), pp.1297~1349.

Manz, C. C. & Sims, Jr., S. P.(1980), "Self-management as a Substitute for Leadership : A Social Learning Theory Perspective," *Academy of Management Review*, Jul., Vol.5, No.3, pp.361~368.

Maslow, A. H.(1943), "A Theory of Human Motivation," *Psychological Review*, Vol.50, pp.370~396.

McClleland, D. C.(1962), "Business Drive and National Achievement," *Harvard Business Review*, Vol.40, No.4, pp.90~112.

Miller, D.(1987), "Organizational Configuration : Cohesion, Change, and Prediction," *Human Relations*, Vol.43, No.3, pp.771~789.

Modigliani, F. & Miller, M.(1958), "The Cost of Capital, Corporation Finance and Theory of Investment," *American Economic Review*, June, pp.261~296.

Mohr, S.(1969), "Determinants of Innovation in Organization," *American Political Science Review*, Vol.63, pp.111~126.

Murphy, P. E.(1989), "Creating Ethical Corporate Structure," *Sloan Management Review*, Winter.

Nonaka, I.(1994), "A Dynamic Theory of Organizational Knowledge Creation," *Organization Science*, Vol.5, pp.14~37.

Porter, L. W. & Lawler Ⅲ, E. E.(1966), "Predicting Managers' Pay and Their Satisfaction with Their Pay," *Personnel Psychology*, Vol.19, Issue 4, pp.363~373.

Purcell, T. V.(1983) "Ethics Committee on Board of Directors? The Norton Experience," in Hoffman, W. M., Moore, J. M. & Fedo, D. A.(eds.), *Corporate Governance and Institutionalizing Ethics*(Toronto : Lexington Books), pp.193~204.

Quinn, R. E. & McGrath, M. R.(1985), "The Transformation of Organizationa Cultures : A Competing Values Perspective," in P. J. Frost, L. F. Moore, M. R. Louis, C. C. Lundberg & J. Martin(eds.), *Organizational Culture*(Beverly Hills, CA : Sage), pp.315~334.

Randolph, W. A. & Dess, G. G.(1984), "The Congruence Perspective of Organization Design : A Conceptual Model and Multivariate Research Approach," *Academy of Management Review*, pp.114~127.

Saffold, G. S.(1988), "Culture Traits, Strength, and Organizational Performance : Moving Beyond 'Strong' Culture," *Academy of Management Review*, Vol.13, pp.546~558.

Schein, E. H.(1985), "The Role of the Founder in Creating Organizational Culture," *Organizational Dynamics*, Summer, pp.17~27.

Simon, H. A.(1979), "Rational Decision Making in Business Organizations," *American Economic Review*, Vol.69(4), pp.493~513.

Snow, C. C., Miles, R. E. & Coleman, H. I.(1992), "Managing 21st Century Network Organization," *Organizational Dynamics*, Winter, pp.5~19.

Story, J.(1989), "European Political Cooperation in the 1980s : A Common Foreign Policy for Western Europe?" *Journal of Common Market Studies*, Sep., Vol.28, No.1, pp.87~89.

Strebel, P. S.(1987), "Organizing for Innovation over an Industry Cycle," *Strategic Management Journal*, Vol.8, pp.117~124.

Tannenbaum, R. S. & Davis, S. A.(1969), "Values, Man and Organization," *Industrial Management Review*, Vol.10, No.2, Winter, pp.67~83.

Teece, D. J.(1998), "Capturing Value from Knowledge Assets : The New Economy, Markets for Know-How, and Intangible Assets," *California Management Review*, Spring, pp.289~293.

Thomas, K. W. & Velthouse, B. A.(1990), "Cognitive Elements of Empowerment : An Interpretative Model of Intrinsic Task Motivation," *Academy of Management Review*, Vol.15, No.4, pp.666~681.

Tichy, N. M., Fombrun, C. J. & Devanna, M. A.(1982), "Strategic Human Resource Management," *Sloan Management Review*, Vol.23, No.2, pp.47~61.

Van de Ven, A. H.(1986), "Central Problems in the Management of Innovation," *Management Science*, Vol.32, No.5, pp.590~607.

Van de Ven, A. H., Delbecq, A. L. & Koenig Jr., R.(1976), "Determinants of

Coordination Modes within Organizations," *American Sociological Review*, Vol.41, pp.322~338.

Vesper, J. F.(1992), "Think Globally, Act Locally(Focus on Teaching : Diversity in the Classroom-and Beyond)," *Bulletin of the Association for Business Communication*, Dec., Vol.57, No.4, pp.44~47.

Wahba, M. A. & Bridwell, L. G.(1976), "Maslow Reconsidered : A Review of Research on the Need Hierachy Theory," *Organizational Behavior and Human Performance*, Vol.15, pp.212~240.

찾아보기

ㄱ

ㄴ

ㄷ

ㄹ

ㅁ

ㅂ

ㅅ

ㅎ

〔 저 자 약 력 〕

신유근

서울대학교 상과대학(상학사)
미국 인디애나대학 경영대학원(MBA)
서울대학교 대학원(경영학박사)
서울대학교 상과대학 및 경영대학 교수
현, 서울대학교 명예교수(경영학)

[주요 저서]
한국형 사람중심경영(한국노동연구원, 2008)
KRP경영론 : 현대경영의 역동적 관점(다산출판사, 2007)
전통과 사람관리(서울대학교 출판부, 2006)
인간존중경영 : 조직행위론(다산출판사, 2005)
한국경영의 새로운 도전(공저 : 다산출판사, 2002)
사회중시경영 : 기업과 사회(경문사, 2001)
신조직환경론(공저 : 다산출판사, 1999)
한국기업의 변화와 혁신(공저 : 다산출판사, 1997)
문화와 국가경쟁력(공저 : 박영사, 1996)
한국기업의 성공과 실패(대한상공회의소, 1996)
한국 대기업의 경영특성(공저 : 세경사, 1995)
현대의 기업과 사회(경문사, 1994)
한국의 경영 : 그 현상과 전망(박영사, 1992)
한국기업 근로자의 의식구조(대한상공회의소, 1991)
한국기업의 사회참여활동(공저 : 전국경제인연합회, 1990)
The Chaebol(공저 : Harper Collins, U.S.A., 1989)
한국의 경영노사관계(대한상공회의소, 1988)
조직행위론(개정판 : 다산출판사, 1985)
한국기업의 특성과 과제(서울대학교 출판부, 1984)
인사관리 : 현대 인적자원관리(경문사, 1982)
조직론(다산출판사, 1981)
조직행위론(서울대학교 출판부, 1975)
경영조직론(공저 : 법문사, 1974)

이춘우

서울대학교 경영대학 경영학과 졸업(경영학사)
서울대학교 대학원 경영학과 졸업(경영학석사/경영학박사)
University of Pennsylvania, Wharton School Post. Doc.
현, 서울시립대학교 경영대학 경영학부 교수

서울시립대학교 경영대학장 및 경영대학원장(2016.3.~2018.2.)
서울경인지역 입학처장협의회 회장/전국입학처장협의회 부회장(2009.8.~2010.1.)
서울시립대학교 입학관리본부장/서울시립대학교 교육혁신본부장/경영학부장 역임
서울시립대학교 산업경영연구소 소장/반부패행정시스템연구소 연구부장 역임
서울시립대학교 국제교육원 공무원교육센터장 역임
Visiting Scholar, University of Alabama(2006.7.~2007.7.)
Visiting Scholar, University of Texas at Dallas(2010.7.~2011.7.).

한국인사관리학회 부회장/편집위원장/편집위원/학술위원장 역임
한국인사관리학회 로봇 이노베이션과 조직인사시스템 연구회 회장
한국중소기업학회 기업가정신연구회 회장
한국중소기업학회 부회장/편집위원장/편집위원/학술위원장 역임
한국인사조직학회 부회장/상임이사/이사 역임
한국전략경영학회 상임이사/학술위원장 역임 / 한국벤처창업학회 부회장

대통령직속 중소기업특별위원회 중소기업정책평가위원(2005.2.~2006.2.)
중소기업진흥공단 비상임 이사(2014.12.~2017.2.)
동반성장위원회 적합업종 선정 실무위원회 위원(2014.9.~2017.3.)/MRO위원회 위원
고용노동부 사회적기업 육성전문위원(2013.12.~)
공인회계사 1차 시험 출제위원(2010)

[주요 저서]

기업가정신의 이해(공저 : 이오북스, 2014)
Kick off 인적자원관리(무역경영사, 2014)
조직행위론 : 인간존중경영 접근(공저 : 한경사, 2014)

[상훈]

대한민국 벤처활성화 유공자 대통령 표창(2016.12.)

통합
경영학원론

2018년 9월 10일 제1판 1쇄 발행
2022년 8월 10일 제1판 4쇄 발행

저 자 신 유 근 · 이 춘 우
발행인 강 희 일 · 박 은 자

발행처 **다 산 출 판 사**

서울특별시 마포구 대흥로 6길 8
등 록 1979. 6. 5. 제 3-86 호(윤)
전 화 717-3661~2
FAX 716-9945
조 판 민 하 디 지 탈 아 트

정가 32,000원 파본은 바꾸어 드립니다.

http://www.dasanbooks.co.kr
ISBN 978 89-7110-559-7 93320